Das neue Bauvertragsrecht

von

Prof. Dr. Bernd Dammert
Rechtsanwalt und Fachanwalt für Verwaltungsrecht
in Leipzig

Olaf Lenkeit
Rechtsanwalt und Fachanwalt für Bau- und Architektenrecht
in Berlin

Dr. Iris Oberhauser
Rechtsanwältin und Fachanwältin für Bau- und Architektenrecht
in München

Dr. Hans-Egon Pause
Rechtsanwalt und Fachanwalt für Bau- und Architektenrecht
in München

Anna Stretz
Rechtsanwältin und Fachanwältin für Bau- und Architektenrecht
in München

2017

Zitierweise:
Dammert / Lenkeit / Oberhauser / Pause / Stretz / *Autor*
Das neue Bauvertragsrecht, § ... Rn. ...

www.beck.de

ISBN 978 3 406 70740 7

© 2017 C. H. Beck oHG
Wilhelmstr. 9, 80801 München
Druck und Bindung: Nomos Verlagsgesellschaft mbH & Co. KG
In den Lissen 12, 76547 Sinzheim

Satz und Umschlaggestaltung:
Druckerei C. H. Beck, Nördlingen

Gedruckt auf säurefreiem, alterungsbeständigem Papier
(hergestellt aus chlorfrei gebleichtem Zellstoff)

Vorwort

Zum 1.1.2018 tritt das Gesetz zur Reform des Bauvertragsrechts und zur Änderung der kaufmännischen Mängelhaftung in Kraft. Das Gesetz ist ein Meilenstein in der Entwicklung des Bauvertragsrechts. Kernstück der Reform ist ein eigenes Kapitel zum Bauvertrag und ein weiteres Kapitel zum Verbraucherbauvertrag sowie die gesonderte Regelung der Architekten- und Ingenieurverträge und Bauträgerverträge als eigenständige Vertragstypen neben dem Werkvertrag. Weiteres Kernstück ist die Änderung der kaufvertraglichen Haftung, speziell für Einbaufälle. Alle mit dem Bau Beschäftigten, insbesondere aber Juristen, stehen vor neuen Herausforderungen und werden in vielen Fragen umdenken müssen. Alte Denkweisen müssen in zahlreichen Punkten abgelegt und Neuerungen auf ihre Praxistauglichkeit hin überprüft werden.

Das vorliegende Buch will eine Hilfestellung bei der Einarbeitung durch eine praxisorientierte Darstellung bieten und die Neuorientierung erleichtern. Es ist nicht auf eine bloße Darstellung der Änderungen gegenüber dem bisherigen Rechtszustand beschränkt, sondern beleuchtet zum besseren Verständnis auch Hintergründe und Überlegungen im Vorfeld des Gesetzgebungsverfahrens. Es liegt auf der Hand, dass noch nicht alle rechtlichen Fragen abschließend beantwortet werden können. Der Praxistest steht den Neuregelungen erst noch bevor. Welche Meinungen sich zu den verschiedenen Problemkreisen herausbilden und festigen und welchen Weg die Rechtsprechung gehen wird, wird die Zukunft zeigen. Die Autoren haben gleichwohl den Versuch unternommen, bereits diskutierte Ansichten einerseits darzulegen und andererseits bereits zu diesem frühen Zeitpunkt eine eigene Position zu beziehen. Rechtsprechung und Literatur wurden bis zum 15.6.2017 berücksichtigt. Für Hinweise, die zur Verbesserung des Buches beitragen, sind die Autoren dankbar.

Berlin/Leipzig/München im Juni 2017

      Prof. Dr. Bernd Dammert rae@dammert-steinforth.de
      Olaf Lenkeit berlin@kanzlei-lenkeit.de
      Dr. Iris Oberhauser oberhauser@horsch-oberhauser.de
      Dr. Hans-Egon Pause pause@rae-pause.de
      Anna Stretz stretz@rae-pause.de

Inhaltsübersicht

	Seite
Vorwort	V
Inhaltsverzeichnis	IX
Materialien- und Literaturverzeichnis	XIII

§ 1 Einleitung 1
    I. Hintergrund der baurechtlichen Neuregelung 1
    II. Hintergrund der Neuregelungen zum Bauvertrag und zu den Allgemeinen Vorschriften ... 4
    III. Hintergrund der verbraucherbauvertraglichen Neuregelungen 5
    IV. Architektenrecht 6
    V. Hintergrund zum gesetzlich geregelten Bauträgervertrag 8
    VI. Hintergrund der kaufrechtlichen Neuregelung 8
    VII. Hintergrund der Änderung des Verfahrensrechts 10
    VIII. Konzeption des Buches 10

§ 2 Bauvertrag 11
    I. Einleitung 11
    II. Bauvertrag, § 650a 13
    III. Änderung des Vertrages; Anordnungsrecht des Bestellers, § 650b BGB 18
    IV. Vergütungsanpassung bei Anordnungen nach § 650b Abs. 2, § 650c BGB 45
    V. Einstweilige Verfügung, § 650d BGB 57
    VI. Bauhandwerkersicherung, § 650f BGB 61
    VII. Zustandsfeststellung bei Verweigerung der Abnahme, Schlussrechnung, § 650g BGB ... 61
    VIII. Schriftform der Kündigung, § 650h BGB 68
    IX. Nicht umgesetzter Regelungsbedarf 69

§ 3 Allgemeine Vorschriften 71
    I. Abschlagszahlungen, § 632a BGB 71
    II. Abnahme, § 640 BGB 73
    III. Kündigung aus wichtigem Grund, § 648a BGB 77

§ 4 Architektenvertrag 81
    I. Vertragstypische Pflichten aus Architekten- und Ingenieurverträgen, § 650p BGB ... 81
    II. Anwendbare Vorschriften, § 650q BGB 93
    III. Sonderkündigungsrecht, § 650r BGB 98
    IV. Teilabnahme, § 650s BGB 106
    V. Gesamtschuldnerische Haftung mit dem bauausführenden Unternehmer, § 650t BGB ... 111

§ 5 Verbraucherbauvertrag 117
    I. Einleitung 117
    II. Der Verbraucherbauvertrag 121
    III. Anwendbarkeit der Vorschriften des Werkvertragsrechts (Besonderheiten) 134
    IV. Anwendbarkeit der Vorschriften des Bauvertragsrecht 135
    V. Baubeschreibungspflicht, Fertigstellungszeitpunkt 135
    VI. Widerrufsrecht 155
    VII. Absicherung von Abschlagszahlungen 172
    VIII. Bauhandwerkersicherung 183
    IX. Erstellung und Herausgabe von Unterlagen, § 650n BGB 187
    X. Unabdingbarkeit 199

§ 6 Bauträgervertrag 201
    I. Der gesetzliche Bauträgervertrag – Einleitung 201

Inhaltsübersicht

	Seite
II. Legaldefinition des Bauträgervertrages, § 650u Abs. 1 BGB	202
III. Anwendung des Werkvertragsrechts	208
IV. Anwendung des Bauvertragsrechts	215
V. Anwendung des Verbraucherbauvertragsrechts	223
VI. Kaufrechtliche Vorschriften	239
VII. Abschlagszahlungen, § 650v BGB	244
VIII. Übergangsrecht	247

§ 7 Kaufrechtliche Mangelhaftung ... 249

	Seite
I. Hintergrund, wesentliche Ziele und Systematik der Neuregelung	249
II. Umfang der Nacherfüllung beim Kauf	252
III. Ausschluss der Nacherfüllung	266
IV. Nacherfüllungsort und Transportkosten	268
V. Kostenvorschuss beim Kauf	271
VI. Lieferantenregress	275
VII. Unberechtigte Mängelrüge	282
VIII. Besonderheiten des Verbrauchsgüterkaufes	282
IX. Übergangsvorschriften	286

Anhang

1. Inhaltsübersicht über die geänderten Vorschriften	287
2. Synopse: Änderungen des BGB, EGBGB, GVG	288

Sachregister ... 321

Inhaltsverzeichnis

	Seite
Vorwort	V
Inhaltsübersicht	VII
Materialien- und Literaturverzeichnis	XIX

§ 1 Einleitung	1
I. Hintergrund der baurechtlichen Neuregelung	1
1. Entwicklungen des Bauvertragsrechts in Deutschland	1
2. Baugerichtstag	1
3. Gesetzgebungsverfahren	2
a) Arbeitsgruppe Bauvertragsrecht	2
b) Referentenentwurf	3
c) Regierungsentwurf	3
d) Beratungsergebnis des federführenden Ausschusses	3
e) Endgültige Gesetzesfassung	3
4. Ausblick	4
II. Hintergrund der Neuregelungen zum Bauvertrag und zu den Allgemeinen Vorschriften	4
III. Hintergrund der verbraucherbauvertraglichen Neuregelungen	5
IV. Architektenrecht	6
V. Hintergrund zum gesetzlich geregelten Bauträgervertrag	8
VI. Hintergrund der kaufrechtlichen Neuregelung	8
1. Schuldrechtsreform und große Lösung	9
2. Rechtsprechung des EuGH	9
3. Gesetzgeberische Entscheidung	9
4. Ausblick	9
VII. Hintergrund der Änderung des Verfahrensrechts	10
VIII. Konzeption des Buches	10
§ 2 Bauvertrag	11
I. Einleitung	11
1. Ausgangslage	11
2. Reformansatz	11
3. Umsetzung in der Neuregelung	12
4. Inhalt der Regelungen zum Bauvertrag, §§ 650a–650h BGB, Übergangsvorschrift	12
II. Bauvertrag, § 650a BGB	13
1. Ausgangslage	13
2. Reformansatz	13
3. Umsetzung in § 650a BGB	13
a) Überblick	13
b) Bauwerk, Außenanlage, § 650a Abs. 1 BGB	13
c) Begriffsdefinitionen in anderen Regelwerken und Gesetzen	15
d) Tätigkeiten, § 650a Abs. 1 BGB	15
e) Instandhaltung, § 650a Abs. 2 BGB	17
f) Auswirkungen der Neuregelung auf die VOB/B	17
g) Kritik an der Neuregelung	18
III. Änderung des Vertrags; Anordnungsrecht des Bestellers, § 650b BGB	18
1. Ausgangslage	18
2. Reformansatz	18
3. Umsetzung in § 650b BGB	19
a) Überblick	19

Inhaltsverzeichnis

	Seite
b) „Art" der Änderung, § 650b Abs. 1 S. 1 Nr. 1 und 2 BGB	21
c) Änderung des vereinbarten Werkerfolgs, § 650b Abs. 1 S. 1 Nr. 1 BGB	21
d) Änderung, die zur Erreichung des vereinbarten Werkerfolgs notwendig ist, § 650b Abs. 1 S. 1 Nr. 2 BGB	23
e) Kein Anspruch auf Mehrvergütung bei Planung durch den Unternehmer, § 650c Abs. 1 S. 2 BGB	26
f) Zumutbarkeit der Änderung, § 650b Abs. 1 S. 2 und 3, Abs. 2 S. 2 und 3 BGB	30
g) Einvernehmen über die Änderung und die infolge der Änderung zu leistende Mehr- oder Mindervergütung, § 650b Abs. 1 S. 1 BGB	32
h) Änderungsbegehren, § 650b Abs. 1 S. 1, Abs. 2 S. 1 BGB	33
i) Für die Änderung erforderliche Planung, § 650b Abs. 1 S. 4 BGB	34
j) Angebot über die Mehr- oder Mindervergütung, § 650b Abs. 1 S. 2 BGB	39
k) Anordnung der Änderung durch den Besteller, § 650b Abs. 2 BGB	40
l) Auswirkungen der Neuregelung auf die VOB/B	44
m) Kritik an der Neuregelung	44
IV. Vergütungsanpassung bei Anordnungen nach § 650b Abs. 2, § 650c BGB	45
1. Ausgangslage	45
2. Reformansatz	45
3. Umsetzung in § 650c BGB	46
a) Überblick	46
b) Tatsächlich erforderliche Kosten, § 650c Abs. 1 S. 1 BGB	46
c) Angemessene Zuschläge für Allgemeine Geschäftskosten sowie Wagnis und Gewinn, § 650c Abs. 1 S. 1 BGB	50
d) Kein Anspruch auf Vergütung für den vermehrten Aufwand, § 650c Abs. 1 S. 2 BGB	51
e) Ansätze in einer vereinbarungsgemäß hinterlegten Urkalkulation, § 650c Abs. 2 S. 1 BGB	51
f) Preisfortschreibung der Ansätze in einer Urkalkulation, § 650c Abs. 2 S. 1 BGB	53
g) Widerlegliche Vermutung, § 650c Abs. 2 S. 2 BGB	53
h) Höhe der Abschlagszahlungen, § 650c Abs. 3 S. 1 BGB	54
i) Fälligkeit der geschuldeten Mehrvergütung, § 650c Abs. 3 S. 2 BGB	56
j) Rückgewähr und Verzinsung von Überzahlungen, § 650c Abs. 3 S. 3 und 4 BGB	56
k) Auswirkungen der Neuregelung auf die VOB/B	57
l) Kritik an der Neuregelung	57
V. Einstweilige Verfügung, § 650d BGB	57
1. Ausgangslage	57
2. Reformansatz	58
3. Umsetzung in § 650d BGB	58
a) Überblick	58
b) Streitigkeiten über das Anordnungsrecht gemäß § 650b BGB	59
c) Streitigkeiten über die Vergütungsanpassung gemäß § 650c BGB	59
d) Glaubhaftmachung des Verfügungsanspruchs	60
e) Einwendungen des Bestellers	60
f) Kritik an der Neuregelung	61
VI. Bauhandwerkersicherung, § 650f BGB	61
VII. Zustandsfeststellung bei Verweigerung der Abnahme, Schlussrechnung, § 650g BGB	61
1. Ausgangslage	61
2. Reformansatz	62
3. Umsetzung in § 650g BGB	63
a) Verweigerung der Abnahme unter Angabe von Mängeln, § 650g Abs. 1 BGB	63
b) Gemeinsame Feststellung des Zustands des Werks, § 650g Abs. 1 BGB	63
c) Einseitige Zustandsfeststellung durch den Unternehmer, § 650g Abs. 2 BGB	64
d) Rechtsfolgen der Zustandsfeststellung, § 650g Abs. 3 BGB	65
e) Schlussrechnung, § 650g Abs. 4 BGB	66
f) Auswirkungen der Neuregelung auf die VOB/B	67
g) Kritik an der Neuregelung	67

Inhaltsverzeichnis

	Seite
VIII. Schriftform der Kündigung, § 650h BGB	68
1. Ausgangslage	68
2. Reformansatz	68
3. Umsetzung in § 650h BGB	68
a) Schriftformerfordernis, § 650h BGB	68
b) Auswirkungen der Neuregelung auf die VOB/B	69
c) Kritik an der Neuregelung	69
IX. Nicht umgesetzter Regelungsbedarf	70
§ 3 Allgemeine Vorschriften	**71**
I. Abschlagszahlungen, § 632a BGB	71
1. Ausgangslage	71
2. Reformansatz	71
3. Umsetzung in § 632a BGB	72
a) Wert der erbrachten und nach dem Vertrag geschuldeten Leistung, § 632a Abs. 1 S. 1 BGB	72
b) Nicht vertragsgemäße Leistungen, § 632a Abs. 1 S. 2 und 4 BGB	72
c) Beweislast für die vertragsgemäße Leistung, § 632a Abs. 1 S. 3 BGB	73
d) Folgeänderungen	73
e) Auswirkungen der Neuregelung auf die VOB/B	73
f) Kritik an der Neuregelung	73
II. Abnahme, § 640 BGB	73
1. Ausgangslage	73
2. Reformansatz	74
3. Umsetzung in § 640 Abs. 2 BGB	74
a) Frist zur Abnahme, § 640 Abs. 2 S. 1 Hs. 1 BGB	74
b) Angemessene Frist, § 640 Abs. 2 S. 1 Hs. 1 BGB	75
c) Verweigerung der Abnahme unter Angabe mindestens eines Mangels, § 640 Abs. 2 S. 1 Hs. 2 BGB	75
d) Besteller ist Verbraucher, § 640 Abs. 2 S. 2 BGB	76
e) Folgeänderung, § 640 Abs. 3 BGB	76
f) Auswirkungen der Neuregelung auf die VOB/B	76
g) Kritik an der Neuregelung	76
III. Kündigung aus wichtigem Grund, § 648a BGB	77
1. Ausgangslage	77
2. Reformansatz	77
3. Umsetzung in § 648a BGB	77
a) Geltung für alle Werkverträge	77
b) Wichtiger Grund, § 648a Abs. 1 S. 2 BGB	77
c) Teilkündigung, § 648a Abs. 2 BGB	78
d) Entsprechende Anwendung des § 314 Abs. 2 und 3, § 648a Abs. 3 BGB	79
e) Gemeinsame Feststellung des Leistungsstandes, § 648a Abs. 4 BGB	79
f) Vergütung für die erbrachte Leistung, § 648a Abs. 5 BGB	79
g) Schadensersatz, § 648a Abs. 6 BGB	79
h) Schriftformerfordernis für die Kündigung des Bauvertrages, § 650h BGB	80
i) Auswirkungen der Neuregelung auf die VOB/B	80
j) Kritik an der Neuregelung	80
§ 4 Architektenvertrag	**81**
I. Vertragstypische Pflichten aus Architekten- und Ingenieurverträgen, § 650p BGB	81
1. Entstehungsgeschichte und Ziele des Gesetzgebers	81
2. Leistungsphase, § 650p Abs. 1 BGB	82
a) Anwendungsbereich	82
b) Kein Formerfordernis	84
c) Vertragstypische Pflichten des Unternehmers	84

Inhaltsverzeichnis

	Seite
3. Zielfindungsphase, § 650p Abs. 2 BGB	87
a) Problemstellung und Regelungsziel	87
b) Anwendungsbereich	88
c) Vertragstypische Pflichten des Unternehmers	89
d) Folgen der (verweigerten) Zustimmung des Bestellers	92
II. Anwendbare Vorschriften, § 650q BGB	93
1. Anwendbarkeit des Werkvertragsrechts, § 650f Abs. 1 BGB	93
a) Allgemeine Vorschriften des Kapitel 1	93
b) Vorschriften des Kapitel 2 (Bauvertrag)	93
2. Vergütungsanpassung bei Ausübung des Anordnungsrechts, § 650q, Abs. 2 BGB	96
a) Entgeltberechnung nach HOAI, § 650q Abs. 2 S. 1 BGB	96
b) Im Übrigen: Freie Vereinbarung der Vergütungsanpassung, § 650q Abs. 2 S. 2 BGB	97
c) Vergütungsanpassung nach § 650c BGB als Auffangtatbestand, § 650q Abs. 2 S. 3 BGB	97
III. Sonderkündigungsrecht, § 650r BGB	98
1. Sonderkündigungsrecht nach Abschluss der Zielfindungsphase	98
2. Kündigungsrecht des Bestellers, § 650r Abs. 1 BGB	99
a) Voraussetzungen	99
b) Sonderregelungen für Verbraucher	101
c) Rechtsmissbräuchlichkeit der Kündigung	103
3. Kündigungsrecht des Unternehmers, § 650r Abs. 2 BGB	104
a) Zweck der Regelung	104
b) Voraussetzungen	104
4. Vergütungsanspruch nach erfolgter Kündigung, § 650r Abs. 3 BGB	105
IV. Teilabnahme, § 650s BGB	106
1. Hintergrund und Ziel der Regelung	106
2. Durchführung der Teilabnahme	108
a) Voraussetzungen des Teilabnahmeverlangens	108
b) Anwendbare Vorschriften und Durchführung der Abnahme	110
c) Verweigerung der Teilabnahme durch den Besteller	111
V. Gesamtschuldnerische Haftung mit dem bauausführenden Unternehmer, § 650t BGB	111
1. Hintergrund und Ausgangspunkt: Gesamtschuldnerische Haftung zwischen Architekt und bauausführendem Unternehmer	111
2. Anwendungsbereich und Voraussetzungen des Leistungsverweigerungsrechts	113
a) Entstehen des Leistungsverweigerungsrechts	114
b) Erlöschen des Leistungsverweigerungsrechts	114
3. Verbleibende Probleme in der Praxis	115
§ 5 Verbraucherbauvertrag	**117**
I. Einleitung	117
1. Verbraucherschutz am Bau vor Inkrafttreten der Gesetzesreform zum 1.1.2018	117
a) Verbrauchervertrag über Bauleistungen – nicht-privilegierte Bauverträge	117
b) Verbrauchervertrag über den Bau von neuen Gebäuden oder erhebliche Umbaumaßnahmen an bestehenden Gebäuden – privilegierte Bauverträge	119
2. Verbraucherschutz am Bau mit Inkrafttreten der Gesetzesreform zum 1.1.2008	119
a) Verbrauchervertrag über Bauleistungen – nicht-privilegierte Bauverträge	119
b) Verbraucher*bau*vertrag – privilegierte Bauverträge	120
3. Europarechtlicher Hintergrund	120
II. Der Verbraucherbauvertrag	121
1. Persönlicher Anwendungsbereich	121
a) Unternehmer	121
b) Verbraucher	121
2. Sachlicher Anwendungsbereich	124
a) Bau eines neuen Gebäudes	124

Inhaltsverzeichnis

	Seite
b) Erhebliche Umbaumaßnahmen an einem bestehenden Gebäude	125
c) Restriktive oder weite Auslegung der Begriffe	127
3. Formerfordernis	128
a) Hintergrund des Formerfordernisses	128
b) Erfordernis der Textform	129
c) Heilung eines Formverstoßes?	130
d) Grundsätzlich: Nichtigkeit des Verbraucherbauvertrages	131
e) Überwindung der Formnichtigkeit gemäß § 242 BGB?	132
III. Anwendbarkeit der Vorschriften des Werkvertragsrechts (Besonderheiten)	134
IV. Anwendbarkeit der Vorschriften des Bauvertragsrecht	135
V. Baubeschreibungspflicht, Fertigstellungszeitpunkt	135
1. Baubeschreibungspflicht	136
a) Inhalt der Baubeschreibung	136
b) Klarheits- und/oder Verständlichkeitsgebot?	138
c) Textform der Baubeschreibung	141
d) Zeitpunkt der Zurverfügungstellung der Baubeschreibung	142
e) Baubeschreibung und Vertragsinhalt	142
f) Auslegung der Baubeschreibung	145
g) Rechtsfolgen bei Verstoß gegen die Baubeschreibungspflicht	148
2. Fertigstellungszeitpunkt	150
a) Angaben zum Fertigstellungszeitpunkt in der Baubeschreibung	151
b) Angaben zum Fertigstellungszeitpunkt im Verbraucherbauvertrag	151
c) Verhältnis der Angaben zum Fertigstellungszeitpunkt in der Baubeschreibung und im Verbraucherbauvertrag	152
d) Verzug mit der Fertigstellung	153
e) Keine Angaben zum Fertigstellungszeitpunkt	155
VI. Widerrufsrecht	155
1. Verbraucherbauvertrag	156
2. Widerrufsfrist	157
a) Fristbeginn abhängig von ordnungsgemäßer Widerrufsbelehrung	157
b) Berechnung der Frist	164
c) Erlöschen des Widerrufsrechts nach 12 Monaten und 14 Tagen	164
d) Erlöschen des Widerrufsrechts aus anderen Gründen	165
3. Widerrufserklärung	166
a) Empfangsbedürftige Willenserklärung	166
b) Rechtzeitigkeit des Widerrufs	166
c) Begründung	167
d) Formlose Erklärung	167
4. Rechtsfolgen	167
a) Rückgewährschuldverhältnis	167
b) Anspruch des Verbrauchers auf Rückzahlung des Werklohns	168
c) Anspruch des Unternehmers auf Rückgewähr der empfangenen Leistungen	168
d) Anspruch des Unternehmers auf Wertersatz	169
e) Verjährung der Ansprüche aus dem Rückgewährschuldverhältnis	172
VII. Absicherung von Abschlagszahlungen	172
1. Recht des Unternehmers auf Abschlagszahlungen – Notwendigkeit verbraucherschützender Vorschriften	173
a) Recht des Unternehmers auf Abschlagszahlungen	173
b) Notwendigkeit verbraucherschützender Vorschriften	174
2. Beschränkung der Höhe der Abschlagszahlungen	174
a) Gesamtbetrag der Abschlagszahlungen	174
b) Bemessungsgrundlage für die Obergrenze	176
c) Beweislast	176
d) Fälligkeit des Restbetrages	177
e) Diskrepanz zwischen Abschlagszahlung und Wertzuwachs	177

Inhaltsverzeichnis

	Seite
3. Vertragserfüllungssicherheit	177
a) Höhe der Vertragserfüllungssicherheit	178
b) Wahl der Sicherungsmittel	178
c) Gesicherte Ansprüche	179
d) Leistungsverweigerungsrecht	179
4. Gleichlauf der Sicherungsinstrumente	181
5. Klauselverbot	182
VIII. Bauhandwerkersicherung	183
1. Verbraucherprivileg	183
a) Anwendungsbereich gemäß § 648a Abs. 6 S. 1 Nr. 2 BGB aF	183
b) Gesetzgeberische Intention	184
c) Anwendungsbereich nach § 650 f Abs. 6 S. 1 Nr. 2 BGB	184
2. Vereinbarung einer Bauhandwerkersicherung im Anwendungsbereich des Verbraucherbauvertrages	185
a) Abschlagszahlungen als Grund für die Unwirksamkeit einer Vereinbarung über die Bauhandwerkersicherung	185
b) Bauhandwerkersicherung bis zur Höhe der nächsten Abschlagszahlung	186
c) Bauhandwerkersicherung in Höhe von 20 % der vereinbarten Vergütung	186
IX. Erstellung und Herausgabe von Unterlagen, § 650n BGB	187
1. Bisherige Rechtslage	187
2. Pflicht zur Herausgabe von Planungsunterlagen, § 650n Abs. 1 BGB	189
a) Gegenständlicher Anwendungsbereich	189
b) Zeitlicher Anwendungsbereich	189
c) Öffentlich-rechtliche Relevanz	189
3. Pflicht zur Herausgabe von Unterlagen, § 650n Abs. 2 BGB	192
a) Planungsunterlagen	192
b) Verwendbarkeitsnachweise nach dem Bauprodukterecht	193
c) Nachweise nach dem EEWärmeG	194
d) Energieausweis nach § 16 EnEV	195
e) Bautagebücher	195
4. Herausgabepflicht nach § 650n Abs. 3 BGB	195
5. Rechtsfolgen	196
a) Klagbarer Erfüllungsanspruch	196
b) Mängelrechte	196
c) Abnahmeverweigerung	197
d) Leistungsverweigerungsrecht	197
e) Rücktritt	197
6. Verjährung	197
7. Kritik	198
X. Unabdingbarkeit	199
§ 6 Bauträgervertrag	**201**
I. Der gesetzliche Bauträgervertrag – Einleitung	201
II. Legaldefinition des Bauträgervertrages, § 650u Abs. 1 BGB	202
1. Tatbestandliche Bauträgerleistungen	202
a) Errichtung eines Hauses oder eines vergleichbaren Bauwerks	203
b) Kaufvertragsrecht für Verträge ohne Herstellungsverpflichtung?	203
c) Umbau eines Hauses oder eines vergleichbaren Bauwerks	204
d) Abgrenzung zur Bauträgertätigkeit i. S. v. § 34c GewO	205
2. Verweis auf Werk- und Kaufvertragsrecht	206
3. Übersicht	207
III. Anwendung des Werkvertragsrechts	208
1. Abschlagszahlungen, § 632a BGB	208
a) Kein gesetzlicher Anspruch auf Abschlagszahlungen	208
b) Leistungsverweigerungsrecht	208
c) Beweislast	209

Inhaltsverzeichnis

	Seite
2. Sach- und Rechtsmängelhaftung, §§ 633 ff. BGB	209
3. Verjährungsvorschriften, § 634a BGB	209
4. Abnahme, §§ 640, 641 BGB	209
a) Fiktive Abnahme	210
b) Teilabnahme – Abnahme des Gemeinschaftseigentums	211
5. Freies Kündigungsrecht, § 648 BGB	213
6. Kündigung aus wichtigem Grund, § 648a BGB	214
IV. Anwendung des Bauvertragsrechts	215
1. Zustandsfeststellung bei Verweigerung der Abnahme, § 650g Abs. 1 bis 3 BGB	215
2. Schlussrechnung, § 650g Abs. 4 BGB	216
a) Schlussrechnungserfordernis beim Bauvertrag	216
b) Rechtslage nach früherem Recht	216
c) Übertragung der Schlussrechnung auf Bauträgervertrag	217
d) Inhalt der Schlussrechnung beim Bauträgervertrag	217
e) Verhältnis zu § 3 MaBV	218
f) Auswirkung auf die Verjährung der Vergütung	218
3. Abnahme, § 650g Abs. 4 BGB	219
a) Bisheriges Recht	219
b) Abnahme als Fälligkeitsvoraussetzung	220
4. Kein Anordnungsrecht des Erwerbers nach § 650b, § 650c und 650d BGB	220
5. Keine Bauhandwerkersicherungshypothek gem. § 650e BGB	221
6. Keine Bauhandwerkersicherheit nach § 650f Abs. 6 Nr. 2 BGB	222
V. Anwendung des Verbraucherbauvertragsrechts	223
1. Baubeschreibungspflicht, §§ 650j, 650k Abs. 2 und 3 BGB	223
a) Vorvertragliche Baubeschreibungspflicht – Mindestinhalt des Prospekts	224
b) Klare und verständliche Darstellung	225
c) Funktionale Baubeschreibung	226
d) Baubeschreibung als Inhalt des Vertrages	227
e) Rechtsfolgen unzureichender Baubeschreibung	228
f) Fertigstellungszeitpunkt	229
2. Kein Widerrufsrecht gem. § 650l BGB	229
a) Zweck	229
b) Generalunternehmermodell	230
c) Sonderwunschverträge	230
3. Sicherung von Abschlagszahlungen, § 650m Abs. 2, 3 BGB	231
a) Zweck	231
b) Gesetzlicher Anspruch und Abdingbarkeit	231
c) Verhältnis zur Sicherung nach §§ 3 und 7 MaBV	232
d) Gesicherte Ansprüche	232
e) Keine Begrenzung der Höhe nach	233
f) Abweichende Individualvereinbarungen	234
4. Herausgabe von Unterlagen, § 650n BGB	234
a) Eingeschränkte gesetzliche Dokumentationspflicht nach § 650n BGB	234
b) Vertragliche Dokumentationspflicht	237
c) Rechtsfolgen	238
5. Unabdingbare Vorschriften, § 650o BGB	238
VI. Kaufrechtliche Vorschriften	239
1. Erfasste Ansprüche: Übereignung und Leistungsstörungen	239
2. Besitzverschaffungs- und Übereignungsanspruch	240
3. Sach- und Rechtsmängelhaftung	240
4. Haftungsausschluss, Haftungsbeschränkung	241
5. Ausübungsbefugnisse der Wohnungseigentümergemeinschaft für kaufrechtliche Ansprüche	242
a) Zuständigkeit der Gemeinschaft für kaufrechtliche Ansprüche	242
b) Inhalt und Umfang der Mängelrechte	243

Inhaltsverzeichnis

	Seite
VII. Abschlagszahlungen, § 650v BGB	244
1. Fortgeltung der Zahlungsmodelle der MaBV	244
2. Leistungsverweigerungsrecht bei Mängeln, § 632a Abs. 1 S. 2 BGB	247
3. Vertragserfüllungssicherheit, § 650m Abs. 2 und 3 BGB	247
VIII. Übergangsrecht	247
1. Inkrafttreten	247
2. Übergangsrecht	247
§ 7 Kaufrechtliche Mangelhaftung	**249**
I. Hintergrund, wesentliche Ziele und Systematik der Neuregelung	249
1. Anlass der Neuregelung	249
2. Historie des Gesetzgebungsvorhabens	249
a) Dachziegel-Fall	249
b) Parkettstäbe-Fall	249
c) EuGH-Urteil	250
d) Fliesen-Folgeentscheidung	250
e) Granulat-Fall	250
f) Gesetzesentwürfe	250
3. Ziele der Neuregelung	251
4. Wesentliche Inhalte der Neuregelungen im Überblick	252
5. Systematik	252
II. Umfang der Nacherfüllung beim Kauf	252
1. Rechte und Pflichten der Kaufvertragsparteien	252
2. Modifizierter Erfüllungsanspruch	253
a) Wahlrecht des Käufers	254
b) Fälligkeit des Anspruchs	254
c) Leistungsverweigerungsrecht	255
3. Nacherfüllungsverlangen	255
a) Gläubigerobliegenheit	256
b) Voreilige Selbstvornahme	256
c) Anforderungen an die Fristsetzung	256
d) Bitte um schnelle Behebung	257
e) Entbehrlichkeit der Fristsetzung	257
4. Einbau der Kaufsache	258
a) Bestimmungsgemäßer Einbau	258
b) Anbringen	259
c) Erweiterter Anwendungsbereich?	259
d) Veränderung der Kaufsache	260
5. Tragung der Ein- und Ausbaukosten	260
a) Umsetzung der Rechtsprechung des EuGH	261
b) Anspruchsgrundlage	261
c) Kostenzuweisungsnorm?	261
d) Folgenbeseitigungsanspruch	262
6. Anbringen	262
a) Neues Rechtsinstitut	262
b) Rücknahmepflicht	263
7. Änderung durch Bearbeitung	264
8. Sach- und fachgerechter Einbau	264
9. Mangelhafte Nacherfüllung	264
10. Schäden an anderen Sachen des Käufers	264
11. Verschlechterung der Kaufsache	265
12. Verbesserung der Sache durch Nacherfüllung	265
13. Vereinbarungen über die Kostentragung	265
III. Ausschluss der Nacherfüllung	266
1. Verweigerung nach § 439 Absatz 4 BGB	266
2. Unmöglichkeit nach § 275 BGB	266

Inhaltsverzeichnis

	Seite
3. Unmöglichkeit bei nicht vollständiger Reparatur?	267
4. Kenntnis des Käufers vom Mangel	267
a) Kenntnis bei Vertragsschluss	267
b) Kenntnis bei Einbau	268
c) Abdingbarkeit	268
IV. Nacherfüllungsort und Transportkosten	268
1. Erfüllungsort der Nacherfüllung	268
2. Entwicklung der Rechtsprechung	269
3. Auffassungen in der Literatur	270
4. Eigener Standpunkt	271
V. Kostenvorschuss beim Kauf	271
1. Der Kostenvorschussanspruch beim Werkvertrag	272
2. Analogie zum Werkvertragsrecht beim Kauf?	273
3. Analoge Anwendung anderer Regelungen?	273
4. Kostenvorschuss für Transportkosten	273
5. Gesetzliche Neuregelung	274
6. Rechtsfolgen	275
VI. Lieferantenregress	275
1. Wesentlicher Inhalt der Neuregelungen im Überblick	275
2. Systematik	275
3. Leitbildcharakter der Neuregelung	275
4. Geltungsbereich	276
5. Keine erforderliche Fristsetzung	277
6. Regress in der Lieferkette	277
7. Rügeobliegenheit nach § 377 HGB	278
a) Grundsätze der kaufmännischen Rügeobliegenheit	278
b) Sofortige Rüge	279
c) Umfang der Prüfungs- und Rügeobliegenheit	279
d) Verlust von Ansprüchen	281
e) Vertragliche Vereinbarungen	281
8. Verjährung von Rückgriffsansprüchen	281
VII. Unberechtigte Mängelrüge	282
1. Unberechtigtes Nacherfüllungsverlangen	282
2. Kostentragung für Untersuchung	282
VIII. Besonderheiten des Verbrauchsgüterkaufes	282
1. Begriff des Verbrauchsgüterkaufes	283
2. Anwendbare Vorschriften	284
3. Kostenvorschussanspruch	284
4. Verbot abweichender Vereinbarungen	284
5. Beweislastumkehr	284
7. Unternehmerregress	285
8. Sonderbestimmungen für Garantien	286
9. Abdingbarkeit durch Allgemeine Geschäftsbedingungen	286
IX. Übergangsvorschriften	286

Anhang

1. Inhaltsübersicht über die geänderten Vorschriften	287
2. Synopse: Änderungen des BGB, EGBGB, GVG	288

Sachregister 321

Materialien- und Literaturverzeichnis

1. Materialien

Abschlussbericht der Arbeitsgruppe Bauvertragsrecht beim Bundesministerium der Justiz vom 18.6.2013, abrufbar unter http://www.bmjv.de/SharedDocs/Gesetzgebungsverfahren/Dokumente/Abschlussbericht_AG_Bauvertragsrecht.pdf?__blob=publicationFile&v=1, Seite zuletzt besucht am 28.6.2017

Referentenentwurf des Bundesministeriums der Justiz und für Verbraucherschutz vom 24.9.2015, abrufbar unter https://www.bmjv.de/SharedDocs/Gesetzgebungsverfahren/Dokumente/RefE_Bauvertragsrecht.pdf?__blob=publicationFile&v=2

Gesetzentwurf der Bundesregierung, Entwurf eines Gesetzes zur Reform des Bauvertragsrechts und zur Änderung der kaufrechtlichen Mängelhaftung, BT-Drs. 18/8486

Stellungnahme des Bundesrates zum Gesetzentwurf des Bundesregierung, BT-Drs. 18/8486, 81 ff.

Beschlussempfehlung und Bericht des Ausschusses für Recht und Verbraucherschutz BT-Drs. 18/11437

Stellungnahme des Deutschen Baugerichtstages e. V. zum Referentenentwurf eines Gesetzes zur Reform des Bauvertragsrechts und zur Änderung der kaufrechtlichen Mängelhaftung, abrufbar unter http://www.heimann-partner.com/dbgt/mp-content/user_upload/dateien/stellungnahme%20RegE.pdf, Seite zuletzt besucht am 29.6.2017

Richtlinie 1999/44/EG zu bestimmten Aspekten des Verbrauchsgüterkaufs und der Garantien f. Verbrauchsgüter, ABl. 1999, Aktenzeichen L 171/12

Baurechtlicher Ergänzungsentwurf zum Schuldrechtsmodernisierungsgesetz. Der Arbeitskreis Schuldrechtsmodernisierungsgesetz des Instituts für Baurecht Freiburg e. V. (IfBF), http://www.ifbf.de/downloads/arbeitskreis.pdf., Seite zuletzt besucht am 28.6.2017

Richtlinie 2011/83/EU des Europäischen Parlaments und des Rates vom 25.10.2011, ABl. L 304/64

Richtlinie 93/13/EWG über missbräuchliche Klauseln in Verbraucherverträgen, ABl. Nr. L 95/29

Richtlinie 2002/65/EG des Europäischen Parlaments und des Rates vom 23.9.2002 über den Fernabsatz von Finanzdienstleistungen an an Verbraucher und zur Änderung der Richtlinie 90/619 EWG des Rates und der Richtlinie 97/7/EG und 98/27/EG, ABl. L 271/16

Gesetzesentwurf der Bundesregierung, Entwurf eines Gesetzes zur Umsetzung der Verbraucherrechterichtlinie und zur Änderung des Gesetzes zur Regelung der Wohnungsvermittlung, BT-Drs. 17/12637

Gesetzesentwurf des Bundesrates, Entwurf eines Gesetzes zur Sicherung von Werkunternehmeransprüchen und zur verbesserten Durchsetzung von Forderungen (Forderungssicherungsgesetz – FoSiG), BT-Drs. 16/511

Gesetzesbeschluss des deutschen Bundestages, Gesetz zur Reform des Bauvertragsrechts, zur Änderung der kaufrechtlichen Mängelhaftung, zur Stärkung des zivilprozessualen Rechtsschutzes und zum maschinellen Siegel im Grundbuch- und Schiffsregisterverfahren, BR-Drs. 199/17

Gesetzesentwurf der Fraktionen SPD und BÜNDNIS 90/DIE GRÜNEN, Entwurf eines Gesetzes zur Beschleunigung fälliger Zahlungen, BT-Drs. 14/1246

Gesetzesentwurf der Bundesregierung, Entwurf eines Gesetzes zur Änderung des Bürgerlichen Gesetzbuchs (Bauhandwerkersicherungsgesetz), BT-Drs. 12/1836

Literaturverzeichnis

2. Kommentare, Monografien

Althaus/Heindl	Der öffentliche Bauauftrag, 2. Auflage 2013
Basty	Der Bauträgervertrag, 8. Auflage 2014
Simon/Busse	Bayerische Bauordnung Band I 2008
Beck'scher Kommentar	VOB Teil B, 3. Auflage 2013
Beck'sches Notar-Handbuch	Hrsg. Heckschen/Herrler/Starke, 6. Aufl. 2015
BeckOGK	beck-online.GROSSKOMMENTAR GesamtHrsg: Gsell/Krüger/Lorenz/Mayer, Stand 1.5.2017
BeckOK	BGB, 42. Edition, Stand 1.2.2017
Blank	Bauträgervertrag, 5. Aufl. 2015
Grziwotz (Hrsg.)	MaBV, 2. Aufl. 2012
Ingenstau/Korbion	VOB, 20. Auflage 2017
Kapellmann/Messerschmidt	VOB, 5. Auflage 2015
Kleine-Möller/Merl/Glöckner (Hrsg.)	Handbuch des privaten Baurechts, 5. Aufl. 2014
Kniffka/Koeble	Kompendium des Baurechts, 4. Auflage 2014
Kniffka	ibr-online-Kommentar, Stand 12.5.2017
Koeble/Grziwotz (Hrsg.)	Handbuch Bauträgerrecht, 2004
Korbion/Mantscheff/Vygen	HOAI, 9. Auflage 2016
Locher/Koeble/Frik	HOAI, 13. Auflage 2017
Marcks	MaBV, 9. Aufl. 2014
Messerschmidt/Voit (Hrsg.)	Privates Baurecht, 2. Aufl. 2012
Musielak/Voit	ZPO, 14. Auflage 2017
Münchener Kommentar	BGB, Bd. 1, Allgemeiner Teil, 7. Auflage 2015
Münchener Kommentar	BGB, Bd. 2, Schuldrecht AT, 7. Auflage 2016
Münchener Kommentar	BGB, Bd. 11, IPR II, IntWR, Art. 25–248 EGBGB, 6. Auflage 2015
Münchener Kommentar	BGB, Bd. 4, Schuldrecht BT II, 6. Auflage 2012, 7. Auflage 2016
Palandt	BGB, 76. Auflage 2017
Pause	Bauträgerkauf und Baumodelle, 5. Auflage 2011
Prütting/Wegen/Weinreich	BGB, 12. Auflage 2017
Tamm/Tonner	Verbraucherrecht, 2. Auflage 2016

3. Sonstige Veröffentlichungen

Augenhofer/Appenzeller/Holm	Nacherfüllungsort und Aus- und Einbaukosten, JuS 2011, 680
Basty	Forderungssicherungsgesetz und Bauträgervertrag, DNotZ 2008, 891
Berger	Vorteilsausgleich nach der Rechtsprechung des BGH, Abzug neu-für-alt, Sowieso-Kosten – wem gebührt die „Habenseite der Schadensbilanz"?, BauR 2013, 325
Billen	Das neue gesetzliche Bauvertragsrecht, BauR 2016, 1537
Blank	Die rechtliche Einordnung des Veräußerungsvertrages über ein bereits hergestelltes Objekt, Festschrift Thode, 2005, S. 233
Brambring	Schuldrechtsreform und Grundstückskaufvertrag, DNotZ 2001, 904
Brors	Die Bestimmung des Nacherfüllungsorts vor dem Hintergrund der Verbrauchsgüterkaufrichtlinie, NJW 2013, 3329

Literaturverzeichnis

Cziupka	Käuferirrtum bei der Bestimmung des Nacherfüllungsorts, NJW 2013, 1043
Dammert	Haftungsverbund zwischen Bauunternehmer und Planer, Festschrift Ganten, 2007, S. 3
Dammert	Das geplante Gesetz zur Reform des Bauvertragsrecht – Architekten- und Ingenieurvertrag, BauR 2017, 421
Dauner-Lieb	Die geplante Änderung der kaufrechtlichen Mängelhaftung – Der Referentenentwurf des Bundesjustizministeriums, NZBau 2015, 684
Derleder	Der Bauträgervertrag nach der Schuldrechtsmodernisierung, NZBau 2004, 237
Dötsch	Und nochmal: Keine Bindung eines „Nachzüglers" an frühere „Abnahme", ZWE 2016, 315
Enaux	Der Vorschussanspruch nach der Schuldrechtsreform, Baurecht im Wandel, Festgabe für Steffen Kraus, 2003, 15
Faust	Anmerkung zu BGH, Urteil vom 15.11.2006 – VIII ZR 3/06, JuS 2007, 284
Fischinger	Der Rückforderungsanspruch des vorbehaltlos für die Nachbesserung zahlenden Käufers, NJW 2009, 563
Franz/Althaus/Berner/Oberhauser	Zuschläge für Allgemeine Geschäftskosten bei der Berechnung der Vergütung für geänderte und zusätzliche Leistungen auf der Basis von tatsächlich erforderlichen Kosten, BauR 2015, 1221 ff.
Fuchs	Die Mängelhaftung des Bauträgers bei der Altbausanierung, BauR 2007, 264
Glöckner	BGB-Novelle zur Reform des Bauvertragsrechts als Grundlage effektiven Verbraucherschutzes – Teil 1, VuR 2016, 123
Glöckner	BGB-Novelle zur Reform des Bauvertragsrechts als Grundlage effektiven Verbraucherschutzes – Teil 2, VuR 2016, 163
Glöckner	Die Folgen der Verbraucherrechterichtlinie und ihre Umsetzung für Bauverträge, BauR 2014, 411
Glöckner	Bauträgervertrag und Transparenz, Festschrift Koeble, 2010, S. 271
Grziwotz	Waffengleichheit im Bauträgervertrag, Festschrift Thode, 2005, S. 243
Gsell	Nacherfüllungsort beim Kauf und Transportlast des Käufers, JZ 2011, 988
Gutzeit	Gibt es einen kaufrechtlichen Ausbesserungsanspruch?, NJW 2007, 956
Halstenberg	Die aktuellen Entwicklungen im Bauproduktenrecht und die zivilrechtlichen Konsequenzen, BauR 2017, 356
Hertel	Werkvertrag und Bauträgervertrag nach der Schuldrechtsreform, DNotZ 2002, 6
Hertzberg	Die Selbstvornahme des Käufers bei der Mängelbeseitigung, Festschrift für Ulrich Huber, 2006, 339
Höpfner	Anforderungen an die Fristsetzung – Bestimmtheitsgebot und Angemessenheit der Frist, NJW 2016, 3633
Höpfner	Von Dachziegeln und Bodenfliesen – Zur Frage der Rücknahme- und Ausbaupflicht des Verkäufers im Fall der Nacherfüllung, ZGS 2009, 270
Horn	Der kaufrechtliche Ausbesserungsanspruch – Nachbesserung um den Preis eines neuen Mangels, NJW 2017, 289
Huber	Der Nacherfüllungsanspruch im neuen Kaufrecht, NJW 2002, 1004
Jaensch	Der Umfang der kaufrechtlichen Nacherfüllung, NJW 2012, 1025
Kaiser	Fernwirkungen des europarechtlich geprägten Kaufrechts auf das Baurecht, BauR 2013, 139
Kaiser	EuGH zum Austausch mangelhafter eingebauter Verbrauchsgüter, JZ 2011, 978
Kanzleiter	Der Schutz des Erwerbers durch Vormerkung im Bauträgervertrag, Festschrift Wenzel, S. 309
Karczewski/Vogel	Abschlagszahlungspläne im Generalübernehmer- und Bauträgervertrag, BauR 2001, 859
Kimpel	Der Entwurf des gesetzlichen Bauvertragsrechts aus Sicht des gewerblichen Unternehmers, NZBau 2016, 734

Literaturverzeichnis

Kniffka	Aufklärungspflicht des Bauunternehmers nach der Abnahme – zur Sekundärhaftung des Unternehmers, Festschrift für Wolfgang Heiermann, 1995, 201
Kniffka	Der Ring im See oder die Varianten der Unverhältnismäßigkeit, Baurecht im Wandel, Festgabe für Steffen Kraus, 2003, 115
Kniffka	Gesetzesinitiative Bauvertragsrecht, BauR 2016, 1533
Kniffka	Das neue Bauvertragsrecht, Vortragsskript vom 3.3.2017
Köhler	Zur Rechtsnatur der Mängelhaftung bei der Veräußerung neu errichteter Bauwerke, NJW 1984, 1321
Kramme	Die Einbeziehung von Pflichtinformationen in Fernabsatz- und Außergeschäftsraumverträge, NJW 2015, 279
Kuhn	Überschießende Umsetzung bei mindest- und vollharmonisierenden Richtlinien: Einheitliche oder gespaltene Anwendung, EuR 2015, 216
Langen	Änderung des Werkvertragsrechts und Einführung eines Bauvertragsrechts, Der Referentenentwurf des Bundesjustizministeriums, NZBau 2015, 658 ff.
Langen	Erweiterte Hersteller- und Lieferantenhaftung nach neuem Recht – eine Zwischenbilanz, BauR 2017, 333.
Lenkeit	Das modernisierte Verjährungsrecht, BauR 2002, 196
Lenkeit	Gekauftes Baumaterial mangelhaft: Käufer kann Vorschuss für Mängelbeseitigung verlangen!, IBR 2012, 262
Lenkeit	Das neue Widerrufsrecht für Verbraucher bei Verträgen am Bau – Teil 1, BauR 2017, 454
Lenkeit	Das neue Widerrufsrecht für Verbraucher bei Verträgen am Bau – Teil 2, BauR 2017, 615
Leupertz	Es geht doch! BauR 2017, Heft 5 – Editorial
Leupertz/Vygen	Der Bauvertrag und sein gesetzliches Leitbild, Baurecht als Herausforderung, Festschrift für Horst Franke, 2009, 229
Litzenburger	Das Ende des vollständigen Gewährleistungsausschlusses beim Kaufvertrag über gebrauchte Immobilien, NJW 2002, 1244
Lorenz	Nacherfüllungsanspruch und Obliegenheiten des Käufers: Zur Reichweite des „Rechts zur zweiten Andienung", NJW 2006, 1175
Lorenz	Die Reichweite der kaufrechtlichen Nacherfüllungspflicht durch Neulieferung, NJW 2009, 1633
Lotz	Bauunterlagen und Dokumentation, BauR 2012, 157
Malotki	Die unberechtigte Mängelbeseitigungsaufforderung; Ansprüche des Unternehmers auf Vergütung, Schadens- oder Aufwendungsersatz, BauR 1998, 682
Mandelkow	Technische Nachweise beim Bauen – Gesetzliche Verpflichtung statt inhaltsleerer Absichtserklärung!, BauR 2007, 1474
Mankowski	Das Zusammenspiel der Nacherfüllung mit den kaufmännischen Untersuchungs- und Rügeobliegenheiten, NJW 2006, 865
Mankowski	Anmerkungen zu BGH, Urteil vom 26.10.2016 – VIII ZR 240/15, NJW 2017, 156
Mankowski	Nachbesserung und Verbesserung beim Kauf, NJW 2011, 1025
Masuch	Musterhafte Widerrufsbelehrung des Bundesjustizministeriums?, NJW 2002, 2931
Meier	Die kaufmännische Rügepflicht am Bau, IBR 2012, 1000
Merl	Folgen unzureichender und unzutreffender Mängelbeseitigungsverlangen, Festschrift für Carl Soergel, 1993, 217
Nicklisch	Empfiehlt sich eine Neukonzeption des Werkvertragsrechts? – unter besonderer Berücksichtigung komplexer Langzeitverträge, JZ 1984, 757 ff.
Orlowski	Das gesetzliche Bauvertragsrecht – Übersicht und Stellungnahme zum Gesetzentwurf der Bundesregierung, ZfBR 2016, 419 ff.
Ott	Die Auswirkung der Schuldrechtsreform auf Bauträgerverträge und andere aktuelle Fragen des Bauträgerrechts, NZBau, 2003, 233
Pause	Verbraucherbaurecht und Bauträgerrecht – zugleich ein Ausblick auf weitere Entwicklungen im Gesetzgebungsverfahren, BauR 2017, 430
Pause	Abschlagszahlungen und Sicherheiten nach § 632a BGB, BauR 2009, 898

Literaturverzeichnis

Pause	Erwerb modernisierter, sanierter und ausgebauter Altbauten vom Bauträger, BauR 2000, 234
Pause	Auswirkungen der Schuldrechtsmodernisierung auf den Bauträgervertrag, NZBau 2002, 648
Pause	Intransparente Baubeschreibungen im Bauträgervertrag, Festschrift Thode, 2005, 275
Pause	Die Entwicklung des Bauträgerrechts seit 2001, NZBau 2006, 342
Pause	Bauträgererwerb: Gesetzliche Defizite bei der Abnahme und der Mängelhaftung, ZfIR 2006, 356
Pause	Bauträgerverträge – Strukturelle Probleme und unzulässige Klauseln, ZfIR 2014, 127
Pause	Unwirksamkeit von Fristenangleichungsklauseln für Nachzügler in Bauträgerverträgen, NZBau 2017, 22
Pause/Vogel	Vorschläge zum Verbraucherbau- und zum Bauträgervertrag – Der Referentenentwurf des Bundesjustizministeriums, NZBau 2015, 667
Pause/Vogel	Die Folgen einer unwirksamen Abnahmeklausel im Bauträgervertrag, BauR 2014, 1628
Pause/Vogel	Vorschläge zum Verbraucherbau- und zum Bauträgervertrag, NZBau 2015, 667
Peters	Die fehlerhafte Planung des Bestellers und ihre Folgen, NZBau 2008, 609 ff.
Rath H.	Die wachsende Bedeutung des Kaufrechts am Bau – Auswirkungen auf die Arbeit des freiberuflich tätigen Architekten?, Festschrift für Wolfgang Koeble, 2010, 457
Rath H./Rath L.	Gebietet die „Parkettstäbe Entscheidung" des BGH eine Neubestimmung des werkvertraglichen Nacherfüllungsanspruchs? – These und Antithese – Recht und Baurecht – ein Leben, Festschrift für Quack, 2009, 197
Rott	Anmerkung zum Urteil EuGH (Erste Kammer), Urt. v. 4.6.2015 – C-497/13 (Faber/Autobedrijf Hazet Ochten), EuZW 2015, 556
Sienz	Das Transparenzgebot beim Bauträgervertrag, BauR 2009, 361
Schlie	Der Anspruch des Auftraggebers auf Herausgabe von Bauunterlagen, BauR 2014, 905
Schmidt-Räntsch	Aktuelle Rechtsprechung zur Verkäuferhaftung beim Immobilienkauf, ZfIR 2017, 333
Schramke/Keilmann	Das Anordnungsrecht des Bestellers und der Streit um die Vergütung, Eine kritische Auseinandersetzung mit §§ 650b, 650c BGB-E, NZBau 2016, 333
Schröder	Die Dogmatik der Bedenkenanmeldung und deren Folgen, BauR 2015, 319
Schucht	Vorrang des europäischen Bauproduktenrechts vor nationalen Regimen der Produktverwendung, NZBau 2015, 592
Staudinger	Der Bauträgervertrag auf dem Prüfstand des Gemeinschaftsrechts, DNotZ 2002, 166
Stodolkowitz	Die Reichweite der Leistungspflicht des Verkäufers im Rahmen der Nacherfüllung, JA 2010, 492
Teichmann	Kauf- und Werkvertrag in der Schuldrechtsreform, ZfBR 2002, 13
Thode	Die wichtigsten Änderungen im BGB-Werkvertragsrecht – Schuldrechtsmodernisierungsgesetz und erste Probleme – Teil 1, NZBau 2002, 297
Ulbrich H./Ulbrich S.	Probleme der kaufmännischen Rügepflicht bei Werklieferungsverträgen in Verbindung mit Bauwerken, Festschrift für Reinhold Thode, 2005, 181
Virneburg	§ 651 BGB – Das Kuckucksei im Nest, Vortrag ARGE Baurecht 2008
Virneburg	Beschränkungen der Haftung in der vertikalen Leistungskette, Partner im Gespräch (PiG) Band 102, 2016, 65
Vogel	Fallstricke bei der Verfolgung von Mängelansprüchen, ZWE 2016, 442
Vogel/Karczewski	Abschlagszahlungspläne im Generalübernehmer- und Bauträgervertrag, BauR 2001, 859
Voit	Gedanken zum gesetzlichen Leitbild des Bauvertrages bei der AGB-Kontrolle, Rechtshandbuch des ganzheitlichen Bauens, Festschrift für Hans Ganten, 2007, 26
Wagner	Bauverträge mit Verbrauchern, BauR 2013, 393

Literaturverzeichnis

Wendehorst	Das neue Gesetz zur Umsetzung der Verbraucherrechterichtlinie, NJW 2014, 577
Weglage/Sitz	Kaufrecht am Bau, NZBau 2011, 457
von Westphalen	AGB-Recht ins BGB – Eine erste Bestandsaufnahme, NJW 2002, 12
Winz/Scheef	Die Rügepflicht im Anlagenbau, BauR 2013, 655

§ 1 Einleitung

I. Hintergrund der baurechtlichen Neuregelung

1. Entwicklungen des Bauvertragsrechts in Deutschland

Einer der volkswirtschaftlich bedeutendsten Vertragstypen, der Bauvertrag, war bisher im deutschen Recht nur sehr unvollkommen geregelt. Der Gesetzgeber des Deutschen Bürgerlichen Gesetzbuches von 1900 ging davon aus, dass auf die Erbringung von Bauleistungen gerichtete Verträge durch die Vorschriften über den Werkvertrag (§§ 631 ff. BGB) erfasst würden, berücksichtigte die besonderen Bedürfnisse der Vertragsparteien bei solchen Verträgen aber nur in wenigen Vorschriften.[1] Diese Regelungen des Werkvertragsrechtes sind nicht geeignet, die Komplexität eines auf einen längeren Erfüllungszeitraum angelegten Bauvertrages zu erfassen.[2] Wesentliche Fragen des Bauvertragsrechts sind nicht geregelt, sondern den Vereinbarungen der Parteien und der kaum zu überblickenden Rechtsprechung überlassen. Das Fehlen klarer gesetzlicher Vorgaben erschwerte einerseits eine interessengerechte und ökonomisch sinnvolle Gestaltung und Abwicklung von Bauverträgen. Andererseits mangelte es an einem gesetzlichen Leitbild für die AGB-Kontrolle.[3] Der Deutsche Juristentag 1984 hielt eine Neukonzeption des Werkvertragsrechtes nicht für erforderlich; die Schuldrechtsmodernisierung des Jahres 2002 nahm im Wesentlichen nur eine sprachliche Anpassung wegen der Änderung des Leistungsstörungsrechts und der Bestimmungen zum Kaufrecht vor. Der baurechtliche Ergänzungsentwurf[4] des Instituts für Baurecht Freiburg blieb unbeachtet. Mit dem Forderungssicherungsgesetz 2009 wurden eher Fehler der vorherigen Gesetzgebung korrigiert als eine Kodifikation des Bauvertrages geschaffen.

Der Verbraucher wendet für die Errichtung und den Umbau eines Hauses einen wesentlichen Teil seiner wirtschaftlichen Ressourcen auf. Unerwartete Mehrkosten durch die nicht rechtzeitige oder mangelhafte Fertigstellung des Baus oder die Insolvenz des beauftragten Bauunternehmers können gravierende Auswirkungen haben. Gleichwohl wurde weder im Rahmen der Schuldrechtsreform noch bei der Umsetzung der Verbraucherrechterichtlinie dem Erfordernis Rechnung getragen, besondere Verbraucherschutzvorschriften am Bau einzuführen, wie sie für Verbraucher in anderen wichtigen Rechtsbereichen bestehen.

2. Baugerichtstag

Im Jahre 2006 wurde der 1. Deutsche Baugerichtstag ins Leben gerufen mit dem Ziel der Verbesserung der baurechtlichen Rahmenbedingungen durch die Schaffung eines Bauvertragsgesetzes. Es ging vor allem darum, ein gesetzliches Leitbild des Bauvertrages zu schaffen, das die Auseinandersetzung rechtlich versachlicht und die Baubeteilig-

---

[1] *Glöckner* VuR 2016, 123 mit einer ausführlichen Darstellung der Entwicklung des Bauvertragsrechts und der Historie des Gesetzgebungsvorhabens; zur Rechtsgeschichte vor dem BGB Schröder BauR 2015, 319 (326 ff.).
[2] *Kniffka*, Vortragsskript vom 3.3.2017.
[3] S. hierzu *Voit*, FS Ganten, 26; *Leupertz/Vygen*, FS Franke, S. 229.
[4] Baurechtlicher Ergänzungsentwurf zum Schuldrechtsmodernisierungsgesetz., Der Arbeitskreis Schuldrechtsmodernisierungsgesetz des Instituts für Baurecht Freiburg e. V. (IfBF).

ten bei Vertragsschluss, während der Durchführung des Vertrages und auch in einer nachvertraglichen Auseinandersetzung zu einem kooperativen Verhalten anhalten soll.[5] Es sollten klare Rechtsregeln geschaffen werden und zudem die Konfliktlösungsmodelle, zu denen das gerichtliche Verfahren genauso gut gehört wie die außergerichtlichen Verfahren, so entwickelt werden, dass sie die Standardprobleme bei Baustreitigkeiten in den Griff bekommen und eine schnelle und wirtschaftliche Konfliktlösung fördern.[6] In vielen Arbeitskreisen der bisher 6 Deutschen Baugerichtstage haben hoch spezialisierte Baurechtler, aber auch eine Vielzahl Anderer am Bau Beteiligter und an der Entwicklung eines Bauvertragsrechts Interessierter an der Entwicklung von Ideen hierzu unter Ausarbeitung von Thesen gearbeitet. Die veröffentlichten Berichte über die Deutschen Baugerichtstage belegen dies eindrücklich.[7] Sie können zur historischen und teleologischen Auslegung des Gesetzes herangezogen werden.[8]

3. Gesetzgebungsverfahren

a) Arbeitsgruppe Bauvertragsrecht

4 Das Bundesministerium der Justiz hat 2010 einen Arbeitskreis Bauvertragsrecht gegründet, dem Vertreter aus allen Interessenbereichen des Privaten Baurechts, der Bauindustrie, des Baugewerbes, des Handwerks, der Verbraucherverbände, Vertreter der Architekten und Ingenieure, von Kreditinstituten und Versicherungen, der Bundesländer, der betroffenen Bundesministerien, Richter und Vertreter der Anwaltschaft sowie des Instituts für Baurecht Freiburg, der Deutschen Gesellschaft für Baurecht und des Deutschen Baugerichtstages, aber auch Vertreter der Wissenschaft angehörten. Auch Mitautoren dieses Buches haben in der Arbeitsgruppe mitgewirkt.

5 In über 40 Sitzungen wurden grundlegende Fragen und Probleme der bisherigen Bauvertragsabwicklung diskutiert und Lösungsvorschläge erarbeitet. Gefundene Zwischenergebnisse wurden nach Bearbeitung weiterer Themenkomplexe auf ihre Tragfähigkeit und Konsistenz zu den übrigen Regelungen überprüft. Die Besonderheiten des Architekten- und Ingenieurrechts wurden zudem in einer Unterarbeitsgruppe eingehend beraten. Bedauerlicherweise wurden die speziellen Regelungen zum Bauträgervertrag nicht in gleicher Weise diskutiert und in einer Unterarbeitsgruppe beraten, sondern aufgeschoben. Die 2014 gebildete neue Arbeitsgruppe Bauträgervertragsrecht ist in den vergangenen Jahren nicht einmal zu diskussionswürdigen Zwischenergebnissen gekommen. Damit wurden zwar für den Bauvertrag Regelungsvorschläge unterbreitet und auch die speziellen Anforderungen des Architekten- und Ingenieurvertrages berücksichtigt. Die auch aus Verbraucherschutzgesichtspunkten besonders regelungsbedürftige Materie des Bauträgervertrages blieb jedoch offen.

6 Am 18.6.2013 hat der Arbeitskreis seinen Abschlussbericht vorgelegt.[9] Auch infolge der umfangreichen Vorarbeit dieser Arbeitsgruppe ist die nunmehr beschlossene gesetzliche Kodifikation des Bauvertrags kein „Schnellschuss". Der Abschlussbericht der Arbeitsgruppe ist bei der Auslegung des Gesetzes von großem Wert.

---

[5] *Kniffka* BauR 2016, 1533.
[6] *Kniffka* BauR 2016, 1533.
[7] 1. DBGT BauR 2006, 1535 ff.; 2. DBGT BauR 2008, 1677 ff.; 3. DBGT BauR 2010, 1287 ff.; 4. DBGT BauR 2012, 1443 ff.; 5. DBGT BauR 2014, 1525 ff.; 6. DBGT BauR 2016, 1533 ff.
[8] *Kniffka*, Vortragsskript vom 3.3.2017.
[9] Vgl. Abschlussbericht der Arbeitsgruppe Bauvertragsrecht beim Bundesministerium der Justiz S. 13 ff., 15.

I. Hintergrund der baurechtlichen Neuregelung

b) Referentenentwurf

Unter dem 10.9.2015 legte das Bundesministerium der Justiz und für Verbraucherschutz[10] einen so genannten Referentenentwurf[11] vor, welcher auf dem Abschlussbericht der Arbeitsgruppe Bauvertragsrecht aufbaute und zu dem Stellungnahmen der interessierten Verbände bis November 2015 abgegeben wurden. Im Referentenentwurf wurden auch viele der Empfehlungen des Deutschen Baugerichtstags umgesetzt, manche Empfehlungen des DBGT oder der Arbeitsgruppe aber auch nicht. Einige Bereiche blieben ganz unbearbeitet. Von nun an war das Bauvertragsrecht für alle Betroffenen ein Thema. Es begann die politische Lobbyarbeit.[12]

c) Regierungsentwurf

Der Regierungsentwurf vom 2.3.2016[13] unterschied sich in wesentlichen Punkten von dem auf der jahrelangen und intensiven Vorarbeit beruhenden und durchaus gelungenen Referentenentwurf für das neue Bauvertragsrecht, dem „kurzerhand der substantielle Boden entzogen worden war[14]". Die in zahllosen Sitzungen der AG Bauvertragsrecht und auf drei Kongressen des Deutschen Baugerichtstags entwickelten und ebenso intensiv wie streitig diskutierten Regelungsvorschläge des Regierungsentwurfes, insbesondere zu den Anordnungsrechten und zur Preisanpassung hatten wenig mit dem Referentenentwurf und der Zielrichtung des Abschlussberichtes zu tun.[15] Zentrale Teile der gesetzlichen Neuregelungen waren daher über einen langen Zeitraum umstritten. Andere Teile hingegen nicht.

d) Beratungsergebnis des federführenden Ausschusses

Der Ausschuss für Recht und Verbraucherschutz hat nach Anhörung der Sachverständigen am 22.6.2016,[16] weiteren Konsultationen mit Experten sowie nach einem Änderungsantrag der Fraktionen Änderungen vorgenommen[17] und am 8.3.2017 abschließend beraten. Kernpunkte der Überarbeitung waren Änderungen des Einigungsmodells bei Nachträgen und eine Verzinsungsregelung für Zuvielforderungen auf Abschläge. Hinzu kam die Verständigung auf den Verzicht einer gesetzlichen Regelung zur Erstreckung bestimmter AGB bei der kaufrechtlichen Mängelhaftung auf den unternehmerischen Bereich sowie die seit Langem geforderte Einführung von Baukammern und Bausenaten bei den Gerichten.

e) Endgültige Gesetzesfassung

Mit den Änderungen des Rechtsausschusses wurde das Gesetz am 9.3.2017 in 3. Lesung vom Deutschen Bundestag beschlossen und gilt ab dem 1.1.2018.[18]

---

[10] Aufgrund des Koalitionsvertrages, Deutschlands Zukunft gestalten. Koalitionsvertrag zwischen CDU, CSU UND SPD, https://www.cdu.de/sites/default/files/media/dokumente/koalitionsvertrag.pdf, 81.
[11] Referentenentwurf des Bundesministeriums der Justiz und für Verbraucherschutz.
[12] *Kniffka* BauR 2016, 1533 (1534).
[13] BT-Drs. 18/8486.
[14] *Leupertz* BauR 2017, Heft 5 – Editorial.
[15] *Leupertz* BauR 2017, Heft 5 – Editorial.
[16] BT-Drs. 18/11437.
[17] Und „die Dinge wieder ein Stück weit ins Lot gerückt und das Schlimmste verhindern können", so *Leupertz* BauR 2017, Heft 5 – Editorial.
[18] Vgl. BGBl. 2017, 969.

4. Ausblick

11 Das Gesetz hat einige Punkte aus dem Abschlussbericht der Arbeitsgruppe nicht umgesetzt und einige dringende Probleme des Bauvertragsrechts nicht gelöst. Hierzu gehört unter anderem eine Regelung zur Enthaftung des Unternehmers bei Erfüllung seiner Bedenken- bzw. Hinweisobliegenheit und einer etwaigen Mitwirkung des Bestellers. Zu denken wäre auch an eine gesetzgeberische Leitlinie zur Behandlung von Bauverzögerungen und insbesondere zur Mängelhaftung vor der Abnahme. Weiter geführt werden muss die Diskussion zur möglichen Überkompensation des Bestellers bei der Anwendung der derzeitigen Rechtsprechung zum Schadenersatz.[19] Wesentliche Fragen des Haftungsverbunds von Architekten und Bauunternehmen blieben offen, ebenso die Lösungsansätze für eine Objektversicherung. Dringend erforderlich ist eine gesetzliche Regelung zum Bauträgervertrag unter Berücksichtigung der Forderungen aus den Arbeitskreisen des Deutschen Baugerichtstags und zur Umsetzung eines notwendigen Verbraucherschutzes, aber auch mit Blick auf die Überschneidungen, die sich zum Wohnungseigentumsrecht ergeben. Derzeit wird im Rahmen von Forschungsaufträgen untersucht, ob eine Verlängerung von Verjährungsfristen, zum Beispiel für Mängelansprüche, geboten ist und welche zusätzlichen Sicherungsmodelle geeignet sind, die Vertragspartner vor einem Ausfall mit ihren Ansprüchen zu schützen. Die Bundesregierung wird spätestens fünf Jahre nach Inkrafttreten des Gesetzes eine Evaluierung vornehmen.

II. Hintergrund der Neuregelungen zum Bauvertrag und zu den Allgemeinen Vorschriften

12 Der Werkvertrag regelt bisher einheitlich[20] die unterschiedlichsten Vertragsgegenstände, dh die neue Besohlung durchgelaufener Schuhe unterliegt den gleichen gesetzlichen Regelungen wie die Errichtung eines schlüsselfertigen Hochhauses. Auf die Komplexität der Bauabwicklung, insbesondere vor dem Hintergrund, dass für die Ausführung regelmäßig ein längerer Erfüllungszeitraum besteht, ist das gesetzliche Werkvertragsrecht nicht eingerichtet. Diese „Lücke" versuchen die Parteien dadurch zu schließen versucht, dass sie die VOB/B zur Vertragsgrundlage machen und/oder umfangreiche Vertragswerke abschließen. Die Praxis kommt mit diesen Instrumentarien zwar grundsätzlich zurecht, jedoch fehlt es an einem definierten gesetzlichen Leitbild des Bauvertrages sowohl für die AGB-rechtliche Inhaltskontrolle der vertraglichen Regelungen als auch der VOB/B selbst. Zudem bleiben trotz umfangreicher Rechtsprechung einige Punkte ungelöst bzw. kann die Rechtsprechung diese nur auf der Grundlage der bestehenden gesetzlichen Bestimmungen entscheiden. Beispielhaft sei hierzu nur die erst kürzlich entschiedene Frage, ob Mängelrechte bereits vor Abnahme bestehen, genannt.[21]

13 Diese unbefriedigende Situation wurde vielfältig problematisiert und va vom Deutschen Baugerichtstag aufgegriffen.[22] Dabei wurden auf den sechs bisher abgehaltenen Baugerichtstagen Empfehlungen zu diversen Themenkomplexen ausgesprochen, die

---

[19] *Kniffka*, Vortragsskript vom 3.3.2017.
[20] Mit Ausnahme der wenigen, nur für den „Bauvertrag" geltenden Vorschriften, zB § 648 BGB aF.
[21] BGH Urt. v. 19.1.2017 – VII ZR 301/13, NJW 2017, 1604; Urt. v. 19.1.2017 – VII ZR 235/15, NJW 2017, 1607; obgleich die Neuregelung diese Problematik nicht behandelt.
[22] S. → § 1 Rn. 1 ff.

Eingang in die Arbeitsgruppe Bauvertragsrecht beim Bundesministerium der Justiz fanden. Die im Abschlussbericht der Arbeitsgruppe aufgeführten Ergebnisse und Empfehlungen wurden im Gesetzgebungsverfahren leider nicht in der Bearbeitungstiefe und in dem Umfang behandelt und auch nicht in der Neuregelung umgesetzt.

Der Gesetzgeber hat für den Werkvertrag eine neue Struktur geschaffen und eigenständige Regelungen für den Bauvertrag getroffen. Diese enthalten eine Legaldefinition und Regelungen, die nur für den Bauvertrag gelten, Ergänzend gelten für den Bauvertrag die Regelungen der Allgemeinen Vorschriften (§§ 631–650 BGB). Diese wiederum gelten für sämtliche Werkverträge, dh für „kleinere" Werkverträge ebenso wie für den Bauvertrag und den Verbraucherbauvertrag sowie durch entsprechende Verweise teilweise für den Architekten- und Ingenieurvertrag.

Die wichtigste Neuregelung im Bauvertrag betrifft das Änderungsrecht des Bestellers sowie dessen Folgen für die Vergütung verbunden mit Erleichterungen für die Erlangung von Entscheidungen hierzu im einstweiligen Rechtsschutz. Daneben werden die Zustandsfeststellung bei Verweigerung der Abnahme und das Schriftformerfordernis für eine Kündigung des Bauvertrages fixiert. In den Allgemeinen Vorschriften erfahren die Abschlagszahlungen sowie die fiktive Abnahme eine Neuregelung. Zudem wird die Kündigung aus wichtigem Grund für den Werkvertrag normiert. Damit bleibt leider vielfältiger Regelungsbedarf (zB der funktionale Herstellungsbegriff, die Regelung der Bauzeit und der Ansprüche aus Störungen, die Prüfungs- und Hinweispflicht, die Rechte des Bestellers bei Mängeln vor Abnahme etc.) offen. Zudem bleibt abzuwarten, wie der DVA auf die Neuregelung reagiert und die VOB/B auf die neuen gesetzlichen Regelungen ausrichtet.

III. Hintergrund der verbraucherbauvertraglichen Neuregelungen

Der Verbraucher war vor Einführung der Vorschriften des Gesetzes zur Reform des Bauvertragsrechts gleich von zwei eklatanten Lücken in der gesetzgeberischen Konzeption betroffen: Auch für ihn bringen die neuen Regelungen im allgemeinen Werkvertragsrecht und die Einführung speziell für den Bauvertrag konzipierter Vorschriften die ersehnte Verbesserung der baurechtlichen Rahmenbedingungen durch ein Bauvertragsrecht mit einem gesetzlichen Leitbild des Bauvertrages.[23] Darüber hinaus sah sich der Verbraucher bei Abschluss eines Bauvertrages, der den Bau eines neuen Gebäudes oder erhebliche Umbaumaßnahmen zum Gegenstand hatte, dem nicht akzeptablen Ungleichgewicht[24] ausgesetzt, dass die im Wege der Umsetzung der VerbrR-RL vom 25.10.2011[25] in das Bürgerliche Gesetzbuch eingeführten Verbraucherrechte (§§ 312 ff. BGB), wie beispielsweise vorvertragliche Informationspflichten des Unternehmers oder ein Widerrufsrecht des Verbrauchers, kraft europarechtlicher Vorgabe für ihn gerade nicht gelten sollten. Über die im Allgemeinen Teil des Schuldrechts verankerten Verbraucherrechte war er lediglich bei Abschluss von Verträgen über sonstige Bauleistungen wie Handwerkerleistungen oder kleineren Reparaturarbeiten geschützt.

Der Verbraucher wendet jedoch bei der Errichtung und dem Umbau eines Hauses einen wesentlichen Teil seiner wirtschaftlichen Ressourcen auf.[26] Unerwartete Mehr-

---

[23] *Kniffka* BauR 2016, 1533.
[24] BT-Drs. 18/8486, 61.
[25] ABl. L 304/64.
[26] BT-Drs. 18/8486, 24.

kosten durch die nicht rechtzeitige oder mangelhafte Fertigstellung des Baus oder die Insolvenz des beauftragten Bauunternehmers können gravierende Auswirkungen haben. Gleichwohl wurde weder im Rahmen der Schuldrechtsreform noch bei der Umsetzung der Verbraucherrechterichtlinie dem Erfordernis Rechnung getragen, besondere Verbraucherschutzvorschriften am Bau einzuführen, wie sie für Verbraucher in anderen wichtigen Rechtsbereichen bestehen.

18 Die fortdauernde Lücke im Verbraucherschutz nahm sich der Gesetzgeber nunmehr zum Anlass, Vorschriften über den Verbraucherbauvertrag einzuführen und ein von den bestehenden Verbraucherrechten unabhängiges und in weiten Teilen darüber hinausgehendes Verbraucherschutzniveau zu etablieren.

19 Diese Initiative ist begrüßenswert, auch wenn einige Regelungen Klärungsbedarf nach sich ziehen werden. Insgesamt wird der Verbraucherschutz durch die Einführung einer Baubeschreibungspflicht, einem Widerrufsrecht und weiteren Vorschriften deutlich gestärkt. Die neuen Vorschriften zum Verbraucherbauvertrag werden sicher auch Leitbilder für die Rechtsprechung darstellen.[27]

IV. Architektenrecht

20 Mit der Novellierung wird der Architekten- und Ingenieurvertrag erstmalig als eigener Vertragstypus in das BGB eingeführt. Einerseits wird zwar die in der Rechtsprechung seit der Entscheidung vom 26.11.1959[28] vorgenommene grundsätzliche Einordnung des Architektenvertrages in das Werkvertragsrecht beibehalten, obwohl auch bei einigen Aufgaben des Architekten und Ingenieurs eine Zuordnung zum Dienstvertragsrecht oder insgesamt eine Qualifizierung des Architektenvertrags als „gemischter Vertrag" denkbar gewesen wäre.[29] Andererseits wird der Tatsache Rechnung getragen, dass der Architekten- und Ingenieurvertrag gegenüber einem sonstigen Werkvertrag eine Reihe von Besonderheiten aufweist, die spezieller Regelungen bedürfen, um dem „prozessorientierten" Charakter des Architektenvertrages Rechnung zu tragen und in der Praxis deutlich gewordene disproportionale Belastungen der Architekten und Ingenieure zumindest abzumildern. Dies gilt insbesondere für die konkrete Bestimmung des vertraglichen Leistungserfolges bereits bei Vertragsabschluss, bei dem oftmals unklar blieb, worin denn der geschuldete Planungserfolg genau besteht. Dies gilt aber auch für die bislang fehlende Synchronisierung der Abnahme von Bauunternehmerleistungen und Architektenleistungen und eine zunehmende Haftungsverlagerung für Baumängel auf Architekten und Ingenieure, da diese im Unterschied zu Bauunternehmen für Leistungsmängel haftpflichtversichert sind.

21 Um den besonderen Charakter der Architekten- und Ingenieurverträge deutlich zu machen, hat der Gesetzgeber die neuen Vorschriften in Titel 9 – Werkvertrag und ähnliche Verträge – in einem eigenen Untertitel zusammengefasst.[30]

22 Erstmals gesetzlich geregelt werden die vertragstypischen Pflichten aus Architekten- und Ingenieurverträgen. Hier wird ein auf die Herbeiführung des vertraglich geschuldeten Erfolgs funktional ausgerichteter Leistungsbegriff normiert. Eine eigenständige Regelung wurde für die Fälle geschaffen, bei denen die wesentlichen Planungs- und Überwachungsziele noch nicht in der für eine konkrete Festlegung des geschuldeten Leistungserfolgs erforderlichen Art und Weise feststehen. Mit dieser so genannten Ziel-

---

[27] *Kniffka* BauR 2016, 1533, (1535).
[28] BGH Urt. v. 26.11.1959 – VII ZR 120/58 = NJW 1960, 431 ff.
[29] BT-Drs. 18/8486, 66.
[30] BT-Drs. 18/8486, 66.

findungsphase können Architekten- und Ingenieurleistungen auch dann „werkvertrags-tauglich" gemacht werden, wenn zunächst nur vage Vorstellungen des Bestellers bestehen. Mit dem gesetzlich ausgeformten Kooperationsmodell, das für den Fall mangelnder Einigung über die vertragswesentlichen Planungs- und Überwachungsziele auch die beidseitige Möglichkeit schafft, von einem weiteren Vertragsverhältnis (sog. Sonderkündigungsrecht) abzusehen, wird nicht nur der Verbraucher in seinen Rechten gestärkt, sondern gleichzeitig auch einer ausufernden „Akquisitionsrechtsprechung" entgegengewirkt, die selbst erhebliche Planungs- und Beratungsleistungen der vorvertraglichen und damit vergütungsfreien Sphäre zuordnete.[31] Für den Fall, dass das Sonderkündigungsrecht ausgeübt wird, ist gesetzlich gleichzeitig eine Vergütungsregelung normiert worden, welche die Vergütung auf die bis zur Kündigung erbrachten Leistungen begrenzt.

Wichtig ist auch der neu eingeführte Anspruch auf Teilabnahme von Architekten- und Ingenieurleistungen, wenn die letzte Leistung des bauausführenden Unternehmers ihrerseits – mit oder ohne Mängel – abgenommen worden ist. Denn selbst bei vertraglichen Teilabnahmeklauseln, die eine gesonderte Abnahme von Leistungsphase 9 vorsahen, blieb das mit Blick auf den Verjährungsbeginn und weitere Haftungsfolgen erhebliche Problem, dass der Architekt und Ingenieur eine Abnahme der bis Phase 8 erbrachten Leistungen erst dann verlangen konnte, wenn Phase 8 vollständig erbracht worden war. Hierzu gehörte in der Praxis aber regelmäßig auch die Überwachung der Beseitigung von Mängeln, die bei der Abnahme vorbehalten worden waren. Verzögerte sich dies – in der Praxis nicht selten erheblich –, konnte der Architekt und Ingenieur selbst einen Teilabnahmeanspruch nicht erfolgreich geltend machen. Die gesetzliche Neuregelung schafft nunmehr eine Synchronisierung der Abnahme von Bauunternehmer- und Architektenleistungen.[32]

Etwas missverständlich ist die Überschrift zu der neuen Vorschrift zum Vorrang der Nacherfüllung im Verhältnis von Architekt/Ingenieur, ausführendem Bauunternehmer und Besteller geraten. Denn die neu geschaffene Norm regelt nicht die gesamtschuldnerische Haftung von Architekt/Ingenieur und bauausführenden Unternehmen. Diese findet ihre normative Grundlage vielmehr in § 421 BGB und dessen Handhabung durch die Rechtsprechung. Der erstmals eingeführte Vorrang der Nacherfüllung im Haftungsverbund von Architekt/Ingenieur, ausführendem Bauunternehmer und Besteller, welcher auf Empfehlungen des Deutschen Baugerichtstags zurückgeht, ist zwar ein erster Schritt in die richtige Richtung. Er löst jedoch nicht das strukturelle Problem, das sich aus der Addition von einem sehr weitreichenden „Gesamtschuldstheorem" der Rechtsprechung und dem rechtstatsächlichen Umstand ergibt, dass Architekten und Ingenieure im Unterschied zu Bauunternehmen berufsrechtlich zur Haftpflichtversicherung auch für Leistungsmängel verpflichtet sind. De facto verlagert sich damit das Insolvenzrisiko von Bauunternehmen bezogen auf die Mangelbeseitigung auf Architekten und Ingenieure, die in das Vertragsverhältnis zum Bauunternehmen weder einbezogen sind noch die Möglichkeit hatten, auf die diesbezügliche Auswahl und Vertragsgestaltung Einfluss zu nehmen.

Leider war es im Zuge der Beratungen der Arbeitsgruppe Bauvertragsrecht und der beiden Unterarbeitsgruppen Architektenvertragsrecht und Sicherheiten nicht möglich, den Themenkomplex Haftung und diesbezügliche Sicherheiten soweit voranzubringen, dass ein Legislativvorschlag formuliert werden konnte. Hier besteht nach wie vor ein ganz erheblicher Handlungsbedarf des Gesetzgebers.

---

[31] BT-Drs. 18/8486, 67.
[32] BT-Drs. 18/8486, 70.

V. Hintergrund zum gesetzlich geregelten Bauträgervertrag

26 Der Bauträgervertrag wird nunmehr als eigener Vertragstyp gesetzlich geregelt. Die gesetzliche Regelung besteht im Wesentlichen aus einer Legaldefinition des Vertrages und umfassenden Verweisen auf die übrigen werk- und bauvertragsrechtlichen Vorschriften, allerdings mit zahlreichen Ausnahmen. Auch wenn dadurch verschiedene Neuregelungen aus dem übrigen Bauvertragsrecht auf den Bauträgervertrag übergeleitet werden, bleibt die Rechtslage im Wesentlichen unverändert.

27 Im Zuge der Diskussion um ein eigenständiges Bauvertragsrecht war auch und insbesondere die Notwendigkeit gesetzlicher Regelungen für den Bauträgervertrag erörtert worden. Diese Notwendigkeit ergab sich einerseits daraus, dass der Bauträgervertrag die verbreitetste Form des Erwerbs eines Eigenheims ist, zum anderen daraus, dass die bestehenden gesetzlichen Regelungen den Besonderheiten dieser Erwerbsform und dem hier besonders zu wahrenden Verbraucherschutz nur sehr eingeschränkt gerecht werden. Defizite sind vor allem bei der Qualität der Baubeschreibungen, der Zahlungsabwicklung, der Dokumentation der erbrachten Bauleistung und bei der Abnahme von Eigentumswohnungen zu beklagen. Unbefriedigend ist auch die Tatsache, dass die an sich privatrechtliche Fälligkeit der Vergütung durch komplizierte Verweise auf ebenso komplizierte Vorschriften des Gewerberechts geregelt ist.

28 Ein Teil dieser Fragen wird nun durch die gesetzlichen Verweise auf den Verbraucherbauvertrag gelöst. Die für den Verbraucherbauvertrag geschaffene Baubeschreibungspflicht gilt auch für den Bauträgervertrag. Ebenso ist die für den Verbraucherbauvertrag geschaffene Pflicht zur Erstellung und Herausgabe von Unterlagen beim Bauträgervertrag anzuwenden. Der Bauträgervertrag – sofern es sich um einen Verbrauchervertrag handelt – partizipiert also an den verbraucherschützenden Regelungen des Verbraucherbauvertrages.

29 Im Zuge der oben bereits erwähnten Beratungen des Deutschen Baugerichtstages[33] und des vom Bundesministerium der Justiz und für Verbraucherschutz eingerichteten Arbeitskreises waren darüber hinaus Lösungsansätze für die Sicherungslücke im verbreiteten Vormerkungsmodell erörtert worden. Zu diesem Punkt konnte unter Berücksichtigung der zeitlichen Zwänge im Gesetzgebungsverfahren noch keine Lösung gefunden werden. Es blieb insbesondere unklar, ob und zu welchen Bedingungen bzw. Kosten Sicherheiten von der Versicherungs- und Kreditwirtschaft zur Sicherung von Abschlagszahlungen angeboten werden könnten. Auch wurde die Möglichkeit einer Abnahme des Gemeinschaftseigentums durch die Begründung einer gesetzlichen Zuständigkeit der Wohnungseigentümergemeinschaft erörtert.[34] Die Schaffung einer Zuständigkeit der Wohnungseigentümergemeinschaft für diese Aufgabe berührt aber elementar wohnungseigentumsrechtliche Fragen, bedarf also auch der eingehenden Beleuchtung einer solchen Lösung aus wohnungseigentumsrechtlicher Sicht. Dies war ebenfalls nicht mehr zu bewerkstelligen. Damit ist zugleich klar, dass es aus der Sicht des Bauträgervertrages einer Novellierung des Bauträgervertrages bedarf.

VI. Hintergrund der kaufrechtlichen Neuregelung

30 Die gesetzliche Änderung der kaufrechtlichen Mängelhaftung hat mit der Reform des Bauvertragsrechts nicht viel mehr zu tun, als dass Sachverhalte betroffen sind, bei

---

[33] Bericht des Arbeitskreises V – Bauträgerrecht, BauR 2010, 1392 ff.
[34] Bericht des Arbeitskreises V – Bauträgerrecht, BauR 2014, 1617.

VI. Hintergrund der kaufrechtlichen Neuregelung

denen „irgendetwas gebaut oder eingebaut[35]" wird und die juristisch völlig unterschiedliche Fragen aufwerfen. Das Recht der Mängelhaftung beim Kauf wird an die Rechtsprechung des EuGH angepasst. Zur Verbesserung der Rechtssituation von Werkunternehmern, die mangelhaftes Baumaterial gekauft und im Rahmen eines Werkvertrages verbaut haben, sollen diese Regelungen auch für Verträge zwischen Unternehmern gelten.

1. Schuldrechtsreform und große Lösung

Die zum 1.1.2002 mit der Schuldrechtsreform umgesetzten Vorschriften der Verbrauchsgüterkaufrichtlinie betrafen Kaufverträge über bewegliche Sachen zwischen Verbrauchern und Unternehmern. Der Käufer erhielt den Anspruch auf Nacherfüllung in Form der Beseitigung des Mangels oder der Ersatzlieferung einer mangelfreien Sache. Der Gesetzgeber der Schuldrechtsreform favorisierte die „große Lösung". Das Gewährleistungsrecht sollte über den Bereich der Richtlinien hinaus für alle Kaufverträge gelten. Konsequenz war eine Abgrenzung der Reichweite des Nacherfüllungsanspruchs zum Schadenersatz mit der Folge, dass etwaige Aus- und Einbaukosten bei Vorliegen einer mangelhaften Leistung (nur) im Wege des Schadenersatzes und somit bei Vorliegen des Verschuldens des Vertragspartners zu erlangen sind.

2. Rechtsprechung des EuGH

Der Europäische Gerichtshof (EuGH) entschied durch Urteil vom 16.6.2011,[36] dass der Verkäufer einer beweglichen Sache im Rahmen einer Nacherfüllung gegenüber dem Verbraucher verpflichtet sein kann, die bereits in eine andere Sache eingebaute mangelhafte Kaufsache auszubauen und die Ersatzsache einzubauen oder die Kosten für beides zu tragen.[37] Die nachfolgende Rechtsprechung des Bundesgerichtshofs setzte auf eine „gespaltene Auslegung", bei der bei gleichartigem Wortlaut zwischen Verbraucherverträgen und Verträgen mit Unternehmern differenziert wurde.

3. Gesetzgeberische Entscheidung

Das Recht zur Mängelhaftung soll diese gespaltene Auslegung überwinden und einheitlich für alle Vertragspartner gelten. Es wird an die Rechtsprechung des BGH insoweit angepasst als mit § 439 Abs. 3 BGB eine neue gesetzliche Regelung zum Ersatz der Aufwendungen im Falle des Ein- und Ausbaus als Anspruchsgrundlage geschaffen wird und die Regressmöglichkeiten erweitert werden. Die Regelungen gelten auch zwischen Unternehmern. Die durch die Richtlinie vorgegebenen speziellen Verbraucherschutzvorschriften bleiben bestehen.

4. Ausblick

Die nach Meinung vieler Akteure gebotene gesetzliche Klarstellung zum Erfüllungsort der Nacherfüllung wurde nicht erwogen. Die Diskussion über ein Nebeneinander von kaufrechtlichen und werkvertraglichen Mängelrechten einzelner Wohnungseigentümer einer WEG beginnt erst, ebenso wie die Diskussion darüber, ob die nunmehrige Neuregelung der kaufmännischen Mängelhaftung in allen Punkten mit den Europäischen Vorgaben übereinstimmt.

---

[35] *Dauner-Lieb* NZBau 2015, 684.
[36] EuGH Urt. v. 16.6.2011 – verb. Rs. C-65/09 – Weber u. Rs. C-87/09 – Putz, NJW 2008, 1433.
[37] Ausführlich zur Historie der kaufrechtlichen Regelungen → § 7 Rn. 2 ff.

VII. Hintergrund der Änderung des Verfahrensrechts

35   Durch § 72a GVG wird die obligatorische Einrichtung von Spruchkörpern für spezielle Rechtsgebiete, unter anderem für Streitigkeiten aus Bau- und Architektenverträgen sowie Ingenieurverträgen vorgesehen, was einer langjährigen Forderung schon vor der Installation eines Einstweiligen Verfügungsverfahrens durch Praktiker und den Deutschen Baugerichtstag,[38] aber auch einer dringenden Forderung im Rahmen des hiesigen Gesetzgebungsverfahrens[39] entsprach.

VIII. Konzeption des Buches

36   Das vorliegende Buch möchte die Neuregelungen umfassend darstellen und zwar getrennt nach den jeweiligen Regelungsbereichen. Nicht beabsichtigt ist eine Gesamtdarstellung des Werkvertrags- oder des Bauvertragsrechts oder gar ein Lehrbuch hierzu. Rechtsanwältin Dr. Oberhauser zeichnet verantwortlich für die Regelungen zum Bauvertrag und zum Allgemeinen Werkvertrag, Rechtsanwältin Stretz zum Verbraucherbauvertrag, Rechtsanwalt Dr. Pause zum Bauträgervertrag und Rechtsanwalt Prof. Dr. Dammert zum Architektenrecht und Ingenieurvertrag. Die Bearbeitung zur kaufmännischen Mängelhaftung erfolgte durch Rechtsanwalt Lenkeit; die Einleitung wurde gemeinsam bearbeitet.

---

[38] Abrufbar unter www.baugerichtstag.de, Arbeitskreis III Bauprozessrecht, 1. Deutscher Baugerichtstag, Empfehlung 3.
[39] *Kniffka* BauR 2016, 1533 (1537).

§ 2 Bauvertrag

I. Einleitung

1. Ausgangslage

Das Werkvertragsrecht des BGB differenziert bisher nicht nach der Art des zu erbringenden Werkes[1] und ist im Hinblick auf die unterschiedlichen möglichen Gegenstände eines Werkvertrages *„sehr allgemein"*[2] gehalten. Es gilt für **sämtliche, zT sehr unterschiedliche Werkleistungen,** unabhängig davon, ob diese in einem längeren Prozess und in einem komplexen Umfeld herzustellen sind oder ob eine einfache Werkleistung im punktuellen Leistungsaustausch erbracht wird. Zu Recht wird der Bauvertrag im Gegensatz zum „normalen" Werkvertrag als **komplexer Langzeitvertrag**[3] **mit beiderseitigen Kooperationspflichten**[4] angesehen. Hierfür bietet das bisherige Werkvertragsrecht jedoch nicht das erforderliche Regularium. Es wird dem auf eine längere Erfüllungszeit angelegten Bauvertrag und dem komplexen Baugeschehen[5] nicht gerecht und regelt die wesentlichen Fragen nicht *„detailliert genug"*.[6] Daher ist es an den Parteien, diesen Bedarf durch vertragliche Vereinbarungen zu regeln und an der Rechtsprechung, offene Fragen zu klären.

Als wesentliches Manko der werkvertraglichen Vorschriften wird das Fehlen von Regelungen, auf **Veränderungen während der Ausführung** reagieren zu können, ausgemacht. Die Komplexität der Bauwerkserrichtung erfordert es, dass Änderungen des Leistungsinhaltes vorgenommen werden können, wofür das bestehende Werkevertragsrecht kein Instrumentarium zur Verfügung stellt. Die **VOB/B,** die das Baugeschehen detailliert abbildet, konnte und kann, va aufgrund ihrer Rechtsqualität als **Allgemeine Geschäftsbedingung,**[7] die Defizite des Werkvertragsrechtes nicht kompensieren, so dass nur eine gesetzliche Lösung innerhalb des Werkvertragsrechtes in Betracht kam. Diesem Unterfangen hat sich va der Deutsche Baugerichtstag eV[8] angenommen und auf den Baugerichtstagen Empfehlungen zur Aufnahme neuer gesetzlicher Regelung, ua zum Anordnungsrecht des Bestellers, ausgesprochen. Ausgehend hiervon entwickelte sich das weitere Verfahren.[9]

2. Reformansatz

Der Gesetzgeber hat das **Werkvertragsrecht neu strukturiert** und ein **eigenständiges Bauvertragsrecht** installiert. Für die unterschiedlichen Vertragsgegenstände und Vertragsparteien wurden jeweils eigene Vorschriften konzipiert und eigene Regelungen für

---

[1] Mit Ausnahme der wenigen, im Werkvertragsrecht verstreuten, nur für den Bauvertrag geltenden Vorschriften (§§ 648, 648a BGB aF).
[2] Gesetzentwurf der Bundesregierung, BT-Drs. 18/8486, 1.
[3] Vgl. *Nicklisch* JZ 1984, 757 ff.
[4] BGH Urt. v. 23.5.1996 – VII ZR 245/94, BauR 1996, 542 (543); BGH, Urt. v. 21.10.1999 – VII ZR 185/98, BauR 2000, 722 (723).
[5] Gesetzentwurf der Bundesregierung, BT-Drs. 18/8486, 1, 53.
[6] Gesetzentwurf der Bundesregierung, BT-Drs. 18/8486, 1.
[7] Vgl. nur BGH Urt. v. 22.1.2004 – VII ZR 419/02, NJW 2004, 1597.
[8] Abrufbar unter www.baugerichtstag.de, Arbeitskreis I Bauvertragsrecht.
[9] Zum weiteren Gang des Verfahrens → § 1 Rn. 3 ff.

den Bauvertrag, den Verbraucherbauvertrag, den Architekten- und Ingenieurvertrag sowie den Bauträgervertrag geschaffen. Hierdurch sollen die unterschiedlichen Vertragstypen mit ihren jeweiligen Besonderheiten eigenständigen Regelungen zugeführt werden.

3. Umsetzung in der Neuregelung

4   Die Neuregelung,[10] die neben der **Reform des Bauvertragsrechts** die kaufrechtliche Mängelhaftung, die Stärkung des zivilprozessualen Rechtsschutzes und das maschinelle Siegel im Grundbuch- und Schiffsregisterverfahren zum Inhalt hat, gliedert den bisherigen Titel 9 – Werkvertrag und ähnliche Verträge mit dem bisherigen Untertitel 1 – Werkvertrag (§§ 631–651 BGB aF) und dem bisherigen Untertitel 2 – Reisevertrag (§§ 651a–651m BGB aF) neu. Hierbei wird folgende Untergliederung vorgenommen:

5   Titel 9 – Werkvertrag und ähnliche Verträge
Untertitel 1 – Werkvertrag, §§ 631–650o
Untertitel 2 – Architekten- und Ingenieurvertrag, §§ 650p–650t
Untertitel 3 – Bauträgervertrag, §§ 650u–650v
Untertitel 4 – Reisevertrag, §§ 650w ff.
Dabei gliedert sich Untertitel 1 – Werkvertrag in folgende neu gebildete Kapitel:
Kapitel 1 – Allgemeine Vorschriften, §§ 631–650
Kapitel 2 – Bauvertrag, §§ 650a–650h
Kapitel 3 – Verbraucherbauvertrag, §§ 650i–650n
Kapitel 4 – Unabdingbarkeit, § 650o

6   Kapitel 1 – **Allgemeine Vorschriften** gilt grundsätzlich für **alle Werkverträge**, dh den Bauvertrag und den Verbraucherbauvertrag. Ergänzend (vgl. § 650a Abs. 1 S. 2, § 650i Abs. 3 BGB) und als Spezialregelungen[11] gelten jeweils die für den Bau- bzw. den Verbraucherbauvertrag speziell getroffenen Regelungen in Kapitel 2 – Bauvertrag bzw. in Kapitel 3 – Verbraucherbauvertrag. Damit finden für den **Bauvertrag,** bei dem der **Besteller kein Verbraucher** ist (§ 650i BGB), **neben den Allgemeinen Vorschriften** der §§ 631–650 die **Spezialregelungen für den Bauvertrag** gemäß §§ 650a–650h Anwendung.

4. Inhalt der Regelungen zum Bauvertrag, §§ 650a–650h BGB, Übergangsvorschrift

7   In Kapitel 2 – Bauvertrag werden die bisher in Untertitel 1 – Werkvertrag (§§ 631–651 BGB aF) „verstreuten"[12] Vorschriften zum Bauvertrag zusammengefasst und um weitere Vorschriften ergänzt. Neu aufgenommen wird zur Festlegung des Anwendungsbereichs eine **Definition des Bauvertrages** in § 650a BGB. In §§ 650b, 650c, 650d BGB finden sich die weitreichendsten Regelungen der Neuordnung, nämlich zur **Änderung des Vertrages** bzw. dem **Anordnungsrecht des Bestellers,** der daraus resultierenden **Vergütungsanpassung** sowie der Einstweiligen Verfügung für Streitigkeiten über das Anordnungsrecht oder die Vergütungsanpassung. Die bisher in §§ 648 und 648a BGB aF geregelte Sicherungshypothek des Bauhandwerkers und Bauhandwerkersicherung werden weitgehend unverändert in §§ 650e, 650f BGB übernommen. In § 650g BGB werden die **Zustandsfeststellung bei einer Verweigerung der Abnahme** und die **Schlussrechnung** geregelt. Zudem wird in § 650h BGB ein generelles **Schriftformerfordernis für die Kündigung des Bauvertrages** normiert. Die Neuregelung gilt gemäß Art. 229

---
[10] BGBl. I 2017, 969.
[11] Gesetzentwurf der Bundesregierung, BT-Drs. 18/8486, 52.
[12] Gesetzentwurf der Bundesregierung, BT-Drs. 18/8486, 52.

§ 39 EGBGB für Schuldverhältnisse, die ab dem 1.1.2018 entstanden sind, dh für **Bauverträge, die ab dem 1.1.2018 abgeschlossen** werden.

II. Bauvertrag, § 650a BGB

1. Ausgangslage

Eine **Definition des Begriffs des „Bauvertrages" existiert bisher im BGB nicht,** da es hierfür auch keine speziellen Vorschriften im BGB gibt. Die nur für Unternehmer eines *„Bauwerks oder eines einzelnen Teiles eines Bauwerkes"* (§ 648 BGB aF) bzw. für Unternehmer *„eines Bauwerkes, einer Außenanlage oder eines Teils davon"* (§ 648a BGB aF) geltenden Vorschriften enthalten keine eigenen Begriffsdefinitionen. Auch in § 634a Abs. 1 Nr. 2 BGB erfolgt im Zusammenhang mit der Regelung der Verjährungsfrist *„bei einem Bauwerk und einem Werk, dessen Erfolg in der Erbringung von Planungs- oder Überwachungsleistungen hierfür besteht",* keine Definition. Vielmehr entwickelte die Rechtsprechung die Auslegung der entsprechenden Begriffe.[13]

2. Reformansatz

Die Neuregelung führt dagegen eine **Legaldefinition für den Bauvertrag** (§ 650a BGB) ein. Dies wird vom Gesetzgeber auch für den Verbraucherbauvertrag (§ 650i BGB), den Architekten- und Ingenieurvertrag (§ 650p) und den Bauträgervertrag (§ 650u BGB) vorgenommen. Hierdurch wird der jeweilige Anwendungsbereich der jeweiligen Untertitel bzw. Kapitel des Titels 9 – Werkvertrag und ähnliche Verträge abgesteckt. Für den Bauvertrag wird entsprechend der Gesetzesbegründung eine auf der bisherigen Rechtsprechung aufbauende Definition eingeführt.[14]

3. Umsetzung in § 650a BGB

a) Überblick

Unter den Begriff des „Bauvertrages" fällt nach § 650a BGB ein *„Vertrag über die Herstellung, die Wiederherstellung, die Beseitigung oder den Umbau eines Bauwerks, einer Außenanlage oder eines Teils davon."* Sowohl bezüglich des Begriffs des „Bauwerks" als auch der „Außenanlage" verweist die Gesetzesbegründung[15] auf die **bisher hierzu ergangene Rechtsprechung,** dh zu § 634a Abs. 1 S. 2 BGB bzw. zu § 638 BGB aF[16] sowie zu § 648 BGB aF bzw. § 648a BGB aF.

b) Bauwerk, Außenanlage, § 650a Abs. 1 BGB

aa) Bauwerk

Ein „Bauwerk" ist danach – ohne dass es auf die sachenrechtliche Einordnung gem. §§ 93 ff. BGB ankommt[17] – *„eine unbewegliche, durch Verwendung von Arbeit und*

---

[13] Vgl. nur BGH Urt. v. 16.9.1971 – VII ZR 5/70, NJW 1971, 2219; Urt. v. 12.3.1986 – VIII ZR 332/84, NJW 1986, 1927 (1928); Urt. v. 20.5.2003 – X ZR 57/02, NJW-RR 2003, 1320; Urt. v. 24.2.2005 – VII ZR 86/04, NJW-RR 2005, 750.
[14] Gesetzentwurf der Bundesregierung, BT-Drs. 18/8486, 52.
[15] Gesetzentwurf der Bundesregierung, BT-Drs. 18/8486, 53.
[16] Vor dem Schuldrechtsmodernisierungsgesetz.
[17] BGH Urt. v. 20.5.2003 – X ZR 57/02, NJW-RR 2003, 1320.

Material in Verbindung mit dem Erdboden hergestellte Sache",[18] wobei „auf und unter der Erdoberfläche errichtete Werke",[19] dh Hoch- und Tiefbau, erfasst werden. Damit fallen nicht nur Gebäude, sondern auch „andere von Menschen aus Material geschaffene, in vergleichbarer Weise ortsfest angebrachte Sachen" unter den Begriff des „Bauwerks".[20] Arbeiten zur Herstellung eines Gebäudes liegen dabei nicht nur dann vor, wenn ein neues Bauwerk errichtet wird, sondern auch wenn die Arbeiten der **grundlegenden Erneuerung eines bestehenden Bauwerks** dienen, wobei unter grundlegender Erneuerung Arbeiten zu verstehen sind, die insgesamt einer ganzen oder teilweisen Neuerrichtung gleich kommen. Damit werden auch Umbauarbeiten an einem bestehenden Bauwerk erfasst, wenn sie nach Art und Umfang für Konstruktion, Bestand Erhaltung oder Benutzbarkeit des Gebäudes von wesentlicher Bedeutung sind und wenn die eingebauten Teile mit dem Gebäude fest verbunden werden.[21] Die Festigkeit der Verbindung mit dem Grundstück und damit die Einstufung als Bauwerk kann auch bei der Installation einer **technischen Anlage** gegeben sein, wenn diese nicht bloß in dem Gebäude untergebracht wird, sondern der Errichtung oder der grundlegenden Erneuerung des Gebäudes, in das sie eingefügt wird, dient.[22]

12 Zudem wurde in der Rechtsprechung zu § 638 BGB aF[23] darauf hingewiesen, dass nicht nur die Ausführung eines Baus als Ganzem, sondern auch die Herstellung der einzelnen **Bauteile und Bauglieder** den Bauwerksbegriff erfüllt, so dass sowohl der Bau als Ganzes erfasst ist als auch die Herstellung von Bauteilen oder Baugliedern einer Sache, die ihrerseits die Kriterien eines Bauwerks erfüllt und zudem wenn die Sache, deren Teil oder Glied die Anlage ist, zwar nicht selbst als Bauwerk angesehen werden kann, ihrerseits aber Bauteil oder Bauglied eines Bauwerks ist.[24] Dabei kommt es darauf an, dass die entsprechenden Arbeiten über Teile im Rahmen einer Gesamtmaßnahme, die der Herstellung eines Bauwerks entspricht, erfolgen. Entsprechende Bauteile sollten durch die Ergänzung *„oder eines Teils davon"* erfasst sein.

bb) Außenanlage

13 Der Begriff „Außenanlage" wird in § 648a BGB aF angeführt und erfasst **Arbeiten an einem Grundstück**,[25] z.B. Erdarbeiten, Pflanz-, Rasen- und Saatarbeiten, landschaftsgärtnerische Entwässerungsarbeiten und vegetationstechnische Arbeiten, so dass auch Unternehmer des Garten-, Landschafts- und Sportplatzbaus einen Anspruch auf Sicherheit nach § 648a BGB aF hatten bzw. auch nach neuem Recht haben.[26] Damit unterfallen Arbeiten an einem Grundstück den Vorschriften des Bauvertrages nach § 650a BGB; entsprechende **Mängelansprüche verjähren** aber nach der in Kapitel 1 – Allgemeine Vorschriften geregelten, unveränderten Fassung des § 634a BGB Abs. 1 Nr. 1 BGB weiterhin in zwei Jahren, solange die Leistungen nicht dem Bauwerksbegriff zuzuordnen sind.[27] Besteht das Werk jedoch in der **Errichtung oder der grundlegenden**

---

[18] BGH Urt. v. 16.9.1971 – VII ZR 5/70, NJW 1971, 2219 mwN.
[19] BGH Urt. v. 16.9.1971 – VII ZR 5/70, NJW 1971, 2219.
[20] BGH Urt. v. 20.5.2003 – X ZR 57/02, NJW-RR 2003, 1320.
[21] BGH Urt. v. 15.2.1990 – VII ZR 175/89, NJW-RR 1990, 787 (788); Urt. v. 2.6.2016 – VII ZR 348/13, NJW 2016, 2876 Rn. 19.
[22] Vgl. auch BGH Urt. v. 2.6.2016 – VII ZR 348/13, NJW 2016, 2876 Rn. 19f. mwN für eine fest eingebaute Photovoltaikanlage.
[23] Vor dem Schuldrechtsmodernisierungsgesetz.
[24] BGH Urt. v. 20.5.2003 – X ZR 57/02, NJW-RR 2003, 1320.
[25] „Arbeiten an einem Grundstück" waren in § 638 BGB aF (vor dem Schuldrechtsmodernisierungsgesetz) genannt und Mängelansprüche hieraus unterlagen einer einjährigen Verjährung.
[26] BT-Drs. 12/4526, 10 f. unter Hinweis auf die Kostengruppe 5 der DIN 276.
[27] Palandt/*Sprau* BGB § 634a Rn. 8.

Erneuerung eines Gebäudes oder eines anderen Bauwerks, wobei unter eine grundlegende Erneuerung Arbeiten fallen, die insgesamt einer ganzen oder teilweisen Neuerrichtung gleichzusetzen sind, handelt es sich nach der Rechtsprechung des BGH[28] nicht um Arbeiten an einem Grundstück mit der kurzen Verjährungsfrist von zwei Jahren, sondern um Arbeiten an einem Bauwerk mit der Folge, dass hierfür die Verjährungsfrist von fünf Jahren gilt.

c) Begriffsdefinitionen in anderen Regelwerken und Gesetzen

§ 1 VOB/A definiert den Begriff der **„Bauleistungen"** als *"Arbeiten jeder Art, durch die eine bauliche Anlage hergestellt, instand gehalten, geändert oder beseitigt wird."* Es wird also nicht von einem „Bauwerk" gesprochen, sondern von „Bauleistungen" und einer „baulichen Anlage", wobei dies damit zusammenhängt, dass der Begriff der „baulichen Anlage" nicht nur Bauwerke im Sinne von § 634a Abs. 1 Nr. 2 BGB bzw. § 638 BGB aF[29] erfasst, sondern auch Arbeiten an einem Grundstück.[30] Diese fallen aber unter den Begriff der „Außenanlage", so dass hierfür ohnehin der Anwendungsbereich der bauvertraglichen Spezialregelungen der §§ 650a ff. BGB eröffnet ist. 14

§ 103 Abs. 3 GWB bzw. § 1 Abs. 1 VOB/A-EU nehmen die vergaberechtliche Definition des „Bauauftrages" vor und verwenden dabei die Begriffe der „Bauleistungen" bzw. des „Bauwerks" sowie des „Bauvorhabens" und des „Bauwerks". Die vergaberechtliche Definition in § 103 Abs. 3 GWB bzw. § 1 Abs. 1 VOB/A-EU ist dabei nur teilidentisch zu der werkvertraglich und an der Ausführung orientierten Beschreibung der Bauleistung in § 1 VOB/A.[31] 15

Die **Musterbauordnung** definiert in § 2 den Begriff der „baulichen Anlage" dahingehend, dass diese *„mit dem Erdboden verbundene, aus Bauprodukten hergestellte Anlagen"* sind. 16

d) Tätigkeiten, § 650a Abs. 1 BGB

Unter den Bauvertrag fallen gemäß § 650a BGB die **Tätigkeiten** der „Herstellung", der „Wiederherstellung", der „Beseitigung" oder des „Umbaus", wobei auch auf die „Instandhaltung" die bauvertraglichen Vorschriften des Kapitels 2 Anwendung finden, wenn die Voraussetzungen des § 650a Abs. 2 BGB erfüllt sind. Diese Tätigkeiten finden sich zum Teil in § 1 VOB/A und auch in den Begriffsbestimmungen des § 2 HOAI, so dass die dortigen Begrifflichkeiten bzw. die dazu ergangene Rechtsprechung bzw. Kommentierung herangezogen werden können, obgleich beide Regelungen in der Begründung des Gesetzentwurfs[32] nur im Zusammenhang mit der Instandhaltung angeführt werden. 17

Die „Herstellung" wird auch in § 1 VOB/A genannt, wobei diese in der Kommentierung als „Errichtung"[33] einer baulichen Anlage oder Teilen hiervon bezeichnet wird. Dabei wird auch darauf hingewiesen, dass **Architekten- und Ingenieurleistungen**[34] nicht 18

---

[28] BGH Urt. v. 20.12.2012 – VII ZR 182/10, NJW 2013, 601, Rn. 16 ff. für die Erneuerung eines Trainingsplatzes.
[29] Vor dem Schuldrechtsmodernisierungsgesetz.
[30] Ingenstau/Korbion/*Korbion* VOB A § 1 Rn. 9, 11; Kapellmann/Messerschmidt/*Lederer* VOB A § 1 Rn. 8.
[31] Ingenstau/Korbion/*Korbion* VOB A § 1 Rn. 7; aA zu § 99 Abs. 3 GWB Kapellmann/Messerschmidt/*Lederer* VOB A § 1 Rn. 5, 6.
[32] BT-Drs. 18/8486, 53.
[33] Kapellmann/Messerschmidt/*Lederer* VOB A § 1 Rn. 14.
[34] Diese unterfallen Untertitel 2 – Architekten- und Ingenieurvertrag, §§ 650p–650t.

dem Herstellungsbegriff des § 1 VOB/A unterfallen, soweit es sich nicht um in der VOB/C genannte Planungsleistungen – Werkstatt- und Montageplanung – handelt.[35] Auch § 2 Abs. 2 HOAI verwendet im Zusammenhang mit der Herstellung von „Neubauten und Neuanlagen" den Begriff des „Errichtens".

19 Bezüglich der Begrifflichkeit der **„Wiederherstellung"** ist ein Vergleich mit § 2 Abs. 3 HOAI möglich, der von „Wiederaufbauten" spricht und darauf abstellt, dass es noch vorhandene Bau- oder Anlagenteile, auf denen die zerstörten Teile wiederhergestellt werden, gibt. Dabei wird gemäß § 2 Abs. 3 S. 2 HOAI von einem „Neubau" und nicht von einem „Wiederaufbau" ausgegangen, sofern eine neue Planung erforderlich ist. Das Bestehen vorhandener Bausubstanz ist bei der Begriffsdefinition der HOAI für die Frage der Honorierung maßgeblich,[36] für die Einstufung einer Tätigkeit als dem Bauvertrag zuzuordnende Tätigkeit aber nicht von Relevanz. Daher liegt eine „Wiederherstellung" nicht nur vor, wenn Bausubstanz vorhanden ist, sondern im Hinblick auf die Definition des „Bauwerks"[37] auch, wenn eine wiederum erfolgende Errichtung, zB in Form eines bloßen Ersatzbaus, gegeben ist.

20 Die **Beseitigung** wird im Rahmen von § 1 VOB/A durch Beseitigungs- und Abbrucharbeiten sowie einen Rückbau herbeigeführt.[38] Insoweit fallen auch Arbeiten für den **Rückbau bzw. Abbruch** eines Bauwerks oder einer Außenanlage unter die Regelungen des Bauvertrages. Dies war bisher nicht der Fall, da isoliert in Auftrag gegebene Abbrucharbeiten oder Arbeiten zur Baufreimachung eines Grundstücks nicht der Erstellung bzw. Errichtung eines Bauwerks oder einer Außenanlage zugeordnet wurden.[39]

21 Zur Definition des **„Umbaus"** können die Begriffsbestimmungen der „Umbauten" in § 2 Abs. 5 HOAI sowie die in § 1 VOB/A genannte „Änderung" der baulichen Anlage herangezogen werden. Umbauten sind danach „*Umgestaltungen eines vorhandenen Objekts mit wesentlichen Eingriffen in Konstruktion oder Bestand*". Unter den Begriff des Umbaus in § 650a Abs. 1 BGB fällt auch ein „Erweiterungsbau"[40] gemäß § 2 Abs. 4 HOAI, eine „Modernisierung"[41] im Sinne von § 2 Abs. 6 HOAI oder eine „Instandsetzung"[42] gemäß § 2 Abs. 8 HAOI, sofern die in § 650a Abs. 2 BGB genannten Kriterien erfüllt sind. Auf die dort angeführten Voraussetzungen wird auch im Rahmen von § 1 VOB/A abgestellt; Umbauarbeiten und Arbeiten an einem Bauwerk sowie Instandsetzungsarbeiten sind danach als Bauleistungen anzusehen, wenn sie für die Konstruktion, den Bestand und die Erhaltung des Gebäudes oder für dessen Erneuerung und bestimmungsgemäßen Gebrauch von wesentlicher Bedeutung sind.[43] Instandset-

---

[35] Ingenstau/Korbion/*Korbion* VOB A § 1 Rn. 51, 62; Kapellmann/Messerschmidt/*Lederer* VOB A § 1 Rn. 14.
[36] Berücksichtigung der wiederverwendeten Bausubstanz (§ 2 Abs. 7 HOAI) bzw. eines eventuellen Umbauzuschlags.
[37] → § 2 Rn. 11 f.
[38] Kapellmann/Messerschmidt/*Lederer* VOB A § 1 Rn. 22.
[39] BGH Urt. v. 9.3.2004 – X ZR 67/01, NZBau 2004, 434; Urt. v. 24.2.2005 – VII ZR 86/04, NJW-RR 2005, 750.
[40] „Erweiterungsbauten" werden als „*Ergänzungen eines vorhandenen Objekts*" (§ 2 Abs. 4 HOAI) definiert.
[41] „Modernisierungen" werden als „*bauliche Maßnahmen zur nachhaltigen Erhöhung des Gebrauchswertes eines Objekts*" (§ 2 Abs. 6 HOAI) angesehen, soweit nicht ein Erweiterungsbau, ein Umbau oder eine Instandsetzung vorliegt.
[42] „Instandsetzungen" werden als „*Maßnahmen zur Wiederherstellung des zum bestimmungsgemäßen Gebrauch geeigneten Zustandes (Soll-Zustand) eines Objektes*" (§ 2 Abs. 8 HOAI), soweit kein Wiederaufbau gemäß § 2 Abs. 3 HOAI vorliegt, definiert.
[43] Ingenstau/Korbion/*Korbion* VOB A § 1 Rn. 27, 38 mwN; vgl. auch BGH Urt. v. 2.6.2016 – VII ZR 348/13, NJW 2016, 2876 Rn. 16.

zungsarbeiten unterfallen dabei § 1 VOB/A, wenn entsprechende Leistungen bei der Neuerrichtung als Arbeiten an Bauwerken anzusehen wären und wenn sie nach Umfang und Bedeutung mit solchen Neubauarbeiten vergleichbar wären.[44]

e) Instandhaltung, § 650a Abs. 2 BGB

Ein Vertrag über die Instandhaltung eines Bauwerks unterfällt gemäß § 650a Abs. 2 BGB nur dann den bauvertraglichen Vorschriften, wenn *„das Werk für die Konstruktion, den Bestand oder den bestimmungsgemäßen Gebrauch von wesentlicher Bedeutung ist."* Die Gesetzesbegründung[45] nimmt zur Definition des Begriffs der **„Instandhaltung"** ausdrücklich auf § 2 Abs. 9 HAOI Bezug. Danach sind „Instandhaltungen" *„Maßnahmen zur Erhaltung des Soll-Zustandes"*. Maßnahmen der Instandhaltung setzen im Gegensatz zu Maßnahmen der Instandsetzung keine Beeinträchtigung des Soll-Zustandes voraus, sondern bedeuten vorbeugende Maßnahmen, um zu vermeiden, dass der Soll-Zustand beeinträchtigt wird.[46] Da diese Maßnahmen regelmäßig hinter Maßnahmen der Instandsetzung zurückbleiben, wird die Qualifikation eines derartigen Vertrages als Bauvertrag in § 650a Abs. 2 BGB davon abhängig gemacht, dass die Instandsetzung für die *„Konstruktion, den Bestand oder den bestimmungsgemäßen Gebrauch von wesentlicher Bedeutung ist."*[47] Nach der Gesetzesbegründung[48] sei nur bei Vorliegen dieser Voraussetzungen davon auszugehen, dass es sich nach der Dauer des Vertrages und dessen Umfang um einen auf längere Dauer angelegten Vertrag handle. Nur wenn ein komplexerer Vertrag mit längerer Erfüllungszeit vorliege, seien die allgemeinen werkvertraglichen Vorschriften *„nicht detailliert genug"*.[49] Diese Kriterien könnten bei der Pflege, Wartung und Inspektion, die der Erhaltung und/oder der Funktionsfähigkeit des Bauwerks dienten, zB bei Verträgen zur Inspektion von Brücken oder zur Pflege und Wartung von tragenden oder sonst für den Bestand eines Bauwerks wichtigen Teilen, erfüllt sein.[50]

Ob der Gesetzgeber davon ausgegangen ist, dass entsprechende Anforderungen bei Außenanlagen ohnehin nicht erfüllt sein können oder warum die **Instandhaltung von Außenanlagen** in § 650a Abs. 2 BGB nicht angesprochen wird, ist unklar.[51] Fakt ist aber, dass die bauvertraglichen Vorschriften damit auf die Instandhaltung von Außenanlagen keine Anwendung finden.

f) Auswirkungen der Neuregelung auf die VOB/B

Den Anwendungsbereich der VOB/B steckt § 1 VOB/A ab. Im Hinblick darauf, dass die „bauliche Anlage" neben Bauwerken auch Arbeiten an einem Grundstück erfasst und § 650a BGB Bauwerke und Außenanlagen einbezieht,[52] ergeben sich dabei **keine Abweichungen vom Anwendungsbereich**.[53] Dies dürfte auch für Arbeiten im Rahmen der Instandhaltung zutreffen.[54]

---

[44] OLG Düsseldorf Urt. v. 4.6.2003 – 18 U 207/02, NJW 2003, 3140.
[45] Gesetzentwurf der Bundesregierung, BT-Drs. 18/8486, 52.
[46] Gesetzentwurf der Bundesregierung, BT-Drs. 18/8486, 53.
[47] Zu den ähnlichen Kriterien im Zusammenhang mit § 1 VOB/A s. → § 2 Rn. 21.
[48] Gesetzentwurf der Bundesregierung, BT-Drs. 18/8486, 53.
[49] Gesetzentwurf der Bundesregierung, BT-Drs. 18/8486, 1, 24.
[50] Gesetzentwurf der Bundesregierung, BT-Drs. 18/8486, 53.
[51] Vgl. auch Langen NZBau 2015, 658 (662).
[52] → § 2 Rn. 14.
[53] Vgl. Ingenstau/Korbion/*Korbion* VOB A § 1 Rn. 9.
[54] → § 2 Rn. 21.

g) Kritik an der Neuregelung

25 Die Neuregelung knüpft sowohl an die bisherige Rechtsprechung zu § 634a Abs. 1 S. 2 BGB bzw. zu § 638 BGB aF[55] sowie zu § 648 BGB aF bzw. § 648a BGB aF als auch an die Begrifflichkeiten des § 2 HOAI an. Dies wird jedoch nicht stringent umgesetzt, auch werden Arbeiten an einem Bauwerk und an Außenanlagen in § 650 Abs. 2 BGB unterschiedlich geregelt. Es hätte sich angeboten, eine Abstimmung mit Begriffsdefinitionen[56] weiterer Regelwerke und Gesetze vorzunehmen.

III. Änderung des Vertrags; Anordnungsrecht des Bestellers, § 650b BGB

1. Ausgangslage

26 Dem BGB liegt das **Konsensprinzip** zugrunde, wonach keine Partei berechtigt ist, den Vertrag einseitig zu ändern. Das Werkvertragsrecht des BGB geht daher bisher davon aus, dass grundsätzlich **kein einseitiges Recht des Bestellers** besteht, Änderungen gegenüber dem vertraglich Vereinbarten anzuordnen. Zwar wird der Unternehmer auch beim BGB-Bauvertrag als verpflichtet angesehen, zwingende Änderungen, zB durch behördliche Auflagen[57] sowie **zur Erreichung des Werkerfolgs notwendige** Leistungen *„im Einzelfall"*[58] gemäß §§ 157, 242 BGB zu erbringen, jedoch wird ein entsprechendes Anordnungsrecht des Bestellers auf zwingende, zur Erreichung des Werkerfolgs erforderliche Leistungen beschränkt, wobei zudem die in § 1 Abs. 4 VOB/B genannten Einschränkungen zu beachten seien.[59] Ein Recht zur Anordnung von für die Erreichung des Werkerfolgs nicht notwendigen Leistungen im Sinne einer umfassenden Änderungsbefugnis, wie sie in § 1 Abs. 3 VOB/B geregelt ist, wird dagegen für den BGB-Bauvertrag nicht angenommen.[60] Zu berücksichtigen ist dabei, dass das Werkvertragsrecht im Gegensatz zur VOB/B auch keine explizite Regelung der Vergütung, die mit einem Anordnungsrecht des Bestellers korrespondiert, enthält.[61]

2. Reformansatz

27 Der Bedarf, auf das vertraglich vereinbarte Werk nach Vertragsabschluss ändernd einzuwirken, ist gerade beim Bauvertrag allgemein anerkannt. Das bisherige Werkvertragsrecht findet auf unterschiedlichste Vertragsgegenstände Anwendung und gilt damit für alle Werkleistungen, unabhängig davon, ob diese in einem längeren Prozess und in einem komplexen Umfeld herzustellen sind oder ob es sich um einfache Werkleistungen im punktuellen Leistungsaustausch handelt. Der BGH[62] betonte in seiner Entscheidung

---

[55] Vor dem Schuldrechtsmodernisierungsgesetz.
[56] → § 2 Rn. 14–16.
[57] Kapellmann/Messerschmidt/*v. Rintelen* VOB B § 1 Rn. 50.
[58] BGH Urt. v. 25.1.1996 – VII ZR 233/94, NJW 1996, 1346 (1347).
[59] BGH Urt. v. 25.1.1996 – VII ZR 233/94, NJW 1996, 1346 (1347).
[60] Kniffka/Koeble/*Kniffka* 5. Teil Rn. 98.
[61] Kniffka/Koeble/*Kniffka* 5. Teil Rn. 99 f. verweist für die Vergütung einer angeordneten notwendigen Leistung auf die ergänzende Vertragsauslegung, wobei Anknüpfungspunkt hierfür die vertraglich vereinbarte Vergütung sei; MüKoBGB/*Busche* § 631 Rn. 122 stellt auf die übliche Vergütung ab, ergänzend, wenn sich eine übliche Vergütung nicht feststellen lasse, auf die Grundsätze der ergänzenden Vertragsauslegung.
[62] BGH Urt. v. 25.1.1996 – VII ZR 233/94, NJW 1996, 1346 (1347).

III. Änderung des Vertrages; Anordnungsrecht des Bestellers, § 650b BGB

zur AGB-Konformität von § 1 Abs. 4 VOB/B zutreffend das bei Bauverträgen bestehende *„Spannungsverhältnis zwischen Planung und Realität"* und wies darauf hin, dass sich bei Bauverträgen häufig bei Vertragsabschluss nicht absehen lasse, ob zusätzliche Leistungen für die Erreichung des Leistungserfolges erforderlich seien. Auch in der Gesetzesbegründung wird moniert, dass das fehlende Anordnungsrecht des Bestellers dem *„auf eine längere Erfüllungszeit angelegten Bauvertrag und dem komplizierten Baugeschehen"*[63] nicht gerecht werde und dass die VOB/B dem Bedürfnis, auf Veränderungen während des Baus zu reagieren, bereits Rechnung getragen habe und in § 1 Abs. 3 und 4 VOB/B entsprechende Regelungen bereithalte.

3. Umsetzung in § 650b BGB

a) Überblick

Die Neuregelung in § 650b BGB reagiert auf dieses Bedürfnis und gibt dem Besteller die Möglichkeit, *„Änderungen des Vertrags"* – mittels einer Einigung über die Änderung und die sich daraus ergebenden Vergütungsfolgen oder durch eine Anordnung der Änderung – durchzusetzen. Die Regelungen zum Änderungsrecht des Bestellers erfassen dabei die Erfüllungsphase, dh den Zeitraum **bis zur Abnahme**. Mit der Abnahme endet die Erfüllungsphase und der Vertrag geht in die Nacherfüllungsphase über. Die Gesetzesbegründung stellt daher ausdrücklich darauf ab, dass *„während der Ausführung des Baus"*[64] Veränderungen, auf die der Besteller reagieren können müsse, eintreten könnten. Es wird zwischen einer *„Änderung des vereinbarten Werkerfolgs (§ 631 Absatz 2)"* einerseits und einer *„Änderung, die zur Erreichung des vereinbarten Werkerfolgs notwendig ist"* andererseits differenziert. Während der Referentenentwurf[65] noch allein das Anordnungsrecht des Bestellers enthielt, zielt die Neuregelung darauf ab, dass die Vertragsparteien möglichst **Einvernehmen** über die Änderung und die infolge der Änderung zu leistende Mehr- oder Mindervergütung erreichen. Kommt ein Einvernehmen binnen 30 Tagen nach Zugang des Änderungsbegehrens des Bestellers nicht zustande, kann der Besteller die Änderung **anordnen**. Die Pflichten des Unternehmers im Zusammenhang mit einem Änderungsverlangen des Bestellers hängen davon ab, welche „Art" der Änderung der Besteller begehrt und werden an das Kriterium der „Zumutbarkeit" geknüpft. Des weiteren ist für die wechselseitigen Pflichten bzw. Aufgaben von Belang, ob der Besteller oder der Unternehmer für die Planung verantwortlich ist. Streitigkeiten über die Berechtigung der Anordnung der Änderung können im Wege der **einstweiligen Verfügung** geklärt werden.[66] Der „Ablauf" einer Änderung des Vertrages lässt sich grob wie folgt darstellen:

---

[63] Gesetzentwurf der Bundesregierung, BT-Drs. 18/8486, 53.
[64] Gesetzentwurf der Bundesregierung, BT-Drs. 18/8486, 53.
[65] Referentenentwurf des Bundesministeriums der Justiz und für Verbraucherschutz, 12.
[66] → § 2 Rn. 131 ff.

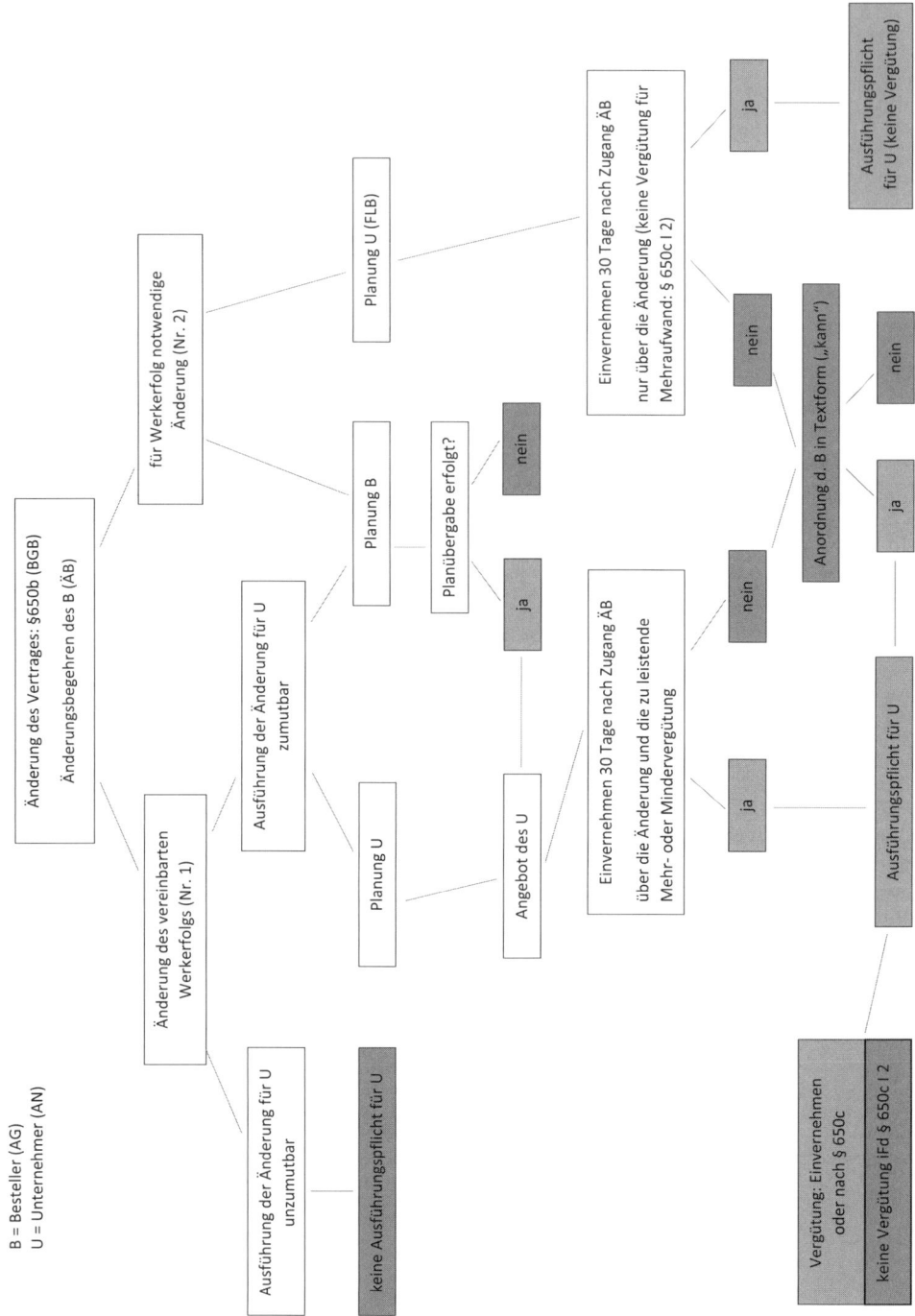

b) „Art" der Änderung, § 650b Abs. 1 S. 1 Nr. 1 und 2 BGB

§ 650b Abs. 1 BGB spricht allein von einer „*Änderung*" des Vertrages, während die VOB/B in § 1 Abs. 3 VOB/B von „*Änderungen*" und in § 1 Abs. 4 VOB/B von „*nicht vereinbarten Leistungen*" ausgeht, so dass von geänderten bzw. zusätzlichen Leistungen gesprochen wird.[67] Die Unterscheidung in § 650b BGB wird dagegen nicht über die Begrifflichkeiten der „Änderung" oder „Zusatzleistung" getroffen, sondern danach, ob eine „*Änderung des vereinbarten Werkerfolgs (§ 631 Absatz 2)*" (§ 650b Abs. 1 S. 1 Nr. 1 BGB) oder eine „*Änderung, die zur Erreichung des vereinbarten Werkerfolgs notwendig ist*" (§ 650b Abs. 1 S. 1 Nr. 2 BGB), vorliegt. Auswirkungen hat dies für die Frage der Ausführungspflicht, da der Unternehmer Änderungen, die für die Erreichung des Werkerfolgs nicht erforderlich sind, nur ausführen muss, wenn ihm dies zumutbar ist (§ 650b Abs. 1 S. 2, Abs. 2 S. 2 BGB). Abhängig davon, welche **Art der Änderung** der Besteller begehrt, ergeben sich also **Unterschiede** in der Frage, ob der Unternehmer zur Ausführung der Änderung verpflichtet ist. Je nachdem, ob der Besteller oder der Unternehmer die Planungsverantwortung trägt, differieren die Vergütungsfähigkeit eines Mehraufwandes bei einer Änderung, die zur Erreichung des Werkerfolgs notwendig ist (§ 650c Abs. 1 S. 2 BGB), sowie die Aufgabenverteilung im Zusammenhang mit der Erstellung des Angebotes gemäß § 650 Abs. 1 S. 2 BGB.

c) Änderung des vereinbarten Werkerfolgs, § 650b Abs. 1 S. 1 Nr. 1 BGB

aa) Werkerfolg

In § 650b Abs. 1 S. 1 Nr. 1 BGB wird im Zusammenhang mit der „*Änderung des vereinbarten Werkerfolgs*" direkt auf § 631 Abs. 2 BGB verwiesen. Dieser beschreibt den „*Gegenstand*" des Werkvertrages dahingehend, dass er in der Herbeiführung eines bestimmten Arbeitsergebnisses, eines Erfolgs, besteht.[68] Die Herbeiführung eines bestimmten Erfolgs ist dabei Wesensmerkmal des Werkvertrages[69] und zugleich Abgrenzungskriterium zu anderen Verträgen, zB zum Dienstvertrag oder Auftrag.[70] Maßgeblich hierfür ist, ob nach dem im Vertrag zum Ausdruck gekommenen Willen der Vertragsparteien die Dienstleistung als solche oder deren Erfolg, das Arbeitsergebnis, geschuldet ist.[71] Der werkvertraglich herbeizuführende **Erfolg** besteht darin, dem Besteller das Werk frei von Sachmängeln zu verschaffen, wobei der Unternehmer gemäß § 633 Abs. 2 S. 1 BGB hierzu das Werk gemäß der vereinbarten Beschaffenheit herzustellen hat. Ist die Beschaffenheit nicht vereinbart, muss sich das Werk für die gewöhnliche Verwendung eignen und eine Beschaffenheit aufweisen, die bei Werken der gleichen Art üblich ist und die der Besteller nach der Art des Werkes erwarten darf.

Der BGH[72] betonte dabei wiederholt, zur vereinbarten Beschaffenheit gehörten alle Eigenschaften des Werkes, die nach der Vereinbarung der Parteien den vertraglich ge-

---

[67] Vgl. nur Kniffka/Koeble/*Kniffka* 5. Teil Rn. 66, 111, 122.
[68] Palandt/*Sprau* BGB Einf. v. § 631 Rn. 1.
[69] Palandt/*Sprau* BGB Einf. v. § 631 Rn. 1.
[70] MüKoBGB/*Busche* § 631 Rn. 1; Palandt/*Sprau* BGB Einf. v. § 631 Rn. 6 ff.
[71] BGH Urt. v. 25.5.1972 – VII ZR 49/71, WM 1972, 947; Urt. v. 6.6.2013 – VII ZR 355/12, NJW 2013, 3022 Rn. 9 f.; Beschl. v. 27.4.2016 – VII ZR 325/13, IBR 2016, 522.
[72] Vgl. BGH Urt. v. 17.5.1984 – VII ZR 169/82, NJW 1984, 2457; Urt. v. 16.7.1998 – VII ZR 350/96, NJW 1998, 3707 (3708); Urt. v. 11.11.1999 – VII ZR 403/98, NZBau 2000, 74 (75); Urt. v. 27.7.2006 – VII ZR 202/04, NZBau 2006, 777 Rn. 25; Urt. v. 8.11.2007 – VII ZR 183/05, NZBau 2008, 109 Rn. 15.

schuldeten Erfolg herbeiführen sollten. Dieser bestimme sich nicht allein nach der zu seiner Erreichung vereinbarten Leistung oder **Ausführungsart,** sondern auch danach, welche **Funktion** das Werk nach dem Willen der Parteien erfüllen solle. Die vereinbarte Beschaffenheit sei erfüllt, wenn der mit dem Vertrag verfolgte Zweck der Herstellung eines Werkes erreicht und das Werk seine vereinbarte oder nach dem Vertrag vorausgesetzte Funktion erfülle.[73] Der werkvertragliche Erfolg besteht damit darin, ein der Vereinbarung der Parteien entsprechendes **funktionstaugliches und zweckentsprechendes Werk** herzustellen.

bb) Änderung des Werkerfolgs

32   Diesen vereinbarten Werkerfolg soll der Besteller ändern können, wobei die Änderung nach der Gesetzesbegründung nicht an „*bestimmte Ziele*" gebunden sein soll, sondern die Änderung soll aus geänderten Vorstellungen des Bestellers oder einem nicht bedachten Möblierungs- oder Unterbringungsbedarf von Gegenständen resultieren können.[74] Diese Beschreibung wird dem mit der Formulierung der „*Änderung des vereinbarten Werkerfolgs*" verbundenen **Umfang des Änderungsrechts** nicht gerecht. Da der Werkerfolg das vereinbarte Arbeitsergebnis bedeutet, kann der Besteller dieses zu erreichende Ergebnis umfassend ändern, indem er zB statt der bisher vereinbarten Wohnanlage ein anderes Arbeitsergebnis, nämlich ein Bürogebäude verlangt.

33   Neben dem Arbeitsergebnis erfasst der Werkerfolg aber auch die **vertraglich vereinbarte Ausführungs- bzw. Herstellungsart,**[75] dh die im Vertrag und seinen Bestandteilen festgelegten Details der Beschaffenheit. Daher ist die Änderungsbefugnis des Bestellers auch hierauf bezogen, wobei hierzu auch im Vertrag, zB in einem Leistungsverzeichnis enthaltene **Arbeitsschritte** gehören, solange sie eine Beschaffenheitsvereinbarung betreffen.[76] Arbeitsschritte dagegen, die der Unternehmer wählen kann, weil sie nicht als Beschaffenheit definiert sind und sich nicht auf den Werkerfolg auswirken, unterfallen nicht dem Änderungsrecht des Bestellers. Hierunter fallen zB nicht im Vertrag beschriebene Bauzustände (zB Hilfsstützen zur Abstützung einer betonierten Decke bis zur Erhärtung des Betons), die nicht Bestandteil des hergestellten Werkes werden. Fraglich ist, ob das Änderungsrecht auch die sogenannten **Bauumstände,** dh die Rahmen- und Randbedingungen der Baudurchführung erfasst.[77] Dazu gehören neben der Bauzeit und dem Bauablauf oder Zufahrtswegen zur Baustelle auch zum Einsatz gelangende Verfahren bzw. Methoden,[78] jedoch ohne dass davon der Werkerfolg tangiert ist.

---

[73] BGH Urt. v. 8.11.2007 – VII ZR 183/05, NZBau 2008, 109 Rn. 15.
[74] Gesetzentwurf der Bundesregierung, BT-Drs. 18/8486, 53.
[75] Vgl. BGH Urt. v. 17.5.1984 – VII ZR 169/82, NJW 1984, 2457 (2458); Urt. v. 16.7.1998 – VII ZR 350/96, NJW 1998, 3707 (3708); Urt. v. 11.11.1999 – VII ZR 403/98, NZBau 2000, 74 (75); Urt. v. 27.7.2006 – VII ZR 202/04, NZBau 2006, 777 Rn. 25; Urt. v. 8.11.2007 – VII ZR 183/05, NZBau 2008, 109 Rn. 15.
[76] Vgl. BGH Urt. v. 11.3.1999 – VII ZR 179/98, NJW 1999, 2432 (2433), wonach vom BGH ein Anspruch aus § 2 Nr. 5 VOB/B und damit eine geänderte Leistung angenommen worden war, weil statt der im Leistungsverzeichnis bzw. den Vorbemerkungen detailliert in den einzelnen Arbeitsschritten beschriebenen Trennung eines Fachwerküberbaus in der Längsachse und deren ungekürzter Verladung tatsächlich eine Kürzung der Träger vor deren Transport erfolgen musste. Sind die Arbeitsschritte aber im Vertrag beschrieben, gehören sie zur Art der Ausführung und zum Werkerfolg.
[77] Vgl. die Diskussion zur Definition des „Bauentwurfs" gemäß § 1 Abs. 3 VOB/B: zusammenfassend: Kapellmann/Messerschmidt/*v. Rintelen* VOB B § 1 Rn. 51 ff.
[78] Kapellmann/Messerschmidt/*v. Rintelen* VOB B § 1 Rn. 54 ff.

cc) Änderung der Bauzeit

Der Abschlussbericht[79] hatte in seinen Empfehlungen noch explizit Anordnungen des Bestellers, die *„die Art der Ausführung der Bauleistung und die Bauzeit"* betreffen, im Zusammenhang mit Anordnungen zur Änderung des Werkerfolgs aufgeführt. Für diese sollte nicht nur das Zumutbarkeitskriterium greifen, sondern hierfür sollten *„schwerwiegende Gründe"* und überwiegende Interessen des Bestellers bei einer Interessenabwägung vorliegen müssen. Der Referentenentwurf[80] hatte diese Einbeziehung und Abgrenzung in den Entwurf des § 650b Abs. 2 S. 3 BGB übernommen. In Stellungnahmen zum Referentenentwurf[81] wurde zutreffend[82] darauf hingewiesen, dass die Bauzeit mit Ausnahme des absoluten Fixgeschäfts nicht Gegenstand des werkvertraglichen Synallagmas sei und die unterschiedlichen Abgrenzungskriterien zu Rechtsunsicherheit und Abgrenzungsschwierigkeiten führen könnten. Im Gesetzentwurf der Bundesregierung[83] findet sich allein die *„Änderung des vereinbarten Werkerfolgs"* und das Kriterium der *„Zumutbarkeit"*; Regelungen zur Art der Ausführung oder zur Bauzeit werden dagegen nicht getroffen.

34

Im Hinblick darauf, dass die Neuregelung des § 650b Abs. 1 S. 1 Nr. 1 BGB dem Besteller die *„Änderung des Werkerfolgs (§ 631 Absatz 2)"* ermöglicht und der Werkerfolg vom BGH gemäß der obigen Ausführungen definiert wird, fallen Änderungen, die nicht den Werkerfolg betreffen, dh die sogenannten Bauumstände, dabei insbesondere die **Bauzeit, nicht unter das Änderungsrecht**.[84] Dies ist konsequent, da der Unternehmer die Bauumstände und Arbeitsschritte, die nicht im Vertrag als Beschaffenheit vereinbart sind und die nicht den Werkerfolg betreffen, innerhalb der Vertrages und seines Dispositionsrechts selbst bestimmen kann.

35

d) Änderung, die zur Erreichung des vereinbarten Werkerfolgs notwendig ist, § 650b Abs. 1 S. 1 Nr. 2 BGB

aa) Trennung zwischen Planung und Ausführung

Das Werkvertragsrecht des BGB ist auf die Erstellung von kleineren Werken im punktuellen Leistungsaustausch zugeschnitten, zB die Erstellung eines Maßanzuges oder die Reparatur eines Fahrzeuges. Dabei gibt der Besteller, ggf. unter Hinzufügung weniger Details (zB schwarzer Wollstoff), die zu erreichende **Funktion**, nämlich einen passenden Anzug bzw. ein repariertes, fahrtüchtiges Fahrzeug, vor. Die „Planung" der zur Erreichung des Werkerfolgs durchzuführenden Arbeiten nimmt dabei der Unternehmer vor und er erhält für das hergestellte Werk eine **pauschale Vergütung**. Dies ist der dem Werkvertrag zugrunde liegende Regelfall.[85]

36

Die **VOB/B** dagegen sieht eine **Trennung zwischen Planung und Ausführung** vor und der Auftraggeber hat dem Auftragnehmer gemäß § 3 Abs. 1 VOB/B die für die Ausführung nötigen Unterlagen zu übergeben, dh er hat die für die Erbringung der Bauleistung erforderliche Planung zu erstellen bzw. erstellen zu lassen.[86] Die VOB/B geht

37

---

[79] Abschlussbericht der Arbeitsgruppe Bauvertragsrecht beim Bundesministerium der Justiz, 21 f.
[80] Referentenentwurf des Bundesministeriums der Justiz und für Verbraucherschutz, 12.
[81] Stellungnahme des Deutschen Baugerichtstages e. V., 16; Stellungnahme des Institutes für Baurecht Freiburg im Breisgau e. V. Rn. 27.
[82] Vgl. Palandt/*Grüneberg* BGB § 271 Rn. 1, 17.
[83] Gesetzentwurf der Bundesregierung, BT-Drs 18/8486, 13.
[84] Dies nimmt auch Orlowski ZfBR 2016, 419 (426) aufgrund historischer Auslegung an.
[85] Vgl. *Peters* NZBau 2008, 609.
[86] Vgl. BGH Urt. v. 29.11.1971 – VII ZR 101/70, NJW 1972, 447.

38 Da der Besteller eines Bauwerks regelmäßig nicht nur eigene Vorstellungen von der Funktion des Bauwerks, sondern auch von dessen Ausführung hat, gibt er Details der zu erbringenden Arbeiten vor und übernimmt damit zumindest Teile der Planung. Hängt die Zulässigkeit der Herstellung des Bauwerks von einer Genehmigung ab, holt der Besteller diese in der Regel ein und muss schon dafür Planungsleistungen in nicht unerheblichem Umfang und Planungstiefe erbringen. Auch zur Vergabe bzw. Beauftragung von Arbeiten für die Herstellung eines Bauwerks bedarf es der Beschreibung der Leistung, sei es mittels eines Leistungsverzeichnisses[88] oder mittels einer funktionalen Baubeschreibung,[89] wobei beide Arten der Leistungsbeschreibung eine Planung – in unterschiedlicher Planungstiefe – voraussetzen. Daher ist es bei Bauverträgen üblich, dass der **Besteller zumindest Teile der Planung,** zB bis zur Genehmigungsplanung nach der Leistungsphase 4 nach HOAI, erbringt oder dem Unternehmer auch die weiter gehenden Planungsleistungen, insbesondere die Ausführungsplanung, zur Verfügung stellt.

bb) Fehler- oder lückenhafte Planung

39 Die Trennung von Planung und Ausführung hat zur Folge, dass sich durch Fehler, Lücken und Unvollständigkeiten der Planung **Abweichungen zwischen dem geplanten Werk und dem geschuldeten Werkerfolg,** einem mangelfreien Werk, ergeben können. In diesem Fall werden zur Erreichung des Werkerfolgs andere oder ergänzende Leistungen als diejenigen, die vom Besteller geplant wurden, erforderlich. Diese Leistungen müssen, um den Werkerfolg zu erreichen, erbracht werden. Der Unternehmer schuldet nämlich nicht nur die vereinbarte Ausführungsart, zB die in einem Leistungsverzeichnis im Einzelnen definierten Leistungen, sondern darüber hinaus auch die Herbeiführung des Werkerfolgs, dh die Herstellung des Bauwerks in der vereinbarten Beschaffenheit, zu der auch die Funktionstauglichkeit gehört.[90] Daher hat der Unternehmer zur Herbeiführung des Werkerfolgs auch Leistungen, die nicht geplant bzw. in einem Leistungsverzeichnis beschrieben sind, sowie auch Leistungen, die nicht von der vertraglich vereinbarten Vergütung abgedeckt sind,[91] auszuführen, da die Leistung sonst mangelhaft ist und **er der Mängelhaftung unterliegt.**[92]

40 Kann mit der vom Besteller geplanten und beschriebenen Leistung der Werkerfolg nicht erreicht werden, hat der Unternehmer, um sich von der Mängelhaftung zu befreien, in Erfüllung seiner **Prüfungs- und Hinweispflicht,** die als Konkretisierung von Treu und Glauben auch für den Bauvertrag auf der Grundlage des BGB gilt,[93] bei erkennbaren Defiziten der Planung, die die erfolgreiche Realisierung des Werkes in Frage stellen können, dem Besteller gegenüber Bedenken anzuzeigen. Der Besteller kann nun nach einer entsprechenden Bedenkenanzeige[94] eine Änderung zur Erreichung des Werker-

---

[87] Vgl. § 4 Abs. 1 VOB/A; § 2 Abs. 2 VOB/B.
[88] Vgl. § 7b VOB/A.
[89] Vgl. § 7c VOB/A.
[90] → § 2 Rn. 31.
[91] Zur Vergütungspflicht entsprechender Leistungen → § 2 Rn. 44 f.
[92] Vgl. BGH Urt. v. 17.5.1984 – VII ZR 169/82, NJW 1984, 2457 (2458); Urt. v. 16.7.1998 – VII ZR 350/96, NJW 1998, 3707 (3708); Urt. v. 11.11.1999 – VII ZR 403/98, NZBau 2000, 74 (75); Urt. v. 27.7.2006 – VII ZR 202/04, NZBau 2006, 777 Rn. 25; Urt. v. 8.11.2007 – VII ZR 183/05, NZBau 2008, 109 Rn. 15.
[93] Vgl. nur BGH Urt. v. 8.11.2007 – VII ZR 183/05, NZBau 2008, 109 Rn 22.
[94] Gesetzentwurf der Bundesregierung, BT-Drs. 18/8486, 53.

folgs nach § 650b Abs. 1 S. 1 Nr. 2 BGB herbeiführen, während dies nach bisher geltendem Werkvertragsrecht nur im Einzelfall[95] möglich ist.

cc) Änderungen der Rechtslage

Neben der lücken- oder fehlerhaften Leistungsbeschreibung des Bestellers führt die Gesetzesbegründung[96] **weitere Gründe, die Anlass zu einer Änderung** nach § 650b Abs. 1 S. 1 Nr. 2 BGB geben können, an. So kann sich durch „*Änderungen der Rechtslage*" oder durch „*behördliche Vorgaben*" der Bedarf einer Änderung zur Erreichung des Werkerfolgs ergeben. Diese beispielhaft angeführten Gründe für eine Änderung werden in der Ausführungsphase, dh nach Abschluss des Vertrages, stattfinden, da sie vor Vertragsabschluss von der Vertragspartei, die die Planung übernommen hat, in der Planung des Werkes zu berücksichtigen gewesen wären. Im Fall der fehlenden Umsetzung in der Planung ist die Planung fehlerhaft, da sie die zu diesem Zeitpunkt bestehende Rechtslage bzw. behördlichen Vorgaben nicht in die Planung integriert hat.   41

Zu diskutieren ist, ob darunter auch Fälle der **Änderung der technischen Regelwerke,** insbesondere der anerkannten Regeln der Technik, im Zeitraum nach Vertragsabschluss und Abnahme, fallen. Die Leistung muss zum Zeitpunkt der Abnahme frei von Sachmängeln sein,[97] dh unter Mängelhaftungskriterien schuldet der Unternehmer die Einhaltung der zum Zeitpunkt der Abnahme geltenden technischen Regelwerke.[98] Ob der Unternehmer bei Änderungen der technischen Regelwerke zwischen Abschluss des Vertrags und Abnahme eine **zusätzliche Vergütung** erhält, ist strittig. Zum Teil wird vertreten, die bepreiste Leistung erfasse allein den Stand der technischen Regelwerke zum Zeitpunkt des Vertragsabschlusses. Bei Änderungen der technischen Regelwerke müsse der Unternehmer den Besteller auf die Änderung hinweisen, er erhalte aber in jedem Fall eine zusätzliche Vergütung, wenn er die Leistung entsprechend dem Stand der technischen Regelwerke zum Zeitpunkt der Abnahme ausführe.[99] Nach anderer Auffassung soll es darauf ankommen, ob die Leistung detailliert beschrieben worden sei oder ob eine funktionale Baubeschreibung Grundlage des Vertrages sei. Bei detaillierter Leistungsbeschreibung erfasse die vereinbarte Vergütung den Stand der technischen Regelwerke zum Zeitpunkt des Vertragsabschlusses, so dass eine zusätzlich zu vergütende Änderung vorliege, wenn der Besteller nach entsprechendem Hinweis durch den Unternehmer den zum Zeitpunkt der Abnahme geltenden Stand der technischen Regelwerke fordere. Habe der Unternehmer, zB als Bauträger, die Leistungsbeschreibung erstellt, sichere er die Einhaltung der technischen Regelwerke zum Zeitpunkt der Abnahme stillschweigend zu. Gleiches gelte, wenn die Leistung funktional beschrieben sei, da der Unternehmer in diesem Fall zu planen und zu entscheiden habe, wie er die geschuldete Funktion erreiche.[100] Diese **Differenzierung in Abhängigkeit davon, wer die Leistungen, die zur Erreichung des Werkerfolgs erforderlich sind, zu planen hatte,** entspricht wohl der Konzeption, die zur Aufnahme von § 650c Abs. 1 S. 2 BGB bzw. § 650b Abs. 1 S. 5 BGB geführt hat,[101] so dass die Einbeziehung der Änderung der   42

---

[95] BGH Urt. v. 25.1.1996 – VII ZR 233/94, NJW 1996, 1346 (1347).
[96] Gesetzentwurf der Bundesregierung, BT-Drs. 18/8486, 53.
[97] BGH Urt. v. 14.5.1998 – VII ZR 184/97, NJW 1998, 2814 (2815); OLG Nürnberg Urt. v. 23.9.2010 – 13 U 194/08, NJW-RR 2011, 100 (102) jeweils für den Bauträgerkaufvertrag; BGH Urt. v. 28.10.1999 – VII ZR 115/97, NJW-RR 2000, 309 (310) für den Bauvertrag.
[98] Vgl. auch § 13 Abs. 1 Satz 1 VOB/B.
[99] Kapellmann/Messerschmidt/*Kapellmann* VOB B § 2 Rn. 30–32; vgl. auch Kimpel NZBau 2016, 734 (736) „*zumindest für nicht vorhersehbare Änderungen dieser Regelwerke*".
[100] *Bolz* IBR 2011, 13; IBR 2012, 185.
[101] S. → § 2 Rn. 44 ff.

technischen Regelwerke nach Abschluss des Vertrages unter *„Änderungen der Rechtslage"*, dh als Anlass für eine Änderung iSv § 650b Abs. 1 S. 1 Nr. 2 BGB, konsequent ist. Gleiches gilt für Änderungen von sonstigen, für die Erreichung des Werkerfolgs maßgeblichen rechtlichen Vorgaben und Vorschriften.

dd) Bestimmung der Art der Ausführung

43 Trägt der Besteller die **Planungsverantwortung** kann er die Art der Ausführung für die Herbeiführung des Werkerfolgs dadurch bestimmen, dass er dies in der für die Änderung erforderlichen Planung (§ 650b Abs. 1 S. 4 BGB) umsetzt. Er bleibt dadurch nicht nur in der Planungsverantwortung auch bezüglich der Änderung, sondern er hat auch die **Möglichkeit, die Art der Ausführung der Änderung zu bestimmen**. Damit muss er nicht eine Ausführungsart hinnehmen, die von ihm als Besteller und Planer der Leistung nicht gewünscht wird. Selbst wenn der Besteller die Verantwortung für die Planung nicht hat, kann der Besteller auf die Art der Ausführung der Änderung Einfluss nehmen, da gemäß § 650b Abs. 1 S. 4 BGB in diesem Fall Einvernehmen über die Änderung erzielt werden soll bzw. indem er die Anordnung nach § 650b Abs. 2 BGB entsprechend spezifiziert.[102] Dadurch wird vermieden, dass der Unternehmer ohne Abstimmung mit dem Besteller die für die Erreichung des Werkerfolgs notwendige Leistung allein bestimmt, plant und in der Folge ausführt.

e) Kein Anspruch auf Mehrvergütung bei Planung durch den Unternehmer, § 650c Abs. 1 S. 2 BGB

aa) Bepreiste Leistung

44 Die Trennung von Planung und Ausführung[103] führt regelmäßig dazu, dass die **vertraglich vereinbarte Vergütung nur die vom Besteller geplante und definierte Leistung umfasst**. Denn der Unternehmer ermittelt die Vergütung auf der Grundlage der durch den Besteller erstellten oder veranlassten Planung und er bepreist nur diejenigen Leistungen, die Gegenstand der Planung und Leistungsbeschreibung sind. Daher werden von der vertraglich vereinbarten Vergütung nur die im Vertrag bzw. seinen Bestandteilen beschriebenen Leistungen abgegolten.[104] Werden zur Erreichung des vereinbarten Werkerfolgs weitere Leistungen bzw. eine Änderung erforderlich, steht dem Unternehmer hierfür eine **Mehrvergütung** zu. Ob es zu Abweichungen zwischen der bepreisten und der für den Werkerfolg auszuführenden Leistung und damit zu einer Störung des Äquivalenzverhältnisses zwischen Leistung und Gegenleistung kommt, hängt davon ab, welche Art der Leistungsbeschreibung gewählt wird.

bb) Art der Leistungsbeschreibung

45 Dabei stehen grundsätzlich zwei unterschiedliche Methoden der Ausschreibung bzw. der Beschreibung des Werkes zur Verfügung. Das Werk bzw. die zu erbringende Leistung kann detailliert mit einem in Positionen gegliederten **Leistungsverzeichnis** (§ 7b VOB/A) oder **funktional**,[105] dh über den zu erreichenden Erfolg,[106] dh durch Festle-

---

[102] S. → § 2 Rn. 68.
[103] S. → § 2 Rn. 39.
[104] BGH Urt. v. 17.5.1984 – VII ZR 169/82, NJW 1984, 2457 (2458); Urt. v. 27.7.2006 – VII ZR 202/04, NZBau 2006, 777 Rn. 25.
[105] Vgl. nur BGH Urt. v. 27.6.1996 – VII ZR 59/95, NJW 1997, 61.
[106] BGH Urt. v. 11.11.1993 – VII ZR 47/93, NJW 1994, 850.

gung der zu erreichenden Funktion bzw. des zu erreichenden Leistungszieles (§ 7c VOB/A) beschrieben werden. Eine detaillierte Leistungsbeschreibung mittels Leistungsverzeichnis setzt voraus, dass der Besteller die zu erbringende Leistung plant,[107] während bei der funktionalen Baubeschreibung der Unternehmer zu planen hat, wie er die vom Besteller vorgegebenen Anforderungen erfüllt und das Leistungsziel erreicht. Bei einer Leistungsbeschreibung mit Leistungsverzeichnis kann sich ein **Delta zwischen der im Leistungsverzeichnis beschriebenen und der unter Mängelhaftungskriterien geschuldeten Leistung** und damit ein Anspruch des Unternehmers auf eine zusätzliche Vergütung ergeben, wenn die im Leistungsverzeichnis beschriebene Leistung nicht ausreicht oder nicht geeignet ist, den vereinbarten Werkerfolg herbeizuführen. Bei der funktionalen Leistungsbeschreibung dagegen hat der Unternehmer die Leistungen zu planen und zu kalkulieren, die zur Herbeiführung des Werkerfolgs erforderlich sind. Die von der **vertraglich vereinbarten Vergütung abgegoltene und die unter Mängelhaftungskriterien geschuldete Leistung sind in diesem Fall deckungsgleich.** Das Werkvertragsrecht geht im Hinblick auf die Ausrichtung auf Werkverträge kleineren Umfangs vom Regelfall der funktionalen Baubeschreibung aus.

Eine **in Gänze funktionale bzw. rein funktionale Baubeschreibung ist in der Praxis jedoch selten,** da der Besteller regelmäßig neben der Funktion weitere Anforderungen und Details vorgeben will. Daher plant der Besteller häufig bis zu einer bestimmten Planungstiefe, zB bis zur Entwurfs- oder Genehmigungsplanung, auf deren Grundlage die funktionale Baubeschreibung erstellt wird. Es ist auch möglich, dass der Besteller die Planung der Leistungsbilder unterschiedlich weit detailliert, so kann er zB die Objektplanung bis zur Entwurfs- oder Genehmigungsplanung, die Tragwerksplanung oder die Planung der Technischen Ausrüstung aber nur als Vorplanung erstellen und auf dieser Basis eine funktionale Baubeschreibung vornehmen. Im Gegenzug finden sich auch in detaillierten Leistungsverzeichnissen funktional beschriebene Positionen, zB bezüglich der Baustelleneinrichtung,[108] für die der Unternehmer als Vergütung eine Pauschale anzubieten hat. Insoweit kann regelmäßig nicht bezüglich des kompletten Vertrages bzw. der Leistungsbeschreibung eine Einstufung der Leistungsbeschreibung als solche mittels eines detaillierten Leistungsverzeichnisses oder mittels einer funktionalen Baubeschreibung erfolgen, vielmehr bestehen in der Praxis die beiden Arten der Leistungsbeschreibung häufig innerhalb eines Vertrages nebeneinander. Insoweit geht die Neuregelung im Hinblick auf ihre diesbezüglich undifferenzierte Formulierung **von dem in der Praxis selten vorliegenden Fall, dass der Unternehmer auf der Basis einer rein funktionalen Baubeschreibung die Planung und Preisbildung vornimmt** und „global pauschal" Planung und Ausführung übernimmt, aus.

cc) Planung im Rahmen der Kalkulation/Preisbildung

Zu berücksichtigen ist zudem, dass die Art der Leistungsbeschreibung zunächst nur Auskunft darüber gibt, durch wen die für die **Kalkulation** der zu vereinbarenden Vergütung zur Verfügung gestellte (Leistungsverzeichnis) bzw. zu erstellende (funktionale Leistungsbeschreibung) **Planung** erstellt wurde bzw. zu erstellen ist. Denn es ist – auch bei dem o.a. Nebeneinander von detaillierten und funktionalen Vorgaben – nicht zwingend, dass bei einem Bauvertrag auf der Grundlage eines Leistungsverzeichnisses stets der Besteller die – komplette – Ausführungsplanung erbringt und auch beim Bauver-

---

[107] Vgl. Leistungsphase 6 nach HOAI.
[108] Der Unternehmer hat dabei die für die Ausführung der von ihm geschuldeten Leistungen erforderliche Baustelleneinrichtung in dieser Position, für die eine pauschale Vergütung anzubieten ist, einzukalkulieren.

trag auf der Grundlage einer funktionalen Leistungsbeschreibung kann der Besteller nach Abschluss des Vertrages die weiter führende Planung, regelmäßig die Ausführungsplanung, übernehmen.[109]

48 Die Aufgabenverteilung im Bereich der Planung ist aber für die Frage, ob dem Unternehmer im Fall einer **Änderung, die zur Erreichung des vereinbarten Werkerfolgs notwendig** ist, ein Anspruch auf Vergütung für den vermehrten Aufwand zusteht (**§ 650c Abs. 1 S. 2 BGB**) oder ob er hierfür keine zusätzliche Vergütung erhält, entscheidend. Maßgeblich dafür, ob die *„Leistungspflicht des Unternehmers auch die Planung des Bauwerks oder der Außenanlage"*[110] umfasst, ist nach der Gesetzesbegründung,[111] ob der Unternehmer **nicht nur die Ausführung** der vom Besteller erstellten Planung schuldet, **sondern auch die Erstellung der Planung** selbst. Denn in diesem Fall habe der Unternehmer eine mangelfreie Planung zu erstellen und er habe sämtliche Leistungen, die zur Herbeiführung des Werkerfolgs erforderlich seien, zu planen und in der Folge auszuführen. Plane er unvollständig oder fehlerhaft und würden daher Änderungen notwendig, um den Werkerfolg zu erreichen, habe der Unternehmer mangelhaft geplant, was zu seinen Lasten gehe.[112] Er habe daher **ohne Anspruch auf Mehrvergütung** die von ihm nicht oder unvollständig geplante Leistung nach entsprechender Einigung mit dem Besteller oder nach einer Anordnung des Bestellers nach § 650b Abs. 2 BGB zu erbringen.

49 Diese Rechtsfolge – Ausführungspflicht ohne einen Anspruch auf Mehrvergütung – kann jedoch nur greifen, wenn der **Unternehmer die Planung, die Grundlage der Kalkulation der Vergütung war,** erstellt hat und wenn Basis der Preisbildung des Unternehmers eine **rein funktionale Ausschreibung** war. Denn maßgeblich ist, ob der Unternehmer in seine Kalkulation nur die vom Besteller geplanten Leistungen aufnehmen musste (detailliertes Leistungsverzeichnis) oder ob er selbst die Leistungen planen musste, die zur Erreichung des geschuldeten Erfolges bzw. Leistungsziels erforderlich sind (rein funktionale Leistungsbeschreibung). Hat der Besteller dem Unternehmer durch eine Planung bzw. eine Leistungsbeschreibung vorgegeben, welche Leistungen zur Erreichung des Werkerfolgs erforderlich sind, muss der Unternehmer nur diese Leistungen in seine Preisbildung bzw. Kalkulation einbeziehen. Werden später zur Erreichung des Werkerfolgs andere oder darüber hinausgehende Leistungen, als diejenigen, die der Besteller geplant hat, notwendig, sind diese zusätzlich zu vergüten. Anders ist dies, wenn allein der Unternehmer im Rahmen der Preisbildung die Leistungen, die zur Erreichung des Werkerfolgs notwendig sind, zu planen hat, da er in diesem Fall die für die Erreichung des Werkerfolgs notwendigen Leistungen planen und kalkulieren muss.

---

[109] Dies bedeutet jedoch ein Risiko für den Unternehmer, da der Besteller durch die Planung die vorgegebene Funktion – im Zweifel weniger kostengünstig – ausfüllt, der Unternehmer eine Mehrvergütung aber nur erhält, wenn durch die Planung des Bestellers eine Änderung des funktional vorgegebenen Erfolgs erfolgt.
[110] § 650c Abs. 1 S. 2 BGB.
[111] Beschlussempfehlung und Bericht des Ausschusses für Recht und Verbraucherschutz BT-Drs. 18/11437, 47, 48 basierend auf der Stellungnahme des Bundesrates zum Gesetzentwurf des Bundesregierung, BT-Drs. 18/8486, 86, Nr. 12; 88, Nr. 19.
[112] Abschlussbericht der Arbeitsgruppe Bauvertragsrecht beim Bundesministerium der Justiz, 24; Referentenentwurf des Bundesministeriums der Justiz und für Verbraucherschutz, 56, 57; Stellungnahme des Bundesrates zum Gesetzentwurf der Bundesregierung, BT-Drs. 18/8486, 86 Nr. 12, 88, Nr. 19; Beschlussempfehlung und Bericht des Ausschusses für Recht und Verbraucherschutz zu dem Gesetzentwurf der Bundesregierung, BT-Drs. 18/11437, 47, 48.

III. Änderung des Vertrages; Anordnungsrecht des Bestellers, § 650b BGB

Diese notwendige Differenzierung dahingehend, dass es für die Frage, ob der Unternehmer eine zusätzliche Vergütung für die Änderung erhält, auf die jeweilige **Planung** ankommt, auf deren Grundlage der Vertrag abgeschlossen und **die Grundlage der Kalkulation und der vereinbarten Vergütung** war, wird in der Neuregelung und der Gesetzesbegründung[113] nicht in der erforderlichen Deutlichkeit zum Ausdruck gebracht,[114] insbesondere wird nicht – wie im Abschlussbericht und im Referentenentwurf – explizit darauf abgestellt, ob die Planungsverantwortung „ausschließlich" beim Unternehmer liegt und ob dem Vertragsabschluss eine „(rein) funktionale Ausschreibung vorausging".[115] Dem Umstand, dass die Erstellung der **Planung**, die Grundlage der Kalkulation war, sehr häufig **nicht ausschließlich** durch die eine oder die andere Vertragspartei erfolgt ist, muss im Wege der Auslegung der § 650c Abs. 1 S. 2 und § 650b Abs. 1 S. 5 BGB dadurch Rechnung getragen werden, dass dem Unternehmer **insoweit** ein Anspruch auf Mehrvergütung zusteht, als er bezüglich der konkreten Änderung die für die Preisbildung maßgebliche Planung nicht bzw. nicht allein erstellt hat.[116]

50

Die im Abschlussbericht und im Referentenentwurf dargestellten sowie in der Stellungnahme des Bundesrates[117] angesprochenen Überlegungen decken sich mit den Entscheidungen des BGH zu dieser Problematik und müssen als Basis der Neuregelung Berücksichtigung finden.[118] Der BGH hat in mehreren Entscheidungen ausgeführt, welche Leistungen – abhängig davon, wer die Ausführungsart, die Grundlage der Kalkulation geworden ist, bestimmt hat – von der vertraglich vereinbarten Vergütung abgedeckt bzw. welche zusätzlich zu vergüten sind. So hat der BGH[119] im Zusammenhang mit der funktionalen Leistungsbeschreibung, wonach die Baugrube durch Wasserhaltungsmaßnahmen nach Wahl des Unternehmers trocken zu halten seien, entschieden, dass durch die Beschreibung der Leistung über den zu erreichenden Erfolg Maßnahmen jeder Art, die erforderlich seien, um dieses Ziel zu erreichen, abgedeckt seien. Daher könne keine zusätzliche Vergütung wegen einer Änderung der Leistung verlangt werden, wenn aufwendigere als die vom Unternehmer geplanten Wasserhaltungsmaßnahmen ausgeführt werden müssten. Des weiteren hat er in mehreren Entscheidungen betont,[120] dass,

51

---

[113] Beschlussempfehlung und Bericht des Ausschusses für Recht und Verbraucherschutz zu dem Gesetzentwurf der Bundesregierung, BT-Drs. 18/11437, 47, 48; Stellungnahme des Bundesrates zum Gesetzentwurf der Bundesregierung, BT-Drs. 18/8486, 86, Nr. 12, 88, Nr. 19 wobei der Bundesrat aber ausdrücklich darauf hinweist, dass es „nicht sachgerecht" sei, die Vergütungspflicht des Bestellers bei Änderungen iSv § 650b Abs. 1 S. 1 Nr. 2 BGB davon abhängig zu machen, wer für die Planung verantwortlich sei. Abzustellen sei darauf, ob der Vertrag auf der Basis von Planungen des Bestellers abgeschlossen worden sei oder ob Grundlage des Vertragsabschlusses eine „(rein) funktionale Ausschreibung" sei sowie ob die „ausschließliche" „Planungsverantwortung" beim Unternehmer liege (S. 89 Nr. 22).

[114] Kimpel NZBau 2016, 734 (736) moniert, dass der Unternehmer, der plane, nicht für Umstände, für die er nichts könne, bestraft werden dürfe, ohne zwischen der Planung im Rahmen der Kalkulation/Preisbildung und der Planung der Ausführung zu differenzieren.

[115] Abschlussbericht der Arbeitsgruppe Bauvertragsrecht beim Bundesministerium der Justiz, 24; Referentenentwurf des Bundesministeriums der Justiz und für Verbraucherschutz, 56, 57.

[116] Vgl. Referentenentwurf des Bundesministeriums der Justiz und für Verbraucherschutz, 56: *„soweit die Planung des Bauwerks durch den Besteller selbst ... erfolgt ist."*

[117] Stellungnahme des Bundesrates zum Gesetzentwurf der Bundesregierung, BT-Drs. 18/8486, 89 Nr. 22.

[118] Zur Verwendung der unterschiedlichen Begrifflichkeiten in § 650b Abs. 1 S. 4 BGB (*„Verantwortung für die Planung"*) und in § 650c Abs. 1 S. 2 BGB (*„umfasst die Leistungspflicht des Unternehmers auch die Planung"*) → § 2 Rn. 70.

[119] BGH Urt. v. 11.11.1993 – VII ZR 47/93, NJW 1994, 850.

[120] BGH Urt. v. 17.5.1984 – VII ZR 169/82, NJW 1984, 2457 (2458); Urt. v. 16.7.1998 – VII ZR 350/96, NJW 1998, 3707 (3708); Urt. v. 27.7.2006 – VII ZR 202/04, NZBau 2006, 777 Rn. 25.

wenn die Vertragsparteien auf Anregung des Bestellers oder des Unternehmers eine bestimmte Ausführungsart zum Gegenstand des Vertrages gemacht hätten, die Kalkulation nur die vereinbarte Ausführungsart umfasse. Zusätzliche Arbeiten, die für die Herbeiführung des geschuldeten Werkerfolgs erforderlich seien, habe der Besteller dann zusätzlich zu vergüten. Dies gelte aber nur, sofern *„die Kalkulation des Werklohnes nicht nur auf den Vorstellungen des Auftragnehmers beruhe"*.[121] Auch hat der BGH[122] darauf hingewiesen, dass in dem Fall, in dem sich die Kalkulation des Unternehmers nicht allein nach seinen eigenen Vorstellungen, sondern in erster Linie nach einem Leistungsverzeichnis des Bestellers richte, der vereinbarte Preis die Werkleistung nur in der jeweils angegebenen Größe, Güte und Herstellungsart abdecke. Notwendig werdende zusätzliche Arbeiten seien dann gesondert zu vergüten.

f) Zumutbarkeit der Änderung, § 650b Abs. 1 S. 2 und 3, Abs. 2 S. 2 und 3 BGB

aa) Folgen der Unzumutbarkeit

52 § 650b BGB differenziert hinsichtlich der Verpflichtung des Unternehmers, die Änderung auszuführen, danach, ob eine Änderung des vereinbarten Werkerfolgs nach § 650b Abs. 1 S. 1 Nr. 1 BGB oder eine Änderung, die zur Erreichung des vereinbarten Werkerfolgs notwendig ist (§ 650b Abs. 1 S. 1 Nr. 2 BGB), vorliegt. Eine Änderung des vereinbarten Werkerfolgs muss der Unternehmer nur ausführen, wenn ihm die *„Ausführung der Änderung zumutbar"* ist. Insoweit muss der Unternehmer bei fehlender Zumutbarkeit **weder ein Angebot** über die Mehr- oder Mindervergütung gemäß § 650b Abs. 1 S. 2 BGB vorlegen, **noch** muss er einer entsprechenden **Änderungsanordnung des Bestellers** nach § 650b Abs. 2 BGB **nachkommen**. Für die Änderung gemäß § 650b Abs. 1 S. 1 Nr. 2 BGB wird keine explizite Einschränkung der Leistungspflicht des Unternehmers aufgestellt.

bb) Gründe für eine Unzumutbarkeit

53 In der Gesetzesbegründung[123] werden Beispiele, die im Rahmen der Bewertung, ob die Änderung für den Unternehmer zumutbar ist, angeführt. So können die *„technischen Möglichkeiten, die Ausstattung und Qualifikation des Bauunternehmers, aber auch betriebsinterne Vorgänge"* betroffen sein. Im Rahmen einer Abwägung, welche Leistungen dem Unternehmer zumutbar seien, seien *„die Interessen beider Parteien zu berücksichtigen und"* sie müssten *„in einem ausgewogenen Verhältnis in die Bewertung einfließen"*. Berücksichtigung müsse einerseits finden, dass der Unternehmer Leistungen erbringen müsse, die nicht dem ursprünglich, zwischen den Parteien vereinbarten Werkerfolg entsprächen, andererseits seien die Parteien in der Ausführungsphase aneinander gebunden und einen Wechsel des Vertragspartners könne der Besteller nur schwer und mit dem Einsatz hoher Kosten umsetzen. Die Schwelle der Unzumutbarkeit sei **unterhalb** der des allgemeinen Leistungsverweigerungsrechts wegen Unzumutbarkeit gemäß § 275 Abs. 2 und 3 BGB anzusiedeln.

54 Damit wird ein Abgrenzungskriterium, das unterhalb der Zumutbarkeitsstufe des § 275 Abs. 2 und 3 BGB liegt, geschaffen, es werden aber keine griffigen Abgrenzungs-

---

[121] Urt. v. 16.7.1998 – VII ZR 350/96, NJW 1998, 3707 (3708); Urt. v. 27.7.2006 – VII ZR 202/04, NZBau 2006, 777 Rn. 25.
[122] BGH Urt. v. 17.5.1984 – VII ZR 169/82, NJW 1984, 2457 (2458).
[123] Gesetzesentwurf der Bundesregierung, BT-Drs. 18/8486, 53.

III. Änderung des Vertrages; Anordnungsrecht des Bestellers, § 650b BGB

parameter zur Verfügung gestellt. Durch die Bezugnahme auf die Abwägung der beidseitigen Interessen ist eine Parallele zu § 314 BGB bzw. § 648a BGB sowie zT auch zu § 308 Nr. 4 BGB gegeben. Andererseits sind die beispielhaften Umstände, aus denen sich eine Unzumutbarkeit ergeben kann, mit den Fällen vergleichbar, die im Zusammenhang mit der Einschränkung der Verpflichtung, zusätzliche Leistungen im Sinne von § 1 Abs. 4 S. 1 VOB/B erbringen zu müssen, nämlich wenn der **Betrieb des Unternehmers auf derartige Leistungen nicht eingerichtet ist**, genannt werden.

Die Zumutbarkeit ist anhand einer Abwägung der beidseitigen Interessen zu prüfen, wobei neben dem Aspekt, dass der Unternehmer zu einer geänderten Ausführung verpflichtet wird, zu berücksichtigen ist, dass ihm gemäß § 650c Abs. 1 S. 1 BGB der **durch die Änderung entstehende Aufwand nach den tatsächlich erforderlichen Kosten vergütet** wird, dh er muss einen eventuell in seiner Kalkulation enthaltenen Verlust nicht fortschreiben, sondern er kann in diesem Fall die Berechnung der Vergütung nach den tatsächlich erforderlichen Kosten vornehmen. Zugunsten des Bestellers ist des weiteren einzubeziehen, dass eine Änderung der Leistung in der Praxis regelmäßig nur mit **nicht unerheblichen Schwierigkeiten**, va in der Abgrenzung und im Schaffen von Schnittstellen in der Ausführung und Mängelhaftung, an einen anderen Unternehmer beauftragt werden kann und dass dieser versucht sein könnte, die Notsituation des Bestellers durch das Verlangen überhöhter Preise auszunutzen. Andererseits sind Änderungen des Werkerfolgs Änderungen, die nicht für die Erreichung des Werkerfolgs notwendig sind und die der Besteller ohne Angabe und Vorliegen von Gründen verlangen kann. 55

Die Zumutbarkeit der Ausführung der Änderung richtet sich ua nach der Situation im Betrieb des Unternehmers. Im Rahmen von § 1 Abs. 4 S. 1 VOB/B wird dabei darauf abgestellt, ob dem Unternehmer nach seinen tatsächlichen Verhältnissen, insbesondere der personellen Ausstattung, dem fachlichen Können und der geräte- bzw. maschinentechnischen Ausstattung des konkreten Betriebs, die Übernahme der Leistungen zumutbar ist. Dabei ist auch die Auslastung des Unternehmers bei der Prüfung der Zumutbarkeit zu berücksichtigen.[124] Betroffen sind daher insbesondere Leistungen, die nicht unter das vom Unternehmer übernommene Gewerk fallen, wobei er einen Nachunternehmer einbinden muss, wenn er die Leistungen ohnehin mit Nachunternehmern ausführt.[125] Diese Punkte – **geräte- bzw. maschinentechnische Ausstattung sowie die personellen Kapazitäten und das fachliche Können** – sind auch in der Abwägung der Zumutbarkeit nach § 650b BGB[126] zu berücksichtigen; ebenso, ob der Unternehmer die Leistungen mit Nachunternehmern oder mit eigenem Personal erbringt, da einem Generalunternehmer auch die betrieblichen Möglichkeiten der Nachunternehmer zuzurechnen sind.[127] Die **Auslastung**, dh die Möglichkeit auf Seiten des Unternehmers, geänderte Leistungen und damit verbundenen weiteren zeitlichen Aufwand zu übernehmen, ist – auch im Hinblick auf die Verteilung der Beweislast – unter die „**betriebsinternen Vorgänge**" zu fassen, da der Besteller keinen Einblick hat, welche Aufträge der Unternehmer parallel und in der Folge abzuarbeiten hat. 56

cc) Beweislast

Die **Beweislast** für die Frage der (Un-)Zumutbarkeit richtet sich danach, aus wessen **Verantwortungsbereich** die Änderung kommt. Der Besteller als Veranlasser der Ände- 57

---

[124] Ingenstau/Korbion/*Keldungs* VOB B § 1 Abs. 4 Rn. 5.
[125] Ingenstau/Korbion/*Keldungs* VOB B § 1 Abs. 4 Rn. 5.
[126] Technische Möglichkeiten, die Ausstattung und Qualifikation des Bauunternehmers (Gesetzesentwurf der Bundesregierung, BT-Drs. 18/8486, 53).
[127] Gesetzesentwurf der Bundesregierung, BT-Drs. 18/8486, 54.

rung muss ihre Zumutbarkeit beweisen, wohingegen der Unternehmer, wenn er sich zur Begründung der Unzumutbarkeit auf betriebsinterne Gründe beruft, gemäß § 650 Abs. 1 S. 3 BGB deren Vorliegen beweisen muss. Denn der Besteller hat keinen Einblick in die innerbetrieblichen Vorgänge des Unternehmers.[128]

dd) Zumutbarkeit bei für den Werkerfolg notwendigen Änderungen

58 Bei einer **Änderung nach § 650b Abs. 1 S. 1 Nr. 2 BGB** stehen dem Unternehmer **keine speziell geregelten Leistungsverweigerungsrechte** zu. Vielmehr hat er entsprechende Änderungen auszuführen, es sei denn, er kann sich auf eine Unzumutbarkeit nach den allgemeinen Leistungsverweigerungsrechten gemäß § 275 Abs. 2 und 3 BGB berufen. Dies ist konsequent, da der Unternehmer – unabhängig davon, ob er selbst oder der Besteller die Planung erbracht hat – die Herbeiführung des vereinbarten Werkerfolgs schuldet und eine mangelfreie Leistung herzustellen hat.[129] Hat der Besteller durch eine unvollständige oder fehlerhafte Planung das Erfordernis der Ausführung von für die Erreichung des Werkerfolgs notwendigen Leistungen herbeigeführt, besteht zugunsten des Unternehmers ein **Anspruch auf Mehrvergütung** gemäß § 650c BGB. Hat der Unternehmer die Planung, die Grundlage seiner Preisbildung war, selbst erbracht, hat er ohnedies den geschuldeten Werkerfolg – ohne zusätzliche Vergütung – herbeizuführen.[130]

g) Einvernehmen über die Änderung und die infolge der Änderung zu leistende Mehr- oder Mindervergütung, § 650b Abs. 1 S. 1 BGB

59 Abweichend vom Abschlussbericht und dem Referentenentwurf[131] verfolgt der Gesetzentwurf der Bundesregierung[132] und die Neuregelung das Ziel, dass die Parteien **Einvernehmen** *„über die Änderung"* und, soweit dem Unternehmer ein Anspruch auf Vergütung für die Ausführung der Änderung zusteht (§ 650b Abs. 1 S. 5 iVm § 650c Abs. 1 S. 2 BGB, dh wenn Grundlage der Preisbildung durch den Unternehmer eine Planung des Bestellers war), *„über die infolge der Änderung zu leistende **Mehr- oder Mindervergütung"*** erreichen. Das Erzielen eines Einvernehmens über die Änderung und ggf. über die für deren Ausführung anfallende Mehr- oder Mindervergütung, bevor der Besteller nach § 650b Abs. 2 BGB die Änderung anordnen kann, soll Streit über die Vertragsänderung und dadurch eine Belastung der Zusammenarbeit bei der weiteren Ausführung der Bauleistungen vermeiden.[133]

60 Zu berücksichtigen ist dass, **wenn die Preisbildung allein auf der Grundlage der vom Unternehmer erstellten Planung** erfolgt ist, bei Änderungen, die zur Erreichung des Werkerfolgs notwendig sind, ein zusätzlicher Vergütungsanspruch für entsprechende Änderungen ausscheidet (§ 650c Abs. 1 S. 2 BGB),[134] so dass der Unternehmer **kein Angebot** über die Mehr- oder Mindervergütung vorzulegen hat (§ 650b Abs. 1 S. 5 Hs. 2 BGB) und die Parteien in der Folge Einvernehmen **nur über die Änderung selbst** erzielen müssen (§ 650b Abs. 1 S. 5 BGB), wobei auch hierfür eine gewisse planerische Grundlage erforderlich ist.[135]

---

[128] Gesetzesentwurf der Bundesregierung, BT-Drs. 18/8486, 54.
[129] S. → § 2 Rn. 39 f.
[130] Vgl. Abschlussbericht der Arbeitsgruppe Bauvertragsrecht beim Bundesministerium der Justiz, 24; Referentenentwurf des Bundesministeriums der Justiz und für Verbraucherschutz, 56, 57.
[131] Referentenentwurf des Bundesministeriums der Justiz und für Verbraucherschutz, 12, 56.
[132] Gesetzentwurf der Bundesregierung, BT-Drs. 18/8486, 13 f., 53.
[133] Gesetzentwurf der Bundesregierung, BT-Drs. 18/8486, 53.
[134] S. → § 2 Rn. 44 ff.
[135] S. → § 2 Rn. 67.

Das Ziel, Einvernehmen zwischen den Parteien zu erreichen, stellt im Hinblick darauf, dass dem zu erreichenden Einvernehmen „Aktivitäten" des Bestellers und des Unternehmers – abhängig von der Zumutbarkeit für den Unternehmer und abhängig von der Frage, wer die Verantwortung für die Planung trägt – voranzugehen haben, nicht lediglich „*Selbstverständliches*"[136] dar, sondern setzt voraus, dass die **Parteien den ihnen zugewiesenen Aufgaben nachkommen.** Hierzu gehört, dass 61

- der Besteller dem Unternehmer ein **Änderungsbegehren** mitteilt,
- er, wenn er die Verantwortung für die Planung trägt, dem Unternehmer als Grundlage für das von ihm zu erstellende Angebot die für die Änderung erforderliche **Planung** zur Verfügung stellt und
- dass der Unternehmer ein **Angebot** über die Mehr- oder Mindervergütung erstellt.

Der Gesetzgeber geht davon aus, dass, wenn die Vertragsparteien ihre jeweilige Aufgabe erfüllen, ein Einvernehmen sowohl über die Änderung selbst als auch – abhängig von der Art der Änderung und der Verantwortlichkeit für die Planung – über deren Auswirkungen auf die Vergütung erzielt werden kann. § 650b Abs. 1 BGB sieht **nicht** vor, dass das erzielte Einvernehmen (**schriftlich**) **zu fixieren ist,** was den Parteien zu Beweiszwecken aber anzuraten ist. Erzielen die Parteien Einvernehmen über die Änderung und die daraus resultierende Mehr- oder Mindervergütung, ist die Vereinbarung abschließend und es können **keine weiteren Ansprüche „nachgeschoben" werden,** es sei denn es wurden entsprechende Vorbehalte, zB bezüglich der bauzeitlichen Auswirkungen, in der Einigung getätigt.[137] 62

h) Änderungsbegehren, § 650b Abs. 1 S. 1, Abs. 2 S. 1 BGB

§ 650b Abs. 1 BGB spricht lediglich davon, dass der Besteller eine Änderung „*begehrt*". § 650b Abs. 2 S. 1 BGB gibt dem Besteller, wenn ein Einvernehmen „*binnen 30 Tagen nach Zugang des Änderungsgehrens*" nicht erzielt wird, das Recht, die Änderung anzuordnen. Das vom Besteller geäußerte Änderungsbegehren muss dem Unternehmer zugehen und auf diesem aufbauend sind die weiteren Aktivitäten zur Erzielung des Einvernehmens zu entfalten. Das Änderungsbegehren ist im Gegensatz zur Änderungsanordnung gemäß § 650b Abs. 2 BGB **nicht an eine bestimmte Form** gebunden, dh es kann auch mündlich ausgesprochen werden. 63

Über den **notwendigen Inhalt des Änderungsbegehrens** verhält sich § 650b BGB ebenso wenig wie die Gesetzesbegründung. Insoweit muss geklärt werden, welcher Inhalt erforderlich ist, um das in § 650b BGB vorgesehene Prozedere umsetzen zu können. Dabei müssen mehrere Aspekte Berücksichtigung finden. Zum einen führt das Änderungsbegehren allein noch nicht zu einer Änderung des Vertrages, sondern hierzu ist ein Einvernehmen zwischen den Parteien nach § 650b Abs. 1 BGB oder eine Anordnung des Bestellers nach § 650b Abs. 2 BGB erforderlich. Zum anderen muss das Änderungsbegehren einen Inhalt haben, der es ermöglicht, zu klären, ob die Ausführung der Änderung für den Unternehmer zumutbar ist. Zudem muss es, falls vom Unternehmer ein Angebot über die Mehr- oder Mindervergütung zu erstellen ist, Grundlage einer Planung des Bestellers zur Vorlage beim Unternehmer oder einer Planung des Unternehmers, damit dieser das Angebot erstellen kann, sein. Des weiteren muss es in den Fällen, in denen eine Änderung zur Erreichung des Werkerfolgs vorliegt und die Kalkulation allein auf der Planung des Unternehmers basiert (§ 650b Abs. 1 S. 5 BGB), ohne weitere bestellerseitige Planung ausreichend sein, dass die Vertragsparteien anhand des 64

---

[136] So aber *Schramke/Keilmann* NZBau 2016, 333 (336).
[137] Vgl. OLG München Urt. v. 26.6.2012 – 9 U 3604/11 Bau, IBR 2014, 652.

Änderungsbegehrens Einvernehmen über die Änderung selbst erzielen können. Schließlich muss es, falls die Parteien binnen 30 Tagen nach Zugang des Änderungsbegehrens keine Einigung finden, Grundlage für eine Anordnung nach § 650b Abs. 2 BGB sein können.

65 Entsprechend dieser Anforderungen, va im Hinblick darauf, dass eine Anordnung nach § 650b Abs. 2 BGB zu einer Änderung des Vertrages führt, ist davon auszugehen, dass ein Änderungsbegehren den geänderten Vertragsinhalt hinreichend bestimmbar festlegen muss,[138] dh die geänderte Leistung muss vom Besteller **hinreichend bestimmbar** definiert werden. Insoweit reicht es für das Änderungsbegehren und damit für das Ingangsetzen der 30-Tagesfrist gemäß § 650b Abs. 2 BGB aus, wenn der Besteller die Änderung funktional, dh über den zu erreichenden Erfolg definiert.[139] Eine Detaillierung kann durch die in der Folge von einer der Vertragsparteien zu erstellende Planung[140] vorgenommen werden.[141]

i) Für die Änderung erforderliche Planung, § 650b Abs. 1 S. 4 BGB

aa) Vom Unternehmer zu erstellendes Angebot

66 Nach Zugang des Änderungsbegehrens beim Unternehmer und als Voraussetzung für das vom Unternehmer gemäß § 650b Abs. 1 S. 2 BGB zu erstellende Angebot über die durch die Änderung entstehende Mehr- oder Mindervergütung hat der Besteller, wenn er die *„Verantwortung für die Planung"* trägt, gemäß § 650b Abs. 1 S. 4 BGB *„die für die Änderung erforderliche Planung"* zu erstellen und dem Unternehmer zur Verfügung zu stellen. Die für die Änderung erforderliche Planung als Voraussetzung für das vom Unternehmer gemäß § 650b Abs. 1 S. 2 BGB vorzulegende Angebot hat der **Besteller** konsequent nur zu erstellen, wenn der Unternehmer auch ein entsprechendes Angebot legen muss, dh im Fall einer Änderung des vereinbarten Werkerfolgs muss die Änderung für den Unternehmer zumutbar sein (§ 650b Abs. 1 S. 2 Hs. 2 BGB) und im Fall einer Änderung, die zur Erreichung des vereinbarten Werkerfolgs notwendig ist, muss die Kalkulation des Unternehmers auf der Basis der Planung des Bestellers erfolgt sein (§ 650b Abs. 1 S. 5 Hs. 2 BGB).

67 Trägt der **Unternehmer die Verantwortung für die Planung,** muss er aber im Fall der **Änderung des Werkerfolgs** ebenfalls eine Grundlage für die Erstellung des Angebots haben, so dass er, obgleich dies in § 650b Abs. 1 S. 4 BGB nicht explizit geregelt ist, die hierfür erforderliche Planung bzw. zumindest eine Kalkulationsgrundlage selbst erstellen muss. Die Gesetzesbegründung[142] geht nämlich davon aus, dass der Unternehmer ein Angebot über die Mehr- oder Mindervergütung nur legen kann, wenn er die geänderte Planung und die darin vorgesehenen Leistungen kennt. Bei einer **Änderung, die zur Erreichung des Werkerfolgs notwendig ist,** steht dem Unternehmer gemäß § 650c Abs. 1 S. 2 BGB keine zusätzliche Vergütung zu, wenn Grundlage der Preisbildung des Unternehmers eine rein funktionale Leistungsbeschreibung ist und der Unternehmer die für die Erreichung des Werkerfolgs erforderlichen Leistungen planen und einkalku-

---

[138] Vgl. BGH Urt. v. 27.6.1996 – VII ZR 59/95, NJW 1997, 61; Urt. v. 11.11.1993 – VII ZR 47/93, NJW 1994, 850.
[139] Vgl. BGH Urt. v. 11.11.1993 – VII ZR 47/93, NJW 1994, 850.
[140] S. → § 2 Rn. 67.
[141] Eine Anordnung nach § 1 Abs. 3 VOB/B soll nur Wirksamkeit entfalten, wenn der Auftraggeber für die geänderte Leistung eine geänderte Planung und eine entsprechende Leistungsbeschreibung vorgelegt hat (Beck'scher Kommentar VOB/B/*Jansen*, § 1 Abs. 3 Rn. 16; § 2 Abs. 5 Rn. 10).
[142] Gesetzentwurf der Bundesregierung, BT-Drs. 18/8486, 54.

lieren muss. In diesem Fall hat der Unternehmer kein Angebot vorzulegen und die Parteien sollen Einvernehmen nur über die Änderung selbst erzielen (§ 650b Abs. 1 S. 5 BGB). Daher ist eine **Planung** als Grundlage für das – nicht vorzulegende Angebot – **nicht zu erstellen.**

Eine **Spezifizierung der zu erbringenden Leistung** können die Parteien in diesem Fall im Rahmen der Verhandlungen vornehmen. Gelingt keine Einigung, kann der Besteller ggf. die Leistung im Rahmen der Anordnung spezifizieren. Da der Unternehmer in diesem Fall aber ohnehin sämtliche Leistungen für die Erreichung des Werkerfolgs planen muss, ist eine Spezifizierung nicht zwingend und kann einen weiteren Mehraufwand bedingen, wenn der Besteller Leistungen, die über das hinausgehen, was zur Erreichung des Werkerfolgs erforderlich ist, anordnet.

bb) Planung als Grundlage für die Angebotserstellung

§ 650b Abs. 1 S. 4 BGB spricht von der *„für die Änderung erforderlichen Planung"*, wobei hiermit aber nur die für die **Erstellung des Angebotes über die Mehr- oder Mindervergütung erforderliche Planung,** nicht aber die für die **Ausführung der Änderung erforderliche Planung** (Ausführungsplanung) gemeint sein kann. Die entsprechenden Planungen unterscheiden sich sowohl in der Planungstiefe als auch im Zeitpunkt ihres Bedarfs, zumal eine Planung für die Ausführung der Änderung erst von Nöten ist, wenn die Änderung tatsächlich zur Ausführung gelangen soll, dh wenn eine Änderung des Vertrages entweder über ein Einvernehmen zwischen den Parteien oder die Anordnung des Bestellers erfolgt ist. Das Angebot über die Mehr- oder Mindervergütung stellt insoweit lediglich eine – monetäre – Entscheidungsgrundlage für den Besteller, ob er die Änderung des Vertrages tatsächlich vornehmen will, dar. Fraglich ist daher, ob § 650b Abs. 1 S. 4 BGB, obgleich dies nicht ausdrücklich erfolgt, eine Aussage für beide Planungen trifft oder ob nur die Planung für die Abgabe des Angebotes, nicht aber die Planung für die Ausführung der Änderung geregelt wird. Zu berücksichtigen ist dabei, dass eine Regelung, die explizit die Planung für die Ausführung der Änderung erfasst, nicht getroffen wird.

cc) Unterschiedliche Formulierungen in § 650b Abs. 1 S. 4 BGB und in § 650c Abs. 1 S. 2 BGB

Ob mit den unterschiedlichen Begrifflichkeiten in § 650b Abs. 1 S. 4 BGB (*„Verantwortung für die Planung"*) und in § 650c Abs. 1 S. 2 BGB (*„umfasst die Leistungspflicht des Unternehmers auch die Planung"*) bewusst eine Differenzierung zwischen der Planung, die für die Erstellung des Angebotes und ggf. auch die Ausführung der Änderung erforderlich ist,[143] und der Planung, die Grundlage der Kalkulation und der im Vertrag vereinbarten Vergütung war, erfolgt, lässt sich der Neuregelung nicht entnehmen. Hiermit befasst sich auch die Gesetzesbegründung nicht.[144]

Es ist jedoch davon auszugehen, dass **keine bewusste Verwendung von unterschiedlichen Begrifflichkeiten** mit anderen Regelungsinhalten vorliegt. Denn der Abschlussbericht[145] und der Referentenentwurf[146] hatten im Zusammenhang mit der Feststellung, Änderungen, die zur Erreichung des vereinbarten Werkerfolgs notwendig seien, seien

---

[143] S. → § 2 Rn. 91.
[144] Stellungnahme des Bundesrates zum Gesetzentwurf der Bundesregierung, BT-Drs. 18/8486, 86, Nr. 12, 88, Nr. 19; Beschlussempfehlung und Bericht des Ausschusses für Recht und Verbraucherschutz zu dem Gesetzentwurf der Bundesregierung, BT-Drs. 18/11437, 47, 48.
[145] Abschlussbericht der Arbeitsgruppe Bauvertragsrecht beim Bundesministerium der Justiz, 22, 24.
[146] Referentenentwurf des Bundesministeriums der Justiz und für Verbraucherschutz, 56, 57.

nur möglich, wenn die „*Planungsverantwortung ausschließlich beim Unternehmer*"[147] liege, den Begriff der „*Planungsverantwortung*" für die vor Vertragsabschluss erstellte und der Preisbildung zugrunde liegende Planung verwandt. Der Gesetzentwurf der Bundesregierung[148] gab im Gegensatz zum Abschlussbericht und zum Referentenentwurf, die nur von einer Anordnung der Änderung durch den Besteller ausgingen, die Erzielung des Einvernehmens zwischen den Parteien als vorrangiges Ziel aus. Um dieses Ziel zu erreichen, wurde das Prozedere der Äußerung des Änderungsbegehrens und der Erstellung eines Angebotes auf der Basis einer hierzu erforderlichen Planung festgelegt. Dabei wurde in § 650b Abs. 1 S. 4 BGB die „*Verantwortung für die Planung*" als maßgeblicher Ansatzpunkt dafür, wer die Planung als Grundlage für das Angebot zu erstellen hat, definiert. In der Gesetzesbegründung[149] wird danach differenziert, ob „*der Besteller die Planungsverantwortung*" trägt. Die Regelung in § 650c Abs. 1 S. 2 BGB (kein Anspruch auf Mehrvergütung, wenn die Leistungspflicht des Unternehmers auch die Planung umfasst) sowie in § 650b Abs. 1 S. 5 BGB (Einigung nur über die Änderung, wenn dem Unternehmer kein Anspruch auf Mehrvergütung zusteht) wurde erst aufgrund der Stellungnahme des Bundesrates[150] in die Beschlussempfehlung[151] aufgenommen und dort wird darauf abgestellt, ob die „*Leistungspflicht des Unternehmers auch die Planung*" umfasst. Insoweit zeigt bereits der „Werdegang" dieser Regelung, dass die unterschiedlichen Begrifflichkeiten wohl daraus resultieren, dass andere „Autoren" aktiv waren.

dd) „Wer einmal plant, plant immer"

72 Die Neuregelung scheint sowohl bezüglich der Planung, die Grundlage für das Angebot über die Mehr- oder Mindervergütung ist, als auch bezüglich der Planung, die Grundlage für die Ausführung der Änderung (Ausführungsplanung) ist, von dem **Grundsatz** „*wer einmal plant, plant immer*"[152] auszugehen. Im Referentenentwurf wird im Zusammenhang mit der Aussage, ein Bedarf für eine Änderung, die zur Erreichung des vereinbarten Werkerfolgs notwendig sei, bestehe nur, soweit Grundlage der Preisbildung eine Planung des Bestellers gewesen sei, ausgeführt, der Besteller habe in diesem Fall die ergänzende Planung und entsprechende Leistungsvorgaben zu treffen, auf deren Grundlage der Unternehmer ein Nachtragsangebot abgebe. Beruhe die Preisbildung auf der Planung des Unternehmers, erfolge die „*Planung der geänderten Leistung in der Regel*" auch bei einer Änderung des Werkerfolgs durch den Unternehmer.[153]

73 Da der Gesetzentwurf der Bundesregierung hierzu keine weitergehenden Überlegungen anstellt und auch die Gesetzesbegründung[154] keine vertieften Erläuterungen dazu enthält, sondern in § 650b Abs. 1 S. 4 BGB lediglich, wenn auch nicht explizit, geregelt wird, wer die „*für die Änderung erforderliche Planung*" erstellt,[155] wird man davon

---

[147] Abschlussbericht der Arbeitsgruppe Bauvertragsrecht beim Bundesministerium der Justiz, 24; Referentenentwurf des Bundesministeriums der Justiz und für Verbraucherschutz, 56, 57.
[148] BT-Drs. 18/8486, 14, 54.
[149] Gesetzentwurf der Bundesregierung, BT-Drs. 18/8486, 54.
[150] Stellungnahme des Bundesrates zum Gesetzentwurf der Bundesregierung, BT-Drs. 18/8486, 86, Nr. 12, 88, Nr. 19.
[151] Beschlussempfehlung und Bericht des Ausschusses für Recht und Verbraucherschutz zu dem Gesetzentwurf der Bundesregierung, BT-Drs. 18/11437, 47, 48.
[152] Vgl. Beck'scher Kommentar VOB/B/*Jansen*, § 1 Abs. 3 Rn. 16 ff.; § 2 Abs. 5 Rn. 10.
[153] Referentenentwurf des Bundesministeriums der Justiz und für Verbraucherschutz, 57.
[154] Gesetzentwurf der Bundesregierung, BT-Drs. 18/8486, 54.
[155] Da die Parteien auch bei ursprünglich unternehmerseitiger Planung und fehlendem Anspruch auf Mehrvergütung Einvernehmen über die Änderung erzielen sollen, muss der Unternehmer als Grundlage

ausgehen können, dass der o. g. Grundsatz umgesetzt wird und diejenige Vertragspartei die **Planung als Grundlage des Angebotes** zu erstellen hat, die die **Planung vor Vertragsschluss** (als Basis der Preisbildung) vorgenommen hat. Dies entspricht auch den Überlegungen, die hierzu im Rahmen von § 1 Abs. 3 und § 2 Abs. 5 VOB/B angestellt werden[156] und nimmt im Interesse eines binnen eines kurzen Zeitraumes zu erzielenden Einvernehmens eine Aufgabenzuteilung vor, die Streit darüber, von wem die entsprechende Planung vorzulegen ist, vermeidet. Da in § 650b BGB keine weitere oder andere Regelung zur Planung der Ausführung der Änderung getroffen wird, liegt nahe, dass mit der *„für die Änderung erforderlichen Planung"* – obgleich unterschiedliche Planungssacherhalte vorliegen – auch die Aufgabenverteilung für die **Planung für die Ausführung der Änderung** (Ausführungsplanung) erfolgt.

Diese vermeintlich stringente Zuweisung der Planungsaufgabe ist umsetzbar, wenn **(nur) eine der Vertragsparteien die Planung vor Vertragsabschluss als Grundlage der Preisbildung erstellt** hat. Trägt aber, was in der Praxis häufig vorkommt, nicht nur eine der Vertragsparteien Planungsverantwortung in diesem Sinne und liegt keine rein funktionale Leistungsbeschreibung vor, kann die Aufgabe der Erstellung der Planung für das Angebot und auch für die Ausführung der Änderung unter Berücksichtigung des o. g. Grundsatzes nicht nur einer Partei zugewiesen sein. Ähnlich verhält es sich, wenn dem Vertrag zwar eine funktionale Leistungsbeschreibung zugrunde liegt, der Besteller aber nach Abschluss des Vertrages die Ausführungsplanung, zB im Leistungsbild Objektplanung, zu erbringen hat oder wenn der Besteller die Leistung vor Vertragsabschluss geplant und detailliert beschrieben hat, der Unternehmer aber durch den Vertrag verpflichtet wird, die weiterführende Planung, regelmäßig die Ausführungsplanung, zu erstellen.

Entweder wird in derartigen Fällen diese **Teilung der Planungsaufgabe** auch bei der Planung für das Angebot **fortgeführt**[157] oder es hat dennoch nur eine Partei die Planung für das Angebot vorzunehmen. Diese Konstellation löst die Neuregelung nicht und es können lediglich Überlegungen für eine mögliche Auslegung angestellt werden. Im Interesse einer wenig streitanfälligen Lösung und im Hinblick auf regelmäßig bestehende terminliche Engpässe, die auch aus der 30-Tagesfrist in § 650b Abs. 2 BGB resultieren, könnte in Betracht gezogen werden, dass grundsätzlich **die Partei, die die wesentliche Planung als Grundlage für die Preisbildung erstellt** hat, auch die Planung für das Angebot übernimmt. Soweit der Unternehmer hierfür Planungen in einem Bereich, der im Rahmen der Ausschreibung vom Besteller geplant wurde, erbringen muss, ist hierfür eine Vergütung zu gewähren, da der von § 632 Abs. 3 BGB erfasste Umfang überschritten wird.[158] Zu berücksichtigen ist dabei, dass die Neuregelung dem Unternehmer für die **Erstellung des Angebotes keinen Anspruch auf Vergütung** oder Kostenerstattung gewährt,[159] man wird aber diesbezüglich auf § 632 Abs. 3 BGB rekurrieren können. Diese Aufgabenverteilung könnte auch bei der Planung für die Ausführung (Ausführungsplanung) umgesetzt werden, da im Fall einer Änderung des Werkerfolgs Defizite

---

hierfür ein Planung in der Tiefe vorlegen, die es dem Besteller ermöglicht, nachzuvollziehen, ob der Werkerfolg, gerade wenn er auf unterschiedliche Art und Weise erreicht werden kann, in der vom Unternehmer angedachten und geplanten Form umgesetzt werden soll.

[156] Vgl. Beck'scher Kommentar VOB/B/*Jansen,* § 1 Abs. 3 Rn. 16 ff.; § 2 Abs. 5 Rn. 10.
[157] Dies setzt aber voraus, dass Planungsschnittstellen und wechselseitige Einflüsse der Planungen zwischen den Parteien abgestimmt und eine in sich schlüssige Gesamtplanung erstellt wird.
[158] Vgl. Palandt/*Sprau* BGB § 632 Rn. 10; OLG Brandenburg Urt. v. 2.12.2015 – 11 U 102/12, NJW-RR 2016, 466 Rn. 13.
[159] Vgl. Stellungnahme des Bundesrates zum Gesetzentwurf der Bundesregierung, BT-Drs. 18/8486, 90, Nr. 22 lit. d).

in der Planungskompetenz auf Seiten des Unternehmers durch die Frage der Zumutbarkeit gelöst werden können und der Aufwand für die Erstellung der Ausführungsplanung Bestandteil der zusätzlichen Vergütung nach § 650c BGB ist.[160] Ob diese Zuweisung im Wege der Auslegung von der Rechtsprechung entwickelt wird oder die in diesem Punkt nicht klare Gesetzesregelung in anderer Weise ausgelegt wird, wird die Rechtsprechung klären müssen.

ee) Planungstiefe der Angebotsplanung

76 Die Planung für die Erstellung des Angebotes über die Mehr- oder Mindervergütung erfordert **keine „zu Ende geplante", komplette Ausführungsplanung.** Diese wird erst für die Ausführung der Änderung, wenn tatsächlich die Änderung des Vertrages herbeigeführt wird, dh wenn die Parteien hierüber Einvernehmen erzielt haben oder der Besteller die Änderung angeordnet hat, erforderlich. So müssen zB bei vom Besteller nicht geplanten, aber erforderlichen Brandschotts in Trockenbauwänden dem Unternehmer für den Trockenbau, um die Ermittlung der durch die Änderung entstehenden Mehr- oder Mindervergütung durchführen zu können, nicht alle Planungsdetails für die Ausführung der einzubauenden Brandschotts vorgegeben werden, sondern der Unternehmer kann die Auswirkungen der Änderung auf die Vergütung auch durch ein geändertes Leistungsverzeichnis, das um die zusätzlichen Positionen durch Beschreibung der einzubauenden Brandschotts mit Fabrikats- und Typenangabe ergänzt wird, ermitteln. Anhand der Beschreibung im Leistungsverzeichnis kann der Unternehmer ein Angebot über die Mehr- oder Mindervergütung vorlegen, zumal wenn er bereits das zum Vertragsabschluss führende Angebot auf der Grundlage eines Leistungsverzeichnisses und ohne Vorliegen der Ausführungsplanung erstellt hat. Die Ausführung der Brandschotts und deren exakte Einbausituation erfordern dagegen eine detaillierte Ausführungsplanung. Insoweit ist für die **Angebotsplanung regelmäßig eine geringere Planungstiefe als für die Planung der Ausführung der Änderung** erforderlich. Dies zeigt auch das in der Praxis übliche Vergabeprozedere dahingehend, dass selbst bei einer Leistungsbeschreibung mit Leistungsverzeichnis die Ausführungsplanung zum Zeitpunkt der Angebotserstellung durch den Unternehmer und zum Zeitpunkt des Vertragsschlusses regelmäßig noch nicht abgeschlossen ist.

ff) Mitwirkungshandlung des Bestellers

77 Die Vornahme der Planung für die Erstellung des Angebotes, wenn diese durch den Besteller zu erfolgen hat, ist eine Mitwirkungshandlung des Bestellers, ohne die der Unternehmer das Angebot über die Mehr- oder Mindervergütung nicht erstellen kann. Insoweit spricht einiges dafür, diese Mitwirkungshandlung als **Obliegenheit** und nicht als Pflicht, die einklagbar ist und deren Verletzung einen Schadensersatzanspruch begründet, anzusehen. Dies ist sachgerecht, da die fehlende Vorlage der Planung den Vertragszweck nicht gefährdet,[161] sondern die Übergabe der Planung an den Unternehmer steht **im Interesse des Bestellers,** der die Änderung begehrt. Ohne Planung kann der Unternehmer das Angebot nicht erstellen und es können keine Verhandlungen zur Erzielung einer Einigung geführt werden.[162] Die Nichterbringung der Mitwirkungshandlung durch den Besteller geht zu dessen Lasten und führt bei Vorliegen der hierfür bestehenden Voraussetzungen zum Annahmeverzug des Bestellers.

---

[160] S. → § 2 Rn. 105; vgl. § 2 Abs. 9 VOB/B.
[161] Vgl. Palandt/*Sprau* BGB § 642 Rn. 3.
[162] Zur Frage, ob der Besteller dennoch die Änderung anordnen kann, → § 2 Rn. 81 und Rn. 86 ff.

gg) Zeitpunkt der Vorlage der Angebotsplanung

78 § 650b Abs. 1 S. 4 BGB regelt nicht, **wann der Besteller dem Unternehmer die Planung für die Erstellung des Angebotes zur Verfügung zu stellen** hat. Der entsprechende Zeitpunkt kann auch nicht abstrakt bestimmt werden, da er abhängig von der jeweiligen Änderung und dem Umfang der hierzu zu erstellenden Angebotsplanung ist. In § 650b Abs. 2 S. 1 BGB wird lediglich bestimmt, dass das Anordnungsrecht des Bestellers 30 Tage nach Zugang des Änderungsbegehrens besteht, wobei davon ausgegangen wird, dass zu diesem Zeitpunkt bereits ein Angebot des Unternehmers, auf dessen Grundlage Verhandlungen geführt wurden, vorliegt. Insoweit ist dem Unternehmer die Planung, wenn der Besteller das Anordnungsrecht ausüben will, so rechtzeitig zu übergeben, dass das Angebot erstellt werden kann und Verhandlungen zur Erzielung einer Einigung geführt werden können. Der Unternehmer hat dabei, um die Voraussetzungen für den Eintritt des Annahmeverzuges zu schaffen, die **Planung vom Besteller einzufordern und die Erstellung des Angebotes gemäß §§ 294, 295 BGB anzubieten.**

j) Angebot über die Mehr- oder Mindervergütung, § 650b Abs. 1 S. 2 BGB

aa) Anforderungen an das Angebot

79 Der Unternehmer hat für eine ihm zumutbare Änderung ein *„Angebot über die Mehr- oder Mindervergütung"* zu erstellen, es sei denn ihm steht bei einer Änderung, die zur Erreichung des vereinbarten Werkerfolgs notwendig ist, ohnehin kein Anspruch auf eine zusätzliche Vergütung zu (§ 650b Abs. 1 S. 5 iVm § 650c Abs. 1 S. 2 BGB). Die Gesetzesbegründung ging zunächst im Zusammenhang mit § 650b Abs. 1 S. 2 BGB nicht weiter auf den Inhalt und die Grundlagen der Berechnung der Mehr- und Mindervergütung in dem Angebot ein.[163] In der Beschlussempfehlung[164] wird zu § 650b Abs. 1 S. 5 und Abs. 2 S. 1 BGB ausgeführt, der Unternehmer solle vor einer vom Besteller begehrten bzw. angeordneten Änderung Gelegenheit haben, *„seine daraus folgenden Mehrkosten in Form eines Nachtragsangebotes geltend zu machen, worüber die Parteien zu verhandeln"* hätten. Der Unternehmer soll also auf der Grundlage der bestellerseitigen oder ggf. einer eigenen Planung ein Nachtragsangebot, das sich in der Praxis als Mittel der Geltendmachung einer zusätzlichen Vergütung bei geänderten oder zusätzlichen Leistungen und als Grundlage einer Nachtragsprüfung, -verhandlung und -beauftragung etabliert hat,[165] erstellen und es soll Basis von Verhandlungen zwischen den Parteien sein, die zu einem **Einvernehmen über die Änderung und die Auswirkungen der Änderung** auf die vom Besteller zu leistende Mehr- oder Mindervergütung führen.[166]

80 Dieses **Ziel gibt den Inhalt des Angebotes** vor. In dem Angebot muss, wenn der Besteller keine Planung als Grundlage für das Angebot vorzulegen hatte, die Änderung so beschrieben sein, dass über diese eine Einigung erfolgen kann und – unabhängig von wem die Planung für das Angebot zu erstellen war – muss die Mehr- oder Mindervergütung, die sich aus der Änderung ergibt, entsprechend der Anforderungen gemäß § 650c Abs. 1 oder 2 BGB prüfbar berechnet werden. Eine entsprechende Bezugnahme

---

[163] Gesetzentwurf der Bundesregierung, BT-Drs. 18/8486, 53.
[164] Beschlussempfehlung und Bericht des Ausschusses für Recht und Verbraucherschutz zu dem Gesetzentwurf der Bundesregierung, BT-Drs. 18/11437, 47.
[165] Die VOB/B kennt weder das Nachtragsangebot noch dessen Prüfung oder Beauftragung, sondern nur die auftraggeberseitige Anordnung und die Abrechnung der entsprechenden Leistung durch den Auftragnehmer.
[166] Gesetzentwurf der Bundesregierung, BT-Drs. 18/8486, 53.

auf § 650c BGB erfolgt zwar in § 650b Abs. 1 S. 2 BGB nicht, jedoch ergibt sich dies aus dem Kontext der §§ 650b und 650c BGB. Denn das Angebot soll die realistische Vergütung, die nach § 650c Abs. 1[167] und 2 BGB berechtigt ist, als Grundlage einer Einigung der Parteien über die Höhe der Vergütung ausweisen und es ist bei fehlender Einigung der Parteien gemäß § 650c Abs. 3 S. 1 BGB Maßstab für die Bemessung der Abschlagszahlungen iHv 80 Prozent der im Angebot genannten Mehrvergütung.

bb) Pflicht zur Erstellung des Angebotes

81 Die Vorlage eines Angebotes ist gemäß § 650b Abs. 1 S. 2 eine **Verpflichtung des Unternehmers**. Kommt er dieser Verpflichtung – trotz Zurverfügungstellung der Planung für die Erstellung des Angebotes, wenn sie vom Besteller vorzunehmen ist – nicht nach, stehen dem Besteller die Rechte und Ansprüche aus dem allgemeinen Teil des Schuldrechts sowie ggf. das Recht zu einer Kündigung aus wichtigem Grund zu.[168] Da § 650b Abs. 2 BGB das Anordnungsrecht des Bestellers in zeitlicher Hinsicht bewusst an den Zugang des Änderungsbegehrens und nicht, wie vom Bundesrat vorgeschlagen,[169] an den Zugang des Angebotes knüpft,[170] liegt nahe, dass der Besteller auch ohne Vorlage eines Angebotes die Änderung anordnen kann, so dass der Unternehmer durch die Nichtvorlage des Angebotes zwar die Erzielung des Einvernehmens, nicht aber die Anordnung nach § 650b Abs. 2 BGB verhindern kann.[171] Zudem besteht ohne ein Angebot **keine Grundlage für die Berechnung der Höhe der Abschlagszahlungen** gemäß § 650c Abs. 3 S. 1 BGB, so dass die Erstellung des Angebotes auch im eigenen Interesse des Unternehmers liegt.

k) Anordnung der Änderung durch den Besteller, § 650b Abs. 2 BGB

aa) Anordnungsrecht, Textform

82 Erzielen die Parteien auf der Grundlage der nach § 650b Abs. 1 BGB zu erstellenden Unterlagen[172] keine Einigung über die Änderung und, soweit ein Anspruch des Unternehmers auf zusätzliche Vergütung (650c Abs. 1 S. 2 iVm § 650b Abs. 1 S. 5 BGB) besteht, über die daraus resultierende Mehr- oder Mindervergütung, hat der Besteller gemäß § 650b Abs. 2 S. 1 BGB das **Recht, die Änderung anzuordnen**. Diese Anordnung führt, ebenso wie ein Einvernehmen über die Änderung und ggf. über die infolge der Änderung zu leistende Mehr- oder Mindervergütung zu einer **Änderung des Vertrages**.

83 Die Anordnung stellt eine einseitige empfangsbedürftige Willenserklärung dar und hat in **Textform (§ 126b BGB)** zu erfolgen.[173] Der Bundesrat hatte für die Anordnung

---

[167] Da die tatsächlich erforderlichen Kosten für die Änderung zum Zeitpunkt der Erstellung des Angebotes noch nicht feststehen, können nur die voraussichtlichen tatsächlich erforderlichen Kosten in das Angebot eingestellt werden.
[168] Vgl. *Schramke/Keilmann* NZBau 2016, 333 (337).
[169] Stellungnahme des Bundesrates zum Gesetzentwurf der Bundesregierung, BT-Drs. 18/8486, 86 Nr. 14.
[170] Beschlussempfehlung und Bericht des Ausschusses für Recht und Verbraucherschutz zu dem Gesetzentwurf der Bundesregierung, BT-Drs. 18/11437, 47, wobei als Begründung angeführt wird, der Unternehmer solle den Fristablauf nicht durch eine späte Erstellung des Angebotes verzögern können und es solle den Fällen Rechnung getragen werden, in denen gemäß § 650b Abs. 1 S. 5 BGB vom Unternehmer kein Angebot vorzulegen sei.
[171] S. → § 2 Rn. 86 ff.
[172] Gesetzentwurf der Bundesregierung, BT-Drs. 18/8486, 54.
[173] Dies sieht § 1 Abs. 3 und 4 VOB/B nicht vor.

III. Änderung des Vertrages; Anordnungsrecht des Bestellers, § 650b BGB

die Schriftform, alternativ die Textform vorgeschlagen.[174] In der Beschlussempfehlung[175] wird die Aufnahme der Textform damit begründet, dass diese der Rechtssicherheit, der Klarstellung und der besseren Beweisbarkeit der Anordnung diene sowie den Besteller vor übereilten Anordnungen schützen solle. Wird die Anordnung nicht in Textform ausgesprochen, ist sie **gemäß § 125 BGB nichtig.** Leistet der Unternehmer einer mündlichen Anordnung dennoch Folge und beruft sich der Besteller später darauf, dass die Anordnung formnichtig ist, sind nur die ohne die Anordnung bestehenden, vertraglich vereinbarten Leistungspflichten existent, dh die Änderung ist, soweit dies möglich ist, zu entfernen und der Unternehmer hat keinen vertraglichen Vergütungsanspruch für die im Rahmen der Umsetzung der Änderung erbrachten Leistungen. Die Rückabwicklung erfolgt nach Bereicherungsrecht, so dass der Unternehmer nur für die Mehrleistungen Wertersatz verlangen kann, die wegen ihrer Beschaffenheit nicht herausgegeben werden können (§ 818 Abs. 2 BGB).[176]

Der Besteller soll sich nach der Gesetzesbegründung also auch nachträglich darauf berufen können, dass die Anordnung, der der Unternehmer Folge geleistet hat, wegen der Nichteinhaltung der Textform nichtig ist. Ein Berufen des Bestellers auf die Nichteinhaltung der Textform kann nach § 242 BGB treuwidrig sein, woran jedoch strenge Anforderungen zu stellen sind.[177] Des weiteren kann, wenn der Unternehmer die ohne Einhaltung der Textform ausgesprochene Anordnung befolgt, eine **einvernehmliche Änderung des Vertrages** in Betracht kommen, was aber ein entsprechendes **Erklärungsbewusstsein beim Unternehmer** voraussetzt und zugleich die Frage, welche Rechtsfolgen für die Vergütung gelten,[178] aufwirft.

bb) 30 Tage nach Zugang des Änderungsbegehrens

Die Anordnung kann vom Besteller binnen **30 Tagen nach Zugang des Änderungsbegehrens beim Unternehmer** ausgesprochen werden. Der Gesetzentwurf der Bundesregierung[179] hatte keine zeitliche Begrenzung der Verhandlungen und keine Frist, nach deren Ablauf das Anordnungsrecht des Bestellers entsteht, vorgesehen. Dies hätte zu erheblichen Verzögerungen im Bauablauf führen können und dem Unternehmer die Möglichkeit eröffnet, Druck in den Verhandlungen zur Durchsetzung von überhöhten Vergütungsforderungen zu erzeugen. Daher hat der Bundesrat[180] eine Frist, bei deren Überschreitung die Einigung als nicht erzielt gelten solle, vorgeschlagen. In Anlehnung an § 15a Abs. 1 Satz 2 EGZPO sollte dabei die Verhandlungspflicht spätestens 30 Tage nach Zugang des Angebotes erlöschen. In der Beschlussempfehlung[181] wurde dieser Vorschlag aufgenommen, jedoch der Fristbeginn an den Zugang des Änderungsbegehrens beim Unternehmer geknüpft. Als Begründung wird angeführt, der Unternehmer

---

[174] Stellungnahme des Bundesrates zum Gesetzentwurf der Bundesregierung, BT-Drs. 18/8486, 86, Nr. 13.

[175] Beschlussempfehlung und Bericht des Ausschusses für Recht und Verbraucherschutz zu dem Gesetzentwurf der Bundesregierung, BT-Drs. 18/11437, 47.

[176] Beschlussempfehlung und Bericht des Ausschusses für Recht und Verbraucherschutz zu dem Gesetzentwurf der Bundesregierung, BT-Drs. 18/11437, 47.

[177] Vgl. Palandt/*Ellenberger* BGB § 125 Rn. 22 ff.

[178] Im Wege der ergänzenden Vertragsauslegung kann dabei eine entsprechende Anwendung von § 650e BGB in Betracht kommen oder die übliche Vergütung geschuldet sein (vgl. für § 2 Abs. 5 VOB/B: Beck'scher Kommentar VOB/B/*Jansen*, § 2 Abs. 5 Rn. 11).

[179] BT-Drs. 18/8486, 14.

[180] Stellungnahme des Bundesrates zum Gesetzentwurf der Bundesregierung, BT-Drs. 18/8486, 86 f., Nr. 14.

[181] Beschlussempfehlung und Bericht des Ausschusses für Recht und Verbraucherschutz zu dem Gesetzentwurf der Bundesregierung, BT-Drs. 18/11437, 47.

solle den Fristablauf nicht durch eine späte Erstellung des Angebotes verzögern können und es solle den Fällen Rechnung getragen werden, in denen gemäß § 650b Abs. 1 S. 5 BGB vom Unternehmer kein Angebot vorzulegen sei.

cc) Anordnungsrecht auch ohne Vorliegen der Anforderungen nach § 650b Abs. 1 BGB

86 Der Beginn der Frist von 30 Tagen wird zwar allein am Zugang des Änderungsbegehrens festgemacht, jedoch regelt § 650b Abs. 2 BGB, dass die Parteien binnen dieses Zeitraums keine Einigung nach § 650b Abs. 1 BGB erzielt haben. Nach der Gesetzesbegründung[182] soll der Besteller die Änderung anordnen können, wenn die Parteien auf der Grundlage der nach § 650b Abs. 1 BGB zu erstellenden Unterlagen (Planung und Angebot) keine Einigung erreichen. Auch in der Beschlussempfehlung werden die von den Parteien zu führenden Verhandlungen, um eine Einigung herbeizuführen, explizit genannt und es wird von einer „*Verhandlungspflicht*" gesprochen.[183] Mit der Aufnahme der Frist von 30 Tagen sollte lediglich verhindert werden, dass das Baugeschehen über Gebühr verzögert wird. Die Neuregelung geht also davon aus, dass ein Angebot des Unternehmers, es sei denn, es ist gemäß § 650b Abs. 1 S. 5 BGB entbehrlich, vorliegt und dass die **Parteien mit dem Ziel einer Einigung Verhandlungen zu führen haben.**

87 Fraglich ist, ob das Anordnungsrecht des Bestellers auch besteht, wenn die entsprechenden, in § 650b Abs. 1 BGB genannten Schritte zur Herbeiführung einer Einigung – Planung, Angebot, Verhandlungen – nicht stattgefunden haben. Dies kommt in Betracht, wenn der Besteller die Planungsverantwortung trägt, aber dennoch **keine Planung als Grundlage für die Erstellung des Angebotes** zur Verfügung stellt, wenn der Unternehmer, obgleich er dazu verpflichtet ist, **kein bzw. kein §§ 650b Abs. 1 S. 2, 650c Abs. 1 S. 1, Abs. 2 BGB entsprechendes Angebot** vorlegt und/oder wenn sich eine oder beide Vertragsparteien Verhandlungen zur Erzielung einer Einigung widersetzen. Obgleich die Neuregelung das Ziel verfolgt, „*möglichst auf ein Einvernehmen der Vertragsparteien hinzuwirken, bevor der Besteller von seinem Anordnungsrecht Gebrauch macht*"[184] und § 650b Abs. 2 BGB das Anordnungsrecht im direkten Zusammenhang mit einer nicht erzielten Einigung der Parteien sieht, ist dennoch nicht davon auszugehen, dass im Fall des Fehlens einer der o.g. Punkte – unabhängig davon, wer hierfür verantwortlich ist – das Anordnungsrecht des Bestellers nicht besteht.

88 Denn eine **Einigung ist zwar das Ziel, dieses kann aber nicht erreicht** werden, wenn eine der Vertragsparteien die Erreichung des Ziels entgegen § 650b BGB blockiert. Einerseits geht die Gesetzesbegründung von einer „*Verhandlungspflicht*"[185] der Parteien aus, andererseits sieht § 650b Abs. 1 S. 1 BGB vor, dass die Vertragsparteien Einvernehmen „*anstreben*", dh beide Parteien müssen an einer Einigung interessiert sein und daran mitwirken. Ist für die Erstellung des Angebotes eine **Planung des Bestellers** vorzulegen und kommt der Besteller dieser Mitwirkungsobliegenheit trotz Aufforderung durch den Unternehmer[186] nicht nach, so dass der Unternehmer kein Angebot als Grundlage für eine Einigung erstellen kann, ist es sachgerecht, dem **Besteller kein Anordnungsrecht**

---

[182] Gesetzentwurf der Bundesregierung, BT-Drs. 18/8486, 54.
[183] Beschlussempfehlung und Bericht des Ausschusses für Recht und Verbraucherschutz zu dem Gesetzentwurf der Bundesregierung, BT-Drs. 18/11437, 47; Stellungnahme des Bundesrates zum Gesetzentwurf der Bundesregierung, BT-Drs. 18/8486, 86 f., Nr. 14.
[184] Gesetzentwurf der Bundesregierung, BT-Drs. 18/8486, 53.
[185] Beschlussempfehlung und Bericht des Ausschusses für Recht und Verbraucherschutz zu dem Gesetzentwurf der Bundesregierung, BT-Drs. 18/11437, 47 unter Bezugnahme auf die Stellungnahme des Bundesrates zum Gesetzentwurf der Bundesregierung, BT-Drs. 18/8486, 87, Nr. 14.
[186] S. → § 2 Rn. 78.

III. Änderung des Vertrages; Anordnungsrecht des Bestellers, § 650b BGB

für die Änderung zuzugestehen, zumal der Unternehmer in diesem Fall mangels Vorliegen eines Angebotes nicht die Möglichkeit hat, die Höhe der Abschlagszahlungen auf der Grundlage dieses Angebotes zu berechnen (§ 650c Abs. 3 BGB). Verschließt sich der Besteller Verhandlungen über ein vom Unternehmer vorgelegtes Angebot, ist danach zu differenzieren, ob Grund hierfür ein unzureichendes oder offenbar überhöhtes Angebot des Unternehmers ist oder ob der Besteller sich ohne Grund nicht an Verhandlungen beteiligt. **Blockiert dagegen der Unternehmer eine Einigung,** indem er ein von ihm zu erstellendes Angebot nicht bzw. unzureichend vorlegt und/oder sich der Führung von Verhandlungen verweigert, muss der Besteller das Anordnungsrecht dennoch ausüben können. Dass der Unternehmer wegen des Fehlens eines Angebotes die Höhe der Abschlagszahlungen nicht nach § 650c Abs. 3 BGB berechnen kann, geht dann zu seinen Lasten. Nachdem die Frist von 30 Tagen mit dem Zugang des Änderungsbegehrens beginnt, ist die Entstehung des Rechts zur Anordnung der Änderung geregelt.

dd) Strittiger Anspruchsgrund

Ob das Anordnungsrecht des Bestellers auch besteht, wenn sich die **Parteien über den sogenannten „Anspruchsgrund" uneinig** sind, dh wenn die Parteien darüber streiten, ob es sich um eine zusätzlich zu vergütende Änderung oder um eine Leistung, die ohnehin zur vertraglichen Leistungspflicht des Unternehmers gehört und die mit der vertraglichen Vergütung abgegolten ist, handelt, wird in Frage gestellt.[187] Jedoch spricht in § 650b BGB nichts dagegen, dass auch in diesen Fällen das Anordnungsrecht greift. Vielmehr wird in der Gesetzesbegründung[188] dieser Fall explizit im Zusammenhang mit Streitigkeiten über die Frage von Abschlagszahlungen angesprochen und hierzu auf die Beilegung entsprechender Differenzen durch eine einstweilige Verfügung verwiesen. Durch eine Anordnung der Änderung bei unterschiedlichen Auffassungen darüber, ob eine Leistung bereits Gegenstand des vertraglichen Leistungssolls ist, kann der Besteller den Unternehmer dazu anhalten, eine ggf. bereits ohnehin geschuldete Leistung auszuführen.[189] Dadurch wird der Bauablauf trotz der Differenzen nicht gestört und durch die Anordnung des Bestellers kann der Unternehmer, wenn eine Änderung tatsächlich vorliegt, einen zusätzlichen Vergütungsanspruch nach § 650c BGB geltend machen.

89

ee) Ausführungspflicht des Unternehmers

Da die Anordnung eine Änderung des Vertrages herbeiführt, ist der **Unternehmer verpflichtet,** der unter Einhaltung der Anforderungen des § 650b BGB ausgesprochenen Anordnung des Bestellers Folge zu leisten, dh aus der Anordnung ergibt sich eine unbedingte Leistungspflicht des Unternehmers, wobei dies für eine Änderung des vereinbarten Werkerfolgs jedoch nur gilt, wenn ihm diese zumutbar ist. Bezüglich der Zumutbarkeit wird auf § 650b Abs. 1 S. 3 BGB verwiesen. Die Anordnung muss, wie das Änderungsbegehren, die **Änderung hinreichend bestimmbar** definieren.

90

ff) Planung für die Ausführung der Änderung

Um die Ausführung der Änderung vornehmen zu können, benötigt der Unternehmer die **Planung für die Ausführung der Änderung.** Dies allein macht es aber nicht erforder-

91

---

[187] *Schramke/Keilmann* NZBau 2016, 333 (337) unter Bezugnahme auf die Stellungnahme der BRAK.
[188] Gesetzentwurf der Bundesregierung, BT-Drs. 18/8486, 54 f.
[189] Vgl. § 4 Abs. 1 Nr. 3 VOB/B.

lich, dass bereits mit der Anordnung die für die Ausführung der Änderung notwendige Ausführungsplanung vorgelegt wird, dh die Anordnung ist **auch ohne Vorlage der Ausführungsplanung wirksam** und ändert das vertragliche Leistungssoll entsprechend ab.[190] Hat der Besteller die Ausführungsplanung zu erbringen,[191] ist diese dem Unternehmer vor Ausführung der Änderung vorzulegen, dh der Unternehmer kann und muss ohne Vorlage der Ausführungsplanung die Änderung nicht ausführen.[192] Da der Besteller dem Unternehmer in diesem Fall die Ausführungsplanung schuldet,[193] kommt der Unternehmer mit der Ausführung der Änderung nicht in Verzug, wenn ihm der Besteller die entsprechende Planung nicht vorlegt. Hat der **Unternehmer die Ausführungsplanung** für die Änderung zu erstellen, hat er diese nach Eintritt der Änderung des Vertrages vorzunehmen, wobei die Kosten hierfür ggf. **Bestandteil der Vergütung nach § 650c BGB sind.**

l) Auswirkungen der Neuregelung auf die VOB/B

92 Da die Neuregelung zunächst ein Einvernehmen der Parteien herstellen will und damit bewusst eine Abgrenzung zum reinen „Anordnungsmodell" der VOB/B trifft, wird ein verändertes gesetzliches Leitbild aufgestellt und es ist davon auszugehen, dass das Anordnungsrecht gemäß § 1 Abs. 3 VOB/B ebenso wie das Anordnungsrecht gemäß § 1 Abs. 4 VOB/B der **AGB-rechtlichen Inhaltskontrolle nicht standhalten,** wenn die VOB/B nicht als Ganzes vereinbart wurde. Ist der Besteller Verwender der VOB/B, gewährt ihm § 1 Abs. 3 VOB/B das Recht, **uneingeschränkt** Änderungen anzuordnen, unabhängig davon, ob die Änderung für die Erreichung des Werkerfolgs notwendig ist. Zusätzliche Leistungen nach § 1 Abs. 4 VOB/B, die für die Erreichung des Werkerfolgs erforderlich sind, hat der Unternehmer nach § 1 Abs. 4 VOB/B nicht auszuführen, wenn sein Betrieb nicht darauf eingerichtet ist, was dem gesetzlichen Leitbild widerspricht. Ist der Unternehmer Verwender der VOB/B, kann er entgegen dem gesetzlichen Leitbild, die Ausführung von für den Werkerfolg erforderlichen Leistungen verweigern und Leistungen nach § 1 Abs. 4 S. 2 VOB/B davon abhängig machen, dass eine Vereinbarung über die Vergütung getroffen wird. Insoweit wird sich die VOB/B an das gesetzliche Leitbild anpassen müssen.

m) Kritik an der Neuregelung

93 Die Kritik an der Neuregelung ist vielfältig,[194] jedoch macht es wenig Sinn, lediglich destruktive Kritik zu üben. Positiv hervorzuheben ist, dass das in der Praxis wichtige Thema der Anordnungsrechte, das in der VOB/B nur unzureichend geregelt ist und auch in AGB-rechtlicher Hinsicht mehr als kritisch betrachtet wird,[195] eine gesetzliche Regelung mit Leitbildfunktion erfahren hat. Problematisch ist jedoch das **komplizierte Prozedere der Umsetzung eines Änderungsbegehrens,** das in der Praxis – zumindest bis obergerichtliche oder höchstrichterliche klärende Entscheidungen zu den wichtigen Fragen vorliegen – zu erheblicher Rechtsunsicherheit führen wird. Das Ziel, dass die Parteien Einvernehmen über die Änderung und ggf. ihre Auswirkungen auf die Vergü-

---

[190] AA für eine Anordnung nach § 1 Abs. 3 VOB/B bei auftraggeberseitiger Planung: Beck'scher Kommentar VOB/B/*Jansen*, § 2 Abs. 5 Rn. 10; § 1 Abs. 3 Rn. 17; aber differenzierend: § 1 Abs. 3 Rn. 20.
[191] S. → § 2 Rn. 66 ff.
[192] Vgl. Kapellmann/Messerschmidt/*v. Rintelen* VOB B § 1 Rn. 89.
[193] Vgl. BGH Urt. v. 29.11.1971 – VII ZR 101/70, NJW 1972, 447.
[194] Vgl. *Schramke/Keilmann*, NZBau 2016, 333 (336 ff.); *Kimpel* NZBau 2016, 734 (735 ff.).
[195] Vgl. zum Meinungsstand Kapellmann/Messerschmidt/*v. Rintelen* VOB B § 1 Rn. 101 ff.

tung erreichen sollen, wird in der Praxis trotz der Begrenzung der Einigungsbemühungen auf 30 Tage zu **terminlichen Auswirkungen** führen, da erst nach Abschluss dieser Einigungsphase eine Ausführungspflicht durch eine Anordnung des Bestellers herbeigeführt werden kann. Aufgrund des komplizierten Ablaufes wird es im Zusammenhang mit Änderungsbegehren – selbst bei redlichen Vertragsparteien – zu mindestens 30 Tagen Verzögerung kommen. Auch wird die Problematik der Bauzeit bzw. von Anordnungen zur Bauzeit in der Neuregelung nicht behandelt, obgleich hierzu Handlungsbedarf besteht.

IV. Vergütungsanpassung bei Anordnungen nach § 650b Abs. 2, § 650c BGB

1. Ausgangslage

Da das Werkvertragsrecht des BGB bisher ein Anordnungsrecht des Bestellers nur *„im Einzelfall"*[196] für zur Erreichung des Werkerfolgs notwendige Leistungen gemäß §§ 157, 242 BGB vorsieht, ist auch die hiermit verbundene **Folge für die Vergütung nicht geregelt.** Spricht der Besteller eine Anordnung aus, die vom Unternehmer befolgt wird und einigen sich die Parteien nicht über die Vergütung der angeordneten Leistung, ist fraglich, welche Vergütung hierfür zu leisten ist. Dabei liegt ein **Rückgriff auf § 632 Abs. 2 BGB,** wonach bei fehlender Bestimmung der Höhe der Vergütung die übliche Vergütung als vereinbart anzusehen ist, nahe.

Zum Teil wird jedoch ausgeführt, dies berücksichtige nicht, dass die Parteien im Vertrag bereits eine Vereinbarung der Vergütung getroffen hätten und die Änderung im geschlossenen Vertrag stattfinde. Daher sei die angepasste Vergütung im Wege der **ergänzenden Vertragsauslegung** zu ermitteln, wobei Anknüpfungspunkt die vertraglich vereinbarte Vergütung sei. Dabei müsse jedoch nicht die **strenge vorkalkulatorische Preisfortschreibung, die die VOB/B** nach hM[197] vorsehe, umgesetzt werden, sondern es könne flexibler der mutmaßliche Wille der Parteien herangezogen werden. Dadurch müssten weder ungerechtfertigte Gewinne noch unangemessene Verluste fortgeschrieben werden, sondern die tatsächlichen Kosten könnten größere Berücksichtigung finden.[198] Dies ist jedoch nicht zwingend, va da die ergänzende Vertragsauslegung ausscheidet, wenn die Vertragslücke durch Heranziehung des dispositiven Rechts sachgerecht geschlossen werden kann.[199] Der BGH[200] hat zB für die Fallkonstellation des „sittenwidrigen Einheitspreises" entschieden, Mehrmengen bzw. zusätzliche Leistungen seien entsprechend § 632 Abs. 2 BGB nach den üblichen Einheitspreisen zu vergüten. Auch im Fall der Anordnung gemäß § 650b Abs. 2 BGB hätte sich damit eine sachgerechte Lösung finden lassen.

2. Reformansatz

Die Neuregelung orientiert sich **weder an der üblichen Vergütung noch an dem Modell der vorkalkulatorischen Preisfortschreibung,** das die VOB/B – wenn auch nicht

---
[196] BGH Urt. v. 25.1.1996 – VII ZR 233/94, NJW 1996, 1346 (1347); s. → § 2 Rn. 26.
[197] BGH Urt. v. 14.3.2013 – VII ZR 142/12, NZBau 2013, 364.
[198] Kniffka/Koeble/*Kniffka* 5. Teil Rn. 99 f. mwN.
[199] Vgl. Palandt/*Ellenberger* BGB § 157 Rn. 4 mwN.
[200] BGH Urt. v. 18.12.20018 – VII ZR 201/06, NJW 2009, 835 Rn. 32; Urt. v. 7.3.2013 – VII ZR 68/10, NJW 2013, 1950 Rn. 27.

deutlich und explizit – nach der hM[201] vorsehen soll. Vielmehr sind die *„tatsächlich erforderlichen Kosten mit angemessenen Zuschlägen für allgemeine Geschäftskosten, Wagnis und Gewinn"* (§ 650c Abs. 1 S. 1 BGB) oder – nach Wahl des Unternehmers – die *„Ansätze in einer* **vereinbarungsgemäß hinterlegten Urkalkulation***"* (§ 650c Abs. 2 BGB) Grundlage der Ermittlung der Vergütung für eine angeordnete Änderung nach § 650b Abs. 2 BGB. Haben die Parteien Einvernehmen über die Vergütung erzielt, bedarf es der Ermittlung der Vergütung nach § 650c BGB ohnehin nicht.

97 Ziel dieses Berechnungsmodells für die Mehr- oder Mindervergütung ist nach der Gesetzesbegründung,[202] Streit der Parteien über die Anpassung der Vergütung weitestgehend zu vermeiden. Es sollten Anreize für eine **korrekte Ausschreibung durch den Besteller** einerseits und eine **korrekte und nachvollziehbare Kalkulation durch den Unternehmer** andererseits geschaffen werden. Durch den Berechnungsmaßstab der tatsächlich erforderlichen Kosten werde verhindert, dass der Unternehmer – wie bei der vorkalkulatorischen Preisfortschreibung – angeordnete Änderungen zu im Wettbewerb für die ausgeschriebene Leistung knapp oder ggf. nicht auskömmlich angebotenen Preisen erbringen müsse oder dass er nach Vertragsabschluss eingetretene Preissteigerungen nicht weiterberechnen könne. Zudem würden durch die Abrechnung auf der Basis tatsächlich erforderlicher Kosten Möglichkeiten für den Unternehmer eingeschränkt, durch **spekulative** Preisbildung nicht gerechtfertigte Preisvorteile zu erzielen.[203]

3. Umsetzung in § 650c BGB

a) Überblick

98 § 650c Abs. 1 S. 1 BGB regelt die Höhe der dem Unternehmer für eine angeordnete Änderung zustehenden Vergütung dahingehend, dass der *„vermehrte oder verminderte Aufwand"* nach den **tatsächlich erforderlichen Kosten** mit angemessenen Zuschlägen für allgemeine Geschäftskosten sowie Wagnis und Gewinn ermittelt wird. **Wahlweise kann der Unternehmer** gemäß § 650c Abs. 2 BGB zur Berechnung der Vergütung für den Nachtrag auf die Ansätze einer vereinbarungsgemäß hinterlegten Kalkulation zurückgreifen, wobei eine **widerlegliche Vermutung** dafür besteht, dass die auf der Basis der Urkalkulation fortgeschriebene Vergütung den tatsächlich erforderlichen Kosten gemäß § 650c Abs. 1 BGB entspricht. Durch § 650c Abs. 3 BGB soll sichergestellt werden, dass dem Unternehmer auch bei Differenzen über die Höhe der zusätzlichen Vergütung ein Anspruch auf Abschlagszahlungen zusteht und damit schnelle Liquidität zur Verfügung steht. Streitigkeiten über die Höhe der Vergütung sowie der Abschlagszahlung und ihrer Absicherung sollen im Wege der einstweiligen Verfügung geklärt werden.[204]

b) Tatsächlich erforderliche Kosten, § 650c Abs. 1 S. 1 BGB

aa) Ablehnung der Berechnung nach der üblichen Vergütung

99 In der Gesetzesbegründung wird ausgeführt, die Mehr- oder Mindervergütung solle **nicht** auf der Grundlage der für die geänderte Bauleistung insgesamt *„üblichen Vergütung"* iSv § 632 Abs. 2 BGB berechnet werden. Es gebe für viele (Spezial-)Bauleistun-

---

[201] BGH Urt. v. 14.3.2013 – VII ZR 142/12, NZBau 2013, 364.
[202] Gesetzentwurf der Bundesregierung, BT-Drs. 18/8486, 55.
[203] Gesetzentwurf der Bundesregierung, BT-Drs. 18/8486, 55.
[204] S. → § 2 Rn. 131 ff.

gen keine übliche Vergütung; zudem sei die Berechnung der Mehr- oder Mindervergütung nach der üblichen Vergütung nicht angemessen, wenn nur die Art der Ausführung der Bauleistung, nicht jedoch der Aufwand (Material, Zahl der Arbeitsstunden etc) betroffen sei.[205] Dies überzeugt jedoch nicht, da ein entsprechend § 632 Abs. 2 BGB üblicher Einheitspreis[206] neben dem Aufwand auch die Art der Ausführung berücksichtigt. Zudem ist dieser fachkundigen, am Bau Beteiligten und ggf. entsprechenden Sachverständigen für Baupreisermittlung als Preis, der für eine bestimmte Leistung üblich ist und „am Markt" erzielt wird, regelmäßig bekannt. Bereits jetzt wird in der Praxis – selbst wenn die VOB/B vereinbart ist – eine Nachtragsvergütung, die dem gängigen „Marktwert" der Leistung entspricht, von vielen Bestellern akzeptiert, da die Bereitschaft besteht, den Preis, der für die Nachtragsleistung auch bei anderen Unternehmern bezahlt werden müsste, auch dem beauftragten Unternehmer zu vergüten.

bb) Berechnung nach Aufwand

Der Gesetzgeber hat sich jedoch bewusst dafür entschieden, eine von § 632 Abs. 2 BGB abweichende Art der Abrechnung bei Mehr- oder Minderleistungen zu installieren und das Modell der „Berechnung nach den tatsächlich erforderlichen Kosten" für die Vergütung von Änderungen umzusetzen. Dabei wird entgegen der in der VOB/B und bisher im BGB geregelten leistungsbezogenen Berechnung[207] der Vergütung eine Abrechnung nach dem **tatsächlich erforderlichen Aufwand** vorgenommen. Bereits jetzt wird die Berechnung von Nachtragspreisen unter Berücksichtigung der tatsächlich erforderlichen Mehr- oder Minderkosten für den **VOB/B-Bauvertrag** favorisiert, wenn die Umsetzung der **vorkalkulatorischen Preisfortschreibung nicht mehr zu sachgerechten Ergebnissen** führt.[208]

cc) Differenz zwischen den hypothetischen Kosten und den Ist-Kosten

Die Preise, die von der Änderung nicht betroffen sind, bleiben unberührt. Für die geänderte Leistung beschreibt die Gesetzesbegründung[209] den durchzuführenden Rechenweg dergestalt, dass für die Ermittlung des veränderten Aufwandes nach den tatsächlichen Kosten die „*Differenz zwischen den **hypothetischen Kosten**, die ohne die **Anordnung** des Bestellers entstanden wären und den **Ist-Kosten**, die aufgrund der **Anordnung** tatsächlich entstanden sind, zu bilden*" ist. Diese Differenz dient als Basis für die Vergütung des geänderten Aufwands. Durch diese Differenz aus hypothetischen Kosten für die ursprüngliche Leistung und den Ist-Kosten für die geänderte Leistung soll „*die im Wettbewerb für die **Ausgangsleistung** zustande gekommene **anteilige Gewinn- oder Verlustspanne** für die jeweilige Bezugsposition in ihrer **ursprünglichen Höhe** (dh als Absolutbetrag) erhalten bleiben und dadurch das Preisrisiko für die Vertragsparteien begrenzt werden*". Demgemäß ist zu ermitteln, welche Kosten hypothetisch tatsächlich angefallen wären, wenn die Leistung unverändert zur Ausführung gelangt wäre. Diesen hypothetischen tatsächlichen Kosten sind die Ist-Kosten, die für die

---

[205] Gesetzentwurf der Bundesregierung, BT-Drs. 18/8486, 55.
[206] Vgl. BGH Urt. v. 18.12.2008 – VII ZR 201/06, NJW 2009, 835 Rn. 32; Urt. v. 7.3.2013 – VII ZR 68/10, NJW 2013, 1950 Rn. 27.
[207] Vgl. § 4 Abs. 1 VOB/A.
[208] Vgl. hierzu Althaus/Heindl/*Althaus/Bartsch* Teil 4 Rn. 186 ff. für Fälle der unvorhersehbaren Preisschwankungen, anderer unvorhersehbarer Umstände oder des Fehlens von ausreichenden bauwirtschaftlichen Anknüpfungspunkten im Vertrag.
[209] Gesetzentwurf der Bundesregierung, BT-Drs. 18/8486, 56.

102 Dadurch, dass **nicht** die für die ursprünglich nach dem Vertrag geschuldete Leistung **kalkulierten Kosten** in die Differenz eingestellt werden, sondern die hypothetischen tatsächlichen Kosten soll sichergestellt werden, dass der Unternehmer durch die Änderung nicht besser und nicht schlechter gestellt wird, als er durch die Ausführung der unveränderten Leistung gestanden wäre. Der **Gewinn oder Verlust**, den der Unternehmer bei Ausführung der unveränderten Leistung erzielt hätte, bleibt als **absoluter Betrag** erhalten und wird nicht, wie bei Berücksichtigung eines sogenannten Vertragspreisniveaufaktors, der in der Gesetzesbegründung[210] ausdrücklich abgelehnt wird, potenziert.

dd) Nachweisführung

103 Die Ermittlung und die Nachweisführung bezüglich der Kosten, die **hypothetisch bei Ausführung der unveränderten Leistung tatsächlich angefallen** wären, ist regelmäßig aufwendig und streitbehaftet, da es sich um hypothetische Kosten, die mangels Ausführung der ursprünglichen Leistung tatsächlich nicht anfallen, handelt. Vergleichbar ist diese Ermittlung der **Berechnung der ersparten Aufwendungen im Fall der freien Kündigung.** Der BGH[211] stellt hierbei ebenfalls nicht auf die kalkulatorischen Kosten ab, sondern es sind die Aufwendungen erspart, die der Unternehmer bei Ausführung des konkreten Vertrages hätte machen müssen und die er wegen der Kündigung nicht mehr machen muss. Nur auf diese Weise werde gewährleistet, dass der Unternehmer durch die Kündigung nicht besser, aber auch nicht schlechter stehe, als bei Erbringung der vertraglichen Leistung. Es reiche aber, solange sich keine Anhaltspunkte für eine andere Kostenentwicklung ergäben, aus, wenn der Unternehmer die Ersparnis auf der Grundlage seiner ursprünglichen Kalkulation berechne. Dadurch muss der Unternehmer die hypothetischen tatsächlichen Kosten bei Ausführung der gekündigten Leistung nur dann ermitteln, wenn er selbst der Auffassung ist, er müsse sich tatsächlich niedrigere Aufwendungen, als kalkuliert, anrechnen lassen oder wenn der Besteller darlegt, es seien tatsächlich höhere ersparte Aufwendungen zu berücksichtigen, weil eine Unterkalkulation vorliege. In der Praxis ist diese Fallkonstellation nicht der Regelfall.

104 Daher ist das Abstellen auf die hypothetischen tatsächlichen Kosten zwar kein Novum, aber es ist zu berücksichtigen, dass bisher keine gesteigerten praktischen Anwendungsfälle vorliegen. Um die entsprechende Ermittlung und Nachweisführung leisten zu können, muss der Unternehmer die hypothetischen Kosten, die ihm bei Ausführung der ursprünglichen Leistung entstanden wären, darlegen und mit den entsprechenden Nachweisen belegen. Betroffen sind dabei die **Herstellkosten**,[212] dh die Einzelkosten der Teilleistung,[213] va Lohn-, Stoff-, Gerätekosten, Kosten der Nachunternehmerleistung sowie die Baustellengemeinkosten.[214] Die **Baustellengemeinkosten** als Kosten der Herstellung werden also nicht als Zuschlag angesehen, der auf die Einzelkosten der Teilleistung zu beaufschlagen ist, sondern sie sind, sofern sie durch die Änderung betroffen sind, als tatsächlich erforderliche Kosten darzulegen und nachzuweisen.[215] Zu-

---

[210] Gesetzentwurf der Bundesregierung, BT-Drs. 18/8486, 56.
[211] BGH Urt. v. 22.9.2005 – VII ZR 63/04, NJW-RR 2006, 29 (30) mwN.
[212] Summe aus Einzelkosten der Teilleistung und Baustellengemeinkosten.
[213] Als Einzelkosten der Teilleistung werden die Kosten, die unmittelbar bei der Herstellung einer bestimmten Leistung anfallen und dieser direkt zugeordnet werden können, bezeichnet.
[214] Baustellengemeinkosten sind Kosten, die durch den Betrieb der Baustelle insgesamt anfallen und nicht einer oder mehreren Teilleistungen zugerechnet werden können.
[215] S. → § 2 Rn. 118.

schläge für Allgemeine Geschäftskosten sowie Wagnis und Gewinn werden separat erfasst.

Die für die **Ausführung der geänderten Leistung tatsächlich entstandenen Kosten**, dabei wiederum die **Herstellkosten** inklusive Kosten für infolge der Änderung zu überarbeitende oder neu zu erstellende **Planungen,** sind durch die entsprechenden Verträge, Rechnungen und Buchungsbelege nachzuweisen. Man könnte hierbei auf den in § 5 Nr. 3 Abs. 1 VOB/A (bis zur Fassung 2006) geregelten **Selbstkostenerstattungsvertrag**[216] rekurrieren, wobei jedoch zu berücksichtigen ist, dass sich daraus auch keine „Handlungsanweisungen" ergeben, da in § 5 Nr. 3 Abs. 2 VOB/A aF ausgeführt wurde, es sei bei der Vergabe festzulegen, wie Löhne, Stoffe, Gerätevorhaltung und andere Kosten einschließlich der Gemeinkosten zu vergüten seien und wie der Gewinn zu bemessen sei. Es sollten also bei Vergabe die entsprechenden Abrechnungs- und Nachweismodalitäten fixiert werden.

ee) Erforderlichkeit der Kosten

In die Differenz werden nicht die tatsächlich entstandenen Kosten für die geänderte Leistung, sondern die „tatsächlich **erforderlichen** Kosten" eingestellt. Die Bedeutung der Erforderlichkeit wird in der Gesetzesbegründung[217] nicht erläutert, die Erforderlichkeit muss jedoch als „**Korrektiv**" angesehen werden, um zu vermeiden, dass der Unternehmer für die Ausführung der geänderten Leistung Kosten generiert, die nicht hätten anfallen müssen. Hierbei ist zB an den Bezug von Material oder einer Nachunternehmerleistung zu Preisen, die weder angemessen noch üblich sind[218] und die auch nicht durch die durch die Änderung entstandene Situation, zB Knappheit von Ressourcen am Markt, bedingt sind, zu denken.

ff) Probleme in der Nachweisführung

Bei der Ermittlung und Nachweisführung sowohl der hypothetischen Kosten für die ursprüngliche Leistung als auch der tatsächlich entstandenen Kosten für die geänderte Leistung ergeben sich vielfältige Problemstellungen und Potential für Streitigkeiten. In der Gesetzesbegründung wird zB nicht angesprochen, ob und wie die tatsächlichen Kosten bei **Einsatz der eigenen Arbeitskraft des Unternehmers** zu bewerten sind, wobei das Ob, obgleich es sich betriebswirtschaftlich nicht um Kosten handelt, wohl nicht in Frage stehen dürfte, da der „*vermehrte oder verminderte Aufwand*" (§ 650c Abs. 1 S. 1 BGB) vergütet werden soll; bezüglich der Höhe könnte auf die Kosten, die für die jeweilige Leistung beim Einsatz eigener Arbeiter oder Dritter entstehen, abgestellt werden. Die Nachweisführung der hypothetischen Kosten der unveränderten Leistung ist schwierig, zB wenn zum Zeitpunkt der Änderungsanordnung Verträge mit Dritten noch nicht existieren, wenn nicht plausible Erklärungen/Bestätigungen Dritter zu behaupteten Einkaufspreisen oder Kosten vorgelegt werden oder wenn Aufwandswerte bzw. Zeitansätze für die Erbringung von Leistungen strittig sind. Des weiteren müssen **Nachlässe** für bestimmte Leistungen ab bestimmten Bezugsmengen ebenso offen gelegt werden wie **Rückvergütungen,** die abhängig von der Abnahme bestimmter Mengen oder Leistungen zum Jahresende gewährt werden. Beim Nachweis der tatsächlich entstandenen Kosten für die geänderte Leistung besteht die **Gefahr fingierter Verträge,**

---

[216] S. auch § 2 Abs. 2 VOB/B.
[217] Gesetzentwurf der Bundesregierung, BT-Drs. 18/8486, 56.
[218] Vgl. Althaus/Heindl/*Althaus/Bartsch* Teil 4 Rn. 205.

c) Angemessene Zuschläge für Allgemeine Geschäftskosten sowie Wagnis und Gewinn, § 650c Abs. 1 S. 1 BGB

108 Die Differenz aus den hypothetischen Kosten, die für die Ausführung der ursprünglichen Leistung entstanden wären und den Ist-Kosten, die aufgrund der Änderungsanordnung tatsächlich entstanden sind, sollen mit *„angemessenen Zuschlägen für allgemeine Geschäftskosten, Wagnis und Gewinn"* beaufschlagt werden. Wie sich diese Zuschläge konkret ermitteln und wie deren Angemessenheit dargelegt werden kann, lässt die Gesetzesbegründung[219] offen, sie betont lediglich die Zuschläge müssten *„angemessen"*[220] sein. Ergänzend wird ausgeführt, zur Begründung dieser angemessenen Zuschläge könne **nicht auf die Urkalkulation** zurückgegriffen werden, weil es keine Kombination zwischen tatsächlich erforderlichen Kosten (Herstellkosten) einerseits und kalkulierten Kosten (Zuschläge) andererseits geben dürfe. Der Unternehmer könne sein **Wahlrecht,** die Berechnung der Vergütung für eine Änderung auf der Basis der tatsächlich erforderlichen Kosten nach § 650c Abs. 1 S. 1 BGB oder auf der Grundlage der Urkalkulation nach § 650c Abs. 2 S. 1 BGB vorzunehmen, **nur insgesamt** ausüben, dh jeweils für den gesamten Nachtrag.[221]

109 Wie die Zuschläge für Allgemeine Geschäftskosten, Wagnis und Gewinn im Fall der Abrechnung nach tatsächlich erforderlichen Kosten ermittelt werden, ließen sowohl der Abschlussbericht als auch der Referentenentwurf offen und gaben wie die Gesetzesbegründung lediglich an, diese seien *„auf andere Weise schlüssig"*[222] darzulegen. Eine **schlüssige Darlegung auf andere Weise** bereitet aber Schwierigkeiten, da weder „übliche" noch „angemessene" Zuschlagssätze für Allgemeine Geschäftskosten, Wagnis und Gewinn existent sind. Jedes Unternehmen kalkuliert diese Zuschläge abhängig von seiner Größe, Struktur, dem Leistungsspektrum, der Auftragslage, usw. nach eigenen Ansätzen. Da ein Rückgriff auf die kalkulierten Werte nicht erfolgen kann, wird sich in der Praxis ein Modell, das von der Rechtsprechung unterstützt wird, entwickeln müssen, wie diese Zuschläge in angemessener Höhe anzusetzen sind.

110 Der Arbeitskreis I des Deutschen Baugerichtstages[223] hat ein Berechnungsmodell entwickelt, das auf den **insgesamt entgangenen Deckungsbeitrag,** dh für Allgemeine Geschäftskosten, Wagnis und Gewinn, abstellt. Dabei wird davon ausgegangen, dass grundsätzlich weder die Ausführung von Änderungen bzw. Nachtragsleistungen noch eine Verlängerung der Ausführungsfristen zu einer Erhöhung der Allgemeinen Geschäftskosten führten. Vielmehr entstehe bei einer Verlängerung der Ausführungsfristen eine Unterdeckung, da der Unternehmer die kalkulierten Deckungsbeiträge nicht in dem ursprünglich vorgesehenen vertraglichen Ausführungszeitraum zur Deckung der damit zusammenhängenden Kosten zur Verfügung habe. Die Deckungsbeiträge würden später erwirtschaftet und für den vertraglichen Ausführungszeitraum entstehe eine Unterdeckung, die sich in der Folge potenziere, wenn die personellen Kapazitäten, mit de-

---

[219] Gesetzentwurf der Bundesregierung, BT-Drs. 18/8486, 56.
[220] Der Referentenentwurf des Bundesministeriums der Justiz und für Verbraucherschutz, 13 sah die Angemessenheit der Zuschläge nicht vor.
[221] S. → § 2 Rn. 114.
[222] Abschlussbericht der Arbeitsgruppe Bauvertragsrecht beim Bundesministerium der Justiz, 25; Referentenentwurf des Bundesministeriums der Justiz und für Verbraucherschutz, 59; Gesetzentwurf der Bundesregierung, BT-Drs. 18/8486, 56.
[223] These 5 des Arbeitskreises I des 5. Deutschen Baugerichtstags, abrufbar unter www.baugerichtstag.de, Thesenpapier 2014; s. auch *Franz/Althaus/Oberhauser/Berner* BauR 2015, 1221.

nen der Unternehmer Deckungsbeiträge durch die Abwicklung von Verträgen erwirtschafte, noch an dem verzögerten Vorhaben tätig seien und so keine anderen Aufträge abwickeln und Deckungsbeiträge erzielen könnten. Diese **Unterdeckung des Deckungsbeitrages** lasse sich dadurch berechnen, dass von der zeitanteiligen Vergütung, die der Unternehmer nach dem ursprünglichen Vertrag innerhalb der vertraglichen Ausführungsfrist abzüglich der (hypothetischen) tatsächlichen Herstellkosten erwirtschaftet hätte, die innerhalb dieser Zeit tatsächlich erzielte Vergütung abzüglich der tatsächlich angefallenen Herstellkosten in Abzug gebracht werde. Hierdurch erhalte der Unternehmer **zusätzliche Deckungsbeiträge** nur, wenn die Ausführung von Änderungen bzw. Nachtragsleistungen Auswirkungen auf die vereinbarten Ausführungsfristen habe, wobei ein anderweitiger Erwerb, den der Unternehmer infolge der Bauzeitverzögerung erziele, zu berücksichtigen sei.

Ob dieses Modell zu sachgerechten Ergebnissen und angemessenen Zuschlägen führt oder ob das Gesetz **einen Zuschlag auf die den Umsatz erhöhende Mehrvergütung** fordert, wird die Rechtsprechung klären müssen. Zu berücksichtigen ist dabei jedoch, dass der Vergütungsanspruch nach § 650c Abs. 1 S. 1 BGB **aufwandsbezogen und nach den tatsächlichen Kosten** ermittelt wird, so dass fraglich ist, ob unter diesem Gesichtspunkt an der Erhöhung des Umsatzes orientierte Zuschläge sachgerecht sind.

d) Kein Anspruch auf Vergütung für den vermehrten Aufwand, § 650c Abs. 1 S. 2 BGB

Nach § 650c Abs. 1 S. 2 BGB hat der Unternehmer für **Änderungen, die zur Erreichung des vereinbarten Werkerfolgs notwendig sind** (§ 650b Abs. 1 S. 1 Nr. 2 BGB), **keinen Anspruch auf Vergütung für den vermehrten Aufwand,** wenn die Leistungspflicht des Unternehmers nicht nur die Ausführung der vom Besteller erstellten Planung umfasst, sondern auch die Erstellung der Planung selbst. Denn in diesem Fall hat er die Leistungen, die zur Erreichung des Werkerfolgs erforderlich sind, zu planen bzw. in seine Preisbildung einzubeziehen. Diese Regelung geht von einer **rein funktionalen Ausschreibung** aus, bei der der Unternehmer die von ihm für die vertragliche Vergütung zu erbringende Leistung selbst plant bzw. die Leistungen, die zur Erreichung des Werkerfolgs zu erbringen sind, im Rahmen der Kalkulation zu planen bzw. in die Kalkulation der vertraglichen Vergütung einzubeziehen hat. Hierzu wird auf die Ausführungen zu § 650b Abs. 1 S. 5 BGB[224] verwiesen.

e) Ansätze in einer vereinbarungsgemäß hinterlegten Urkalkulation, § 650c Abs. 2 S. 1 BGB

aa) Überblick

Der Unternehmer kann zur Berechnung der Vergütung für die Änderung, die in § 650c Abs. 2 S. 1 BGB als „*Nachtrag*"[225] bezeichnet wird, alternativ zur Berechnung der Vergütung nach tatsächlich erforderlichen Kosten auf die „*Ansätze in einer vereinbarungsgemäß hinterlegten Urkalkulation zurückgreifen*". Dadurch soll den Parteien ermöglicht werden, die Preise nicht nach den tatsächlich erforderlichen Kosten neu berechnen zu müssen, sondern – wie bisher im Rahmen der Berechnung der Vergütung für geänderte und zusätzliche Leistungen nach § 2 Abs. 5 und 6 VOB/B – auf die „*in*

---

[224] S. → § 2 Rn. 44 ff.
[225] Dieser Begriff findet sich ansonsten weder in § 650b BGB noch in § 650c BGB. Im Übrigen verwendet auch die VOB/B diesen Begriff nicht.

der Regel vorhandene Urkalkulation"[226] des Unternehmers zurückgreifen zu können. Nach § 650c Abs. 2 S. 2 BGB besteht die **widerlegliche Vermutung,** dass die auf dieser Grundlage fortgeschriebene Vergütung der Vergütung nach tatsächlich erforderlichen Kosten, wie sie in § 650c Abs. 1 S. 1 BGB geregelt ist, entspricht.

bb) Wahlrecht des Unternehmers

114 Die Neuregelung gibt dem **Unternehmer das Wahlrecht,** ob er *„den Nachtrag",* dh die Vergütung für eine vom Besteller angeordnete Änderung insgesamt nach § 650c Abs. 1 S. 1 BGB (tatsächlich erforderliche Kosten mit angemessenen Zuschlägen) oder insgesamt nach § 650c Abs. 2 S. 2 BGB (auf Basis der Urkalkulation fortgeschriebene Vergütung) berechnet. Dieses Wahlrecht kann der Unternehmer zur Vermeidung von Spekulationen bei der Preisgestaltung **nur insgesamt, dh jeweils für die Änderung bzw. *„den Nachtrag",*** ausüben. Eine Kombination der beiden Berechnungsmethoden, va hinsichtlich der Herstellkosten einerseits und der Zuschläge andererseits,[227] ist nicht zulässig.[228]

cc) Anforderungen an die Urkalkulation

115 § 650c Abs. 2 S. 1 BGB geht von einer *„vereinbarungsgemäß hinterlegten Urkalkulation"* aus. Der Begriff der *„Urkalkulation"* wird nicht erläutert und lässt sich auch der VOB/B nicht entnehmen. Die hM[229] stellt – trotz ernst zu nehmender Kritik[230] – im Rahmen von § 2 Abs. 5 und 6 VOB/B darauf ab, dass eine vorkalkulatorische Preisfortschreibung stattzufinden habe, wobei sich dies allenfalls aus § 2 Abs. 6 Nr. 2 VOB/B *(„Die Vergütung bestimmt sich nach den Grundlagen der Preisermittlung für die vertragliche Leistung ...")* herleiten lässt. Hierzu wird auf die Kalkulation, die den vertraglich vereinbarten Preisen zugrunde liegt, zurückgegriffen. Diese Kalkulation wird als „Auftragskalkulation"[231] oder „Urkalkulation"[232] bezeichnet.

116 Die *„vereinbarungsgemäß hinterlegte"* Urkalkulation kann nach der Gesetzesbegründung für die Berechnung der Vergütung für den Nachtrag herangezogen werden, wenn *„die vom Unternehmer **offenbarte oder zumindest hinterlegte** Urkalkulation **ausreichend aufgeschlüsselt ist".***[233] Insoweit scheint es für die Heranziehung der Urkalkulation entgegen dem Wortlaut nicht erforderlich zu sein, dass die Parteien eine Vereinbarung über die Hinterlegung der Kalkulation und/oder ihre Inhalte treffen. Vielmehr muss die Urkalkulation dem Besteller wohl lediglich offenbart oder hinterlegt werden und ausreichend aufgeschlüsselt sein. Die Gleichstellung der Offenbarung der Urkalkulation mit ihrer Hinterlegung erfordert eine Offenbarung spätestens zum Zeitpunkt des Vertragsabschlusses. Eine **nachträgliche Aufschlüsselung** der vertraglichen Preise und damit eine Nachreichung einer Urkalkulation[234] sieht die Gesetzesbegrün-

---

[226] Gesetzentwurf der Bundesregierung, BT-Drs. 18/8486, 56.
[227] S. → § 2 Rn. 108.
[228] Gesetzentwurf der Bundesregierung, BT-Drs. 18/8486, 56.
[229] BGH Urt. v. 14.3.2013 – VII ZR 142/12, NZBau 2013, 364 mwN.
[230] Vgl. nur Kniffka/Koeble/*Kniffka* 5. Teil Rn. 124 ff. mwN.
[231] Vgl. BGH Urt. v. 14.3.2013 – VII ZR 142/12, NZBau 2013, 364 Rn. 16.
[232] Vgl. BGH Urt. v. 14.11.2002 – VII ZR 224/01, ZfBR 2003, 146; BGH Beschl. v. 11.10.2001 – VII ZR 302/00, BeckRS 2001, 08563.
[233] Gesetzentwurf der Bundesregierung, BT-Drs. 18/8486, 56.
[234] Dies wird im Rahmen der Berechnung der Vergütung bei geänderten oder zusätzlichen Leistungen nach § 2 Abs. 5 und 6 VOB/B bisher als zulässig angesehen (BGH Urt. v. 18.12.2008 – VII ZR 201/06, NJW 2009, 835, Rn. 38).

dung nicht vor. Dies ist nachvollziehbar, da dem Unternehmer das Wahlrecht, auf der Basis der Urkalkulation abzurechnen, nur eröffnet werden soll, wenn eine nachvollziehbare Urkalkulation, dh eine plausible und gerade nicht zu hinterfragende Kalkulation mit den erforderlichen Inhalten vorliegt.

Der **Umfang der Aufschlüsselung** wird in der Gesetzesbegründung[235] nicht explizit benannt, jedoch geben die Ausführungen zur Vermutungswirkung sowie die Vermutung gemäß § 650c Abs. 2 S. 2 BGB, dass die fortgeschriebenen Ansätze den tatsächlich erforderlichen Kosten und den angemessenen Zuschlägen entsprechen, Hinweise dafür, welcher Grad der Aufschlüsselung mindestens erforderlich ist. Danach müssen **Preis- und Kostenansätze** als Basis für die Fortschreibung dieser Ansätze vorhanden sein, ebenso die **Zuschläge für Allgemeine Geschäftskosten, Wagnis und Gewinn**. Insoweit müssen zumindest für die einzelnen Positionen bzw. Leistungen die Einzelkosten der Teilleistung in die entsprechenden Kostenarten, ua Lohn, Stoffe, Geräte, Fremdleistungen, sonstige Kosten, aufgegliedert werden. Zudem müssen die **Baustellengemeinkosten** und ihre Zusammensetzung sowie die Zuschläge für Allgemeine Geschäftskosten, Wagnis und Gewinn aufgeführt werden. Die Zuschläge für Allgemeine Geschäftskosten, Wagnis und Gewinn müssen, sofern sie nicht einheitlich auf alle Positionen bzw. Leistungen aufgeschlagen werden, für jede Position gesondert ausgewiesen werden.

f) Preisfortschreibung der Ansätze in einer Urkalkulation, § 650c Abs. 2 S. 1 BGB

Wählt der Unternehmer diese Art der Berechnung der Vergütung für die Änderung, werden die Ansätze aus der Urkalkulation fortgeschrieben, wobei dies für die **Preis- und Kostenansätze der direkten Kosten** ebenso wie für die **Zuschläge für Allgemeine Geschäftskosten, Wagnis und Gewinn** gilt. Damit kann der Unternehmer die im Rahmen der VOB/B praktizierte **vorkalkulatorische Preisfortschreibung** weiterhin durchführen. Da sich die Vermutungswirkung der Berechnung der Vergütung durch Fortschreibung der Ansätze in der Urkalkulation auf die Berechnung der Vergütung nach § 650c Abs. 1 S. 1 BGB bezieht und dort kein Zuschlag für **Baustellengemeinkosten** vorgesehen ist, können diese auch im Rahmen der Preisfortschreibung nicht linear als Zuschlag auf die Einzelkosten der Teilleistung fortgeschrieben werden, sondern sie finden nur dann Berücksichtigung, wenn sich die entsprechenden Kosten aus dem Betrieb der Baustelle durch die Änderung bzw. den Nachtrag tatsächlich erhöhen, so dass Baustellengemeinkosten wie direkte Kosten bzw. zusätzliche Einzelkosten der Teilleistung behandelt werden.[236] Durch das Modell der Fortschreibung der Ansätze in der Urkalkulation werden die im Rahmen der vorkalkulatorischen Preisfortschreibung nach der VOB/B bestehenden rechtlichen und tatsächlichen Probleme[237] auf den BGB-Werkvertrag übertragen

g) Widerlegliche Vermutung, § 650c Abs. 2 S. 2 BGB

Die **Vermutungswirkung** gemäß § 650c Abs. 2 S. 2 BGB bezieht sich nach der Gesetzesbegründung[238] darauf, dass die in einer entsprechenden Urkalkulation enthaltenen

---

[235] Gesetzentwurf der Bundesregierung, BT-Drs. 18/8486, 56.
[236] Dies wird bereits im Rahmen der vorkalkulatorischen Preisfortschreibung nach der VOB/B überwiegend so vertreten (vgl. Kapellmann/Messerschmidt/*Kapellmann* VOB B § 2 Rn. 222; aA Althaus/Heindl/*Althaus/Bartsch* Teil 4 Rn. 176/2 mwN).
[237] Vgl. nur Kniffka/Koeble/*Kniffka* 5. Teil Rn. 136 ff. mwN.
[238] Gesetzentwurf der Bundesregierung, BT-Drs. 18/8486, 56.

bzw. fortgeschriebenen Preis- und Kostenansätze den tatsächlich erforderlichen Kosten entsprechen und dass die Zuschläge für Allgemeine Geschäftskosten, Wagnis und Gewinn **weiterhin angemessen** sind. Es wird dabei vermutet, dass der Zuschlag für Allgemeine Geschäftskosten weiterhin zutreffend ist und dass die im Wettbewerb für die ursprüngliche Leistung erzielten Zuschläge für Wagnis und Gewinn weiterhin sachgerecht sind.

120 Zudem soll sich bei unternehmensbezogen kalkulierten Zuschlägen die Vermutung auch auf die hierzu in der Urkalkulation getroffenen Ansätze und Bezugsgrößen, zB Umsatz, Bauzeit oder projektbezogene Festbeträge, beziehen. Der Besteller kann diese **Vermutung widerlegen,** was er nach § 292 ZPO umzusetzen hat. Da er regelmäßig wenig Einblick in die tatsächlichen Kosten des Unternehmers hat, dürfte die Widerlegung mit nicht unerheblichen Schwierigkeiten verbunden sein. Denn er hat auf die tatsächlich erforderlichen Kosten für die Ausführung der Änderung durch den Unternehmer abzustellen und nicht auf allgemein bekannte bzw. ermittelbare Marktpreise oder übliche Preise.

h) Höhe der Abschlagszahlungen, § 650c Abs. 3 S. 1 BGB

121 Erzielen die Parteien über die Änderung und die daraus resultierende Mehr- oder Mindervergütung kein Einvernehmen (§ 650b Abs. 1 S. 1 BGB), ist offen, welcher zusätzliche Vergütungsanspruch dem Unternehmer zusteht. Der Unternehmer kann in diesem Fall vereinbarte oder nach § 632a BGB zu leistende **Abschlagszahlungen** auf der **Grundlage der tatsächlich erforderlichen Kosten** (§ 650c Abs. 1 S. 1 BGB) oder im **Wege der Preisfortschreibung** nach § 650c Abs. 2 S. 1 BGB verlangen. Dieses Recht steht ihm auch zu, wenn noch keine Einigung über die Vergütung erfolgt ist.[239] Besteht zwischen den Parteien jedoch Streit über die nach § 650c Abs. 1 oder 2 BGB geschuldete Mehrvergütung, besteht die Gefahr, dass der Besteller die Abschlagsrechnung aufgrund der Differenzen nicht ausgleicht und der Unternehmer zu Lasten seiner Liquidität erhebliche Leistungen ohne zeitnahe Vergütung erbringen muss.[240] Denn ihm bliebe lediglich die Möglichkeit, wegen der nicht gezahlten Abschlagsrechnung die Leistung zu verweigern, den Bauvertrag zu kündigen oder gerichtliche Schritte (§ 650d BGB) einzuleiten. Besteht jedoch auf Seiten des Unternehmers Unsicherheit über die Mehrvergütung, wird er die Risiken aus einer Arbeitseinstellung, einer Kündigung oder eines gerichtlichen Verfahrens nicht eingehen. Im Interesse eines *„leicht zu begründenden vorläufigen Mehrvergütungsanspruchs"*[241] wurde daher in § 650c Abs. 3 BGB die Möglichkeit aufgenommen, dass der Unternehmer pauschal 80 Prozent einer in einem Angebot nach § 650b Abs. 1 S. 2 **genannten** Mehrvergütung bei der Berechnung von Abschlagszahlungen ansetzen kann, wenn sich die Parteien über die Höhe nicht geeinigt haben oder keine anderslautende gerichtliche Entscheidung ergangen ist.

122 Das Gesetz stellt in § 650c Abs. 3 S. 1 BGB darauf ab, dass eine Abschlagszahlung gemäß § 632a BGB „geschuldet" sein müsse, wobei die 80 Prozent angesetzt werden könnten, wenn sich die Parteien „nicht über die Höhe" geeinigt hätten. Auch in der Gesetzesbegründung wird auf eine *„geschuldete"*[242] Mehrvergütung abgestellt und Streit der Parteien über die *„Höhe der Mehrvergütung"*[243] angesprochen. Insoweit wird

---

[239] BGH Beschl. v. 24.5.2012 – VII ZR 34/11, NZBau 2012, 493.
[240] Gesetzentwurf der Bundesregierung, BT-Drs. 18/8486, 56.
[241] Gesetzentwurf der Bundesregierung, BT-Drs. 18/8486, 56 f.
[242] Gesetzentwurf der Bundesregierung, BT-Drs. 18/8486, 56 und 57.
[243] Beschlussempfehlung und Bericht des Ausschusses für Recht und Verbraucherschutz zu dem Gesetzentwurf der Bundesregierung, BT-Drs. 18/11437, 48.

deutlich, dass überhaupt eine Vergütung geschuldet sein muss, dh dass es sich um eine **Änderung, die zu einem Mehrvergütungsanspruch berechtigt** (bestehender Anspruchsgrund), handeln muss und dass im Übrigen die Voraussetzungen dafür, dass eine Abschlagszahlung nach der vertraglichen Vereinbarung oder nach § 632a BGB verlangt werden kann, vorliegen müssen. Insoweit regelt § 650c Abs. 3 S. 1 BGB allein die Berechnung der Höhe der Abschlagszahlung, ändert aber nichts an deren sonstigen Voraussetzungen, die vorliegen müssen, damit vom Unternehmer eine Abschlagszahlung verlangt werden kann. Daher bleiben auch Gegenrechte des Bestellers, zB Einbehalte wegen nicht vertragsgemäßer Leistungen, unberührt. Der Besteller kann einer entsprechenden Abschlagszahlungsforderung aber nur durch die Einleitung gerichtlicher Schritte entgegentreten (§ 650c Abs. 3 S. 1 Hs. 2).

Berechnet der Unternehmer die Höhe der Abschlagszahlungen nach § 650c Abs. 1 oder 2 BGB, kann er 100 Prozent der für die Ausführung der Änderung erbrachten Leistung abrechnen, während er bei einer Berechnung nach § 650c Abs. 3 BGB nur **80 Prozent** der in einem Angebot genannten Mehrvergütung ansetzen kann. Diese „*vorläufige Pauschalierung*"[244] ist dem Umstand geschuldet, dass der Unternehmer jedenfalls einen Teil der geschuldeten Mehrvergütung über Abschlagszahlungen erhalten soll. Zudem ist zu berücksichtigen, dass der Unternehmer 80 Prozent der **Mehrvergütung, die er in einem von ihm gemäß § 650b Abs. 1 Satz 2 BGB erstellten Angebot „genannt" hat,** ansetzen kann. Es ist nachvollziehbar, dass gerade diese Pauschalierung Grund dafür sein kann, dass unseriöse Unternehmer überhöhte Angebote erstellen, um nicht nur 80 Prozent der § 650b Abs. 1 oder 2 BGB entsprechenden Vergütung über Abschlagszahlungen zu erhalten, sondern 100 Prozent oder auch darüber hinausgehende Beträge. Dem Besteller bleibt in diesem Fall nur die Möglichkeit, eine andere gerichtliche Entscheidung herbeiführen. 123

Insoweit schafft § 650c Abs. 3 BGB auch einen Anreiz für den Unternehmer, seiner Verpflichtung zur Erstellung eines Angebotes nach § 650b Abs. 1 S. 2 BGB nachzukommen. Denn **ohne ein entsprechendes Angebot** besteht **keine Grundlage, nach der die Berechnung der Abschlagszahlungen gemäß § 650c Abs. 3 BGB** vorgenommen werden kann. In diesem Fall verbleibt dem Unternehmer aber die Möglichkeit, Abschlagszahlungen auf der Grundlage von § 650c Abs. 1 oder 2 BGB zu berechnen. 124

i) Fälligkeit der geschuldeten Mehrvergütung, § 650c Abs. 3 S. 2 BGB

Berechnet der Unternehmer die Höhe der Abschlagszahlungen auf der Grundlage der in seinem Angebot genannten Mehrvergütung, wird die Berechnung der ihm tatsächlich zustehenden Mehrvergütung erst in der Schlussrechnung vorgenommen. Diese, in der Schlussrechnung nach **§ 650c Abs. 1 oder 2 BGB zu berechnende Vergütung** wird gemäß § 650c Abs. 3 S. 2 BGB erst „*nach der Abnahme des Werkes fällig*", wenn keine anderslautende gerichtliche Entscheidung ergeht. Dies bedeutet, dass der Unternehmer, wenn er die Abschlagszahlungen nach § 650c Abs. 3 S. 1 BGB berechnet, lediglich 80 Prozent der in seinem Angebot genannten Mehrvergütung über Abschlagszahlungen geltend machen kann, während er bei einer Berechnung der Abschlagszahlungen nach § 650c Abs. 1 oder 2 BGB 100 Prozent der so berechneten Mehrvergütung über Abschlagszahlungen abrechnen kann. 125

Weshalb die Fälligkeit der nach § 650c Abs. 1 oder 2 BGB berechneten Vergütung erst „*nach Abnahme*" eintritt, wohingegen die Vergütung nach **§ 641 Abs. 1 S. 1 BGB** „*bei der Abnahme*" fällig wird, wird nicht erläutert. Da der Gesetzentwurf der Bundes- 126

---

[244] Gesetzentwurf der Bundesregierung, BT-Drs. 18/8486, 57.

regierung[245] § 650g Abs. 4 BGB (Schlussrechnung als Fälligkeitsvoraussetzung des Vergütungsanspruchs des Unternehmers) jedoch noch nicht vorsah, kann dies nicht als Begründungsversuch angeführt werden.

j) Rückgewähr und Verzinsung von Überzahlungen, § 650c Abs. 3 S. 3 und 4 BGB

127 Ergibt sich aus der Abrechnung der Mehrvergütung nach § 650c Abs. 1 oder 2 BGB eine Überzahlung, hat der Unternehmer den Überzahlungsbetrag zurückzugewähren und den überzahlten Betrag zu verzinsen. Ein **Rückgewähranspruch für Überzahlungen,** wenn die Schlussrechnung ergibt, dass der Unternehmer durch Abschlagszahlungen bereits mehr erhalten hat, als ihm tatsächlich nach der Schlussrechnung zusteht, hätte keiner separaten Regelung bedurft.[246]

128 Die in § 650c Abs. 3 S. 3 und 4 BGB geregelte Verzinsungspflicht resultiert aus einem Vorschlag des Rechtsausschusses und soll die Risiken für den Besteller, die sich daraus ergeben, dass Abschlagszahlungen **entgegen § 632a BGB nicht abhängig vom Wert der erbrachten Leistungen,** sondern iHv 80 Prozent eines vom Unternehmer – ggf. auch überhöht – gestellten Angebotes verlangt werden können, reduzieren. Zudem soll der Unternehmer dadurch davon abgehalten werden, leichtfertig überhöhte Mehrvergütungsangebote vorzulegen.[247] Durch die Regelung in § 650c Abs. 3 S. 3 BGB wird der Unternehmer verpflichtet, durch nach § 650c Abs. 3 S. 1 BGB berechnete Abschlagszahlungen entstandene Überzahlungen ab dem Zeitpunkt ihres Eingangs zu verzinsen, wobei die **Zinspflicht mit der ersten, die tatsächlich geschuldete Mehrvergütung übersteigenden Abschlagszahlung beginnt.** Übersteigen weitere Abschlagszahlungen die tatsächlich geschuldete Mehrvergütung, ist für den Zinsbeginn der jeweilige Eingang der Abschlagszahlung maßgeblich und die Zinsen sind gestaffelt für die weiteren Abschlagszahlungen zu berechnen. Die Zinshöhe richtet sich nach § 288 Abs. 1 S. 2, Abs. 2 und § 289 S. 1 BGB, dh die Verzinsung beträgt bei Verträgen, an denen ein Verbraucher nicht beteiligt ist, neun Prozentpunkte über dem Basiszinssatz und bei Verträgen mit Verbrauchern fünf Prozentpunkte über dem Basiszinssatz.[248]

k) Auswirkungen der Neuregelung auf die VOB/B

129 Die VOB/B geht nach hM[249] vom Modell der **vorkalkulatorischen Preisfortschreibung** aus, dh der im **Wettbewerb** für die vertraglich Leistung angebotene und vereinbarte Preis ist Grundlage der Berechnung der Vergütung für geänderte und zusätzliche Leistungen. Dies ist im Hinblick auf das uneingeschränkte Anordnungsrecht aus § 1 Abs. 3 VOB/B nicht sachgerecht. Darüber hinaus ist ohnehin fraglich, ob die Regelungen zur Berechnung der Vergütung für Nachtragsleistungen nach § 2 VOB/B transparent sind.[250] Die Neuregelung bestimmt dagegen, dass die Vergütung für Änderungen nach den **tatsächlich erforderlichen Kosten** zu berechnen ist, dh der im **Wettbewerb zustande gekommen Preis** ist für die Berechnung der Mehrvergütung aus Änderungen

---

[245] Gesetzentwurf der Bundesregierung, BT-Drs. 18/8486, 16.
[246] Beschlussempfehlung und Bericht des Ausschusses für Recht und Verbraucherschutz zu dem Gesetzentwurf der Bundesregierung, BT-Drs. 18/11437, 48.
[247] Beschlussempfehlung und Bericht des Ausschusses für Recht und Verbraucherschutz zu dem Gesetzentwurf der Bundesregierung, BT-Drs. 18/11437, 48.
[248] Beschlussempfehlung und Bericht des Ausschusses für Recht und Verbraucherschutz zu dem Gesetzentwurf der Bundesregierung, BT-Drs. 18/11437, 48.
[249] Vgl. nur BGH Urt. v. 14.3.2013 – VII ZR 116/12, NZBau 2013, 369 Rn. 33 mwN.
[250] Vgl. nur Kniffka/Koeble/*Kniffka* 5. Teil Rn. 138.

nicht maßgeblich. Dem Unternehmer bleibt bei Änderungen allein der im Wettbewerb zustande gekommene Gewinn oder Verlust als absoluter Betrag erhalten, während das Preisrisiko im Übrigen begrenzt ist. Die Ansätze aus der Urkalkulation können vom Unternehmer für die Berechnung der Vergütung für die Änderung herangezogen werden, wobei der Besteller die Vermutung, diese entsprächen den tatsächlich erforderlichen Kosten widerlegen kann. Insoweit gehen die VOB/B und die Neuregelung von in Gänze anderen Berechnungsmodellen aus, so dass die entsprechenden Regelungen aus § 2 VOB/B – abhängig von der Verwendereigenschaft – der **AGB-rechtlichen Inhaltskontrolle nicht standhalten** dürften.

l) Kritik an der Neuregelung

Die Abkehr vom Modell der Preisfortschreibung, womit spekulative Preisbildung einerseits sowie nachlässige Ausschreibungen andererseits verhindert werden sollen, ist grundsätzlich zu begrüßen. Mit dem Berechnungsmodell nach tatsächlich erforderlichen Kosten und angemessenen Zuschlägen für Allgemeine Geschäftskosten, Wagnis und Gewinn wird jedoch eine von der bisherigen Berechnung nach § 632 Abs. 2 BGB abweichende und **neue Berechnungsmethodik** normiert, die in der Praxis **nicht unerhebliche Schwierigkeiten** aufwerfen wird. Dies gilt für die Ermittlung der hypothetischen tatsächlichen Kosten, wie sie ohne die Änderung entstanden wären, ebenso wie für die tatsächlichen Kosten, wie sie infolge der Änderung entstanden sind. Dabei bestehen ebenfalls zahlreiche Möglichkeiten der nicht korrekten Berechnung, zB durch fingierte Rechnungen oder nicht offen gelegte Nachlässe bzw. Rückvergütungen.[251] Auch ist offen, wie angemessene Zuschläge für Allgemeine Geschäftskosten, Wagnis und Gewinn zu ermitteln sind. Des weiteren ist es für den Besteller **sehr schwer, die Vermutungswirkung nach § 650c Abs. 2 S. 2 BGB zu widerlegen,** da er keinen Einblick in die tatsächlichen Kosten des Unternehmers hat. Die 80 Prozent-Regelung nach § 650c Abs. 3 BGB schafft für den Unternehmer zwar rasche Liquidität, aber sie birgt für den Besteller Risiken dahingehend, dass er Überzahlungen leistet, für die er keinen gesetzlichen Anspruch auf Absicherung hat.

V. Einstweilige Verfügung, § 650d BGB

1. Ausgangslage

Streitigkeiten zwischen den Parteien über die Vergütungsfähigkeit einer geänderten oder zusätzlichen Leistung sowie über die Höhe der hierfür zu gewährenden Vergütung werden, wenn sich die Parteien nicht einigen, regelmäßig in **langwierigen Schlussrechnungsstreitigkeiten** ausgetragen. Einstweiliger Rechtsschutz in Form einer „**Leistungsverfügung**" nach § 940 ZPO lässt sich dabei mangels Vorliegen eines Verfügungsgrundes **nahezu nicht durchsetzen.**[252] Denn § 940 ZPO setzt voraus, dass eine Einstweilige Verfügung „*zur Abwendung wesentlicher Nachteile oder zur Verhinderung drohender Gewalt oder aus anderen Gründen nötig erscheint."* Dass die Leistungsverfügung im Unterhaltsrecht entwickelt wurde,[253] zeigt, dass es um Fälle der Existenzsicherung dergestalt geht, dass eine Partei die Mittel so kurzfristig zur Bestreitung ihres Lebensunterhaltes benötigt, dass sie nicht bis zu einem Urteil im Hauptsacheprozess warten kann.

---

[251] S. → § 2 Rn. 107.
[252] Vgl. *Schramke/Keilmann* NZBau 333 (335) mwN.
[253] Musielak/Voit/*Huber* ZPO § 940 Rn. 13.

Dabei müssen dem Antragsteller aus der Nichtleistung schwer wiegende Nachteile drohen, die außer Verhältnis zu dem Schaden, den der Antragsteller erleiden kann, stehen. Zu berücksichtigen ist, dass infolge der finanziellen Not des Antragstellers eine Rückzahlung erbrachter Zahlungen oder das Leisten von Schadensersatz (§ 945 ZPO) letztlich ausscheidet. Drohen **lediglich vermögensrechtliche Nachteile** oder ist einsetzbares Vermögen vorhanden, besteht **kein Verfügungsgrund**. Eine Befriedigungsverfügung zur Abwendung von Überschuldung oder Insolvenz wird als nicht statthaft angesehen.[254]

2. Reformansatz

132   Im Zusammenhang mit dem Anordnungsrecht gemäß § 650b BGB oder der Vergütungsanpassung gemäß § 650c BGB kann es zu Streitigkeiten der Vertragsparteien kommen. Diese Streitigkeiten bedürfen zur Vermeidung von Liquiditätsengpässen und Baustillständen der **raschen Entscheidung,** weshalb *„nach Beginn der Bauausführung"* hierüber eine Entscheidung im Wege der einstweiligen Verfügung ergehen soll. Die bestehenden hohen Hürden, einen Verfügungsgrund glaubhaft machen zu müssen, werden durch eine widerlegliche Vermutung[255] für das Bestehen der Dringlichkeit herabgesetzt und dadurch die Erlangung einstweiligen Rechtsschutzes vereinfacht. In Anlehnung an die vergleichbaren Regelungen in § 885 Abs. 1 S. 2 BGB (Eintragung einer Vormerkung aufgrund einer einstweiligen Verfügung) und § 899 Abs. 2 S. 2 BGB (Eintragung eines Widerspruchs gegen die Richtigkeit des Grundbuchs aufgrund einer einstweiligen Verfügung) wird **widerleglich**[256] **vermutet, dass ein Verfügungsgrund im Sinne von §§ 935, 940 ZPO gegeben** ist und daher eine Entscheidung im Wege der einstweiligen Verfügung zur Abwendung wesentlicher Nachteile notwendig ist.[257] In der Gesetzesbegründung wird ausgeführt, die Vermutungswirkung rechtfertige sich aus der sich am Bau ständig ändernden Sachlage und der Gefahr, dass vollendete Tatsachen geschaffen würden, wenn ohne vorherige gerichtliche Entscheidung über die Rechtmäßigkeit einer Anordnung nach § 650b Abs. 2 BGB weitergebaut werde[258] bzw. daraus, dass der grundsätzlich vorleistungspflichtige Unternehmer in besonderem Maße auf Liquidität angewiesen sei, was vor allem dann gelte, wenn aufgrund der Anordnung der Änderung erhebliche Kostensteigerungen einträten.[259]

3. Umsetzung in § 650d BGB

a) Überblick

133   Der Gesetzentwurf der Bundesregierung[260] hatte die erleichterte Erlangung einer einstweiligen Verfügung bei Streitigkeiten über das Anordnungsrecht in § 650b Abs. 3 S. 1 Hs. 1 BGB und über die Vergütungsanpassung in § 650c Abs. 5 S. 1 Hs. 1 BGB geregelt. Die Neuregelung regelt diese **einheitlich in § 650d BGB**[261] und gibt den Ver-

---

[254] Musielak/Voit/*Huber* ZPO § 940 Rn. 14a, 15.
[255] *Orlowski* ZfBR 2016, 419 (425) geht von einer nicht widerleglichen Vermutung aus.
[256] S. zu den in der Gesetzesbegründung (Gesetzentwurf der Bundesregierung, BT-Drs. 18/8486, 54) genannten vergleichbaren Regelungen in § 885 Abs. 1 S. 2 und § 899 Abs. 2 S. 2 BGB: Palandt/*Bassenge* BGB § 885 Rn. 5; Palandt/*Bassenge* BGB § 899 Rn. 3.
[257] Gesetzentwurf der Bundesregierung, BT-Drs. 18/8486, 54, 57 f.
[258] Gesetzentwurf der Bundesregierung, BT-Drs. 18/8486, 54.
[259] Gesetzentwurf der Bundesregierung, BT-Drs. 18/8486, 58.
[260] BT-Drs. 18/8486, 14 f.
[261] Beschlussempfehlung und Bericht des Ausschusses für Recht und Verbraucherschutz zu dem Gesetzentwurf der Bundesregierung, BT-Drs. 18/11437, 49.

tragsparteien damit die Möglichkeit, im Wege des einstweiligen Rechtsschutzes eine gerichtliche Entscheidung im Zusammenhang mit Anordnungen nach § 650b BGB sowie über die aus einer Änderungsanordnung folgende Vergütungsanpassung nach § 650c BGB zu erreichen. Da der Verfügungsgrund nicht glaubhaft gemacht werden muss, hat der Antragsteller lediglich den Verfügungsanspruch glaubhaft zu machen.

b) Streitigkeiten über das Anordnungsrecht gemäß § 650b BGB

Streitigkeiten über das Anordnungsrecht nach § 650b BGB betreffen die **Rechtmäßigkeit der Anordnung nach § 650 Abs. 2 BGB,** dh die Frage, ob der Unternehmer verpflichtet ist, der Anordnung nachzukommen. In der Gesetzesbegründung wird dabei die **Zumutbarkeit der Anordnung für den Unternehmer** (§ 650b Abs. 2 S. 2 BGB) angesprochen,[262] jedoch können auch andere Voraussetzungen für die Wirksamkeit der Änderungsanordnung Anlass für den Antrag auf Erlass einer einstweiligen Verfügung sein. Dies kann die Vertretungsmacht des Anordnenden oder die Einhaltung von Formerfordernissen sein, zumal § 650b Abs. 2 S. 1 BGB Textform für die Anordnung vorschreibt. Ein Antrag des Bestellers wird dahin gehen, den Unternehmer zu verpflichten, der Anordnung Folge zu leisten, dh die angeordnete Änderung auszuführen. Zu beantragen ist also eine Leistungsverfügung auf Handlung.[263] Für den Unternehmer kann sich ein Bedürfnis ergeben, eine einstweilige Verfügung mit dem Inhalt, zu beantragen, festzustellen, dass er zur Ausführung einer Änderung nicht verpflichtet ist, zB wenn er die Ausführung der angeordneten Änderung verweigert und der Besteller ihm aus diesem Grund die Kündigung des Vertrages androht.

c) Streitigkeiten über die Vergütungsanpassung gemäß § 650c BGB

Praktisch bedeutsamer werden Streitigkeiten über die sich aus einer Änderungsanordnung ergebende Vergütungsanpassung nach § 650c BGB sein.[264] Dabei geht es um die **Höhe der zu leistenden Abschlagszahlungen sowie eine zu gewährende Sicherheit,** wenn sich die Parteien nicht über die infolge der Änderung zu leistende Mehr- oder Mindervergütung geeinigt haben oder einigen können. Die Gesetzesbegründung führt dabei lediglich Abschlagszahlungen,[265] nicht aber die Schlusszahlung an, so dass § 650d BGB für Schlussrechnungsstreitigkeiten nicht gilt. Eine einstweilige Verfügung können **beide Vertragsparteien** beantragen, wobei der Antrag des Unternehmers auf Zahlung gerichtet ist, während der Antrag des Bestellers dahin geht, festzustellen, dass er keine oder eine geringere, als die vom Unternehmer geforderte Vergütung schuldet.

Der **Unternehmer** kann einen Antrag auf Erlass einer einstweiligen Verfügung stellen, wenn der Besteller Abschlagszahlungen nicht oder nur teilweise bedient. Dies betrifft sowohl nach § 650c Abs. 3 BGB als auch nach § 650c Abs. 1 oder 2 BGB berechnete Abschlagszahlungen, da die Gesetzesbegründung als Hintergrund für die Neuregelung Streitigkeiten über die „*Höhe der vom Besteller zu zahlenden Abschläge*"[266] insgesamt anführt. Hierdurch kann der Unternehmer einen Titel über die für die Änderung zu leistenden Abschlagszahlungen erhalten und dadurch den Zahlungsfluss sichern. Dies ist va dann wichtig, wenn die Ausführung der Änderung erhebliche Kosten nach sich

---

[262] Gesetzentwurf der Bundesregierung, BT-Drs. 18/8486, 54.
[263] Musielak/Voit/*Huber* ZPO § 940 Rn. 13.
[264] S. auch Gesetzentwurf der Bundesregierung, BT-Drs. 18/8486, 58.
[265] Gesetzentwurf der Bundesregierung, BT-Drs. 18/8486, 54, 58.
[266] Gesetzentwurf der Bundesregierung, BT-Drs. 18/8486, 54.

zieht.²⁶⁷ Hält der **Besteller** die Abschlagsrechnungsforderung für **nicht berechtigt**, weil er die angeordnete **Leistung nicht als Änderung des Vertrages,** sondern als von der vertraglichen Vergütung abgegoltene Leistung ansieht, kann er der Forderung des Unternehmers mit einer einstweiligen Verfügung entgegentreten.²⁶⁸ Ist die Forderung des Unternehmers nach Ansicht des Bestellers **überhöht,** weil die nach § 650c Abs. 3 BGB berechnete Höhe der Abschlagszahlungen infolge eines überhöhten Angebotes des Unternehmers nicht die zutreffenden voraussichtlichen tatsächlich erforderlichen Kosten und angemessenen Zuschläge widerspiegelt, ²⁶⁹ kann er seine Interessen ebenfalls mit einer einstweiligen Verfügung verfolgen. Berechnet der Unternehmer die Abschlagszahlungen nach tatsächlich erforderlichen Kosten und angemessenen Zuschlägen, kann der Besteller, der diese Forderung für unzutreffend berechnet ansieht, überhöhten Forderungen ebenfalls schnell entgegentreten. Ebenso, wenn die unter Rückgriff auf die Urkalkulation des Unternehmers berechnete Abschlagszahlung überhöht ist, weil die Urkalkulation nicht die Voraussetzungen des § 650c Abs. 2 BGB erfüllt²⁷⁰ oder weil die auf der Grundlage der Urkalkulation fortgeschriebene Vergütung nicht den tatsächlich erforderlichen Kosten und angemessenen Zuschläge entspricht.

d) Glaubhaftmachung des Verfügungsanspruchs

137 Die Parteien müssen lediglich den Verfügungsanspruch glaubhaft machen. Hierzu sind die entsprechenden Anspruchsvoraussetzungen darzulegen und glaubhaft zu machen. Beruft sich der Unternehmer auf eine **Unzumutbarkeit einer Anordnung,** hat er diese gemäß § 650b Abs. 1 S. 3 BGB nur hinsichtlich **betriebsinterner Vorgänge** glaubhaft zu machen. Ansonsten trägt der Besteller die Beweislast dafür, dass die Anordnung für den Unternehmer zumutbar ist. Im Fall einer Streitigkeit über die Vergütungsanpassung nach § 650c BGB sind die in §§ 650b, 650c BGB geregelten Voraussetzungen glaubhaft zu machen, wobei dem Unternehmer, wenn er die Abschlagszahlung nach § 650c Abs. 2 BGB berechnet, die Vermutungswirkung gemäß § 650c Abs. 2 S. 2 BGB zu Gute kommt. Da Abschlagszahlungen gemäß § 632a BGB in Höhe des Wertes der erbrachten Leistung zu zahlen sind, hat der Unternehmer den **erreichten Leistungsstand** glaubhaft zu machen.

e) Einwendungen des Bestellers

138 Der Besteller kann sämtliche **materiellen Einwendungen**²⁷¹ gegenüber dem durch den Unternehmer geltend gemachten Vergütungsanspruch geltend machen. Dies betrifft das Bestreiten der in §§ 650b, 650c BGB genannten Anspruchsvoraussetzungen, zB dass keine Änderung, sondern eine vom vertraglichen Leistungssoll erfasste Leistung vorliegt, ebenso wie Einwendungen, die ihm im Übrigen gegenüber einem Vergütungsanspruch des Unternehmers zustehen, wie die Einrede des nicht erfüllten Vertrages wegen Mängeln. Auch kann er Aufrechnung gegen die Forderung des Unternehmers erklären.

---

²⁶⁷ Vgl. Gesetzentwurf der Bundesregierung, BT-Drs. 18/8486, 58.
²⁶⁸ Dieser Fall wird in der Gesetzesbegründung explizit angeführt (Gesetzentwurf der Bundesregierung, BT-Drs. 18/8486, 54).
²⁶⁹ Dieser Fall wird in der Gesetzesbegründung explizit angeführt (Gesetzentwurf der Bundesregierung, BT-Drs. 18/8486, 58).
²⁷⁰ Vgl. → § 2 Rn. 117.
²⁷¹ S. → § 2 Rn. 122.

f) Kritik an der Neuregelung

139 Die Überlegung, Streitigkeiten über eine Änderung und deren Auswirkungen auf die Vergütung einer schnellen gerichtlichen Klärung zuzuführen, ist sinnvoll. Zum einen setzt die **Gewährung eines Anordnungsrechtes** zugunsten des Bestellers voraus, dass der Unternehmer hierfür auch **rasche Zahlung** erhalten kann, was mit der Neuregelung umgesetzt wird. Zum anderen vermeidet eine Klärung dieser Streitigkeiten **noch während der Bauphase** zwingend Weiterungen, va dahingehend, dass die Arbeiten eingestellt werden oder dass eine Vertragspartei den Bauvertrag kündigt. Beide Varianten sind nicht zielorientiert und wirtschaftlich für beide Seiten höchst problematisch. Insoweit ist die Erleichterung der Erlangung einer einstweiligen Verfügung zu begrüßen.

140 Es ist jedoch nicht unproblematisch, diese auch **technisch und baubetrieblich diffizilen Fragestellungen,** zB ob tatsächlich eine Änderung des Vertrages vorliegt oder ob die nach § 650c Abs. 2 BGB fortgeschriebene Vergütung den tatsächlich erforderlichen Kosten und angemessenen Zuschlägen entspricht, mit den Mitteln des einstweiligen Verfügungsverfahrens zu bewältigen. Denn diese Fragestellungen müssen durch eine Glaubhaftmachung und allein präsente Beweismittel einer Entscheidung zugeführt werden. Selbst spezialisierte Baukammern der Landgerichte (§ 72a GVG) sind **ohne sachverständige Hilfe** regelmäßig nicht in der Lage, Antworten auf technische und baubetriebliche Fragen zu finden. Zudem müssen die erforderlichen qualitativen und quantitativen Kapazitäten an den Landgerichten zur Verfügung stehen, um die Verfahren rasch und qualifiziert bearbeiten zu können.

VI. Bauhandwerkersicherung, § 650f BGB

141 Die Neuregelung entspricht § 648a BGB aF, jedoch wurde in Abs. 6 Nr. 2 das sog. „Häuslebauer-Privileg" geändert. Bisher waren natürliche Personen, die *„Bauarbeiten zur Herstellung oder Instandsetzung eines Einfamilienhauses mit oder ohne Einliegerwohnung ausführen"* ließen, von der Verpflichtung zum Leisten einer Sicherheit befreit. Nun gilt das **Privileg für Verbraucher, die einen Verbraucherbauvertrag nach § 650i BGB[272] oder einen Bauträgervertrag nach § 650u BGB[273] abschließen.

VII. Zustandsfeststellung bei Verweigerung der Abnahme, Schlussrechnung, § 650g BGB

1. Ausgangslage

142 Bei Differenzen über die Abnahmereife des Werks besteht Unsicherheit darüber, ob die Wirkungen der Abnahme eingetreten sind. Der Unternehmer muss, um zu einem späteren Zeitpunkt die Abnahmereife zum Zeitpunkt des Abnahmeverlangens nachweisen zu können, den **bestehenden Zustand dokumentieren.** Nimmt der Besteller das Werk ohne Abnahme in Benutzung, ist die Feststellung und Dokumentation des Zustandes für den Unternehmer letztlich zwingend durchzuführen, um zu einem späteren Zeitpunkt nachweisen zu können, welche Abweichungen von der vereinbarten Beschaffenheit nicht von ihm zu vertreten sind. Hierzu kann er entweder ein **Selbständiges Beweisverfahren** (§ 485 ff. ZPO) einleiten oder einen **Sachverständigen** mit der Erstel-

---

[272] S. → § 5 Rn. 15 ff.
[273] S. → § 6 Rn. 6 ff.

143 Für den Werkvertrag ist nach bisher geltendem Werkvertragsrecht **allein die Abnahme Voraussetzung für den Eintritt der Fälligkeit der Vergütung** (§ 641 Abs. 1 BGB).[275] Lediglich für Abschlagszahlungen sieht § 632a Abs. 1 S. 5 BGB[276] vor, dass die Leistungen durch eine „*Aufstellung nachzuweisen*" sind, „*die eine rasche und sichere Beurteilung der Leistungen ermöglichen*" muss. Dies ist für den Bauvertrag, dessen Abrechnung gerade beim Einheitspreisvertrag einen Nachweis der erbrachten Mengen durch Aufmaß erfordert, nicht praxistauglich. Denn auch beim BGB-Bauvertrag ist eine Schlussrechnung erforderlich, damit der Besteller prüfen kann, ob und inwieweit die vom Unternehmer abgerechnete Forderung berechtigt ist. Die VOB/B hat daher in §§ 14 und 16 Anforderungen an die Rechnungsstellung definiert und die Fälligkeit der Schlusszahlung ist gemäß § 16 Abs. 3 Nr. 1 VOB/B nicht nur von der Abnahme abhängig, sondern auch von der Erteilung einer prüfbaren Schlussrechnung sowie deren Prüfung und Feststellung bzw. dem Ablauf der 30-tägigen Prüffrist.

2. Reformansatz

144 Die fiktive Abnahme nach § 640 Abs. 2 BGB, die sich in Kapitel 1 – Allgemeine Vorschriften findet,[277] wird für den **Bauvertrag durch § 650g BGB** ergänzt. In der Gesetzesbegründung wird ausgeführt, es solle dem in der **Praxis bestehenden Bedürfnis für eine Zustandsfeststellung** im Zeitpunkt des Abnahmeverlangens nachgekommen werden, wenn es nicht zu einer Abnahme komme, weil die Parteien Differenzen über die Abnahmereife des Werks hätten. Dies erleichtere in einem späteren Prozess die Sachaufklärung und schaffe eine Dokumentation des bestehenden Zustandes, insbesondere wenn der Besteller das Werk ohne Abnahme in Benutzung genommen habe und sich damit Abgrenzungsschwierigkeiten dahingehend ergäben, ob später festgestellte Abweichungen von der vereinbarten Beschaffenheit Mängel an der Leistung des Unternehmers darstellten oder infolge der Nutzung durch den Besteller eingetreten seien.[278] Die in § 650g BGB vom Besteller geforderte Mitwirkung an einer gemeinsamen Zustandsfeststellung folgt der vom BGH entwickelten beiderseitigen Pflicht zur Kooperation der Vertragsparteien.[279]

145 Der Bundesrat[280] hatte für den Verbraucherbauvertrag vorgeschlagen, dass der Unternehmer dem Verbraucher unverzüglich nach Fertigstellung eine Schlussrechnung in Textform zu übergeben habe Diese sei übersichtlich aufzustellen und müsse die zum Nachweis von Art und Umfang erforderlichen Nachweise enthalten. Die Neuregelung

---

[274] Vgl. Kapellmann/Messerschmidt/*Merkens* VOB B § 4 Rn. 227 mwN. für die Zustandsfeststellung nach § 4 Abs. 10 VOB/B.
[275] BGH Urt. v. 18.12.1980 – VII ZR 41/80, NJW 1981, 814; Beschl. v. 14.6.2007 – VII ZR 230/06, NZBau 2007, 637 Rn. 7.
[276] S. → § 632a Abs. 1 S. 4 aF.
[277] S. → § 3 Rn. 10 ff.
[278] Gesetzentwurf der Bundesregierung, BT-Drs. 18/8486, 59.
[279] BGH Urt. v. 28.10.1999 – VII ZR 393/98, NJW 2000, 807; BGH Urt. v. 22.5.2003 – VII ZR 143/02, NJW 2003, 2678 zum gemeinsamen Aufmaß.
[280] Stellungnahme des Bundesrates zum Gesetzentwurf der Bundesregierung, BT-Drs. 18/8486, 92, Nr. 26.

in § 650g Abs. 4 BGB geht darüber hinaus und greift einen Vorschlag der Arbeitsgruppe Bauvertragsrecht[281] auf, die **Vorlage einer prüffähigen Schlussrechnung neben der Abnahme als weitere Fälligkeitsvoraussetzung** für den Vergütungsanspruch des Unternehmers aufzustellen. Damit soll dem Bedürfnis der Praxis nach einer prüffähigen Schlussrechnung, die es dem Besteller ermöglicht, nachvollziehen, inwieweit die in Rechnung gestellte Forderung berechtigt ist, nachgekommen werden.

3. Umsetzung in § 650g BGB

a) Verweigerung der Abnahme unter Angabe von Mängeln, § 650g Abs. 1 BGB

§ 650g BGB **ergänzt die Neuregelung zur fiktiven Abnahme in § 640 Abs. 2 BGB**[282] und gewährt dem Unternehmer die Möglichkeit, auf die Verweigerung der Abnahme durch den Besteller zu reagieren. Zeigt der Besteller nach einem Abnahmeverlangen gemäß § 640 Abs. 2 BGB keine Reaktion bzw. verweigert er die Abnahme nicht innerhalb der ihm vom Unternehmer gesetzten angemessenen Frist „unter Angabe mindestens eines Mangels", gilt das Werk gemäß § 640 Abs. 2 S. 1 BGB als abgenommen. Daran schließt § 650g Abs. 1 S. 1 BGB an, wobei davon auszugehen ist, dass die in § 640 Abs. 2 S. 1 BGB vorgenommene Anpassung, wonach die Abnahme vom Besteller nicht, wie im Gesetzentwurf der Bundesregierung vorgesehen war, „unter Angabe von Mängeln",[283] sondern „unter Angabe mindestens eines Mangels"[284] verweigert werden muss, lediglich nicht als notwendige Folgeänderung in § 650g Abs. 1 S. 1 BGB übernommen wurde, aber es dennoch auch im Rahmen von § 650g Abs. 1 S. 1 BGB **ausreicht, wenn der Besteller die Verweigerung der Abnahme mit einem Mangel begründet**.

b) Gemeinsame Feststellung des Zustands des Werks, § 650g Abs. 1 BGB

Der Unternehmer kann im Fall einer Verweigerung der Abnahme durch den Besteller gemäß § 640 Abs. 2 BGB verlangen, dass der Besteller an einer gemeinsamen Feststellung des Zustands des Werks mitwirkt. Hierzu hat der Unternehmer gemäß § 650g Abs. 2 BGB entweder mit dem Besteller einen Termin zu vereinbaren oder – wenn der Besteller die Terminvereinbarung blockiert – innerhalb einer angemessenen Frist einen Termin zu bestimmten. Die Zustandsfeststellung dient lediglich der **Dokumentation des Zustands des Werks zum Zeitpunkt des Abnahmeverlangens** und der Vermeidung von späterem Streit zwischen den Vertragsparteien über den zu diesem Zeitpunkt bestehenden Zustand des Werks. Sie hat weder Wirkungen der Abnahme noch führt sie ansonsten zu Ausschlusswirkungen.[285] Die Mitwirkung des Bestellers ist nach der Gesetzesbegründung als **Obliegenheit** ausgestaltet,[286] dh sie erfolgt im eigenen Interesse des Bestellers, vorliegend, um zu vermeiden, dass der Unternehmer unter den Voraussetzungen des § 650g Abs. 2 BGB eine einseitige Zustandsfeststellung mit den Rechtsfolgen des § 650g Abs. 3 BGB vornimmt.

---

[281] Abschlussbericht der Arbeitsgruppe Bauvertragsrecht beim Bundesministerium der Justiz, 45 ff.
[282] Gesetzentwurf der Bundesregierung, BT-Drs. 18/8486, 59.
[283] Gesetzentwurf der Bundesregierung, BT-Drs. 18/8486, 12.
[284] Beschlussempfehlung und Bericht des Ausschusses für Recht und Verbraucherschutz zu dem Gesetzentwurf der Bundesregierung, BT-Drs. 18/11437, 47.
[285] Gesetzentwurf der Bundesregierung, BT-Drs. 18/8486, 59.
[286] Gesetzentwurf der Bundesregierung, BT-Drs. 18/8486, 59.

148 § 650g Abs. 1 S. 2 BGB definiert die **formellen Anforderungen an die gemeinsame Zustandsfeststellung.** Sie soll[287] mit dem Datum der Anfertigung versehen werden und ist von beiden Vertragsparteien zu unterzeichnen. Können sich die Parteien **nicht über den festzustellenden Zustand einigen,** kann der Unternehmer nach der Gesetzesbegründung[288] nicht eine einseitige Zustandsfeststellung nach § 650c Abs. 2 BGB vornehmen, sondern die Parteien werden in diesem Fall darauf verwiesen, den Zustand des Werkes im Rahmen eines Selbständigen Beweisverfahrens durch einen gerichtlich bestellten Sachverständigen feststellen zu lassen. Diese Folge wird in der Praxis nicht selten vorkommen, da Ausgangspunkt der Zustandsfeststellung eine Verweigerung der Abnahme durch den Besteller ist, dh zwischen den Parteien besteht kein Einvernehmen über den Zustand bzw. die Abnahmereife des Werks. Man wird vor dem Hintergrund, dass die gemeinsame Zustandsfeststellung auf dem Kooperationsgebot der Parteien basiert,[289] die Frage, ob Einigkeit zwischen den Parteien über den festzustellenden Zustand besteht, dergestalt **differenzieren** müssen, dass der Zustand, über den Einigkeit besteht, gemeinsam fixiert wird und dass der Zustand, über den die Parteien nicht einig sind, ebenfalls festgehalten wird, um so die Streitpunkte zu reduzieren und den Umfang eines eventuellen Selbständigen Beweisverfahrens einzugrenzen.[290]

c) Einseitige Zustandsfeststellung durch den Unternehmer, § 650g Abs. 2 BGB

149 Bleibt der Besteller dem vereinbarten oder dem vom Unternehmer bestimmten Termin fern, kann der Unternehmer die **Zustandsfeststellung auch einseitig** vornehmen. Dies **gilt** gemäß § 650g Abs. 2 S. 2 BGB jedoch **nicht,** wenn der Besteller dem Termin infolge eines Umstandes, den er nicht zu vertreten hat, fernbleibt und er dem Unternehmer diesen Umstand unverzüglich mitgeteilt hat. Nach der Gesetzesbegründung[291] soll erreicht werden, dass sich die Parteien über den Termin zur Zustandsfeststellung ebenso austauschen wie über eventuelle Hinderungsgründe des Bestellers und ob diese vom Besteller zu vertreten sind. Dem Unternehmer kommen also die Rechtsfolgen einer einseitigen Zustandsfeststellung nach § 650g Abs. 3 BGB nur zugute, wenn der Besteller dem Termin „unentschuldigt" iSv § 650g Abs. 2 S. 2 BGB fernbleibt. Dadurch kann die Zustandsfeststellung vom Besteller zumindest verzögert werden.

150 Gemäß § 650g Abs. 2 S. 3 BGB hat der Unternehmer die einseitige Zustandsfeststellung mit dem Datum der Anfertigung zu versehen, sie zu unterschreiben und dem Besteller eine Abschrift zur Verfügung zu stellen. Damit sollen nachträgliche Änderungen der Zustandsfeststellung verhindert werden und dafür gesorgt werden, dass der **Besteller Kenntnis vom Inhalt der Zustandsfeststellung** erlangt.[292]

151 Die Frage der Tragung der **Kosten der Parteien für die Zustandsfeststellung** regelt § 650g BGB nicht. Die Gesetzesbegründung[293] führt hierzu aus, da die Zustandsfeststellung im Interesse beider Parteien liege, habe jede Partei die ihr entstehenden Kosten selbst zu tragen. Etwas anderes solle gelten, soweit die Voraussetzungen für einen

---

[287] Ist die Angabe des Tages der Anfertigung der gemeinsamen Zustandsfeststellung nicht erfolgt, treten wegen der Ausgestaltung als „Soll-Vorschrift" die Rechtsfolgen des § 650g Abs. 3 BGB dennoch ein (Gesetzentwurf der Bundesregierung, BT-Drs. 18/8486, 60).
[288] Gesetzentwurf der Bundesregierung, BT-Drs. 18/8486, 60.
[289] S. → § 2 Rn. 144.
[290] Vgl. hierzu die Regelung in § 12 Abs. 4 Satz 4 VOB/B.
[291] Gesetzentwurf der Bundesregierung, BT-Drs. 18/8486, 59.
[292] Gesetzentwurf der Bundesregierung, BT-Drs. 18/8486, 60.
[293] Gesetzentwurf der Bundesregierung, BT-Drs. 18/8486, 60.

Schadensersatzanspruch (§ 280 Abs. 1 BGB) vorlägen, zB wenn der Unternehmer den Besteller trotz offensichtlich wesentlicher Mängel zur Abnahme auffordere.

d) Rechtsfolgen der Zustandsfeststellung, § 650g Abs. 3 BGB

Die Neuregelung definiert die Rechtsfolgen einer Zustandsfeststellung **nicht mit einer Umkehr der Beweislast** dahingehend, dass die Partei, die sich auf einen von der Zustandsfeststellung nach § 650g Abs. 1 oder 2 BGB abweichenden Zustand beruft, diesen beweisen muss,[294] sondern es wird eine erheblich abgeschwächte Beweisregel getroffen, die sowohl für die gemeinsame als auch die einseitige Zustandsfeststellung gilt und die voraussetzt, dass das Werk dem Besteller „verschafft" wurde. An die Zustandsfeststellung wird eine **Vermutung** geknüpft, die den Unternehmer davon entlasten soll, für Mängel des Werks einstehen zu müssen, die letztlich nicht von ihm verursacht sein können.[295]

152

Die Gesetzesbegründung führt hierzu aus, der Unternehmer müsse, wenn die Abnahme vom Besteller verweigert werde und er das Werk dennoch in Benutzung nehme, aufgrund der **Gefahrtragungsregelung** des § 644 Abs. 1 BGB Schäden, die durch den Besteller verursacht worden seien, dennoch beseitigen, wenn er nicht nachweisen könne, dass sie vom Besteller zu vertreten seien. Dieses **Risiko** werde durch § 650g Abs. 3 BGB **eingeschränkt**. Habe eine Zustandsfeststellung nach § 650g Abs. 1 oder 2 BGB stattgefunden und sei das Werk dem Besteller verschafft worden, gelte die Vermutung, dass ein offenkundiger Mangel, der in der Zustandsfeststellung nicht angegeben sei, nach der Zustandsfeststellung entstanden und vom Besteller zu vertreten sei. Damit könnten dem Besteller auch durch Dritte verursachte Schäden zugerechnet werden, wenn er die Vermutung nicht erschüttern könne. Die Vermutung sei nach § 650g Abs. 3 S. 2 BGB entkräftet, wenn der Mangel „*seiner Art nach nicht vom Besteller verursacht worden sein*" könne.[296]

153

Unter der Voraussetzung, dass die Vorgaben für die Zustandsfeststellung nach § 650g Abs. 1 oder 2 BGB – mit Ausnahme der Datumsangabe bei der gemeinsamen Zustandsfeststellung[297] – eingehalten sind und das Werk dem Besteller verschafft wurde, wird nach der Gesetzesbegründung sowohl die **Gefahrtragung als auch die Beweislast** zugunsten des Unternehmers **trotz fehlender Abnahme teilweise auf den Besteller verlagert**. Dies erfolgt dadurch, dass zu Lasten des Bestellers vermutet wird, dass ein offenkundiger Mangel, der in der Zustandsfeststellung nicht aufgeführt ist, zum Zeitpunkt der Zustandsfeststellung nicht vorhanden war, sondern nachträglich entstanden und vom Besteller zu vertreten ist. Dies kann der Besteller nur abwenden, wenn er die Vermutungswirkung erschüttert, nach der Neuregelung va dadurch, dass der Mangel seiner Art nach nicht vom Besteller verursacht worden sein kann, was zB bei Materialfehlern oder einer von der Planung abweichenden Ausführung in Betracht kommt.[298]

154

Ob ein **Mangel offenkundig** ist, soll sich danach richten, ob er bei der Zustandsfeststellung „*ohne weiteres hätte entdeckt werden müssen*", wobei bei der Auslegung des Begriffes die jeweilige Fachkunde des Bestellers zu berücksichtigen sei.[299] Dies lässt Auslegungsspielräume in mehrere Richtungen zu, zum einen hinsichtlich der Offenkundigkeit im Zusammenhang mit der Frage, ob der Mangel bei der Zustandsfeststel-

155

---

[294] Anders in § 648a Abs. 4 BGB.
[295] Gesetzentwurf der Bundesregierung, BT-Drs. 18/8486, 60.
[296] Gesetzentwurf der Bundesregierung, BT-Drs. 18/8486, 60.
[297] Soll-Vorschrift in § 650g Abs. 2 S. 2 BGB.
[298] Gesetzentwurf der Bundesregierung, BT-Drs. 18/8486, 60.
[299] Gesetzentwurf der Bundesregierung, BT-Drs. 18/8486, 60.

lung hätte „*entdeckt*" werden müssen, zum anderen im Hinblick auf die beim Besteller vorliegende Fachkunde. Man könnte eine Parallele zum Umfang der gemäß **§ 4 Abs. 3 VOB/B** bzw. **§ 242 BGB**[300] bestehenden **Prüfungspflicht** des Unternehmers ziehen. Auch dort wird darauf abgestellt, wie offenkundig ein Mangel ist[301] und in welchem Umfang Fachkunde auf Seiten des Bestellers[302] vorhanden ist. Das Abstellen in der Gesetzesbegründung darauf, ob der Mangel bei der Zustandsfeststellung hätte „*entdeckt*" werden können, legt – in Abgrenzung dazu, ob ein Mangel lediglich „erkennbar" war – nahe, dass im Rahmen der Zustandsfeststellung **nicht nur eine oberflächliche Besichtigung des Werks** vorgenommen wird, sondern eine **eingehende Begutachtung und Prüfung des Werks**. Dies entspricht auch dem Zweck einer Feststellung des Zustandes, der darin besteht, einen Zustand detailliert festzuhalten, um spätere Beweisschwierigkeiten zu vermeiden.[303]

e) Schlussrechnung, § 650g Abs. 4 BGB

156 § 650g Abs. 4 S. 1 BGB macht die **Fälligkeit der Vergütung** davon abhängig, dass der Besteller das Werk **abgenommen** hat oder die Abnahme gemäß § 641 Abs. 2 BGB entbehrlich ist **und** dass der Unternehmer dem Besteller eine **prüffähige Schlussrechnung** erteilt hat. Da der Bedarf einer Schlussrechnung auch erforderlich ist, wenn die Abnahme nicht erfolgt oder entbehrlich ist, zB bei Vorliegen eines Abrechnungsverhältnisses,[304] ist davon auszugehen, dass diese Anforderungen auch hierfür gelten bzw. dass dies von der Rechtsprechung entwickelt werden wird.

157 Nach § 650g Abs. 4 S. 2 BGB ist die Schlussrechnung „*prüffähig, wenn sie eine übersichtliche Aufstellung der erbrachten Leistungen enthält und für den Besteller nachvollziehbar ist.*" Diese Formulierung weicht sowohl von § 632a Abs. 1 S. 5 BGB als auch von § 14 Abs. 1 VOB/B ab. Die Gesetzesbegründung[305] führt hierzu aus, dass in Form einer „*Generalklausel*" die Prüffähigkeit dahingehend beschrieben werde, dass diese „*übersichtlich*" und **für den Besteller** „*nachvollziehbar*" sein müsse. Eine detailliertere Regelung komme nicht in Betracht, da die Anforderungen an die Prüffähigkeit abhängig von der Art und der Komplexität des Auftrages unterschiedlich seien. Bei Einheitspreisverträgen sei eine Aufstellung, aus der sich die abgerechnete Menge ergebe, erforderlich. Dabei seien – abhängig von Art und Umfang der erbrachten Leistungen – Belege, wie Mengenberechnungen und Zeichnungen beizufügen. Die Anforderungen an die Prüffähigkeit der Schlussrechnung hat der BGH mehrfach spezifiziert und ausgeführt, diese seien vom Einzelfall, dabei von den Besonderheiten der Vertragsgestaltung und dessen Durchführung und von den Kenntnissen des Bestellers und seiner Hilfspersonen abhängig. Maßgeblich seien die „*Informations- und Kontrollinteressen*" des Bestellers, diese bestimmten und begrenzten den Umfang der Differenzierung der für die Prüfung erforderlichen Angaben. Der Besteller müsse in die Lage versetzt werden, sie in der „*gebotenen Weise zu überprüfen*".[306] Insoweit wird man diese, vom BGH für die Prüffähigkeit aufgestellten Anforderungen auf die Neuregelung anwenden können.

---

[300] S. → § 2 Rn. 40.
[301] Vgl. nur OLG Bamberg Urt. v. 10.6.2002 – 4 U 170/01, IBR 2003, 13.
[302] Vgl. nur OLG Celle Urt. v. 23.3.2011 – 14 U 89/09, IBR 2012, 580.
[303] Vgl. § 4 Abs. 10 VOB/B, der eine „Prüfung und Feststellung" vorsieht.
[304] BGH Urt. v. 16.9.1999 – VII ZR 456/98, NJW 1999, 3710; Urt. v. 20.4.2000 – VII ZR 164/99, NJW 2000, 2997 (2998); Urt. v. 16.5.2002 VII ZR 479/00, NJW 2002, 3019.
[305] Beschlussempfehlung und Bericht des Ausschusses für Recht und Verbraucherschutz zu dem Gesetzentwurf der Bundesregierung, BT-Drs. 18/11437, 49.
[306] Vgl. nur BGH Urt. v. 26.10.2000 – VII ZR 99/99, NJW 2001, 521.

158 Die Schlussrechnung **gilt** gemäß § 650g Abs. 2 S. 3 BGB **als prüffähig**, wenn der Besteller nicht innerhalb von **30 Tagen** nach dem Zugang der Schlussrechnung *„begründete Einwendungen"* gegen ihre Prüffähigkeit erhoben hat. Damit soll eine *„längere Unsicherheit zwischen den Parteien"*[307] über die Frage der Prüffähigkeit der Schlussrechnung vermieden werden. Der Besteller soll sich dabei nicht nur pauschal auf die fehlende Prüffähigkeit berufen können, sondern aus den Einwendungen soll für den Unternehmer erkennbar sein, welche Rechnungsposten aus welchen Gründen vom Besteller beanstandet werden. Damit wird die Rechtsprechung des BGH,[308] wonach sich der Besteller nach Treu und Glauben nicht auf die fehlende Prüffähigkeit der Schlussrechnung berufen kann, wenn er nicht innerhalb angemessener Frist[309] gegenüber dem Unternehmer rügt, welche Teile der Schlussrechnung aus welchen Gründen der Prüffähigkeit entgegenstehen, wie in § 16 Abs. 3 S. 3 VOB/B,[310] umgesetzt. **Nach Fristablauf findet die Sachprüfung statt,** ob die in Rechnung gestellte Forderung berechtigt ist, wobei der Besteller die Berechtigung der Forderung uneingeschränkt in Frage stellen kann, auch mit Gründen, die gleichzeitig die fehlende Prüffähigkeit belegen.[311]

f) Auswirkungen der Neuregelung auf die VOB/B

159 Da die fiktive Abnahme nach § 640 Abs. 1 S. 3 BGB aF auch auf den VOB/B-Bauvertrag Anwendung fand,[312] ist davon auszugehen, dass auch die **fiktive Abnahme nach § 640 Abs. 2 BGB** sowie die diese Regelung ergänzende Regelung gemäß § 650g Abs. 1–3 BGB auf den Bauvertrag auf der Grundlage der VOB/B Anwendung finden. Auf die **fiktive Abnahme nach § 12 Abs. 5 VOB/B** wird § 650g Abs. 1–3 BGB wohl nicht anzuwenden sein, da die Voraussetzungen gemäß § 650g Abs. 1 S. 1 Hs. 1 BGB nicht erfüllt sind.

160 Die Neuregelung in § 650g Abs. 4 BGB führt, da eine prüffähige Schlussrechnung auch beim Bauvertrag nach der VOB/B Fälligkeitsvoraussetzung ist, **nicht** zu einer **AGB-rechtlichen Problematik.**

g) Kritik an der Neuregelung

161 Die Rechtsfolgen einer Zustandsfeststellung bei Verweigerung der Abnahme sind als **zu zurückhaltend** anzusehen. Es wäre angezeigt, gewesen, wie bei § 648a Abs. 4 S. 2 BGB, eine Umkehr der Beweislast zu statuieren, dies zumindest für eine gemeinsame Feststellung des Zustandes. Daneben hätte man, wenn der Besteller das Werk nutzt, auch einen **Gefahrübergang** in Erwägung ziehen müssen, da der Besteller in diesem Fall dem Risiko von Beeinträchtigungen durch Dritte näher steht als der Unternehmer und dieses besser beherrschen kann.[313]

---

[307] Beschlussempfehlung und Bericht des Ausschusses für Recht und Verbraucherschutz zu dem Gesetzentwurf der Bundesregierung, BT-Drs. 18/11437, 49.
[308] BGH Urt. v. 27.11.2003 – VII ZR 288/02, NJW-RR 2004, 445 (447f.) für den Architektenvertrag; Urt. v. 23.9.2004 – VII ZR 173/03, NJW-RR 2005, 167 (168) für den VOB/B-Bauvertrag.
[309] Diese wurde im Hinblick auf die Prüffrist der Schlussrechnung nach § 16 Nr. 3 Abs. 2 VOB/B, Fassung 2002 mit zwei Monaten seit Zugang der Schlussrechnung angenommen (BGH Urt. v. 27.11.2003 – VII ZR 288/02, NJW-RR 2004, 445 (448); Urt. v. 23.9.2004 – VII ZR 173/03, NJW-RR 2005, 167 (168)).
[310] Seit der Fassung 2006.
[311] BGH Urt. v. 27.11.2003 – VII ZR 288/02, NJW-RR 2004, 445 (447); Urt. v. 23.9.2004 – VII ZR 173/03, NJW-RR 2005, 167 (168).
[312] Palandt/*Sprau* BGB § 640 Rn. 14.
[313] Diesen Umstand führt die Gesetzesbegründung (Gesetzentwurf der Bundesregierung, BT-Drs. 18/8486, 60) als Argument für die Vermutungswirkung des § 650g Abs. 3 BGB an.

162 Dass eine prüffähige Schlussrechnung Voraussetzung für die Fälligkeit der entsprechenden Forderung ist, kann ähnlich wie beim VOB/B-Bauvertrag in der ersten Instanz dazu führen, dass die **Anforderungen an die Prüffähigkeit überspannt** werden und eine Klage des Unternehmers als derzeit unbegründet abgewiesen wird. Der Unternehmer muss dann die Schlussrechnung prüfbar machen und erneut klagen. Ist eine prüffähige Schlussrechnung dagegen nicht Fälligkeitsvoraussetzung, ist die Schlussrechnungsforderung auch ohne prüffähige Rechnung fällig, der Besteller gerät jedoch nicht in Verzug mit ihrer Zahlung und schuldet keine Verzugszinsen, wenn er ohne Schlussrechnung die berechtigte Forderung nicht ermitteln kann.[314]

VIII. Schriftform der Kündigung, § 650h BGB

1. Ausgangslage

163 Die Kündigung des Werkvertrages nach § 649 BGB aF[315] war bisher ebenso wie die Kündigung nach § 314 BGB aF **formfrei** möglich.

2. Reformansatz

164 Eine Kündigung, die regelmäßig erhebliche negative Folgen hat, soll zum einen **nicht übereilt** ausgesprochen werden, zum anderen dient ein Formerfordernis der **Rechtssicherheit und der Beweisbarkeit**.[316] Daher sieht § 650h BGB vor, dass die Kündigung des Bauvertrages schriftlich zu erfolgen hat.

3. Umsetzung in § 650h BGB

a) Schriftformerfordernis, § 650h BGB

165 Jede Kündigung des Bauvertrages, dh sowohl die freie Kündigung nach § 648 BGB als auch die Kündigung aus wichtigem Grund nach § 648a BGB, ist – wie die Kündigung eines Mietverhältnisses (§ 568 BGB) oder eines Arbeitsverhältnisses (§ 623 BGB) – **schriftlich (§ 126 BGB)** auszusprechen. Dabei führt die Gesetzesbegründung[317] aus, die Textform (§ 126b BGB) reiche nicht aus, um den angestrebten Schutzzweck, Erreichung von Rechtssicherheit und Beweisbarkeit sowie Schutz vor Übereilung und vor später bereuten, spontanen Handlungen, zu erreichen. Die gesetzlich vorgeschriebene Schriftform kann gemäß § 126 Abs. 3 BGB durch die elektronische Form (§ 126a BGB) ersetzt werden, nicht aber durch die Textform (§ 126b BGB), dh mit einer **einfachen E-Mail** ist dem Formerfordernis **nicht** Genüge getan. Wird die gesetzlich vorgeschriebene Schriftform nicht eingehalten, ist die Kündigung nach § 125 BGB **unwirksam**. In besonderen Ausnahmefällen kann das **Berufen auf die Formnichtigkeit gegen Treu und Glauben verstoßen,** wobei hieran jedoch strenge Anforderungen zu stellen sind.[318] Die Nichtigkeitsfolge muss mit Treu und Glauben unvereinbar sein, wobei es nicht ausreicht, dass die Nichtigkeit einen Vertragsteil hart trifft, sondern das Ergebnis muss schlechthin untragbar sein. Die Rechtsprechung hat dabei zwei Fallgruppen anerkannt: zum einen die Fälle der Existenzgefährdung des einen Teils und die Fälle einer beson-

---

[314] Vgl. Kniffka/Koeble/*Kniffka* 5. Teil Rn. 217 mwN.
[315] Palandt/*Sprau* BGB § 649 Rn. 2.
[316] Gesetzentwurf der Bundesregierung, BT-Drs. 18/8486, 61.
[317] Gesetzentwurf der Bundesregierung, BT-Drs. 18/8486, 61.
[318] Palandt/*Ellenberger* BGB § 125 Rn. 22 ff.

ders schweren Treupflichtverletzung des anderen Teils.[319] Lässt der Kündigungsempfänger die unter Nichteinhaltung des Schriftformerfordernisses ausgesprochene Kündigung gegen sich gelten, zB wenn der Unternehmer die Baustelle räumt, kann darin der **konkludente Abschluss einer einvernehmlichen Vertragsaufhebung** gesehen werden,[320] was aber voraussetzt, dass der Kündigungsempfänger ein Erklärungsbewusstsein dahingehend hat, eine entsprechende rechtsgeschäftliche Erklärung abzugeben.[321]

b) Auswirkungen der Neuregelung auf die VOB/B

Nach § 8 Abs. 5 und § 9 Abs. 2 S. 1 VOB/B ist die Kündigung schriftlich zu erklären. Da es sich um eine **durch Rechtsgeschäft vereinbarte Form** handelt, kann auf Ihre Einhaltung nachträglich einvernehmlich, dies auch konkludent, verzichtet werden.[322] Da die durch Gesetz vorgeschriebene Schriftform andere Rechtsfolgen als die durch Rechtsgeschäft vereinbarte Schriftform nach sich zieht, können § 8 Abs. 5 und § 9 Abs. 2 S. 1 VOB/B – abhängig vom Verwender – AGB-rechtlich kritisch anzusehen sein.

c) Kritik an der Neuregelung

Die gesetzlich vorgeschriebene Schriftform erlaubt es nicht, dass die Kündigung per E-Mail erklärt wird. Dies kann, va im Zusammenhang mit einer Kündigung aus wichtigem Grund (§ 648a BGB),[323] zu Problemen führen, da ggf. die Kündigung **unter Einhaltung der Form nachgeholt** werden muss. Liegen dann die Voraussetzungen des § 648a BGB nicht mehr vor, kann eine ggf. nachgeholte, unter Einhaltung der Schriftform ausgesprochene Kündigung aus materiellen Gründen unwirksam sein, zB, wenn zum Zeitpunkt der nachgeholten Kündigung der wichtige Grund nicht mehr besteht oder wenn zu diesem Zeitpunkt die angemessene Frist nach Erlangung der Kenntnis des Kündigungsgrundes gemäß § 648a Abs. 3 iVm § 314 Abs. 3 BGB abgelaufen ist.[324]

IX. Nicht umgesetzter Regelungsbedarf

Die für den Bauvertrag getroffenen Regelungen erschöpfen sich im wesentlichen darin, dass der Besteller das Recht erhält, Änderungen des Vertrages durchzusetzen. Als „Äquivalent" wird dem Unternehmer ein Vergütungsanspruch, der va rasche Liquidität sichert, gewährt. Die weiteren Regelungen der Zustandsfeststellung, der Schlussrechnung und der Schriftform für die Kündigung sind nicht von der ausschlaggebenden Relevanz. Unabhängig davon, dass die **Vorschriften der §§ 650b–650d BGB erhebliche Schwächen** aufweisen[325] und auch die Rechtsfolgen der Zustandsfeststellung in § 650g BGB[326] nicht weitreichend genug sind, wurde der bestehende weitere Regelungsbedarf nicht umgesetzt. So werden der in der Praxis sehr wichtige Bereich der „Bauzeit" und die damit im Zusammenhang stehenden Ansprüche mit keinem Wort erwähnt, ebenso wenig die Frage, welche Rechte dem Besteller bei nicht vertragsgerechten bzw. **mangel-**

---

[319] Vgl. BGH Urt. v. 10.10.1986 – V ZR 247/85, NJW 1987, 1069 (1070) mwN.
[320] Vgl. *Langen* NZBau 2015, 658 (667).
[321] Vgl. für den Fall der formnichtigen Kündigung eines Mietverhältnisses. BeckOK BGB/*Wöstmann*, 1.2.2017, § 568 Rn. 14.
[322] Palandt/*Ellenberger* BGB § 125 Rn. 19.
[323] S. → § 3 Rn. 33.
[324] Vgl. *Orlowski* ZfBR 2016, 419 (429); *Langen* NZBau 2015, 658 (667).
[325] S. → § 2 Rn. 93, 130, 139 f.
[326] S. → § 2 Rn. 161.

haften Leistungen vor der Abnahme³²⁷ zustehen.³²⁸ Auch hätte eine an der Praxis orientierte Neubewertung der **Höhe der Sicherheit im Rahmen von § 650f BGB** vorgenommen werden müssen. Es ließen sich weitere Beispiele (zB der funktionale Herstellungsbegriff oder die Prüfungs- und Hinweispflicht) anführen, die einer Regelung hätten zugeführt werden können oder müssen. Daher ist die Neuregelung leider nicht als „großer Wurf" anzusehen und es bleibt abzuwarten, ob sich die neuen Vorschriften in der Praxis bewähren.

---

³²⁷ Vgl. auch Abschlussbericht der Arbeitsgruppe Bauvertragsrecht beim Bundesministerium der Justiz, 41.
³²⁸ Vgl. nur BGH Urt. v. 19.1.2017 – VII ZR 301/13, NJW 2017, 1604; Urt. v. 19.1.2017 – VII ZR 235/15, NJW 2017, 1607.

§ 3 Allgemeine Vorschriften

I. Abschlagszahlungen, § 632a BGB

1. Ausgangslage

§ 632a Abs. 1 S. 1 BGB aF[1] sieht vor, dass der Unternehmer vom Besteller für eine *„vertragsgemäß erbrachte Leistung eine Abschlagszahlung in der Höhe verlangen kann, in der der Besteller durch die Leistung einen Wertzuwachs erlangt hat."* Die Gesetzesbegründung führt hierzu aus, die Regelung sei in mehrfacher Hinsicht problematisch. So sei die **Ermittlung des Wertzuwachses schwer** vorzunehmen und häufig Anlass für Streitigkeiten der Parteien, die oftmals nur durch sachverständige Hilfe geklärt werden könnten.[2] Dabei ist jedoch darauf hinzuweisen, dass bereits nach der bisherigen Regelung im Regelfall vom Vertragswert der Leistung ausgegangen wurde und insoweit keine davon unabhängige Ermittlung des Wertzuwachses erfolgte.[3]

1

Des weiteren können nach der bisherigen Regelung Abschlagszahlungen nur für **vertragsgemäß** erbrachte Leistungen verlangt werden, wobei gemäß § 632a Abs. 1 S. 2 BGB aF die Abschlagszahlung wegen unwesentlicher Mängel nicht verweigert werden kann. Damit kann der Besteller die Abschlagszahlung bei Vorliegen **wesentlicher Mängel in Gänze verweigern,** während er bei unwesentlichen Mängeln gemäß § 632a Abs. 1 S. 3 BGB aF die Einrede des nicht erfüllten Vertrages gemäß §§ 320 Abs. 1, 641 Abs. 3 BGB geltend machen kann.[4] Auch diese Regelung erweist sich in der Praxis als problematisch, zum einen wegen der Differenzierung, ob ein wesentlicher oder ein unwesentlicher Mangel vorliegt, und der damit verbundenen Folge, dass der vorleistungspflichtige Unternehmer bei Streitigkeiten über die Frage der Wesentlichkeit nicht zeitnah Abschlagszahlungen für die erbrachte Leistung erhält, zum anderen, weil die Verpflichtung des Unternehmers zur Übergabe eines mangelfreien Werkes erst zum Zeitpunkt der Abnahme besteht.[5]

2

2. Reformansatz

Die Neuregelung will dem vorleistenden Unternehmer die Möglichkeit verschaffen, zeitnah Abschlagszahlungen für die erbrachten Leistungen zu erlangen. Hierzu soll die **Berechnung der Höhe der Abschlagszahlung** *„unkompliziert"* vorgenommen werden können und dem Besteller soll die *„einfachere Überprüfung"* der Berechnung ermöglicht werden.[6] Grundlage für die Berechnung solle daher der Wert der vom Unternehmer *„erbrachten und nach dem Vertrag geschuldeten Leistungen"* sein. Daneben soll der Besteller die Abschlagszahlung wegen wesentlicher Mängel nicht mehr insgesamt verweigern können, sondern in diesem Fall soll er lediglich einen angemessenen Teil der Abschlagszahlung einbehalten dürfen.

3

---

[1] § 632a BGB wurde durch das Gesetz zur Beschleunigung fälliger Zahlungen vom 30.3.2000, BGBl. I 2000, 330 eingeführt und durch das Forderungssicherungsgesetz vom 23.10.2008, BGBl. I 2008, 2022 in die derzeit noch gültige Fassung geändert.
[2] Vgl. Gesetzentwurf der Bundesregierung, BT-Drs. 18/8486, 46 f.
[3] Palandt/*Sprau* BGB § 632a Rn. 9.
[4] Palandt/*Sprau* BGB § 632a Rn. 7.
[5] Gesetzentwurf der Bundesregierung, BT-Drs. 18/8486, 47.
[6] Gesetzentwurf der Bundesregierung, BT-Drs. 18/8486, 47.

3. Umsetzung in § 632a BGB

a) Wert der erbrachten und nach dem Vertrag geschuldeten Leistung, § 632a Abs. 1 S. 1 BGB

4   Die Neuregelung stellt nicht mehr auf den Wertzuwachs, sondern auf den **Wert der vom Unternehmer** *„erbrachten und nach dem Vertrag geschuldeten Leistungen"* ab. Diese Formulierung entspricht § 16 Abs. 1 S. 1 VOB/B, wonach Abschlagszahlungen *„in Höhe des Wertes der jeweils nachgewiesenen vertragsgemäßen Leistungen"* zu gewähren sind. Die Gesetzesbegründung gibt ausdrücklich an, mit der Änderung solle *„ein – weitgehender – Gleichlauf"*[7] der Vorschrift des BGB mit der Regelung der VOB/B hergestellt werden. Insoweit ist der Wert der erbrachten Leistung beim **Einheitspreisvertrag** durch Multiplikation der ausgeführten Menge mit dem vereinbarten Einheitspreis zu berechnen und beim **Pauschalpreisvertrag** ist ausgehend von der vereinbarten Pauschale zu ermitteln, welcher Anteil der Pauschale der erbrachten Leistung entspricht. Da dies bei nicht hinreichender Aufschlüsselung der Pauschale in Einheitspreise Schwierigkeiten bereiten kann, werden in der Praxis häufig Zahlungspläne vereinbart, in denen bestimmte Leistungsstände mit entsprechenden Prozentsätzen oder Beträgen aus der Pauschale bewertet werden.[8]

b) Nicht vertragsgemäße Leistungen, § 632a Abs. 1 S. 2 und 4 BGB

5   Bestehen – wesentliche oder unwesentliche – Mängel an der Leistung, ist der Besteller berechtigt, die **Zahlung in Höhe eines** *„angemessenen Teils des Abschlags"* zu verweigern. Dabei gilt gemäß § 632a Abs. 1 S. 4 BGB die Regelung des § 641 Abs. 3 BGB entsprechend. Damit erhält der Unternehmer, wie beim Bauvertrag auf der Grundlage der VOB/B, auch bei Vorliegen von wesentlichen Mängeln eine Abschlagszahlung, der Besteller kann jedoch die *„Zahlung eines angemessenen Teils der Vergütung verweigern"*, wobei *„in der Regel das Doppelte der für die Beseitigung des Mangels erforderlichen Kosten"* als *„angemessen"* zu betrachten ist (§ 641 Abs. 3 BGB). Die Auffassung, dass auch der in Bausachen unkundige Besteller den Einbehalt praktikabel dadurch ermitteln könne, dass er sich an den jeweiligen Ansätzen für die Leistung in der Kalkulation orientiere,[9] ist unzutreffend, da die kalkulierten Preise für die Leistung regelmäßig nicht mit den Beseitigungskosten korrespondieren, va wenn es sich um einfach zu beseitigende oder um äußerst aufwendig, ggf. nur mit Eingriffen in die Leistung eines Drittunternehmers zu beseitigende Mängel handelt. Nach der Gesetzesbegründung[10] sei es widersprüchlich, dass die Mängelrechte der §§ 634 ff. BGB einerseits an die im Werkvertragsrecht als zentral anzusehende Abnahme geknüpft seien[11] und der Unternehmer dem Besteller erst zu diesem Zeitpunkt ein mangelfreies Werk übergeben müsse, andererseits der Besteller aber berechtigt sei, bei wesentlichen Mängeln die Abschlagszahlung insgesamt zu verweigern.

---

[7] Gesetzentwurf der Bundesregierung, BT-Drs. 18/8486, 47.
[8] Vgl. Ingenstau/Korbion/*Locher* VOB B § 16 Abs. 1 Rn. 16.
[9] Gesetzentwurf der Bundesregierung, BT-Drs. 18/8486, 47.
[10] Gesetzentwurf der Bundesregierung, BT-Drs. 18/8486, 47.
[11] Vgl. nur BGH Urt. v. 19.1.2017 – VII ZR 301/13, NJW 2017, 1604; Urt. v. 19.1.2017 – VII ZR 235/15, NJW 2017, 1607.

c) Beweislast für die vertragsgemäße Leistung, § 632a Abs. 1 S. 3 BGB

Mit § 632a Abs. 1 S. 3 BGB wird „*klargestellt*",[12] dass sich durch das Leisten von Abschlagszahlungen nicht die Beweislast für die Vertragsgemäßheit der Leistung ändert.[13] Diese bleibt bis zur Abnahme beim Unternehmer.

d) Folgeänderungen

Die bisherigen Regelungen zu Abschlagszahlungen beim Bauträgervertrag und die Regelungen zur Absicherung des Verbrauchers (§ 632a Abs. 2 und 3 BGB aF) finden sich nun in § 650v bzw. § 650m BGB. Der bisherige Absatz 4 wird zu Absatz 2 und die Formulierung wird darauf angepasst, dass er nur noch für die Sicherheit nach § 632a Abs. 1 S. 6 BGB gilt.

e) Auswirkungen der Neuregelung auf die VOB/B

Da sich die Neuregelung an der VOB/B orientiert und einen **weitgehenden Gleichlauf** zu § 16 Abs. 1 Nr. 1 VOB/B herstellt, ergeben sich keine AGB-rechtlichen Problemstellungen für die Regelungen der VOB/B

f) Kritik an der Neuregelung

Die Neuregelung erleichtert die Berechnung der Höhe der Abschläge und verzichtet auf die **nicht sachgerechte Differenzierung zwischen wesentlichen und nicht wesentlichen Mängeln** und der damit verbundenen Rechtsfolge, dass der Besteller die Abschlagszahlung bei wesentlichen Mängeln insgesamt verweigern kann. Insoweit ist die Neuregelung zu begrüßen.

II. Abnahme, § 640 BGB

1. Ausgangslage

§ 640 Abs. 1 S. 3 BGB aF[14] regelt die sog. „fingierte" oder „fiktive" Abnahme, die eingreift, „*wenn der Besteller das Werk nicht innerhalb einer ihm vom Unternehmer bestimmten angemessenen Frist abnimmt, obwohl er dazu verpflichtet ist*". Die Wirkungen der Abnahme treten damit ein, wenn der Besteller ein zum Zeitpunkt der Fristsetzung[15] **abnahmereifes Werk** nicht innerhalb einer ihm gesetzten angemessenen Frist abnimmt. Verweigert der Besteller die Abnahme, muss er nicht angeben, wegen welcher Mängel die Verweigerung erfolgt. Insoweit kann der Besteller auch noch wesentliche Mängel nachschieben.[16] Voraussetzung dafür, dass die fiktive Abnahme unabhängig vom Willen des Bestellers[17] eintritt, ist demgemäß die Abnahmereife und der Ablauf einer angemessenen Frist,[18] so dass eine unberechtigte Verweigerung der Abnahme durch

---

[12] Gesetzentwurf der Bundesregierung, BT-Drs. 18/8486, 47.
[13] Vgl. § 16 Abs. 1 Nr. 4 VOB/B.
[14] Eingeführt durch das Gesetz zur Beschleunigung fälliger Zahlungen vom 30.3.2000, BGBl I 2000, 330.
[15] Messerschmidt/Voit/*Messerschmidt* § 640 Rn. 192.
[16] Kniffka/Koeble/*Kniffka* 4. Teil Rn. 5.
[17] Messerschmidt/Voit/*Messerschmidt* § 640 Rn. 189.
[18] MüKoBGB/*Busche* § 640 Rn. 26.

den Besteller die fiktive Abnahme nicht hindert.[19] Beweispflichtig dafür, dass das Werk abnahmereif, dh vertragsmäßig hergestellt bzw. im wesentlichen fertiggestellt und frei von wesentlichen Mängeln (§ 640 Abs. 1 S. 1 und 2 BGB) ist,[20] ist auch bei der fiktiven Abnahme der Unternehmer.[21] Eine Fristsetzung ist ausnahmsweise entbehrlich, wenn der Besteller die Abnahme vorab ernsthaft und endgültig verweigert hat.[22]

2. Reformansatz

11 In der Gesetzesbegründung[23] wird angeführt, die Regelung habe in der Praxis Schwächen gezeigt, da bei Differenzen über die Abnahmereife häufig erst nach einem längeren Gerichtsverfahren habe geklärt werden können, ob zum Zeitpunkt des Abnahmeverlangens tatsächlich wesentliche Mängel, die den Besteller zur Verweigerung der Abnahme berechtigt hätten, vorgelegen hätten. Daher solle die fiktive Abnahme als wichtiges Instrument zur Herbeiführung der Abnahmewirkungen bei einer zu Unrecht erfolgten Abnahmeverweigerung durch den Besteller erhalten bleiben, aber sie solle effizienter gestaltet werden. Dies solle dadurch erreicht werden, dass der **Besteller die Abnahme zukünftig unter** *„Angabe mindestens eines Mangels"*[24] verweigern müsse, um der Abnahmefiktion entgegenzuwirken. Eine Unterscheidung zwischen wesentlichen und unwesentlichen Mängeln solle nicht vorgenommen werden, da diese Abgrenzung im Einzelfall schwierig und häufig erst in einem gerichtlichen Verfahren geklärt werden könne. Dadurch entstehe frühzeitig Klarheit darüber, ob die Wirkungen der Abnahme durch die Abnahmefiktion eingetreten seien oder nicht.

3. Umsetzung in § 640 Abs. 2 BGB

a) Frist zur Abnahme, § 640 Abs. 2 S. 1 Hs. 1 BGB

12 Die fiktive Abnahme, die nunmehr in § 640 Abs. 2 BGB geregelt ist, setzt voraus, dass der Unternehmer dem Besteller *„nach Fertigstellung des Werks eine angemessene Frist zur Abnahme gesetzt hat"*. Dadurch dass die Frist erst *„nach Fertigstellung"* gesetzt werden kann, soll vermieden werden, dass der Unternehmer den Besteller zu früh zur Abnahme des Werks auffordert und dadurch rechtmissbräuchlich das Instrument der fiktiven Abnahme zum Einsatz bringt.[25] *„Fertigstellung"* liege vor, wenn das Werk *„nach der vertraglichen Vereinbarung der Parteien als „fertig" anzusehen"* sei. Dies wiederum setze voraus, dass die vertraglichen Leistungen *„abgearbeitet beziehungsweise erbracht"* seien, wobei das **Vorliegen von Mängeln – gleich ob wesentlich oder unwesentlich – unerheblich** sei. Der Begriff der *„Fertigstellung"* unterscheide sich dabei von dem der *„vollständigen Fertigstellung"* in § 3 Abs. 3 S. 2 Nr. 2 MaBV, der Abnahmereife des Werks voraussetze, da sämtliche Arbeiten erbracht und alle wesentlichen Mängel beseitigt sein müssten.[26]

---

[19] Die Gesetzesbegründung (Gesetzentwurf der Bundesregierung, BT-Drs. 18/8486, 48) führt dagegen aus, die Fiktion greife nicht, wenn der Besteller die Abnahme ohne Angabe von Gründen bzw. der von ihm beanstandeten Mängel verweigere.
[20] Messerschmidt/Voit/*Messerschmidt* § 640 Rn. 189.
[21] BeckOK BGB/*Voit*, 1.2.2017, § 640 Rn. 31.
[22] BGH Urt. v. 8.11.2007 – VII ZR 183/05, NZBau 2008, 109 Rn. 29; Messerschmidt/Voit/*Messerschmidt* § 640 Rn. 198; BeckOK BGB/*Voit*, 1.2.2017, § 640 Rn. 32; aA Palandt/*Sprau* BGB § 640 Rn. 10.
[23] Gesetzentwurf der Bundesregierung, BT-Drs. 18/8486, 48.
[24] S. → § 3 Rn. 14.
[25] Gesetzentwurf der Bundesregierung, BT-Drs. 18/8486, 49.
[26] Gesetzentwurf der Bundesregierung, BT-Drs. 18/8486, 49.

b) Angemessene Frist, § 640 Abs. 2 S. 1 Hs. 1 BGB

Die Angemessenheit der vom Unternehmer zu setzenden Frist richtet sich danach, ob der Besteller binnen dieser Frist das Werk nach seiner konkreten Beschaffenheit unter gewöhnlichen Verhältnissen abnehmen kann. Für **Bauwerke** gibt § 12 Abs. 5 Nr. 1 VOB/B einen Anhaltspunkt dafür, dass **12 Werktage** angemessen sind.[27] Wird vom Unternehmer eine unangemessene Frist gesetzt, ist diese nicht wirkungslos, sondern sie setzt eine angemessene Frist in Lauf.[28]

c) Verweigerung der Abnahme unter Angabe mindestens eines Mangels, § 640 Abs. 2 S. 1 Hs. 2 BGB

Der Besteller muss innerhalb der gesetzten angemessenen Frist die Abnahme *„unter Angabe mindestens eines Mangels"* verweigern, um die Fiktion der Abnahme zu zerstören. Der Gesetzentwurf der Bundesregierung[29] sah noch vor, dass der Besteller die Abnahme *„unter Angabe von Mängeln"* verweigern musste. In der Beschlussempfehlung[30] wird dagegen angegeben, es solle mit der Formulierung *„unter Angabe **mindestens eines Mangels**"* deutlicher zum Ausdruck gebracht werden, dass es für den Nichteintritt der Fiktion ausreiche, wenn nur ein einziger Mangel bei der Verweigerung der Abnahme benannt werde.

Die Fiktionswirkung kann damit abgewehrt werden, wenn der Besteller innerhalb der gesetzten angemessenen Frist die Abnahme verweigert und mindestens einen Mangel benennt. Unerheblich ist, ob der Mangel tatsächlich besteht und ob es sich um einen wesentlichen Mangel handelt oder nicht. Begründet wird dies damit, dass man Klarheit darüber schaffen wolle, ob die Fiktion der Abnahme eingetreten sei oder nicht. Eine Differenzierung zwischen wesentlichen und unwesentlichen Mängeln sei im Einzelfall schwierig und könne häufig erst in einem gerichtlichen Verfahren geklärt werden. Es könne allerdings rechtsmissbräuchlich sein, wenn der Besteller *„offensichtlich nicht bestehende oder eindeutig unwesentliche Mängel"* anführe.[31] Die **Fiktion tritt daher nur ein**, wenn sich der Besteller innerhalb der Frist **gar nicht äußert** oder wenn er die Verweigerung **ohne Benennung mindestens eines Mangels** erklärt. Allein in diesem Fall greift die Fiktionswirkung, selbst wenn tatsächlich wesentliche Mängel vorliegen.[32]

Für die Benennung des Mangels ist es ausreichend, wenn der Besteller mitteilt, wo das Werk aus seiner Sicht nicht der vereinbarten Beschaffenheit entspricht. Gibt der Besteller dabei mindestens einen Mangel an und zerstört somit die Fiktionswirkung, kann er später **weitere Mängel**, die er zunächst nicht angeführt hat, **nachschieben.** Diese Mängel sind dennoch bei der anschließenden Bewertung der Abnahmereife zu berücksichtigen,[33] dh in einem späteren Prozess um die Berechtigung der Abnahmeverweigerung kann der Besteller weitere, von ihm bei der Verweigerung nicht benannte Mängel angeben und diese sind bei der Bewertung der Abnahmereife einzubeziehen.

---

[27] Palandt/*Sprau* BGB § 640 Rn. 10.
[28] Palandt/*Sprau* BGB § 640 Rn. 10.
[29] BT-Drs. 18/8486, 12, 48.
[30] Beschlussempfehlung und Bericht des Ausschusses für Recht und Verbraucherschutz zu dem Gesetzentwurf der Bundesregierung, BT-Drs. 18/11437, 47.
[31] Gesetzentwurf der Bundesregierung, BT-Drs. 18/8486, 48.
[32] Gesetzentwurf der Bundesregierung, BT-Drs. 18/8486, 48.
[33] Gesetzentwurf der Bundesregierung, BT-Drs. 18/8486, 48.

d) Besteller ist Verbraucher, § 640 Abs. 2 S. 2 BGB

17 Ist der **Besteller ein Verbraucher**, so muss ihn der Unternehmer in Textform zusammen mit der Aufforderung zur Abnahme über die Rechtsfolgen einer nicht erklärten oder *„ohne Angabe von Mängeln"* verweigerten Abnahme **hinweisen**. Erfolgt dieser Hinweis nicht, tritt die fiktive Abnahme nicht ein. Zudem kann von § 640 Abs. 2 S. 2 BGB gemäß § 650o BGB nicht zum Nachteil des Verbrauchers abgewichen werden.

e) Folgeänderung, § 640 Abs. 3 BGB

18 Der bisherige Abs. 2 wird nun inhaltsgleich Abs. 3. Damit bleibt die Rechtslage bezüglich der Abnahme in positiver Kenntnis eines Mangels auch in der Neuregelung bestehen. Der Besteller verliert die **Mängelrechte nach § 634 Nr. 1 bis 3 BGB** nur bei der Abnahme nach § 640 Abs. 1 S. 1 BGB, **nicht jedoch bei der fiktiven Abnahme** nach § 640 Abs. 2 BGB. Zudem verbleibt es dabei,[34] dass der Rechtsverlust nur die Mängelrechte nach § 634 Nr. 1 bis 3 BGB umfasst, nicht aber den Anspruch auf Schadensersatz nach § 634 Nr. 4 BGB.[35]

f) Auswirkungen der Neuregelung auf die VOB/B

19 Da die fiktive Abnahme gemäß § 640 Abs. 1 S. 3 BGB aF auch auf den VOB/B-Bauvertrag Anwendung findet,[36] ist davon auszugehen, dass auch die **fiktive Abnahme nach § 640 Abs. 2 BGB** für den Bauvertrag auf der Grundlage der VOB/B gilt. Da die **fiktive Abnahme nach § 12 Abs. 5 VOB/B** bereits jetzt, wenn der Unternehmer Verwender ist, als **AGB-widrig** angesehen wird,[37] und die Neuregelung wie § 640 Abs. 1 S. 2 BGB aF eine Fristsetzung und nicht lediglich eine Fertigstellungsmitteilung fordert, führt die Neuregelung zu keiner positiveren AGB-rechtlichen Betrachtung.

g) Kritik an der Neuregelung

20 Die gewünschte Effizienzsteigerung wird sich mit der Neuregelung wohl nicht einstellen. Denn der **Besteller kann der Abnahmefiktion sehr leicht entgegentreten**, indem er die Abnahme unter Angabe eines Mangels verweigert. Da es unerheblich ist, ob der Mangel tatsächlich vorliegt und ob er wesentlich ist oder nicht, wird der Besteller im Vergleich zur Regelung des § 640 Abs. 1 S. 2 BGB aF besser gestellt. Er muss nur innerhalb der Frist die Abnahme verweigern und einen Mangel angeben, während die Abnahmefiktion nach noch geltendem Recht eintritt, wenn Abnahmereife tatsächlich vorliegt, so dass eine unberechtigte Abnahmeverweigerung durch den Besteller die Abnahmefiktion nicht hindert. Zudem kann der Besteller auch **in der Verweigerung nicht benannte Mängel nachschieben**. Dem Unternehmer ist anzuraten, bei einem Bauvertrag eine **Zustandsfeststellung nach § 650g BGB** zu verlangen, um wenigstens die dort geregelten Rechtsfolgen greifen lassen zu können. Zudem kann der Unternehmer durch das Angebot des Werkes bzw. die Fristsetzung den Annahmeverzug herbeiführen, so dass nach § 644 Abs. 1 S. 1 BGB die Gefahr auf den Besteller übergeht und er kann unter den Voraussetzungen des § 286 BGB den Besteller in Schuldnerverzug setzen.[38]

---

[34] Vgl. *Orlowski* ZfBR 2016, 419 (421 f.).
[35] Vgl. OLG Schleswig Urt. v. 18.12.2015 – 1 U 125/14, NJW 2016, 1744, wonach dem Besteller nur noch der Anspruch auf Ersatz des Mangelfolgeschadens zustehe.
[36] Palandt/*Sprau* BGB § 640 Rn. 14.
[37] Vgl. Beck'scher Kommentar VOB/B/*Bröker* § 12 Abs. 5 Rn. 4.
[38] MüKoBGB/*Busche* § 640 Rn. 27.

III. Kündigung aus wichtigem Grund, § 648a BGB

1. Ausgangslage

Bisher wird die Kündigung des Werkvertrages aus wichtigem Grund für zulässig erachtet, wenn der Unternehmer seine Vertragspflichten derart verletzt, dass das **Vertrauensverhältnis nachhaltig gestört** oder die Erreichung des Vertragszwecks gefährdet ist. Das Kündigungsrecht könne dabei zwar **nicht direkt auf § 314 BGB** gestützt werden, da diese Regelung nur für Dauerschuldverhältnisse gelte, es sei aber richterrechtlich anerkannt.[39] Zum Teil wird das Kündigungsrecht für den Bauvertrag auch auf eine entsprechende Anwendung von § 314 BGB gestützt, da dieser auf eine längere Zusammenarbeit angelegt sei.[40]

21

2. Reformansatz

Durch die Neuregelung soll das **Kündigungsrecht aus wichtigem Grund für alle Werkverträge** normiert werden, da es hierfür Regelungsbedarf gebe. Denn beim BGB-Vertrag bestehe in der Praxis Rechtsunsicherheit, aus welchen Gründen eine außerordentliche Kündigung ausgesprochen werden könne, da das Kündigungsrecht auf Richterrecht basiere. Dabei werde **keine Normierung einzelner Kündigungstatbestände** wie in §§ 8 und 9 VOB/B vorgenommen, sondern durch eine **allgemeine Formulierung zum Kündigungsgrund**, die sich an § 314 BGB orientiere, sollten neben den typischen Kündigungsgründen auch besondere Einzelfälle Berücksichtigung finden, selbst wenn damit die erwünschte Rechtssicherheit erst durch eine sich entwickelnde detaillierte Rechtsprechung erreicht werde. Durch die Anknüpfung an § 314 BGB und die hierzu ergangene Rechtsprechung werde den Vertragsparteien aber ein *„Zuwachs an Sicherheit"* gegeben.[41]

22

3. Umsetzung in § 648a BGB

a) Geltung für alle Werkverträge

Obgleich die Gesetzesbegründung ausführt, ein Bedürfnis für eine Kündigung aus wichtigem Grund bestehe insbesondere bei Werkverträgen, die auf eine längerfristige Zusammenarbeit angelegt seien, wie den Bauvertrag, den Architektenvertrag oder größere EDV-Verträge, wird keine Beschränkung auf entsprechende Werkverträge vorgenommen, um die Frage, ob eine Kündigung aus wichtigem Grund erklärt werden kann, nicht von *„einem weiteren unbestimmten Rechtsbegriff"*[42] abhängig zu machen. Daher gilt das **Kündigungsrecht nach § 648a BGB für alle Werkverträge**. Kleinere, schneller abzuwickelnde Werkverträge sollen jedoch insoweit aus dem Anwendungsbereich fallen, als eine Unzumutbarkeit der Fortsetzung des Vertragsverhältnisses bei derartigen Werkverträgen häufig nicht angenommen wird.

23

b) Wichtiger Grund, § 648a Abs. 1 S. 2 BGB

Beide Vertragsparteien können den Vertrag aus wichtigem Grund ohne Einhaltung einer Kündigungsfrist kündigen, wobei ein wichtiger Grund vorliegt, *„wenn dem kün-*

24

---

[39] Vgl. BGH Urt. v. 7.4.2016 – VII ZR 56/15, NJW 2016, 1945 Rn. 40 mwN.
[40] Vgl. OLG Nürnberg Urt. v. 29.12.2011 – 13 U 967/11, IBR 2014, 472.
[41] Gesetzentwurf der Bundesregierung, BT-Drs. 18/8486, 49 f.
[42] Gesetzentwurf der Bundesregierung, BT-Drs. 18/8486, 51.

digenden Teil unter Berücksichtigung aller Umstände des Einzelfalls und unter Abwägung der beiderseitigen Interessen die Fortsetzung des Vertragsverhältnisses bis zur Fertigstellung des Werks nicht zugemutet werden kann". Die Formulierung orientiert sich an § 314 BGB und weicht nur dadurch ab, dass dem kündigenden Teil die Fortsetzung des Vertragsverhältnisses *"bis zur vereinbarten Beendigung oder bis zum Ablauf einer Kündigungsfrist nicht zugemutet werden kann"*. Diese Abweichung ist insoweit erklärbar, als § 314 BGB die Kündigung von Dauerschuldverhältnissen behandelt. Insoweit kann auf die **Rechtsprechung zu § 314 BGB zurückgegriffen** werden.[43]

25 Da die Neuregelung besondere Einzelfälle berücksichtigen will und es ausdrücklich ablehnt, typische Kündigungsgründe aufzuführen, ist auch kein spezieller Kündigungstatbestand für den Fall der **Insolvenz des Unternehmers** vorgesehen, obgleich in der Gesetzesbegründung zutreffend ausgeführt wird, dass die Insolvenz des Unternehmers in der Praxis häufig einen wichtigen Grund für die Beendigung des Werkvertrages bedeute. Dennoch wird dem Besteller für den Fall der Insolvenz **kein generelles Kündigungsrecht** gewährt, sondern es soll der *"Vielgestaltigkeit der Lebensverhältnisse"* Rechnung getragen werden. Obgleich die Leistungsfähigkeit und Zuverlässigkeit des Unternehmers für den Besteller eines Bauvertrages von wesentlicher Bedeutung sei und sich der Unternehmer durch die Insolvenz gerade nicht von dieser Seite zeige, müsse auch Berücksichtigung finden, dass der Insolvenzverwalter bei guten Sanierungschancen die Risiken für den Besteller gering halten und dem Besteller und dem Geschäftsverkehr zeigen wolle, dass die Geschäftstätigkeit möglichst störungsfrei fortgeführt werden solle. Insoweit sei die Frage, ob die Fortsetzung des Vertrages für den Besteller zumutbar sei, insbesondere davon abhängig, ob eine zeitnahe Erklärung des Verwalters zur Fortsetzung des Vertrages abgegeben werde und durch geeignete Unterlagen, zB ein Sanierungsgutachten, belegt werde, dass er dazu in der Lage sei. Als unzumutbar wird dagegen die Fortsetzung des Vertrages angesehen, wenn der Unternehmer seinen Geschäftsbetrieb bereits eingestellt habe und die Arbeiter nicht mehr auf der Baustelle erschienen.[44]

c) Teilkündigung, § 648a Abs. 2 BGB

26 Gemäß § 648a Abs. 2 BGB kann die Kündigung auf einen *"abgrenzbaren Teil des geschuldeten Werks"* begrenzt werden. Damit wird bewusst **nicht auf die Voraussetzung einer Teilkündigung nach § 8 Abs. 3 Nr. 1 S. 2 VOB/B**, wonach die Teilkündigung nur auf *"einen in sich abgeschlossenen Teil der vertraglichen Leistung"* bezogen werden kann, abgestellt. Denn diese Anforderung ist nach der Rechtsprechung des BGH[45] regelmäßig nicht für Leistungsteile innerhalb eines Gewerkes erfüllt, sondern nur für ein komplettes Gewerk. Erfolgt eine danach unzulässige Teilkündigung durch den Unternehmer, kann dies wiederum den Besteller zur Kündigung aus wichtigem Grund berechtigen.

27 Ein *"abgrenzbarer Teil des geschuldeten Werks"* soll eine *"klare Abgrenzung"* der Leistungen, die von der Teilkündigung erfasst und von einem Drittunternehmen auszuführen sind, von den Leistungen, die nicht von der Teilkündigung betroffen und weiterhin durch den Unternehmer erbracht werden, ermöglichen. Insoweit ist die Abgrenzung auch und va davon abhängig, dass der **Drittunternehmer und der teilgekündigte Unternehmer die jeweiligen Leistungen *"ohne Beeinträchtigung"* erbringen** können.[46]

---

[43] Gesetzentwurf der Bundesregierung, BT-Drs. 18/8486, 50.
[44] Gesetzentwurf der Bundesregierung, BT-Drs. 18/8486, 50.
[45] BGH Urt. v. 20.8.2009 – VII ZR 212/07, ZfBR 2010, 48.
[46] Gesetzentwurf der Bundesregierung, BT-Drs. 18/8486, 51.

III. Kündigung aus wichtigem Grund, § 648a BGB

d) Entsprechende Anwendung des § 314 Abs. 2 und 3, § 648a Abs. 3 BGB

Durch die Verweisung in § 648a Abs. 3 BGB auf § 314 Abs. 2 und 3 BGB ist auch für die Kündigung des Werkvertrages aus wichtigem Grund ggf. eine Fristsetzung zur Abhilfe erforderlich, wobei diese entbehrlich sein kann. Zudem kann die Kündigung nur innerhalb einer angemessenen Frist, nachdem der Berechtigte vom Kündigungsgrund Kenntnis erlangt hat, ausgesprochen werden.

e) Gemeinsame Feststellung des Leistungsstandes, § 648a Abs. 4 BGB

Die Neuregelung sieht vor, dass jede Partei nach der Kündigung von der anderen Partei die **Mitwirkung an einer gemeinsamen Leistungsfeststellung** fordern kann. Diese dient ausdrücklich nur der „*quantitativen Bewertung*"[47] der bis zur Kündigung erbrachten Leistung und entfaltet nicht die Wirkungen der Abnahme. Die Leistungsfeststellung soll späteren Streit über den Leistungsstand zum Zeitpunkt der Kündigung vermeiden. Verweigert eine Vertragspartei die Mitwirkung oder bleibt sie unentschuldigt einem vereinbarten oder einem von der anderen Vertragspartei innerhalb einer angemessenen Frist bestimmten Termin fern, trifft sie die **Beweislast für den zum Zeitpunkt der Kündigung bestehenden Leistungsstand**. Diese Regelung orientiert sich an § 8 Abs. 7 VOB/B, der ein gemeinsames Aufmaß nach einer Kündigung des Unternehmers nach § 8 VOB/B vorsieht, sowie der Rechtsprechung des BGH[48] zur Umkehr der Beweislast, wenn der Besteller einem Termin zum gemeinsamen Aufmaß fernbleibt und eine Überprüfung des einseitig vom Unternehmer genommenen Aufmaßes nicht mehr möglich ist.

Da die Kündigung des Vertrages nicht die Abnahme der bis zu diesem Zeitpunkt erbrachten Leistung bedeutet, muss der Unternehmer, um die Wirkungen der Abnahme herbeizuführen, die Abnahme der bis zur Kündigung erbrachten Leistung verlangen.[49] Ist diese abnahmereif erbracht, hat er einen **Anspruch auf Abnahme**. Verweigert der Besteller die Abnahme gemäß § 640 Abs. 2 BGB, kann der Unternehmer eine Zustandsfeststellung nach § 650g BGB verlangen.

f) Vergütung für die erbrachte Leistung, § 648a Abs. 5 BGB

Nach der Kündigung hat der Unternehmer einen Anspruch auf **Vergütung für die bis zur Kündigung erbrachte Leistung**. Anspruch auf Vergütung für die erbrachte Leistung hat der Unternehmer sowohl, wenn er die Kündigung aus wichtigem Grund zu vertreten hat,[50] als auch, wenn der Besteller die Kündigung aus wichtigem Grund zu vertreten hat.[51] Ein entsprechender Anspruch besteht nur dann nicht, wenn die Leistung so schwerwiegende Mängel aufweist, dass sie nicht nachbesserungsfähig ist und deshalb für den Besteller wertlos ist.[52]

g) Schadensersatz, § 648a Abs. 6 BGB

Ob und inwieweit der Unternehmer einen Anspruch im Hinblick auf die **nicht erbrachten Leistungen** hat, hängt davon ab, **wer die Kündigung aus wichtigem Grund zu vertreten** hat. Hat der Besteller den wichtigen Grund zu vertreten, kann die Abrech-

---

[47] Gesetzentwurf der Bundesregierung, BT-Drs. 18/8486, 51.
[48] BGH Urt. v. 22.5.2003 – VII ZR 143/02, NJW 2003,, 2678.
[49] BGH Urt. v. 11.5.2006 – VII ZR 146/04, NJW 2006, 2475
[50] BGH Urt. v. 9.3.1995 – VII ZR 23)93, NJW 1995, 1837.
[51] BGH Urt. v. 10.5.1990 – VII ZR 45/89, NJW-RR 1990, 1109 (1110).
[52] BGH Urt. v. 5.6.1997 – VII ZR 124/96, NJW 1997, 3017 (3018); Urt. v. 26.7.2001 – X ZR 162/99, NZBau 2001, 621 (622).

nung nach bisher geltendem Recht nicht auf der Grundlage des § 649 S. 2 bzw. 3 BGB aF vorgenommen werden,[53] sondern der Unternehmer hat gegenüber dem Besteller einen Schadensersatzanspruch aus §§ 280, 281 BGB.[54] Hat der Unternehmer den wichtigen Grund zu vertreten, steht ihm für die nicht erbrachte Leistung kein Anspruch gegenüber dem Besteller zu. Vielmehr hat der Besteller Ansprüche auf Ersatz der Mehrkosten der Fertigstellung aus §§ 280, 281 BGB.[55] In der Neuregelung wird für die Kündigung aus wichtigem Grund insgesamt geregelt, dass die Berechtigung, Schadensersatz zu verlangen, von der Kündigung unberührt bleibt.

h) Schriftformerfordernis für die Kündigung des Bauvertrages, § 650h BGB

33 Da § 650h BGB für die **Kündigung des Bauvertrages Schriftform** vorsieht, ist eine ohne Einhaltung dieser Form ausgesprochene Kündigung des Bauvertrages aus wichtigem Grund nach § 125 BGB **unwirksam**.[56]

i) Auswirkungen der Neuregelung auf die VOB/B

34 Die Kündigung aus wichtigem Grund ist beim VOB/B-Vertrag neben den in der VOB/B geregelten außerordentlichen Kündigungsgründen möglich.[57] Insoweit kann in Betracht kommen, dass in der VOB/B geregelte außerordentliche Kündigungsgründe nicht als wichtiger Grund iSv § 648a Abs. 1 BGB bewertet werden und daher AGB-rechtlich problematisch sind. Dies kommt insbesondere für § 8 Abs. 2 VOB/B in Betracht, da die Gesetzesbegründung die **Insolvenz des Unternehmers** nur abhängig von den jeweiligen Umständen des Einzelfalls als Grund für eine Kündigung aus wichtigem Grund ansieht.[58]

35 Des weiteren kann die **Regelung zur Teilkündigung** in § 8 Abs. 3 Nr. 1 S. 2 VOB/B AGB-kritisch sein, wenn die Zulässigkeit der Teilkündigung gemäß § 648a Abs. 2 BGB als Leitbild für den Bauvertrag anzusehen ist.

j) Kritik an der Neuregelung

36 Die Normierung des Kündigungsrechts aus wichtigem Grund für den Werkvertrag, jedoch insbesondere für den Bauvertrag, ist zu begrüßen. Dies führt zu mehr Rechtssicherheit, die jedoch für den in der Praxis wichtigen Fall der insolvenzbedingten Kündigung durch die Ausführungen in der Gesetzesbegründung[59] sofort wieder eingeschränkt wird. Denn durch die Entscheidung des BGH[60] konnte eine insolvenzbedingte Kündigung rechtssicher ausgesprochen werden, wenn der Unternehmer selbst Antrag auf Eröffnung des Insolvenzverfahrens gestellt hatte. Der BGH hatte – bei Eigenantrag des Unternehmers – § 8 Abs. 2 VOB/B nämlich nicht als Verstoß gegen §§ 103, 119 InsO und auch nicht als unangemessene Benachteiligung des Unternehmers iSv § 307 Abs. 1, 2 BGB angesehen. Dies ist durch die Neuregelung in Frage gestellt und es ist jeweils im Einzelfall zu prüfen, ob auch beim Eigenantrag des Unternehmers tatsächlich ein Grund für eine Kündigung aus wichtigem Grund besteht.

---

[53] BGH Urt. v. 26.7.2001 – X ZR 162/99, NZBau 2001, 621 (622); aA Orlowski, ZfBR 2019, 419 (424) unter Hinweis auf BGH Urt. v. 27.10.1998 – X ZR 116/97, ZfBR 1999, 95 (97).
[54] BGH Urt. v. 29.6.1989 – VII ZR 330/87, NJW-RR 1998, 1248 (1249);
[55] Vgl. BGH Urt. v. 23.6.2005 – VII ZR 197/03, NZBau 2005, 582 (583).
[56] S. hierzu → § 2 Rn. 165.
[57] Ingenstau/Korbion/*Joussen/Vygen* VOB B Vor §§ 8, 9 Rn. 10.
[58] Gesetzentwurf der Bundesregierung, BT-Drs. 18/8486, 50; s. auch → § 3 Rn. 25.
[59] Gesetzentwurf der Bundesregierung, BT-Drs. 18/8486, 50.
[60] BGH Urt. v. 7.4.2016 – VII ZR 56/15, NJW 2016, 1945 Rn. 24 ff. und 44 ff.

§ 4 Architektenvertrag

I. Vertragstypische Pflichten aus Architekten- und Ingenieurverträgen, § 650p BGB

Die Vorschrift führt den Architekten- und Ingenieurvertrag erstmalig als eigenen Vertragstypus in das BGB ein und regelt im Wesentlichen die Hauptleistungspflichten des Architekten oder Ingenieurs (Unternehmer). Hierbei unterscheidet sie zwischen der eigentlichen **Leistungs- bzw. Umsetzungsphase (Absatz 1)** und der dieser Phase zeitlich vorausgehenden **Zielfindungsphase (Absatz 2)**. Die Vorschrift differenziert damit nicht zwischen unterschiedlichen Verträgen, sondern danach, inwieweit der mit dem Vertrag verfolgte Zweck bereits konkretisiert ist. Nach diesem Grad der Konkretisierung richten sich dann die werkvertraglichen Pflichten des Unternehmers. Sind wesentliche Planungs- und Überwachungsziele bereits vertraglich vereinbart, findet Absatz 1 Anwendung, fehlt es jedoch noch an einer solchen Vereinbarung, richten sich die Pflichten des Architekten bzw. Ingenieurs zunächst nach Absatz 2.

1. Entstehungsgeschichte und Ziele des Gesetzgebers

Eine eigenständige gesetzliche Regelung für den Architekten- oder Ingenieurvertrag ließ das BGB bisher vermissen. Mangels einer solchen Spezialregelung musste daher zur rechtlichen Qualifizierung solcher Verträge auf die bereits im BGB geregelten Vertragstypen, hier insbesondere auf das Dienst- und Werkvertragsrecht zurückgegriffen werden. Die genaue Einordnung des Architekten- und Ingenieurvertrags wurde – nicht zuletzt aufgrund der damit einhergehenden unterschiedlichen Rechtsfolgen – kontrovers diskutiert und nicht einheitlich beurteilt.

Mit seiner Entscheidung vom 26.11.1959[1] stellte der BGH klar, dass zumindest solche Verträge, welche sämtliche Architektenleistungen von der Planung bis zur örtlichen Bauaufsicht umfassen, als Werkverträge einzuordnen sind. Mit Urteil vom 22.10.1981[2] ordnete der BGH sodann auch solche Architektenverträge als Werkverträge ein, in welchen der Architekt lediglich die örtliche Bauaufsicht übernimmt, ohne an der Planung selbst beteiligt zu sein.

Obgleich die grundsätzliche Unterstellung des Architekten- und Ingenieurvertrags unter das Werkvertragsrecht in der Rechtsprechung des BGH nunmehr als gefestigt galt, hat diese Einordnung in der Praxis zu Problemen geführt. Insbesondere waren mit der Anwendung des bloßen Werkvertragsrechts für Architekten und Ingenieure in einigen Punkten erhebliche, teilweise unverhältnismäßig belastende Konsequenzen verbunden.[3] Dies gilt insbesondere mit Blick auf den gesamtschuldnerischen Haftungsverbund zwischen Architekten und Bauunternehmern.[4]

Unter anderem vor diesem Hintergrund wurde bereits in dem zwischen der CDU/CSU und der FDP im Jahre 2009 beschlossenen Koalitionsvertrag ein Prüfauftrag aufgenommen, wonach geprüft werden soll, ob und inwieweit ein eigenständiges Bauver-

---

[1] BGH, Urt. v. 26.11.1959, VII ZR 120/58 = NJW 1960, S. 431 ff.
[2] BGH, Urt. v. 22.10.1981, VII ZR 310/79 = NJW 1982, S. 438 ff.
[3] Gesetzentwurf der Bundesregierung, BT-Drs. 18/8486, 66.
[4] Vgl. hierzu *Dammert*, FS Ganten, S. 3 ff.

tragsrecht zur Lösung der bestehenden Probleme im Bereich des Bau- und Werkvertragsrechts geeignet ist.[5]

6   Ergebnis dieser Prüfung war unter anderem die eigenständige Regelung des Architekten- und Ingenieurvertrags als besonderer Vertragstypus. Der Standort der Regelung als Untertitel 2 unter Titel 9 „Werkvertrag und ähnliche Verträge", sowie der in § 650p Abs. 1 BGB vorgenommene Verweis auf die Vorschriften des Kapitels 1 des Untertitels 1 machen jedoch die grundsätzliche Zuordnung zum Werkvertragsrecht deutlich. Soweit in Untertitel 2 keine abweichenden Regelungen getroffen wurden, bleibt daher gemäß § 650p Abs. 1 BGB das allgemeine Werkvertragsrecht anwendbar. Damit stellt sich der Architekten- und Ingenieurvertrag als besondere Ausformung des Werkvertrags dar, welcher teilweise eigenständigen, direkt auf diese Vertragsform zugeschnittenen Regelungen unterliegt. Diese Sonderregelungen, wie beispielsweise das Sonderkündigungsrecht (§ 650q BGB), die Teilabnahme (§ 650r BGB) sowie die „gesamtschuldnerische Haftung"[6] (§ 650s BGB) sollen die vorstehend angesprochenen nachteiligen Konsequenzen des Werkvertragsrechts für Architekten und Ingenieure abmildern bzw. beseitigen.

7   Zwar wäre auch eine Regelung als Dienstvertrag oder Vertrag sui generis denkbar gewesen. Dann würden dem Bauherrn gegenüber dem Architekten aber nicht mehr die verschuldensunabhängigen werkvertraglichen Gewährleistungsrechte zustehen, was politisch nicht gewollt war. Dem Ergebnisbericht der Arbeitsgruppe Bauvertragsrecht – Unterarbeitsgruppe Architektenvertragsrecht – beim Bundesjustizministerium vom 21. November 2011 folgend, wurde der Architekten- und Ingenieurvertrag daher weiterhin als Werkvertrag qualifiziert.

8   Die Neuregelung des Architekten- und Ingenieurvertrags orientiert sich damit grundsätzlich an der durch den BGH vorgenommenen Einordnung als Werkvertrag, versucht jedoch durch Spezialregelungen die daraus folgenden negativen Konsequenzen für Architekten und Ingenieure angemessen zu vermeiden und geht somit den vielfach beschriebenen „Mittelweg".

2. Leistungsphase, § 650p Abs. 1 BGB

9   § 650p BGB regelt die maßgeblichen Vertragspflichten auf Seiten des Architekten bzw. Ingenieurs (Unternehmer) als Auftragnehmer, nicht jedoch die Pflichten auf Seiten des Auftraggebers. Dessen Hauptpflicht – die Zahlung der vereinbarten Vergütung – ergibt sich vielmehr aus der in § 650q BGB vorgenommenen Verweisung auf die Vorschriften des allgemeinen Werkvertragsrechts, hier auf § 631 Abs. 2 2. HS. BGB. Aber auch auf Seite des Unternehmers ist die Normierung der vertraglichen Pflichten in § 631 BGB weiterhin von Bedeutung, da § 650p BGB diese nicht verdrängt, sondern vielmehr konkretisiert und beide Reglungen damit nebeneinander stehen.[7]

a) Anwendungsbereich

10 Eine klare Definition des Architekten- und Ingenieurvertrags enthält die Regelung des § 650p BGB nicht. Sie beschränkt sich vielmehr darauf, die vertragstypischen Pflichten des Unternehmers abstrakt zu beschreiben und im Verhältnis zu § 631 BGB zu konkretisieren. Gleichwohl lassen sich hieraus Rückschlüsse auf den Anwendungsbereich der Vorschrift ziehen.

---

[5] Koalitionsvertrag zwischen CDU, CSU und FDP – 17. Legislaturperiode, 43; zur Entstehungsgeschichte des Gesetzentwurfs vergleiche insbesondere *Dammert* Baurecht 2017, 421 (422).
[6] Genau genommen regelt § 650s BGB nicht die gesamtschuldnerische Haftung.
[7] Vgl. *Motzke* NZBau 2017, 251 (255).

I. Vertragstypische. Pflichten aus Architekten- u. Ingenieurverträgen   11–14 **§ 4**

Ausweislich des Wortlauts wird der Unternehmer durch den Architekten- und Ingenieurvertrag verpflichtet, die Leistungen zu erbringen, die nach dem jeweiligen Stand der Planung und Ausführung des **Bauwerks** oder der **Außenanlage** erforderlich sind, um die zwischen den Parteien vereinbarten **Planungs- und Überwachungsziele** zu erreichen. Hieraus ergibt sich, dass lediglich Leistungen an Bauwerken oder Außenanlagen Vertragsgegenstand des Architekten- und Ingenieurvertrags sein können. Auf Verträge, deren Zweck weder auf die Planung oder Ausführung von Bauwerken, noch von Außenanlagen gerichtet ist, sind die Regelungen des Architekten- und Ingenieurvertrags folglich nicht anwendbar. Insoweit gelten die allgemeinen werkvertraglichen Vorschriften des Untertitels 1.

Unter einem **Bauwerk** wird – ohne dass es auf die sachenrechtliche Einordnung ankäme – eine unbewegliche, durch Verwendung von Arbeit und Material in Verbindung mit dem Erdboden hergestellte Sache verstanden.[8] Aufgrund der Unabhängigkeit von der sachenrechtlichen Einordnung muss die Verbindung des Bauwerks mit dem Erdboden auch keine „feste" im Sinne des § 94 BGB sein. Soweit eine solche feste Verbindung gegeben ist, liegt zwar ein zuverlässiges Indiz für ein Bauwerk vor, gleichwohl genügt aber auch eine lediglich enge Verbindung, welche auf Dauer angelegt ist.[9]

Im Hinblick auf **Leistungen an Außenanlagen** verweist die Gesetzesbegründung auf die durch den BGH vorgenommene Definition[10] des Begriffs der Außenanlage nach § 648a BGB aF. Demnach sind mit Arbeiten an einer Außenanlage solche gemeint, die mit Arbeiten an einem Bauwerk im weitesten Sinne vergleichbar sind. Es sind nicht sämtliche Arbeiten an einem Grundstück erfasst, sondern es muss sich um gestalterische Arbeiten handeln, die der Errichtung der Anlage oder deren Bestand dienen. Folglich ist nicht jede Vereinbarung über Leistungen in Bezug auf Arbeiten an einem Grundstück als Architekten- oder Ingenieurvertrag anzusehen. Es muss sich vielmehr um Leistungen handeln, die auf **gestalterische Arbeiten** gerichtet sind, wie beispielsweise die Planung für die Errichtung oder Umgestaltung eines Gartens, eines Parks, eines Teichs oder eines Dammes. Darauf, ob die Anlage in einem Zusammenhang mit einem Bauwerk steht oder nicht, kommt es nicht an. Planungs- und Überwachungsleistungen zur Einrichtung oder Umgestaltung von Freianlagen im Sinne des § 39 HOAI dürften daher regelmäßig als Architekten- oder Ingenieurverträge anzusehen sein.[11]

Die Bestimmung der vertragstypischen Pflichten in Absatz 1 setzt weiterhin eine Vereinbarung über Planungs- und Überwachungsziele voraus. Da zur Erreichung dieser Ziele notwendigerweise **Planungs- und Überwachungsleistungen** des Unternehmers notwendig sind, kann hieraus geschlussfolgert werden, dass diese Leistungen eine weitere Voraussetzung der Anwendbarkeit des Untertitels 2 darstellen. Hierdurch wird jedoch keine Vermutung begründet, dass der Architekt stets mit allen Leistungen, einschließlich der Objektüberwachung beauftragt ist.[12] Daher fällt auch die bloße Beauftragung mit einer Planung *oder* Überwachung in den Anwendungsbereich der Vorschrift. Soweit der Unternehmer in Bezug auf ein Bauwerk oder eine Außenanlage vertraglich Leistungen schuldet, welche weder Planungs- noch Überwachungsleistungen darstellen, ist der Anwendungsbereich des Untertitels 2 jedoch nicht eröffnet. Auch hier sind dann die allgemeinen werkvertraglichen Regelungen des Untertitels 1 anzuwenden.

---

[8] BGH Urt. v. 20.5.2003 – X ZR 57/02, NZBau 2003, 559.
[9] Kapellmann/Messerschmidt/*Weyer* VOB A/B, § 13, Rn. 135 unter Aufzählung weiterer Beispiele.
[10] BGH Urt. v. 24.2.2005 – VII ZR 6 80/04, NJW-RR 2005, 750.
[11] Gesetzentwurf der Bundesregierung, BT-Drs. 18/8486, 66 f.
[12] *Fuchs* NZBau 2015, 675 (677).

15 Zur Frage, ob es sich bei dem in § 650p BGB genannten Unternehmer zudem um einen Architekten oder Ingenieur mit entsprechender **Qualifikation** handeln oder ob er gar bestimmte berufsrechtliche Anforderungen erfüllen muss, verhält sich die Vorschrift nicht. Die allgemeine Formulierung „Unternehmer" legt nahe, dass ein Architekten- oder Ingenieurvertrag auch dann vorliegen kann, wenn es sich beim Auftragnehmer weder um einen Architekten noch einen Ingenieur im berufsrechtlichen Sinne handelt. Demnach ist davon auszugehen, dass die Einordnung als Architekten- oder Ingenieurvertrag rein leistungsbezogen erfolgt, eine entsprechende Qualifikation des Unternehmers daher nicht notwendig ist.[13]

b) Kein Formerfordernis

16 Wie ein herkömmlicher Werkvertrag kommt auch der Architekten- und Ingenieurvertrag durch Angebot und Annahme zu Stande. Einem besonderen Formerfordernis ist er nicht unterworfen, so dass auch ein konkludenter Vertragsschluss möglich ist.

17 Obwohl im Rahmen des Gesetzgebungsverfahrens die Einführung eines Schriftformerfordernisses diskutiert und teilweise befürwortet wurde, ist hiervon richtigerweise abgesehen worden. Die erhoffte Rechtssicherheit insbesondere eine Abgrenzung zwischen bloßer Akquise und einem bindenden Vertragsschluss ist durch die Einführung eines Schriftformerfordernisses nicht erreichbar. Zudem würde es lediglich weitere Probleme aufwerfen, so beispielsweise die Frage, welche Folgen eine Verletzung des Schriftformerfordernisses für die Parteien hätte.[14]

c) Vertragstypische Pflichten des Unternehmers

18 Gemäß § 650p Abs. 1 BGB ist der Unternehmer verpflichtet, die Leistungen zu erbringen, die nach dem jeweiligen Stand der Planung und Ausführung des Bauwerks oder der Außenanlage erforderlich sind, um die zwischen den Parteien vereinbarten Planungs- und Überwachungsziele zu erreichen. Hiermit werden die **einzelnen Leistungspflichten** des Unternehmers abstrakt, der Sache nach funktional bezogen auf den Leistungserfolg umschrieben. Die Gesamtheit dieser Leistungspflichten ist dann der vom Architekten gemäß § 650q Abs. 1 BGB i.V.m. § 631 BGB geschuldete **Gesamterfolg**. Anders, als oftmals formelhaft umschrieben, besteht dieser nach § 631 BGB geschuldete Erfolg nicht im mangelfreien Entstehenlassen des Bauwerks nach Maßgabe der vereinbarten Planungs- und Überwachungsziele.[15] Diese weit verbreitete Formulierung leidet an mangelnder Trennschärfe. Soweit der Architekt seinen Planungs- und Überwachungspflichten vertragsgemäß nachgekommen ist, das fertiggestellte Bauwerk gleichwohl an einem Mangel leidet, ist es zwar nicht mangelfrei entstanden. Obgleich das „mangelfreie Entstehenlassen" des Bauwerks damit (zunächst) gescheitert ist, ist dem Architekten diesbezüglich keine Pflichtverletzung vorzuwerfen, da er den Gesamterfolg in Form der Planung und Überwachung mangelfrei erbracht hat. Dies macht deutlich, dass der werkvertragliche Leistungserfolg nicht in der Mangelfreiheit des Bauwerks, sondern „lediglich" in der mangelfreien Planung und Überwachung besteht.

19 Ausgangspunkt der Bestimmung des Leistungssolls auf Seiten des Unternehmers sind damit die vereinbarten **Planungs- und Überwachungsziele,** also der vertraglich bestimmte oder zumindest durch Auslegung bestimmbare **Planungserfolg,** welcher wie-

---

[13] *Kniffka,* Vortragsmanuskript, S. 70.
[14] In diesem Sinne auch der Gesetzentwurf der Bundesregierung, BT-Drs. 18/8486, 67.
[15] So aber *Motzke* NZBau 2017, 251 (252).

derum der vereinbarten Beschaffenheit nach § 633 Abs. 2 BGB entspricht. Da die Erreichung dieses Planungserfolges den eigentlichen Zweck des Architekten- und Ingenieurvertrags darstellt, ist nach Absatz 1 auch all jenes geschuldet, was zur Erreichung dieses Zwecks erforderlich ist. An dieser Beschreibung des vertraglichen Leistungssolls wird zweierlei deutlich: Zum einen wird damit zum Ausdruck gebracht, dass Architekten- und Ingenieurverträge typischerweise eine Reihe verschiedener Pflichten umfassen, welche anhand des konkreten Planungs- bzw. Überwachungsziels, also des angestrebten Planungserfolges zu bestimmen sind. Zum anderen macht die Formulierung deutlich, dass zwischen den Planungs- und Überwachungszielen (geschuldeter Planungserfolg) und den einzelnen Planungs- und Leistungsschritten (geschuldeter Leistungsumfang) zu unterscheiden ist.[16] Da der vertraglich geschuldete Planungserfolg freilich „nur" die Summe der hierfür erforderlichen und somit vertraglich geschuldeten Planungs- und Überwachungsleistungen darstellt, liegt in der vertragsgemäßen Erbringung dieser Einzelleistungen gleichzeitig die Herbeiführung des vereinbarten Planungserfolgs. Diese Summation der Einzelleistungen wendet der Gesetzgeber nun spiegelbildlich an, indem er vom vereinbarten Planungserfolg auf die geschuldeten Einzelleistungen schließt. Der Regelung liegt also ein funktionales Verständnis der Einzelleistungen zugrunde. Sie sind nicht Selbstzweck.

Um diese vertraglich geschuldeten Einzelleistungen zu ermitteln, bedarf es folglich zunächst der Bestimmung der vereinbarten Planungs- und Überwachungsziele als **maßgeblichen Bezugspunkt.** Hiernach ist sodann zu bestimmen, welche Leistungen zur Erreichung dieser Ziele erforderlich, mithin durch den Unternehmer geschuldet sind.

Welche Planungs- und Überwachungsziele vereinbart wurden, ergibt sich idealiter ausdrücklich aus der vertraglichen Vereinbarung und ist im Übrigen durch Auslegung zu ermitteln. Um die jeweils geschuldeten Einzelleistungen exakt bestimmen zu können, ist den Vertragsparteien daher eine möglichst konkrete Vereinbarung der Planungs- und Überwachungsziele zu empfehlen.[17] Bei einem Architektenvertrag besteht das vertraglich vereinbarte Ziel regelmäßig in einer fach- und sachgerechten Planung und/oder Bauüberwachung, welche wiederum die Errichtung eines Bauwerks ermöglichen sollen. Ausweislich der in Absatz 1 vorgenommenen Leistungsbeschreibung schuldet der Architekt alle dazu erforderlichen Einzelleistungen. Da diese Einzelleistungen meist sehr umfangreich und komplex ausfallen, finden sich dazu oftmals keine dezidierten vertraglichen Regelungen.

Um den Umfang der geschuldeten Einzelleistungen zu bestimmen, ist zunächst auf den Inhalt des jeweiligen Vertrages abzustellen. Soweit dieser detaillierte Regelungen zu den geschuldeten Einzelleistungen enthält, sind diese bzw. deren Auslegung vorrangig. Wird vertraglich – wie in der Praxis regelmäßig der Fall – eine Bezugnahme auf die **Leistungsbilder** bzw. die zugehörigen einzelnen **Leistungsphasen der HOAI** vorgenommen, können hiernach regelmäßig auch die vertraglich geschuldeten Leistungspflichten bestimmt werden. Insoweit erlangen die Regelungen der HOAI – vermittelt über die vertragliche Bezugnahme – Bedeutung als Auslegungshilfe.[18] Zwar regelt die HOAI nur Maßgaben der Honorarberechnung und stellt damit gerade kein Vertragsrecht,[19] sondern lediglich Preisrecht dar, gleichwohl enthält sie Aussagen dazu, welche Leistungen durch den beauftragten Architekten in den einzelnen Leistungsphasen im Allgemeinen

---

[16] Gesetzentwurf der Bundesregierung, BT-Drs. 18/8486, 66.
[17] *Kalte/Wiesner,* Deutsches Ingenieurblatt 6 – 2017, S. 49 ff.
[18] BGH Urt. v. 26.7.2007 – VII ZR 4205, Rn. 25, BGH BauR 2007, 1762, NZBau 2007, 653.
[19] BGH Urt. v. 26.7.2007 – VII ZR 42/05.

zu erbringen sind. Da es sich gleichwohl lediglich um Preisrecht handelt, vermögen die Vorschriften der HOAI über ihre Bedeutung als Auslegungshilfe hinaus keine unmittelbaren Leistungspflichten zu begründen.[20]

23 Aber auch soweit eine vertragliche Bezugnahme auf Regelungen der HOAI fehlt, kann regelmäßig – zumindest ergänzend – auf die einzelnen Leistungsbilder der HOAI zurückgegriffen werden.[21]

24 Da die erfolgreiche Durchführung eines Architekten- oder Ingenieurvertrags regelmäßig über einen längeren Zeitraum und in verschiedenen, aufeinander aufbauenden Schritten erfolgt, muss bei der Bestimmung der vertraglichen Pflichten des Unternehmers zudem das jeweilige Ausführungsstadium berücksichtigt werden. Dem trägt die Vorschrift durch eine dynamische Betrachtung[22] Rechnung und verpflichtet den Unternehmer nur zur Erbringung solcher Leistungen, die nach dem jeweiligen **Stand der Planung und Ausführung erforderlich** sind. Die Frage, welche Leistungen der Unternehmer zu erbringen hat, ist daher stets vor dem Hintergrund des jeweiligen Ausführungsstadiums des Vertrages zu beantworten. Auch hierbei bieten die Leistungsbilder der HOAI, welche sich nach § 3 Abs. 2 HOAI in unterschiedliche Leistungsphasen gliedern, eine Auslegungshilfe.

25 Am Beispiel der typischen Vollarchitektur für Gebäude erläutert, bedeutet dies, dass die dem Leistungsbild Gebäude und Innenräume nach § 34 Abs. 3 HOAI zu Grunde liegenden Leistungsphasen zur Bestimmung des jeweiligen Planungs- bzw. Ausführungsstadiums herangezogen werden können.

26 Welche Leistungen in der jeweils festgestellten Leistungsphase vertraglich geschuldet sind, kann sodann – soweit sich hierzu keine Einzelheiten aus dem Vertrag ergeben – regelmäßig aus den in den einzelnen Anlagen der HOAI aufgeführten **Grundleistungen** entnommen werden. Die bei der Vollarchitektur eines Gebäudes regelmäßig zu erbringenden Grundleistungen ergeben sich aus der Anlage 10.1 zur HOAI. Hierbei handelt es sich um solche Leistungen, welche der Architekt im Rahmen der ihm übertragenen Aufgaben nach allgemein anerkannter Erfahrung sowohl im Bereich der Planung, als auch dem der Aufsicht im Regelfall zu erbringen hat, um dem vom Bauherrn normalerweise erstrebten Leistungsziel sachgerechter und ordnungsgemäßer Bauherstellung gerecht zu werden.[23] Damit stellen die Grundleistungen der HOAI in der Regel ein Abbild dessen dar, was zur Erreichung des angestrebten Planungserfolgs üblicherweise notwendig ist.[24] Folglich wird auch der mit einer Vollarchitektur beauftragte Architekt im Allgemeinen mindestens diese Grundleistungen zu erbringen haben. Aber auch hierbei ist zu bedenken, dass durch die Regelungen der HOAI zum einen keine Leistungspflichten begründet werden (können) und sie zum anderen lediglich eine Aussage zum **Regelfall** treffen. Im Einzelfall ist es daher auch möglich, dass der vertraglich vereinbarte Planungs- oder Überwachungserfolg ohne die Erbringung sämtlicher in der HOAI aufgeführten Grundleistungen erreicht werden kann. Aber auch der umgekehrte Fall, nämlich dass selbst die Erbringung sämtlicher Grundleistungen zur Erreichung des Planungs- oder Überwachungserfolgs noch nicht ausreicht, ist denkbar. Insofern ist im Einzelfall stets zu prüfen, ob der von der HOAI vorgesehene Regelfall gegeben ist, oder Abweichungen hiervon vorliegen.

---

[20] Locher/Koeble/Frik/*Koeble* § 34 HOAI Rn. 14.
[21] OLG Dresden Urt. v. 15.2.2007 – 9 U 2057/05, Rn. 26; Locher/Koeble/Frik/*Koeble* § 34 HOAI Rn. 17; Kniffka/Koeble, Kompendium des Baurechts, 4. Aufl. 2014, Teil 12, Rn. 351 f.
[22] *Fuchs* NZBau 2015, 675 (677).
[23] Korbion/Mantscheff/Vygen/*Korbion* § 34 HOAI Rn. 40.
[24] Locher/Koeble/Frik/*Koeble* § 34 HOAI Rn. 17.

Bei den ebenfalls in den Anlagen zur HOAI aufgeführten **Besonderen Leistungen** 27
handelt es sich um solche Leistungen, welche im Einzelfall zumindest nach Ansicht der Beteiligten zusätzlich oder alternativ erforderlich sind, weil über den Regelfall hinausgehende Umstände solche Leistungen notwendig machen.[25]

3. Zielfindungsphase, § 650p Abs. 2 BGB

Absatz 2 der Vorschrift regelt die so genannte Zielfindungsphase. Da gemäß Absatz 1 die vertraglich vereinbarten Planungs- und Überwachungsziele Bezugs- und Ausgangspunkt der jeweils geschuldeten Einzelleistungen sind, ist eine Bestimmung dieser Einzelleistungen nicht möglich, soweit es an einer Vereinbarung eben dieser Planungs- und Überwachungsziele als maßgeblichem Referenzmaßstab fehlt. Welche Leistungen der Unternehmer in diesem Fall zu erbringen hat, regelt Absatz 2. Insoweit erfolgt durch die Vorschrift ebenso eine Reduzierung des nach § 631 BGB geschuldeten Werkerfolgs.[26] Dieser reduziert sich im Rahmen der Zielfindungsphase auf die in Absatz 2 normierten Pflichten. Planungsleistungen als solche schuldet der Unternehmer in diesem Vertragsstadium noch nicht. 28

a) Problemstellung und Regelungsziel

Eine in der Praxis vor allem im Bereich der Architektenverträge nicht selten auftretende Konstellation ist der Abschluss eines Architektenvertrages – meist Vollarchitektur – ohne dass der Besteller zu diesem Zeitpunkt bereits eine genaue Vorstellung von dem mit diesem Vertrag zu erreichenden Erfolg, also des zu planenden und später zu errichtenden Bauwerks hat. Vor allem im Bereich der b2c-Verträge begibt sich der Besteller regelmäßig mit nur vagen Vorstellungen zum Architekten und erhofft sich von diesem die Erarbeitung verschiedener Planungsalternativen, um seine Vorstellungen hierauf aufbauend konkretisieren zu können. Worin das nach § 631 Abs. 1 BGB geschuldete Werk genau besteht, ist dabei noch mehr oder weniger offen. In diesem Falle hilft die Regelung des Absatzes 1 nicht weiter, weil das Planungsziel als Referenzmaßstab für die zu erbringenden Leistungen gerade noch nicht feststeht. Dies hat auch der Gesetzgeber erkannt und für diese so genannte **Zielfindungsphase** eine eigene Regelung geschaffen. 29

Diese Regelung ist beispielsweise für solche Fälle gedacht, in denen zwar feststeht, welchen Zweck das zu planende Gebäude haben soll, jedoch noch wesentliche Fragen, wie etwa die Art des Dachs, die Zahl der Geschosse oder ähnliche für die Planung grundlegende Fragen offen sind.[27] 30

Ebenfalls soll mit der Neuregelung der in der Praxis vielfach zu weitgehenden Ausdehnung der **unentgeltlichen Akquise** zulasten des Architekten entgegengewirkt werden.[28] Durch die Einführung einer vertraglichen Pflicht des Architekten oder Ingenieurs an der Ermittlung von Planungs- und Überwachungszielen mitzuwirken, stellt der Gesetzgeber klar, dass zu diesem Zeitpunkt der grundlegenden Konzeption des Bauprojekts durchaus bereits ein Vertrag geschlossen sein kann. Soweit dies der Fall ist, folgt hieraus ein **Vergütungsanspruch des Unternehmers** gemäß §§ 650q Abs. 1, 631 Abs. 1, 632 Abs. 1, 2 BGB i.V.m. den einschlägigen Regelungen der HOAI, soweit es sich um darin aufgeführte Leistungen handelt. Ist dies nicht der Fall, so gilt gemäß § 632 Abs. 2 Alt. 2 BGB die übliche Vergütung als vereinbart. 31

---

[25] Korbion/Mantscheff/Vygen/*Korbion* § 34 HOAI Rn. 41.
[26] Vgl. *Motzke* NZBau 2017, S. 251 (252).
[27] Gesetzentwurf der Bundesregierung, BT-Drs. 18/8486, 67.
[28] Gesetzentwurf der Bundesregierung, BT-Drs. 18/8486, 67.

32 Zudem trägt die durch Abs. 2 vorgenommene Leistungsbeschreibung zur Abgrenzung einer Änderungsanordnung gemäß §§ 650q Abs. 1, 650b BGB bei. Während Letztere gemäß § 650q Abs. 2 BGB zu einer Mehr-oder Mindervergütung führt, ist die Erstellung der Planungsgrundlage gerade Bestandteil der Leistungspflichten des Unternehmers während der Zielfindungsphase und als solche nicht gesondert zu vergüten.

33 Dass ein in diesem frühen Stadium abgeschlossener Vertrag über eine Vollarchitektur mangels hinreichender **Bestimmtheit** auch nicht zwingend unwirksam ist, hat der BGH mit Urteil vom 23.4.2015[29] entschieden. In dem von ihm zu entscheidenden Fall hat der Senat zunächst festgestellt, dass sich die Pflichten des Unternehmers hinsichtlich der vereinbarten Grundlagenermittlung aus der Leistungsphase 1 ergeben. Hiernach hat der beauftragte Architekt unter anderem die Klärung der Aufgabenstellung und die Beratung zum gesamten Leistungsbedarf vorzunehmen. Hierbei sind auch die Probleme, die sich aus der Aufgabe, den Planungsanforderungen und den Zielvorstellungen ergeben zu analysieren und zu klären, wozu auch das Abfragen und Besprechen der Wünsche, Vorstellungen und Forderungen des Bestellers zählt. Da es jedoch bei Vertragsschluss an einem konkreten Planungsziel fehlt, sind die weiteren den Leistungsphasen 2–9 entsprechenden Pflichten des Architekten weder bestimmt, noch objektiv bestimmbar. Dies führt jedoch nicht zur Unwirksamkeit des Vertrages, wenn dem Besteller ein Leistungsbestimmungsrecht hinsichtlich des Inhalts der Leistungspflichten des Unternehmers (zumindest stillschweigend) eingeräumt wurde. Hiervon ist regelmäßig auszugehen, da die Auswahl unter verschiedenen durch den Architekten unterbreiteten Vorschläge in der Regel dem Besteller obliegt. Soweit der Besteller eine solche Auswahl trifft, steht das Planungsziel fest. In diesem Falle sind die einzelnen durch den Unternehmer im Weiteren zu erbringenden Leistungen nach Abs. 1 der Vorschrift zu bestimmen. Entscheidet sich der Besteller hingegen für keinen der vom Unternehmer unterbreiteten Vorschläge, steht diesem das in § 650r Abs. 2 BGB geregelte Sonderkündigungsrecht zu. Darüber hinaus dürften die vom Unternehmer zu ermittelnden Vorstellungen des Bestellers weit detaillierter sein, als die zum Vertragsschluss grundlegend erforderlichen Angaben.[30]

b) Anwendungsbereich

34 Da nicht nur die Leistungspflichten des Unternehmers, sondern auch das Sonderkündigungsrecht des § 650r BGB vom Vorliegen der Zielfindungsphase abhängen, ist es erforderlich diese exakt zeitlich einzugrenzen.

35 Maßgeblich ist hierbei die Frage, ob die **wesentlichen Planungs- und Überwachungsziele** bereits vereinbart wurden. Soweit dies der Fall ist, ist das vertragliche Ziel hinreichend genau festgelegt und damit die Zielfindungsphase bereits überwunden. Dies ist der Grundfall des 1. Absatzes, welchen man als Pendant zur Zielfindungsphase als **Leistungsphase** beschreiben kann. Wenn eine Vereinbarung im Hinblick auf die wesentlichen Planungs- und Überwachungsziele jedoch noch nicht vorliegt, müssen diese durch die Parteien gemeinsam ermittelt werden. Diese Prozedur ist Kernbestandteil der durch Abs. 2 geregelten Zielfindungsphase.

36 Problematisch kann die genaue Abgrenzung zwischen Leistungsphase und Zielfindungsphase in Fällen sein, in denen einige, gleichwohl noch nicht alle Planungs- und Überwachungsziele durch die Parteien vertraglich festgelegt worden sind. Für die Zuordnung maßgeblich ist in diesem Falle, ob es sich bei den vertraglich festgelegten Zie-

---

[29] BGH Urt. v. 23.4.2015 – VII ZR 131/13, NZBau 2015, 429 ff. = BauR 2015, 1352 ff.
[30] *Gautier*, Deutsches Ingenieurblatt 6 – 2017, S. 45 f.

len um die **wesentlichen** Planungs- und Überwachungsziele handelt. Die Gesetzesbegründung führt hierfür beispielsweise die Art des Daches oder die Zahl der Geschosse an und bezeichnete diese als für die Planung grundlegende Fragen.[31]

Planungs- und Überwachungsziele werden regelmäßig dann als wesentlich zu bezeichnen sein, wenn sie solche Bestandteile betreffen, ohne die das Planungsobjekt nach der allgemeinen Verkehrsanschauung als unvollständig oder nicht umsetzungsfähig angesehen wird. Im Sinne einer Negativabgrenzung liegen wesentliche Planungs- und Überwachungsziele immer dann nicht vor, wenn es sich hierbei lediglich um Detailfragen handelt, welche für das Planungsobjekt nur eine untergeordnete Rolle spielen. 37

Neben den in der Gesetzesbegründung aufgeführten Beispielen ist demnach auch z.B. die Frage der Unterkellerung, als wesentliche Planungs- und Überwachungsziele einzuordnen. Die genaue Einordnung im Einzelfall wird hier wohl der Rechtsprechung überlassen bleiben. 38

Im Ergebnis soll die Regelung des Absatz 2 immer dann Anwendung finden, wenn die bisher vereinbarten Planungs- und Überwachungsziele noch nicht ausreichend konkret und die Vorstellungen noch vage sind.[32] 39

Den Vertragsparteien verbleibt zudem die Möglichkeit, **einzelvertraglich abweichendes** zu vereinbaren. Soweit die bisher vertraglich vereinbarten Planungs- und Überwachungsziele nach objektiver Betrachtung keine wesentlichen im Sinne des Absatzes 2 sind, bleibt es den Parteien unbenommen, diese im Vertrag als wesentliche Planungs- und Überwachungsziele zu benennen und damit die Zielfindungsphase zu umgehen. Ebenso dürfte es zulässig sein, die in Absatz 2 genannten Pflichten des Unternehmers einzelvertraglich auszuschließen und den Vertrag lediglich nach den Reglungen des Absatzes 1 iVm § 631 BGB durchzuführen. Formularvertraglich dürfte beides hingegen an § 307 Abs. 2 Nr. 2 BGB scheitern. Vor diesem Hintergrund ist die mit der Neuregelung des § 650p BGB verbundene Sorge einer „Entmündigung mündiger Bürger"[33] nicht begründet. 40

c) Vertragstypische Pflichten des Unternehmers

aa) Erstellen einer Planungsgrundlage

Soweit sich die Parteien im Stadium der Zielfindungsphase befinden, hat der Unternehmer zunächst eine **Planungsgrundlage** zur Ermittlung der wesentlichen Planungs- und Überwachungsziele zu erstellen. Es geht hier also um die „Planung vor der Planung".[34] Damit beschreibt § 650p Abs. 2 BGB die **Hauptpflicht des Unternehmers** im Stadium der Zielfindungsphase. Dies stellt eine wesentliche Präzisierung im Vergleich zum bisher einschlägigen § 631 Abs. 1 BGB dar, wonach der Unternehmer lediglich die „Herstellung des versprochenen Werks" schuldet. Auch der Besteller hat insoweit hieran mitzuwirken, als dass er innerhalb seines Leistungsbestimmungsrechts die zur Erstellung der Planungsgrundlage notwendigen Vorgaben machen muss.[35] 41

Wie bereits die Begrifflichkeit der „Planungsgrundlage" zum Ausdruck bringt, soll die eigentliche Planung hierdurch lediglich vorbereitet werden. Daher sind die im Rahmen der Zielfindungsphase durch den Unternehmer zu erbringenden Leistungen (Zielfindungsleistungen) von den eigentlichen Planungsleistungen **abzugrenzen.** Dies spie- 42

---

[31] Gesetzentwurf der Bundesregierung, BT-Drs. 18/8486, 67.
[32] Vgl. *Motzke* NZBau 2017, S. 251 (252).
[33] So *Motzke* NZBau 2017, S. 251 (253 f.).
[34] *Kalte/Wiesner*, Deutsches Ingenieurblatt 6 – 2017, S. 49 ff.
[35] *Gautier*, Deutsches Ingenieurblatt 6 – 2017, S. 45 ff.

gelt sich auch in der Systematik des § 650p BGB. Während sich Abs. 1 auf die eigentlichen Planungsleistungen bezieht, und diese an die vereinbarten Planungs- und Überwachungsziele knüpft, soll die Planungsgrundlage nach Abs. 2 zunächst einmal die **Ermittlung dieser Ziele** ermöglichen. Chronologisch betrachtet geht damit die Zielfindungsphase des Abs. 2 der Leistungsphase des Abs. 1 vor und bildet erst die Grundlage für die Bestimmung der einzelnen vom Unternehmer zu erbringenden Planungsleistungen. Hieraus folgt denknotwendig, dass diese Planungsleistungen durch die in der Zielfindungsphase zu erstellende Planungsgrundlage nicht vorweggenommen werden (können). Damit ist klargestellt, dass mit der Zielfindungsphase keine Vorwegnahme der weiteren Planungsleistungen und damit der eigentlichen Planung, schon gar nicht von Leistungsphase 3, erfolgt.[36] Gleichwohl ist nicht zu übersehen, dass sowohl in Leistungsphase 1 (Grundlagenermittlung) als auch in Leistungsphase 2 (Vorplanung) regelmäßig Grundleistungen zu erbringen sind, welche ebenso der Ermittlung der Planungsziele dienen können. Dies betrifft beispielsweise die Klärung der Aufgabenstellung auf Grundlage der Vorgaben des Auftraggebers (Anl. 10.1, LPH 1, lit. a) HOAI) sowie das Abstimmen der Zielvorstellungen (Anl. 10.1, LPH 2, lit. b) HOAI).

43 Der **Umfang der Planungsgrundlage** hängt wesentlich von den Umständen des Einzelfalls, insbesondere von den (Ziel)Vorstellungen des Bestellers ab. Der Architekt soll hier zunächst die Wünsche und Vorstellungen des Bestellers erfragen und die Planungsgrundlage unter deren Berücksichtigung erstellen.[37] Je genauer und detaillierter die Zielvorstellungen des Bestellers bereits sind, desto weniger Zielfindungsleistungen wird der Architekt erbringen müssen, um das konkrete Planungsziel zu ermitteln und die Zielfindungsphase damit zum Abschluss zu bringen. Sind hingegen die Vorstellungen des Bestellers noch besonders vage, wird umso mehr Aufwand notwendig sein, um hieraus ein konkretes Planungsziel zu ermitteln.

44 Auch die Frage, welchen **Inhalt** die Planungsgrundlage haben muss, hängt maßgeblich von den Umständen des Einzelfalls, insbesondere dem Konkretisierungsgrad der beim Besteller bereits vorhandenen Zielvorstellungen ab. Die Gesetzesbegründung beschränkt sich auch hier auf die Nennung von Beispielen, namentlich Skizzen oder eine Beschreibung des zu planenden Vorhabens.[38] Da die Planungsgrundlage dem Besteller zur Zustimmung vorgelegt werden und damit der Übergang von der Zielfindungsphase des Abs. 2 in die Leistungsphase des Abs. 1 erfolgen soll, muss sie zumindest all jene Unterlagen enthalten, welche der Besteller zur Entscheidung über diese Zustimmung benötigt. Sind die dafür notwendigen Unterlagen in der Planungsgrundlage nicht enthalten, liegt ein Defizit in der Erbringung der Zielfindungsleistungen des Unternehmers vor. Verweigert der Besteller seine Zustimmung aufgrund dieses Defizits, stellt sich die Frage, ob dem Unternehmer auch in diesem Fall das Sonderkündigungsrecht nach § 650r Abs. 2 BGB zusteht, welche jedoch zu verneinen ist (vgl. hierzu → Rn. 105 ff.).

bb) Erstellen einer Kosteneinschätzung

45 Neben der Planungsgrundlage hat der Unternehmer dem Besteller zudem eine **Kosteneinschätzung** zur Zustimmung vorzulegen. Auch dies ist Bestandteil der Leistungspflichten des Unternehmers im Rahmen der Zielfindungsphase. Die Formulierung macht deutlich, dass es sich dabei nicht um eine Kostenschätzung nach DIN 276 handelt, welche im Rahmen der Leistungsphase 2 zu erstellen ist. Die Kosteneinschätzung

---

[36] *Dammert* BauR 2017, 421 (424).
[37] Gesetzentwurf der Bundesregierung, BT-Drs. 18/8486, 67.
[38] Gesetzentwurf der Bundesregierung, BT-Drs. 18/8486, 67.

soll dem Besteller lediglich eine grobe Einschätzung der zu erwartenden Kosten für seine Finanzierungsplanung geben.³⁹ Denn neben dem in der Planungsgrundlage enthalten Planungsvorschlag des Unternehmers ist der hierfür notwendige finanzielle Aufwand ein für den Besteller wesentlicher Gesichtspunkt und wird vor allem in b2c – Verträgen meist ausschlaggebend für dessen Zustimmung sein. Planungsgrundlage und Kosteneinschätzung zusammen sollen daher den Besteller in die Lage versetzen, eine fundierte Entscheidung darüber zu treffen, ob er dieses Bauprojekt oder die Außenanlage mit diesem Plan realisieren oder von dem in § 650r BGB vorgesehenen Kündigungsrecht Gebrauch machen möchte.

Umfang und Inhalt der Kosteneinschätzung sind – ebenso wie bei der Planungsgrundlage – vor dem Hintergrund ihres Zwecks zu betrachten. Demnach muss die Kosteneinschätzung den für die Umsetzung der Planung notwendigen finanziellen Aufwand zumindest insoweit eingrenzen, als dass der Besteller die Finanzierbarkeit des Projekts vor dem Hintergrund seiner persönlichen Liquidität hinreichend genau einschätzen kann. Hierfür wird regelmäßig ein hinreichend eingegrenzter Kostenrahmen ausreichend sein. Die Festlegung eines genauen Betrags oder gar einer auf jeden Fall einzuhaltenden Kostenobergrenze kann vom Unternehmer hingegen nicht verlangt werden.

Problematisch sind jene Fälle, in denen der Besteller auf Grundlage der vom Unternehmer vorgelegten Kosteneinschätzung seine Zustimmung zur Durchführung des Projekts erteilt hat, sich diese Kosteneinschätzung **im Nachhinein** jedoch als zu gering bemessen und damit als falsch herausstellt. Da die (sorgfältige) Erstellung einer Kosteneinschätzung im Rahmen der Zielfindungsphase eine Hauptpflicht des Unternehmers darstellt, liegt bei **mangelhafter Erstellung** eine **Pflichtverletzung** vor, aus welcher der Besteller einen Schadensersatzanspruch herleiten kann. Fraglich ist jedoch, ob hierbei die allgemeinen Regelungen der §§ 280 ff. BGB oder die über die Verweisungsvorschrift des § 650q BGB anwendbaren Mängelrechte des § 634 BGB Anwendung finden. Nach der jüngsten Entscheidung des BGH⁴⁰ zur Frage der Anwendbarkeit der §§ 634 ff. BGB kommt es maßgeblich darauf an, ob bereits eine Abnahme des hergestellten Werks vorliegt. Da die Erstellung der Kosteneinschätzung im Rahmen der Zielfindungsphase eine Hauptpflicht des Unternehmers darstellt, könnte die Kosteneinschätzung selbst als versprochenes Werk im Sinne des § 631 Abs. 1 BGB anzusehen sein. Für diese Sichtweise spricht auch die Gesetzesbegründung zu § 650p Abs. 2. BGB. Hiernach beschreiben die Absätze 1 und 2 die Pflichten des Architekten und Ingenieurs präziser als der bisher einschlägige § 631 Abs. 1 BGB, wonach der Unternehmer die „Herstellung des versprochenen Werks" schuldet.⁴¹ Soweit man diese Aussage auf die Pflichten des Unternehmers aus Abs. 2 bezieht, liegt die „Herstellung des versprochenen Werks" im Rahmen der Zielfindungsphase in der Herstellung von Planungsgrundlage und Kosteneinschätzung. Soweit diese dem Besteller vorgelegt werden, würde mit erfolgter Zustimmung auch eine Abnahme dieser Werke vorliegen. In diesem Falle wären dann die Mängelrechte des § 634 BGB anwendbar. Gleichwohl kann die Entscheidung dieser Frage aus praktischer Sicht dahinstehen. Der maßgebliche Unterschied zwischen den sich aus den §§ 280 ff. BGB ergebenden Rechten und den Gewährleistungsrechten des § 634 BGB besteht darin, dass der Unternehmer bei letzteren gemäß § 637 Abs. 3 BGB hinsichtlich der Mangelbeseitigungskosten vorschusspflichtig ist. Soweit sich die Mangelhaftigkeit der Kosteneinschätzung erst im Nachhinein heraus-

---

³⁹ Gesetzentwurf der Bundesregierung, BT-Drs. 18/8486, 67.
⁴⁰ BGH Urt. v. 19.1.2017 – VII ZR 301/13 = NZBau 2017, 216 ff.
⁴¹ Gesetzentwurf der Bundesregierung, BT-Drs. 18/8486, 67.

stellt, bringt die Beseitigung dieses Mangels für den Besteller keinen Nutzen mehr. Er wird in diesem Falle vielmehr Schadensersatz statt der Leistung verlangen und evtl. vom Vertrag zurücktreten. Da eine mangelfreie Kosteneinschätzung ihren vorgesehenen Zweck im Nachhinein nicht mehr erfüllen kann, ist auch eine vorherige Fristsetzung entbehrlich.[42]

48 Soweit sich die **Mangelhaftigkeit der Kosteneinschätzung** bereits **vor Zustimmung** des Bestellers herausstellt, kommt es auf die vorstehend aufgeworfene Frage nicht an, da es jedenfalls an einer Abnahme fehlen würde und daher das allgemeine Leistungsstörungsrecht gemäß den §§ 280 ff. BGB Anwendung findet. Der Besteller muss dem Unternehmer dann zunächst eine angemessene Frist zur Beseitigung des Mangels setzen und kann bei fruchtlosem verstreichen gemäß § 323 BGB vom Vertrag zurücktreten, sowie gemäß den §§ 280, 281 BGB Schadensersatz statt der Leistung verlangen. Da der Besteller einen vertraglichen Anspruch auf Erstellung einer mangelfreien Kosteneinschätzung hat, kann er – anstelle vom Vertrag zurückzutreten und Schadensersatz statt der Leistung zu verlangen – diesen auch klageweise geltend machen.

49 Unabhängig von der Mangelhaftigkeit der vorgelegten Unterlagen steht dem Besteller zudem das **Kündigungsrecht** nach § 650r Abs. 1 BGB zur Seite. Soweit die vom Unternehmer vorgeschlagene Planung oder die damit verbundenen Kosten nicht den Vorstellungen des Bestellers entsprechen, so kann er sich vorzeitig vom bereits abgeschlossenen Vertrag lösen. Am Übergang von der Zielfindungsphase in die Leistungsphase hat der Besteller in diesem Fall kein Interesse.

d) Folgen der (verweigerten) Zustimmung des Bestellers

50 Erteilt der Besteller unter Berücksichtigung der Kosteneinschätzung seine Zustimmung zu der vom Unternehmer vorgeschlagenen Planung bzw. zu einer von mehreren Planungsvarianten, so sind hiermit die wesentlichen Planungs- und Überwachungsziele ermittelt. Dementsprechend ist die Zielfindungsphase beendet und es erfolgt der Eintritt in die in Abs. 1 geregelte Leistungsphase. Mit der Zustimmung des Bestellers wächst der Vertrag somit aus seinen Kinderschuhen heraus und löst die Leistungspflichten gemäß den §§ 631, 650p Abs. 1 BGB aus.[43]

51 Rechtsdogmatisch stellt die Zustimmung eine einseitige empfangsbedürftige Willenserklärung dar, welche den Übergang in die Leistungsphase zur Folge hat und damit die Pflichten des § 650p Abs. 1 BGB auslöst. Als aufschiebende Bedingung nach § 158 BGB lässt sich die Zustimmung hingegen nicht einordnen.[44] Zum einen wird durch die Zustimmung nicht das Rechtsgeschäft als solches bedungen, sondern lediglich der Übergang von der Zielfindungs- in die Leistungsphase. Zum anderen müsste die Zustimmung bei treuwidriger Verweigerung nach § 162 Abs. 1 BGB fingiert werden, was aber der eindeutigen Konzeption des § 650r BGB widerspricht, nach welchem die Zustimmung lediglich eine Obliegenheit des Bestellers darstellt.

52 **Verweigert** der Besteller hingegen die Zustimmung, so ist danach zu differenzieren, aus welchen Gründen diese Verweigerung erfolgt.

53 Liegen der Verweigerung keine berechtigten Gründe zugrunde, so kann der Unternehmer unter den Voraussetzungen des § 650r Abs. 2 BGB den Vertrag kündigen und nach Abs. 3 für die bis dahin erbrachten Leistungen eine Vergütung verlangen. Erfolgt die Verweigerung jedoch aufgrund einer mangelhaften Planungsgrundlage bzw. Kosteneinschätzung, besteht dieses Kündigungsrecht nicht (vgl. hierzu die Ausführungen

---

[42] BGH Urt. v. 11.11.2004 – VII ZR 128/03, Rn. 53.
[43] Vgl. *Motzke* NZBau 2017, 251 (252).
[44] So aber *Motzke* NZBau 2017, 251 (252 f.).

→ Rn. 106). Stattdessen stehen dem Besteller die vorstehend unter Ziff. 4 aufgeführten Rechte zu.

Die Zustimmung des Bestellers stellt jedoch lediglich eine **Obliegenheit** dar. Daher ist es ihm ohne weiteres möglich, diese grundlos zu verweigern, ohne dass hierin eine Pflichtverletzung zu erblicken wäre. Dementsprechend kann der Unternehmer hieraus auch keine Schadensersatzansprüche herleiten. 54

II. Anwendbare Vorschriften, § 650q BGB

Absatz 1 der Vorschrift erklärt die allgemeinen Vorschriften des Werkvertragsrechts (Untertitel 1 Kapitel 1) für anwendbar. Dies sind die §§ 631–650 BGB. Entsprechend anwendbar sind zudem einige Vorschriften zum in Unterkapitel 2 geregelten Bauvertrag. Dies betrifft das Anordnungsrecht des Bestellers (§ 650b BGB), die Sicherungshypothek des Bauunternehmers (§ 650e BGB), die Bauhandwerkerversicherung (§ 650f BGB) sowie die Regelungen zur Zustandsfeststellung bei Verweigerung der Abnahme (§ 650g BGB) und die Schriftform der Kündigung (§ 650h BGB). 55

Im Hinblick auf das über Absatz 1 entsprechend anwendbare Anordnungsrecht des Bestellers gemäß § 650b Abs. 2 BGB trifft Absatz 2 eine differenzierte Vergütungsregelung. 56

1. Anwendbarkeit des Werkvertragsrechts, § 650f Abs. 1 BGB

a) Allgemeine Vorschriften des Kapitel 1

Wie bereits zu § 650p BGB ausgeführt, stellt der Architekten- und Ingenieurvertrag einen Unterfall des Werkvertrags dar. Der Gesetzgeber zieht hieraus die logische Konsequenz und ordnet die Anwendbarkeit der allgemeinen werkvertraglichen Vorschriften auch auf den Architekten- und Ingenieurvertrag an. Soweit in Untertitel 2 nichts Abweichendes geregelt ist, findet auf den Architekten- und Ingenieurvertrag damit allgemeines Werkvertragsrecht Anwendung. 57

Als **abweichende Regelungen des Untertitels 2** sind die folgenden zu nennen: 58
- Die in § 631 BGB geregelten vertragstypischen Pflichten erfahren im Hinblick auf die Hauptpflichten des Architekten bzw. Ingenieurs eine Konkretisierung durch § 650p BGB
- Im Hinblick auf einen gegenüber dem Architekten oder Ingenieur geltend gemachten Schadensersatzanspruch nach § 634 Nr. 4 BGB ist das Leistungsverweigerungsrecht des § 650t BGB zu beachten, soweit dessen Voraussetzungen vorliegen
- Neben der in § 640 BGB geregelten Abnahmepflichten des Bestellers steht dem Architekten bzw. Ingenieur das in § 650s BGB geregelte Recht auf Teilabnahme zu

b) Vorschriften des Kapitel 2 (Bauvertrag)

aa) Änderung des Vertrags und Anordnungsrecht des Bestellers, § 650b BGB

Mit der entsprechenden Anwendung des § 650b BGB wird der Tatsache Rechnung getragen, dass bei Architekten- und Ingenieurverträgen im Hinblick auf die vertraglich vereinbarten Planungs- und Überwachungsziele Detailfragen oftmals erst bei Durchführung des Vertrages geklärt werden bzw. zu diesem Zeitpunkt erst auftauchen. Um 59 die in diesem Zusammenhang auftretenden Probleme lösen zu können, kann eine teilweise Abänderung der bisher zwischen den Parteien getroffenen Vereinbarungen notwendig werden. Dies kann sowohl die vereinbarten Planungs- und Überwachungsziele selbst, als auch notwendige Änderungen zur Erreichung derselben betreffen.

60 Begehrt der Besteller eine Änderung des vereinbarten Werkerfolgs (hier der vereinbarten Planungs- und Überwachungsziele) oder eine Änderung, die zur Erreichung dieses vereinbarten Erfolgs **notwendig** ist, so sollen die Vertragsparteien gemäß § 650b Abs. 1 BGB zunächst Einvernehmen über die Änderung und die infolge der Änderung zu leistende Mehr- oder Mindervergütung anstreben. Soweit also von den bisherigen vertraglichen Vereinbarungen abgewichen werden soll, sieht das Gesetz zunächst eine einvernehmliche Vereinbarung dieser Abweichung und der hiermit zusammenhängenden Folgen für die zu zahlende Vergütung vor. Für den Fall, dass die Parteien keine Einigung über das Änderungsbegehren des Bestellers erzielen, steht diesem ein einseitiges Anordnungsrecht zu, mit welchem er die von ihm gewünschten Änderungen durchsetzen kann (§ 650b Abs. 2 BGB).

(1) Anwendungsbereich

61 **Ausgangspunkt** der vom Besteller begehrten Änderungen nach § 650b Abs. 1 Nr. 1 und 2 BGB ist der vereinbarte Werkerfolg, im Falle des Architekten- oder Ingenieurvertrags die **vereinbarten Planungs- und Überwachungsziele.** Diese sind auch maßgebliches **Abgrenzungskriterium zur** Konkretisierung des Erfolgs im Rahmen der **Zielfindungsphase** nach § 650p Abs. 2 BGB. Soweit und solange sich die Parteien in dieser Zielfindungsphase befinden, wesentliche Planungs- und Überwachungsziele also noch nicht vereinbart worden sind, obliegt es dem Unternehmer, eine Planungsgrundlage zur Ermittlung dieser Ziele zu erstellen und diese dem Besteller zusammen mit einer Kosteneinschätzung zur Zustimmung vorzulegen (vergleiche hierzu und zu den daran anknüpfenden Rechtsfolgen die Ausführungen unter → Rn. 28 ff.). Die Vorschrift des § 650b BGB kann in diesem Vertragsstadium noch keine Anwendung finden, da noch nicht getroffene Festlegungen nicht geändert werden können. Auch die Frage, was zur Erreichung der noch nicht vereinbarten Planungs- und Überwachungsziele notwendig ist, entzieht sich in diesem Vertragsstadium einer Beantwortung. Folglich richten sich die Hauptleistungspflichten des Unternehmers im Rahmen der Zielfindungsphase ausschließlich nach § 650p Abs. 2 BGB. Soweit es im Rahmen dieser Zielfindungsphase nicht gelingen sollte, die wesentlichen Planungs- und Überwachungsziele zu ermitteln, knüpft hieran das in § 650r BGB geregelte Sonderkündigungsrecht an (vergleiche hierzu die Ausführungen unter → Rn. 77 ff.). Ein einseitiges Anordnungsrecht des Bestellers nach § 650b Abs. 2 BGB besteht im Rahmen der Zielfindungsphase gerade nicht. Ein solches würde der Vertragsfreiheit zuwiderlaufen, da der Besteller im Rahmen des Anordnungsrechts den vertraglich geschuldeten Erfolg einseitig festlegen könnte. Durch das Anordnungsrecht soll es dem Besteller jedoch nur möglich sein, „identitätswahrende" Änderungen des **bereits vereinbarten Werkerfolgs** oder der zur Erreichung dieses Erfolgs notwendigen Leistungen vorzunehmen. Eine einseitige Bestimmung des Werkerfolgs geht damit nicht einher.

62 Erst eine vertragliche Vereinbarung der wesentlichen Planungs- und Überwachungsziele führt zur Beendigung der Zielfindungsphase und zum Eintritt in die Leistungsphase des § 650p Abs. 1 BGB mit den daraus folgenden Hauptleistungspflichten des Unternehmers. Soweit der Besteller im Rahmen dieser Leistungsphase Änderungen der vereinbarten Planungs- und Überwachungsziele begehrt bzw. Änderungen zur Erreichung dieser Ziele notwendig werden, ist der Anwendungsbereich des §§ 650b BGB eröffnet.

Aber auch, soweit sich die Parteien in der vertraglichen Leistungsphase befinden, ist der Anwendungsbereich des § 650b BGB nicht unbegrenzt. Da hierdurch – wie bereits erwähnt - die Vertragsfreiheit nicht übermäßig eingeschränkt werden soll, betrifft das in § 650b BGB geregelte Anordnungsrecht nur solche Fälle, in denen die Identität des vereinbarten Werkerfolgs durch das Änderungsbegehren des Bestellers gewahrt bleibt (sog. **Werkidentität**).[45] Dem Besteller soll es nicht ermöglicht werden, den einmal vertraglich vereinbarten Werkerfolg einseitig „auszutauschen". Die Frage, ob die Werkidentität infolge des Änderungsbegehrens des Bestellers noch gewahrt bleibt, ist stets unter Berücksichtigung des konkreten Einzelfalls zu beantworten, wobei die grundsätzliche Vertragsfreiheit der Parteien zu berücksichtigen ist. Soll es dem Besteller im Rahmen der Zielfindungsphase nicht möglich sein, die wesentlichen Planungs- und Überwachungsziele einseitig zu bestimmen, so darf er diese im Rahmen der Leistungsphase auch nicht nachträglich einseitig ändern. Demnach wird die Werkidentität regelmäßig nicht mehr gewahrt bleiben, wenn das Änderungsbegehren des Bestellers zu einer **Änderung der wesentlichen Planungs- und Überwachungsziele** führen würde. Zur Frage, wann wesentliche Planungs- und Überwachungsziele vorliegen, vergleiche die Ausführungen unter → Rn. 35 ff.

(2) Einvernehmliche Vertragsänderung, § 650b Abs. 1

Soweit der Anwendungsbereich des § 650b BGB eröffnet ist, sollen die Vertragsparteien nach Abs. 1 zunächst ein **Einvernehmen** über das **Änderungsbegehren** des Bestellers und die infolge der Änderung zu leistende **Mehr- oder Mindervergütung** anstreben. Hierfür hat der Unternehmer zunächst ein Angebot über die Mehr- oder Mindervergütung zu erstellen. Im Falle einer Änderung nach § 650b Abs. 1 S. 1 Nr. 1 BGB kann er dies jedoch verweigern, wenn ihm die Ausführung der Änderung unzumutbar ist (vergleiche hierzu die Ausführungen unter → § 2 Rn. 53 ff.). Der in § 650b Abs. 1 S. 4 BGB geregelte Fall, dass der Besteller die Verantwortung für die Planung des Bauwerks oder der Außenanlage trägt, kommt beim Architekten- und Ingenieurvertrag regelmäßig nicht vor und ist insoweit nicht von Belang.

(3) Anordnungsrecht des Bestellers, § 650b Abs. 2

Soweit die Vertragsparteien binnen 30 Tagen nach Zugang des Änderungsbegehrens beim Unternehmer keine Einigung über die Änderung und die hieraus folgende Mehr- oder Mindervergütung erzielen, kann der Besteller die Änderung einseitig in Textform anordnen. Einer solchen Anordnung muss der Unternehmer nachkommen, einer Änderung hinsichtlich der vereinbarten Planungs- und Überwachungsziele jedoch nur dann, wenn ihm die Ausführung zumutbar ist. Anordnungsrechte des Bestellers kommen im Hinblick auf den Leistungsumfang (insb. Zusätzliche Grundleistungen oder Besondere Leistungen), das Leistungsziel (insb. Qualität des Bauwerks) und den Leistungsablauf (insb. Veränderung der Bauüberwachungs- oder Veränderung der Planungszeit) in Betracht.[46]

bb) Übrige Vorschriften des Bauvertragsrechts

Im Hinblick auf die §§ 650e bis h BGB gelten die dazu jeweils gemachten Ausführungen. Die in den §§ 650e, 650f BGB enthaltenen Regelungen zur Sicherungshypothek des Unternehmers und zur Bauhandwerkerversicherung waren schon nach bishe-

---

[45] *Motzke* NZBau 2017, 251 (256).
[46] Vortragsmanuskript Kniffka, S. 81.

riger Rechtsprechung auch auf die Sicherung des Honoraranspruchs des Architekten oder Ingenieurs anwendbar. Dies wurde nunmehr durch den Gesetzgeber ausdrücklich festgeschrieben.[47] Hinsichtlich der Schriftform der Kündigung ist zu beachten, dass diese auch für das in § 650r BGB geregelte Sonderkündigungsrecht gilt.

2. Vergütungsanpassung bei Ausübung des Anordnungsrechts, § 650q, Abs. 2 BGB

67 Soweit der Besteller von seinem in § 650b Abs. 2 BGB geregelten Anordnungsrecht Gebrauch macht, richtet sich die diesbezügliche Vergütungsanpassung nach der dreistufig aufgebauten Regelung des Absatz 2. Dieser setzt eine Vergütungsanpassung bereits voraus und regelt daher lediglich deren Modalitäten. Soweit die infolge der Anordnung zu erbringenden oder entfallenden Leistungen vom Anwendungsbereich der **HOAI** erfasst werden, gilt diese. Soweit dies nicht der Fall ist, ist die Vergütungsanpassung **frei vereinbar**. Für den Fall, dass die Parteien keine Vereinbarung treffen (können) gelten die Vergütungsanpassungsregelungen des **§ 650c BGB** subsidiär. Diese Regelung ist eine der umstrittensten, wenn nicht gar die umstrittenste Regelung im Rahmen der Novellierung des Bauvertragsrechts.[48]

a) Entgeltberechnung nach HOAI, § 650q Abs. 2 S. 1 BGB

68 Soweit infolge der Anordnung des Bestellers zu erbringende oder entfallende Leistungen vom Anwendungsbereich der HOAI erfasst werden, soll diese für die Vergütungsanpassung primär herangezogen werden. Dies ist insbesondere dann der Fall, wenn es sich bei den infolge der Anordnung zu erbringenden oder entfallenden Leistungen um Grundleistungen im Sinne der HOAI handelt.[49] Soweit also Grundleistungen aufgrund von Anordnungen des Bestellers wiederholt werden müssen, sind diese nach den Regelungen der HOAI zu honorieren. Insoweit regelt § 650q Abs. 2 BGB jedoch nichts Neues, weshalb ihm diesbezüglich nur deklaratorischer Charakter zukommt.[50]

69 Fraglich ist indes, ob über den Verweis auf die Regelungen der HOAI auch die Vorschrift des § 10 HOAI zur Anwendung gelangt, soweit sich infolge der Anordnung der Umfang der beauftragten Leistung ändert oder Grundleistungen zu wiederholen sind. Selbst der Gesetzgeber war sich dessen nicht sicher und hat diese Frage explizit der Beantwortung durch die Rechtsprechung überlassen.[51]

70 Einigen sich Besteller und Architekt/Ingenieur während der Laufzeit des Vertrags darauf, dass der Umfang der beauftragten Leistung geändert wird, und ändern sich dadurch die anrechenbaren Kosten oder Flächen, so ist gemäß § 10 Abs. 1 HOAI die Honorarberechnungsgrundlage für die Grundleistungen, die infolge des veränderten Leistungsumfangs zu erbringen sind, durch schriftliche Vereinbarung anzupassen. Soweit sich Besteller und Architekt/Ingenieur über die Wiederholung von Grundleistungen einigen und sich die anrechenbaren Kosten oder Flächen dadurch nicht ändern, ist das Honorar für diese Grundleistungen gemäß § 10 Abs. 1 HOAI entsprechend ihrem Anteil an der jeweiligen Leistungsphase schriftlich zu vereinbaren.

71 Da das Anordnungsrecht nach § 650b Abs. 2 BGB zunächst voraussetzt, dass sich die Parteien über eine Änderung und die infolge dessen zu leistende Mehr- oder Min-

---

[47] Gesetzentwurf der Bundesregierung, BT-Drs. 18/8486, 68.
[48] *Dammert* BauR 2017, 421 (428).
[49] Gesetzentwurf der Bundesregierung, BT-Drs. 18/8486, 68.
[50] *Dammert* BauR 2017, 421 (428); Locher/Koeble/Frik/*Koeble* § 10 Rn. 57.
[51] Gesetzentwurf der Bundesregierung, BT-Drs. 18/8486, 68.

dervergütung nicht einigen konnten, ist die direkte Anwendung des § 10 HOAI auf diese Fälle zu verneinen. Denn dieser bildet keine Anspruchsgrundlage,[52] sondern lediglich eine Honorarbemessungsregel, welche aber eine Einigung der Vertragsparteien bereits voraussetzt. Soweit jedoch ein einseitiges Anordnungsrecht des Bestellers mangels Vereinbarung zwischen den Parteien entstanden ist, fehlt es gerade an dieser Voraussetzung.

Demnach käme lediglich eine entsprechende Anwendung des § 10 HOAI in Betracht. 72

Soweit sich die Vertragsparteien jedoch nicht über eine Änderung und die infolgedessen zu leistende Mehr- oder Mindervergütung einigen können, wird auch eine Vereinbarung nach § 10 HOAI regelmäßig scheitern. Soweit also ein Anordnungsrecht nach § 650b Abs. 2 BGB besteht, wird die Regelung des § 10 HOAI regelmäßig leerlaufen. 73

b) Im Übrigen: Freie Vereinbarung der Vergütungsanpassung, § 650q Abs. 2 S. 2 BGB

Soweit die HOAI für Änderungen keine Honorarregelungen enthält, kann die diesbezügliche Vergütung zwischen den Parteien frei vereinbart werden. Dies ist z.B. der Fall, wenn durch die Anordnung des Bestellers zusätzliche besondere Leistungen anfallen. Auch insoweit ist die Regelung lediglich deklaratorisch, da die Vergütung stets frei vereinbart werden kann, wenn sie nicht bindendem Preisrecht unterliegt. Aber auch im Übrigen kann bezweifelt werden, dass sich die Vertragsparteien, welche sich nicht über eine Änderung und die infolgedessen zu leistende Mehr- oder Mindervergütung einigen konnten nach einseitiger Anordnung des Bestellers nunmehr eine Einigung hinsichtlich der diesbezüglichen Vergütungsanpassung erzielen. 74

c) Vergütungsanpassung nach § 650c BGB als Auffangtatbestand, § 650q Abs. 2 S. 3 BGB

Unterfällt die zu erbringende oder entfallende Leistung nicht dem Anwendungsbereich der HOAI und treffen die Parteien – wie bei einer Änderungsanordnung wohl regelmäßig der Fall – keine Vereinbarung über die diesbezügliche Vergütungsanpassung, so richtet sich diese nach § 650c BGB. Da der Architekt meist keine Urkalkulation erstellt, richtet sich die Vergütungsanpassung regelmäßig nach § 650c Abs. 1 BGB. Demnach ist die Höhe des Vergütungsanspruchs nach den **tatsächlich erforderlichen Kosten** zu ermitteln. Hierzu muss der Architekt einen Kostenvergleich der tatsächlich erforderlichen Kosten anstellen die ihm aufgrund der Planungsänderung entstehen, mit den Kosten, die ihm ohne diese Planungsänderung entstanden wären.[53] In der Praxis wird die Berechnung des Mehr- oder Minderaufwands anhand der tatsächlichen Kosten wegen fehlender Bezugspunkte Schwierigkeiten aufwerfen. Denn ein Mehraufwand wird in der Regel aus zusätzlich aufgewendeter Arbeitszeit des Architekten oder Ingenieurs selbst oder eines Subplaners bestehen und Erfahrungswerte, wie viele Stunden regelmäßig für eine bestimmte Planungsaufgabe benötigt werden, wie auch eine Taxe für die Höhe der Vergütung pro Stunde liegen nicht vor.[54] 75

Bei der Vergütungsanpassung gemäß § 650c BGB ist insbesondere Absatz 1 Satz 2 von Bedeutung. Hiernach steht dem Unternehmer im Fall des § 650b Abs. 1 S. 1 Nr. 2 BGB kein Anspruch auf Vergütung für vermehrten Aufwand zu, wenn seine Leistungspflicht auch die Planung des Bauwerks oder der Außenanlage umfasst. Diese Formulie- 76

---

[52] Fuchs NZBau 2015, 675 (678).
[53] Vortragsmanuskript Kniffka, S. 84.
[54] Gesetzentwurf der Bundesregierung, BT-Drs. 18/8486, 69.

rung geht auf eine Empfehlung des Bundesrates[55] zurück, welche auch umgesetzt wurde. Demnach ist der Unternehmer, dem neben der Ausführung auch die Erstellung der Planung obliegt, zu einer mangelfreien Gesamtleistung von Planung und Ausführung verpflichtet. Da die Planung und Ausführung eines mangelfreien Werks ohnehin bereits Gegenstand einer vertraglichen Leistungspflicht ist, kann er hierfür auch nicht mehr Vergütung verlangen. Dies wird an den in § 650p Abs. 1 BGB geregelten Leistungspflichten deutlich. Hiernach wird der Unternehmer durch einen Architekten- oder Ingenieurvertrag verpflichtet, die Leistungen zu erbringen, die nach dem über den Stand der Planung und Ausführung des Bauwerks oder der Außenanlage erforderlich sind, um die zwischen den Parteien vereinbarten Planungs- und Überwachungsziele (sog. Planungserfolg) zu erreichen. Soweit zur Erreichung dieses Planungserfolges Änderungen notwendig sind, soll dem Architekten keine Vergütung für vermehrten Aufwand zustehen. Nach dem Wortlaut der Vorschrift ist es auch unerheblich, ob der Unternehmer die Umstände, die eine Änderung nach § 650b Abs. 1 Nr. 2 BGB notwendig machen, zu vertreten hat.[56] Eine formularmäßige Regelung, welche von diesem Grundsatz abweicht, dürfte gemäß § 307 Abs. 2 Nr. 1 BGB unwirksam sein.

III. Sonderkündigungsrecht, § 650r BGB

1. Sonderkündigungsrecht nach Abschluss der Zielfindungsphase

77 Die Vorschrift räumt sowohl dem Besteller (Absatz 1), als auch dem Unternehmer (Absatz 2) nach Abschluss der in § 650p Abs. 2 BGB geregelten Zielfindungsphase ein Sonderkündigungsrecht ein. Zudem werden in Absatz 3 die Vergütungsfolgen der Sonderkündigung abschließend geregelt, ohne dass hierfür auf § 649 BGB zurückgegriffen werden kann.

78 Das ursprünglich von der Arbeitsgruppe Bauvertragsrecht – Unterarbeitsgruppe Architektenvertragsrecht vorgeschlagene[57] Sonderkündigungsrecht sollte zunächst auf Verbraucherverträge (b2c) beschränkt bleiben. Diesen Regelungsvorschlag hat der Gesetzgeber aufgenommen und das Sonderkündigungsrecht – entgegen der Kritik verschiedener Interessenverbände – zudem auf b2b-Verträge erstreckt. Der Gesetzgeber sah hierzu ein praktisches Bedürfnis, da auch im Unternehmerbereich häufig „gestufte Verträge" abgeschlossen werden, die beiden Vertragspartnern diese Lösungsmöglichkeit eröffnen.[58]

79 Hintergrund der ursprünglich verbraucherschutzrechtlich intendierten Regelung ist der Schutz vor in der Praxis häufig übereilt abgeschlossenen umfassenden Architektenverträgen und den im Falle einer Kündigung nach § 649 BGB hieran anknüpfenden negativen finanziellen Folgen. Wollte sich der Besteller aufgrund mangelnder Finanzierbarkeit bzw. anderer planerischer Vorstellungen vom Vertrag lösen, so blieb ihm hierfür lediglich das Kündigungsrecht des § 649 BGB (§ 648 BGB aF). Eine solche Kündigung war jedoch für den Besteller mit erheblichen finanziellen Nachteilen verbunden, da der Unternehmer berechtigt war, die vereinbarte Vergütung abzüglich seiner ersparten Aufwendungen zu verlangen. Hierdurch wurde die Bedeutung des dem Besteller zustehenden Kündigungsrechts erheblich gemindert.

---

[55] Beschlussempfehlung des Bundesrates, BR-Drs. 123/1/16, 19.
[56] Vgl. die beispielhafte Aufzählung solcher Fälle von *Kimpel* NZBau 2016, 734 (736).
[57] Die Vorschrift geht zurück auf das von *Voit/Dammert* vorgeschlagene Regelungskonzept.
[58] Gesetzentwurf der Bundesregierung, BT-Drs. 18/8486, 69.

80 Mit dem nunmehr eingeführten Sonderkündigungsrecht wird die zwischenzeitliche Kündigungsmöglichkeit des Bestellers erheblich aufgewertet, da er nur die Leistungen des Unternehmers zu vergüten hat, welche dieser bis zum Kündigungszeitpunkt auch tatsächlich erbracht hat. Die Besteller wird durch das Sonderkündigungsrecht so gestellt, als hätte er lediglich einen Vertrag über die Erstellung einer Planungsgrundlage und Kosteneinschätzung geschlossen.

81 Über die verbraucherschutzrechtlichen Aspekte hinaus dient das Sonderkündigungsrecht zudem der effektiven Umsetzung der im Rahmen der Zielfindungsphase nach § 650p Abs. 2 BGB bestehenden Pflichten. Es stellt eine adäquate Rechtsfolgenregelung für den Fall dar, dass sich Besteller und Unternehmer nicht über die wesentlichen Planungs- und Überwachungsziele, insbesondere die Kosten der Umsetzung einigen. Würde hieran keine spürbare Rechtsfolge geknüpft, wäre die Regelung des §§ 650p Abs. 2 BGB lediglich ein „Papiertiger".[59]

2. Kündigungsrecht des Bestellers, § 650r Abs. 1 BGB

82 Nach Abs. 1 kann der Besteller den Vertrag nach Vorlage der Unterlagen gemäß § 650 Abs. 2 BGB kündigen. Die Vorschrift zieht die Konsequenz daraus, dass die in § 650p Abs. 2 BGB geregelte Zielfindungsphase nicht zwingend zur Einigung über die wesentlichen Planungs- und Überwachungsziele führen muss. Soweit die durch den Unternehmer vorgelegten Unterlagen in planerischer oder finanzieller Hinsicht hinter den Vorstellungen des Bestellers zurückbleiben, kann dieser sich vorzeitig vom Vertrag lösen. Diese Diskrepanz zwischen den Vorstellungen des Bestellers und den planerischen Vorschlägen des Unternehmers ist zwar der Hintergrund des dem Besteller eingeräumten Sonderkündigungsrechts, gleichwohl aber keine Voraussetzung für dessen Ausübung. Demgemäß kann der Besteller nach Vorlage der Unterlagen gemäß § 650p Abs. 2 BGB den Vertrag stets **ohne Angabe von Gründen** kündigen. Dies gilt grundsätzlich auch dann, wenn sich die vom Unternehmer vorgeschlagene Planung mit den ursprünglichen Vorstellungen des Bestellers deckt. Grenzen erfährt das Sonderkündigungsrecht des Bestellers jedoch insoweit, als eine Kündigung **rechtsmissbräuchlich, willkürlich oder treuwidrig** ist (vgl. hierzu die Ausführungen unter → Rn. 102).

a) Voraussetzungen

aa) Abschluss der Zielfindungsphase

83 In zeitlicher Hinsicht entsteht das Sonderkündigungsrecht des Bestellers mit Abschluss der in § 650p Abs. 2 BGB geregelten Zielfindungsphase. Dies ist der Fall, wenn der Unternehmer dem Besteller sowohl die Planungsgrundlage als auch die Kosteneinschätzung zur Zustimmung vorgelegt hat.

84 Wie andere gesetzliche Regelungen, welche die vertraglichen Pflichten einer Partei festlegen, verlangt auch § 650p Abs. 2 BGB die mangelfreie Erfüllung dieser Pflichten. Soweit § 650r Abs. 1 BGB auf die „Vorlage der Unterlagen gemäß § 650p Absatz 2" verweist, so ist auch hiermit die **Vorlage mangelfreier Unterlagen** vorausgesetzt. Die Vorlage mangelhafter Unterlagen durch den Unternehmer kann daher die Kündigungsfrist noch nicht in Gang setzen. Diese beginnt erst mit vollständiger Vorlage mangelfreier Unterlagen. Gleichwohl wird sich der Besteller auch bei der Vorlage objektiv mangelhafter Unterlagen auf sein Sonderkündigungsrecht nach § 650r berufen können, da er die Ausübung dieses Sonderkündigungsrechtes nicht begründen muss. Da der Be-

---

[59] So *Dammert* BauR 2017, 421 (425).

steller damit jedoch konkludent die Mangelfreiheit der vorgelegten Unterlagen erklärt, würde ihn die in Absatz 3 geregelte Vergütungspflicht vollumfänglich treffen. Sind die übergebenen Unterlagen unvollständig oder mangelhaft, sollte daher vom Sonderkündigungsrecht nach § 650r Abs. 1 BGB kein Gebrauch gemacht werden.

85 Da die Vorlage der Unterlagen nach § 650p Abs. 2 BGB jedoch auch **Hauptpflicht** des Unternehmers ist, liegt in der Vorlage mangelhafter Unterlagen eine **Pflichtverletzung**. In diesem Fall kann der Besteller dem Unternehmer eine angemessene Frist zur Vorlage mangelfreier Unterlagen setzen. Wie lang diese Frist sein muss, hängt im erheblichen Maße von den Umständen des Einzelfalls ab, da sich der Herstellungsaufwand des Unternehmers insbesondere hiernach richtet. Zudem wird man in diesem Rahmen auch die bereits vor Fristsetzung verstrichene Zeit berücksichtigen müssen. Soweit der Unternehmer gleichwohl keine Nachbesserung vornimmt, verbleibt dem Besteller die Möglichkeit des Rücktritts gemäß § 323 BGB bzw. der Kündigung aus wichtigem Grund gemäß § 648a BGB. Die Verweigerung des Unternehmers, die ihm im Rahmen der Zielfindungsphase obliegende vertragliche Hauptpflicht zu erfüllen, stellt ohne weiteres einen wichtigen Grund im Sinne des §§ 648a Abs. 1 BGB dar. Zudem kann der Besteller einen anderen Architekten beauftragen und die hierdurch entstehenden Mehrkosten im Wege des Schadensersatzes statt der Leistung gemäß § 281 Abs. 1 BGB geltend machen. Auch der Ersatz etwaiger Verzugsschäden über § 280 Abs. 2 i.V.m. § 286 BGB ist denkbar.

86 Die vorstehenden Ausführungen gelten über die Vorlage mangelhafter Unterlagen hinaus auch für den Fall, dass der Unternehmer überhaupt keine Unterlagen vorlegt. So oder so verletzt der Unternehmer die ihm im Rahmen der Zielfindungsphase obliegende Hauptleistungspflicht. Der Unternehmer kann durch Nichtvorlage der Unterlagen zwar dem Sonderkündigungsrecht des Bestellers entgehen, da die Vorlage dafür notwendige Voraussetzung ist, liefert ihm damit jedoch ebenso einen wichtigen Grund im Sinne des § 648a BGB. Auch in diesem Falle kann der Unternehmer nur die Vergütung verlangen, die auf den bis zur Kündigung erbrachten Teil des Werks entfällt (§ 648 Abs. 5 BGB). Zudem setzt er sich eventuell Schadenersatzforderungen des Bestellers aus. Eine nach der Konzeption des Gesetzes mögliche „Umgehung" des Sonderkündigungsrechts lohnt sich daher für den Unternehmer nicht.

bb) Einhaltung der Kündigungsfrist

87 Gemäß Satz 2 der Vorschrift erlischt das Kündigungsrecht zwei Wochen nach Vorlage der Unterlagen. Für die Berechnung dieser Frist gelten die allgemeinen Vorschriften der §§ 186 ff. BGB Da die Vorlage der Unterlagen ein in den Lauf eines Tages fallendes Ereignis darstellt und es sich um eine Wochenfrist handelt, sind hierbei die §§ 187 Abs. 1, 188 Abs. 2 BGB maßgeblich.

88 Ein **Hinweis auf diese Frist** seitens des Unternehmers fordert das Gesetz nur im Falle von Verbraucherverträgen (vergleiche hierzu die Ausführungen unter II. 2.). Im Hinblick auf b2b-Verträge besteht eine solche Hinweispflicht nicht. Gleichwohl muss hier vom Unternehmer gefordert werden, dass er hinreichend deutlich zum Ausdruck bringt, dass die vorgelegten Unterlagen jene sind, deren Vorlage von § 650p Abs. 2 BGB gefordert wird.[60] Nur wenn der Besteller dies weiß, hat er die Möglichkeit sein Sonderkündigungsrecht fristgemäß auszuüben. Andernfalls könnte der Unternehmer versucht sein, dem Besteller diese Unterlagen in einer Art und Weise zu übergeben, die nicht erkennen lässt, dass es sich um die von § 650p Abs. 2 BGB geforderten Unterla-

---

[60] So auch *Kniffka*, Vortragsmanuskript, S. 77 f.

gen handelt. Hierdurch könnte der Unternehmer die Nichtausübung des dem Besteller zustehenden Kündigungsrechts innerhalb der Frist und damit dessen Umgehung erreichen.

Erfolgt **innerhalb der Kündigungsfrist keine Kündigung** durch den Besteller, so erlischt dessen Sonderkündigungsrecht endgültig. Der ursprünglich abgeschlossene Vertrag besteht in diesem Falle uneingeschränkt weiter. Aus der bloßen Tatsache, dass der Besteller innerhalb der Kündigungsfrist keine Kündigung erklärt hat, kann jedoch keine Zustimmung im Sinne des §§ 650p Abs. 2 BGB geschlossen werden. Daher verbleiben die Parteien in diesem Falle weiterhin in der Zielfindungsphase mit den sich daraus ergebenden Verpflichtungen, namentlich der Ermittlung der wesentlichen Planungs- und Überwachungsziele. Ist das Sonderkündigungsrecht erloschen hat, kann der Besteller sich in diesem Fall nur noch durch eine Kündigung gemäß § 648 BGB mit den damit verbundenen nachteiligen finanziellen Folgen vom Vertrag lösen. Dem Unternehmer hingegen verbleibt die Lösungsmöglichkeit nach § 650r Abs. 2 BGB, soweit dessen Voraussetzungen vorliegen (vergleiche unten → Rn. 105 ff.).

cc) Zugang der Kündigung

Um das Sonderkündigungsrecht wirksam auszuüben, muss dem Unternehmer die Kündigung innerhalb der Kündigungsfrist gemäß den allgemeinen Regelungen auch zugehen. Die Kündigung hat hierbei in **Schriftform gemäß § 126 BGB** zu erfolgen. Dies folgt aus dem pauschalen Verweis auf die Vorschriften des Ersten Kapitels durch § 650q Abs. 1 BGB. Dieser bezieht sich auch auf die Vorschrift des § 650h BGB, welche für die Kündigung die Schriftform vorschreibt. Mangels abweichender gesetzlicher Regelung gilt dies auch für das Sonderkündigungsrecht nach § 650r BGB.

b) Sonderregelungen für Verbraucher

Absatz 1 Satz 2 enthält zu Gunsten des Verbrauchers Sonderregelungen im Hinblick auf die einzuhaltende Kündigungsfrist. Diese erlischt nur dann, wenn der Unternehmer die ihm obliegenden Unterrichtungspflichten ordnungsgemäß erfüllt.

aa) Vorliegen eines Verbrauchervertrags

Die Sonderregelungen des Abs. 1 S. 2 gelten nur bei Vorliegen eines **Verbrauchervertrags.** Nach der Legaldefinition des § 310 Abs. 3 BGB liegt ein solcher dann vor, wenn es sich bei dem Besteller um einen Verbraucher im Sinne des § 13 BGB und beim Unternehmer um einen solchen im Sinne des § 14 BGB handelt. In diesem Fall erlischt das dem Besteller zustehende Sonderkündigungsrecht nur dann, wenn der Unternehmer ihn bei der Vorlage der Unterlagen gemäß § 650p Abs. 2 BGB in Textform über das Kündigungsrecht, die Frist, in der es ausgeübt werden kann und die Rechtsfolgen der Kündigung unterrichtet hat. Diese Belehrungspflichten des Unternehmers sollen sicherstellen, dass sich der Verbraucher seiner Rechte vollumfänglich bewusst ist und nicht lediglich durch deren Unkenntnis von der Ausübung seines Kündigungsrechts abgehalten wird.

bb) Voraussetzungen ordnungsgemäßer Unterrichtung

Maßgeblicher Zeitpunkt der Unterrichtung ist dem Wortlaut nach die Vorlage der Unterlagen gemäß § 650p Abs. 2 BGB. Hieraus ergibt sich, dass diese Vorlage der Unterlagen und die Unterrichtung des Verbrauchers zeitlich nicht auseinanderfallen dürfen. Legt der Unternehmer dem Verbraucher die Unterlagen vor, ohne ihn gleichzeitig entsprechend den Vorgaben des Abs. 1 S. 2 BGB zu unterrichten, erlischt das Kündigungsrecht des Verbrauchers nicht. In der Folge steht dem Verbraucher dann ein **unbefristetes Kündigungsrecht** zu, welches auch durch eine spätere Unterrichtung des Verbrauchers nicht mehr erlischt.[61] in diesem Falle ist das zeitlich unbegrenzt fortbestehende Kündigungsrecht des Verbrauchers nur noch insoweit begrenzt, als dessen Ausübung rechtsmissbräuchlich wäre.

94 Fraglich ist, ob der Unternehmer bei zunächst unterlassener Unterrichtung des Verbrauchers ein Erlöschen des Kündigungsrechts noch dadurch erreichen kann, dass er dem Verbraucher die Unterlagen gemäß § 650p Abs. 2 BGB erneut und diesmal zeitgleich mit einer ordnungsgemäßen Unterrichtung übergibt.

95 Für diese Möglichkeit würde sprechen, dass der Verbraucher dann insoweit keine Nachteile erleidet, als er durch die erneute Vorlage der Unterlagen und die dadurch in Gang gesetzte Frist nach Abs. 1 S. 1 nicht schlechter steht, als bei einer von Anfang an ordnungsgemäßen Vorlage der Unterlagen nebst ordnungsgemäßer Unterrichtung. In beiden Fällen ist der Verbraucher in der Ausübung seiner Rechte nicht eingeschränkt, da er im Zeitpunkt der Entstehung des Sonderkündigungsrechts über dieses vollumfänglich belehrt worden ist. Der Zweck der Unterrichtungspflicht, dem Verbraucher die uneingeschränkte Wahrnehmung seiner Rechte zu ermöglichen, wird durch die erneute Vorlage der Unterlagen nebst ordnungsgemäßer Unterrichtung folglich nicht umgangen.

96 Gleichwohl würde hierin auch eine Umgehung des vom Gesetzgeber angestrebten Grundsatzes liegen, dass die spätere Nachholung einer Unterrichtung nicht möglich sein soll. Diese mit der Gesetzesbegründung zum Ausdruck gebrachte Prämisse wäre gehaltlos, wenn sie seitens des Unternehmers durch die bloße erneute Vorlage der (unverändert gebliebenen) Unterlagen nach § 650p Abs. 2 BGB umgangen werden könnte. Dem Gesetzgeber scheint es hierbei nicht darauf anzukommen, dass sich Nachteile für den Verbraucher aus einem solchen Vorgehen des Unternehmers nicht ergeben. Die fehlende Nachholungsmöglichkeit der Unterrichtung als „scharfe" Rechtsfolge soll vielmehr sicherstellen, dass die Belehrungspflicht von Seiten des Unternehmers ernst genommen wird.[62] Mit der Rechtsfolge der unbegrenzten Kündigungsmöglichkeit verfolgt der Gesetzgeber also nicht das Ziel, Nachteile auf Seiten des Verbrauchers zu vermeiden, sondern vielmehr den Unternehmer nachhaltig zur ordnungsgemäßen Belehrung zu verpflichten.

97 Auch wenn aus Sicht des Verbrauchers hierdurch keine Nachteile drohen, so ist vor dem Hintergrund der gesetzgeberischen Beweggründe festzustellen, dass dem Unternehmer bei einer zunächst nicht ordnungsgemäß vorgenommenen Unterrichtung des Verbrauchers das Recht auf Nachholung dieser Unterrichtung vollständig verwehrt bleiben soll. Dies gilt auch, soweit diese Nachholung unter erneuter Vorlage der Unterlagen gemäß § 650p Abs. 2 BGB erfolgt.

98 Die Unterrichtung des Verbrauchers hat in **Textform gemäß § 126b** zu erfolgen. Folglich muss die Unterrichtung – neben dem in Abs. 1 festgelegten Inhalt – Angaben zur Person des Erklärenden machen, also den Namen des Unternehmers nennen. Eine eigenhändige Namensunterschrift des ist jedoch nicht notwendig Zudem ist die Unterrichtung auf einem dauerhaften Datenträger abzugeben. Insofern genügt beispielsweise die Abgabe der Erklärung per E-Mail bzw. auf CD-ROM oder einem USB Stick.[63] Da die gesetzlichen Formanforderungen lediglich Mindestanforderungen darstellen, ist de-

---

[61] Gesetzentwurf der Bundesregierung, BT-Drs. 18/8486, 69.
[62] Gesetzentwurf der Bundesregierung, BT-Drs. 18/8486, 69.
[63] MüKoBGB/*Einsele*, § 126b, Rn. 6.

III. Sonderkündigungsrecht, § 650r BGB

ren Überschreitung grundsätzlich unschädlich.[64] Die Unterrichtung des Verbrauchers in Schriftform nach § 126 BGB ist damit ohne weiteres möglich.

Inhaltlich muss sich die Unterrichtung auf das Kündigungsrecht an sich, die Frist, in der ausgeübt werden kann und die Rechtsfolgen der Kündigung erstrecken.

Hinsichtlich des **Kündigungsrechts** muss die Unterrichtung unmissverständlich und aufklärend sein.[65] Für den Verbraucher muss hieraus ohne weiteres ersichtlich werden, dass ihm ein Sonderkündigungsrecht zusteht. Hinsichtlich der **Frist** muss die Unterrichtung alle Angaben erhalten, die zu deren Berechnung erforderlich sind. Eine Berechnung der Frist durch den Unternehmer muss hierbei nicht erfolgen, so dass dieser auch nicht verpflichtet ist das genaue Datum des Fristbeginns oder -ablaufs anzugeben. Erfolgt eine solche Angabe gleichwohl, so muss sie inhaltlich zutreffend sein. Ist dies nicht der Fall, liegt eine missverständliche und damit fehlerhafte Unterrichtung vor, welche ein unbefristetes Kündigungsrecht des Verbrauchers zur Folge hat. Bei der Belehrung über die **Rechtsfolgen** kann sich der Unternehmer an der Regelung des Abs. 3 orientieren. Insoweit ist es ausreichend, wenn klar zum Ausdruck gebracht wird, dass der Verbraucher nach Ausübung seines Kündigungsrechts die bis zu diesem Zeitpunkt erbrachten Leistungen des Unternehmers zu vergüten hat.

cc) Folgen unterlassener oder unzureichender Unterrichtung

Wie bereits zur verspätet erfolgten Unterrichtung ausgeführt, hat auch eine gänzlich unterlassene bzw. inhaltlich unzureichende Unterrichtung ein **unbefristetes Kündigungsrecht des Verbrauchers** zur Folge. Hierbei ist es ausreichend, wenn die vorgenommene Unterrichtung auch nur eine der vorstehend erläuterten Voraussetzungen nicht erfüllt. Auch ist es unbeachtlich, ob der Verbraucher auch ohne (ordnungsgemäße) Unterrichtung von dem ihm zustehenden Sonderkündigungsrecht Kenntnis hatte. Maßgeblich sind lediglich die in Abs. 1 S. 2 festgelegten formalen Voraussetzungen.

c) Rechtsmissbräuchlichkeit der Kündigung

An seine Grenzen stößt das Kündigungsrecht des Bestellers in den Fällen, in denen sich eine Kündigung als rechtsmissbräuchlich, willkürlich oder treuwidrig herausstellt. Vor dem Hintergrund, dass sich sowohl die Vorstellungen, als auch die finanziellen Voraussetzungen auf Seiten des Bestellers ändern können, wird eine Rechtsmissbräuchlichkeit der Sonderkündigung jedoch nur sehr schwer nachweisbar sein.

Sollte der Nachweis der Willkür, Rechtsmissbräuchlichkeit oder Treuwidrigkeit dennoch gelingen, so wäre eine erfolgte Kündigung gegenstandslos. Fraglich ist hierbei jedoch, wie sich dies auf den weiteren Fortgang des Vertrages auswirkt. Denn eine gegenstandslose Kündigung allein würde noch nicht zur Zustimmung des Bestellers führen. Demnach wäre hiermit auch kein Übergang in die Leistungsphase nach § 650p Abs. 1 BGB verbunden. Vielmehr stünde dem Unternehmer lediglich selbst ein Kündigungsrecht nach Maßgabe des Absatzes 2 zu. Eine hiernach erfolgte Kündigung hätte jedoch dieselben (finanziellen) Auswirkungen, wie eine wirksame Kündigung des Bestellers, nämlich die Zahlung der Vergütung für die bisher erbrachten Leistungen nach Absatz 3. Folglich könnte der Besteller sein eigentliches Ziel, die vorzeitige Lösung vom Vertrag und Bezahlung der nur bis dahin erbrachten Leistungen, auch durch eine rechtsmissbräuchliche Kündigung erreichen. Zudem müsste der Besteller für dieses Ziel nicht einmal eine (rechtsmissbräuchliche) Kündigung aussprechen, sondern könnte sich

---

[64] BeckOKBGB/*Wendtland*, 1.2.2017, BGB § 125 Rn. 15.
[65] *Kniffka*, Vortragsmanuskript, S. 78.

104 Damit bleibt es selbst bei rechtsmissbräuchlich erklärter Kündigung oder Verweigerung der Zustimmung bei der Rechtsfolge des Absatzes 3. Finanziellen Ausgleich über die nach Absatz 3 zu zahlende Vergütung hinaus kann der Unternehmer in diesen Fällen dann lediglich in Form des Schadensersatzes wegen Verletzung einer Nebenpflicht nach den §§ 280 Abs. 1, 241 Abs. 2 BGB oder wegen vorsätzlicher sittenwidriger Schädigung nach § 826 BGB erlangen.

3. Kündigungsrecht des Unternehmers, § 650r Abs. 2 BGB

a) Zweck der Regelung

105 Die Regelung des Absatz 2 gibt dem Architekten oder Ingenieur unter bestimmten Umständen ebenfalls das Recht, sich vom Vertrag zu lösen. Hintergrund dieser Regelung ist es, einen Stillstand im Rahmen der Zielfindungsphase des §§ 650p Abs. 2 BGB zu vermeiden. Bleibt der Besteller nach ordnungsgemäßer und vollständiger Vorlage der Unterlagen nach § 650p Abs. 2 BGB untätig oder verweigert seine Zustimmung, soll der Besteller das Recht haben, sich vom Vertrag zu lösen.

b) Voraussetzungen

106 Tatbestandlich setzt das Kündigungsrecht des Unternehmers zunächst die **Vorlage der Planungsgrundlage** sowie der **Kosteneinschätzung** nach § 650p Abs. 2 BGB voraus. Diese Unterlagen müssen **vollständig und mangelfrei** sein, dies setzt § 650p Abs. 2 S. 2 BGB stillschweigend voraus. Soweit § 650r Abs. 2 BGB hierauf verweist, sind damit ebenfalls nur vollständige und mangelfreie Unterlagen in Bezug genommen. Die Vorlage unvollständiger oder mangelhafter Unterlagen stellt eine Pflichtverletzung seitens des Unternehmers dar, welche den Besteller zur Verweigerung seiner Zustimmung berechtigt. In diesem Fall soll der Unternehmer gerade keine Möglichkeit haben, sich einseitig vom Vertrag zu lösen. Vielmehr verbleibt es beim Anspruch des Unternehmers nach § 650 Abs. 2 BGB (zur Frage, welche Rechte dem Besteller bei Vorlage mangelhafter Unterlagen zustehen, vgl. die Ausführungen unter → Rn. 85). Der Unternehmer soll mithin keine Möglichkeit haben, sein Sonderkündigungsrecht durch eine bloße Verletzung der ihm in der Zielfindungsphase obliegenden Pflichten selbst zum Entstehen zu bringen. Lediglich bei einer Pflichtverletzung auf Seiten des Bestellers soll dem Unternehmer das einseitige Kündigungsrecht zustehen.

107 Zudem muss der Unternehmer dem Besteller eine angemessene **Frist** für die Zustimmung nach § 650b Abs. 2 S. 2 BGB setzen. Wie diese zeitlich zu bemessen ist, hängt ganz entscheidend von den Umständen des Einzelfalls ab. Sie muss es dem Besteller ermöglichen, den Planungsvorschlag des Unternehmers und insbesondere die Möglichkeit seiner Umsetzung eingehend zu prüfen. Insbesondere wird hierbei die Finanzierbarkeit des Planungsvorschlags eine erhebliche Rolle für den Besteller spielen. Allein die Klärung dieser Frage, wird nicht unerhebliche Zeit in Anspruch nehmen. Vor diesem Hintergrund wird die Frist im Regelfall **mindestens einen Monat** betragen müssen.[67]

---

[66] Auch wenn man wie *Motzke* NZBau 2017, 251 (252) die Zustimmung des Bestellers als aufschiebende Bedingung nach § 158 BGB einordnen wollte, so könnte eine Zustimmung nicht über § 162 BGB fingiert werden, da dies der grundsätzlichen Konzeption des § 650r BGB widerspricht.

[67] Ebenso *Kniffka*, Vortragsmanuskript, S. 78.

III. Sonderkündigungsrecht, § 650r BGB

Das Sonderkündigungsrecht des Unternehmers entsteht, wenn der Besteller innerhalb der vom Unternehmer gesetzten angemessenen Frist nach Vorlage vollständiger und ordnungsgemäßer Unterlagen gemäß § 650p Abs. 2 S. 2 BGB seine **Zustimmung verweigert** oder **keine Erklärung zu den Unterlagen abgibt**. In diesem Falle ist die Zielfindungsphase als gescheitert anzusehen, was ein Kündigungsrecht seitens des Unternehmers rechtfertigt.

108

Problematisch können Fälle sein, in denen der Besteller den vollständig vorgelegten mangelfreien Unterlagen zwar grundsätzlich zustimmt, hieran aber mehr oder weniger umfangreiche **Änderungsvorbehalte** geltend macht.

109

Soweit ein solches Vorgehen insgesamt als Zustimmung gewertet werden würde, stünde dem Unternehmer kein Sonderkündigungsrecht zu. Fraglich wäre dann, inwieweit der Unternehmer zur Ausführung der Änderungen verpflichtet ist und wie diese zu vergüten sind. Soweit der Besteller den vorgelegten Unterlagen **grundsätzlich zustimmt,** ist hierdurch eine Konkretisierung des vertraglich angestrebten Erfolgs eingetreten. Insoweit ist die Zielfindungsphase abgeschlossen, da die grundsätzlichen Festlegungen getroffen worden sind. Dementsprechend kann der Besteller die geltend gemachten Änderungsvorbehalte nicht mehr auf Grundlage des § 650p Abs. 2 BGB geltend machen. Denn Änderungswünsche des Bestellers, die bereits getroffene Festlegungen betreffen, bedürfen entweder einer vertraglichen Änderungsvereinbarung oder können über das Anordnungsrecht nach § 650b BGB geltend gemacht werden.[68] Hieraus folgt zudem, dass die Umsetzung der vorbehaltenen Änderungswünsche gesondert zu vergüten sind.

110

Dem Rechtsgedanken des § 150 Abs. 2 BGB folgend könnte man jedoch auch argumentieren, dass eine unter Änderungsvorbehalten stehende Zustimmung eine **Ablehnung der vorgelegten Unterlagen** bedeutet. In diesem Falle hätte die Zielfindungsphase nicht zum Erfolg geführt und dem Unternehmer würde das Kündigungsrecht nach Abs. 2 BGB zustehen.

111

Die Lösung dieser problematischen Fälle wird sich am jeweiligen **Umfang der** durch den Besteller **vorbehaltenen Änderungen** zu orientieren haben. Soweit der Besteller seine grundsätzliche Zustimmung zu den vorgelegten Unterlagen erklärt und hierbei lediglich geringe Änderungswünsche geltend macht, ist ein einseitiges Lösungsrecht des Unternehmers nicht gerechtfertigt und entspricht wohl auch nicht den beiderseitigen Interessen. Da der Besteller den vorgelegten Unterlagen i**m Wesentlichen zustimmt,** ist insgesamt von einer Zustimmung auszugehen. Nur in den Fällen, in denen die vorbehaltenen Änderungen einen solchen Umfang erreichen, dass nicht mehr von einer grundsätzlichen Zustimmung gesprochen werden kann, muss die unter Änderungsvorbehalten abgegebene Zustimmung insgesamt als Ablehnung bzw. Verweigerung der Zustimmung gewertet werden. Dies ist insbesondere dann der Fall, wenn die Änderungswünsche die **wesentlichen Grundlagen des Planungsvorschlags** betreffen.

112

4. Vergütungsanspruch nach erfolgter Kündigung, § 650r Abs. 3 BGB

Macht der Besteller (Absatz 1) oder der Unternehmer (Absatz 2) von seinem Sonderkündigungsrecht Gebrauch, so steht Letzterem nach Absatz 3 die Vergütung zu, die auf die bis zur Kündigung erbrachten Leistungen entfällt. Hierin liegt ein wesentlicher Unterschied zum Kündigungsrecht des Bestellers nach § 648 BGB. Sowohl das Sonderkündigungsrecht nach § 650r Abs. 1 BGB, als auch das Kündigungsrecht nach § 648 BGB setzen keinen Kündigungsgrund voraus. Der maßgebliche Unterschied besteht je-

113

---

[68] Gesetzentwurf der Bundesregierung, BT-Drs. 18/8486, 67.

doch darin, dass der Unternehmer bei einer Kündigung des Bestellers nach § 648 BGB berechtigt ist, die vereinbarte Vergütung unter Anrechnung seiner ersparten Aufwendungen zu verlangen. Eine solche Vergütung steht dem Unternehmer nach erfolgter Ausübung des Sonderkündigungsrechts nach § 650r BGB nicht zu. Soweit der Besteller ein Verbraucher ist und sein Sonderkündigungsrecht beispielsweise aufgrund einer fehlerhaften Unterrichtung nach § 650r Abs. 1 S. 1 BGB erst wesentlich später als nach Beendigung der Zielfindungsphase ausübt, so hat der Unternehmer auch Anspruch auf die nach Beendigung der Zielfindungsphase erbrachten Leistungen. Maßgeblicher Zeitpunkt ist einzig die Ausübung des Sonderkündigungsrechts.

114 Soweit nichts anderes vereinbart wurde, gelten hinsichtlich der **Höhe der Vergütung** auch hier grundsätzlich die Regelungen der HOAI. Soweit diese für die erbrachten Leistungen keine Regelungen enthält, hat der Unternehmer gemäß den §§ 650q Abs. 1, 632 Abs. 2 Alt. 2 BGB Anspruch auf die übliche Vergütung.

IV. Teilabnahme, § 650s BGB

115 Abweichend vom **Grundsatz des § 640 BGB,** wonach der Besteller erst nach vollständiger Herstellung des geschuldeten Werkes zur Abnahme verpflichtet ist, wird dem Unternehmer im Rahmen eines Architekten- oder Ingenieurvertrags mit der Regelung des § 650s BGB erstmals ein **gesetzliches Recht auf Teilabnahme**[69] eingeräumt. Soweit die letzte Leistung des bauausführenden Unternehmers oder der bauausführenden Unternehmer abgenommen worden ist, kann auch der Unternehmer Teilabnahme der von ihm bis dahin erbrachten Leistungen verlangen, unabhängig davon, welche Leistungen der Unternehmer bis zu diesem Zeitpunkt erbracht bzw. ab diesem Zeitpunkt noch zu erbringen hat.

1. Hintergrund und Ziel der Regelung

116 Neben der bestehenden Versicherungspflicht der Architekten und Ingenieure[70] führt auch der regelmäßig später beginnende Lauf der Verjährungsfrist dazu, dass im Rahmen der gesamtschuldnerischen Haftung zwischen Architekt bzw. Ingenieur und dem bauausführenden Unternehmer bei Mängeln am Bauwerk oder der Außenanlage meist der Architekt bzw. Ingenieur bevorzugt in Anspruch genommen wird. Wird im Rahmen eines Architektenvertrages die sog. **Vollarchitektur** vereinbart, obliegt dem Architekten im Rahmen der Leistungsphase 9 auch die **Objektbetreuung** nach Abschluss des Bauvorhabens. Ist vertraglich nichts anderes vereinbart, kann der Architekt erst nach Erfüllung aller ihm obliegenden Leistungspflichten und somit auch erst nach Abschluss der Leistungsphase 9 eine Abnahme der durch ihn erbrachten Leistungen verlangen. Dies betrifft auch die in den vorherigen Leistungsphasen durch den Architekten erbrachten Planungs- und Überwachungsleistungen. Auf eine gesonderte Abnahme dieser Leistungen besteht nach bisheriger Rechtslage kein Anspruch. Die bauausführenden Unternehmer hingegen können gemäß § 640 BGB bereits mit Fertigstellung des Bauwerks oder der Außenanlage Abnahme ihrer Werkleistung verlangen. Zu diesem Zeitpunkt befindet sich der Architekt jedoch erst in Leistungsphase 8.

117 Gemäß Anlage 10.1 HOAI hat der Architekt im Rahmen der Leistungsphase 9 in der Regel eine Objektbegehung zu Mängelfeststellung vor Ablauf der Verjährungsfrist vor-

---

[69] Vergleiche hierzu *Kuhn* ZfBR 2017, 211 ff.
[70] Vergleiche hierzu die Ausführungen unter → Rn. 138.

IV. Teilabnahme, § 650s BGB

zunehmen und bei der Freigabe von Sicherheitsleistungen mitzuwirken. Folglich ist die Leistungsphase 9 regelmäßig erst dann beendet, wenn die Verjährungsfristen hinsichtlich der durch die bauausführenden Unternehmer erbrachten Werkleistungen abgelaufen sind. Soweit es sich um die Errichtung eines Bauwerks handelt, verjähren Mängelansprüche gegen den oder die bauausführenden Unternehmer gemäß § 634 Abs. 1 Nr. 2 BGB innerhalb von 5 Jahren nach Abnahme. Erst wenn diese 5-jährige Verjährungsfrist abgelaufen ist, ist auch die Leistungsphase 9 und damit regelmäßig der gesamte Architektenvertrag vollständig durchgeführt und nach § 640 BGB abnahmereif. Mängelansprüche gegen den Architekten verjähren dann ebenfalls gemäß § 634a Abs. 1 Nr. 2 BGB in 5 Jahren. Diese Verjährungsfrist beginnt gemäß § 634a Abs. 2 BGB mit Abnahme der Architektenleistung, also regelmäßig zu einem Zeitpunkt, zu welchem Mängelansprüche gegen die bauausführenden Unternehmer bereits verjährt sind. Im Ergebnis dessen haftet der Architekt für Mängel am Bauwerk regelmäßig deutlich länger als der bauausführende Unternehmer. Soweit die Mängel am Bauwerk überwiegend durch den bauausführenden Unternehmer zu verantworten sind, führt dieser Zustand zu einer erheblichen Benachteiligung des Architekten bzw. Ingenieurs. Ein Regressanspruch des Architekten bzw. Ingenieurs gegen den bauausführenden Unternehmer scheitert jedoch nicht schon an einer bereits eingetretenen Verjährung im Verhältnis zwischen dem Besteller und dem bauausführenden Unternehmer.[71]

Um diesen teils erheblichen Unterschied zwischen den Haftungszeiträumen anzugleichen, wird dem Architekten bzw. Ingenieur mit der Regelung des § 650s BGB ein Recht auf Teilabnahme eingeräumt. Dieses Recht steht dem Architekten ab Abnahme der letzten Leistung des bauausführenden Unternehmers zu. Somit wird hinsichtlich der Ansprüche wegen Mängeln am Bauwerk oder der Außenanlage (Planungs- und Überwachungsmängel) ein weitgehender **Gleichlauf der Verjährungsfristen** zwischen dem Architekten bzw. Ingenieur und dem bauausführenden Unternehmer erreicht. Da die Abnahme der Objektbetreuung erst mit Beendigung der Leistungsphase 9 erfolgt, werden infolge der vorherigen Teilabnahme die Verjährungsfristen für Planungs- und Überwachungsmängel einerseits und für Mängel im Rahmen der Objektbetreuung andererseits regelmäßig getrennt voneinander in Lauf gesetzt. Soweit der Architekt im Rahmen der gesamtschuldnerischen Haftung wegen eines Mangels am Bauwerk dennoch bevorzugt vom Besteller in Anspruch genommen wird, so verbleibt ihm der auch bereits vor der Neuregelung bestehende Regressanspruch gegen den bauausführenden Unternehmer.

Zwar war auch bereits nach bisherigem Recht eine vertragliche Vereinbarung über eine Teilabnahme möglich, gleichwohl sind entsprechende Klauselversuche in Vertragsformularen der Architekten nicht selten gescheitert.[72] Diese Problematik ist durch das gesetzlich vorgesehene Teilabnahmerecht des Architekten bzw. Ingenieurs nunmehr beseitigt.

Die Auswirkungen des § 650s BGB sind jedoch nicht nur auf die Beauftragung mit einer Vollarchitektur beschränkt. Auch soweit der Architekt lediglich mit den **Leistungsphasen 1–8** betraut ist, wird die Regelung des § 650s BGB regelmäßig zu einer Teilabnahme der bisher durch den Architekten erbrachten Leistungen führen. Behält sich der Bauherr bei Abnahme der letzten Leistung des bauausführenden Unternehmers gemäß § 640 Abs. 3 BGB Rechte wegen eines oder mehrere Mängel vor, so ist der mit Leistungsphase 8 beauftragte Architekt regelmäßig auch zur Überwachung der Beseiti-

---

[71] BGH Urt. v. 9.7.2009 – VII ZR 109/08, NZBau 2010, 45 = NJW 2010, 62.
[72] *Kniffka*, Vortragsmanuskript S. 89.

gung dieser Mängel verpflichtet (vgl. Anlage 10.1 HOAI, LPH 8). Da der Architekt seine Leistungen im Zeitpunkt der Abnahme der letzten Leistung des bauausführenden Unternehmers damit noch nicht vollständig erbracht hat, scheidet eine Endabnahme insoweit aus. In diesen Fällen steht dem Architekten nunmehr ein Recht auf Teilabnahme der bis dahin erbrachten Leistungen zu, obwohl er die ihm im Rahmen der Leistungsphase 8 obliegenden Leistungen noch nicht vollständig erbracht hat.[73] Soweit eine solche Teilabnahme erfolgt, werden die hiervon noch nicht erfassten Leistungen im Rahmen der Endabnahme abgenommen.

2. Durchführung der Teilabnahme

a) Voraussetzungen des Teilabnahmeverlangens

121 Selbstverständlich kann der Architekt bzw. Ingenieur erst dann Teilabnahme gemäß § 650q Abs. 1 i.V.m. § 640 Abs. 1 BGB verlangen, wenn die vom Architekten erbrachte Teilleistung **vertragsmäßig** ist. Liegen wesentliche Mängel bezüglich der bisher durch den Architekten erbrachten Leistungen vor, kann der Besteller auch die Teilabnahme verweigern.

122 Voraussetzung für die Möglichkeit des Teilabnahmeverlangens ist zudem die **Abnahme der letzten Leistung des bauausführenden Unternehmers** bzw. der bauausführenden Unternehmer. Hierbei kommt es maßgeblich nur auf diejenigen Bauunternehmerleistungen an, deren Ausführung der Architekt unmittelbar fachlich zu überwachen hat.[74] denn nur hinsichtlich dieser Leistungen ist der Schutzweck der Vorschrift, ein Gleichlauf der Verjährungsfristen innerhalb der gesamtschuldnerischen Haftung, eröffnet. Hinsichtlich der geforderten Abnahme der Bauunternehmerleistungen kommt es auf die **rechtsgeschäftliche** und nicht eine technische Abnahme an.[75] Eine vorherige (Teil)Abnahme von Einzelleistungen des bauausführenden Unternehmers oder Gesamtleistungen nur einzelner bauausführender Unternehmer reicht nicht aus.[76] Anderes lässt sich auch dem Wortlaut der Vorschrift nicht entnehmen. Die Differenzierung zwischen der letzten Leistung „des bauausführenden Unternehmers" und „der bauausführenden Unternehmer" soll lediglich dem Umstand Rechnung tragen, dass an einem Projekt auch mehrere Bauunternehmer beteiligt sein können. Hinsichtlich der zuvor bereits abgenommenen Leistungen der bauausführenden Unternehmer kann folglich kein Gleichlauf der Verjährungsfristen erreicht werden. Sofern also die Vergabe von Einzelleistungen an unterschiedliche bauausführende Unternehmer erfolgt, wird durch die Regelung ein Gleichlauf der Verjährungsfrist nur hinsichtlich der zuletzt abgenommenen Einzelleistung erreicht. Hinsichtlich der übrigen zuvor bereits abgenommenen Leistungen, verbleibt es bei der eingangs erläuterten Problematik.

123 Fraglich ist, ob auch die unter **Vorbehalt von Mängelrechten** gemäß § 640 Abs. 3 BGB erklärte Abnahme eine Abnahme im Sinne des § 650s BGB darstellt.[77] Da durch die Möglichkeit einer Teilabnahme ein Gleichlauf der Verjährungsfristen erreicht werden soll, ist diese Frage im Gleichlauf mit der Vorschrift des § 634a Abs. 2 BGB zu beantworten. Nur soweit man den in § 634a Abs. 2 BGB geregelten Verjährungsbeginn den gleichen Voraussetzungen unterwirft wie die Teilabnahme nach § 650s BGB, kann ein solcher Gleichlauf gewährleistet werden.

---

[73] *Kalte/Wiesner*, Deutsches Ingenieurblatt 6 – 2017, S. 49 ff.
[74] *Kuhn* ZfBR 2017, 211 (216).
[75] *Motzke* NZBau 2017, 251 (257).
[76] Vgl. hierzu *Kuhn* ZfBR 2017, 211 (213).
[77] Vgl. hierzu Kuhn ZfBR 2017, 211 (214).

IV. Teilabnahme, § 650s BGB

124 Liegen die vorstehenden Voraussetzungen vor, besteht eine Pflicht des Bestellers zur Teilabnahme, wenn und soweit der Unternehmer diese verlangt. Ein solches **Verlangen** ist mangels anderweitiger gesetzlicher Bestimmungen **formlos möglich**.[78] Da der Unternehmer hinsichtlich dieser anspruchsbegründenden Voraussetzungen beweisbelastet ist, sollte das Verlangen immer **schriftlich** erfolgen und der Zugang beispielsweise mittels Einschreiben nachgewiesen werden.

125 Problematisch ist der Fall, dass der Unternehmer die **Abnahme der letzten Leistung des bauausführenden Unternehmers zu Unrecht verweigert.** Da diese Abnahme wiederum Voraussetzung für den Teilabnahmeanspruch des Bestellers ist, gelangt auch dieser nach dem Wortlaut der Vorschrift nicht zur Entstehung. Somit hätte es der Unternehmer in der Hand, durch Verweigerung der Abnahme der letzten Leistung des bauausführenden Unternehmers auch eine Teilabnahme des Architekten bzw. Ingenieurs zu verhindern. Soweit hinsichtlich dieser Abnahme der letzten Leistung des bauausführenden Unternehmers im Verhältnis zu diesem die **Abnahmefiktion** nach § 640 Abs. 2 BGB greift, so muss die Leistung des bauausführenden Unternehmers auch im Verhältnis zum Architekten bzw. Ingenieur **als abgenommen gelten.** In diesem Falle tritt die Abnahmefiktion an die Stelle einer tatsächlichen Abnahme, so dass der Architekt bzw. Ingenieur gemäß § 650s BGB Teilabnahme seiner bis dahin erbrachten Leistungen verlangen kann. Verweigert der Besteller die Abnahme der Leistung des bauausführenden Unternehmers jedoch unter Angabe eines – wenn auch unwesentlichen – Mangels, so tritt gegenüber dem bauausführenden Unternehmer keine Abnahmefiktion ein. In diesem Fall gilt die Leistung des bauausführenden Unternehmers auch im Verhältnis zum Architekten bzw. Ingenieur nicht als abgenommen, so dass dieser eine Teilabnahme zunächst nicht verlangen kann.

126 Neben dem nunmehr **gesetzlich** geregelten Recht auf Teilabnahme verbleibt gleichwohl die Möglichkeit, eine solche (formularmäßig) **vertraglich** zu vereinbaren. Damit eine solche Vereinbarung aufgrund unangemessener Benachteiligung gemäß § 307 Abs. 1 S. 1, Abs. 2 Nr. 1 BGB nicht unwirksam ist,[79] muss darauf geachtet werden, dass dem Architekten bzw. Ingenieur das in § 650s BGB geregelte Recht, vom Unternehmer die Teilabnahme zu verlangen, nicht eingeschränkt wird. Soweit die im Rahmen der Leistungsphase 8 zu erbringenden Leistungen erbracht, gleichwohl die Leistungen der bauausführenden Unternehmer noch nicht vollständig abgenommen worden sind, ist eine Teilabnahme gemäß § 650s BGB noch nicht möglich. Wird in diesem Fall ein Recht auf Teilabnahme für den Zeitpunkt nach Abschluss der Leistungsphase 8 (Objektüberwachung)[80] formularmäßig vereinbart, liegt eine unangemessene Benachteiligung des Architekten bzw. Ingenieurs nicht vor. Im umgekehrten Fall, wenn also die Leistungsphase 8 noch nicht abgeschlossen ist, die Voraussetzungen des § 650s BGB gleichwohl vorliegen, würde eine formularmäßige Regelung, welche einen Anspruch auf Teilabnahme erst **nach Abschluss der Leistungsphase 8** gewährt, den Architekten bzw. Ingenieur unangemessen benachteiligen, soweit hierdurch die Möglichkeit nach § 650s BGB Teilabnahme zu verlangen ausgeschlossen werden würde. Dieser Fall dürfte die Regel sein, da die Objektüberwachung nach Leistungsphase 8 regelmäßig deutlich später endet, als die Abnahme der Ausführungsleistungen.[81] Daher sollte das Teilabnahmeverlangen nach § 650s BGB möglichst ausdrücklich bestehen bleiben.

---

[78] *Kuhn* ZfBR 2017, 211 (212).
[79] Hierzu *Kuhn* ZfBR 2017, 211 (218).
[80] Hierzu BGH Urt. v. 5.4.2001 – VII ZR 161/00, Ls, BauR 2001, 1928.
[81] *Fuchs* NZBau 2015, 675 (682).

127 Um für den erstgenannten Fall, dass die Voraussetzungen des § 650s BGB nach Abschluss der Leistungsphase 8 noch nicht vorliegen, dennoch einen Anspruch auf Teilabnahme zu haben, empfiehlt es sich **neben** dem gesetzlichen Anspruch auf Teilabnahme, eine solche **zusätzlich** vertraglich zu vereinbaren.

128 Als vertragliche Regelung neben dem gesetzlichen Anspruch auf Teilabnahme bietet sich folgende Formulierung an:

„Der Auftraggeber ist verpflichtet, die Leistungen des Auftragnehmers bis einschließlich Leistungsphase 8 bei Vorliegen der Abnahmevoraussetzungen separat abzunehmen.[82] **Hiervon unberührt bleibt das Recht des Auftragnehmers, die Teilabnahme gemäß § 650s BGB zu verlangen, soweit dessen Voraussetzungen vorliegen.**"

b) Anwendbare Vorschriften und Durchführung der Abnahme

129 Über den Verweis des § 650q Abs. 1 BGB auf das **allgemeine Werkvertragsrecht** sind im Rahmen der Teilabnahme die dort geregelten Vorschriften zur Abnahme entsprechend anwendbar. Damit stellt die Teilabnahme hinsichtlich des angenommenen Teils eine rechtsgeschäftliche Abnahme dar, für welche die Voraussetzungen und Rechtsfolgen des § 640 BGB gelten.[83]

130 Dies gilt insbesondere für die **Abnahmefiktion** des § 640 Abs. 2 BGB. Fordert der Unternehmer den Besteller nach Abnahme der letzten Leistung des bauausführenden Unternehmers bzw. der bauausführenden Unternehmer zur Abnahme der von ihm bis dahin erbrachten Leistungen auf, so gelten diese als abgenommen, wenn der Unternehmer dem Besteller nach Abnahme der letzten Leistung des bauausführenden Unternehmers bzw. der bauausführenden Unternehmer eine angemessene Frist zur Teilabnahme gesetzt hat und der Besteller diese nicht innerhalb der gesetzten Frist unter Angabe mindestens eines Mangels verweigert hat. Soweit es sich beim Besteller um einen Verbraucher im Sinne des § 13 BGB handelt, gilt diese Abnahmefiktion nur, wenn der Unternehmer den in § 640 Abs. 2 S. 2 BGB genannten Unterrichtungspflichten nachgekommen ist. Im Übrigen gelten hierzu die unter → § 3 Rn. 17 gemachten Ausführungen.

131 Neben dem **Verjährungsbeginn** nach § 634a Abs. 2 BGB gelten auch die übrigen an die Abnahme knüpfenden Rechtsfolgen, insbesondere der **Gefahrübergang** nach § 644 BGB, die **Verantwortlichkeit des Bestellers** nach § 645 BGB, die **Beweislastumkehr** sowie **die Fälligkeit der Vergütung** nach § 641 Abs. 1 BGB gelten für die Teilabnahme ebenso. Die Regelung des § 646 BGB dürfte im Rahmen des Architekten oder Ingenieurvertrags hingegen keinen relevanten Anwendungsbereich haben.

132 Auch hinsichtlich der **Durchführung der Abnahme** gelten die allgemeinen Vorschriften und Grundsätze. Neben einer ausdrücklichen Abnahme kann daher auch die Teilabnahme konkludent erfolgen. Die an eine solche **konkludente Abnahme** von der Rechtsprechung gestellten Anforderungen[84] gelten ebenso für die Teilabnahme nach § 650s BGB. Da die Pflicht zur Teilabnahme gemäß § 650s BGB nur entsteht, wenn der Architekt bzw. Ingenieur die Teilabnahme verlangt, setzt auch die konkludente Teilabnahme voraus, dass der Architekt zuvor sein **Verlangen erklärt** hat.[85] Unabhängig von einer Klärung des Verlangens bleibt es dem Besteller unbenommen, seinerseits eine

---

[82] BeckOF Vertrag/*Bock*, 40. Ed. 2017, 4.1 Architektenvertrag für Objektplanung.
[83] *Kuhn* ZfBR 2017, 211 (211).
[84] Vergleiche hierzu die Ausführungen von Kniffka/Koeble 12. Teil Rn. 682 ff., sowie *Werner/Pastor* Rn. 1823 ff. mwN.
[85] *Kuhn* ZfBR 2017, 211 (212).

konkludente Teilabnahme zu klären. Der diesbezügliche Wille des Bestellers muss hierbei jedoch klar zum Ausdruck kommen.[86]

c) Verweigerung der Teilabnahme durch den Besteller

Gemäß § 640 Abs. 2 S. 1 BGB tritt die Abnahmefiktion nicht ein, wenn der Besteller die Abnahme innerhalb der vom Besteller gesetzten Frist unter Angabe mindestens eines Mangels verweigert hat. Obgleich die Abnahme wegen unwesentlicher Mängel gemäß § 640 Abs. 1 S. 2 BGB nicht verweigert werden kann, reicht die Angabe solcher unwesentlichen Mängel aus, um den Eintritt der Abnahmefiktion zu verhindern.[87] Demnach kann auch eine eigentlich unberechtigte, weil auf lediglich unwesentliche Mängel gestützte Verweigerung der Abnahme den Eintritt der Abnahmefiktion verhindern.

In einem solchen Fall findet die über den Verweis des § 650q Abs. 1 BGB anwendbare Regelung des § 650g BGB Anwendung. Demnach kann der Unternehmer vom Besteller die Mitwirkung an einer **gemeinsamen Zustandsfeststellung verlangen.** Bleibt der Unternehmer einer solchen fern, kann der Unternehmer sie gemäß § 650g Abs. 2 BGB einseitig vornehmen. Zu den Einzelheiten und Rechtswirkungen der Zustandsfeststellung vergleiche die Ausführungen unter → § 2 Rn. 142 ff.

V. Gesamtschuldnerische Haftung mit dem bauausführenden Unternehmer, § 650t BGB

§ 650t sieht vor, dass ein Unternehmer, der vom Besteller wegen eines **Überwachungsfehlers,** der zu einem Mangel an dem Bauwerk oder der Außenanlage geführt hat, in Anspruch genommen wird, die Leistung verweigern kann, wenn auch der bauausführende Unternehmer für den Mangel haftet und der Besteller diesem noch nicht erfolglos eine angemessene Frist zur nach Erfüllung bestimmt hat. Mit dieser Vorschrift soll ein „Vorrang der Nacherfüllung" im Verhältnis zwischen Architekt/Ingenieur, ausführendem Bauunternehmer und Besteller eingeführt werden.[88] Entgegen der anderslautenden Überschrift wird durch § 650t BGB die gesamtschuldnerische Haftung selbst nicht geregelt. Diese ergibt sich vielmehr aus dem in ständiger Rechtsprechung angewendeten § 421 BGB. Das hiernach bestehende Gesamtschuldverhältnis zwischen ausführenden Bauunternehmer und Architekt/Ingenieur wird durch § 650t BGB lediglich näher ausgestaltet.

1. Hintergrund und Ausgangspunkt: Gesamtschuldnerische Haftung zwischen Architekt und bauausführendem Unternehmer

Hintergrund und Ausgangspunkt der Regelung ist die bereits vor Jahrzehnten durch die Rechtsprechung entwickelte gesamtschuldnerische Haftung zwischen dem Architekten bzw. Ingenieur und dem bauausführenden Unternehmer. Soweit sowohl der Architekt bzw. Ingenieur, als auch der ausführende Bauunternehmer wegen eines Mangels am Bauwerk haften, besteht zwischen beiden ein Gesamtschuldverhältnis. Ein solches besteht selbst dann, wenn der Architekt wegen eines Mangels am Bauwerk gemäß § 634 Nr. 4 BGB auf Schadenersatz in Anspruch genommen wird, während dem aus-

---

[86] *Kuhn* ZfBR 2017, 211 (212) mwN.
[87] Gesetzentwurf der Bundesregierung, BT-Drs. 18/8486, 48.
[88] Gesetzentwurf der Bundesregierung, BT-Drs. 18/8486, 70.

führenden Bauunternehmer zunächst noch ein Nacherfüllungsrecht (Recht zur zweiten Andienung) zusteht.[89] In diesem Fall hat der Besteller die Wahl, welchen von beiden (Architekten/Ingenieur oder[90] bauausführenden Unternehmer) er in Anspruch nimmt. Soweit er sich für den Architekten bzw. Ingenieur entscheidet, kann er diesem gegenüber den vollen Schaden geltend machen.

137 Zu unterscheiden sind verschiedene **Fälle der gesamtschuldnerischen Haftung,** welche sowohl bei einem **Planungsfehler,** als auch einem **Überwachungsfehler** des Architekten denkbar sind.[91] Soweit ein Baumangel durch den ausführenden Bauunternehmer verursacht wurde, die Planung des Architekten aber mangelfrei war, entsteht ein Gesamtschuldverhältnis dann, wenn der Architekt den Baumangel infolge **mangelhafter Überwachung** nicht erkannt hat. Der Architekt kann sich hierbei im Verhältnis zum Besteller nicht auf ein mitwirkendes Verschulden des Bauunternehmers berufen. Soweit der Baumangel auf einem **Planungsfehler** des Architekten beruht, besteht ein Gesamtschuldverhältnis mit dem bauausführenden Unternehmer dann, wenn dieser den Planungsfehler erkennen konnte und hierauf nicht hingewiesen hat. Auch hierbei haftet der Architekt dem Besteller in voller Höhe. Da sich der Besteller gegenüber dem ausführenden Bauunternehmer das Verschulden des (mangelhaft) planenden Architekten zurechnen lassen muss, ist der Anspruch des Bestellers gegen den bauausführenden Unternehmer im Verhältnis des Mitverschuldens zu kürzen.

138 Die Auswahl des jeweiligen Schuldners durch den Besteller wird regelmäßig unter der Prämisse ausreichender Solvenz erfolgen. Ganz erheblich fällt hierbei ins Gewicht, dass Architekten und Ingenieure berufsrechtlich zum Abschluss einer Berufshaftpflichtversicherung verpflichtet sind. Soweit der in Anspruch genommene Architekt bzw. Ingenieur ausfällt, steht dem Besteller die solvente Haftpflichtversicherung zur Verfügung. Folglich liegt eine Inanspruchnahme des Architekten nahe.

139 Da die Nacherfüllung einer bereits umgesetzten fehlerhaften Planung nicht mehr möglich ist,[92] steht dem Besteller in diesem Fall ein Schadensersatzanspruch gegen den planenden Architekten/Ingenieur respektive dessen Haftpflichtversicherung zu. Dieser Anspruch umfasst auch die Aufwendungen, die dem Besteller durch die Beauftragung eines Dritten mit der Beseitigung der bestehenden Mängel entstehen. Der Besteller hat hier also die Wahl, ob er den bauausführenden Unternehmer zur Nacherfüllung auffordert oder aber die Mangelbeseitigung durch einen Dritten vornehmen lässt und die hierfür anfallenden Kosten als Schadensersatzanspruch gegenüber dem Architekten/Ingenieur geltend macht[93] (Zur möglichen Einwendung des rechtsmissbräuchlichen Verhaltens, vgl. die Ausführungen → Rn. 158).

140 Hiermit sind in der Praxis zwei wesentliche Probleme verbunden, die sowohl zur Benachteiligung des bauausführenden Unternehmens, als auch des Architekten bzw. Ingenieurs respektive deren Haftpflichtversicherungen führen können.

---

[89] Vgl. hierzu die Leitentscheidung des Großen Zivilsenats BGH Beschl. v. 1.2.1965, GSZ 1/64, NJW 1965, 1175 sowie BGH Urt. v. 19.12.1968 – VII ZR 23/66, NJW 1969, 653. Zum Ganzen: *Dammert*, Haftungsverband zwischen Bauunternehmer und Planer, S. 3 ff.
[90] Kniffka/Koeble/*Koeble*, 12. Teil Rn. 745; BGH Urt. v. 23.10.2003 – VII ZR 448/01, Ls, NZBau 2004, 50 = NJW-RR 2004, 165.
[91] Zur Gesamtschuld zwischen Planer und Bauunternehmer vgl. die Ausführungen von Kniffka/Koeble in Kompendium des Baurechts, 4. Aufl. 2014, Teil 12, Rz. 745 ff., sowie Werner/Frechen in Werner/Pastor, Der Bauprozess, 15. Aufl. 2015, Rz. 2481 ff. und Langen NZBau 2015, 71.
[92] Vgl. hierzu: Kniffka/Koeble/*Koeble*, 12. Teil Rn. 668.
[93] Diese Auswahlmöglichkeit wird durch Anwendung des § 242 BGB bereits nach bisheriger Rechtslage teilweise durch die Rechtsprechung eingeschränkt, vgl. hierzu *Jochem*, NZBau 2017, 346 ff.

141 Zunächst wird dem bauausführenden Unternehmer das ihm eigentlich gesetzlich zustehende Nacherfüllungsrecht genommen. Obwohl er mit der Ausführung des Bauwerks betraut war und daher eine Mangelbeseitigung regelmäßig am ökonomischsten wird durchführen können, erfolgt diese durch einen Dritten auf Kosten des planenden Architekten. Dieser kann sodann den bauausführenden Unternehmer auf Ausgleich gemäß § 426 BGB in Anspruch nehmen. Damit hat der bauausführende Unternehmer dem Architekten im Zweifel nach Maßgabe seines Haftungsteils die Kosten zu erstatten, welche infolge der Mangelbeseitigung durch den Dritten entstanden sind. Hierdurch wird der bauausführende Unternehmer regelmäßig stärker belastet, als bei einer durch ihn selbst durchgeführten (und ihm eigentlich gesetzlich zustehenden) Nacherfüllung in Form der Mangelbeseitigung. Faktisch wird dem bauausführenden Unternehmer damit nicht nur sein Nacherfüllungsrecht genommen, sondern er wird zudem mit Kosten belastet, die im Falle der selbst durchgeführten Nacherfüllung nicht angefallen wären.

142 Hieran schließt sich das eigentliche Problem an, die Benachteiligung des schadensersatzpflichtigen Architekten bzw. dessen Haftpflichtversicherung. Denn die Wertigkeit des Regressanspruchs gegen den bauausführenden Unternehmer hängt entscheidend von dessen Solvenz ab. Bei einer Insolvenz des bauausführenden Unternehmers bleibt der Architekt bzw. dessen Haftpflichtversicherung schlicht auf dem vollen Schaden sitzen. Dies führt zu einer wirtschaftlich stärkeren Belastung der Architekten und Ingenieure, als dies ihrem Beitrag zum Mangel entspricht.[94] Zudem trägt der Architekt das Insolvenzrisiko eines Bauunternehmers, mit welchem er nie in vertraglichen Verbindungen stand.

143 Diese Probleme hat auch der Gesetzgeber erkannt und – wenn auch mit nur mäßigem Erfolg – versucht sie zu beseitigen bzw. abzumildern. Zwar gab es in der Unterarbeitsgruppe Architektenvertragsrecht beim Bundesjustizministerium Überlegungen, das bisherige Haftungsregime durch eine objektbezogene Gesamtversicherung zu ersetzen, diese führten jedoch zu keinem Ergebnis.

144 Somit ist die Regelung des § 650t BGB lediglich ein Schritt in die richtige Richtung, um bestehende Disproportionen im Haftungsverbund von Bauunternehmern und Architekten/Ingenieur zu mindern, ob damit in der Praxis bestehenden Probleme substantiell gelöst oder gemindert werden, ist jedoch zu bezweifeln.[95]

2. Anwendungsbereich und Voraussetzungen des Leistungsverweigerungsrechts

145 Das Leistungsverweigerungsrecht des Architekten bzw. Ingenieurs gegenüber dem Besteller ist nur in den Grenzen des § 650t BGB gegeben. Demnach muss ein Überwachungsfehler des Architekten/Ingenieurs zu einem Mangel am Bauwerk geführt haben, welcher sowohl auf ein Verschulden des Architekten/Ingenieurs, als auch des bauausführenden Unternehmers zurückzuführen ist. Es muss also ein **Gesamtschuldverhältnis** aufgrund eines **Überwachungsfehlers** vorliegen. Dies ist der Fall, wenn das Bauwerk oder die Außenanlage durch den ausführenden Unternehmer abweichend von der Planung des Architekten/Ingenieurs errichtet wird und letzterer dies aufgrund mangelhafter Überwachung übersieht. Eine weitere denkbare Konstellation ist zudem, dass der bauausführende Unternehmer zwar plangerecht arbeitet, er und der planende Architekt/Ingenieur jedoch schuldhaft nicht erkennen, dass der Plan fehlerhaft ist.[96]

---

[94] Gesetzentwurf der Bundesregierung, BT-Drs. 18/8486, 71.
[95] Vgl. hierzu und zu weiteren möglichen Lösungsansätzen: *Dammert* BauR 2017, 421 (428).
[96] *Kniffka,* Vortragsmanuskript, S. 91.

146 Das in diesen Fällen bestehende Leistungsverweigerungsrecht des Unternehmers erlischt jedoch, wenn der Besteller den bauausführenden Unternehmer eine angemessene **Nacherfüllungsfrist** gesetzt hat und diese **verstrichen** ist.

147 Die Vorschrift regelt damit die Voraussetzungen für das Entstehen des Leistungsverweigerungsrechts (hierzu → Rn. 148) sowie für dessen Erlöschen (→ Rn. 151).

a) Entstehen des Leistungsverweigerungsrechts

148 Die **gesamtschuldnerische Haftung** von bauausführendem Unternehmer und Architekt/Ingenieur wird von § 650t BGB nicht geregelt, sondern vorausgesetzt. Eine solche Gesamtschuldnerische Haftung ist gegeben, wenn die Anspruchsvoraussetzungen der Mängelhaftung sowohl gegenüber dem bauausführenden Unternehmer, als auch gegenüber dem Architekten/Ingenieur vorliegen. Insbesondere muss sowohl die Pflichtverletzung des Architekten/Ingenieurs, als auch die des bauausführenden Unternehmers kausal für den Mangel am Bauwerk sein und jeweils ein Verschulden vorliegen.

149 Das Leistungsverweigerungsrecht des Unternehmers besteht zudem nur dann, wenn die gesamtschuldnerische Haftung auf einem **Überwachungsfehler** beruht, der zu einem Mangel an dem Bauwerk oder der Außenanlage geführt hat. Das Verweigerungsrecht des Unternehmers wurde bewusst nicht auf Planungsfehler erstreckt, da dies dem Gesetzgeber nicht interessengerecht erschien.[97] Soweit ein Überwachungsfehler des Unternehmers in Rede steht, ist der eigentliche Mangel durch den bauausführenden Unternehmer verursacht worden. Die Pflichtverletzung des Unternehmers liegt in diesem Falle „lediglich" in der unzureichenden Überwachung. Insoweit ist es gerechtfertigt dem Unternehmer ein Leistungsverweigerungsrecht zuzubilligen, da der bauausführende Unternehmer die Hauptursache für den Mangel gesetzt hat. Im Falle eines Planungsfehlers ist die Interessenlage genau umgekehrt. Die Hauptursache für den später eingetretenen Mangel hat hier der Unternehmer durch die fehlerhafte Planung selbst gesetzt. In diesem Falle ist ein Leistungsverweigerungsrecht nicht gerechtfertigt. Dass der Überwachungsfehler zu einem Mangel am Bauwerk oder der Außenanlage geführt haben muss ist bereits denknotwendige Voraussetzung für die Entstehung der gesamtschuldnerischen Haftung. Soweit sich ein Überwachungsfehler nicht am Bauwerk niederschlägt, liegt keine mangelhafte Leistung des ausführenden Unternehmers und damit kein Mangelbeseitigungsanspruch gegen diesen vor.

150 Soweit die vorstehenden Voraussetzungen vorliegen und der Besteller den Architekten bzw. Ingenieur wegen eines Überwachungsfehlers in Anspruch nimmt, steht diesem zunächst ein Leistungsverweigerungsrecht zu.

b) Erlöschen des Leistungsverweigerungsrechts

151 Das Leistungsverweigerungsrecht des Architekten/Ingenieurs erlischt jedoch, wenn der Besteller dem bauausführenden Unternehmer eine **angemessene Frist zur Nacherfüllung** bestimmt hat und diese Frist **fruchtlos verstrichen** ist. Einer erfolglosen Klage des Bestellers gegen den bauausführenden Unternehmer bedarf es zur Inanspruchnahme des Architekten/Ingenieurs nicht.

152 Wie lang diese Frist bemessen sein muss, hängt von den Gegebenheiten des Einzelfalls, insbesondere von Art und Umfang des Mangels ab. Dessen Beseitigung muss dem bauausführenden Unternehmer innerhalb der Frist jedenfalls möglich sein. Bleibt der bauausführende Unternehmer jedoch untätig und lässt die Frist verstreichen, so erlischt

---

[97] Gesetzentwurf der Bundesregierung, BT-Drs. 18/8486, 71.

das Leistungsverweigerungsrecht des Architekten/Ingenieurs, so dass er nunmehr vom Besteller auf Schadenersatz in Anspruch genommen werden kann.

Im Ergebnis kann der bauausführende Unternehmer das Leistungsverweigerungsrecht des Architekten/Ingenieurs durch bloße Passivität zum Erlöschen bringen. Soweit der bauausführende Unternehmer eine **Nacherfüllung** von vornherein **ernsthaft und endgültig verweigert,** wäre es jedoch unsinnig vom Besteller dennoch die Setzung einer angemessenen Frist zu fordern, da deren fruchtloser Ablauf bereits feststeht.

Dies entspricht auch Sinn und Zweck der Vorschrift. Sie soll dem Architekten/Ingenieur keinen zeitlichen Aufschub eventueller Schadensersatzforderungen des Bestellers gewähren, sondern gewährleisten, dass im Rahmen ihres Anwendungsbereichs eine primäre Inanspruchnahme des bauausführenden Unternehmers erfolgt. Schlägt eine solche Inanspruchnahme fehl, kann sich der Besteller an den Architekten bzw. Ingenieur wenden. Dem Rechtsgedanken des § 281 Abs. 2 BGB folgend ist demnach eine Fristsetzung bei ernsthafter und endgültiger Verweigerung der Nacherfüllung entbehrlich. Die endgültige Verweigerung der Nacherfüllung steht damit dem fruchtlosen Fristablauf gleich, so dass das Leistungsverweigerungsrecht des Bestellers zum Zeitpunkt der endgültigen Verweigerung erlischt. Gleiches muss gelten, wenn eine Fristsetzung aus anderen Gründen sinnlos bzw. unzumutbar ist. Orientierung bieten hierbei die in § 323 Abs. 2 BGB aufgeführten Konstellationen, in welchen der Gesetzgeber eine Fristsetzung für entbehrlich hält. Hierzu zählen Fixgeschäfte, sowie die Unzumutbarkeit einer Fristsetzung.

3. Verbleibende Probleme in der Praxis

Wie bereits einleitend erläutert, vermag die Vorschrift in der Praxis bestehenden Probleme nur teilweise abzumildern bzw. zu lösen.

Soweit dem bauausführenden Unternehmer durch eine vorzeitige Inanspruchnahme des Architekten/Ingenieurs das Recht zur Nacherfüllung genommen wurde, so verspricht § 650t BGB hier Abhilfe. Bevor der Besteller dem bauausführenden Unternehmer dieses Recht nicht eingeräumt hat, kann er sich mit Schadensersatzforderungen nicht an den Architekten/Ingenieur wenden. Die Vornahme der Nacherfüllung liegt hier auch im Interesse des bauausführenden Unternehmers, da er so überhöhte Regressansprüche des Architekten/Ingenieurs vermeiden kann. Soweit er nach Erfüllung leistet, steht ihm ein Regressanspruch gemäß § 426 BGB gegenüber dem Architekten/Ingenieur zu, welcher wiederum durch dessen Haftpflichtversicherung abgesichert ist.

Soweit sich der bauausführende Unternehmer – aus welchen Gründen auch immer – weigert, Nacherfüllung zu leisten, vermag die Vorschrift keinen ausreichenden Schutz des Architekten/Ingenieurs zu gewährleisten. Der drohende Regressanspruch des Architekten/Ingenieurs bei verweigerter Nacherfüllung vermag den bauausführenden Unternehmer selten zur Nacherfüllung zu animieren. Dies gilt insbesondere, wenn dieser insolvent ist bzw. kurz vor einer Insolvenz steht. Damit sind gerade in diesen Fällen die Voraussetzungen einer Inanspruchnahme des Architekten bzw. Ingenieurs respektive deren Haftpflichtversicherungen erfüllt, so dass diese nach wie vor das Insolvenzrisiko tragen. Insoweit besteht noch erheblicher Regelungsbedarf seitens des Gesetzgebers.

Unabhängig von der Regelung des § 650t BGB kann sich der in Anspruch genommene Architekt jedoch unter Umständen auf ein **rechtsmissbräuchliches Verhalten des Bestellers** berufen. Da der Besteller seine Rechte nach Treu und Glauben gemäß § 242 BGB auszuüben hat, kann er ausnahmsweise gehindert sein, einen Architekten wegen eines Bauüberwachungsfehlers in Anspruch zu nehmen, wenn und soweit er auf einfachere, insbesondere billigere Weise vom bauausführenden Unternehmer die Beseitigung des Mangels verlangen kann.[98] Eine solche Mängelbeseitigung des zur Nachbesserung bereiten bauausführenden Unternehmers ist regelmäßig einfacher und billiger. Daher kann der Besteller den bauüberwachenden Architekten dann nicht in Anspruch nehmen, wenn er den zur Nachbesserung bereiten Bauunternehmer durch eine unberechtigte Auftragsentziehung an der Mängelbeseitigung gehindert hat.[99]

---

[98] BGH Urt. v. 26.7.2007 – VII ZR 5/06, Rn. 24, BGH, NJW-RR 2008, 176 = NZBau, 2007, 721, vgl. zudem *Jochem* NZBau 2017, 346 ff.
[99] OLG Dresden Urt. v. 19.10.2016 – 13 U 74/16, NJW 2017, 1555, Ls.

§ 5 Verbraucherbauvertrag

I. Einleitung

Mit den Regelungen in § 650i bis § 650n BGB führt der Gesetzgeber erstmalig **Verbraucherschutzvorschriften speziell für das Werk- bzw. Bauvertragsrecht** in das Bürgerliche Gesetzbuch ein. Der Reformgeber beabsichtigt mit diesen Vorschriften, dem Verbraucherbauherrn bislang nicht kodifizierte Rechte einzuräumen und einheitliche Grundsätze für die Vertragsgestaltung und -auslegung von unter Verbraucherbeteiligung geschlossenen Werk- bzw. Bauverträgen gesetzlich zu verankern. Dabei hat der Gesetzgeber insbesondere die speziell den Verbraucherbauherrn bei Durchführung eines Bauvorhabens treffenden Risiken im Blick; setzt dieser doch für die Errichtung und den Umbau eines Hauses häufig einen wesentlichen Teil seiner wirtschaftlichen Leistungsfähigkeit ein.[1] Fehlende eigene Fachkenntnis, eine nicht rechtzeitige Fertigstellung des Baus oder die Insolvenz des Bauunternehmers können für den Verbraucher deshalb weitreichende Konsequenzen haben. Es ist für ihn deshalb von entscheidender Bedeutung, dass die wesentlichen Fragen des Bauvertragsrechts nicht der Vereinbarung der Parteien oder der Rechtsprechung überlassen bleiben, sondern gesetzlich geregelt sind.

1. Verbraucherschutz am Bau vor Inkrafttreten der Gesetzesreform zum 1.1.2018

Schon vor Inkrafttreten des neuen Bauvertragsrechts war der Verbraucher bei Abschluss von Verträgen über Bauleistungen durch **Verbraucherschutzvorschriften wie die §§ 312 ff. BGB, die AGB-rechtliche Inhaltskontrolle nach §§ 307 ff. BGB sowie § 632a Abs. 3 BGB aF** geschützt. Das konkrete Niveau des Verbraucherschutzes unterschied sich hierbei jedoch deutlich nach der jeweiligen Einordnung des Vertrages als nicht-privilegierter oder privilegierter Bauvertrag. Während der Verbraucher als Partei eines nicht-privilegierten Bauvertrages umfangreichen Schutz genoss, fiel der sogenannte privilegierte Bauvertrag im Sinne des § 312 Abs. 2 Nr. 3 BGB vor Inkrafttreten des neuen Bauvertragsrechts nahezu kaum in den Anwendungsbereich verbraucherschützender Vorschriften.

a) Verbrauchervertrag über Bauleistungen – nicht-privilegierte Bauverträge

Der in den §§ 312 ff. BGB normierte Verbraucherschutz sieht bei Vorliegen eines Verbrauchervertrages für den Unternehmer besondere **Offenbarungs- und Informationspflichten** vor. Neben der sogenannten Offenbarungspflicht bei Telefonanrufen[2] nach § 312a Abs. 1 BGB enthält § 312a Abs. 2 BGB iVm Art. 246 EGBGB einen Katalog an zusätzlichen vorvertraglichen Informationspflichten, die der Unternehmer zu erfüllen verpflichtet ist. So hat er den Verbraucher vor Abgabe von dessen Vertragserklärung in klarer und verständlicher Weise über die wesentlichen Eigenschaften des Vertragsgegenstandes (Art. 246 Abs. 1 Nr. 1 EGBGB), seine Identität (Art. 246 Abs. 1 Nr. 2 EGBGB), das Preisgefüge (Art. 246 Abs. 1 Nr. 3 EGBGB), ggf. über Zahlungs-, Liefer- und Leistungsbedingungen (Art. 246 Abs. 1 Nr. 4 EGBGB) sowie ggf. über die

---

[1] BT-Drs. 18/8486, 24.
[2] Vgl. hierzu *Lenkeit* BauR 2017, 454 (457).

Laufzeit des Vertrages oder die Bedingungen einer Kündigung (Art. 246 Abs. 1 Nr. 6 EGBGB) zu informieren.

4 Eine gesonderte Pflicht zur Information über das gesetzliche Mängelhaftungsrecht (Art. 246 Abs. 1 Nr. 5 EGBGB) dürfte bei Bauverträgen mit einem Verbraucher nicht bestehen, da sich die Vorschrift ausdrücklich auf Waren und nicht auf Dienstleistungen bezieht; werkvertragliche Leistungen fallen jedoch aus europarechtlicher Sicht unter den Begriff der Dienstleistung (Art. 2 Nr. 6 VerbrR-RL).[3] Auch die beiden weiteren in Art. 246 Abs. 1 Nr. 7 und 8 EGBGB aufgeführten Informationspflichten betreffend die Funktionsweise digitaler Inhalte sowie Beschränkungen der Interoperabilität und der Kompatibilität digitaler Inhalte mit Hard- und Software dürften für Verträge über Bauleistungen kaum von praktischer Relevanz sein; gleiches gilt für § 312a Abs. 3 BGB, der vorsieht, dass die Vereinbarung eines Entgelts für Nebenleistungen ausdrücklich zu erfolgen hat. Abschließend wird auch der Vorschrift des § 312a Abs. 4 BGB zu besonderen Wirksamkeitsvoraussetzungen für eine Vereinbarung über die Zahlung von Entgelt bei Verwendung eines bestimmtes Zahlungsmittels sowie der Vorschrift des § 312a Abs. 5 BGB zur Regelung des vom Verbraucher zu entrichtenden üblichen Tarifs für telefonische Auskünfte zur Vertragsabwicklung im Bauvertragsrecht keine praktische Relevanz zukommen.

5 Für Verbraucherverträge, die mittels einer **bestimmten Vertriebsform**, nämlich außerhalb von Geschäftsräumen des Unternehmers oder im Fernabsatz, zum Abschluss kommen, sieht § 312d Abs. 1 BGB iVm Art. 246a § 1 Abs. 1 EGBGB schließlich über den Katalog des § 312a Abs. 2 BGB iVm Art. 246 EGBGB hinausgehende **Informationspflichten** vor. Im Bereich des Bauvertragsrechtes kommt hierbei vor allem der Regelung des § 312d Abs. 1 BGB iVm Art. 246a § 1 Nr. 13 EGBGB besondere Bedeutung zu; hiernach hat der Unternehmer zumindest bei Verbraucherverträgen, welche nicht die Herstellung oder Instandsetzung eines Einfamilienhauses zum Gegenstand haben (§ 648a Abs. 6 Nr. 2 BGB aF bzw. § 650 f Abs. 6 Nr. 2 BGB nF), den Verbraucher über von ihm zu leistende Sicherheiten, wie die Bauhandwerkersicherung, zu informieren.

6 Ein für den Verbraucher ganz entscheidendes, in der Baupraxis jedoch vom Verbraucher wie vom Unternehmer kaum wahrgenommenes Instrument ist schließlich das **Widerrufsrecht** nach § 312g Abs. 1 BGB.[4] Verträge, welche außerhalb von Geschäftsräumen des Unternehmers oder im Fernabsatz[5] geschlossen worden sind, kann der Verbraucher widerrufen.[6] Der Widerruf hat nach § 355 Abs. 2 BGB innerhalb einer Frist von 14 Tagen ab Vertragsschluss zu erfolgen. Kommt der Unternehmer seiner Pflicht aus § 312d Abs. 1 BGB iVm Art. 246a § 1 Abs. 2 Nr. 1 EGBGB, den Verbraucher über sein Widerrufsrecht wirksam zu belehren, nicht nach, beginnt nach § 356 Abs. 3 Satz 1 BGB die Widerrufsfrist nicht zu laufen. In diesem Fall kann der Verbraucher den Vertrag noch innerhalb von 12 Monaten und 14 Tagen widerrufen, was gerade am Bau angesichts der bis dahin bereits erbrachten Leistungen von entscheidender Bedeutung ist. Da es nicht selten vorkommt, dass Bauverträge außerhalb von Geschäftsräumen, beispielsweise auf der Baustelle oder beim Verbraucher,[7] geschlossen werden, kam dem Widerrufsrecht bei Verbraucherverträgen über Bauleistungen bereits nach alter Rechtslage eine entscheidende Bedeutung zu.

---

[3] BGH Urt. v. 7.7.2016 – I ZR 68/15, NJW-RR 2017, 368; *Lenkeit* BauR 2017, 454 (463).
[4] *Lenkeit* BauR 2017, 454 (459).
[5] *Lenkeit* BauR 2017, 454 (462).
[6] BGH Urt. v. 22.3.2007 – VII ZR 268/05, BGHZ 171, 364.
[7] LG Stuttgart Urt. v. 2.6.2016 – 23 O 47/16, BauR 2017, 570; AG Bad Segeberg Urt. v. 13.4.2014 – 17 C 230/14, NJW-RR 2015, 921; OLG Düsseldorf, Beschl. v. 24.2.2014 – I-23 U 102/13; *Lenkeit* BauR 2017, 454 (462).

b) Verbrauchervertrag über den Bau von neuen Gebäuden oder erhebliche Umbaumaßnahmen an bestehenden Gebäuden – privilegierte Bauverträge

Die bereits vor Inkrafttreten der Reform des Bauvertragsrechtes geltenden Verbraucherschutzvorschriften schränken ihren Anwendungsbereich und damit den Schutz des Verbrauchers jedoch selbst wiederum erheblich ein. Handelt es ich bei dem Bauvertrag um einen Vertrag über den Bau von neuen Gebäuden oder erhebliche Umbaumaßnahmen an bestehenden Gebäuden, finden gemäß § 312 Abs. 2 Nr. 3 BGB aF aus den Vorschriften über die Grundsätze bei Verbraucherverträgen lediglich § 312a Abs. 1, 3, 4 und 6 BGB Anwendung. Der Verbraucherbauherr, der den Bau eines neuen Gebäudes oder erhebliche Umbaumaßnahmen in Auftrag gibt, profitiert von den Verbraucherschutzvorschriften also nur insoweit, als er vom Unternehmer bei Vertragsanbahnung mittels Telekommunikationsmitteln die an sich doch selbstverständliche Offenlegung seiner Identität und des geschäftlichen Zwecks des Anrufes erwarten kann (§ 312a Abs. 1 BGB). Er ist außerdem durch die für die Baupraxis nicht relevanten Vorschriften im Zusammenhang mit Entgeltvereinbarungen für Nebenleistungen (§ 312a Abs. 3 BGB), Vereinbarungen über die entgeltliche Verwendung bestimmter Zahlungsmittel (§ 312a Abs. 4 BGB) sowie im Zusammenhang mit Entgeltvereinbarungen für telefonische Auskünfte zur Vertragsabwicklung (§ 312a Abs. 5 BGB) geschützt.[8]

Im Übrigen ist sein Schutz jedoch weitestgehend eingeschränkt: Die vorvertraglichen Informationspflichten aus § 312a Abs. 2 BGB iVm Art. 246 EGBGB bzw. § 312d BGB iVm Art. 246a § 1 EGBGB sowie das für den Verbraucher bedeutsame Widerrufsrecht gelten für sogenannte „große", weil wirtschaftlich bedeutsame Verträge über Bauleistungen gerade nicht; eine bis dato deutliche **Einschränkung der Verbraucherschutzrechte**.[9]

2. Verbraucherschutz am Bau mit Inkrafttreten der Gesetzesreform zum 1.1.2008

Schwerpunkt der Reform des Bauvertragsrechts im Bereich des Verbraucherschutzes ist eine **Verbesserung des Schutzniveaus** im Bereich der bislang über § 312 Abs. 2 Nr. 3 BGB aF ausgenommenen privilegierten Bauvorhaben durch die Schaffung eines eigenständigen Verbraucher*bau*vertrages.[10] Damit soll die aufgezeigte Lücke im Verbraucherschutz (→ § 5 Rn. 7, 8) geschlossen und der Verbraucher bei Abschluss und Durchführung der für ihn wirtschaftlich bedeutsamen Verträge stärker geschützt werden.

a) Verbrauchervertrag über Bauleistungen – nicht-privilegierte Bauverträge

Verbraucherverträge über Bauleistungen, die nicht den Bau eines neuen Gebäudes oder erhebliche Umbaumaßnahmen zum Gegenstand haben, unterliegen auch nach Einführung der Vorschriften über den Verbraucher*bau*vertrag durch das neue Bauvertragsrecht nur dem **Schutzniveau der §§ 312 ff. BGB** (→ § 5 Rn. 3 ff.). Für diese nicht-privilegierten Bauverträge gelten also nach wie vor die entsprechenden vorvertraglichen Informationspflichten (§ 312a Abs. 2 BGB iVm Art. 246 EGBGB bzw. § 312d BGB iVm Art. 246a § 1 EGBGB) sowie abhängig von der jeweiligen Vertriebsform das

---

[8] *Lenkeit* BauR 2017, 454 (457).
[9] *Lenkeit* BauR 2017, 454 (457).
[10] *Pause* BauR 2017, 430.

Widerrufsrecht nach § 312g Abs. 1 BGB. Das bedeutet, die weitergehenden Schutzvorschriften wie die Einführung einer Baubeschreibungspflicht (§§ 650j, k BGB, → § 5 Rn. 69 ff.), das allgemeine Widerrufsrecht (§ 650l BGB, → § 5 Rn. 163 ff.), die Einführung einer Obergrenze für Abschlagszahlungen (§ 650m BGB, → § 5 Rn. 246 ff.) und die Dokumentationspflicht (§ 650n BGB, → § 5 Rn. 295 ff.) gelten nicht.

b) Verbraucher*bau*vertrag – privilegierte Bauverträge

11 Verbraucher, die einen Vertrag über den Bau eines neuen Gebäudes oder erhebliche Umbaumaßnahmen abschließen, erfahren jedoch mit der Einführung der Vorschriften über den Verbraucher*bau*vertrag, insbesondere durch die Einführung einer Baubeschreibungspflicht, eines generellen Widerrufsrechts und einer gesonderten Dokumentationspflicht des Unternehmers, eine deutliche **Stärkung ihrer Rechtsposition**. Die neuen Vorschriften zu
- Verbraucherbauvertrag, § 650i BGB (→ § 5 Rn. 15 ff.)
- Baubeschreibung, § 650j, k BGB (→ § 5 Rn. 69 ff.)
- Widerrufsrecht, § 650l BGB (→ § 5 Rn. 163 ff.)
- Abschlagszahlungen, Absicherung des Vergütungsanspruches, § 650m BGB (→ § 5 Rn. 246 ff.)
- Erstellung und Herausgabe von Unterlagen, § 650n BGB (→ § 5 Rn. 295 ff.)

stellen die wesentlichen Eckpfeiler des neuen Verbraucherschutzrechts dar und werden im Folgenden ausführlich dargestellt.

3. Europarechtlicher Hintergrund

12 Die Verbraucherrechte der §§ 312 ff. BGB gehen zurück auf die **Verbraucherrechterichtlinie vom 25.10.2011 (VerbrR-RL)**,[11] die mit dem Gesetz zur Umsetzung der Verbraucherrechterichtlinie und zur Änderung des Gesetzes zur Regelung der Wohnungsvermittlung vom 20.9.2013[12] ins nationale Recht umgesetzt wurde. Dass der Verbraucher über § 312 Abs. 2 Nr. 3 BGB bei Verträgen über Bauleistungen unterschiedlich geschützt wird, je nachdem ob er einen Bauvertrag über den Bau eines neuen Gebäudes bzw. über erhebliche Umbaumaßnahmen oder einen Bauvertrag über sonstige Bauleistungen wie die Erneuerung seines Daches oder seiner Fassade abschließt, folgt aus der **Bereichsausnahme des Art. 3 Abs. 3 f VerbrR-RL**; die Differenzierung ist damit europarechtlich zwingend vorgegeben.

13 Art. 4 VerbR-RL sieht eine **Vollharmonisierung** nationaler Vorschriften der Mitgliedstaaten vor. Im Anwendungsbereich der Richtlinie ist es den Mitgliedstaaten deshalb verwehrt, abweichende innerstaatliche Rechtsvorschriften aufrecht zu erhalten oder einzuführen, was auch für strengere oder weniger strenge Rechtsvorschriften zur Gewährleistung eines divergierenden Verbraucherschutzniveaus gilt. Für die sogenannten nichtprivilegierten Bauverträge ist der nationale Gesetzgeber deshalb an das durch den europäischen Gesetzgeber vorgeschriebene Verbraucherschutzniveau gebunden, das er in den Regelungen der §§ 312 ff. BGB umgesetzt hat. Nicht gebunden an das durch die VerbrR-RL vorgegebene Verbraucherschutzniveau ist der nationale Gesetzgeber jedoch in denjenigen Bereichen, die die Richtlinie selbst nach Art. 3 Abs. 3 VerbrR-RL ausdrücklich von ihrem Anwendungsbereich ausnimmt. In diesen Bereichen steht es den Mitgliedstaaten frei, innerstaatlich der Richtlinie entsprechende oder von ihr abwei-

---

[11] Richtlinie 2011/83/EU des Europäischen Parlaments und des Rates vom 25.10.2011, ABl. 2011 L 304/64.
[12] BGBl. I 3642.

chende Vorschriften vorzusehen.¹³ Die Bereichsausnahmen ermöglichen es dem Gesetzgeber für diese Bereiche eigene, weitergehende Vorgaben zum Schutz des Verbrauchers einzuführen.

Hiervon hat der Gesetzgeber nunmehr Gebrauch gemacht. Entsprechendes Handeln war auch dringend geboten. Würde von einer gesetzlichen Regelung für die vom Schutz der VerbrR-RL ausgenommenen Verträge abgesehen, führte dies zu einem nicht akzeptablen Ungleichgewicht:¹⁴ Für kleinere Bauverträge würde das aus der VerbrR-RL folgende Schutzniveau gelten, für größere und damit mit einem höheren Risiko für den Verbraucher verbundene Bauverträge dagegen nicht. Mit Einführung der Vorschriften über den Verbraucherbauvertrag (§ 650i– § 650n BGB) durch das neue Bauvertragsrecht nimmt der nationale Gesetzgeber die ihm verbliebene Möglichkeit zur Überbrückung der vorstehend beschriebenen Unterschiede im Schutzniveau wahr und kodifiziert im Wege **überschießender Richtlinienumsetzung**¹⁵ ein **neues Verbraucherschutzniveau** im Bereich der für den Verbraucher wirtschaftlich bedeutsamen Bauverträge. Dieses Schutzniveau geht in weiten Teilen über das im Bereich der nichtprivilegierten („kleinen") Bauverträge geregelte Schutzniveau hinaus.

II. Der Verbraucherbauvertrag

Die Regelung des § 650i BGB enthält eine **Legaldefinition des Verbraucherbauvertrages.** Danach versteht man unter Verbraucherbauverträgen solche Verträge, durch die der Unternehmer von einem Verbraucher zum Bau eines neuen Gebäudes oder zu erheblichen Umbaumaßnahmen an einem bestehenden Gebäude verpflichtet wird.

1. Persönlicher Anwendungsbereich

Im persönlichen Anwendungsbereich erfordert das Vorliegen eines Verbraucherbauvertrages einen Vertrag zwischen einem Unternehmer und einem Verbraucher. Zur Beurteilung kann auf die **allgemeinen Grundsätze der Verbraucherverträge** nach § 310 Abs. 3 BGB zurückgegriffen werden.

a) Unternehmer

Die Unternehmereigenschaft nach § 14 BGB ist dadurch gekennzeichnet, dass der Unternehmer den Vertrag in Ausübung seiner **gewerblichen oder selbständigen Tätigkeit** abschließt. Erfasst ist jede natürliche oder juristische Person, welche am Markt planmäßig und dauerhaft Leistungen gegen Entgelt anbietet.¹⁶ Danach sind jenseits von Gewerbetreibenden in Handel und Industrie auch Handwerker erfasst.¹⁷

b) Verbraucher

Verbraucher ist nach § 13 BGB jede natürliche Person, die ein Rechtsgeschäft zu Zwecken abschließt, die überwiegend weder ihrer gewerblichen noch ihrer selbständigen beruflichen Tätigkeit zugerechnet werden können. Der Begriff des Verbrauchers knüpft damit an zwei Voraussetzungen an: Zum einen muss es sich bei der Vertragspartei um

---

¹³ BT-Drs. 17/12637, 33.
¹⁴ BT-Drs. 18/8486, 61.
¹⁵ *Kuhn* EuR 2015, 216; BGH Urt. v. 7.5.2014 – IV ZR 76/11, NJW 2014, 2646.
¹⁶ Palandt/*Ellenberger* BGB § 14 Rn. 2.
¹⁷ MüKoBGB/*Basedow* § 310 Rn. 45.

eine **natürliche Person** handeln;[18] juristische Personen fallen nicht unter diesen Begriff.[19] Zum anderen muss der Vertrag zu einem **privaten Zweck** geschlossen werden.

19 Die **teilrechtsfähige Außen-GbR**[20] kann einem Verbraucher gleichgestellt sein, vorausgesetzt, sie handelt zu den in § 13 BGB genannten Zwecken.[21] Dies ist in der Baupraxis insbesondere bei Verträgen mit einer sogenannten Bauherrengemeinschaft relevant, bei der sich mehrere Bauherren zusammenschließen, um ein gemeinsames Objekt zu realisieren; in der Regel handelt sich um die Errichtung eines Mehrparteienhauses. Nach der wohl auch im Bauvertrag anwendbaren Rechtsprechung des BGH zum Verbraucherkreditgesetz[22] kommt es entscheidend darauf an, dass von dem Schutzzweck verbraucherschützender Normen alle natürlichen Personen betroffen sind. An der individuellen Schutzwürdigkeit einer natürlichen Person ändert sich auch dann nichts, wenn sich diese mit anderen (natürlichen Personen) zur Verfolgung eines gemeinsamen Zwecks im Kollektiv zusammenschließt, solange es sich nicht um einen gewerblichen oder selbständig beruflichen Zweck handelt. Anders ist die Verbrauchereigenschaft der Außen-GbR jedoch zu beurteilen, wenn sich in ihr nicht nur natürliche Personen, sondern natürliche und juristische Personen zur gemeinsamen Zweckverfolgung zusammengeschlossen haben. In diesem Fall wird die Verbrauchereigenschaft von der Rechtsprechung unabhängig davon, ob die GbR lediglich private und nicht gewerbliche oder selbständig berufliche Zwecke verfolgt, verneint.[23] Diese Auslegung entspricht dem Wortlaut des § 13 BGB und wird durch die Rechtsprechung des EuGH gestützt, der zur Klausel-RL[24] bereits entschieden hat, dass die Schutzvorschriften für Verbraucher ausschließlich für natürliche Personen Anwendung finden.[25]

20 Auch die **Wohnungseigentümergemeinschaft** ist weder natürliche noch juristische Person; sie ist jedoch wie die Außen-GbR (teil-)rechtsfähig, § 10 Abs. 6 WEG.[26] Im Kontext des Verbraucherbauvertrages kommt der Verbrauchereigenschaft der Wohnungseigentümergemeinschaft insbesondere bei Verträgen zur Durchführung erheblicher Umbaumaßnahmen im Sinne von § 650i Abs. 1 BGB praktische Relevanz zu. Die Wohnungseigentümergemeinschaft ist jedenfalls dann einem Verbraucher gleichzustellen, wenn ihr wenigstens ein Verbraucher angehört und sie ein Rechtsgeschäft zu einem Zweck abschließt, der weder einer gewerblichen noch einer selbständig beruflichen Tätigkeit dient.[27] Die Mitgliedschaft von juristischen Personen in der Wohnungseigentümergemeinschaft verhindert – anders als bei der GbR – die Verbrauchereigenschaft der Wohnungseigentümergemeinschaft nicht. Nach der Rechtsprechung des BGH verliert eine natürliche Person ihre Schutzwürdigkeit nämlich nicht dadurch, dass sie Mitglied einer Wohnungseigentümergemeinschaft wird. Mit Erwerb von Wohnungseigentum tritt der Erwerber zwangsläufig in den Verband der Wohnungseigentümer ein; er kann sich der Mitgliedschaft in der Wohnungseigentümerschaft und der dadurch begründeten Haftung für von dieser im Interesse der Gemeinschaft getätigter Rechtsgeschäfte

---

[18] MüKoBGB/*Basedow* § 310 Rn. 48.
[19] Palandt/*Ellenberger* BGB § 13 Rn. 2.
[20] BGH Urt. v. 29.1.2002 – II ZR 331/00, NJW 2001, 1056.
[21] BGH Urt. v. 23.10.2001 – XI ZR 63/01, NJW 2002, 368.
[22] BGH Urt. v. 23.10.2001 – XI ZR 63/01, NJW 2002, 368.
[23] BGH Urt. 30.3.2017 – VII ZR 269/15, WM 2017, 868.
[24] Richtlinie 93/13/EWG vom 5.4.1993 über missbräuchliche Klauseln in Verbraucherverträgen, ABl. Nr. L 95/29.
[25] EuGH Urt. v. 22.11.2001 – C-541/99, C-542/99, NJW 2002, 205.
[26] BGH Beschluss v. 2.6.2005 – V ZB 32/05, NJW 2005, 2061.
[27] BGH Urt. v. 25.3.2015 – VIII ZR 243/13, NJW 2015, 3228; OLG München Beschluss v. 25.9.2008 – 32 Wx 118/08, NJW 2008, 3574.

nicht entziehen. Aus diesem Grund erscheint es nach der Rechtsprechung geboten, den Verbraucherschutz auf die Wohnungseigentümergemeinschaft zu erstrecken, sobald ihr jedenfalls ein Verbraucher angehört.[28]

Diese vom BGH[29] für die Wohnungseigentümergemeinschaft entwickelten Grundsätze wendet die Rechtsprechung[30] auf die GbR ausdrücklich nicht an, da der Zusammenschluss zu einer solchen Gesellschaft den Abschluss eines Gesellschaftsvertrages nach §§ 705 ff. BGB erfordere. Die Mitgliedschaft erfolgt – anders als bei der Wohnungseigentümergemeinschaft – nicht kraft Gesetzes, sondern aufgrund einer auf den Abschluss des Gesellschaftsvertrages gerichteten Willenserklärung. Der Verbraucher, der es danach selbst in der Hand hat, ob und mit welchen anderen Gesellschaftern er sich zu einer Gesellschaft bürgerlichen Rechts zusammenschließen will oder nicht, ist nicht in gleichem Maße wie ein Wohnungseigentümer schutzbedürftig, der bei individueller Betrachtung nach § 13 BGB Verbraucher wäre und durch den Erwerb einer Eigentumswohnung notwendigerweise Mitglied im rechtsfähigen Verband der Wohnungseigentümergemeinschaft wird.[31] Der Erwerber von Wohnungseigentum hat es gerade nicht in der Hand, mit wem er tatsächlich im Verband der Wohnungseigentümer zusammengeschlossen ist; er mag sich bei Erwerb des Wohnungseigentums noch entscheiden können, ob er einen Zusammenschluss mit der in diesem Zeitpunkt aktuellen Eigentümerstruktur eingehen möchte, er hat jedoch im weiteren Verlauf keine Möglichkeit, Einfluss auf Veränderungen der Eigentümerstruktur zu nehmen.

21

Materiell-rechtlich verlangt die Verbrauchereigenschaft, dass der Vertrag überwiegend zu **privaten Zwecken** geschlossen wird. Damit sind gewerbliche oder selbständig berufliche Zwecke nicht von vornherein ausgeschlossen. Wann der Bauherr bei Abschluss des Bauvertrages seine Eigenschaft als Verbraucher verliert, lässt sich jedoch nicht pauschal beurteilen.[32] Schließt der Bauherr einen Vertrag zur Errichtung eines neuen Gebäudes und soll dieses neue Gebäude teilweise gewerblich genutzt werden, wird man für die Frage, ob der Vertrag überwiegend zu privaten oder beruflichen Zwecken geschlossen wurde, auf das Verhältnis nach Fläche und Wert abstellen können.[33] Verträge, die die Errichtung eines Miethauses zum Gegenstand haben und der Bauherr damit Einkünfte erzielt, dürften solange als Verbraucherverträge zu bewerten sein, wie es sich bei der Vermietung noch um private Vermögensverwaltung ohne planmäßigen Geschäftsbetrieb handelt.[34] Maßgeblich für die Bewertung ist nicht die Größe des Objekts sondern der mit der Vermögensverwaltung verbundene organisatorische und zeitliche Aufwand.[35] Es bleibt also eine Entscheidung im Einzelfall.

22

Nach allgemeinen Grundsätzen trägt im Streitfall hierbei diejenige Partei die **Darlegungs- und Beweislast,** die sich auf den Tatbestand einer ihr günstigen Rechtsnorm beruft. Deshalb muss nach ganz herrschender Auffassung grundsätzlich der Verbraucher darlegen und gegebenenfalls beweisen, dass die Verbraucherschutzvorschriften in seinem Fall einschlägig sind.[36] Aus der negativen Formulierung des zweiten Halbsatzes

23

---

[28] BGH Urt. v. 25.3.2015 – VIII ZR 243/13, NJW 2015, 3228; OLG München Beschluss v. 25.9.2008 – 32 Wx 118/08, NJW 2008, 3574.
[29] BGH Urt. v. 25.3.2015 – VIII ZR 243/13, NJW 2015, 3228.
[30] BGH Urt. v. 30.3.2017 – VII ZR 269/15, WM 2017, 868.
[31] BGH Urt. v. 30.3.2017 – VII ZR 269/15, WM 2017, 868.
[32] *Glöckner* BauR 2014, 411 (413).
[33] *Glöckner* BauR 2014, 411 (413).
[34] BGH Urt. v. 23.10.2001 – XI ZR 63/01, NJW 2002, 368; OLG Koblenz Beschluss v. 10.1.2011 – 5 U 1353/10, NJW-RR 2011, 1203.
[35] *Glöckner* BauR 2014, 411 (414).
[36] BGH Urt. v. 11.7.2007 – VIII ZR 110/06, NJW 2007, 2619.

der Vorschrift des § 13 BGB ist jedoch zu entnehmen, dass rechtsgeschäftliches Handeln einer natürlichen Person grundsätzlich als Verbraucherhandeln anzusehen ist und etwa verbleibende Zweifel, welcher Sphäre das konkrete Handeln zuzuordnen ist, zugunsten der Verbrauchereigenschaft zu entscheiden sind.[37] Die Darlegungs- und Beweislast zur Tatsache, dass eine natürliche Person einen Vertrag zu gewerblichen oder selbständigen beruflichen Zwecken geschlossen hat, trägt also die Partei, die sich auf den gewerblichen oder selbständig beruflichen Charakter der Leistung beruft.[38]

2. Sachlicher Anwendungsbereich

24 Die Eröffnung des sachlichen Anwendungsbereiches des Verbraucherbauvertragsrechts setzt nach § 650i BGB weiter das Vorliegen eines Werk- bzw. Bauvertrages im Sinne der §§ 631, 650a BGB voraus, der **den Bau eines neuen Gebäudes oder erhebliche Umbaumaßnahmen an einem bestehenden Gebäude durch einen Unternehmer** zum Gegenstand hat.

25 Die Definition des § 650i BGB geht dabei zurück auf § 312 Abs. 2 Nr. 3 BGB aF, der seinen Ursprung wiederum in Art. 3 Abs. 3 f VerbrR-RL hat und damit als **Auslegungshilfe** herangezogen werden kann. Gleiches gilt für die Regelung des § 632a Abs. 3 S. 1 BGB aF, die nach ihrem Wortlaut nur Verbraucherverträge über *die Errichtung oder den Umbau eines Hauses oder eines vergleichbaren Bauwerks* erfasst; das neue Bauvertragsrecht ordnet diese Vorschrift systematisch den Vorschriften über den Verbraucherbauvertrag (§ 650m Abs. 2 BGB, → § 5 Rn. 263 ff.) zu, so dass auch die bereits entwickelten Grundsätze zu § 632a Abs. 3 S. 1 BGB aF für die Auslegung der Tatbestandsvoraussetzungen des § 650i Abs. 1 BGB berücksichtigt werden können.

a) Bau eines neuen Gebäudes

26 Was unter dem *Bau eines neuen Gebäudes* zu verstehen ist, hat der Gesetzgeber nicht abschließend definiert. Die Auslegung des Tatbestandsmerkmals hat sich daher an teleologische Erwägungen und der gesetzgeberischen Intention zu orientieren, den Verbraucher über die Anwendung der Vorschriften des Verbraucherbauvertrages bei Errichtung eines Bauvorhabens, für das er häufig einen wesentlichen Teil seiner wirtschaftlichen Leistungsfähigkeit aufwendet, zu schützen.[39] Unter den Bau eines neuen Gebäudes wird man daher nur Verträge über solche Maßnahmen fassen können, die das Grundstück wesentlich umgestalten und daher den klassischen Immobiliengeschäften gleich gestellt sind.[40] Danach kann es sich zunächst um die vom Gesetzgeber primär ins Auge gefassten Verträge über die **Errichtung eines Wohnhauses oder von Nebengebäuden zu Wohnzwecken** handeln; erfasst dürften aber auch andere Hausbauverträge bzw. Verträge über vergleichbare Bauwerke sein.[41]

27 Etwas anderes gilt hingegen für die Errichtung von Anbauten wie zB einer Garage oder eines Wintergartens; derartige Bauwerke fielen bereits nach der Begründung der Bundesregierung zur Umsetzung der VerbrR-RL nicht in den Anwendungsbereich der §§ 312 ff. BGB.[42] Der Gesetzgeber des neuen Bauvertragsrechts versteht den Begriff des neuen Gebäudes im Sinne des § 650i Abs. 1 BGB in einem ähnlich beschränkten Sinn;

---

[37] BGH Urt. v. 30.9.2009 – VIII ZR 7/09, NJW 2009, 3780.
[38] *Glöckner* BauR 2014, 411 (413).
[39] BT-Drs. 18/8486, 24.
[40] MüKoBGB/*Wendehorst* § 312 Rn. 37.
[41] Kniffka/*v. Rintelen*, ibr-online-Kommentar, 12.5.2017, § 632a Rn. 129.
[42] BT-Drs. 17/12637, 46.

ausgenommen vom Schutzbereich des Verbraucherbauvertragsrechts sind folglich sämtliche Verträge über die Errichtung von **Bauwerken untergeordneter Funktion,** wie beispielsweise über die Errichtung eines Carports oder Gartenschuppens.[43] Ebenso wenig erfasst sind Verträge über die Errichtung von Außenanlagen, Sportanlagen oder Verkehrsanlagen.[44]

Der Wortlaut des § 650i Abs. 1 BGB verlangt schließlich auch die Verpflichtung *eines* Unternehmers zur Errichtung *eines* Gebäudes. Der Vertrag muss also sämtliche Leistungen für den Bau des Gebäudes umfassen. Bloße Teilleistungen im Rahmen einer vom Verbraucher gesteuerten Baumaßnahme reichen demgegenüber nicht aus.[45] Von den Vorschriften über den Verbraucherbauvertrag sind damit jedenfalls diejenigen Verträge erfasst, durch die sich Generalübernehmer, Generalunternehmer und Fertighaushersteller zur Errichtung des gesamten Gebäudes aus einer Hand verpflichten.[46] Etwas anderes dürfte dort gelten, wo der Verbraucher im Wege der **Einzelvergabe** verschiedene Unternehmer mit Bauleistungen beauftragt, deren Vertragserfüllung erst im Zusammenspiel zur Errichtung eines neuen Gebäudes führt; derartige Einzelverträge unterfallen nicht dem Schutzbereich des Verbraucherbauvertrages. 28

Der Vertrag zur Errichtung eines neuen Gebäudes, abgeschlossen im Rahmen eines sogenannten **Generalübernehmermodells** (→ § 5 Rn. 47, 168) dürfte als Verbraucherbauvertrag und nicht als Bauträgervertrag iSv. § 650u BGB zu qualifizieren sein. Dieses in der Praxis mittlerweile häufig anzutreffende Modell sieht vor allem steuerrechtlich und haftungsrechtlich motiviert eine Aufspaltung des Grundstückskaufs einerseits und des Bauerrichtungsvertrages andererseits vor.[47] Es geht in der Regel um die Fälle, in denen der Generalübernehmer ein Grundstück an der Hand hat, aber den Bau auf dem Grundstück des Verbrauchers aus den genannten Gründen bevorzugt. Es werden deshalb grundsätzlich voneinander getrennte Verträge abgeschlossen, in der Regel zeitlich hintereinander und/oder mit verschiedenen Vertragspartnern. Die Verträge sind aber wechselseitig durch vertragliche Regelungen oder aus den Umständen ersichtlich derart wechselseitig miteinander verbunden, dass sie miteinander stehen und fallen sollen. Da der Unternehmer bei dieser Aufspaltung des Vertrages gerade nicht wie für den Bauträgervertrag charakteristisch auf seinem Grund, sondern auf dem Grund des Verbrauchers baut, handelt es sich nicht um einen Bauträgervertrag. Für den so vom Grundstückskauf abgespaltenen Vertrag zur Herstellung des neuen Gebäudes dürften die Vorschriften über den Verbraucherbauvertrag zur Anwendung kommen. 29

Nicht vom Anwendungsbereich des Verbraucherbauvertrages erfasst sind Verträge mit **Architekten und Ingenieuren;** da weder der Architekt noch der Ingenieur das Bauwerk errichtet, sondern dieses lediglich plant und/oder die Errichtung überwacht, fehlt es hier bereits an der für die Annahme eines Verbraucherbauvertrages charakteristischen Herstellungsverpflichtung. 30

b) Erhebliche Umbaumaßnahmen an einem bestehenden Gebäude

Auch für die Frage, ob eine *erhebliche Umbaumaßnahme an einem bestehenden Gebäude* vorliegt, lässt sich auf etablierte Auslegungsergebnisse zurückgreifen. So definiert bereits Erwägungsgrund 26 der VerbrR-RL erhebliche Umbaumaßnahmen als 31

---

[43] BT-Drs. 18/8486, 61.
[44] Kniffka/*v. Rintelen*, ibr-online-Kommentar, 12.5.2017, § 632a Rn. 129.
[45] Kniffka/*v. Rintelen*, ibr-online-Kommentar, 12.5.2017, § 632a Rn. 130.
[46] *Glöckner* BauR 2014, 411 (415); *Pause* BauR 2017, 430 (431).
[47] *Pause*, Bauträgerkauf und Baumodelle, Rn. 1460.

solche Maßnahmen, die mit dem Bau eines neuen Gebäudes vergleichbar sind; hierunter fallen beispielsweise Baumaßnahmen, bei denen nur die Fassade eines alten Gebäudes erhalten bleibt. Die bauordnungsrechtliche Qualifikation als Neubau oder Umbau hat für die Auslegung des § 312 Abs. 2 Nr. 3 BGB aF hingegen keine Bedeutung.[48] Maßgeblich sind im Ergebnis allein **Umfang und Komplexität des Eingriffs** sowie das **Ausmaß des Eingriffs in die bauliche Substanz** des Gebäudes.[49] Nicht ausreichen soll deshalb bereits im Rahmen des § 312 Abs. 2 Nr. 3 BGB aF für das Vorliegen einer erheblichen Umbaumaßnahmen die neue Eindeckung eines Hauses mit einem Dach[50] oder die bloße Instandsetzung oder Renovierung von Gebäuden, wie zB der Einbau einer neuen Heizungsanlage, neuer Fenster und Türen oder eine Treppenrenovierung.[51] An vorstehenden Auslegungsergebnissen zu § 312 Abs. 2 Nr. 3 BGB aF orientiert sich auch die Regierungsbegründung zur Bestimmung einer erheblichen Umbaumaßnahme im Sinne des § 650i Abs. 1 BGB; sie sind deshalb auch zur Bestimmung des sachlichen Anwendungsbereiches des Verbraucherbauvertrages anwendbar.

32 Gleichfalls zur Abgrenzung der erheblichen Umbaumaßnahmen im Sinne des § 650i Abs. 1 BGB herangezogen werden können die etablierten Auslegungsergebnisse zum Begriff des *Umbaus* im Sinne von § 632a Abs. 3 BGB aF. Bereits die Gesetzesbegründung zum Forderungssicherungsgesetz, mit dem die Regelung des § 632a Abs. 3 BGB aF in das BGB eingeführt wurde, verweist zur Auslegung ausdrücklich auf § 3 Nr. 5 HOAI (2002),[52] die – ebenso wie ihre inhaltsgleiche Nachfolgeregelung in § 2 Nr. 5 HOAI (2013) – einen **wesentlichen Eingriff in Konstruktion oder Bestand** des Gebäudes erfordert.[53] Kleinere Umbaumaßnahmen mit geringen Eingriffen in die Konstruktion wie ein Türdurchbruch oder die Erneuerung einer Abdichtungsschicht einer Decke sollen hingegen auch im Rahmen des § 632a Abs. 3 BGB aF nicht ausreichend sein, um sie als erhebliche Umbaumaßnahmen zu qualifizieren.[54]

33 Die vorstehend beschriebene Abgrenzung zwischen erheblichen Umbaumaßnahmen an einem bestehenden Gebäude und bloßen Renovierungs- oder Instandhaltungsmaßnahmen erinnert an die bekannte **Abgrenzung zwischen einer umfassenden Kernsanierung (Neubau hinter historischer Fassade)[55] und einer punktuellen Sanierung** beim Bauträgervertrag.[56] Die hierzu von der Rechtsprechung für den Bauträgervertrag entwickelten Abgrenzungsgrundsätze können schließlich ebenfalls zur Auslegung des Begriffes der erheblichen Umbaumaßnahmen beim Verbraucherbauvertrag nach § 650i Abs. 1 BGB herangezogen werden. Auch hier stellt die Rechtsprechung im Ergebnis darauf ab, ob die baulichen Maßnahmen einer Neuherstellung des Gebäudes gleichkommen oder nicht.[57] Von Sanierungsleistungen, die einer Neuherstellung entsprechen, kann ausgegangen werden, wenn die Boden- und Wandbeläge, der Außenputz sowie der Anstrich erneuert, die Wasser- und Elektroleitungen ausgetauscht, eine Gasheizung

---

[48] MüKoBGB/*Wendehorst* § 312 Rn. 38.
[49] BT-Drs. 17/12637, 46.
[50] BT-Drs. 17/12637, 46; LG Stuttgart Urt. v. 2.6.2016 – 23 O 47/16, BauR 2017, 570.
[51] AG Bad Segeberg Urt. 13.4.2015 – 17 C 230/14, NJW-RR 2015, 495; Palandt/*Grüneberg* BGB § 312 Rn. 11.
[52] BT-Drs. 16/511, 15.
[53] Vgl. zu § 3 Nr. 5 HOAI (2002): Locher/Koeble/Frick, HOAI § 3 Rn. 9; zu § 2 Nr. 5 HOAI(2013): Korbion/Mantscheff/Vygen/*Wirth*/Galda § 2 Rn. 15.
[54] Kniffka/*v. Rintelen* ibr-online-Kommentar, 12.5.2017, § 632a Rn. 132.
[55] BGH Urt. v. 16.12.2004 – VII ZR 257/03, NJW 2005, 1115.
[56] BGH Urt. v. 6.10.2005 – VII ZR 117/04, NJW 2006, 214; *Pause* BauR 2017, 431.
[57] BGH Urt. v. 16.12.2004 – VII ZR 257/03, NJW 2005, 1115; BGH Urt. v. 6.10.2005 – VII ZR 117/04, NJW 2006, 214; BGH Urt. v. 8.3.2007 – VII ZR 130/05, NZBau 2007, 371; BGH Urt. v. 26.4.2007 – VII ZR 210/05, NJW 2007, 3275.

eingebaut, neue Innentreppen und Türen angefertigt sowie ein Teil der Fenster und Dacheindeckung erneuert werden.[58]

Abschließend ist darauf hinzuweisen, dass es sich bei den Umbauten – wie auch bei der Herstellung eines neuen Gebäudes – um **eine Leistung aus einer Hand** handeln muss, also um einen Vertrag mit einem Generalunternehmer bzw. Generalübernehmer.[59]

c) Restriktive oder weite Auslegung der Begriffe

Bislang wurden die Begriffe *Bau eines neuen Gebäudes* und *erhebliche Umbaumaßnahmen an einem bestehenden Gebäude* als Tatbestandsmerkmale des § 312 Abs. 2 Nr. 3 BGB aF restriktiv ausgelegt.[60] Hintergrund dieser restriktiven Auslegung war die Begründung der Bundesregierung zur Umsetzung der VerbrR-RL.[61] Mit dem **Ziel größtmöglichen Verbraucherschutzes** war eine **restriktive Auslegung** der Begriffe bislang auch geboten. Die Annahme eines Vertrages, der den Bau eines neuen Gebäudes bzw. erhebliche Umbaumaßnahmen zum Gegenstand hatte, begründete vor der Einführung des neuen Bauvertragsrechtes aufgrund der Regelung des § 312 Abs. 2 Nr. 3 BGB aF den Weg in ein geringeres Schutzniveau und den Wegfall andernfalls geltender Verbraucherrechte (→ § 5 Rn. 7, 8); nach der bis zum 31.12.2017 geltenden Gesetzlage profitierte der Verbraucher also von einer restriktiven Gesetzesauslegung.

Mit Einführung der Vorschriften über den Verbraucherbauvertrag wendet sich die Gesetzeslage jedoch ins Gegenteil. Verbraucher, die einen Vertrag zur Errichtung eines neuen Gebäudes oder über erhebliche Umbaumaßnahmen im Sinne des § 650i Abs. 1 BGB abschließen, sind über die Vorschriften des Verbraucherbauvertrages heute weit mehr geschützt als Verbraucher, die einen Vertrag über sonstige Bauleistungen abschließen; letztere profitieren lediglich von den in §§ 312 ff. BGB geregelten Verbraucherschutzrechten. Will man dem Willen des Gesetzgebers nach einer Ausweitung des Verbraucherschutzes im Bauvertragsrecht daher Rechnung tragen, sprechen gute Gründe dafür, die bisherige restriktive Gesetzesauslegung aufzugeben und diese durch eine eher **weite Auslegung** der Begriffe zu ersetzen bzw. im Zweifel die Anwendbarkeit der §§ 650i BGB zu bejahen. In Grenzfällen kann dies von entscheidender Bedeutung sein.

Vor dem Hintergrund einer intendierten Ausweitung des Verbraucherschutzniveaus im Bauvertragsrecht stellt sich überdies die Frage, ob für die Auslegung der Begriffe *Bau eines neuen Gebäudes* und *erhebliche Umbaumaßnahmen an einem bestehenden Gebäude* weiterhin an dem Erfordernis einer Erbringung sämtlicher Bauleistungen **aus einer Hand** (→ § 5 Rn. 28, 34) festgehalten werden kann. Die Übernahme des Kriteriums auch ins neue Verbraucherbauvertragsrecht führte nämlich dazu, dass dessen erhöhtes Schutzniveau weitestgehend auf Generalüber- und Generalunternehmerverträge sowie Verträge mit Fertighausherstellern begrenzt wäre; Bauverträge eines Verbrauchers, mit welchen er die Errichtung eines neuen Gebäudes oder erhebliche Umbaumaßnahmen jedoch im Wege der Einzelvergabe organisiert, wären vom erhöhten Schutzniveau ausgenommen. Ein solches Ergebnis erscheint insbesondere dann unangemessen, wenn die durch Einzelvergabe beauftragten Gewerke jedenfalls in ihrer Gesamtheit zum Bau eines neuen Gebäudes oder zu erheblichen Umbaumaßnahmen führen bzw. mit einem solchen Werkerfolg in engem sachlichen, zeitlichen und funktio-

---

[58] *Pause,* Bauträgerkauf und Baumodelle, Rn. 634 mwN.
[59] *Pause* BauR 2017, 430 (431).
[60] Palandt/*Grüneberg* BGB § 312 Rn. 11; LG Stuttgart Urt. v. 2.6.2016 – 23 O 47/16, BauR 2017, 570; *Glöckner* BauR 2014, 411 (415); *Pause* BauR 2017, 430 (431).
[61] BT-Drs. 17/12637, 46.

nalen Zusammenhang stehen und dies für den Unternehmer bei Abschluss des Vertrages auch erkennbar war. Auch wenn der Wortlaut des § 650i BGB den Bau *eines neuen Gebäudes* und damit die Errichtung aus einer Hand verlangt, erscheint eine Differenzierung des anwendbaren Schutzniveaus danach, ob der Verbraucher die Errichtung eines neuen Gebäudes über die Beauftragung eines Generalüber- oder -unternehmers einerseits oder im Wege der Einzelvergabe andererseits organisiert, nicht sachgerecht.

38 Dennoch dürften einer solchen weiten Auslegung des nationalen Verbraucherbauvertragsrechts durch die VerbrR-RL selbst Grenzen gezogen sein. Art. 4 VerbrR-RL fordert eine **Vollharmonisierung** nationaler Vorschriften des Bauvertragsrechts und verpflichtet die Mitgliedstaaten innerhalb ihres Anwendungsbereichs, nicht von dem durch die Richtlinie vorgegebenen Verbraucherschutzniveau abzuweichen; dies gilt auch für eine potentielle Anhebung des Verbraucherschutzniveaus. Eine Abkehr vom Erfordernis der Erbringung sämtlicher Bauleistungen *aus einer Hand* für die Anwendbarkeit des Verbraucherbauvertragsrechts führte jedoch dazu, das solche Verträge, die ursprünglich in den Anwendungsbereich der VerbrR-RL und damit in den Anwendungsbereich der §§ 312 ff. BGB fielen, über eine weite Auslegung des § 312 Abs. 2 Nr. 3 iVm § 650i Abs. 1 BGB einem über die VerbrR-RL hinausgehendem Schutzniveau unterworfen würden. Gleichzeitig würde der Anwendungsbereich der §§ 312 ff. BGB und damit der Anwendungsbereich des europarechtlich vorgegebenen Schutzniveaus eingeengt. Ob dies aus europarechtlicher Sicht mit dem Grundsatz der Vollharmonisierung vereinbar ist, wird abschließend durch den EuGH zu klären sein. Bis dahin bleibt abzuwarten, wie die nationalen Gerichte in Zukunft die Begriffe in § 650i Abs. 1 BGB auslegen und ob sie die bislang favorisierte enge Auslegung beibehalten oder vor dem Hintergrund größtmöglichen Verbraucherschutzes zu einer weiten Auslegung des § 650i Abs. 1 BGB übergehen.

3. Formerfordernis

39 Gemäß § 650i Abs. 2 BGB bedarf der Verbraucherbauvertrag der Textform.

a) Hintergrund des Formerfordernisses

40 Ein derartiges Formerfordernis für Verbraucherbauverträge war im ursprünglichen Gesetzesentwurf der Bundesregierung vom 18.5.2016[62] nicht enthalten. § 650i Abs. 2 BGB geht vielmehr zurück auf eine **Prüfbitte des Bundesrates** in seiner Stellungnahme zum Gesetzesentwurf der Bundesregierung vom 18.5.2016.[63] Der Ausschuss für Recht und Verbraucherschutz nahm das Textformerfordernis daher in seine Beschlussempfehlung vom 8.3.2017[64] auf; der Deutsche Bundestag beschloss es sodann am 9.3.2017 in der vom Ausschuss für Recht und Verbraucherschutz vorgeschlagenen Form.[65]

41 Über die Einführung des Textformerfordernisses für den Verbraucherbauvertrag sollte gewährleistet werden, dass der Verbraucher während der häufig länger andauernden Phase der Bauausführung, aber auch später nach Fertigstellung des Bauwerks, jederzeit kontrollieren kann, was der konkrete Inhalt der vertraglich geschuldeten Leistung des Unternehmers ist bzw. war.[66] Das Textformerfordernis ist hierzu das zutreffende Mittel der Wahl; in seinem Vordergrund steht die **dauerhafte Verfügbarkeit und Abrufbarkeit**

---

[62] BT-Drs. 18/8486, 16.
[63] BT-Drs. 18/8486, 90.
[64] BT-Drs. 18/11437, 24, 49.
[65] BR-Drs. 199/17, 10.
[66] BT-Drs. 18/11437, 49.

der **Vertragserklärung** und der hierin verkörperten Information;[67] die Beteiligten werden bei Einhaltung der Textform über die übernommenen Rechte und Pflichten zuverlässig informiert.[68]

Jenseits dieser Informationsfunktion kann das Textformerfordernis aber eine **Warn- und Beweisfunktion** nicht erfüllen.[69] Auch diese hatte der Gesetzgeber jedoch bei seiner Entscheidung offensichtlich im Blick, wenn er in der Gesetzesbegründung zum Verbraucherbauvertrag ausführt, das Textformerfordernis erscheine nicht nur mit Blick auf die *wirtschaftliche Bedeutung* solcher Verträge für den Verbraucher sinnvoll, sondern solle darüber hinaus auch Beweisschwierigkeiten über den Vertragsinhalt vorbeugen.[70] Derartige Überlegungen hätten an sich zur Übertragung des Schriftformerfordernisses gemäß § 126 BGB auch auf den Verbraucherbauvertrag führen müssen; ein Schutz des Verbrauchers vor Übereilung kann nämlich durch die Einführung des bloßen Textformerfordernisses ebenso wenig gewährleistet werden wie die in Aussicht genommene Beweissicherung. Insbesondere im Hinblick auf letztgenannten Aspekt führt die Textform beispielsweise lediglich dazu, dass der Name des Erklärenden im Vertragsdokument genannt wird, der Erklärende sich zu dessen Inhalt und seinem diesbezüglichen Rechtsbindungswillen aber nicht in (weitgehend) unverwechselbarer Weise durch Unterschrift oder elektronische Signatur bekennen muss.[71] Für die zivilprozessuale Praxis bedeutet dies, dass allein die Vorlage des Verbraucherbauvertrages in Textform bei entsprechend substantiiertem Bestreiten weder die Tatsache des Vertragsschlusses noch den Inhalt des Vertrages zu beweisen vermag.

b) Erfordernis der Textform

Bislang war der Abschluss eines (Verbraucher-) Vertrages über Werk- bzw. Bauleistungen formfrei möglich; dies gilt weiterhin für Werk- bzw. Bauverträge mit Verbrauchern, die nicht den Bau eines neuen Gebäudes oder erhebliche Umbaumaßnahmen an bestehenden Gebäuden zum Gegenstand haben (→ § 5 Rn. 24 ff.). Liegt jedoch ein Verbraucher*bau*vertrag im Sinne des § 650i Abs. 1 BGB vor, muss dieser ab dem 1.1.2018 in Textform abgeschlossen werden.

Das Formerfordernis bezieht sich dabei nach dem Gesetzeswortlaut auf den Verbraucherbau*vertrag,* also sowohl auf den Antrag zum Abschluss des Verbraucherbauvertrages als auch auf dessen korrespondierende Annahme. Eine solche Ausweitung des Textformerfordernisses auf **beide** zum **Vertragsschluss erforderliche Willenserklärungen** findet sich auch in anderen gesetzlichen Regelungen (vgl. § 3a Abs. 1 S. 1 RVG oder § 181 Abs. 1 VVG); insgesamt erscheint sie jedoch eher unüblich. Die ganz überwiegende Anzahl der gesetzlichen Regelungen, die eine Textform vorschreiben, beziehen sich – anders als im Verbraucherbauvertragsrecht – lediglich auf einseitige Erklärungen.[72]

Die Textform verlangt, dass eine **lesbare Erklärung,** in der die Person des Erklärenden genannt ist, auf einem **dauerhaften Datenträger** abgegeben wird, § 126b BGB. Danach muss es ein dauerhafter Datenträger dem Empfänger einer Vertragserklärung ermöglichen, diese so aufzubewahren und zu speichern, dass sie während des für ihren Zweck angemessenen Zeitraums zugänglich ist.[73] Diese Voraussetzung erfüllt insbe-

---

[67] MüKoBGB/*Einsele* § 125 Rn. 9.
[68] Palandt/*Ellenberger* BGB § 125 Rn. 4.
[69] Palandt/*Ellenberger* BGB § 126b Rn. 1.
[70] BT-Drs. 18/11437, 49.
[71] MüKoBGB/*Einsele* 126b Rn. 9.
[72] Vgl. MüKoBGB/*Einsele* § 126b BGB Rn. 2.
[73] BT-Drs. 17/12637, 44.

sondere Papier, ein USB-Stick, eine CD-ROM, eine Speicherkarte oder Festplatte sowie E-Mails oder ein Computerfax.[74] Einer Unterschrift bedarf es zur Wahrung der Textform nicht.[75] Der räumliche Abschluss der Erklärung muss jedoch erkennbar sein.[76]

46 Abgesehen von der Wahrung des Textformerfordernisses im Zeitpunkt des Vertragsschlusses kommt der Vorschrift des § 650i Abs. 2 BGB aber auch während der Bauausführung Bedeutung zu. Hier kommt es nicht selten zu **Vertragsänderungen oder -ergänzungen** in Form von Nachträgen; als den Verbraucherbauvertrag vertragsändernde Vereinbarungen unterliegen auch sie ab dem 1.1.2018 dem Textformerfordernis. Das Textformerfordernis ist deshalb auch bei dem durch das neue Bauvertragsrecht eingeführten, von den Parteien nach § 650b Abs. 1 S. 1 BGB zu erzielenden Einvernehmen über die vom Verbraucher begehrte Änderung des vereinbarten Werkerfolges (§ 650b Abs. 1 S. 1 Nr. 1 BGB) oder über die Änderung, die zur Erreichung des vereinbarten Werkerfolges notwendig ist (§ 650b Abs. 1 S. 1 Nr. 2 BGB), zu berücksichtigen (→ § 2 Rn. 26 ff., 59). Schließlich sieht auch § 650b Abs. 2 BGB im Falle des Scheiterns einer einvernehmlichen Regelung die Textform für die Ausübung des einseitigen Anordnungsrechts vor (→ § 2 Rn. 83). Da die Vorschriften über den Verbraucherbauvertrag nach § 650i Abs. 3 BGB ergänzend gelten (→ § 5 Rn. 66 ff.), gilt sowohl die Vorschrift des § 650b Abs. 1 S. 1 BGB über das zunächst zu erzielende Einvernehmen als auch das einseitige Anordnungsrecht und sein Textformerfordernis aus § 650b Abs. 2 BGB auch für den Verbraucherbauvertrag.

47 Das Formerfordernis der Textform dürfte nicht gelten für Verbraucherbauverträge, die im Rahmen eines sogenannten **Generalübernehmermodells** abgeschlossen werden (→ § 5 Rn. 29, 168). Dort ist der Verbraucherbauvertrag mit dem Vertrag über die Veräußerung des Grundstückes dergestalt miteinander verbunden, dass die Rechtsprechung auch für den Abschluss des Vertrages über die Herstellungsverpflichtung die Einhaltung der notariellen Form nach § 311b Abs. 1 S. 1 BGB fordert.[77] Die Einhaltung der Textform ist dann nicht auseichend.

48 Die **Beweislast** für die Erfüllung des Textformerfordernisses trägt diejenige Partei, die aus der Einhaltung der Textform Rechte herleiten möchte.[78] Ein Verstoß gegen das Textformerfordernis hat grundsätzlich die **Nichtigkeit des Vertrages** mit all ihren Konsequenzen zu Folge (→ § 5 Rn. 52 ff.).

c) Heilung eines Formverstoßes?

49 Eine ausdrückliche Heilungsvorschrift im Fall eines Verstoßes gegen das Textformerfordernis sehen die neuen Regelungen über den Verbraucherbauvertrag – anders als zB § 311b Abs. 1 S. 2 BGB, § 518 Abs. 2 BGB oder § 766 S. 3 BGB – nicht vor. Auch die Gesetzesbegründung schweigt dazu, wie mit dem Fall des Abschlusses eines Verbraucherbauvertrags unter Verstoß gegen das Textformerfordernis umzugehen ist.[79]

50 Der **analogen Anwendung** anderweitig gesetzlich geregelter Heilungsmöglichkeiten im Falle eines Verstoßes gegen eine Formvorschrift dürfte hierbei bereits das Fehlen einer planwidrigen Regelungslücke als Voraussetzung jeder Analogie entgegenstehen. Der bloße Umstand, dass der Gesetzgeber trotz Statuierung eines gesetzlichen Formerfordernisses in § 650i Abs. 2 BGB keinerlei Möglichkeit zur Heilung eines entsprechenden

---

[74] Palandt/*Ellenberger* BGB § 126b Rn. 3.
[75] Palandt/*Ellenberger* BGB § 126b Rn. 5.
[76] BGH Urt. v. 3.11.2011 – IX ZR 47/11, AnwBl 2012, 97.
[77] *Pause*, Bauträgerkauf und Baumodelle, Rn. 1474 mwN.
[78] Palandt/*Ellenberger* BGB § 126b Rn. 6.
[79] BT-Drs. 18/11437, 49.

Verstoßes vorsieht, kann jedenfalls als Argument für das Vorliegen einer planwidrigen Regelungslücke nicht herangezogen werden. Die Existenz von entsprechenden Heilungsvorschriften bei Verstößen gegen ein gesetzliches Formerfordernis stellt eine Ausnahme dar; die überwiegende Anzahl der gesetzlichen Formvorschriften sieht eine Heilungsmöglichkeit gerade nicht vor, ohne dass dies auf einem Versehen des Gesetzgebers beruhte. Konsequenterweise dehnt auch die Rechtsprechung die gesetzlich geregelte Möglichkeiten der Heilung von Formverstößen nicht auf den Fall eines Verstoßes gegen *andere Formvorschriften* aus, sondern beschränkt die Anwendbarkeit der Heilungsvorschrift auf *entsprechend gelagerte Sachverhalte*,[80] zB die Heilung eines formunwirksamen Kauf*vor*vertrages durch Abschluss eines wirksamen Kaufvertrages.[81] Dieser Weg dürfte jedoch in vorliegendem Fall im Lichte des gänzlichen Fehlens von Heilungsvorschriften von vornherein ausgeschlossen sein; das Gesetz hält schlicht keine Heilungsvorschriften für den Verstoß gegen ein Textformerfordernis bei Verträgen bereit.

Selbst wenn man aber vom Vorliegen einer planwidrigen Regelungslücke im Verbraucherbauvertragsrecht ausgeht, bereitet es erhebliche Schwierigkeiten, den für eine Heilung des Formmangels maßgeblichen Zeitpunkt bzw. Umstand zu bestimmen. Knüpfte man zur Frage der Heilung in Anlehnung an die §§ 311b Abs. 1 S. 2, 518 Abs. 2, 766 S. 3 BGB an eine **Erfüllung bzw. Durchführung des Vertrages** an, lässt sich ein entsprechender Zeitpunkt jedenfalls im Bauvertragsrecht nicht eindeutig bestimmen; neben der bloßen Fertigstellung des Bauwerks, käme ein Abstellen auf die Zahlung des Werklohns ebenso in Betracht, wie auf den Zeitpunkt der Abnahme, wobei im Falle letzter zwischen ausdrücklich erklärter und fingierter Abnahme weitere Differenzierungen greifbar erscheinen. Unabhängig davon könnte eine Heilung des Formverstoßes auch nur dann in Betracht kommen, wenn durch den Umstand der Vertragserfüllung bzw. -durchführung auch der eigentliche Zweck des Formerfordernisses erfüllt wäre. Die Informationsfunktion des Textformerfordernisses (→ § 5 Rn. 41) hat sich jedoch mit der Erfüllung bzw. Durchführung eines nur mündlich abgeschlossenen Verbraucherbbauvertrages nicht erschöpft. Ausweislich der Gesetzesbegründung soll der Verbraucher nicht nur *während* der andauernden Bauausführung, sondern gerade auch später *nach* Fertigstellung des Bauwerks jederzeit in die Lage versetzt sein, den vertraglich geschuldeten Leistungsumfang zu verifizieren.[82] Sein durch das Textformerfordernis zu wahrendes Informationsbedürfnis endet bereits vor dem Hintergrund etwaiger Mängelrechte und deren Durchsetzung nicht mit der bloßen Erfüllung bzw. Durchführung des Verbraucherbauvertrages, sondern besteht jedenfalls für die Dauer der Gewährleistungsfristen fort. Aber auch nach Ablauf etwaiger Gewährleistungsfristen dauert das Informationsbedürfnis des Verbrauchers im Falle möglicherweise erst später notwendig werdender und auf den vormaligen Baumaßnahmen aufbauender Instandhaltungs- oder Wartungsarbeiten fort. Die Heilung eines Verstoßes gegen das Textformerfordernis bei Erfüllung bzw. Durchführung des Bauvertrages scheidet daher aus.

d) Grundsätzlich: Nichtigkeit des Verbraucherbauvertrages

Scheidet mit den vorstehenden Darstellungen (→ § 5 Rn. 49 ff.) die Heilung eines Verstoßes gegen das Textformerfordernis des § 650i Abs. 2 BGB aus, hat dies gemäß § 125 S. 1 BGB grundsätzlich die Nichtigkeit des Bauvertrages zur Folge. In diesem Fall

---

[80] MüKoBGB/*Einsele* § 125 Rn. 50.
[81] BGH Urt. v. 8.10.2004 – V ZR 178/03, NJW 2004, 3626 (3627 f.).
[82] BT-Drs. 18/11437, 49.

sind **vertragliche Erfüllungsansprüche ausgeschlossen**;[83] weder kann der Verbraucher die Errichtung des neuen Gebäudes oder die Durchführung der Umbaumaßnahmen verlangen, noch hat der Unternehmer nach Bauausführung einen Anspruch auf Zahlung des vereinbarten Werklohns. Mangels wirksamer vertraglicher Vereinbarung stehen dem Verbraucher auch **keine Gewährleistungsrechte** zu.[84]

53 Das Gesetz hält für die Fälle durchgeführter, aber nichtiger Rechtsgeschäfte **Ausgleichsansprüche** bereit, die die Rechtsprechung in anderem Kontext greifbar gemacht hat und auf die vorliegende Fallkonstellation wegen Verstoßes gegen das Textformerfordernis übertragen werden können. Danach kann der Unternehmer trotz Vertragsnichtigkeit vom Verbraucher über die **Grundsätze der Geschäftsführung ohne Auftrag** gemäß §§ 670, 683 S. 1 BGB Aufwendungsersatz[85] oder[86] über die **Grundsätze der ungerechtfertigten Bereicherung** gemäß §§ 812 Abs. 1 S. 1 Alt. 1, 818 Abs. 2 BGB Wertersatz für die von ihm erbrachten Bauleistungen verlangen.[87]

54 Aber auch der Verbraucher wird bei **mangelhafter Leistungserbringung des Unternehmers** nicht gänzlich schutzlos gestellt: Im Fall mangelhafter Leistungserbringung scheidet ein Aufwendungsersatzanspruch des Unternehmers nach den Grundsätzen der Geschäftsführung ohne Auftrag aus; unabhängig von der Frage, ob ein solcher Anspruch bereits am fehlenden Fremdgeschäftsführungswillen des Unternehmers beim auch-fremden Geschäft scheitert,[88] erfolgt eine mangelhafte Leistungserbringung jedenfalls nicht im Interesse des Geschäftsherrn (als des Verbrauchers). Darüber hinaus ist der Unternehmer als Geschäftsführer dem Verbraucher zum Ersatz etwaiger Mangelfolgeschäden gemäß § 678 BGB verpflichtet.[89] Der Anspruch des Unternehmers auf Wertersatz nach bereicherungsrechtlichen Grundsätzen scheidet schließlich im Falle mangelhafter Leistungserbringung ebenfalls aus: Eine solche Leistung kann bereits per se keine Bereicherung begründen;[90] jedenfalls ist die Höhe des Wertersatzes, die sich grundsätzlich an der üblichen Vergütung zu orientieren hat,[91] um die Höhe etwaiger Mangelbeseitigungskosten zu kürzen. Soweit etwaige Mängel noch nicht aufgetreten sind, soll jedenfalls im Rahmen des Wertersatzes der Umstand stark wertmindernd zu berücksichtigen sein, dass vertragliche Gewährleistungsansprüche wegen der Nichtigkeit des Vertrages von vornherein nicht geltend gemacht werden können.[92]

55 Eine **aktive Durchsetzung seiner Mängelrechten** bleibt dem Verbraucher jedoch bei Nichtigkeit des Vertrages weiterhin verwehrt.

e) Überwindung der Formnichtigkeit gemäß § 242 BGB?

56 Dass die Unwirksamkeit des Bauvertrages bei einem Verstoß gegen des Textformerfordernis und die sich hieraus im Falle der tatsächlichen Vertragsdurchführung erge-

---

[83] MüKoBGB/*Einsele* § 125 Rn. 52.
[84] BGH Urt. v. 1.8.2013 – VII ZR 6/13, NJW 2013, 3167.
[85] Kniffka/*Jansen/v. Rintelen*, ibr-online-Kommentar, 12.5.2017, § 631 Rn. 802, 803; BGH Urt. v. 26.1.2005 – VIII ZR 66/04, NJW-RR 2005, 639.
[86] Vgl. zur Abgrenzung: BGH Urt. v. 30.9.1993 – VII ZR 178/91, NJW 1993, 3196.
[87] BGH Urt. v. 4.4.2002 – VII ZR 26/01, NJW-RR 1559; OLG München Urt. v. 12.4.2011 – 9 U 4323/09, NZBau 2011, 487.
[88] Vgl. Kniffka/*Jansen/v. Rintelen*, ibr-online-Kommentar, 12.5.2017, § 631 Rn. 802; BGH Urt. v. 27.5.2009 – VIII ZR 302/07, NJW 2009, 2590.
[89] Kniffka/*Jansen/v. Rintelen*, ibr-online-Kommentar, 12.5.2017, § 631 Rn. 816.
[90] BGH Urt. v. 5.11.1981 – VII ZR 216/80, NJW 1982, 83.
[91] Palandt/*Sprau* § 818 Rn. 22.
[92] BGH Urt. v. 31.5.1990 – VII ZR 336/89, NJW 1990, 2542; KG Berlin Urt. v. 17.7.2006 – 24 U 374/02, BauR 2007, 1419.

benden gesetzlichen Folgeansprüche für den Verbraucher nicht befriedigend sind, liegt auf der Hand. Die Gerichte haben bei der Quantifizierung der Aufwendungsersatz- bzw. Wertersatzansprüche einen erheblichen Bewertungsspielraum, dessen Ausübung nicht nur von der Qualität bereits aufgetretener Mängel, sondern auch davon abhängt, mit welcher Wahrscheinlichkeit und in welchem Umfang zukünftig Mängel zu erwarten sind; eine Prognose, die nicht nur außerordentlich schwierig ist,[93] sondern den Verbraucher auch mit erheblicher **Rechtsunsicherheit** belastet.

Aus diesem Grund wird sich regelmäßig die Frage stellen, ob die aus einem Verstoß gegen das Textformerfordernis resultierende Unwirksamkeit des Verbraucherbauvertrages nicht im Einzelfall gemäß **§ 242 BGB** unbeachtlich sein kann; die Rechtsprechung lässt eine solche Korrektur nicht aus einfachen Billigkeitserwägungen zu, sondern fordert, dass es nach der Beziehung der Vertragsparteien und den gesamten Umständen des Vertrages mit **Treu und Glauben** unvereinbar wäre, das Rechtsgeschäft am Formmangel scheitern zu lassen. Insoweit sei es Voraussetzung, dass die Unwirksamkeit des Rechtsgeschäfts für die betroffene Partei nicht nur hart, sondern schlechterdings untragbar ist.[94]

Anhaltspunkte für eine solche Korrektur im Verbraucherbauvertrag bieten sich daher zunächst dann, wenn das das Textformerfordernis rechtfertigende **Informationsbedürfnis des Verbrauchers anderweitig dauerhaft befriedigt** wird. In diesem Fall bedürfte es des Schutzes des Verbrauchers und einer entsprechenden Sanktionsnorm nicht; eine aus dem Formverstoß resultierende Nichtigkeit des Verbraucherbauvertrages ginge vielmehr einseitig zu Lasten des Verbrauchers: Trotz ausreichender Information zum Inhalt der vertraglichen Leistungspflichten wäre er gezwungen, erbrachte Bauleistungen zu „vergüten", ohne selbst Mängelrechte geltend machen zu können bzw. im Rahmen von Ansprüchen des Unternehmers aus berechtigter Geschäftsführung ohne Auftrag oder Bereicherungsrecht angemessenen Ausgleich für den Verlust etwaiger Mängelrechte zu erhalten.

Zur Begründung einer dauerhaften Erfüllung des Informationsbedürfnisses des Verbrauchers könnte hierbei auf die neuen Vorschriften zum Verbraucherbauvertrag selbst zurückgegriffen werden. Diese sehen in § 650j BGB iVm Art. 249 EGBGB vor, dass der Unternehmer verpflichtet ist, den Verbraucher in Form einer **Baubeschreibung** rechtzeitig vor Vertragsschluss über die wesentlichen Eigenschaften des von ihm angebotenen Werkes in Textform zu informieren. Diese Baubeschreibung wird vorbehaltlich einer anderweitigen ausdrücklichen Vereinbarung nach § 650k Abs. 1 BGB Inhalt des Vertrages. Kommt der Unternehmer damit seiner Verpflichtung aus § 650j BGB nach und wird die Baubeschreibung Inhalt des Vertrages, dürfte der Verbraucher im Ergebnis nicht schlechter stehen, als im Falle einer Wahrung des Textformerfordernisses betreffend den Verbraucherbauvertrag selbst; jedenfalls, wenn man unterstellt, dass sich die vorvertragliche Informationspflicht des Unternehmers nach Art. 249 § 2 Abs. 1 EGBGB nicht auf Angaben zur Bauleistungspflicht beschränkt, sondern auch Angaben zur Vergütung umfasst, beziehungsweise die Baubeschreibung zumindest die entsprechenden Preisangaben enthält, ist der Verbraucher dauerhaft über die vertraglichen Rechte und Pflichten und damit die essentialia negotii des Verbraucherbauvertrages in Textform informiert; die Annahme einer Unwirksamkeit des Verbraucherbauvertrages erscheint nicht nur nicht gerechtfertigt, sondern eine Berufung darauf mit Treu und Glauben unvereinbar.

---

[93] Kniffka/*Jansen/v. Rintelen*, ibr-online-Kommentar, 12.5.2017, § 631 Rn. 821.
[94] Palandt/*Ellenberger*, § 125 Rn. 22.

60 Soweit das Informationsbedürfnis des Verbrauches über die Erfüllung der vorvertraglichen Informationspflichten aus § 650j BGB iVm Art. 249 EGBGB durch den Unternehmer indes nicht befriedigt wird, dürfte es jedenfalls aus Sicht des Verbrauchers schlechterdings untragbar sein, wenn sich der Unternehmer auf die Formunwirksamkeit des Verbraucherbauvertrages beruft. Letztlich wäre eine solche vom Unternehmer angeführte Beachtlichkeit der Formunwirksamkeit nämlich alleine auf seine **Verletzung der vorvertraglichen Informationspflichten** aus § 650j BGB iVm Art. 249 EGBGB zurückzuführen.[95]

61 Im Übrigen lässt sich zumindest darüber nachdenken, dass sich die vorvertraglichen Informationspflichten sowohl aus § 650j BGB iVm Art. 249 EGBGB als auch aus § 311 Abs. 2 BGB auch darauf erstrecken, den Verbraucher über das Textformerfordernis selbst zu informieren bzw. aufzuklären. Zwar umfasst der Wortlaut des Art. 249 § 2 S. 1 EGBGB lediglich Hinweispflichten über die wesentlichen Eigenschaften des Werkes, nicht jedoch über formale Erfordernisse beim Vertragsschluss, doch ist dem Gesetz eine Hinweispflicht auch über formale Vertragserfordernisse nicht fremd. So verlangt Art. 249 § 3 EGBGB vom Unternehmer beispielsweise Hinweise gegenüber dem Verbraucher betreffend dessen Widerrufsrecht und seine formalen Anforderungen; denkbar ist es deshalb, die **Informationspflicht auf das Textformerfordernis** auszuweiten. Im Ergebnis dürfte ein derart weite Auslegung der Informationspflichten aus § 650j BGB iVm Art. 249 EGBGB sowie aus § 311 Abs. 2 BGB jedoch nicht gerechtfertigt sein.

62 Letztlich hätte ein Unternehmer bei Nichterfüllung seiner vorvertraglichen Informationspflichten also die Formnichtigkeit und ihre Beachtlichkeit nicht nur **treuwidrig herbeigeführt**, sondern den Verbraucher **auch pflichtwidrig von einer Wahrung des Textformerfordernisses abgehalten**; jedenfalls der Unternehmer sollte sich in dieser Konstellation nicht auf die Formunwirksamkeit des Verbraucherbauvertrages berufen können.

III. Anwendbarkeit der Vorschriften des Werkvertragsrechts (Besonderheiten)

63 Gemäß § 650i Abs. 3 BGB werden die allgemeinen Vorschriften des Werkvertragsrechts aus dem Kapitel 1 (Allgemeine Vorschriften) zu Untertitel 1 (Werkvertrag) innerhalb des Titels 9 (Werkvertrag und ähnliche Verträge) durch die Vorschriften des Kapitels 3 (Verbraucherbauvertrag) für Verbraucherbauverträge lediglich ergänzt. Die **Vorschriften des allgemeinen Werkvertragsrechts (Kapitel 1)** bleiben damit auch im Verbraucherbauvertrag **uneingeschränkt anwendbar**.

64 Ergeben sich im Rahmen der Reform des Bauvertragsrechts **inhaltliche Änderungen** im allgemeinen Werkvertragsrecht, sind diese deshalb auch im Anwendungsbereich des Verbraucherbauvertrages zu berücksichtigen; namentlich handelt es sich hierbei um die Vorschriften
- § 632a BGB zu den Abschlagszahlungen (→ § 3 Rn. 1 ff.)
- § 640 BGB zur Abnahme (→ § 3 Rn. 10 ff.)
- § 648a BGB zur Kündigung aus wichtigem Grund (→ § 3 Rn. 21 ff.)
- § 650 BGB zur Anwendung des Kaufrechts.

65 Soweit in diesem Rahmen auf Regelungen des allgemeinen Werkvertragsrechts zurückgegriffen wird, sind jedoch **Besonderheiten** aus dem Verbraucherbauvertragsrecht

---

[95] Vgl. Rechtsprechung zur unwirksamen Abnahmeklausel: BGH Urt. v. 30.6.2016 – VII ZR 188/13, NJW-RR 2016, 1143; BGH Urt. v. 25.2.2016 – VII ZR 49/15, NJW 2016, 1572.

zu berücksichtigen, die die Regelungen des allgemeinen Werkvertragsrechts ergänzen, wie zB im Rahmen der Abschlagszahlungen (§ 632a BGB → § 3 Rn. 1 ff., 7) die ergänzende Regelung zur Begrenzung der Abschläge, § 650m BGB (→ § 5 Rn. 253 ff.). Die Verbraucherschutzvorschrift zur fiktiven Abnahme nach § 640 Abs. 2 S. 2 BGB (→ § 3 Rn. 17), findet allerdings sowohl auf den Verbraucherbauvertrag als auch auf nichtprivilegierte Bauverträge Anwendung, so dass insoweit für den Verbraucherbauvertrag diesbezüglich keine Besonderheiten zu beachten sind.

IV. Anwendbarkeit der Vorschriften des Bauvertragsrecht

Ebenso wie die Vorschriften des Werkvertragsrechts (→ § 5 Rn. 63 ff.) gelten im Anwendungsbereich des Verbraucherbauvertrages auch die Vorschriften zum **Bauvertragsrecht** (Kapitel 2) uneingeschränkt fort. 66

Deshalb sind für den Verbraucherbauvertrag auch die Vorschriften über das Bauvertragsrecht, die durch die Reform des Bauvertragsrechts in das BGB eingeführt wurden, beachtlich, nämlich 67
- § 650a BGB zur Legaldefinition des Bauvertrages (→ § 2 Rn. 8 ff.)
- § 650b BGB zur Änderung des Vertrages; Anordnungsrecht des Bestellers (→ § 2 Rn. 26 ff.)
- § 650c BGB zur Vergütungsanpassung bei Anordnungen nach § 650b Abs. 2 BGB (→ § 2 Rn. 94 ff.)
- § 650d BGB zur einstweilige Verfügung (→ § 2 Rn. 131 ff.)
- § 650 f BGB zur Bauhandwerkersicherung (→ § 2 Rn. 141)
- § 650g BGB zur Zustandsfeststellung bei Verweigerung der Abnahme, Schlussrechnung (→ § 2 Rn. 142 ff.)
- § 650h BGB zur Schriftform der Kündigung (→ § 2 Rn. 163 ff.).

Besonderheiten im Zusammenhang mit dem Verbraucherbauvertrag ergeben sich hier lediglich bei § 650f BGB – Bauhandwerkersicherung (→ § 2 Rn. 141, § 5 Rn. 281 ff.). 68

V. Baubeschreibungspflicht, Fertigstellungszeitpunkt

Die Vorschriften der §§ 650j und 650k BGB statuieren **vorvertragliche Informationspflichten des Unternehmers**. Mit diesen vor Abschluss des Verbraucherbauvertrages zu erfüllenden Informationspflichten schließt der Gesetzgeber das nach alter Rechtslage im Fall eines Vertrages über den Bau eines neuen Gebäudes oder erhebliche Umbaumaßnahmen an bestehenden Gebäuden entstandene Informationsdefizit des Verbrauchers. Bisher galten für solche Verträge gemäß § 312 Abs. 2 Nr. 3 BGB weder die vorvertraglichen Informationspflichten aus § 312a Abs. 2 BGB iVm Art. 246 EGBGB noch die vorvertraglichen Informationspflichten aus § 312d Abs. 1 BGB iVm Art. 246a EGBGB; eine angemessene Information des Verbrauchers sollte lediglich über die Vorschrift des § 312a Abs. 1 BGB und die dort geregelte – für die Bauvertragspraxis jedoch weitestgehend unbedeutende – Offenbarungspflicht bei Telefonanrufen[96] gewährleistet werden (→ § 5 Rn. 7). Diese Offenbarungspflicht bleibt auch 69

---

[96] *Lenkeit* BauR 2017, 454 (457).

1. Baubeschreibungspflicht

70 Mit Einführung des § 650j BGB iVm Art. 249 § 1, 2 EGBGB wird der Unternehmer verpflichtet, vor Abschluss eines Verbraucherbauvertrages eine Baubeschreibung zu erstellen und dem Verbraucher zu übermitteln; dies gilt lediglich dann nicht, wenn der Verbraucher oder ein von ihm Beauftragter die wesentlichen Planungsvorgaben macht. Bislang war eine solche **Pflicht zu Vorlage einer Baubeschreibung** durch den Unternehmer gesetzlich nicht normiert; dennoch wurde eine solche Baubeschreibung in der Bauvertragspraxis auch bisher bereits regelmäßig erstellt.

71 Besonderer Beachtung bedürfen daher im Wesentlichen die mit Geltung des neuen Bauvertragsrechts in Kraft tretenden Vorgaben zu **Form und Inhalt der Baubeschreibung**. Anders als beispielsweise im Rahmen der Informationspflicht nach § 312a Abs. 2 BGB iVm Art. 246 Abs. 1 EGBGB[97] sieht § 650j BGB iVm Art. 249 § 1 EGBGB für die Baubeschreibung ausdrücklich die Textform vor. Inhaltlich spiegelt der Informationskatalog des Art. 249 § 2 EGBGB die besonderen Charakteristika des Verbraucherbauvertrages wieder; bleibt aber teilweise inhaltlich auch hinter den allgemeinen vorvertraglichen Informationspflichten nach §§ 312 ff. BGB zurück.[98] Sehen beispielsweise die im Verbraucherbauvertrag nicht einschlägigen §§ 312a Abs. 2 BGB iVm Art. 246 Abs. 1 Nr. 6 EGBGB bzw. §§ 312d Abs. 1 BGB iVm Art. 246a § 1 Nr. 13 EGBGB eine Aufklärung des Verbrauchers über Vertragsbedingungen, beispielsweise die Bedingungen einer Kündigung bzw. die Stellung einer vom Verbraucher zu leistenden Sicherheit, vor, fokussiert sich der Katalog der Informationspflichten aus § 650j BGB iVm Art. 249 § 2 EGBGB auf eine technische Beschreibung der Hauptleistungspflicht des Unternehmers.

a) Inhalt der Baubeschreibung

72 Die Vorschrift des § 650j BGB statuiert die Pflicht des Unternehmers, den Verbraucher über die sich aus Art. 249 EGBGB ergebenden Einzelheiten zu unterrichten. Danach ist der Unternehmer verpflichtet, den Verbraucher über die **wesentlichen Eigenschaften des angebotenen Werks** (Art. 249 § 2 Abs. 1 S. 1 EGBGB), mindestens jedoch über die im **Katalog** des Art. 249 § 2 Abs. 1 S. 2 Nr. 1 bis 9 EGBGB aufgeführten Komponenten seiner Bau- und Planungsleistung zu informieren. Darüber hinaus hat die Baubeschreibung nach Art. 249 § 2 Abs. 2 EGBGB auch verbindliche Angaben über den **Fertigstellungszeitpunkt** bzw. im Falle unklaren Baubeginns über die Dauer der Baumaßnahmen zu enthalten (→ § 5 Rn. 137 ff.).

aa) Katalog des Art. 249 § 2 Abs. 1 S. 2 EGBGB

73 Die Komponenten des Art. 249 § 2 Abs. 1 S. 2 Nr. 1 bis 9 EGBGB legen dabei den **Mindestinhalt** fest, den eine Baubeschreibung im Sinne des § 650j BGB enthalten muss.[99] Der Entscheidung des Gesetzgebers zugunsten eines informatorischen Mindestinhalts der Baubeschreibung liegt dabei die Erwägung zugrunde, dass es angesichts der Vielfalt der Bauvorhaben, die zudem in technischer Hinsicht ständigen Änderungen und Neuerungen unterworfen sind, nicht möglich ist, eine abschließende Auflistung des

---

[97] Palandt/*Grüneberg*, Art. 246 EGBGB Rn. 2.
[98] *Kniffka*, Vortragsskript S. 53.
[99] BT-Drs. 18/8486, 73.

notwendigen Inhalts der Baubeschreibung im Gesetz vorzunehmen.[100] Der Katalog des Art. 249 § 2 Abs. 1 S. 2 EGBGB bezieht sich inhaltlich ausschließlich auf **technische Angaben** und die Beschreibung der Leistung des Unternehmers. Danach sind in der Baubeschreibung aufzuführen: eine allgemeine Beschreibung des herzustellenden Gebäudes oder der vorzunehmenden Umbauten, gegebenenfalls Haustyp und Bauweise (Nr. 1), Art und Umfang der angebotenen Leistungen, gegebenenfalls der Planung und der Bauleitung, der Arbeiten am Grundstück und der Baustelleneinrichtung sowie der Ausbaustufe (Nr. 2), Gebäudedaten, Pläne mit Raum- und Flächenangaben sowie Ansichten, Grundrisse und Schnitte (Nr. 3), gegebenenfalls Angaben zum Energie-, zum Brandschutz- und zum Schallschutzstandard sowie zur Bauphysik (Nr. 4), Angaben zur Beschreibung der Baukonstruktionen aller wesentlichen Gewerke (Nr. 5), gegebenenfalls Beschreibung des Innenausbaus (Nr. 6), gegebenenfalls Beschreibung der gebäudetechnischen Anlagen (Nr. 7), Angaben zu Qualitätsmerkmalen, denen das Gebäude oder der Umbau genügen muss (Nr. 8) und gegebenenfalls eine Beschreibung der Sanitärobjekte, der Armaturen, der Elektroanlage, der Installationen, der Informationstechnologie und der Außenanlagen (Nr. 9).

Der Begriff des „Mindestinhalts" ist dabei nicht dahingehend zu verstehen, dass jede Baubeschreibung sämtliche der in Art. 249 § 2 Abs. 1 S. 2 Nr. 1 bis 9 EGBGB aufgeführten Informationskomponenten tatsächlich auch enthalten muss; Informationen zu Art und Umfang der Planung (Nr. 1), Angaben zum Energie-, zum Brandschutz- und zum Schallschutzstandard sowie zur Bauphysik (Nr. 4) und die Beschreibung des Innenausbaus (Nr. 6), der gebäudetechnischen Anlagen (Nr. 6) oder der Sanitärobjekte, der Armaturen, der Elektroanlage, der Installationen, der Informationstechnologie und der Außenanlagen (Nr. 9), sind dem Verbraucher nur dann zu unterbreiten, wenn sich auch die werkvertragliche Leistung des Unternehmers auf dergleichen bezieht. Auf der anderen Seite führt der Mindestcharakter der Auflistung in Art. 249 § 2 Abs. 1 S. 2 EGBGB dazu, dass es sich bei den dort angeführten Informationen **nicht um eine abschließende Aufzählung** aller für die Vollständigkeit der Baubeschreibung erforderlichen Informationen handelt. Weitere Bestandteile können für eine vollständige Baubeschreibung zusätzlich gefordert sein.

bb) Generalklausel nach Art. 249 § 2 Abs. 1 S. 1 EGBGB

Zusätzlich zum Katalog des Art. 249 § 2 Abs. 1 S. 2 EGBGB bestimmt daher Art. 249 § 2 Abs. 1 S. 1 EGBGB im Wege einer Generalklausel die weitergehende Pflicht des Bauunternehmers, in der Baubeschreibung sämtliche **wesentlichen Eigenschaften des angebotenen Werks** darzustellen.

Was letztlich eine wesentliche Eigenschaft des angebotenen Werkes darstellt, richtet sich dabei nach dem konkreten Vertragsgegenstand und ist anhand einer Auslegung im Einzelfall zu bestimmen, die sich an dem **objektiven Interesse eines verständigen Durchschnittsverbrauchers** zu orientieren hat; auf ein individuelles Informationsbedürfnis des konkreten Verbrauchers kommt es bei der Wesentlichkeitsbestimmung im Zweifel nicht an.

Maßgeblich bei der Auslegung zu berücksichtigen ist vielmehr der allgemeine Schutzweck der Pflicht zur Vorlage einer Baubeschreibung, also die Wahrung der aufgrund von Vertragsverhandlungen entstandenen und gerechtfertigten Erwartungen des Verbrauchers. Der Verbraucher soll durch die Baubeschreibung in die Lage versetzt werden, eine fundierte Entscheidung über das Ob und das Wie der Durchführung des Verbraucherbauvertrages zu treffen; ihm soll eine Überprüfung der angebotenen Leis-

---

[100] BT-Drs. 18/8486, 73.

tung durch einen sachverständigen Dritten und ein **Preis-/Leistungsvergleich** mit anderen Angeboten ermöglicht werden.[101] Dies lässt den Schluss nahe, dass auch Preisangaben als wesentliche Eigenschaften des Werkes zu qualifizieren sind, auch wenn diese im Katalog des Art. 249 § 2 Abs. 1 S. 2 EGBGB nicht ausdrücklich aufgeführt sind. Ein Preis-/Leistungsvergleich ohne entsprechende Preisangaben wird dem Verbraucher nicht möglich sein. Allerdings dürfte es für eine derartige Auslegung der Vorschrift des Art. 249 § 2 Abs. 1 S. 1 EGBGB am Schutzbedürfnis auf Seiten des Verbrauchers fehlen. Für einen entsprechenden Preis-/Leistungsvergleich bleibt es dem Verbraucher unbenommen, Preisangaben beim Unternehmer gesondert anzufragen. Diese sind, anders als technische Angaben zur Leistung des Unternehmers, für den Verbraucher auch leicht verständlich. Es scheint deshalb nicht gerechtfertigt, in der fehlenden vorvertraglichen Angabe des Preisgefüges eine Pflichtverletzung des Unternehmers anzunehmen.

78 Nicht unter die wesentlichen Eigenschaften das angebotenen Werks fallen, dürften indes weitergehende **Informationen zur Vertragsabwicklung** wie sie beispielsweise § 312a Abs. 2 BGB iVm Art. 246 EGBGB bzw. § 312d Abs. 1 BGB iVm Art. 246a EGBGB für Verträge vorsehen, die nicht den Bau von neuen Gebäuden oder erhebliche Umbaumaßnahmen an bestehenden Gebäuden betreffen und damit nicht unter die Definition des Verbraucherbauvertrages fallen. Die Baubeschreibung hat sich auf Angaben zum angebotenen Werk zu beschränken; dies mag die essentialia negotii des Bauvertrages umfassen, kann jedoch eine Informationspflicht zu den Vertragsbedingungen, wie beispielsweise den Bedingungen einer Kündigung (§ 312a Abs. 2 BGB iVm Art. 246 Abs. 1 Nr. 6 EGBGB) oder zu vom Verbraucher zu leistender Sicherheiten (§ 312d Abs. 1 BGB iVm Art. 246a § 1 Abs. 1 Nr. 13 EGBGB), anders als beim Verbrauchervertrag, nicht begründen.

cc) Negative Baubeschreibung

79 Nach wie vor dürfte es dem Unternehmer unbenommen bleiben, in die Baubeschreibungen auch diejenigen Bauleistungen aufzunehmen, die ausdrücklich nicht zur Ausführung kommen, sogenannte **negative Baubeschreibung.** Insbesondere bei einem Vertrag über die Durchführung von erheblichen Umbaumaßnahmen kann dies vor allem im Sinne des Unternehmers sein, um Arbeiten auszuschließen, deren Ausführung möglicherweise im Wege der Vertragsauslegung (→ § 5 Rn. 117 ff.) erwartet werden kann.[102]

b) Klarheits- und/oder Verständlichkeitsgebot?

80 Die Vorschrift des Art. 249 § 2 Abs. 1 S. 1 EGBGB verlangt zudem, dass der Unternehmer die Eigenschaften des angebotenen Werks **in klarer Weise** darstellt. Diese Anforderung an die Erfüllung der Informationspflicht im Verbraucherbauvertrag unterscheidet sich wesentlich von vergleichbaren, bereits anderweitig gesetzlich geregelten Informationspflichten, deren Erfüllung *in klarer und verständlicher* Weise zu erfolgen hat.[103]

aa) Gesetzgeberische Entscheidung für ausschließliches Klarheitsgebot

81 Bei der sprachlichen Abweichung handelt es sich dabei nicht um ein Versehen, sondern um eine **bewusste Differenzierung des Gesetzgebers,** der den teilweise komplexen

---

[101] BT-Drs. 18/8486, 62.
[102] *Pause,* Bauträgerkauf und Baumodelle, Rn. 633; *Basty,* Der Bauträgervertrag, Rn. 922.
[103] Vgl. § 312a Abs. 2 BGB iVm Art 246 Abs. 1 EGBGB; § 312j Abs. 2 BGB iVm Art. 246a EGBGB; § 482 Abs. 1 BGB iVm Art. 242 EGBGB; § 312d BGB iVm Art. 246a § 4 Abs. 1 EGBGB.

(und damit aus Verbrauchersicht möglicherweise unverständlichen) technischen Informationen, wie beispielsweise zur Wärmedämmung oder technischen Ausstattung eines Bauwerks, Rechnung tragen wollte.[104] Ermöglicht werden sollen damit Bestimmungen in Baubeschreibungen, die zwar aufgrund der verwendeten fachspezifischen Begrifflichkeiten für den Verbraucher unverständlich, gleichwohl aber aus formalen und grammatikalischen Aspekten hinreichend klar sind. Dies kann insbesondere bei der bloßen Angabe von DIN-Vorschriften in der Baubeschreibung[105] für den Unternehmer zu erheblichen Erleichterungen führen. Etwaige Verständnisprobleme auf Seiten des Verbrauches sollen nach dem Willen des Gesetzgebers durch Beiziehung von Experten ausgeglichen werden;[106] eine Überlegung, die mit den gesetzgeberischen Motiven zur verbindlichen Vorgabe der Baubeschreibung selbst korrespondiert: Sie soll den Verbraucher ebenfalls in die Lage versetzen, die vom Unternehmer angebotene Leistung gegebenenfalls durch einen sachverständigen Dritten überprüfen zu lassen.[107]

Dass die Gesetzesbegründung an einigen Stellen trotz der ausdrücklichen Ablehnung eines Verständlichkeitsgebots durch den Gesetzgeber dennoch von einer Darstellung der Baubeschreibung in klarer und verständlicher Weise spricht,[108] dürfte vermutlich einem Versehen geschuldet sein; der ursprüngliche Referentenentwurf des Bundesministeriums der Justiz und für Verbraucherschutz[109] ging in den entsprechenden Vorschriften noch von einem entsprechenden Verständlichkeitsgebot aus, dieses wurde jedoch **im Laufe des weiteren Gesetzgebungsverfahrens** aufgegeben.

Unabhängig von der gesetzgeberischen Entscheidung für ein ausschließliches Klarheitsgebot, stellt sich jedoch die Frage, ob sich eine Pflicht zur Vorlage einer hinreichend klaren und auch verständlichen Baubeschreibung nicht bereits aus anderen Vorschriften ableiten lässt.

bb) Verständlichkeitsgebot nach Art. 5 Abs. 1 bzw. Art. 6 Abs. 1 VerbrR-RL?

Ein auch auf die Baubeschreibung zu übertragendes **Verständlichkeitsgebot** lässt sich dabei nicht aus den Vorschriften der Art. 5 Abs. 1 VerbrR-RL bzw. Art. 6 Abs. 1 VerbrR-RL ableiten, deren ausdrückliche Vorgaben zu klarer und verständlicher Information in die Regelungen des § 312a Abs. 2 BGB iVm Art. 246 Abs. 1 EGBGB bzw. § 312d Abs. 1 iVm Art. 246a § 4 Abs. 1 EGBGB eingeflossen sind.

Art. 5 und Art. 6 VerbrR-RL statuieren bereits aufgrund der Bereichsausnahme in Art. 3 Abs. 3 f VerbrR-RL **keine verbindlichen Vorgaben** für den nationalen Gesetzgeber im Bereich des über Art. 249 § 2 Abs. 1 S. 1 EGBGB zu regelnden Verbraucherbauvertrages; in dessen Anwendungsbereich steht es dem Gesetzgeber gerade frei, ein anderes (im Vergleich zum Verbrauchervertrag im Sinne der §§ 312 ff. BGB auch geringeres) Verbraucherschutzniveau zu etablieren[110] (→ § 5 Rn. 12 ff.) und vorvertragliche Information lediglich in *klarer* und nicht in *klarer und verständlicher* Weise zu verlangen. Vor diesem Hintergrund scheidet auch eine richtlinienkonforme Auslegung des § 650j BGB iVm Art. 249 § 2 Abs. 1 S. 1 EGBGB aus.

---

[104] BT-Drs. 18/8486, 73 f.
[105] Vgl. hierzu: BGH Urt. v. 4.6.2009 – VII ZR 54/07, NJW 2009, 2439.
[106] BT-Drs. 18/8486, 74.
[107] BT-Drs. 18/8486, 62.
[108] BT-Drs. 18/8486, 62 S. 3, 73 zu § 2 S. 1, 73 zu § 2 Abs. 3.
[109] http://www.bundesgerichtshof.de/SharedDocs/Downloads/DE/Bibliothek/Gesetzesmaterialien/18_wp/Bauvertragsrecht/refe.pdf;jsessionid=F8CA5F2948E562282E2828236AF3E0EA.2_cid368?__blob=publicationFile.
[110] BT-Drs. 17/12637, 33.

cc) Verständlichkeitsgebot nach § 307 Abs. 1 S. 2, Abs. 3 S. 2 BGB

86 Unabhängig von der Entscheidung des Gesetzgebers zugunsten einer hinreichend *klaren* Baubeschreibung im Zusammenhang mit Art. 249 § 2 Abs. 1 S. 1 EGBGB (→ § 5 Rn. 81) erscheint eine lediglich *klare, aber unverständliche* Baubeschreibung jedenfalls im Geltungsbereich der §§ 305 ff. BGB und den dort geregelten Anforderungen an eine **Transparenzkontrolle** vertraglicher Bestimmungen bedenklich.

87 Bereits bei der Eröffnung des Anwendungsbereichs der §§ 305 ff. BGB wird dabei der Frage nach einer Qualifikation der Baubeschreibung als Allgemeine Geschäftsbedingung im Sinne des § 305 Abs. 1 BGB und ihrer Abgrenzung zur **Individualvereinbarung** maßgebliche Bedeutung zukommen. Im Bereich des Verbraucherbauvertrages handelt es sich bei der Baubeschreibung – anders als beim Bauträgervertrag – nämlich nicht regelmäßig um Allgemeine Geschäftsbedingungen. Gerade Baubeschreibungen zu Verträgen über die Errichtung eines neuen Gebäudes oder erhebliche Umbaumaßnahmen können einen derart hohen Individualisierungsgrad aufweisen, dass ihre Qualifikation als Allgemeine Geschäftsbedingung ausscheidet. Dies dürfte auch dann gelten, wenn der Verbraucherbauvertrag selbst als Formularvertrag den Grundsätzen der §§ 305 ff. BGB unterliegt, die Baubeschreibung aber individuell ausgehandelt und über § 650k Abs. 1 BGB zum Bestandteil des Verbraucherbauvertrages wird; zur Abgrenzung Allgemeiner Geschäftsbedingungen von Individualvereinbarungen ist nämlich auf die gesondert zu betrachtende, individuelle vertragliche Regelung abzustellen.[111] Handelt es sich mit vorstehenden Grundsätzen bei der Baubeschreibung um eine individualvertraglich ausgestaltete Vertragsregelung, kann sich der Unternehmer auf die Vorlage einer inhaltlich klaren Baubeschreibung beschränken, ohne dass diese für den Verbraucher auch verständlich sein muss.

88 Wird der Verbraucherbauvertrag hingegen mit einem Fertighaushersteller oder Generalüber- oder -unternehmer geschlossen, liegt eine Qualifikation der Baubeschreibung als Individualvereinbarung fern; die Tatsache, dass derartige Verträge meist die Errichtung gleichartiger Gebäude mit standardisierten Baubeschreibungen auf dem Grundstück des Verbrauchers betreffen, legt es nahe, auch die entsprechende Baubeschreibung als **Allgemeine Geschäftsbedingungen** zu behandeln. Gleiches gilt bei individuell geplanten Bauwerken, wenn und soweit der Unternehmer die entsprechende Baubeschreibung im Einzelfall unter Inanspruchnahme seiner Planungshoheit erstellt und in den Verbraucherbauvertrag eingeführt hat; nach § 310 Abs. 3 Nr. 2 BGB genügt für die Annahme Allgemeiner Geschäftsbedingungen auch die einmalige Verwendung von Vertragsbedingungen, soweit der Verbraucher aufgrund ihrer Vorformulierung keinen Einfluss auf den Inhalt nehmen konnte.

89 Im so eröffneten Geltungsbereich der AGB-Kontrolle gilt es schließlich zu beachten, dass die Baubeschreibung nach Art. 249 § 2 Abs. 1 EGBGB der Darstellung des vom Unternehmer angebotenen Werkes und damit der Beschreibung der Hauptleistungspflicht des Unternehmers dient. Derartige **Leistungsbeschreibungen,** die die Art, die Güte und den Umfang einer Hauptleistung unmittelbar festlegen, unterliegen gemäß § 307 Abs. 3 S. 1 BGB zwar nicht der Inhaltskontrolle im eigentlichen Sinn;[112] durch sie werden nicht von Rechtsvorschriften abweichende oder diese ergänzende Regelungen getroffen. Dennoch bestimmt § 307 Abs. 3 S. 2 BGB, dass solche Vertragsregelungen gleichwohl dem Transparenzgebot des § 307 Abs. 1 S. 2 BGB unterliegen.

---

[111] Palandt/*Grüneberg* BGB § 305 Rn. 18.
[112] Palandt/*Grüneberg* BGB § 307 Rn. 44.

Für die **Einhaltung des Transparenzgebotes** ist es jedoch grundsätzlich nicht ausreichend, dass eine Vertragsklausel hinreichend klar gefasst ist und der Verbraucher den entsprechenden Vertragsinhalt lediglich grammatikalisch nachvollziehen kann;[113] die entsprechende Vertragsklausel hat vielmehr klar und verständlich gefasst zu sein. Dabei ist auf einen normal informierten, angemessenen und verständigen Durchschnittsverbraucher abzustellen,[114] von dem ein normales Sprach-, Logik, Fach- und Rechenverständnis, nicht jedoch darüber hinausgehende Fähigkeiten erwartet werden können.[115] Im Geltungsbereich der AGB-rechtlichen Transparenzkontrolle kann sich der Unternehmer deshalb auch im Rahmen seiner Baubeschreibung nicht auf die klare Angabe technischer Fachbegriffe beschränken; soweit Darstellungen nicht fest umrissenen Begriffen der Rechtssprache entsprechen, scheiden sie als objektive Verständnisvorgabe aus.[116] Das Transparenzgebot verlangt vom Unternehmer, dass er die angebotene Leistung in der Baubeschreibung so umschreibt, dass sie für einen durchschnittlichen Verbraucher verständlich ist. In der Praxis bedeutet dies beispielsweise, dass ein Verbraucher in der Regel keine Vorstellung darüber hat, welcher konkrete Lärmschutz sich hinter den Schalldämm-Maßen der DIN 4109 verbirgt, und er zur Wahrung des Transparenzgebots darüber aufzuklären ist, in welchem Maße er Geräuschbelästigungen ausgesetzt ist oder in Ruhe wohnen kann bzw. sein eigenes Verhalten nicht einschränken muss, um Vertraulichkeit zu wahren.[117] Will der Unternehmer daher über die Baubeschreibung vom übrigen Komfort- und Qualitätsstandard des Vertrages abweichen, so hat er zur Wahrung des Transparenzgebots diese Leistungen in der Baubeschreibung aus der Wahrnehmungsperspektive eines Durchschnittsverbrauchers zu umschreiben.

dd) Konsequenz: Unterschiedliche Anforderungen an die Verbraucherinformation

Die Anforderungen an die Pflicht zur Information des Unternehmers über den Leistungsinhalt sind nach den dargelegten Grundsätzen je nach Vertragstypus unterschiedlich; sie führen zu einem **unterschiedlichen Verbraucherschutzniveau**. Schließt der Verbraucher beispielsweise einen Bauvertrag über kleinere Baumaßnahmen, die nicht den Bau eines neuen Gebäudes oder erhebliche Umbaumaßnahmen zum Gegenstand haben, ist der Unternehmer verpflichtet, Informationen *in klarer und verständlicher Weise* zur Verfügung zu stellen (§ 312a Abs. 2 BGB iVm Art. 246 Abs. 1 EGBGB). Bei Abschluss eines Verbraucherbauvertrages und einer der AGB-Kontrolle unterliegenden Baubeschreibung hat der Unternehmen den Verbraucher *in klarer und verständlicher Weise* über deren Inhalt zu informieren (§ 650j BGB iVm Art 249 EGBGB, § 307 Abs. 1 S. 2, Abs. 3 S. 2 BGB). Lediglich, soweit die Parteien dem Verbraucherbauvertrag eine individuell aushandelte Baubeschreibung zugrunde legen, kann sich der Unternehmer auf eine *klare Beschreibung* der darin enthaltenen Eigenschaften des Werks beschränken (§ 650j BGB iVm Art. 249 § 2 Abs. 1 S. 1 EGBGB).

c) Textform der Baubeschreibung

Die Baubeschreibung muss nach Art. 249 § 1 EGBGB der Textform im Sinne von § 126b BGB genügen. Textform verlangt, dass eine **lesbare Erklärung,** in der die Person

---

[113] EuGH Urt. v. 30.4.2014 – C-26/13, NJW 2014, 2335.
[114] EuGH Urt. v. 30.4.2014 – C-26/13, NJW 2014, 2335.
[115] MüKoBGB/*Wurmnest* § 307 Rn. 62.
[116] BGH Urt. v. 8.5.2013 – IV ZR 84/12, NJW 2013, 2739.
[117] BGH Urt. v. 4.6.2009 – VII ZR 54/07, NJW 2009, 2439; BGH Urt. v. 14.6.2007 – VII ZR 45/06, NJW 2007, 2983.

des Erklärenden genannt ist, auf einem **dauerhaften Datenträger** abgegeben wird (→ § 5 Rn. 45 ff.). Mit einer bloß mündlichen Baubeschreibung erfüllt der Unternehmer seine vorvertragliche Pflicht aus § 650j BGB iVm Art. 249 § 1 EGBGB hingegen nicht.

d) Zeitpunkt der Zurverfügungstellung der Baubeschreibung

93 Die Vorschrift des Art. 249 § 1 EGBGB sieht vor, dass der Unternehmer dem Verbraucher die Baubeschreibung rechtzeitig vor Abgabe der Vertragserklärung des Verbrauchers zur Verfügung zu stellen hat. Eine konkrete Angabe dazu, was unter dem Begriff der **rechtzeitigen Zurverfügungstellung** zu verstehen ist, findet sich weder im Gesetzeswortlaut noch in der Gesetzesbegründung. Letztere hält lediglich fest, dass dem Verbraucher vor Abschluss des Verbraucherbauvertrages ausreichend Zeit für eine Überprüfung der angebotenen Leistung, gegebenenfalls auch unter Hinzuziehung eines sachverständigen Dritten, und ein Preis-/Leistungsvergleich mit anderen Angeboten verbleiben muss.[118]

94 In diesem Zusammenhang erscheint es daher vertretbar, an die Vorschrift des § 17 Abs. 2a Nr. 2 BeurkG anzuknüpfen; danach ist dem Verbraucher in der Regel zwei Wochen vor einer notariellen Beurkundung der beabsichtigte Text des zu beurkundenden Rechtsgeschäftes zu übermitteln, um ihm so ausreichend Gelegenheit zu geben, sich mit dem Gegenstand der Beurkundung auseinander zu setzen. Die Vorschrift gilt unter anderem auch für den Bauträgervertrag, bei welchem die Baubeschreibung als wesentlicher Vertragsinhalt beurkundet werden muss,[119] so dass eine vergleichbare Situation mit der Baubeschreibungspflicht des Verbraucherbauvertrages vorliegt. Damit kann auch eine rechtzeitige Zurverfügungstellung der Baubeschreibung bei Wahrung einer **2-Wochen Frist** in der Regel unterstellt werden.[120]

95 Da der Verbraucherbauvertrag in der Regel jedoch nicht notariell beurkundet wird (→ § 5 Rn. 168), steht der Abschluss des Vertrages bei Übermittlung der Baubeschreibung regelmäßig noch nicht fest bzw. hat es der Unternehmer in der Hand, ob und wann er seine Willenserklärung zum Abschluss des Verbraucherbauvertrages abgibt; insoweit kann auch der Unternehmer über die Zeitspanne zwischen Übermittlung der Baubeschreibung und Abschluss des Verbraucherbauvertrages disponieren; um jeglichen Vorwurf einer nicht rechtzeitigen Übermittlung der Baubeschreibung zu vermeiden, wird er hierbei gegebenenfalls in den Grenzen der §§ 147, 148 BGB den Vertragsschluss verzögern müssen.

96 Etwas anderes kann nur dort gelten, wo der Unternehmer mit der Übermittlung der Baubeschreibung bereits ein verbindliches Angebot zum Vertragsschluss abgibt. Hier wird der Frist des Art. 249 § 1 EGBGB nicht nur bei der Bestimmung der Annahmefrist nach §§ 147, 148 BGB eine Bedeutung zukommen; um den Vorwurf einer Vertragspflichtverletzung auszuschließen, wird man einem solchen Vorgehen vielmehr auch den Willen des Unternehmers entnehmen können, nicht vor Ablauf der Frist einen bindenden Verbraucherbauvertrag abschließen zu wollen.

e) Baubeschreibung und Vertragsinhalt

97 Gemäß § 650k Abs. 1 BGB werden die Angaben der vorvertraglich zur Verfügung gestellten Baubeschreibung **Inhalt des Verbraucherbauvertrages,** es sei denn die Vertragsparteien haben **ausdrücklich** etwas anderes vereinbart.

---

[118] BT-Drs. 18/8486,73.
[119] *Pause*, Bauträgerkauf und Baumodelle, Rn. 92.
[120] *Pause/Vogel* NZBau 2015, 667 (668).

aa) Grundsatz: Baubeschreibung als Teil des Vertragsinhaltes

Über § 650k Abs. 1 BGB werden die durch die vorvertraglich übermittelte Baubeschreibung zur Kenntnis des Verbrauchers gebrachten wesentlichen Eigenschaften des angebotenen Werkes rechtlich zum **Inhalt des Verbraucherbauvertrages;** die *vorvertraglich übermittelte* Information bestimmt den Inhalt der *vertraglich vereinbarten* Leistungspflichten.

Der Gesetzgeber hat sich bei dieser Regelung an der Vorschrift des § 312d Abs. 1 S. 2 BGB orientiert,[121] die für den Verbrauchervertrag ebenfalls bestimmt, dass in Erfüllung vorvertraglicher Informationspflichten gemachte Angaben regelmäßig zum konkreten Vertragsinhalt erstarken. **Ziel** dieser Regelung ist es, im Verbrauchervertrag dem Unternehmer die Möglichkeit abzuschneiden, von vorvertraglich gemachten Versprechungen bei Vertragsschluss quasi *„im Kleingedruckten"* wieder abzuweichen;[122] gleiches soll nun auch für ein späteres Abweichen des Bauunternehmers von der vorvertraglich zur Verfügung gestellten Baubeschreibung gelten.

Bereits vor Einführung des § 650k Abs. 1 BGB wurde der konkrete Leistungsinhalt des Bauvertrages im Falle des Abweichens vorvertraglich ausgehändigter Baubeschreibungen von der späteren Vertragsdokumentation über die **Grundsätze der allgemeinen Rechtsgeschäftslehre** bestimmt. Danach waren bei der Auslegung von Willenserklärungen und Verträgen nach §§ 133, 157 BGB auch die jeweiligen Begleitumstände des Vertragsschlusses wie etwaige Vorverhandlungen der Beteiligten und das Gesamtbild der Vertragsverhandlungen zu berücksichtigen;[123] vom Unternehmer hierbei im Rahmen einer Baubeschreibung vorvertraglich gemachte Angaben konnten den Vertragsinhalt des Bauvertrages wesentlich mitprägen.[124] Nichts anderes kann für Aussagen im Rahmen der nunmehr vorvertraglich zwingend zu übermittelnden Baubeschreibung gelten.

Die wesentliche über § 650k Abs. 1 BGB in den Verbraucherbauvertrag eingeführte Neuerung besteht damit nicht in der grundsätzlichen Berücksichtigung vorvertraglich übermittelter Baubeschreibungen bei der Vertragsauslegung. Entscheidend ist vielmehr die durch die Regelung statuierte **widerlegbare Vermutung** zum Inhalt des Bauvertrages und die gesetzliche geregelte **Beweislastumkehr** betreffend das Vorliegen einer von der Baubeschreibung abweichenden vertraglichen Vereinbarung.

Bislang traf die Beweislast dafür, dass eine vorvertraglich zur Verfügung gestellte Baubeschreibung zum Vertragsinhalt geworden ist, diejenige Partei, die Rechte aus der vorvertraglichen Baubeschreibung ableiten wollte;[125] dies war in der Regel der Verbraucher, der auf die ihm günstigeren Angaben in der Baubeschreibung auch bei Vertragsschluss vertraut hatte. Die in der Regelung des § 650k Abs. 1 BGB enthaltene widerlegbare Vermutung führt nun dazu, dass im Grundsatz von einem Einbezug der Baubeschreibung in den vertraglich geschuldeten Leistungsinhalt auszugehen ist. Beruft sich eine Partei darauf, dass die Vertragspartner ausdrücklich einen von der Baubeschreibung abweichenden Vertragsinhalt vereinbart hätten, trägt sie hierfür die Beweislast; dies wird im Zweifel der Unternehmer sein, der von den Versprechungen der Baubeschreibung nachträglich Abstand nehmen will.

Die Neuerung des § 650k Abs. 1 BGB verbessert somit die **Stellung des Verbrauchers** bei Streitigkeiten zum konkreten Vertragsinhalt entscheidend und befreit ihn von et-

---

[121] BT-Drs. 18/8486, 62.
[122] Vgl. *Kramme* NJW 2015, 279 zu § 312d Abs. 1 S. 2 BGB.
[123] Palandt/*Ellenberger* BGB § 133 Rn. 15, 16.
[124] *Glöckner* BauR 2014, 411 (425).
[125] Kniffka/Koeble/*Kniffka* 4. Teil Rn. 17; BGH Urt. v. 9.2.2010 – X ZR 82/07, IBR 2010, 261.

waigen Beweisunsicherheiten zur Frage der vertraglichen Einbeziehung vorvertraglich zur Verfügung gestellter Angaben über die Bauleistung.

bb) Ausdrücklich abweichende Vereinbarung

103 Naturgemäß bleibt es den Parteien des Verbraucherbauvertrages im Rahmen ihrer Privatautonomie unbenommen, zu vereinbaren, dass die vorvertraglich übermittelte Baubeschreibung oder bestimmte Beschaffenheiten aus ihr **nicht zum Vertragsinhalt** werden sollen.

104 Der Wortlaut des § 650k Abs. 1 BGB sagt letztlich nichts darüber aus, ob eine solche Vereinbarung ausschließlich **bei Abschluss des Verbraucherbauvertrages** geschlossen werden kann oder nicht. Daher dürfte es den Parteien frei stehen, die Vereinbarung zur fehlenden Verbindlichkeit der Baubeschreibung auch im Zeitraum zwischen der Übermittlung der Baubeschreibung und dem späteren Abschluss des Verbraucherbauvertrages zu treffen. Soweit man dies zulässt, kann jedoch hinsichtlich der Form der abweichenden Vereinbarung nicht auf das beim Abschluss des Verbraucherbauvertrages geltende Textformerfordernis verwiesen werden. Die Parteien können eine entsprechende Vereinbarung vielmehr auch mündlich treffen, auch wenn dies in der Praxis zur Vermeidung jedweder Beweisschwierigkeiten zu vermeiden ist.

105 Die Vorschrift des § 650k Abs. 1 BGB verlangt, dass eine entsprechende Vereinbarung ausdrücklich zu treffen ist. Wie im Rahmen des § 312d Abs. 1 S. 2 BGB auch, reicht für ein ausdrückliches Abweichen von der Baubeschreibung schlüssiges Verhalten oder Schweigen auf eine entsprechende Willenserklärung der anderen Vertragspartei nicht aus.[126] **Ausdrücklichkeit** nach § 312d Abs. 1 S. 2 BGB verlangt auf der Seite des Verbrauchers entweder eine selbst formulierte Erklärung oder aber, wenn er einer vom Unternehmer vorformulierten Erklärung zustimmt, eine von anderen Erklärungen getrennte Zustimmung durch aktives Tun.[127] Nach der Gesetzesbegründung orientiert sich die Vorschrift des § 650k Abs. 1 Hs. 2 BGB ausdrücklich an der Regelung des § 312d Abs. 1 S. 2 BGB.

106 Schließen die Parteien eine entsprechende Vereinbarung nach Übermittlung der Baubeschreibung aber **vor Abschluss des Verbraucherbauvertrages,** dürfte das Tatbestandsmerkmal der Ausdrücklichkeit keine Schwierigkeiten bereiten. Die Parteien werden hier in der Regel deutlich zum Ausdruck bringen, dass die Beschaffenheiten aus der Baubeschreibung oder Teile dieser nicht gewünscht sind, also nicht Vertragsbestandteil werden.

107 Schwierigkeiten bereitet die Voraussetzung vielmehr, wenn die entsprechende Vereinbarung **bei Abschluss des Verbraucherbauvertrages,** entweder im Vertragstext selbst oder in dessen vertraglicher (nicht vorvertraglicher) Baubeschreibung enthalten ist:

108 Nach den dargelegten Erfordernissen für eine ausdrückliche Vereinbarung dürfte die Frage, ob lediglich von der Baubeschreibung **inhaltlich abweichende Vereinbarungen** im Verbraucherbauvertrag für eine ausdrückliche Vereinbarung im Sinne der Vorschrift des § 650k Abs. 1 Hs. 2 BGB ausreichen, zu verneinen sein. Nach der gesetzgeberischen Intention soll mit der Einführung einer vorvertraglichen Baubeschreibungspflicht der Verbraucher in seinen aufgrund der Vertragsverhandlungen entstandenen gerechtfertigten Erwartungen geschützt werden.[128] Der Unternehmer soll nicht die Möglichkeit haben, im „Kleingedruckten" von den vorvertraglichen Versprechungen wieder abzuweichen[129] (→ § 5 Rn. 99). Von einer ausdrücklichen Vereinbarung der Parteien im Sinne

---

[126] BT-Drs. 17/12637, 54.
[127] MüKoBGB/*Wendehorst* § 312d Rn. 9.
[128] BT-Drs. 18/8486, 62.
[129] Vgl. *Kramme* NJW 2015, 279 zu § 312d Abs. 1 S. 2 BGB.

von § 650k Abs. 1 Hs. 2 BGB dürfte deshalb zu fordern sein, dass aus dieser eindeutig hervor geht, dass beide Parteien nach Erfüllung der vorvertraglichen Informationspflicht durch den Unternehmer von dem Inhalt der vorvertraglichen Baubeschreibung abweichen möchten und diese gerade nicht zum Vertragsinhalt werden soll. Nur in diesem Fall ist gewährleistet, dass der Verbraucher nicht in seinen Erwartungen, welche durch vorvertragliche Informationen entstanden sein können, enttäuscht wird. Allein sich inhaltliche widersprechende Angaben in der Baubeschreibung und im Vertrag dürften deshalb für eine ausdrückliche Vereinbarung im Sinne von § 650k Abs. 1 Hs. 2 BGB nicht ausreichen. Nach Beweislastgrundsätzen (→ § 5 Rn. 101) dürfte dies zu Lasten des Unternehmers gehen.

Treffen die Parteien bei Abschluss des Verbraucherbauvertrages eine entsprechende ausdrückliche Vereinbarung in Form vom Unternehmer gestellter Allgemeiner Geschäftsbedingungen, so dürfte diese jedenfalls dann hinter den Angaben der vorvertraglichen Baubeschreibung zurückstehen, wenn die Baubeschreibung individuell ausgehandelt wurde. Der Baubeschreibung als **Individualvereinbarung** kommt dann nach § 305b BGB der **Vorrang** zu; vertragliche Beschaffenheitsvereinbarungen oder Zusicherungen von bestimmten Eigenschaften können nicht durch formularmäßige Ausschlussklauseln zunichte gemacht werden.[130] Die Parteien sollten hier darauf achten, dass eine Abweichung ebenfalls individuell ausgehandelt wird.

Anders dürfte der Sachverhalt zu beurteilen sein, wenn es sich sowohl bei der vorvertraglichen Baubeschreibung als auch beim späteren Verbraucherbauvertrag und dessen vertraglicher Baubeschreibung um **Allgemeine Geschäftsbedingungen** handelt. Eine Abweichung von der vorvertraglichen Baubeschreibung scheint dann auch in Form Allgemeiner Geschäftsbedingungen möglich zu sein, sofern diese ausdrücklich erfolgt. Ein deutlicher Hinweis im Vertrag, der den Anforderungen des § 305c Abs. 1 BGB genügt, dürfte hierfür ausreichend sein. Ob ein solcher auch in der dem Vertrag beigefügten vertraglichen Baubeschreibung ausreicht, dürfte im Einzelfall zu entscheiden sein.

f) Auslegung der Baubeschreibung

Soweit die Baubeschreibung unvollständig oder unklar ist, ist der Vertrag gemäß § 650k Abs. 2 S. 1 BGB unter Berücksichtigung sämtlicher vertragsbegleitender Umstände, insbesondere des **Komfort- und Qualitätsstandards** nach der übrigen Leistungsbeschreibung, auszulegen. Nach der Gesetzesbegründung sollen damit Unklarheiten im Vertrag so bereinigt und Lücken des Vertrages so gefüllt werden, wie es dem Leistungsniveau der Baubeschreibung im Übrigen entspricht. Der Verbraucher soll sich nicht deshalb mit einer geringeren Qualität begnügen müssen oder sich sogar zu einer Kündigung des Verbraucherbauvertrages genötigt sehen, weil der Unternehmer dem übrigen Vertragsniveau entsprechende Leistungen verweigert.[131]

Zweifel bei der Auslegung des Vertrages bezüglich der vom Unternehmer geschuldeten Leistung sollen nach § 650k Abs. 2 S. 2 BGB **zu Lasten des Unternehmers** gehen.

aa) Unklare oder unvollständige Baubeschreibung

Die in § 650k Abs. 2 S. 1 BGB geregelten Grundsätze zur ergänzenden Vertragsauslegung kommen dann zum Tragen, wenn auch nach Anwendung der geltenden Auslegungsmethoden die entsprechende vertragliche Regelung **unklar oder unvollständig** bleibt.

---

[130] Palandt/*Grüneberg* BGB § 305b Rn. 4.
[131] BT-Drs. 18/8486, 62.

114 Die anwendbaren Auslegungsmethoden unterscheiden sich je nachdem, ob es sich bei der Baubeschreibung um Allgemeine Geschäftsbedingungen in Form von standardisierten Baubeschreibungen bzw. um sogenannte Einmalbedingungen nach § 310 Abs. 3 Nr. 2 BGB handelt oder ob die Baubeschreibung individualvertraglich ausgehandelt wurde.

115 Im Anwendungsbereich von **Allgemeinen Geschäftsbedingungen** gilt der **Grundsatz der objektiven Auslegung**, wonach der Sinngehalt der AGB-Klausel nach objektiven Maßstäben losgelöst von der zufälligen Gestaltung des Einzelfalls und den individuellen Vorstellungen der Vertragsparteien, unter Beachtung ihres wirtschaftlichen Zwecks und der gewählten Ausdrucksweise zu ermitteln ist.[132] Da sich der Anwendungsbereich des § 650k Abs. 2 S. 1 BGB jedoch ausschließlich auf Verträge mit Verbrauchern beschränkt,[133] sind bei der Frage, ob die Baubeschreibung in Teilen unklar oder unvollständig ist, auch **individuelle Umstände** des Vertragsschlusses zu berücksichtigen;[134] jedenfalls können den Vertragsschluss begleitende Umstände als ergänzende oder korrigierende Funktion herangezogen werden.[135] Vor dem Hintergrund des im Bereich der allgemeinen Geschäftsbedingungen geltenden Transparenzgebotes nach § 307 Abs. 1 S. 2, Abs. 3 S. 2 BGB ist außerdem zu berücksichtigen, dass die Vorgaben der Baubeschreibung nicht nur klar und vollständig, sondern auch verständlich sein müssen (→ § 5 Rn. 86 ff.).

116 Haben die Parteien die Baubeschreibung **individualvertraglich** ausgehandelt, ist nach den Grundsätzen der §§ 133, 157 BGB zu ermitteln, ob die Vorgaben unklar oder unvollständig sind. Maßgeblich ist danach der **objektive Empfängerhorizont aus Sicht eines verständigen, durchschnittlichen Empfängers**.

bb) Ergänzende Vertragsauslegung

117 Führen die genannten Auslegungsmethoden zu dem Ergebnis, dass Vorgaben aus der Baubeschreibung unklar oder unvollständig sind, ist der Vertrag nach § 650k Abs. 2 S. 1 BGB ergänzend auszulegen. Nach dem Wortlaut der Vorschrift sind dabei sämtliche **vertragsbegleitende Umstände**, insbesondere der Komfort- und Qualitätsstandard nach der übrigen Leistungsbeschreibung zu berücksichtigen.

118 Im Grunde ergibt sich die Regelung zur ergänzenden Vertragsauslegung bereits aus der **allgemeinen Rechtsgeschäftslehre**. § 157 BGB bestimmt, dass Verträge so auszulegen sind, wie Treu und Glauben mit Rücksicht auf die Verkehrssitte es erfordern. Über die Grundsätze der ergänzenden Vertragsauslegung ist dabei unter Berücksichtigung aller in Betracht kommenden Umstände zu untersuchen, was redliche und verständige Parteien in Kenntnis der Regelungslücke nach dem Vertragszweck und bei sachgemäßer Abwägung ihrer beiderseitigen Interessen nach Treu und Glauben vereinbart hätten.[136] Nach der Rechtsprechung des BGH sind demnach bei der Auslegung von Baubeschreibungen erläuternde oder konkretisierende Erklärungen der Vertragsparteien, die konkreten Verhältnisse des Bauwerks und seines Umfeldes, der qualitative Zuschnitt, der architektonische Anspruch und die Zweckbestimmung des Bauwerks zu berücksichtigen.[137]

---

[132] MüKoBGB/*Basedow* § 305c Rn. 22, 23.
[133] MüKoBGB/*Basedow* § 310 Rn. 74.
[134] MüKoBGB/*Basedow* § 310 Rn. 74.
[135] MüKoBGB/*Basedow* § 305c Rn. 23.
[136] MüKoBGB/*Busche* § 157 Rn. 47.
[137] BGH Urt. v. 21.11.2013 – VII ZR 275/12, NJW 2014, 620; BGH Urt. v. 4.6.2009 – VII ZR 54/07, NJW 2009, 2439; BGH Urt. v. 14.6.2007 – VII ZR 45/06, NJW 2007, 2983; BT-Drs. 18/8486, 62.

V. Baubeschreibungspflicht, Fertigstellungszeitpunkt

Die Regel zur ergänzenden Vertragsauslegung nach § 650k Abs. 2 S. 1 BGB gilt nach ihrem Wortlaut nur für unvollständige und unklare Baubeschreibungen. Im Falle **unverständlicher Baubeschreibungen** im Anwendungsbereich von Allgemeinen Geschäftsbedingungen oder Einmalbedingungen nach § 310 Abs. 2 Nr. 2 BGB ist streng genommen auf die Grundsätze der ergänzenden Vertragsauslegung nach § 157 BGB und der dazu bisher ergangenen Rechtsprechung zurückzugreifen;[138] § 650k Abs. 2 S. 1 BGB gilt hier nicht. Bei Individualvereinbarungen mit für den Verbraucher zwar klaren aber unverständlichen Angaben in der Baubeschreibung bleibt in konsequenter Anwendung der Vorschriften kein Raum mehr für eine Vertragsauslegung nach dem Komfort- und Qualitätsstandard der übrigen Leistungsbeschreibung, da eine zumindest klare (wenn auch für den Verbraucher technisch nicht verständliche) Regelung hierzu vorhanden ist und es damit an einer Lücke im Vertrag fehlt (→ § 5 Rn. 87, 91).

cc) Unklarheitenregelung § 650k Abs. 2 S. 2 BGB

Die Vorschrift des § 650k Abs. 2 S. 2 BGB enthält schließlich eine weitere Auslegungsregel, wonach **Zweifel** bei der Auslegung des Vertrages bezüglich der vom Unternehmer geschuldeten Leistung zu dessen Lasten gehen sollen. Der Gesetzgeber orientierte sich bei Erlass der Regelung ausdrücklich an der bereits aus dem Recht der Allgemeinen Geschäftsbedingungen bekannten Regelung des § 305c Abs. 2 BGB.[139]

Soweit die Baubeschreibung eine **Allgemeine Geschäftsbedingung bzw. Einmalbedingung** im Sinne von § 310 Abs. 3 Nr. 2 BGB darstellt, bleibt § 305c Abs. 2 BGB, der nicht nur unvollständige oder unklare Baubeschreibungen, sondern auch unverständliche Vertragsregelungen im Sinne von § 307 Abs. 1 S. 2 BGB erfasst, weiterhin anwendbar; die Einführung des § 650k Abs. 2 S. 2 BGB führt daher im Anwendungsbereich der AGB-Kontrolle zu keiner Neuerung.

Neu ist die Regelung des § 650k Abs. 2 S. 2 BGB jedoch für die **individuell ausgehandelten Baubeschreibungen**, auf die § 305c Abs. 2 BGB gerade keine Anwendung findet.[140] Zwar konnten bisher auch unabhängig von § 305c Abs. 2 BGB Unklarheiten einer individuell ausgehandelten Baubeschreibung über den Grundsatz von Treu und Glauben im Rahmen ergänzender Vertragsauslegung (§ 157 BGB) zu Lasten des die Baubeschreibung formulierenden Vertragspartners ausgelegt werden (*interpretatio contra proferentem*[141] oder *in dubio contra stipulatorem*[142]). Es handelte sich bei diesen Auslegungsgrundsätzen jedoch nicht um eine allgemeine gesetzliche Unklarheitenregel; erst die Ausnutzung wirtschaftlicher Übermacht bei der Durchsetzung der unklaren Vertragsbestimmung begründete den Vorrang der dem Formulierer ungünstigeren Auslegungsvariante.[143] Mit Einführung des § 650k Abs. 2 S. 2 BGB erhält der Verbraucher nunmehr eine deutliche Beweiserleichterung. Bisher oblag es dem Verbraucher nach allgemeinen Beweislastgrundsätzen, darzulegen und ggf. zu beweisen, welchen Qualitätsstandard der Unternehmer bei unklaren oder unvollständigen Leistungsbeschreibungen schuldete; Zweifel gingen grundsätzlich zu seinen Lasten. Mit Einführung des § 650k Abs. 2 S. 2 BGB werden nunmehr Verbraucher bei individuell ausgehandelten

---

[138] BGH Urt. v. 21.11.2013 – VII ZR 275/12, NJW 2014, 620; BGH Urt. v. 4.6.2009 – VII ZR 54/07, NJW 2009, 2439; BGH Urt. v. 14.6.2007 – VII ZR 45/06, NJW 2007, 2983.
[139] BT-Drs. 18/8486, 62.
[140] *Kniffka*, Vortragsskript, S. 57.
[141] MüKoBGB/*Busche* § 157 Rn. 8.
[142] *Glöckner* VuR 2016, 163, 165.
[143] MüKoBGB/*Busche* § 157 Rn. 8.

Baubeschreibungen den Verbrauchern bei standardisierten Baubeschreibungen bzw. Einmalbedingungen nach § 310 Abs. 3 Nr. 2 BGB gleichgestellt.

123 § 650k Abs. 2 S. 2 BGB bezieht sich nach seinem Wortlaut ausdrücklich auf Zweifel bezüglich der vom Unternehmer *geschuldeten Leistung*. Der **Grundsatz verwendungsgegner-, hier also verbraucherfreundlicher Auslegung** dürfte im Anwendungsbereich des § 650k Abs. 2 BGB daher im Wesentlichen zwei Anwendungsfelder finden. Zum einen dürften den Leistungsinhalt charakterisierende Angaben in der Baubeschreibung im Zweifel unvollständig oder für den Verbraucher unklar sein.[144] Zum anderen dürften Zweifel bei der Frage des übrigen Qualitäts- und Komfortstandards ebenfalls zu Lasten des Unternehmers ausgehen.

g) Rechtsfolgen bei Verstoß gegen die Baubeschreibungspflicht

aa) Kein Erfüllungsanspruch nach § 650j BGB

124 Die Pflicht des Unternehmers in Form einer Baubeschreibung über das von ihm angebotene Werk zu informieren, ist *vor* Abschluss des eigentlichen Verbraucherbauvertrages zu erfüllen.[145] Es handelt sich insoweit um eine *vor*vertragliche Nebenpflicht. Da im Zeitpunkt der vom Gesetzgeber intendierten Pflichterfüllung damit weder eine vertragliche Beziehung zwischen den Parteien begründet ist noch gegenseitige Leistungspflichten vereinbart wurden,[146] liegt es nahe, die Pflicht aus § 650j BGB als **nichtleistungsbezogene Nebenpflicht** im Sinne von § 241 Abs. 2 BGB und nicht als leistungsbezogene Nebenpflicht im Sinne von § 241 Abs. 1 BGB zu qualifizieren.

125 Da es sich bei einer nicht-leistungsbezogenen Nebenpflicht in der Regel nicht um eine klagbare Pflicht handelt,[147] erhält der Verbraucher über § 650j BGB auch **keinen einklagbaren Erfüllungsanspruch** auf Erstellung oder Herausgabe einer Baubeschreibung. Aus dem gleichen Grund scheiden auch Ansprüche auf Nacherfüllung aus.[148]

bb) Schadensersatzanspruch nach §§ 280 Abs. 1, 311 Abs. 2, 241 Abs. 2 BGB

126 Kommen Erfüllungsansprüche damit nicht in Betracht, verbleiben dem Verbraucher bei vollständig unterbliebener oder verspäteter Vorlage der Baubeschreibung jedenfalls auf Schadensersatz gerichtete **Sekundäransprüche.** Je nachdem, ob der Verbraucherbauvertrag im Folgenden zwischen Unternehmer und Verbraucher tatsächlich abgeschlossen wird oder nicht, richten sich diese nach den allgemeinen Regelungen des Schadensersatzrechts (§§ 311 Abs. 1, 280 Abs. 1, 241 Abs. 2 BGB) oder dem Haftungsregime für vorvertragliche Pflichtverletzungen (§§ 311 Abs. 2, 280 Abs. 1, 241 Abs. 2 BGB).[149]

127 Kommt es infolge einer Verletzung der Pflicht aus § 650j BGB durch den Unternehmer **nicht zum Abschluss eines Verbraucherbauvertrages,** scheinen ein Schaden und korrespondierende Schadensersatzansprüche nur schwer vorstellbar.

128 Soweit es im weiteren Verlauf jedoch tatsächlich zum Abschluss eines Verbraucherbauvertrages kommt, dürfte die Konstellation einer **vollständig fehlenden Baubeschreibung** weitestgehend ausgeschlossen sein; ohne das Vorliegen irgendeiner Baubeschrei-

---

[144] *Glöckner* VuR 2016, 163, 165.
[145] BT-Drs. 18/8486, 63.
[146] *Glöckner* BauR 2014, 411 (426).
[147] Palandt/*Grüneberg* BGB § 241 Rn. 7.
[148] *Glöckner* BauR 2014, 411 (428).
[149] BT-Drs. 18/8486, 62, 63.

bung zumindest im Zeitpunkt des Vertragsschlusses, kann ein Vertrag mangels Einigung über die essentialia negotii des Verbraucherbauvertrages nicht geschlossen werden.

In der Praxis wird es sich daher bei auf § 650j BGB gestützten Schadensersatzansprüchen überwiegend um solche Fälle handeln, bei denen eine ordnungsgemäße Baubeschreibung **nicht rechtzeitig vor Vertragsschluss** an den Verbraucher übermittelt wurde oder eine Baubeschreibung zwar rechtzeitig vorlag, diese aber **nicht über sämtliche wesentliche Eigenschaften des Werkes informierte** und sich der Verbraucher darauf beruht, dass er bei Kenntnis des Auslegungsergebnisses nach § 650k Abs. 2 BGB den Vertrag nicht oder nicht mit diesem Inhalt geschlossen hätte. **129**

Unabhängig davon, dass etwaige Lücken bei der vertraglichen Beschreibung der unternehmerischen Leistung über die Grundsätze der ergänzenden Vertragsauslegung (→ § 5 Rn. 111 ff.) gefüllt werden können und ein Schaden damit wohl ausscheiden dürfte, ist das entsprechende Verhalten – nicht zuletzt wegen der Verschuldensvermutung aus § 280 Abs. 1 S. 2 BGB – geeignet, eine fahrlässige **Verletzung vorvertraglicher Informationspflichten** und damit korrespondierende Schadensersatzansprüche zu begründen. Dabei kann der Verbraucher vom Unternehmer grundsätzlich nach § 249 Abs. 1 BGB verlangen, so gestellt zu werden, wie er ohne das schädigende Ereignis stünde.[150] **130**

Der Verbraucher wird sich hierbei in der Regel darauf berufen, mit einem Vertrag belastet zu sein, den er bei rechtzeitiger und ordnungsgemäßer Erfüllung der vorvertraglichen Pflicht des § 650j BGB nicht oder nicht mit diesem Inhalt geschlossen hätte; sein **Schadensersatzbegehren** ist dann auf eine **Befreiung vom ungewünschten Vertrag** gerichtet.[151] Eine erfolgreiche Anspruchsgeltendmachung unterstellt, würde der Verbraucher in diesem Fall nicht nur von seiner Verpflichtung frei, die vereinbarte Vergütung zu bezahlen, sondern hätte zugleich einen Anspruch auf Rückgängigmachung der vom Unternehmer bereits erbrachten Bauleistung; gleichzeitig würde der Unternehmer zudem mit den Kosten des Rückbaus belastet.[152] Der Verbraucher kann aber auch am Vertrag festhalten und Ersatz seines Vertrauensschadens verlangen; ein Anspruch auf Vertragsanpassung ieS, beispielsweise in Form einer Vergütungsanpassung, besteht indes nicht.[153] **131**

Bei der Frage der **Pflichtverletzung** wird die grundsätzlich den Verbraucher treffende Beweislast dabei durch eine sekundäre Darlegungslast des Unternehmers abgemildert; der Unternehmer hat substantiiert darzulegen, wie er im Einzelnen seiner Pflicht gemäß § 650j BGB nachgekommen ist.[154] **132**

Schwierigkeiten werden dem Verbraucher indes die **Darlegung und der Beweis des durch die Pflichtverletzung kausal herbeigeführten Schadens** bereiten.[155] Grundsätzlich trägt nämlich der Gläubiger des Schadensersatzanspruches, also der Verbraucher, die Beweislast dafür, dass er bei ordnungsgemäßer vorvertraglicher Information über die wesentlichen Eigenschaften des vom Unternehmer angebotenen Werks (Baubeschreibung), den Vertrag nicht oder nicht mit diesem Inhalt geschlossen hätte. **133**

Um dem Verbraucher diesen Nachweis zu erleichtern, könnte erwogen werden, die von der Rechtsprechung zur vorvertraglichen Aufklärungspflichtverletzung entwickelten **Grundsätze einer echten Kausalitätsvermutung**[156] auch im Falle einer Verletzung **134**

---

[150] Palandt/*Grüneberg* BGB § 311 Rn. 54.
[151] MüKoBGB/*Emmerich* § 311 Rn. 196; Palandt/*Grüneberg* BGB § 311 Rn. 55.
[152] *Glöckner* BauR 2014, 411 (428).
[153] Palandt/*Grüneberg* BGB § 311 Rn. 57.
[154] MüKoBGB/*Emmerich* § 311 Rn. 191.
[155] *Glöckner* BauR 2014, 411 (427).
[156] MüKoBGB/*Emmerich* § 311 Rn. 191, 192.

der Pflicht der rechtzeitigen Vorlage einer Baubeschreibung heranzuziehen;[157] in diesem Fall wäre der gegen § 650j BGB verstoßende Unternehmer dafür darlegungs- und beweispflichtig, dass der Schaden auch bei pflichtgemäßem Verhalten entstanden wäre,[158] dh auch bei rechtzeitiger und ordnungsgemäßer vorvertraglicher Übermittlung einer Baubeschreibung der Verbraucherbauvertrag mit genau demselben Inhalt zustande gekommen wäre.

135 Die Anwendung der echten Kausalitätsvermutung ist jedoch grundsätzlich davon abhängig, dass das Verhalten des aufzuklärenden Vertragsteils bei richtiger Aufklärung vernünftigerweise alternativlos war; im Falle eines **echten Entscheidungskonfliktes** des aufzuklärenden bzw. informierenden Vertragsteils bei vertragsgemäßer Information kommt die Kausalitätsvermutung nicht zum Tragen und es verbleibt bei den allgemeinen Beweislastgrundsätzen. So liegt es jedoch regelmäßig bei Verträgen über Bauleistungen. Die unzureichende Information über die wesentlichen Eigenschaften des angebotenen Werkes führt nicht zwangsläufig zu einem alternativlosen Verhalten des Verbrauchers. Vielmehr werden die Informationen über die Ausführungsart oder Gestaltung der Bauleistung, über die Eigenschaften von verschiedenen Baumaterialien oder -techniken in eine Abwägung ganz unterschiedlicher technischer, gesundheitlicher, ökologischer oder ökonomischer Vor- und Nachteile münden.[159] In der Regel dürfte deshalb beim Verbraucherbauvertrag auch im Falle vertragsgemäßer Baubeschreibung ein Entscheidungskonflikt des Verbrauchers gegeben sein und die Anwendung der Grundsätze der echten Kausalitätsvermutung ausscheiden. Nachdem der Beweis des eigenen hypothetischen Verhaltens jedoch – nicht nur im Bauvertrag – regelmäßig eine hohe Hürde darstellt, hat die Rechtsprechung bereits in anderem Zusammenhang, wie beispielsweise im Bereich des Anlagerechts und der Prospekthaftung, den auf alternativloses Verhalten beschränkten Anwendungsbereich der Kausalitätsvermutung aufgehoben.[160] Will man dem vom Gesetzgeber bezweckten Verbraucherschutz im Rahmen des Bauvertragsrechts angemessen Geltung verleihen, sollte auch im Verbraucherbauvertrag erwogen werden, diesen weiteren Anwendungsbereich der echten Kausalitätsvermutung entsprechend anzuwenden.

cc) Rücktritt gem. §§ 324, 241 Abs. 2 BGB

136 Bei Verletzung einer nicht-leistungsbezogenen Nebenpflicht nach § 241 Abs. 2 BGB räumt § 324 BGB dem Gläubiger weiter das Recht ein, vom Vertrag zurückzutreten. Voraussetzung ist, dass für den Gläubiger ein Festhalten am Vertrag nicht mehr zuzumuten ist. An die **Schwelle der Unzumutbarkeit** sind hierbei hohe Anforderungen zu stellen.[161] Allein die Verletzung der vorvertraglichen Informationspflicht dürfte hierfür wohl nicht ausreichen.[162]

2. Fertigstellungszeitpunkt

137 Was den Fertigstellungszeitpunkt des Bauwerks betrifft, so erkennt der Gesetzgeber ein besonderes Informationsbedürfnis und damit eine **besondere Schutzbedürftigkeit** des Verbrauchers an. Der Verbraucher soll zB. im Hinblick auf die Finanzierung des

---

[157] *Glöckner* BauR 2014, 411 (427).
[158] Palandt/*Grüneberg* BGB § 280 Rn. 39.
[159] *Glöckner* BauR 2014, 411 (427).
[160] MüKoBGB/*Emmerich* § 311 Rn. 194; BGH Urt. v. 8.5.2012 – XI ZR 262/10, NJW 2012, 2427.
[161] MüKoBGB/*Ernst* § 324 Rn. 7.
[162] *Glöckner* BauR 2014, 411 (427).

V. Baubeschreibungspflicht, Fertigstellungszeitpunkt

Bauprojektes, die Kündigung eines bestehenden Mietvertrages oder die Planung eines Umzuges frühzeitig und verlässlich über den Zeitpunkt der Beendigung der Baumaßnahmen informiert werden.[163]

Um dem Verbraucher in diesem Zusammenhang ausreichende Informationen für seine eigene zeitliche Planung zu geben,[164] wird der Unternehmer mit Einführung der Vorschriften über den Verbraucherbauvertrag verpflichtet, konkrete Angaben zum Fertigstellungszeitpunkt der Baumaßnahme zu machen. Diese Pflicht ist vom Gesetzgeber doppelt verankert worden: Bereits **vorvertraglich** verpflichtet § 650j BGB iVm Art. 249 § 2 Abs. 2 EGBGB den Unternehmer, Angaben zur Fertigstellung des Bauwerks **in der Baubeschreibung** zu machen. Zusätzlich bestimmt § 650k Abs. 3 S. 1 BGB, dass eine entsprechende Angabe als **notwendiger Bestandteil auch im Verbraucherbauvertrag** enthalten sein muss.

a) Angaben zum Fertigstellungszeitpunkt in der Baubeschreibung

Die Pflicht des Unternehmers zur Bereitstellung einer **Baubeschreibung** (→ § 5 Rn. 70 ff.) umfasst gemäß § 650j BGB iVm Art. 249 § 2 Abs. 2 EGBGB bereits dessen Pflicht, vorvertraglich verbindliche Angaben über den Zeitpunkt der Fertigstellung des angebotenen Werks zu machen.

Vom Unternehmer wird hier wohl eine **kalendermäßig zu bestimmende Datumsangabe** gefordert werden können; dies verlangt die Angabe eines konkreten datumsmäßig bestimmten Tages (zB 30.6.2019) oder eines kalendermäßig bestimmbaren Datums (zB 13 Monate nach Erteilung der Baugenehmigung).[165]

Oftmals wird es dem Unternehmer aber wegen vom Verbraucher zu erbringender Mitwirkungshandlungen, wie zB der Einholung öffentlich-rechtlicher Genehmigungen oder dem Erwerb des zu bebauenden Grundstückes, gar nicht möglich sein, einen konkreten Fertigstellungstermin in der Baubeschreibung zu nennen; auch der Beginn der Baumaßnahme wird möglicherweise im Zeitpunkt der Baubeschreibung noch gar nicht feststehen. Für diese Fälle gewährt das Gesetz dem Unternehmer Erleichterung; in derartigen Konstellationen soll nach Art. 249 § 2 Abs. 2 S. 2 EGBGB eine Angabe zur **Dauer der Baumaßnahmen** (zB 8 Monate) ausreichend sein.

Ca.-Angaben oder die Angabe eines **voraussichtlichen Fertigstellungstermins** dürften hingegen zur Erfüllung der Informationspflicht gegenüber dem Verbraucher nicht genügen; nachdem die Rechtsprechung derartigen Angaben den Verbindlichkeitscharakter abspricht,[166] sind sie auch nicht geeignet, über einen verbindlichen Fertigstellungszeitpunkt oder eine verbindliche Dauer für die Ausführung der Bauleistung zu informieren.

b) Angaben zum Fertigstellungszeitpunkt im Verbraucherbauvertrag

Gemäß § 650k Abs. 3 S. 1 BGB muss der **Verbraucherbauvertrag** selbst ebenfalls verbindliche Angaben zum Zeitpunkt der Fertigstellung des Werks oder, wenn dieser Zeitpunkt beim Abschluss des Vertrages noch nicht angegeben werden kann, zur Dauer

---

[163] BT-Drs. 18/8486, 74.
[164] BT-Drs. 18/8486, 74.
[165] BGH Urt. v. 4.5.2000 – VII ZR 53/99, NJW 2000, 2988.
[166] OLG Köln Urt. v. 10.11.2006 – 20 U 18/06, BauR 2008, 129; aA BGH Urt. 24.3.2004 – VIII ZR 133/03, NZM 2004, 456; BGH Urt. v. 10.3.2010 – VIII ZR 144/09, NJW 2010, 1745–1747, die für die Frage der Erheblichkeit der Abweichung der tatsächlichen Mietfläche von der im Vertrag vereinbarten Mietfläche, bei der vertraglich vereinbarten Mietfläche von der ca.-Angabe ausgehen.

der Bauausführung enthalten. Zum konkreten Inhalt dieser Verpflichtung wird auf die Darstellungen unter (→ § 5 Rn. 140 ff.) verwiesen.

144 Im Übrigen ist aufgrund der systematischen Stellung des § 650k Abs. 3 BGB im Kapitel 3 – Verbraucherbauvertrag (§ 650i Abs. 3 BGB) sowie im Lichte der Gesetzesbegründung[167] davon auszugehen, dass über die Formulierung *Bauvertrag* die Pflicht zur Angabe eines Fertigstellungszeitpunkts nicht für sämtliche Bauverträge im Sinne von § 650a BGB (Kapitel 2 – Bauvertrag), sondern lediglich für den Verbraucherbauvertrag im Sinne von § 650i Abs. 1 BGB statuiert werden sollte; es dürfte sich bei der Formulierung insoweit um ein **redaktionelles Versehen** des Gesetzgebers handeln.

c) Verhältnis der Angaben zum Fertigstellungszeitpunkt in der Baubeschreibung und im Verbraucherbauvertrag

145 Das **Verhältnis** zwischen Angaben zum Fertigstellungszeitpunkt im **Verbraucherbauvertrag** einerseits und vorvertraglich im Rahmen der **Baubeschreibung** zur Verfügung gestellter Information über den Fertigstellungszeitpunkt andererseits richtet sich grundsätzlich nach § 650k Abs. 3 S. 2 BGB; soweit der Verbraucherbauvertrag zum konkreten Fertigstellungszeitpunkt *keinerlei* Angaben enthält, werden die Angaben aus der vorvertraglich übermittelten Baubeschreibung zum Inhalt des später abgeschlossenen Verbraucherbauvertrages.

146 Nach dem Wortlaut der Vorschrift räumt § 650k Abs. 3 S. 2 BGB damit den Angaben zum Fertigstellungszeitpunkt im **Verbraucherbauvertrag** einen **Vorrang** gegenüber den entsprechenden Angaben in der Baubeschreibung ein. Lediglich dann, wenn der Verbraucherbauvertrag selbst keine Angaben zum Fertigstellungszeitpunkt enthält *(„soweit")*, sollen die entsprechenden Angaben aus der Baubeschreibung zum Vertragsinhalt werden.

147 Dieses Ergebnis überrascht: Der unbedingte Vorrang entsprechender Angaben im Verbraucherbauvertrag widerspricht der **Wertung des § 650k Abs. 1 BGB,** nach der es gerade die Angaben aus der Baubeschreibung sind, die zum Vertragsinhalt werden, soweit die Parteien nicht *ausdrücklich* etwas anderes vereinbart haben. Wie bereits dargestellt, reichen jedoch nach dem Willen des Gesetzgebers für die Annahme einer solchen ausdrücklichen Vereinbarung lediglich *inhaltlich* von der Baubeschreibung *abweichende* Angaben zum Fertigstellungszeitpunkt im Verbraucherbauvertrag nicht aus (→ § 5 Rn. 108). Bezogen auf sich lediglich *inhaltlich widersprechende* Angaben zum Fertigstellungszeitpunkt gelangen die beiden Vorschriften damit zu unterschiedlichen Ergebnissen: Nach § 650k Abs. 3 S. 2 BGB sind die Angaben aus dem Verbraucherbauvertrag maßgeblich; § 650k Abs. 1 BGB bestimmt hingegen, dass allein die Angaben aus der Baubeschreibung Vertragsinhalt werden.

148 Hält man diesen **Wertungswiderspruch** für ungerechtfertigt, könnte er wohl allein dadurch aufgelöst werden, dass man die strengen Anforderungen an eine ausdrücklich abweichende Vereinbarung im Sinne des § 650k Abs. 1 BGB (→ § 5 Rn. 103 ff.) aufgibt und für deren Vorliegen bloß inhaltliche Abweichungen zwischen Baubeschreibung und Verbraucherbauvertrag genügen lässt; der Regelungsgehalt des § 650k Abs. 1 BGB und des § 650k Abs. 3 S. 2 BGB wären so harmonisiert. Eine solche Auslegung widerspricht jedoch der ausdrücklichen Intention des Gesetzgebers, den Verbraucher vor einer schleichenden Abkehr von in der Baubeschreibung enthaltenen Angaben grundsätzlich umfassend zu schützen[168] (→ § 5 Rn. 108); sie ist daher abzulehnen.

---

[167] BT-Drs. 18/8486, 62.
[168] BT-Drs. 18/8486, 62.

V. Baubeschreibungspflicht, Fertigstellungszeitpunkt

Anzunehmen ist vielmehr, dass der Gesetzgeber durch die gesonderte Einführung des § 650k Abs. 3 BGB für den Fertigstellungszeitpunkt eine von § 650k Abs. 1 S. 2 BGB losgelöste Regelung treffen wollte. Dafür spricht zunächst der Gesetzeswortlaut: § 650k Abs. 3 BGB bezieht sich ausschließlich auf die Angabe des Fertigstellungszeitpunktes. § 650k Abs. 1 BGB hingegen betrifft sämtliche Angaben zur *Bauausführung*; letzter Begriff kann einschränkend dahingehen ausgelegt werden, dass lediglich die nach Art. 249 § 2 Abs. 1 EGBGB erforderlichen Angaben zur *technischen Ausführung*, nicht jedoch die Angaben zum Fertigstellungszeitpunkt des Art. 249 § 2 Abs. 2 EGBGB, erfasst sind. Damit kann § 650k Abs. 3 BGB als **abschließende Sonderregelung** *(lex specialis)* zu Vereinbarungen über den Fertigstellungszeitpunkt des Bauwerks zu begreifen sein. Nachdem § 650k Abs. 3 BGB den 2. Hs. des § 650k Abs. 1 BGB nicht enthält, ist von einem **Vorrang der Angaben zum Fertigstellungszeitpunkt im Verbraucherbauvertrag** auszugehen; weichen die diesbezüglichen Angaben im Verbraucherbauvertrag von entsprechenden Angaben in der Baubeschreibung ab, dürften die Angaben im Verbraucherbauvertrag maßgeblich sein, auch wenn dieser Vorrang nicht ausdrücklich vereinbart wurde.

149

Problematisch könnte dies nur dann sein, wenn die Baubeschreibung individual-vertraglich ausgehandelt wurde, der eigentliche Verbraucherbauvertrag jedoch in Form von Allgemeinen Geschäftsbedingungen geschlossen wurde. Nach der Wertung des § 305b BGB dürfte dann zwingend die **Individualvereinbarung Vorrang** genießen.

150

Insgesamt scheint diese Lösung sachgerecht. Angaben zum Fertigstellungszeitpunkt sind für den Verbraucher leichter zu erfassen als technische Angaben zur Bauausführung. Auch wenn diese im Verbraucherbauvertrag von den Vorgaben der Baubeschreibung abweichen, so ist dies für den Verbraucher leicht und schnell zu erkennen, so dass er unmittelbar eine Klärung herbeiführen kann, ohne auf eine Einschätzung durch einen sachverständigen Dritten angewiesen zu sein. Auch der Gesetzgeber scheint hiervon auszugehen, da er erläutert, dass der Verbraucher spätestens bei Abschluss des Verbraucherbauvertrages verbindliche Angaben zum Fertigstellungszeitpunkt benötige.[169] Gleichwohl wird das Gesetz seiner Intention nicht gerecht. Der Gesetzgeber betont in seiner Begründung zur Einführung einer vorvertraglichen Baubeschreibungspflicht deutlich, dass der Verbraucher im Hinblick auf den Fertigstellungszeitpunkt besonders schutzwürdig sei.[170] Der Vorrang des § 650k Abs. 3 BGB vor § 650k Abs. 1 BGB bringt jedoch hinsichtlich des Fertigstellungszeitpunktes ein geringeres Niveau an Verbraucherschutz, da eine ausdrücklich abweichende Vereinbarung nicht notwendig ist.

151

d) Verzug mit der Fertigstellung

Hinsichtlich der Rechtsfolgen einer nicht eingehaltenen Vereinbarung zum Fertigstellungszeitpunkt oder zur Dauer der Bauausführung verweist die Gesetzesbegründung auf die **allgemeinen Regelungen zum Schuldnerverzug**.[171]

152

aa) Schadensersatz wegen Verzögerung der Leistung

Nach §§ 280 Abs. 2, 286 BGB kann der Verbraucher zunächst **Schadensersatz wegen schuldhafter Verzögerung der Leistung** verlangen. Ersetzt wird der durch den Verzug

153

---

[169] BT-Drs. 18/8486, 63.
[170] BT-Drs. 18/8486, 62, 74.
[171] BT-Drs. 18/8486, 63.

entstandene Schaden, worunter unter bestimmten Voraussetzungen auch eine Nutzungsausfallentschädigung fallen kann.[172]

154 Enthält der Verbraucherbauvertrag – gegebenenfalls über die gemäß § 650k Abs. 3 S. 1 BGB (→ § 5 Rn. 97 ff.) Vertragsbestandteil werdende vorvertraglich ausgehändigte Baubeschreibung – **nach dem Kalender bestimmte oder zumindest bestimmbare Angaben über den Fertigstellungstermin,** befindet sich der Unternehmer nach § 286 Abs. 2 Nr. 1 oder Nr. 2 BGB bei Überschreiten des Termins auch ohne Mahnung in Verzug.

155 Finden sich im Vertrag lediglich Angaben über die **Dauer der Baumaßnahme** (zB 13 Monate) könnte das Vorliegen eines nach dem Kalender bestimmbaren Fertigstellungstermins zweifelhaft sein; ein die Fertigstellungsfrist auslösendes Ereignis findet sich bei einer solchen Regelung gerade nicht. In diesem Fall dürfte es eine Frage der Auslegung im Einzelfall sein, ob sich die vereinbarte Dauer der baulichen Maßnahme automatisch auf den *Baubeginn* bezieht. Hiervon ist jedoch regelmäßig auszugehen, so dass eine Mahnung auch bei Angaben zur bloßen Dauer der Baumaßnahme gemäß § 286 Abs. 2 Nr. 2 BGB entbehrlich wäre.

156 Bei bloßen **ca.-Angaben** scheidet die Anwendbarkeit des § 286 Abs. 2 Nr. 1 und 2 BGB hingegen aus; eine verbindliche kalendermäßig bestimmte oder bestimmbare Vereinbarung über den Fertigstellungszeitpunkt wird in diesen Fällen gerade nicht getroffen (→ § 5 Rn. 142). Ob in derartigen Fällen ein Verzicht auf eine Mahnung über § 286 Abs. 2 Nr. 4 BGB begründet werden kann, erscheint fraglich. Besondere Umstände, die unter Abwägung der beiderseitigen Interessen den sofortigen Eintritt des Verzugs rechtfertigen, lassen sich wohl nur schwer begründen. Zwar dürfte der Unternehmer in diesen Fällen sowohl seine vorvertragliche Pflicht aus § 650j BGB iVm Art 249 § 2 Abs. 2 EGBGB als auch seine Pflicht aus § 650k Abs. 3 BGB verletzt haben und weniger schutzwürdig sein; auch der Verbraucher ist indes nicht schutzlos gestellt, weil er durch Mahnung ebenfalls die Rechtsfolgen des Verzuges herbeiführen kann. Es bleibt abzuwarten, wie die Rechtsprechung in diesen Fällen entscheiden wird.

bb) Rücktritt nach § 323 BGB

157 Befindet sich der Unternehmer mit seiner Leistung in Verzug, kann der Verbraucher unter den Voraussetzungen des § 323 BGB vom Vertrag zurücktreten. Haben sich die Parteien, wie in § 650k Abs. 3 BGB vorgesehen, verbindlich auf einen Fertigstellungstermin bzw. auf eine Dauer für die Ausführung der Bauleistungen geeinigt, ist dabei eine **Fristsetzung** nach § 323 Abs. 2 Nr. 2 BGB entbehrlich.

158 In der Regel wird der Unternehmer bei Überschreitung des vertraglich vereinbarten Fertigstellungszeitpunktes jedoch einen Teil seiner Leistung bereits erbracht haben; nach § 323 Abs. 5 BGB kann der Verbraucher vom ganzen Vertrag in diesen Fällen aber nur dann zurücktreten, wenn er an der Teilleistung kein Interesse hat. Ein solcher **Interessenwegfall** wird jedoch in der Baupraxis auf Seiten des Verbrauchers nur schwer zu begründen sein; in aller Regel wird der Verbraucher nämlich die Fertigstellung des Bauwerks verfolgen und damit weiterhin ein Interesse an der vom Unternehmer erbrachten Teilleistung haben; dieses Interesse besteht auch bei Fertigstellung des Werkes durch einen anderen Unternehmer fort. Im Ergebnis kann der Besteller daher regelmäßig nur hinsichtlich der nicht erbrachten Leistung den Rücktritt vom Vertrag erklären.[173]

---

[172] BGH Urt. v. 20.2.2014 – VII ZR 172/13, NJW 2014, 1374; BGH Urt. v. 8.5.2014 – VII ZR 199/13, NJW-RR 2014, 979.
[173] Kniffka/*Jansen*/v. *Rintelen*, ibr-online-Kommentar, 12.5.2017, § 631 Rn. 269; Palandt/*Grüneberg* BGB § 323 Rn. 25.

cc) Schadensersatz statt der Leistung nach §§ 280 Abs. 1 und 3, 281 BGB

Bei schuldhafter Verzögerung der Leistung kann der Verbraucher außerdem **Schadensersatz statt der Leistung** verlangen. In der Regel hat der Verbraucher dabei ein Interesse am Erhalt bereits erbrachter Teilleistungen, so dass er gemäß § 281 Abs. 1 Satz 2 BGB Schadensersatz in Form des Nichterfüllungsschadens nur für den nicht erbrachten Teil der Bauleistung verlangen kann; ein Schadensersatz *statt der ganzen Leistung* scheidet in der Regel aus.

dd) Kündigung nach § 648a BGB

Zusätzlich zu den Rechtsfolgen des allgemeinen Leistungsstörungsrechts verweist der Gesetzgeber für den Fall des Verzuges mit der Fertigstellung auch auf das durch das neue Bauvertragsrecht in das BGB eingeführte **Kündigungsrecht** des Bauherrn nach § 648a Abs. 1 BGB[174] (→ § 3 Rn. 21 ff.) Der Verbraucher soll damit bei Verzögerung der Leistung zusätzlich das Recht haben, den Vertrag aus **wichtigem Grund** zu kündigen.

e) Keine Angaben zum Fertigstellungszeitpunkt

Finden sich weder in der Baubeschreibung noch im Vertrag verbindliche Angaben zur Fertigstellung des angebotenen Werkes, ist der Unternehmer grundsätzlich nach den allgemeinen Regeln des § 271 BGB verpflichtet, mit seiner Leistung alsbald nach Vertragsschluss zu beginnen[175] und diese in angemessener Zeit fertigzustellen.[176] Verzugsfolgen treten nach entsprechender **Mahnung** (§ 286 Abs. 1 BGB) ein.

Überdies stellt die fehlende Angabe eines verbindlichen Fertigstellungszeitpunktes bzw. einer verbindlichen Dauer der baulichen Maßnahme eine **vorvertragliche Pflichtverletzung** des Unternehmers dar; dies begründet grundsätzlich den Anspruch auf Ersatz des Vertrauensschadens nach den §§ 280 Abs. 1, 311 Abs. 2 BGB. Nachdem der Unternehmer aber ohnehin verpflichtet ist, in diesen Fällen seine Leistung in einem angemessenen Zeitraum zu erbringen, scheint der Eintritt eines Vermögensschadens kaum vorstellbar.[177]

VI. Widerrufsrecht

Bislang hatte der Verbraucher bei einem Vertrag mit einem Unternehmer über Bauleistungen nur dann ein Widerrufsrecht, wenn es sich um einen Vertrag handelte, der nicht den Bau eines neuen Gebäudes oder erhebliche Umbaumaßnahmen zum Gegenstand hatte (§ 312 Abs. 2 Nr. 3 BGB) und dieser Vertrag entweder außerhalb der Geschäftsräume des Unternehmers oder im Fernabsatz geschlossen wurde (§ 312g Abs. 1 BGB). Auch wenn es nicht selten vorkommt, dass Bauverträge außerhalb von Geschäftsräumen, beispielsweise auf der Baustelle oder beim Verbraucher,[178] geschlossen

---

[174] BT-Drs. 18/8486, 63.
[175] BGH Urt. v. 21.10.2013 – X ZR 218/01, NZBau 2004, 157; BGH Urt. v. 8.3.2001 – VII ZR 470/99, NJW-RR 2001, 806; OLG Hamburg Urt. v. 29.10.2009 – 6 U 253/08, IBR 2012, 13.
[176] BGH Urt. v. 22.5.2003 – VII ZR 469/01, NJW-RR 2003, 1238; BGH Urt. v. 8.3.2001 – VII ZR 470/99, NJW-RR 2001, 806.
[177] *Kniffka*, Vortragsskript, S. 58.
[178] LG Stuttgart Urt. v. 2.6.2016 – 23 O 47/16, BauR 2017, 570; AG Bad Segeberg Urt. v. 13.4.2014 – 17 C 230/14, NJW-RR 2015, 921; OLG Düsseldorf Beschl. v. 24.2.2014 – I-23 U 102/13, BauR 2014, 1473; *Lenkeit* BauR 2017, 454 (462).

werden, konnte sich der Verbraucher damit gerade bei für ihn wirtschaftlich bedeutsamen Verträgen zur Herstellung eines neuen Gebäudes oder erheblicher Umbaumaßnahmen (→ § 5 Rn. 6, 8, 24 ff.) nicht durch ein Widerrufsrecht vom Vertrag lösen. Die Widerrufsmöglichkeit ist dem Verbraucher bei bis zum 31.12.2017 in den genannten Vertriebsformen geschlossenen Verträgen nur dann eingeräumt, wenn der Vertrag beispielsweise die Herstellung von Wintergärten, kleineren Anbauten oder einem Carport sowie sonstige Handwerkerleistungen zur Instandhaltung des Gebäudes zum Gegenstand hatte.

164 Diese Beschränkung des Widerrufsrechts in der Baupraxis identifizierte der Gesetzgeber als eine **Lücke im Verbraucherschutz.** Insbesondere beim Vertrieb von schlüsselfertigen Häusern besteht nämlich nach Ansicht des Gesetzgebers die Gefahr, dass der Verbraucher mit zeitlich begrenzten Rabattangeboten zu übereilten Vertragsschlüssen gedrängt wird, die die Einführung eines Widerrufsrechts auch für Verträge über den Bau eines neuen Gebäudes oder über erhebliche Umbaumaßnahmen geboten erscheinen lassen.[179] Zudem verfüge der Unternehmer im Zeitpunkt seines Vertragsangebotes über einen erheblichen Wissensvorsprung hinsichtlich der von ihm angebotenen Leistungen und Produkte; er kann auf eine große Anzahl von Verkaufsargumenten zurückgreifen, die er im Zweifel täglich und bei einer Vielzahl von Verkaufsgesprächen routinemäßig verwendet, wohingegen sich der Verbraucher häufig nur einmal in seinem Leben mit einem entsprechenden Bauvertrag beschäftigt und ihm die sachliche Einordnung und Würdigung derartiger Verkaufsargumente entsprechend schwer fällt.[180] Auch deshalb wird der Verbraucher beim Abschluss eines Bauvertrags unabhängig von dessen konkretem Leistungsgegenstand als besonders schutzwürdig angesehen.

165 Dem Gesetzgeber kam es daher bei Einführung des neuen Verbraucherbauvertragsrechts darauf an, den bisherigen **Widerspruch** auszuräumen, nach dem dem Verbraucher bei einem sogenannten „kleinen" Bauvertrag jedenfalls bei Abschluss in bestimmten Vertriebsformen ein Widerrufsrecht eingeräumt wurde, bei einem „großen" Bauvertrag für den Verbraucher jedoch keine Möglichkeit bestand, sich verschuldens- und mangelunabhängig vom Bauvertrag zu lösen.[181] Gerade für diese Verträge soll nun dem Verbraucher die durch ein Widerrufsrecht ermöglichte Bedenkzeit eingeräumt werden. Die Einführung der §§ 650l, 356e und 357d BGB schließt die durch § 312 Abs. 2 Nr. 3 BGB (bzw. Art. 3 Abs. 3 f VerbrR-RL) entstandene Lücke im Verbraucherschutz (→ § 5 Rn. 8, 12 ff.). Der Gesetzgeber etabliert dabei ein Verbraucherschutzniveau, das über die Verbraucherschutzrechte der §§ 312 ff. BGB hinausgeht, indem für den Verbraucherbauvertrag ein **von der Vertriebsform unabhängiges gesetzliches Widerrufsrecht** eingeführt wird.

1. Verbraucherbauvertrag

166 Die Vorschrift des § 650l BGB sieht nunmehr ausdrücklich ein Widerrufsrecht für den **Verbraucherbauvertrag** vor. Damit wird das Recht des Verbrauchers für sämtliche Verbraucherbauverträge im Sinne von § 650i Abs. 1 BGB (→ § 5 Rn. 15 ff.) unabhängig von der dem jeweiligen Abschluss zugrundeliegenden Vertriebsform normiert; auch Verträge, die in den Geschäftsräumen des Unternehmers oder nicht mittels Fernabsatz geschlossen werden, können vom Verbraucher nunmehr ohne weiteres widerrufen werden.

---

[179] BT-Drs. 18/8486, 63.
[180] *Lenkeit* BauR 2017, 454 (465).
[181] BT-Drs. 18/8486, 63.

VI. Widerrufsrecht

Die Möglichkeit des Widerrufs soll nur dann ausgeschlossen sein, wenn der Verbraucherbauvertrag notariell beurkundet wurde, § 650l S. 1 Hs. 2 BGB. Der Gesetzgeber sieht im Falle der **notariellen Beurkundung** des Vertrages wegen der Belehrungspflichten des Notars und der in § 17 Abs. 2a Nr. 2 BeurkG vorgesehenen Zeit für die Prüfung des Vertragsentwurfs kein Bedürfnis für eine zeitlich nachgelagerte Lösungsmöglichkeit des Verbrauchers vom Bauvertrag.

In der Regel werden Verbraucherbauverträge indes nicht notariell beurkundet. Eine entsprechende Formvorschrift sieht das Gesetz nicht vor. Praktisch relevant wird diese Ausnahme deshalb wohl nur bei denjenigen Verbraucherbauverträgen, die im Rahmen eines sogenannten **Generalübernehmermodells** (→ § 5 Rn. 29, 47) geschlossen werden. Von diesem Modell wird gesprochen, wenn der Vertrag über den Erwerb eines Grundstücks von der eigentlichen Herstellungsverpflichtung abgespalten wird, der Generalübernehmer also nicht auf eigenem Grund, sondern auf dem Grund des Verbrauchers baut und es sich deshalb nicht um einen Bauträgervertrag im Sinne von § 650u BGB handelt. Im Grundsatz sieht dieses Modell zwei selbständige Vertragsbeziehungen vor: Der Grundstückserwerb vollzieht sich nicht im Rahmen des Verbraucherbauvertrages; die Verträge werden meist nacheinander und auch mit verschiedenen Vertragspartnern geschlossen. Gleichwohl sollen kraft vertraglicher Vereinbarungen durch wechselseitige Bezugnahmen die Verträge miteinander stehen und fallen. Wenn in dieser Form aber eine wechselseitige Abhängigkeit der Vertragsbeziehungen entsteht, sind die Verträge nach der Rechtsprechung als einheitliches Rechtsgeschäft anzusehen und auch der Vertrag über die Herstellungsverpflichtung bedarf der notariellen Beurkundung gemäß § 311b BGB.[182] Nach § 650l S. 1 Hs. 2 BGB hat der Verbraucher, auch wenn der Vertrag über die Herstellungsverpflichtung die Voraussetzungen des § 650i Abs. 1 BGB erfüllt, daher beim Generalübernehmermodel in der Regel kein Widerrufsrecht, wenn der Vertrag über die Herstellungsverpflichtung auch tatsächlich beurkundet wurde.

2. Widerrufsfrist

Die Widerrufsmöglichkeit beim Verbraucherbauvertrag ist wie beim nicht-privilegierten Bauvertrag in bestimmten Vertriebsformen (§ 312g Abs. 1 iVm § 355 Abs. 2 BGB) oder beim allgemeinen Verbrauchervertrag (Art. 246 Abs. 3 EGBGB iVm § 355 Abs. 2 BGB) **zeitlich begrenzt**. Über die Verweisung in § 650l S. 1 BGB auf die allgemeine Vorschrift des § 355 BGB zum Widerruf bei Verbraucherverträgen, gelten die darin geregelten Grundsätze gleichermaßen für den Verbraucherbauvertrag. Darüber hinaus halten § 650l S. 2 BGB iVm Art. 249 § 3 EGBGB und § 356e BGB spezielle Regelungen zum Beginn und Erlöschen der Widerrufsfrist beim Verbraucherbauvertrag bereit.

Im Regelfall kann der Verbraucher den Verbraucherbauvertrag innerhalb von **14 Tagen** widerrufen, § 650l S. 1 BGB iVm § 355 Abs. 2 BGB. Die Frist beginnt mit Vertragsschluss, soweit nichts anderes geregelt ist. § 650l S. 1 BGB greift damit auf die Regelung zur Widerrufsfrist für sonstige Verbraucherverträge (§ 355 BGB) sowie für nicht-privilegierte Bauverträge in bestimmten Vertriebsformen (§§ 312g Abs. 1, 355 BGB) zurück.

a) Fristbeginn abhängig von ordnungsgemäßer Widerrufsbelehrung

Der Gesetzgeber führt speziell für den Verbraucherbauvertrag die Vorschrift des § 356e S. 1 BGB ein, wonach die 14-tägige Widerrufsfrist nicht zu laufen beginnt,

---

[182] *Pause*, Bauträgerkauf und Baumodelle, Rn. 1474 mwN.

aa) Pflicht zur Belehrung über das Widerrufsrecht

172 Im Bereich des **Verbraucherbauvertrages** ist die Pflicht des Unternehmers, den Verbraucher über sein Widerrufsrecht zu belehren in § 650l S. 2 BGB geregelt.

173 Auch bei Verbraucherverträgen über sonstige Bauleistungen, die nicht die Voraussetzungen des § 650i Abs. 1 BGB erfüllen (**nicht-privilegierte Bauverträge**), und **in bestimmten Vertriebsformen** abgeschlossen wurden, besteht eine Pflicht des Unternehmers, den Verbraucher über sein Widerrufsrecht zu belehren. Diese Pflicht ergibt sich aus §§ 312g Abs. 1, 312d Abs. 1, 356 Abs. 3 S. 1 BGB iVm Art 246a § 1 Abs. 2, § 4 EGBGB.

bb) Ordnungsgemäße Widerrufsbelehrung

174 Anforderungen an **Form und Inhalt einer ordnungsgemäßen Widerrufsbelehrung** finden sich in Art. 249 § 3 EGBGB. Die Anforderungen orientieren sich an den Vorschriften des Art. 246a § 1 Abs. 2, § 4 EGBGB, der für nicht-privilegierte Bauverträge in bestimmten Vertriebsformen eine vergleichbare Regelung enthält, und an Art. 246b § 1 Abs. 1 Nr. 12 EGBGB, der sich auf Verträge über Finanzdienstleistungen in bestimmter Vertriebsform bezieht.[183] Auf die hierfür entwickelten Grundsätze kann deshalb bei der Frage einer ordnungsgemäßen Widerrufsbelehrung beim Verbraucherbauvertrag zurückgegriffen werden.

- *Zeitpunkt einer ordnungsgemäßen Widerrufsbelehrung*

175 Zunächst gilt es für den Unternehmer zu beachten, dass bei einem Verbraucherbauvertrag seine Widerrufsbelehrung nach Art. 249 § 3 Abs. 1 S. 1 EGBGB **vor Abgabe der Vertragserklärung des Verbrauchers** zu erfolgen hat, das heißt vor Abgabe der auf den Abschluss des Vertrages gerichteten Willenserklärung des Verbrauchers. Dies gilt unabhängig davon, ob die Erklärung des Verbrauchers als Antrag oder als Annahmeerklärung abgegeben wird.[184]

176 Weitere zeitliche Konkretisierungen ergeben sich weder aus dem Gesetz noch aus der Gesetzesbegründung; eine **bestimmte Mindestfrist zwischen Widerrufsbelehrung und Vertragsschluss** muss deshalb nicht abgewartet werden.[185] Entscheidend ist, dass die Belehrung so rechtzeitig erfolgt, dass sie ihren Zweck erfüllen kann und der Verbraucher über sein Widerrufsrecht rechtzeitig vor Abschluss des Verbraucherbauvertrages in Kenntnis gesetzt wird; die Frage der Rechtzeitigkeit wird dabei eine Entscheidung im Einzelfall bleiben.

177 Um der Gefahr eines Vertragsschlusses ohne rechtzeitige Widerrufsbelehrung zu entgehen, ist es ratsam, die Belehrung über das Widerrufsrecht mit der **Übermittlung der vorvertraglichen Baubeschreibung** gemäß § 650j BGB iVm Art. 249 §§ 1, 2 EGBGB (→ § 5 Rn. 69 ff.) zu verbinden. Ist die Übermittlung der vorvertraglichen Baubeschreibung nämlich zugleich mit einem bindenden Vertragsangebot verbunden, hängt der Vertragsschluss nur noch von der Annahmeerklärung des Verbrauchers ab. In diesem Fall hat der Unternehmer keinen Einfluss darauf, wann der Vertrag tatsächlich zustande kommt. Liegt hier noch keine Belehrung über das Widerrufsrecht vor, besteht die

---

[183] BT-Drs. 18/8486, 74.
[184] Palandt/*Grüneberg* EGBGB Art. 246a § 4 Rn. 2, Art. 246 Rn. 3.
[185] Palandt/*Grüneberg* EGBGB Art. 246a § 4 Rn. 2, Art. 246 Rn. 3.

Gefahr, dass der Verbraucher das Angebot zum Abschluss des Verbraucherbauvertrages annimmt, ohne dass der Unternehmer eine ordnungsgemäße Belehrung über das Widerrufsrecht übermitteln konnte. Aber auch wenn der Unternehmer mit der Übermittlung der Baubeschreibung noch kein mit Rechtsbindungswillen erklärtes Angebot zum Abschluss eines Verbraucherbauvertrages abgibt, sollte eine entsprechende Belehrung über das Widerrufsrecht bereits im Zeitpunkt der Übermittlung der Baubeschreibung erfolgen. Wie bereits dargelegt, muss die Belehrung vor der Willenserklärung des Verbrauchers erfolgen, unabhängig davon, ob der Verbraucher das Angebot oder die Annahme zum Abschluss des Vertrages erklärt. Erklärt der Verbraucher nach Übermittlung der Baubeschreibung (ohne entsprechende Widerrufsbelehrung) ein Angebot zum Abschluss des Verbraucherbauvertrages, sind die Voraussetzungen nach Art. 249 § 3 Abs. 1 S. 1 EGBGB an die Rechtzeitigkeit der Widerrufsbelehrung ebenfalls nicht erfüllt.

178 Die zeitliche Vorgabe zur Belehrung über das Widerrufsrecht in Art. 249 § 3 Abs. 1 S. 1 EGBGB entspricht damit den Vorgaben, die bereits für das Widerrufsrecht bei **nicht-privilegierten („kleinen") Bauverträgen in bestimmten Vertriebsformen** gelten, §§ 312g Abs. 1 BGB, 312d Abs. 1, 356 Abs. 3 S. 1 BGB iVm Art. 246a § 1 Abs. 2, § 4 EGBGB.

179 Ergänzend ist noch darauf hinzuweisen, dass die allgemeine Vorschrift über den **Verbrauchervertrag** in § 312a Abs. 2 S. 1 BGB iVm Art. 246 Abs. 3 EGBGB gerade nicht vorschreibt, dass die Widerrufsbelehrung vor Abgabe der Willenserklärung des Verbrauchers erfolgen muss. Hier gilt vielmehr, dass eine wirksame Widerrufsbelehrung voraussetzt, dass der Verbraucher seine auf den Abschluss des Vertrages gerichtete Willenserklärung bereits abgegeben hat oder zumindest zeitgleich mit der Belehrung abgibt. Eine Belehrung über das Widerrufsrecht vor Abgabe der Erklärung des Verbrauchers ist hier unwirksam.[186] § 312a Abs. 2 S. 1 BGB iVm Art. 246 Abs. 3 EGBGB findet jedoch in der Baupraxis keinen Anwendungsbereich. Beim Verbraucherbauvertrag nach § 650i Abs. 1 BGB gilt wegen § 312a Abs. 2 Nr. 3 BGB für den Widerruf die speziellere Regelung des § 650l BGB iVm Art. 249 § 3 EGBGB und für den nicht-privilegierten Bauvertrag ist dem Verbraucher nach dem Gesetz nur ein Widerrufsrecht eingeräumt, wenn dieser in einer bestimmten Vertriebsform abgeschlossen wurde, womit die Vorschriften der §§ 312g Abs. 1, 312d Abs. 1, 356 Abs. 3 S. 1 BGB iVm Art. 246a § 1 Abs. 2, § 4 EGBGB zur Anwendung kommen und der allgemeinen Vorschrift des § 312a Abs. 2 S. 1 BGB iVm Art. 246 Abs. 3 EGBGB vorgehen. Für beide Verträge der Baupraxis (privilegiert wie nicht-privilegiert) gilt also, dass die Widerrufsbelehrung vor Abgabe der Vertragserklärung des Verbrauchers erfolgen muss.

- *Textform der Widerrufsbelehrung*

180 Die Widerrufsbelehrung hat nach Art. 249 § 3 Abs. 1 S. 1 EGBGB in **Textform** zu erfolgen; sie muss deshalb den Anforderungen des § 126b BGB entsprechen. Erforderlich ist eine lesbare Erklärung, in der die Person des Erklärenden genannt ist. Die Erklärung muss auf einem dauerhaften Datenträger abgegeben werden, der es dem Empfänger ermöglicht, die Belehrung so aufzubewahren oder zu speichern, dass sie ihm während eines für ihren Zweck angemessenen Zeitraumes zugänglich ist, und der geeignet ist, die Erklärung unverändert wiederzugeben, wie beispielsweise Papier, USB-Stick, CD-Rom, Speicherkarten, Festplatten, E-Mails oder Computerfaxe[187] (→ § 5 Rn. 45).

---

[186] Palandt/*Grüneberg* EGBGB Art. 246 Rn. 18 mwN.
[187] Palandt/*Ellenberger* BGB § 126b Rn. 3.

181 Das Textformerfordernis der Widerrufsbelehrung gilt ebenfalls bei **nicht-privilegierten Bauverträgen in bestimmten Vertriebsformen**. Zwar erwähnt der Gesetzgeber dieses nicht ausdrücklich in Art. 246a § 4 EGBGB; die Vorschrift verlangt aber im Grunde das Vorliegen der Voraussetzungen der Textform bei außerhalb von Geschäftsräumen des Unternehmers geschlossenen Verträgen bzw. Fernabsatzverträgen, Art. 246a § 4 Abs. 2, 3 EGBGB.[188]

- *Deutlichkeitsgebot*

182 Ein weiteres Erfordernis bei der Belehrung über das Widerrufsrecht besteht gemäß Art. 249 § 3 Abs. 1 S. 2 BGB darin, dass die Belehrung **deutlich** gestaltet sein muss. Der Wortlaut des Art. 249 § 3 Abs. 1 S. 2 BGB weicht insoweit von den in der Gesetzesbegründung in Bezug genommenen Vergleichsvorschriften ab;[189] sowohl Art. 246a § 1 Abs. 2, § 4 Abs. 1 EGBGB als auch Art. 246b § 1 Abs. 1 Nr. 12 EGBGB verlangen aufgrund der europäischen Vorgaben in Art. 6 Abs. 1 VerbrR-RL bzw. Art. 3 Abs. 1 Nr. 3a, Abs. 2 FernabsFinanzDL-RL[190] jeweils eine klare und verständliche Widerrufsbelehrung. Für Verbraucherbauverträge existiert eine entsprechende (europa-/)gemeinschaftsrechtliche Vorgabe nicht (→ § 5 Rn. 12 ff., 84 ff.).

183 Bei der Beantwortung der Frage, was genau unter dem Gebot einer deutlichen Belehrung über das Widerrufsrecht zu verstehen ist, wird man daher auf die zur Vorschrift des § 312a Abs. 2 BGB iVm Art. 246 Abs. 3 EGBGB entwickelten Grundsätze[191] zurückgreifen können. Auch wenn diese Regelung lediglich allgemeine Informationspflichten für **Verbraucherverträge** betrifft und weder auf den Verbraucherbauvertrag noch auf den nicht-privilegierten Bauvertrag Anwendung findet (→ § 5 Rn. 179), verlangt sie – ebenso wie Art. 249 § 3 Abs. 1 S. 2 EGBGB – keine klare und verständliche, sondern eben eine deutliche Belehrung über das Widerrufsrecht.

184 Eine deutliche Gestaltung der Belehrung nach Art. 249 § 3 Abs. 1 S. 2 EGBGB erfordert damit aus **formaler Sicht** eine Erklärung, die als solche lesbar ist, eine ausreichend große Schrift und eine Untergliederung des Textes aufweist.[192] Diesen Anforderungen genügt eine Belehrung, wenn sie sich durch Farbe oder Schriftgröße vom übrigen Text abhebt;[193] nicht ausreichend ist es indes, wenn die Widerrufsbelehrung grau hinterlegt ist[194] oder wenn sich in geringem Abstand ein anderer Text findet, der aufgrund seiner Gestaltung stärker hervorgehoben ist.[195] Nicht ausreichend soll auch ein geringerer Randabstand und die Verwendung größerer Absätze sein, wenn die Schriftform im Übrigen gleichförmig ist,[196] oder eine Belehrung, die auf zwei Vertragsdokumente aufgespalten, aber nur in ihrer Gesamtheit hinreichend deutlich ist.[197] Dass sich eine Belehrung insgesamt auf der Rückseite des Vertragsdokuments befindet, ist jedoch – auch ohne entsprechenden Hinweis auf der Vorderseite des Vertragsdokuments – unschädlich.

---

[188] MüKoBGB/*Wendehorst* Art. 246–246c EGBGB Rn. 15.
[189] BT-Drs. 18/8486, 74.
[190] Richtlinie 2002/65/EG des Europäischen Parlaments und des Rates vom 23.9.2002 über den Fernabsatz von Finanzdienstleistungen an Verbraucher und zur Änderung der Richtlinie 90/619/EWG des Rates und der Richtlinien 97/7/EG und 98/27/EG, ABl. L 271/16.
[191] Palandt/*Grüneberg* EGBGB Art. 246 Rn. 14.
[192] BGH Urt. v. 1.12.2010 – VIII ZR 82/10, NJW 2011, 1061.
[193] BGH Urt. v. 25.4.1996 – X ZR 139/94, NJW 1996, 1964; BGH Urt. v. 23.6.2009 – XI ZR 156/08, NJW 2009, 3020.
[194] LG Gießen Urt. v. 1.3.2000 – 1 S 499/99, MDR 2000, 693.
[195] OLG Sachsen-Anhalt Urt. v. 7.1.1994 – 3 U 84/93, NJW-RR 1994, 377.
[196] BGH Urt. v. 27.4.1994 – VIII ZR 223/93, NJW 1994, 1800.
[197] BGH Urt. v. 23.6.2009 – XI ZR 156/08, NJW 2009, 3020.

VI. Widerrufsrecht

Auch **inhaltliche** Fehler können zur Undeutlichkeit der Belehrung führen. Die Belehrung darf beispielsweise keine Zusätze enthalten, die den Verbraucher verwirren oder ablenken.[198] Ebenso fehlerhaft ist eine Belehrung über das Widerrufsrecht, wenn mehrere sich widersprechende Belehrungen erteilt werden.[199]

Insgesamt wird man von einer deutlichen Widerrufsbelehrung wohl verlangen können, dass sie einen zu belehrenden Durchschnittsverbraucher unmissverständlich über die Anforderungen für die Ausübung seines Widerrufsrechts informiert. Hierbei wird es nicht auf die subjektiven Verständnismöglichkeiten des konkreten Verbrauchers ankommen; maßgeblich ist der Empfängerhorizont eines **objektiven Durchschnittsverbrauchers.**

- *Inhaltliche Anforderungen an eine ordnungsgemäße Widerrufsbelehrung*

Inhaltlich verlangt Art. 249 § 3 Abs. 1 S. 2 EGBGB für den Verbraucherbauvertrag eine Belehrung des Verbrauchers über dessen **wesentliche Rechte.** Für die Frage, welche Rechte wesentlich sind, dürfte entscheidend sein, dass der Verbraucher über sein Widerrufsrecht nicht nur in Kenntnis gesetzt, sondern befähigt werden soll, das Widerrufsrecht auch wirksam auszuüben.[200]

Die Vorschrift des Art. 249 § 3 Abs. 1 S. 3 EGBGB zählt dazu die **inhaltlichen Bestandteile** einer ordnungsgemäßen Widerrufsbelehrung auf. Jedenfalls die im Katalog des Art. 249 § 3 Abs. 1 S. 3 EGBGB genannten Bestandteile müssen Inhalt einer ordnungsgemäßen Widerrufsbelehrung sein: Der Verbraucher ist darauf hinzuweisen, dass er generell ein Recht zum Widerruf hat (Nr. 1), dass er dieses durch eine empfangsbedürftige Willenserklärung gegenüber dem Unternehmer ausüben kann und dass der Widerruf keiner Begründung bedarf (Nr. 2). Für die Widerrufserklärung muss der Unternehmer seine ladungsfähige Anschrift und eine Telefonnummer sowie ggf. seine Telefaxnummer oder Email-Adresse angeben (Nr. 3). Weiterhin ist der Verbraucher über den Beginn und die Dauer der Widerrufsfrist zu belehren. Eine Belehrung des Verbrauchers hat weiterhin auch dahingehend zu erfolgen, dass für die Einhaltung der Frist nicht der Zugang der Widerrufserklärung beim Unternehmer, sondern die rechtzeitige Absendung der Widerrufsbelehrung durch den Verbraucher genügt (Nr. 4). Schließlich muss der Unternehmer den Verbraucher auch über die Rechtsfolgen eines erklärten Widerrufs belehren. In diesem Zusammenhang fordert Art. 249 § 3 Abs. 1 S. 3 Nr. 4 EGBGB einen Hinweis, dass der Verbraucher Wertersatz nach § 357d BGB schuldet, wenn die Rückgewähr der erbrachten Leistung der Natur der Sache nach ausgeschlossen ist.

Im Katalog des Art. 249 § 3 Abs. 1 S. 3 Nr. 4 EGBGB nicht ausdrücklich genannt, ist hingegen das Recht des Verbrauchers, die von ihm bereits geleisteten Zahlungen zurückzuverlangen (→ § 5 Rn. 225 ff. BGB). Dieses **Recht auf Rückzahlung** des Werklohns dürfte jedoch ebenfalls als wesentliches Recht des Verbrauchers im Sinne des Art. 249 § 3 S. 2 EGBGB zu qualifizieren und in eine entsprechende Widerrufsbelehrung aufzunehmen sein. Schließlich wird die Entscheidung des Verbrauchers darüber, ob er von seinem Widerrufsrecht Gebrauch macht, auch davon abhängen, ob er den bereits geleisteten Werklohn zurückerstattet bekommt. Konsequenterweise geht auch der Gesetzgeber davon aus, dass es sich beim Anspruch auf Rückerstattung bereits gezahlten Werklohns um ein wesentliches Recht im Sinne des Art. 249 § 3 S. 2 EGBGB handelt, über das belehrt werden muss; die vom Gesetzgeber gestaltete Musterbeleh-

---

[198] BGH Urt. v. 4.7.2001 – I ZR 55/00, NJW 2002, 3396.
[199] BGH Urt. v. 18.10.2004 – II ZR 352/02, NJW-RR 05, 180/81.
[200] BGH Urt. v. 13.1.2009 – XI ZR 118/08, NJW-RR 2009, 709.

190 Anders als bei **nicht-privilegierten Bauverträgen in bestimmten Vertriebsformen** bedarf es beim Verbraucherbauvertrag keiner Belehrung gemäß Art. 246a § 1 Abs. 2 Nr. 3 EGBGB. Die Regelung verpflichtet den Unternehmer, den Verbraucher bei einem nicht-privilegierten Bauvertrag über die Rechtsfolge des § 357 Abs. 8 BGB zu belehren. § 357 Abs. 8 BGB selbst sieht dabei vor, dass der Verbraucher dem Unternehmer Wertersatz für die bis zum Widerruf erbrachte Leistung nur schuldet, wenn er vom Unternehmer ausdrücklich verlangt hat, mit der Leistung vor Ablauf der Widerrufsfrist zu beginnen (→ § 5 Rn. 243). Fehlt eine Belehrung über den Anspruch des Unternehmers auf Wertersatz, kann der Unternehmer bei nicht-privilegierten Bauverträgen in bestimmten Vertriebsformen einen solchen Wertersatz nicht verlangen, § 357 Abs. 8 S. 2 BGB. Da der Verbraucherbauvertrag den Anspruch des Unternehmers auf Wertersatz gemäß § 357d BGB (→ § 5 Rn. 229 ff.) hingegen gerade nicht von einer entsprechenden Aufforderung des Verbrauchers zur Leistungserbringung vor Ablauf der Widerrufsfrist abhängig macht, ist auch eine entsprechende Belehrung nicht erforderlich bzw. würde eine solche zur Unwirksamkeit der Widerrufsbelehrung führen. Beim Verbraucherbauvertrag ist eine Belehrung des Verbrauchers über die für ihn geltende Rechtsfolge der §§ 355 Abs. 3, 357d BGB angebracht, aber auch ausreichend (§ 650l S. 2 BGB iVm Art. 249 § 3 S. 3 Nr. 5 EGBGB (→ § 5 Rn. 188)).

191 Fraglich ist schließlich, ob der Unternehmer den Verbraucher auch darüber informieren muss, unter welchen Voraussetzungen ihm ein Widerrufsrecht gerade nicht zusteht. Im Anwendungsbereich des Verbraucherbauvertrages wird diese Frage wohl relevant, wenn der Verbraucherbauvertrag in notarieller Form abgeschlossen wird (§ 650l S. 1 Hs. 2 BGB); eine Konstellation, die jedenfalls bei Verbraucherbauverträgen im Rahmen eines sogenannten **Generalübernehmermodells** (→ § 5 Rn. 29, 47, 168) nicht ausgeschlossen ist. Auch wenn eine entsprechende Belehrungspflicht gemäß § 312g Abs. 1, Abs. 2 Nr. 13, 356 Abs. 3 S. 1 BGB iVm Art 246a § 1 Abs. 3 Nr. 1 EGBGB jedenfalls beim nicht-privilegierten Bauvertrag in bestimmten Vertriebsformen geregelt ist, dürfte diese jedoch auf den Verbraucherbauvertrag nicht übertragbar sein. Es bleibt dem Gesetzgeber unbenommen, für den Verbraucherbauvertrag ein von den Vorschriften der §§ 312 ff. BGB abweichendes Verbraucherschutzniveau zu etablieren (→ § 5 Rn. 12 ff.) und dem Verbraucher gegebenenfalls auch geringeren Schutz zuteilwerden zu lassen; eine entsprechende Hinweispflicht enthalten die speziellen Vorschriften über den Verbraucherbauvertrag indes gerade nicht.

- *Musterbelehrung*

192 Der Unternehmer kann seiner Pflicht zur ordnungsgemäßen Widerrufsbelehrung durch Verwendung der **Musterbelehrung** nach Art. 249 § 3 Abs. 2 EGBGB iVm Anlage 10 nachkommen. Die Verwendung der Musterbelehrung ist fakultativ; dem Unternehmer bleibt es unbenommen, eine eigene Widerrufsbelehrung zu formulieren.

193 Bei Verwendung der Musterbelehrung besteht jedoch eine **Vermutung** der Einhaltung der Anforderungen nach Art. 249 § 3 Abs. 1 EGBGB, wenn der Unternehmer diese in Textform übermittelt.[201] Der Inhalt der Musterbelehrung entspricht den gesetzlichen Anforderungen des Art. 249 § 3 Abs. 1 EGBGB, weshalb von ihrer Wirksamkeit und dem Eintritt der genannten Vermutung bei ihrer Verwendung tatsächlich ausgegangen werden kann.[202] Ergänzungen oder Zusätze zur Musterbelehrung sollten wegen

---

[201] *Lenkeit* BauR 2017, 454 (615).
[202] Vgl. für den Fall unwirksamer gesetzlicher Musterbelehrungen: *Masuch* NJW 2002, 2931.

VI. Widerrufsrecht

des Risikos einer verwirrenden oder widersprüchlichen Belehrung (→ § 5 Rn. 185) allerdings vermieden werden.

Auch bei **nicht-privilegierten Bauverträgen in bestimmten Vertriebsformen** hält das Gesetz eine Musterbelehrung bereit. Diese ist in der Anlage 1 zu Art. 246a § 1 Abs. 2 S. 2 EGBGB iVm §§ 312g Abs. 1, 312d Abs. 1, 356 Abs. 3 S. 1 BGB enthalten.

cc) Möglichkeit der Nachholung einer ordnungsgemäßen Widerrufsbelehrung

Bei ursprünglich fehlerhafter Belehrung über das Widerrufsrecht stellt sich die Frage, ob der Unternehmer ein **Recht zur Korrektur der Widerrufsbelehrung** hat. Hierbei sind zwei Fälle zu unterscheiden, nämlich zum einen der Fall der unterbliebenen oder in zeitlicher Hinsicht fehlerhaften Widerrufsbelehrung und zum anderen der Fall der inhaltlich fehlerhaften Widerrufsbelehrung.

Für den Fall der **in zeitlicher Hinsicht nicht den gesetzlichen Anforderungen entsprechenden Widerrufsbelehrung** sehen die Vorschriften zum allgemeinen Verbraucherrecht ein entsprechendes Recht zur Nachholung der Belehrung vor; gemäß § 312a Abs. 2 S. 1 BGB iVm Art. 246 Abs. 3 EGBGB hat der Unternehmer die jeweilige Widerrufsbelehrung nach oder zumindest zeitgleich mit der Erklärung des Verbrauchers abzugeben.[203] Belehrt der Unternehmer im Anwendungsbereich des allgemeinen Verbraucherrechts zu früh, also vor Abgabe der Vertragserklärung des Verbrauchers, kann er seine Belehrung nach der Vertragserklärung oder zeitgleich mit dieser nachholen.[204]

Diese Grundsätze lassen sich jedoch auf den **Verbraucherbauvertrag** nicht übertragen. Im Anwendungsbereich des Verbraucherbauvertrages ist die Belehrung gerade vor Abgabe der Vertragserklärung des Verbrauchers vorzunehmen und nicht danach oder zeitgleich; eine Widerrufsbelehrung, die nach der Vertragserklärung des Verbrauchers erfolgt, dürfte daher unwirksam sein und auch bleiben. Ein Recht zur Nachholung scheidet hier aus.

Auch die Grundsätze der in der Baupraxis relevanten **nicht-privilegierten Bauverträge in bestimmten Vertriebsformen** sehen die Möglichkeit vor, dass der Unternehmer eine nicht den zeitlichen Anforderungen entsprechende Widerrufsbelehrung nachholt. Diese Möglichkeit resultiert aus der europäischen Vorgabe des Art. 10 Abs. 2 VerbrR-RL;[205] danach endet die Widerrufsrist 14 Tage nach dem Tag, an dem der Verbraucher die Widerrufsbelehrung erhalten hat, wenn der Unternehmer diese Belehrung dem Verbraucher binnen 12 Monaten ab Vertragsschluss übermittelt. Der Unternehmer kann hier also seine Widerrufsbelehrung binnen 12 Monate nach Vertragsschluss nachholen, mit der Folge, dass eine Widerrufsfrist von 14 Tagen ab Zugang der Belehrung beim Verbraucher zu laufen beginnt.

Auf den **Verbraucherbauvertrag** können diese Grundsätze jedoch erneut nicht übertragen werden. Die Vorgaben des Art. 10 Abs. 2 VerbrR-RL gelten nicht für den Verbraucherbauvertrag aufgrund der Bereichsausnahme in Art. 3 Abs. 3 f VerbrR-RL (→ § 5 Rn. 12 ff., 84 ff.). Über Art. 10 Abs. 2 VerbrR-RL kann deshalb ein Recht zur Nachholung der Belehrung nicht hergeleitet werden. Das Gesetz selbst sieht für den Verbraucherbauvertrag ein entsprechendes Recht nicht vor und auch in der Gesetzesbegründung ist ein solches nicht erwähnt; es ist davon auszugehen, dass eine Möglichkeit zur Nachholung der Belehrung nach Abgabe der Vertragserklärung des Verbrauchers gerade nicht bestehen soll.

---

[203] Palandt/*Grüneberg* EGBGB Art. 246 Rn. 18.
[204] Palandt/*Grüneberg* EGBGB Art. 246 Rn. 12, 18.
[205] MüKoBGB/*Fritsche* § 356 Rn. 25; *Wendehorst* NJW 2014, 577 (582).

200 Anders könnte hingegen zu entscheiden sein, wenn der Unternehmer eine **inhaltlich fehlerhafte Widerrufsbelehrung** rechtzeitig, also vor Abgabe der Vertragserklärung des Verbrauchers, nachholt. Vorauszusetzen ist hierbei allerdings, dass aus der nachgeholten Belehrung deutlich hervorgeht, welche der Widerrufsbelehrungen maßgeblich ist; ansonsten droht das Risiko sich widersprechender und damit fehlerhafter Widerrufsbelehrungen (→ § 5 Rn. 182 ff.).

b) Berechnung der Frist

201 Die Frist berechnet sich nach den allgemeinen Grundsätzen gemäß §§ 187 Abs. 1, 188 Abs. 2 Alt. 1, 193 BGB.[206] Sie beginnt mit **Vertragsschluss**; maßgeblich ist daher der Tag des Zugangs der Erklärung zur Vertragsannahme.[207]

202 Nach § 187 Abs. 1 BGB wird der Tag des Zugangs der Erklärung zur Vertragsannahme bei **Berechnung der Frist** nicht mitgezählt. Die Frist endet daher mit Ablauf des vierzehnten Tages beginnend mit dem Folgetag des Tages, an dem die Erklärung zur Vertragsannahme dem Vertragspartner zugegangen ist (§ 188 Abs. 2 Alt. 1 BGB). Das Fristende fällt also auf den gleichen Wochentag, an dem auch die Erklärung zur Annahme des Vertrages zugegangen ist.[208] Etwas anderes gilt nur, wenn das Fristende auf einen Samstag, Sonntag oder auf einen staatlichen Feiertag fällt; in diesem Fall endet die Frist erst am nächsten Werktag, § 193 BGB.

203 Das Gesetz enthält für den Verbraucherbauvertrag keine vom Fristbeginn des § 355 Abs. 2 BGB **abweichende Regelung**.[209] Anderslautende vertragliche Gestaltungen sind denkbar. Nachdem § 650o BGB abweichende Vereinbarungen jedoch lediglich zum Vorteil des Verbrauchers zulässt (→ § 5 Rn. 355 ff.), sind allenfalls Vertragsgestaltungen denkbar, welche den Fristbeginn zum Vorteil des Verbrauchers hinausschieben, mit der Folge, dass ihm faktisch ab Vertragsschluss eine längere Bedenkzeit für die Entscheidung verbleibt, ob er den Vertrag widerrufen möchte.

c) Erlöschen des Widerrufsrechts nach 12 Monaten und 14 Tagen

204 Belehrt der Unternehmer den Verbraucher nicht rechtzeitig vor dessen Vertragserklärung über das dem Verbraucher zustehende Widerrufsrecht oder entspricht die erfolgte Widerrufsbelehrung nicht den Anforderungen des Art. 249 § 3 Abs. 1 EGBGB und ist damit fehlerhaft, beginnt die in § 355 Abs. 2 BGB bestimmte 14-tägige Widerrufsfrist gemäß § 356e S. 1 BGB nicht zu laufen (→ § 5 Rn. 171 ff.). Dies führt jedoch nicht dazu, dass der Verbraucher den Vertrag zeitlich unbegrenzt widerrufen kann. § 356e S. 2 BGB sieht für diesen Fall eine zeitliche Grenze vor; danach erlischt das Widerrufsrecht spätestens **12 Monate und 14 Tage nach dem Vertragsschluss**. Bis zu dieser zeitlichen Grenze steht dem Verbraucher jedoch das Recht zu, den Vertrag einseitig zu widerrufen, was insbesondere bei bereits erbrachten Bauleistungen von besonderer Bedeutung ist.

205 Das Erlöschen des Widerrufsrechts nach 12 Monaten und 14 Tagen ist dem Verbraucherrecht nicht unbekannt; die Vorschriften in § 356a Abs. 3 S. 2, Abs. 4 S. 2 BGB (Teilzeit-Wohnrechteverträge, Verträge über ein langfristiges Urlaubsprodukt, Vermitt-

---

[206] BGH Urt. v. 23.9.2010 – VII ZR 6/10, NJW 2010, 3503.
[207] Palandt/*Grüneberg* BGB § 355 Rn. 10.
[208] MüKoBGB/*Fritsche* § 355 Rn. 47.
[209] im Gegensatz zu § 356 Abs. 2 BGB für den Verbrauchsgüterkauf oder für Verträge über die Lieferung von Wasser, Gas, Strom, Fernwärme und digitalen Inhalten in bestimmten Vertriebsformen, § 356a Abs. 1–4 BGB für Teilzeit-Wohnrechteverträge, Verträge über ein langfristiges Urlaubsprodukt, Vermittlungsverträge und Tauschsystemverträge, § 356b Abs. 1–3 BGB für Verbraucherdarlehensverträge.

VI. Widerrufsrecht

lungsverträge und Tauschsystemverträge), § 356b Abs. 2 S. 4 BGB (Verbraucherdarlehensverträge), § 356c Abs. 2 S. 2 BGB (Ratenlieferungsverträge) und § 356d S. 2 BGB (unentgeltlichen Darlehensverträge und unentgeltliche Finanzierungshilfen) enthalten bereits vergleichbare Regelungen. Hervorzuheben ist für die Baupraxis in diesem Kontext die Vorschrift des § 356 Abs. 3 S. 2 BGB, die für die **nicht-privilegierten Bauverträge in bestimmten Vertriebsformen** bereits eine mit § 356e S. 2 BGB identische Regelung zum Erlöschen des Widerrufsrechts enthält. Auf die zu dieser Vorschrift entwickelten Auslegungsgrundsätze kann zurückgegriffen werden.

d) Erlöschen des Widerrufsrechts aus anderen Gründen

206 Über das in § 356e S. 2 BGB geregelte Erschlössen des Widerrufsrechts nach 12 Monaten und 14 Tagen hinaus sind auch **allgemeine Gründe für ein Erlöschen des Widerrufsrechts** denkbar.

aa) Erlöschen bei vollständiger Vertragserfüllung

207 Im Anwendungsbereich der nicht-privilegierten Bauverträge in bestimmten Vertriebsformen regelt § 356 Abs. 4 BGB zudem das **Erlöschen des Widerrufsrechts im Fall vollständiger Vertragserfüllung** durch den Unternehmer.

208 Das Erlöschen des Widerrufsrechts setzt dabei voraus, dass der Unternehmer mit der Ausführung erst begonnen hat, nachdem der Verbraucher hierzu seine **ausdrückliche Zustimmung** erteilt und gleichzeitig seine **Kenntnis** davon bestätigt hat, dass er sein Widerrufsrecht bei vollständiger Vertragserfüllung durch den Unternehmer verliert.

209 Eine entsprechende Regelung hat der Gesetzgeber im Anwendungsbereich des **Verbraucherbauvertrages** ausdrücklich nicht vorgesehen. Dies entspricht ersichtlich dem Willen des Gesetzgebers, der damit für den Verbraucherbauvertrag bewusst von den Regelungen für die nicht-privilegierten Bauverträge im Anwendungsbereich der VerbrR-RL abweicht. Das Widerrufsrecht des Verbrauchers besteht im Verbraucherbauvertrag damit auch bei vollständiger Vertragserfüllung durch den Unternehmer fort.[210]

bb) Verwirkung

210 Auch soweit der Verbraucher trotz Kenntnis von seinem Widerrufsrecht über längere Zeit hiervon keinen Gebrauch macht, dürfte sein Recht zur späteren Ausübung des Widerrufsrechts nicht dem **Einwand der Verwirkung** unterliegen.

211 Der Einwand der Verwirkung setzte die Schaffung eines Vertrauenstatbestandes durch den Verbraucher voraus, in dessen Licht der Unternehmer auf eine Nichtausübung des Widerrufsrechts vertrauen durfte; dies erfordert das Vorliegen eines **Zeit- und eines Umstandsmoments**.[211] Dem Einwand der Verwirkung des Widerrufsrechts kommt daher in solchen Konstellationen Bedeutung zu, in denen, wie zB bei Verbraucherverträgen über Finanzdienstleistungen, das Widerrufsrecht bei fehlender oder nicht ordnungsgemäßer Belehrung gerade nicht durch Zeitablauf erlischt.[212]

212 Die Regelungen zum **Verbraucherbauvertrag** sehen jedoch in § 357d S. 2 BGB ein Erlöschen des Widerrufsrecht ausdrücklich nach Ablauf von 12 Monaten und 14 Tagen vor. Es ist daher kaum denkbar, dass die Voraussetzungen einer Verwirkung in Gestalt eines einen Vertrauenstatbestand auslösenden Umstands- und Zeitmoments vor Ablauf

---

[210] *Lenkeit* BauR 2017, 615 (617).
[211] MüKoBGB/*Schubert* § 242 Rn. 356 ff.
[212] MüKoBGB/*Fritsche* § 356 Rn. 30, 34; Palandt/*Grüneberg* § 242 Rn. 107.

dieser Frist erfüllt sein können.²¹³ Es hätte dem Gesetzgeber frei gestanden, das Widerrufsrecht etwa dann entfallen zu lassen, wenn der Verbraucher später volle Kenntnis über sein Widerrufsrecht (zB infolge einer nachträglichen Belehrung) erlangt und dann nicht binnen einer gewissen Frist wahrnimmt.

cc) Missbrauch

213   Die Ausübung des Widerrufsrechts kann schließlich nach den Grundsätzen von Treu und Glauben (§ 242 BGB) auch ausgeschlossen sein, wenn der Widerruf in **Schädigungsabsicht oder aus sonstigen Schikanegründen** (§ 226 BGB) erklärt wird.²¹⁴ Dies kann zB der Fall sein, wenn einzelne Verbraucher in missbräuchlicher Absicht Verträge eingehen, um diese – ggf. routinemäßig – später zu widerrufen.²¹⁵ In der (Bau-)Praxis sind diese Fälle kaum vorstellbar und dürften deshalb äußerst selten vorkommen.²¹⁶ Für den Missbrauchseinwand reicht es jedenfalls nicht aus, wenn der Verbraucher lediglich ohne Sachgrund oder wegen der Enttäuschung über die mit dem Vertrag verbundenen Erwartungen den Widerruf erklärt.

3. Widerrufserklärung

214   Was die Ausübung des Widerrufsrechts durch Widerrufserklärung betrifft, so verweist die Regelung des § 650l S. 1 BGB auf die allgemeine Vorschrift des § 355 BGB zum Widerrufsrecht bei Verbraucherverträgen. Zur Bestimmung der Voraussetzungen einer wirksamen Widerrufserklärung kann daher auf die **Grundsätze zu § 355 BGB** verwiesen werden.

a) Empfangsbedürftige Willenserklärung

215   Nach § 355 Abs. 1 S. 2 BGB erfolgt der Widerruf durch Erklärung gegenüber dem Unternehmer; es handelt sich um eine empfangsbedürftige Willenserklärung, die gemäß § 130 Abs. 1 S. 1 BGB mit **Zugang** beim Unternehmer wirksam wird. Der Verbraucher trägt hierfür nach den allgemeinen Regeln die Darlegungs- und Beweislast; geht die Erklärung auf dem Weg zum Unternehmer verloren, muss eine neue Widerrufserklärung abgegeben werden.²¹⁷

b) Rechtzeitigkeit des Widerrufs

216   Für die Rechtzeitigkeit des Widerrufs genügt die **rechtzeitige Absendung der Erklärung**, § 355 Abs. 1 S. 5 BGB. Anders als bei anderen fristgebundenen Erklärungen kommt es nicht darauf an, dass auch der Zugang der Erklärung innerhalb der Frist erfolgt; maßgeblich ist allein die Absendung. § 355 Abs. 1 S. 5 BGB bezieht sich dabei nur auf den Widerruf in Papierform²¹⁸ oder durch einen anderen dauerhaften Datenträger. Der unter Anwesenden mündlich erklärte Widerruf geht in der Regel direkt zu.

217   Gleichwohl bleibt es für die Wirksamkeit des Widerrufs erforderlich, dass die Erklärung dem Unternehmer auch zugeht. Geht die Erklärung vor **Zugang** verloren, muss

---

[213] *Lenkeit* BauR 2017, 615 (627).
[214] BGH Urt. v. 16.3.2016 – VIII ZR 146/15, NJW 2016, 1951; BGH Urt. v. 25.11.2009 – VIII ZR 318/08, NJW 2010, 610.
[215] MüKoBGB/*Fritsche* § 356 Rn. 35.
[216] *Lenkeit* BauR 2017, 615 (627).
[217] Palandt/*Grüneberg* BGB § 355 Rn. 7.
[218] Palandt/*Grüneberg* BGB § 355 Rn. 7.

VI. Widerrufsrecht

eine neue Widerrufserklärung abgegeben werden.[219] Holt der Verbraucher in diesem Fall die Erklärung unverzüglich, das heißt ohne schuldhaftes Zögern, nach, kann gleichwohl die Widerrufsfrist gewahrt sein.[220]

c) Begründung

Einer Begründung bedarf die Widerrufserklärung nicht, § 355 Abs. 1 S. 4 BGB. Die Ausübung des Widerrufsrechts ist gerade nicht vom Vorliegen irgendwelcher Widerrufsgründe abhängig.[221] Dem Verbraucher soll vielmehr ein an **keine materiellen Voraussetzungen** gebundenes, einfach auszuübendes Recht zur einseitigen Lösung vom Vertrag gegeben werden, das neben und unabhängig von den allgemeinen Rechten ausgeübt werden kann.[222]

d) Formlose Erklärung

Gesonderte Formvorschriften für die Widerrufserklärung sind weder in § 355 BGB noch in den speziellen Vorschriften zum Verbraucherbauvertrag enthalten. Der Verbraucher kann deshalb seinen Widerruf **ausdrücklich oder konkludent, schriftlich, in Textform oder mündlich** erklären. Da er nach den allgemeinen Regeln die Darlegungs- und Beweislast für die wirksame Ausübung des Widerrufsrechts trägt, ist aus seiner Sicht auf eine jedenfalls beweisbare Erklärung und deren Zugang zu achten.

Inhaltlich entscheidend ist gemäß § 355 Abs. 1 S. 3 BGB, dass aus der Erklärung der Entschluss des Verbrauchers zum Widerruf eindeutig hervorgeht. Dafür muss jedenfalls der zu widerrufende Vertrag und die Person, die den Widerruf erklärt, so bezeichnet sein, dass diese identifizierbar sind.[223]

Die Vorschriften über nicht-privilegierte Bauverträge in bestimmten Vertriebsformen enthalten für den Verbraucher in Anlage 2 zu Art. 246a § 1 Abs. 2 S. 1 Nr. 1 EGBGB ein **Muster-Widerrufsformular**. Ein entsprechendes Formular sehen die Regelungen des Verbraucherbauvertrages nicht vor. Der Verbraucher kann sich jedoch an dem Muster für nicht-privilegierte Bauverträge in bestimmten Vertriebsformen orientieren.

4. Rechtsfolgen

Die Rechtsfolgen des wirksamen Widerrufs richten sich über die Verweisung in § 650l S. 1 BGB nach der allgemeinen Vorschrift des § 355 Abs. 3 BGB. § 357d BGB enthält zusätzlich eine spezielle Vorschrift zum Anspruch des Unternehmers auf Wertersatz beim Verbraucherbauvertrag.[224]

a) Rückgewährschuldverhältnis

Die wirksame Ausübung des Widerrufsrechts führt dazu, dass sich der Verbraucherbauvertrag in ein **Rückgewährschuldverhältnis** umwandelt. Das Rückabwicklungsverhältnis wirkt *ex nunc*;[225] die Hauptleistungspflichten entfallen mit Wirkung für die Zukunft.[226] Das vom Widerruf betroffene Schuldverhältnis entfällt jedoch nicht voll-

---

[219] Palandt/*Grüneberg* BGB § 355 Rn. 7.
[220] MüKoBGB/*Fritsche* § 355 Rn. 48.
[221] BGH Urt. v. 16.3.2016 – VIII ZR 146/15, NJW 2016, 1951.
[222] BGH Urt. v. 25.11.2009 – VIII ZR 318/08, NJW 2010, 610.
[223] Palandt/*Grüneberg* BGB § 355 Rn. 5.
[224] BT-Drs. 18/8486, 38.
[225] Palandt/*Grüneberg* BGB § 355 Rn. 12.
[226] *Lenkeit* BauR 2017, 615 (618).

ständig, so dass sich dessen Rückabwicklung auch nicht nach den Grundsätzen der ungerechtfertigten Bereicherung (§§ 812 ff. BGB) richtet.[227] Aus dem Rückgewährschuldverhältnis entstehen vielmehr gemäß § 355 Abs. 3 BGB vertragliche Ansprüche auf Rückgewähr der empfangenen Leistungen bzw. gemäß § 357d BGB ein vertraglicher Anspruch des Unternehmers auf Ersatz des Wertes für solche Leistungen, die einer Rückgabe nicht zugänglich sind.

224 Etwaige **Mängelrechte** fallen indes mit der Ausübung des Widerrufsrechts ersatzlos weg.[228] Der Verbraucher hat daher im Fall bis zum Widerruf erbrachter, jedoch mangelhafter Bauleistungen des Unternehmers weder einen Anspruch auf Mangelbeseitigung noch Ansprüche auf Zahlung eines Vorschusses oder auf Erstattung von Kosten, die nach erfolgtem Widerruf im Rahmen der Mangelbeseitigung bzw. Fertigstellung des Werkes durch ein Drittunternehmen anfallen.

b) Anspruch des Verbrauchers auf Rückzahlung des Werklohns

225 Die Rückzahlung durch den Verbraucher bereits gezahlten Werklohns ist im Falle des erfolgreichen Widerrufs des Verbraucherbauvertrages über §§ 650l S. 1, 355 Abs. 3 BGB geregelt. Hiernach sind bereits erfolgte Zahlungen im Wege der Erstattung des jeweiligen Geldwertes[229] **unverzüglich,** also ohne schuldhaftes Zögern (§ 121 Abs. 1 S. 1 BGB), zurück zu gewähren.

226 Im Anwendungsbereich der nicht-privilegierten Bauverträge in bestimmten Vertriebsformen bestimmt § 357 Abs. 1 BGB für die Rückzahlung des Werklohns eine **Höchstfrist von 14 Tagen,** die mit dem Zugang der Widerrufserklärung des Verbrauchers beim Unternehmer zu laufen beginnt, § 355 Abs. 3 S. 2 BGB. Die Vorschriften über den Verbraucherbauvertrag sehen eine solche Höchstfrist nicht vor. Es bleibt deshalb im Anwendungsbereich des Verbraucherbauvertrags dabei, dass die Rückzahlung lediglich „unverzüglich" geschuldet ist.

c) Anspruch des Unternehmers auf Rückgewähr der empfangenen Leistungen

227 Der Anspruch des Unternehmers auf Rückgewähr erbrachter oder vom Verbraucher bereits entgegengenommener Leistungen wird für den Verbraucherbauvertrag in §§ 650l S. 1, 355 Abs. 3 BGB geregelt. Mangels Regelung einer gesonderten Höchstfrist im Sinne des § 355 Abs. 3 S. 2 BGB sind auch die Leistungen des Unternehmers im Falle der wirksamen Ausübung des Widerrufsrechts vom Verbraucher **unverzüglich,** also ohne schuldhaftes Zögern (§ 121 Abs. 1 S. 1 BGB), zurück zu gewähren (→ § 5 Rn. 225).

228 Dabei ist eine **Rückgewährpflicht des Verbrauchers in Natur** nicht von vornherein ausgeschlossen, nur weil es sich bei den vom Unternehmer erbrachten Leistungen um Bauleistungen handelt. Baumaterialien, welche entweder noch nicht verbaut worden sind oder ohne Zerstörung oder Eingriff in die übrige Bausubstanz von dieser wieder getrennt werden können, unterliegen nach wie vor der Rückgabepflicht in natura; dies gilt selbst dann, wenn verbaute Baumaterialen aufgrund ihres Einbaus möglicherweise nach §§ 946 ff. BGB in das Eigentum des Verbrauchers übergangen sind.[230] Ebenso un-

---

[227] MüKoBGB/*Fritsche* § 355 Rn. 50.
[228] *Pause/Vogel* NZBau 2015, 667 (669).
[229] Palandt/*Grüneberg* BGB § 355 Rn. 12; MüKoBGB/*Fritsche* § 355 Rn. 54.
[230] Vgl. zum Rücktritt und Schadensersatz: Kniffka/*Krause-Allenstein*, ibr-online-Kommentar, 12.5. 2017, § 636 Rn. 21.

schädlich ist es, wenn bei noch nicht verbauten Baumaterialien Verpackungsmaterialien geöffnet oder Schutzfolien entfernt worden sind.[231]

d) Anspruch des Unternehmers auf Wertersatz

Ist die Rückgewähr der bis zum Widerruf erbrachten Leistungen ihrer Natur nach ausgeschlossen, schuldet der Verbraucher jedoch gemäß § 357d BGB **Wertersatz**. 229

aa) Wertzuwachs als Voraussetzung für den Anspruch auf Wertersatz?

Der Gesetzgeber will hierbei mit Einführung einer Wertersatzpflicht des Verbrauchers im Verbraucherbauvertrag dem Umstand Rechnung tragen, dass erbrachte Bauleistungen jedenfalls in der Regel vom Verbraucher nach erfolgter Leistungserbringung nicht mehr in natura herausgegeben werden können, aber dennoch zu einem **Wertzuwachs** auf Seiten des Verbrauchers führen. Klassische Beispiele dieser nicht mehr in natura herauszugebenden Bauleistungen sind der bereits erfolgte Aushub einer Baugrube, das betonierte Gebäudefundament oder die Errichtung eines Dachstuhles.[232] 230

Gleichwohl erscheint es zumindest bedenklich, das maßgebliche Kriterium des Wertzuwachses ausschließlich im Sinne einer echten **Mehrung des Wertes** des vom Verbraucherbauvertrag betroffenen Grundstücks oder Bauwerks zu begreifen. Ein solches Verständnis hätte nämlich zur Folge, dass beispielsweise für Abbruchleistungen, für den Aushub einer Baugrube oder für die bloße Baustelleinrichtung selbst im Fall der wirksamen Ausübung des Widerrufs gerade kein Wertersatz geschuldet wäre, weil mit derartigen Leistungen regelmäßig keine Mehrung des Vermögens des Verbrauchers begründet wird.[233] Eine auf die Mehrung des Vermögens des Verbrauchers abstellende Auslegung widerspräche auch dem eindeutigen Wortlaut der Vorschrift des § 357d S. 2 BGB, der den Anspruch auf Wertersatz gerade nicht unter die Voraussetzung einer Mehrung des Vermögens des Verbrauchers stellt. 231

bb) Vereinbarte Vergütung als Bemessungsgrundlage für die Berechnung des Wertersatzes

Verzichtet man zur Annahme des Wertersatzanspruches auf das Erfordernis einer messbaren Mehrung des Vermögens des Verbrauchers (→ § 5 Rn. 230 ff.), so ist gemäß § 357d S. 2 BGB bei der Berechnung des Wertzuwachses alleine die **vereinbarte Vergütung** zugrunde zu legen ist. Dieses Vorgehen ist dem Gesetz nicht unbekannt; auch die Regelungen über den Rücktritt vom Vertrag enthalten in § 346 Abs. 2 S. 2 BGB für den entsprechenden Wertersatzanspruch eine identische Bestimmung. Gleiches gilt für die Regelungen zu den Rechtsfolgen eines Widerrufs bei nicht-privilegierten Bauverträgen in bestimmten Vertriebsformen, § 357 Abs. 8 S. 4 BGB. 232

Mit der in § 357d S. 2 BGB gewählten Formulierung stellt der Gesetzgeber klar, dass es bei der Berechnung des Wertersatzanspruches gerade nicht auf den **objektiven Wert** der erbrachten Leistung ankommen soll. Der Unternehmer soll vielmehr im Fall nicht in natura zu erstattender Bauleistungen jedenfalls Wertersatz entsprechend der zur Grundlage seiner vertraglichen Vergütung gemachten Urkalkulation erhalten. 233

Da in die vom Unternehmer kalkulierten Preise dabei in der Regel nicht allein der Materialwert oder der Wert der Arbeitsleistung einfließen, sondern gleichfalls Positionen zum Risiko einer Mängel- oder Verzugshaftung sowie Gewinnanteile (**Wagnis und** 234

---

[231] *Lenkeit* BauR 2017, 615 (621).
[232] BT-Drs. 18/8486, 38.
[233] Kniffka/*von Rintelen*, ibr-online-Kommentar, 12.5.2017, § 632a Rn. 25.

Gewinn) berücksichtigt werden, sind auch diese bei der Berechnung des Wertersatzanspruches zu berücksichtigen. Dies erscheint auch nicht unbillig. Zum einen handelt es sich bei dem Widerrufsrecht des Verbrauchers um ein verschuldens- bzw. mangelunabhängiges Recht und es ist kein Grund dafür ersichtlich, warum der Unternehmer im Falle der Ausübung des Widerrufsrechts durch den Verbraucher schlechter stehen soll als bei der tatsächlichen Durchführung des Vertrages. Zum anderen begünstigt die Regelung auch nicht einseitig den Unternehmer: Hat dieser seine Leistung nämlich unterhalb des objektiven Wertes angeboten, so profitiert nach § 357d BGB auch der Verbraucher bei der Berechnung des Wertersatzes davon, dass er ursprünglich einen für sich günstigen Vertrag geschlossen hat.

235 Soweit die für die Bauleistung vereinbarte Gegenleistung deren objektiven Wert indes übersteigt, hat der Bundesgerichtshof im Rahmen der Ausübung eines Rücktrittsrechts für die mit § 357d S. 2 BGB vergleichbare Regelung des § 346 Abs. 2 S. 2 BGB bereits entschieden, dass eine **Begrenzung des Wertersatzes auf den objektiven Wert** der Leistung über eine teleologische Reduktion der Vorschrift nicht begründet werden kann.[234] Nachdem die Ausübung eines Rücktrittsrechts aber an ein Verschulden oder das Vorliegen eines Mangels anknüpft, gilt dies erst Recht für den Fall des erfolgreichen Widerrufs, der eine Pflichtverletzung des Unternehmers gerade nicht voraussetzt.

cc) Unverhältnismäßigkeit der vereinbarten Vergütung

236 Auch der Verbraucher ist indes im Rahmen der Regelungen zum Wertersatz nicht gänzlich schutzlos gestellt. Ist die für die Bauleistung vereinbarte Vergütung unverhältnismäßig hoch, ist der Wertersatz auf der Grundlage des Marktwertes der erbrachten Leistung zu berechnen, § 357d S. 3 BGB. Mit dieser Ausnahmevorschrift verdeutlicht der Gesetzgeber zunächst den bereits dargestellten Grundsatz zur Bemessung des Wertersatzes; dieser hat sich an der vereinbarten Vergütung und nicht am objektiven Wert der Bauleistung zu orientieren. Lediglich bei einer **unverhältnismäßig hohen Vergütung** soll eine Anpassung des Wertersatzes an den objektiven Wert der Bauleistung erfolgen; der objektive Wert als Bemessungsgrundlage des Wertersatzes ist damit vom Gesetzgeber nur als Korrektiv für diejenigen Fälle gedacht, in denen ein erhebliches Missverhältnis zwischen den vereinbarten Vertragsleistungen besteht.[235] Die Vorschrift ist damit auch entsprechend restriktiv auszulegen.

237 Auch wenn in diesem Zusammenhang die Vorschrift des § 357 Abs. 8 S. 5 BGB eine dem § 357d S. 3 BGB vergleichbare Regelung enthält und ebenfalls an das Vorliegen einer unverhältnismäßig hohen Vergütung anknüpft, dürften jedoch deren Auslegungsgrundsätze im Bereich des Verbraucherbauvertrages nicht heranzuziehen sein. Die Regelung des § 357 Abs. 8 S. 5 BGB beruht auf den Vorgaben des Art. 14 Abs. 3 VerbrR-RL, der gerade nicht auf eine Unverhältnismäßigkeit der vereinbarten Vergütung, sondern lediglich auf deren **einfache Überhöhung** abstellt. Der Wortlaut des § 357 Abs. 8 S. 5 BGB *(Unverhältnismäßigkeit)* weicht im Ergebnis daher von seiner europarechtlichen Vorgabe ab. Nachdem der nationale Gesetzgeber jedoch bei Einführung des § 357 Abs. 8 S. 5 BGB inhaltlich nicht von Art. 14 Abs. 3 VerbrR-RL abweichen wollte[236] und die europarechtlichen Vorgaben bei der Auslegung von Vorschriften im Anwendungsbereich der VerbrR-RL im Übrigen zwingend zu beachten sind (→ § 5 Rn. 12 ff.), wird § 357 Abs. 8 S. 5 BGB weit ausgelegt und ist bereits bei einer einfachen Überhö-

---

[234] BGH Urt. v. 19.11.2008 – VIII ZR 311/07, NJW 2009, 1068; BGH Beschl. v. 14.7.2011 – VII ZR 113/10, NJW 2011, 3085.
[235] BT-Drs. 18/8486, 38.
[236] MüKoBGB/*Fritsche* § 357 Rn. 47.

hung der Vergütung anwendbar. Der Verbraucherbauvertrag und die Vorschrift des § 357d S. 3 BGB fallen jedoch nicht in den Anwendungsbereich der VerbrR-RL (Art. 3 Abs. 3 f VerbrR-RL); auch eine Auslegung des § 357d S. 3 BGB hat somit nicht in richtlinienkonformer Weise zu erfolgen.

Wann tatsächlich eine unverhältnismäßig hohe Vergütung vorliegt, ist daher anhand einer Einzelfallbetrachtung zu ermitteln. Die Gesetzesbegründung verlangt hierfür das Vorliegen eines **erheblichen Missverhältnisses** zwischen den vereinbarten Vertragsleistungen;[237] eine bloße Überhöhung der vereinbarten Vergütung im Verhältnis zum Marktwert genügt nicht. Andererseits kann jedoch auch nicht – wie beispielsweise im Rahmen des § 138 BGB – das Vorliegen einer verwerflichen Gesinnung bzw. einer vorsätzlichen oder grob fahrlässigen Ausnutzung einer schwächeren Lage des Verbrauchers bei der Preisbestimmung gefordert werden; ein derartiger Maßstab dürfte wiederum zu hoch angesetzt sein. Jedenfalls sollte für das Vorliegen eines erheblichen Missverhältnisses im Sinne der Gesetzesbegründung verlangt werden, dass ein vernünftiger Durchschnittsverbraucher bei Kenntnis des Missverhältnisses von vornherein vom Vertragsschluss Abstand genommen hätte.

dd) Wertersatz bei nicht vertragsgemäß erbrachter Bauleistung

Die wirksame Ausübung des Widerrufsrechts und die damit verbundene Umwandlung des Verbraucherbauvertrages in ein Rückgewährschuldverhältnis führen dazu, dass dem Verbraucher im Falle mangelhaft erbrachter Bauleistung **keine Mängelrechte** zustehen.[238] Dennoch bleibt er gemäß § 357d S. 1 BGB bei nicht in natura zurückzuerstattender Bauleistung zum Wertersatz verpflichtet; er muss für ein mangelhaftes Werk gleichwohl die vereinbarte Vergütung zahlen.

Dieses für den Verbraucher unbefriedigende Ergebnis wird in der Praxis wie folgt zu korrigieren sein: Zunächst reduziert sich der nach § 357d S. 1 BGB geschuldete Wertersatz bereits gemäß § 357d S. 3 BGB auf den **objektiven Wert**, wenn die vereinbarte Vergütung unverhältnismäßig hoch ist. Der Wortlaut des § 357d S. 3 BGB stellt dabei ausdrücklich darauf ab, dass der objektive Wert der *erbrachten* und nicht der *vereinbarten* Leistung maßgeblich ist; dadurch finden mangelbedingte Wertminderungen ihren Niederschlag in der Berechnung des Wertersatzanspruches.

Soweit der Anwendungsbereich des § 357d S. 3 BGB mangels unverhältnismäßig hoher Vergütung jedoch nicht eröffnet ist, hat der Bundesgerichtshof für das Rücktrittsrecht entschieden, dass bei der Berechnung des Wertersatzes nach § 346 Abs. 2 S. 2 BGB ein Mangel des Werkes durch eine **analoge Anwendung des 638 BGB** zu berücksichtigen ist.[239] Diese Grundsätze können auf die Bemessung des Wertersatzes für mangelhafte Bauleistungen im Rahmen des § 357d S. 1 BGB übertragen werden.

ee) Wertersatz bei nicht-privilegierten Bauverträgen in bestimmten Vertriebsformen

Der Anspruch des Unternehmers gegen den Verbraucher auf Wertersatz nach Widerruf eines **nicht-privilegierten Bauvertrages in bestimmten Vertriebsformen** ist schließlich in § 357 Abs. 8 BGB geregelt.

---

[237] BT-Drs. 18/8486, 38.
[238] *Pause/Vogel* NZBau 2015, 667 (669).
[239] BGH Urt. v. 19.11.2008 – VIII ZR 311/07, NJW 2009, 1068; BGH Beschl. v. 14.7.2011 – VII ZR 113/10, NJW 2011, 3085.

243 Voraussetzung für den Wertersatzanspruch des Unternehmers ist dabei zunächst ein **ausdrückliches Leistungsverlangen des Verbrauchers** sowie eine **entsprechende Widerrufsbelehrung des Unternehmers**. Gemäß § 357 Abs. 8 S. 1 BGB ist es erforderlich, dass der Verbraucher vom Unternehmer ausdrücklich verlangt, dass der Unternehmer mit seiner Bauleistung bereits vor Ablauf der Widerrufsfrist beginnt. Bei außerhalb von Geschäftsräumen geschlossenen Verträgen hat der Verbraucher sein entsprechendes Verlangen zudem auf einem dauerhaften Datenträger zu übermitteln, § 357 Abs. 8 S. 3 BGB. Zusätzlich setzt der Anspruch auf Wertersatz voraus, dass der Unternehmer den Verbraucher auf die Rechtsfolge des Wertersatzes im Fall eines trotz Beginn der Leistungserbringung erfolgten Widerrufs hingewiesen hat, § 357 Abs. 8 BGB iVm Art. 246a § 1 Abs. 2 S. 1 Nr. 1 und 3 EGBGB.

244 Im Anwendungsbereich des **Verbraucherbauvertrages** ist der Anspruch des Unternehmers auf Wertersatz nach Widerruf des Verbrauchers nicht an vergleichbare weitere Voraussetzungen geknüpft. Der Wertersatzanspruch besteht hier unabhängig von einem ausdrücklichen Leistungsverlangen des Verbrauchers. Auch scheitert der Wertersatzanspruch nicht daran, dass der Unternehmer den Verbraucher nicht über die Pflicht zur Zahlung von Wertersatz belehrt hat. Zwar sieht § 650l S. 2 BGB iVm Art. 249 § 3 Abs. 1 S. 3 Nr. 5 EGBGB vor, dass der Unternehmer den Verbraucher über die Rechtsfolge des § 357d BGB zu belehren hat. Eine fehlende Belehrung über den Wertersatzanspruch führt allerdings nicht dazu, dass ein derartiger Anspruch des Unternehmers entfällt. Nach dem Wortlaut des § 356e S. 1 BGB beginnt vielmehr lediglich die 14-tägige Widerrufsfrist nicht zu laufen, mit der Folge, dass bei einer fehlerhaften Widerrufsbelehrung der Verbraucher sein Widerrufsrecht 12 Monate und 14 Tage beginnend mit Vertragsschluss ausüben kann (→ § 5 Rn. 204 ff.).

e) Verjährung der Ansprüche aus dem Rückgewährschuldverhältnis

245 Die Ansprüche auf Rückgabe der empfangenen Leistungen nach §§ 650l S. 1, 355 Abs. 3 S. 1 BGB sowie der Anspruch des Unternehmers auf Wertersatz nach § 357d BGB verjähren nach den **allgemeinen Grundsätzen**. Damit tritt eine Verjährung der Ansprüche gemäß §§ 195, 199 BGB mit Ablauf von drei Jahren nach der Entstehung des Anspruchs und Kenntnis der anspruchsbegründenden Tatsachen zum Ende des Jahres ein.[240] Die Ansprüche entstehen mit Ausübung des Widerrufsrechts durch den Verbraucher.[241]

VII. Absicherung von Abschlagszahlungen

246 Das für sämtliche Formen des Werkvertrages bereits gesetzlich bestehende Recht auf Abschlagszahlungen, § 632a BGB (→ § 3 Rn. 1 ff.), besteht mit Einführung des neuen Bauvertragsrechts – wie schon bisher – auch im Anwendungsbereich des Verbraucherbauvertrages, § 650i Abs. 3 BGB (→ § 5 Rn. 63 ff.), fort; gleiches gilt für die speziell für Verbraucherverträge über die *Errichtung oder den Umbau eines Hauses oder eines vergleichbaren Bauwerks* (§ 632a Abs. 3 BGB aF) geltende Schutzvorschrift, die dem Verbraucher das Recht einräumt, mit der ersten Abschlagszahlung eine Vertragserfüllungssicherheit vom Unternehmer zu verlangen (§ 650m Abs. 2 BGB). Neu eingeführt wird hingegen im Anwendungsbereich des Verbraucherbauvertrages nunmehr mit § 650m Abs. 1 BGB eine weitere Schutzvorschrift, wonach der Gesamtbetrag der vom Unter-

---

[240] MüKoBGB/*Fritsche* § 355 Rn. 60.
[241] *Lenkeit* BauR 2017, 615 (624).

1. Recht des Unternehmers auf Abschlagszahlungen – Notwendigkeit verbraucherschützender Vorschriften

Das Recht des Unternehmers auf Abschlagszahlungen bedarf im Verhältnis zum Verbraucher einer Begrenzung, um eine übermäßige Ausübung zu vermeiden. Der Verbraucher ist in der Regel nicht in der Lage, den Baufortschritt und damit die Berechtigung einer Abschlagszahlung aus eigener Fachkenntnis zu beurteilen; er bedarf daher eines gesonderten Schutzes vor vorzeitigen Zahlungen.[242] Diese Notwendigkeit erkannte der Gesetzgeber bereits bei Einführung des Anspruchs des Verbrauchers auf Sicherheitsleistung durch das Forderungssicherungsgesetz (§ 632a Abs. 3 BGB aF);[243] im Zusammenhang mit der Einführung des neuen Bauvertragsrechts führt er diesen Schutz fort (§ 650m Abs. 1 BGB).[244]

a) Recht des Unternehmers auf Abschlagszahlungen

Seinen gesetzlichen Ursprung hat das Recht des Unternehmers auf Abschlagszahlungen im Gesetz zur Beschleunigung fälliger Zahlungen, das erstmalig mit Wirkung zum 1.5.2000 einen entsprechenden Anspruch in Anlehnung an § 16 Abs. 1 Nr. 1 VOB/B in das BGB einführte.[245] Mit dem Forderungssicherungsgesetz vom 23.10.2008[246] weitete der Gesetzgeber das Recht des Unternehmers auf Leistung einer Abschlagszahlung zum 1.1.2009 erneut aus.[247] Das neue Bauvertragsrecht modifiziert nun den **Anspruch des Unternehmers auf Abschlagszahlungen** in § 632a Abs. 1 BGB (→ § 3 Rn. 1 ff.): Der Wortlaut der Vorschrift wird weiter an § 16 Abs. 1 Nr. 1 VOB/B angepasst; danach ist für den Anspruch auf Abschlagzahlung nicht mehr der tatsächliche *Wertzuwachs* beim Besteller, sondern der Wert *der vom Unternehmer erbrachten und nach dem Vertrag geschuldeten Leistung* maßgeblich, § 632a Abs. 1 S. 1 BGB (→ § 3 Rn. 4). Gestrichen wird zudem die Möglichkeit des Bestellers, die Abschlagszahlung wegen *wesentlicher* Mängel zu verweigern, § 632a Abs. 1 S. 2 BGB aF; ihm steht – wie bisher aber unabhängig von der Wesentlichkeit eines Mangels – ein Leistungsverweigerungsrecht zu, dessen Höhe sich in der Regel nach dem Doppelten der Mangelbeseitigungskosten bemisst, § 632a Abs. 1 S. 2, 3 iVm § 641 Abs. 3 BGB[248] (→ § 3 Rn. 5).

Insgesamt führen die durch das neue Bauvertragsrecht erfolgten Änderungen im Rahmen des § 632a Abs. 1 BGB damit zu einer Erweiterung des Rechts des Unternehmers auf Abschlagszahlungen, mit anderen Worten zu einer weiteren **Reduzierung der Vorleistungspflicht des Unternehmers.** Sowohl bei Einführung des Anspruchs des Unternehmers auf Abschlagszahlungen durch das Gesetz zur Beschleunigung fälliger Zahlungen als auch bei den Erwägungen zur Erweiterung des Anspruchs durch das neue Bauvertragsrecht war dies auch ausdrücklich bezweckt.[249] Die uneingeschränkte Vorleistungspflicht des Unternehmers wurde als nicht mehr zumutbar, eine Vorfinanzie-

---

[242] BT-Drs. 18/8486, 64.
[243] BT-Drs. 16/511.
[244] BT-Drs. 18/8486, 64.
[245] BGBl. 2000 I 330; BT-Drs. 14/1246.
[246] BGBl. 2008 I 2022.
[247] BT-Drs. 16/511.
[248] BT-Drs. 18/8486, 47.
[249] BT-Drs. 18/8486, 46; BT-Drs. 14/1246, 5.

b) Notwendigkeit verbraucherschützender Vorschriften

250 Die Notwendigkeit verbraucherschützender Vorschriften im Zusammenhang mit dem Recht auf Abschlagszahlungen rechtfertigt sich aus der vorstehend beschriebenen Reduzierung der Vorleistungspflicht des Unternehmers. Das dem Werkvertrag innewohnende **Prinzip der Vorleistungspflicht** des Unternehmers fußt dabei auf § 641 Abs. 1 S. 1 BGB; der Unternehmer erlangt seinen Anspruch auf Vergütung erst mit Abnahme des Bauwerks. Dies schützt den Besteller insoweit, als er grundsätzlich Zahlungen erst dann leisten muss, wenn er das fertiggestellte Werk als im Wesentlichen vertragsgemäß geduldet hat.[251] Die Vorleistungspflicht des Unternehmers stellt damit auch eine Sicherung des Erfüllungsanspruchs des Bestellers dar.

251 Eine Reduzierung der Vorleistungspflicht des Unternehmers durch sein Recht auf Leistung von Abschlagszahlungen führt deshalb dazu, dass der Erfüllungsanspruch des Bestellers durch anderweitige Regelungen abgesichert werden muss.[252] Dies erkannte der Gesetzgeber frühzeitig und führte bereits im Rahmen des Forderungssicherungsgesetzes mit § 632a Abs. 3 BGB aF für *Verbraucherverträge über die Errichtung oder den Umbau eines Hauses oder eines vergleichbaren Bauwerks* einen Anspruch des Verbrauchers auf Stellung einer korrespondierenden **Vertragserfüllungssicherheit** ein.[253]

252 Zudem erkannte der Gesetzgeber die Gefahr, dass durch überhöhte Abschlagszahlungen letztlich versteckte Vorauszahlungen begründet werden könnten, die dem Werkvertragsrecht und dem Prinzip der Vorleistungspflicht des Unternehmers fremd und damit unzulässig sind. Dieses **Risiko versteckter Vorauszahlungen** in Form überhöhter Abschlagszahlungen trifft vor allem den fachlich unkundigen Verbraucher, der oftmals nicht erkennen kann, ob die Höhe der Abschlagszahlung korrekt ermittelt wurde.[254] Für den Anwendungsbereich des Verbraucherbauvertrages wird deshalb mit Wirkung zum 1.1.2018 eine Begrenzung der Abschlagszahlungen der Höhe nach eingeführt, § 650m Abs. 1 BGB.

2. Beschränkung der Höhe der Abschlagszahlungen

253 Mit dem neuen § 650m Abs. 1 BGB beschränkt der Gesetzgeber den Gesamtbetrag der Abschlagszahlungen auf 90 Prozent der vereinbarten Gesamtvergütung einschließlich der Vergütung für Nachtragsleistungen gemäß § 650c BGB. Die dadurch bewirkte **Obergrenze**[255] führt für den Verbraucher im Anwendungsbereich des Verbraucherbauvertrages zu einem pauschalen Einbehalt in Höhe von 10 % der vereinbarten Vergütung.

a) Gesamtbetrag der Abschlagszahlungen

254 Die Vorschrift des § 650m Abs. 1 BGB beschränkt dabei den **Gesamtbetrag der Abschlagszahlungen**. Der Wortlaut der Vorschrift ist nicht eindeutig und es bleibt zunächst unklar, welcher Betrag tatsächlich gemeint ist: Darf der Gesamtbetrag der tat-

---

[250] BT-Drs. 14/1246, 5, 6.
[251] Palandt/*Sprau* BGB § 640 Rn. 2.
[252] BT-Drs. 16/511, 15.
[253] BT-Drs. 16/511.
[254] BT-Drs. 18/8486, 64.
[255] BT-Drs. 18/8486, 64.

VII. Absicherung von Abschlagszahlungen

sächlich vom Verbraucher *geleisteten Zahlungen* 90 % der vereinbarten Vergütung nicht übersteigen oder gilt dies für den Gesamtbetrag der vom Unternehmer *geforderten Abschlagszahlungen*? Die Frage stellt sich vor allem dann, wenn der Unternehmer seine Vertragserfüllungssicherheit nach § 650m Abs. 3 S. 3 BGB durch einen Bareinbehalt erbringt (→ § 5 Rn. 267). Die tatsächlich durch den Verbraucher geleistete Zahlung und der vom Unternehmer geforderte Abschlag fallen in diesem Fall betragsmäßig auseinander. Berücksichtige man in dieser Konstellation lediglich die tatsächlichen Zahlungen des Verbrauchers, führte dies dazu, dass der Unternehmer mehr als 90 % der vereinbarten Gesamtvergütung als Abschlagszahlung erhielte.

Dies lässt sich an einem einfachen **Beispiel** verdeutlichen: Bei einer vereinbarten Gesamtvergütung von 100.000 EUR kann der Unternehmer nach § 650m Abs. 1 BGB insgesamt Abschlagszahlungen in Höhe von 90.000 EUR verlangen. Mit der ersten Abschlagsforderung verlangt der Unternehmer einen Betrag in Höhe von 20.000 EUR; zur Leistung seiner Vertragserfüllungssicherheit in Höhe von 5 % der vereinbarten Gesamtvergütung fordert er den Verbraucher auf, einen entsprechenden Einbehalt vorzunehmen. Der Verbraucher zahlt deshalb auf die erste Abschlagsforderung des Unternehmers in Höhe von 20.000 EUR lediglich einen Betrag in Höhe von 15.000 EUR. Berücksichtige man die tatsächliche Zahlung von 15.000 EUR bei der Frage, wann die Obergrenze von 90.000 EUR erreicht ist, könnte der Unternehmer weitere Abschläge in Höhe von 75.000 EUR verlangen, um den Betrag von 90.000 EUR nicht zu überschreiten. Letztlich erhielte der Unternehmer in diesem Fall dann zwar Abschlagszahlungen in Höhe von 90.000 EUR, das aber nur deshalb, weil der Bareinbehalt bei der Berechnung der Zahlungen unberücksichtigt geblieben ist. Berücksichtige man hingegen den vom Unternehmer ursprünglich geforderten Abschlag in Höhe von 20.000 EUR, also unter Einschluss des Bareinbehalts, bliebe ihm für weitere Abschlagsforderungen nur noch ein Betrag in Höhe von 70.000 EUR In diesem Fall erhielte der Unternehmer Abschläge in Höhe 90.000 EUR und damit 90 % der vereinbarten Gesamtvergütung. Stellt man wie im ersten Fall auf den Gesamtbetrag der tatsächlich geleisteten Abschlags*zahlungen* ab, würde der Unternehmer begünstigt, weil zugunsten des Verbrauchers nicht beide Schutzvorschriften des § 650m Abs. 1 BGB und des § 650m Abs. 2 BGB parallel eingriffen. Der Einbehalt in Höhe von 5 % der Gesamtvergütung würde zu Gunsten des Unternehmers wieder dahingehend ausgeglichen, dass der Unternehmer insgesamt entsprechend höhere Abschlagszahlungen fordern könnte. Er würde bei Wahl einer Vertragserfüllungssicherheit in Form des Einbehalts gemäß § 650m Abs. 2 S. 3 BGB von der Möglichkeit höherer Abschläge profitieren.

Dies ist vom Gesetzgeber ausdrücklich so nicht gewollt; vielmehr sollen beide **Schutzvorschriften nebeneinander** gelten[256] (→ § 5 Rn. 274 ff.) und sich gerade nicht gegenseitig aufheben. Zudem ist kein Grund ersichtlich, warum der Verbraucher im Fall des Bareinbehalts nach § 650m Abs. 2 S. 3 BGB schlechter stehen sollte als bei Gestellung einer Bankbürgschaft nach § 650m Abs. 3 BGB. Bei Erbringung der Vertragserfüllungssicherheit durch eine Bankbürgschaft, zahlt der Verbraucher auf die erste Abschlagsforderung von 20.000 EUR auch tatsächlich 20.000 EUR; für die Frage, ob im Rahmen der Begrenzung des Gesamtbetrags der Abschlagszahlungen auf die tatsächlich erfolgten Zahlungen oder die jeweils geforderten Abschlagszahlungen abzustellen ist, bleibt hier kein Raum. In jedem Fall kann der Unternehmer dann weitere Abschläge in Höhe von nur 70.000 EUR und nicht in Höhe von 75.000 EUR verlangen. Da eine entsprechende **Rangordnung bei der Wahl der Sicherungsmittel** nach § 650m Abs. 2 BGB gesetzlich nicht vorgesehen ist, besteht kein Grund, den Unternehmer bei Wahl ei-

---

[256] BT-Drs. 18/8486, 64.

nes Einbehalts zu begünstigen. Der Wortlaut des § 650m Abs. 1 BGB ist deshalb dahingehend auszulegen, dass es nicht auf die tatsächlich vom Verbraucher *geleisteten* Abschlagszahlungen, sondern auf die vom Unternehmer *geforderten* **Abschlagszahlungen** (unter Einschluss des Einbehalts) ankommt. Mit anderen Worten kann der Unternehmer tatsächlich nur 85 % (100 % – 5 % Bareinbehalt – 10 % Obergrenze) der Gesamtvergütung fordern.

b) Bemessungsgrundlage für die Obergrenze

257 Bemessungsgrundlage für die Obergrenze des Gesamtbetrags der Abschlagszahlungen ist nach dem Wortlaut der Vorschrift die vereinbarte Gesamtvergütung einschließlich der Vergütung für Nachtragsleistungen nach § 650c BGB. Maßgeblich ist die **Gesamtvergütung einschließlich Umsatzsteuer**.[257]

258 Was die Einbeziehung der **Vergütung für Nachtragsleistungen** in die vereinbarte Gesamtvergütung betrifft, dürfte der Verweis auf § 650c BGB nicht in einem ausschließlichen Sinne zu verstehen sein. Die Vorschrift regelt die Anpassung der Vergütung nach einseitiger Anordnung des Bestellers gemäß § 650b Abs. 2 BGB (→ § 2 Rn. 82 ff). Die Systematik des durch das neue Bauvertragsrecht eingeführten einseitigen Anordnungsrechts des Bestellers basiert jedoch auf dem Gedanken, dass die Parteien des Bauvertrages zunächst gemäß § 650b Abs. 1 S. 1 BGB (→ § 5 Rn. 59 ff.) sowohl über die Vertragsänderung als auch über die infolge der Änderung zu leistende Mehr- oder Mindervergütung ein Einvernehmen zu erzielen versuchen, bevor der Besteller die Vertragsänderung mit der gesetzlichen Vergütungsanpassung gemäß § 650c BGB einseitig anordnen kann (→ § 2 Rn. 94 ff.). Nicht nur die gesetzliche Vergütungsanpassung gemäß § 650c BGB dürfte deshalb für die Bezifferung der vereinbarten Gesamtvergütung nach § 650m Abs. 1 BGB maßgeblich sein, sondern auch die Vergütungsanpassung im Wege des Einvernehmens nach § 650b Abs. 1 S. 1 BGB. Konsequenterweise verweist die Regelung des § 650m Abs. 2 BGB betreffend den Anspruch des Verbrauchers auf Stellung einer Vertragserfüllungssicherheit zur Höhe des Vergütungsanspruches deshalb auf die Vorschriften des § 650b BGB und des § 650c BGB. In diesem Sinne dürfte auch der Verweis in § 650m Abs. 1 BGB auszulegen sein.

259 Lässt sich die vereinbarte Gesamtvergütung beim Pauschalpreisvertrag ohne weiteres bestimmen, steht deren Höhe bei einem **Einheitspreisvertrag** in der Regel vor Schlussrechnungsreife noch nicht fest. Vereinbart sind beim Einheitspreisvertrag ja lediglich die Preise für entsprechende Einheiten, Stückzahlen oder Maßen. Bei der Bezifferung der Gesamtvergütung eines Einheitspreisvertrages im Rahmen der Bestimmung der Höchstgrenze für Abschlagszahlungen nach § 650m Abs. 1 BGB kommt es deshalb – ebenso wie bei der Bezifferung der Gesamtvergütung für die Vertragserfüllungssicherheit nach § 650m Abs. 2 BGB (§ 632a Abs. 3 BGB aF) – auf eine Schätzung an.[258] In der Regel wird die im Vertrag vereinbarte „vorläufige" Auftragssumme heranzuziehen sein.

c) Beweislast

260 Nach dem Wortlaut des § 650m Abs. 1 BGB darf der Gesamtbetrag der Abschlagszahlungen 90 % der vereinbarten Gesamtvergütung einschließlich der Vergütung für Nachtragsleistungen nach § 650c BGB nicht übersteigen. Die Frage der **Beweislast** dürfte deshalb nach allgemeinen Grundsätzen zu beurteilen sein. Danach obliegt es

---

[257] Kniffka/*v. Rintelen*, ibr-online-Kommentar, 12.5.2017, § 632a Rn. 61.
[258] Kniffka/*v. Rintelen*, ibr-online-Kommentar, 12.5.2017, § 632a Rn. 136.

dem Unternehmer, darzulegen und zu beweisen, dass die von ihm geforderten Abschlagszahlungen in ihrer Gesamtsumme maximal 90 % der vereinbarten Gesamtvergütung erreichen. Das ist insbesondere bei Abrechnungsverträgen (Einheitspreisverträgen) und bei vom Unternehmer für den vorläufigen Preis geschätzten vorläufigen Mengen von Bedeutung.

d) Fälligkeit des Restbetrages

Der **Restbetrag** der vom Verbraucher geschuldeten Vergütung wird nach den allgemeinen Grundsätzen gemäß § 641 Abs. 1 BGB mit der Abnahme fällig.[259] Der durch die Begrenzung der Höhe der Abschlagszahlungen bewirkte pauschale Einbehalt in Höhe von 10 % der vereinbarten Gesamtvergütung verbessert in diesem Zusammenhang die Möglichkeiten des Verbrauchers, nach Fälligkeit der Vergütung wegen vorhandener Mängel einen wegen des pauschalen Einbehalts noch vorhandenen Teil der Vergütung zurückzubehalten[260] oder mit Gegenforderungen aufzurechnen.[261]

261

e) Diskrepanz zwischen Abschlagszahlung und Wertzuwachs

Insgesamt wird sich auch durch die Einführung des pauschalen Einbehalts in Höhe von 10 % der vereinbarten Gesamtvergütung nicht vollständig vermeiden lassen, dass die vom Unternehmer geforderten Abschlagszahlungen höher sind als der tatsächliche Wertzuwachs auf Seiten des Bestellers.[262] Voraussetzung für die Abschlagszahlung nach § 632a Abs. 1 BGB ist allein die erbrachte und nach dem Vertrag geschuldete Leistung. In den Fällen, in denen die Kosten für die Bauleistungen teurer sind, als der durch sie bewirkte Wertzuwachs beim Besteller, wird es regelmäßig dazu kommen, dass die zu leistende Abschlagszahlung den Wertzuwachs übersteigt. Der Gesetzgeber hat diese Diskrepanz zwischen Abschlagszahlung und Wertzuwachs gesehen, hält sie aber wegen des möglichen Einbehalts in Höhe von 10 % der vereinbarten Gesamtvergütung und der Vertragserfüllungssicherheit für minimal und nur vereinzelt für einschlägig; eine etwaige Schutzlücke könne hingenommen werden.[263]

262

3. Vertragserfüllungssicherheit

Wie schon unter alter Rechtslage hat der Verbraucher auch nach der Reform des Bauvertragsrechts zum Schutz vor Verlust zu Unrecht geleisteter Abschlagszahlungen[264] und zur Absicherung seines Erfüllungsanspruches[265] einen gesetzlichen Anspruch gegen den Unternehmer auf Leistung einer **Vertragserfüllungssicherheit in Höhe von 5 % der vereinbarten Gesamtvergütung.** Der bislang in § 632a Abs. 3 BGB aF geregelte Anspruch wird nunmehr systematisch den Vorschriften über den Verbraucherbauvertrag zugeordnet und in § 650m Abs. 2 BGB neu gefasst (→ § 3 Rn. 7). Die Verlagerung der Regelung in § 650m Abs. 2 BGB hat rein systematische Gründe; eine inhaltliche Änderung des geltenden Rechts erfolgt nicht.[266]

263

---

[259] BT-Drs. 18/8486, 64.
[260] BT-Drs. 18/8486, 64.
[261] *Pause* BauR 2017, 430 (437).
[262] *Pause* BauR 2017, 430 (437).
[263] BT-Drs. 18/8486, 47.
[264] PWW/*Leupertz/Halfmeier* § 632a Rn. 13.
[265] MüKoBGB/*Busche* § 632a Rn. 20.
[266] *Pause* BauR 2017, 430 (437).

a) Höhe der Vertragserfüllungssicherheit

264 Die Vertragserfüllungssicherheit ist in Höhe von 5 % der vereinbarten Gesamtvergütung zu leisten. Maßgeblich ist die **Gesamtvergütung einschließlich Umsatzsteuer**.[267] Handelt es sich um einen Einheitspreisvertrag steht die konkrete Gesamtvergütung im Zeitpunkt der ersten Abschlagsforderung noch nicht fest. Die Vertragserfüllungssicherheit ist in diesen Fällen anhand einer geschätzten vereinbarten Gesamtvergütung zu berechnen[268] (→ § 5 Rn. 257 ff.).

b) Wahl der Sicherungsmittel

265 Die Wahl des Sicherungsmittels obliegt dem Unternehmer, § 650m Abs. 2 S. 3 BGB. Zugelassen sind die in den **§§ 232 bis 240 BGB geregelten Sicherheiten**.[269] § 232 Abs. 1 BGB sieht dabei die Stellung von Sicherheiten durch Hinterlegung von Geld oder Wertpapieren, durch Verpfändung von Forderungen, die in das Bundesschuldbuch oder in das Landesschuldbuch eines Landes eingetragen sind, durch Verpfändung beweglicher Sachen, durch Bestellung von Schiffshypotheken an Schiffen oder Schiffsbauwerken, die in einem deutschen Schiffsregister oder Schiffsbauregister eingetragen sind, durch Bestellung von Hypotheken an inländischen Grundstücken oder durch Verpfändung von Forderungen, für die eine Hypothek an einem inländischen Grundstück besteht, bzw. durch Verpfändung von Grundschulden oder Rentenschulden an inländischen Grundstücken vor. Die Möglichkeit gemäß § 232 Abs. 2 BGB Sicherheit durch Stellung eines tauglichen Bürgen zu bewirken, der die Anforderung des § 239 BGB erfüllt, wird als allgemeine Regelung (lex generalis) von der besonderen Vorschrift des § 650m Abs. 3 BGB (lex specialis) verdrängt.[270]

266 In der Praxis werden vornehmlich die Sicherheiten gemäß § 650m Abs. 3 BGB eine Rolle spielen. Der Unternehmer kann nach dieser Vorschrift seine Vertragserfüllungssicherheit auch durch **eine Garantie oder ein sonstiges Zahlungsversprechen** eines im Geltungsbereich des Gesetzes zum Geschäftsbetrieb befugten Kreditinstituts oder Kreditversicherers bewirken. In der Regel wird der Unternehmer in diesem Zusammenhang praktisch ausschließlich **selbstschuldnerische, unwiderrufliche und unbefristete Bankbürgschaften** hingeben,[271] die unter den Oberbegriff des *sonstigen Zahlungsversprechens* zu fassen sind.[272] Weder die bloße Finanzierungsbestätigung einer Bank mit dem Inhalt, Geldmittel stünden zur Verfügung und würden bei Anerkennung durch den Besteller nach Baufortschritt zur Auszahlung kommen[273] noch eine damit verbundene Abtretungserklärung des Bestellers, mit der dessen Darlehensauszahlungsansprüche gegen die Bank an den Unternehmer abgetreten werden,[274] sind als Sicherung im Sinne der Vorschrift ausreichend.

267 Daneben besteht für den Unternehmer nach § 650m Abs. 2 S. 3 BGB die Möglichkeit, seine Vertragserfüllungssicherheit im Wege des **Einbehalts durch den Besteller** zu

---

[267] Kniffka/*v. Rintelen*, ibr-online-Kommentar, 12.5.2017, § 632a Rn. 61.
[268] Kniffka/*v. Rintelen*, ibr-online-Kommentar, 12.5.2017, § 632a Rn. 136.
[269] Kniffka/*v. Rintelen*, ibr-online-Kommentar, 12.5.2017, § 632a Rn. 138.
[270] Kniffka/*v. Rintelen*, ibr-online-Kommentar, 12.5.2017, § 632a Rn. 138 iVm Kniffka/*Schmitz*, ibr-online-Kommentar, 12.5.2017, § 648a Rn. 102.
[271] MüKoBGB/*Busche* § 632a Rn. 24.
[272] Kniffka/*v. Rintelen*, ibr-online-Kommentar, 12.5.2017, § 632a Rn. 138 iVm Kniffka/*Schmitz*, ibr-online-Kommentar, Stand 12.5.2017, § 648a Rn. 98.
[273] BGH Urt. v. 9.11.2000 – VII ZR 82/99, NJW 2001, 822.
[274] BGH Urt. v. 9.11.2000 – VII ZR 82/99, NJW 2001, 822; BGH Urt. v. 23.3.2004 – XI ZR 14/03, NJW-RR 2004, 866; OLG Sachsen-Anhalt, Urt. v. 30.10.2003 – 4 U 135/03, NJW-RR 2004, 743.

erbringen. Hierfür kann der Unternehmer vom Verbraucher verlangen, dass dieser von der Abschlagszahlung einen Betrag in Höhe von 5 % der vereinbarten Gesamtvergütung zurückhält.

c) Gesicherte Ansprüche

Nach dem Wortlaut der Vorschrift des § 650m Abs. 2 S. 1 BGB sichert die Vertragserfüllungssicherheit die *rechtzeitige Herstellung des Werks ohne wesentliche Mängel*. Damit sind vom Sicherungszweck der Vertragserfüllungssicherheit erfasst: Verzugsansprüche, Ansprüche wegen Mängeln und nicht erbrachter Restleistungen sowie Vertragsstrafenansprüche, sofern sie ebenfalls auf einer nicht rechtzeitigen Herstellung bzw. wesentlichen Mängeln beruhen.[275] Dabei ist indes zu berücksichtigen, dass nur **Herstellungsansprüche bis zum Zeitpunkt der Abnahme** gesichert werden.

Bemerkenswert ist, dass sich der neue Gesetzeswortlaut des § 650m Abs. 2 BGB – wie bereits der des § 632a Abs. 3 BGB aF – nach wie vor auf eine Sicherung von Ansprüchen wegen **wesentlicher Mängel** beschränkt. Diese Einschränkung war bereits bei Einführung des § 632a Abs. 3 BGB aF durch das Forderungssicherungsgesetz[276] nicht nachvollziehbar. Das Schutzbedürfnis des Verbrauchers bei unwesentlichen Mängeln ist nicht geringer als bei Vorliegen wesentlicher Mängel; auch unwesentliche Mängel können erhebliche Mangelbeseitigungskosten auslösen.[277] Die Gesetzesbegründung zur Einführung des § 632a Abs. 3 BGB aF ist in diesem Punkt widersprüchlich, da sie einerseits auf die Wesentlichkeit abstellt, andererseits jedoch erläutert, dass die Sicherheit *alle Ansprüche abdecken soll, die darauf beruhen, dass die Unternehmerleistung hinter der vertraglich vorausgesetzten Tauglichkeit oder Werthaltigkeit zurückbleibt*.[278] Vertreten wurde deshalb bereits im Rahmen des § 632a Abs. 3 BGB aF, dass es sich bei der Gesetzesformulierung um ein Redaktionsversehen handelt.[279] Danach wären sämtliche Herstellungsansprüche bis zur Abnahme gesichert, unabhängig davon, ob diese ihren Ursprung in wesentlichen oder unwesentlichen Mängeln haben. Ob diese Argumentation eines Redaktionsversehens auch nach Einführung des neuen § 650m Abs. 2 BGB aufrechterhalten bleiben kann, erscheint äußerst fraglich. Die Gesetzesbegründung zum neuen Bauvertragsrecht enthält insoweit keine weitere Erklärung[280] und der Gesetzgeber hatte im Rahmen der Reform des Bauvertragsrechts die Möglichkeit gehabt, ein etwaiges Redaktionsversehen zu korrigieren. Nachdem er dies jedoch unterlassen hat, spricht vieles dafür, dass die Ausklammerung von unwesentlichen Mängeln aus dem Anwendungsbereich der Vertragserfüllungsbürgschaft auf einer bewussten Entscheidung des Gesetzgebers beruht;[281] ein Redaktionsversehen scheidet insoweit aus.

d) Leistungsverweigerungsrecht

Der gesetzliche Anspruch auf Stellung einer Vertragserfüllungssicherheit gemäß § 650m Abs. 2 BGB begründet **keinen einklagbaren Anspruch** des Verbrauchers. Der Verbraucher erhält vielmehr ein Leistungsverweigerungsrecht, unter dessen Geltung er die Leistung der vom Unternehmer geforderten Abschlagszahlungen bis zur Stellung

---

[275] Kniffka/*v. Rintelen*, ibr-online-Kommentar, 12.5.2017, § 632a Rn. 141.
[276] BGBl. I 2022.
[277] *Pause*, Bauträgerkauf und Baumodelle, Rn. 201d; *Pause* BauR 2009, 898 (907).
[278] BT-Drs. 16/511, 15.
[279] Kniffka/*v. Rintelen*, ibr-online-Kommentar, 12.5.2017, § 632a Rn. 142; *Basty* DNotZ 2008, 891 (895); aA MüKoBGB/*Busche* § 632a Rn. 23.
[280] BT-Drs. 18/8486, 64.
[281] *Pause* BauR 2017, 430 (437).

einer Vertragserfüllungssicherheit zu verweigern berechtigt ist.[282] Mit anderen Worten: Der Unternehmer kann sein Recht auf Leistung einer Abschlagszahlung bei entsprechender Einrede des Verbrauchers[283] nur Zug um Zug gegen Stellung einer Vertragserfüllungssicherheit durchsetzen.

271 Die **Entstehung des Leistungsverweigerungsrechts** hängt mit der Forderung des Unternehmers auf Leistung einer Abschlagszahlung zusammen. Das Leistungsverweigerungsrecht entsteht mit der Forderung des Unternehmers nach einer ersten Abschlagszahlung.[284] Es erlischt dabei auch nicht dadurch, dass der Verbraucher, ohne seinerseits eine Vertragserfüllungssicherheit zu fordern, die erste Abschlagszahlung vollständig an den Unternehmer bezahlt; ein endgültiger Verzicht des Verbrauchers auf die Sicherheit ist mit einer solchen Zahlung nicht verbunden.[285] Vielmehr besteht das Leistungsverweigerungsrecht in diesem Fall fort und der Verbraucher kann es weiteren Forderungen des Unternehmers nach Leistung einer Abschlagszahlung entgegenhalten.[286]

272 **Bis zu welcher Höhe** das Leistungsverweigerungsrecht einer Forderung des Unternehmers nach Leistung einer Abschlagszahlung entgegengehalten werden kann, ist gesetzlich nicht geregelt. Nachdem die Ausübung eines Leistungsverweigerungsrechts den Gläubiger zur Erfüllung seiner eigenen Leistungspflichten anhalten soll, ist bei der Bestimmung der Höhe, bis zu der einer Forderung des Unternehmers nach Abschlagszahlung ein Leistungsverweigerungsrecht des Verbrauchers entgegengehalten werden kann, über einen angemessenen Druckzuschlag nachzudenken.[287] Das Leistungsverweigerungsrecht soll den Unternehmer dazu anhalten, die von ihm zu stellende Vertragserfüllungssicherheit in Höhe von 5 % der vereinbarten Gesamtvergütung zu leisten. In Anlehnung an § 641 Abs. 3 Hs. 2 BGB, wonach der Besteller bei Mängeln von der fälligen Vergütung das Doppelte der Mangelbeseitigungskosten zurückhalten kann, ist es denkbar, dem Verbraucher auch hier einen Einbehalt in Höhe des Doppelten der zu leistenden Sicherheit, also in Höhe von 10 % der vereinbarten Gesamtvergütung zuzugestehen, Dies würde jedoch faktisch zu einer Vertragserfüllungssicherheit in Höhe von 10 % führen und erscheint unangemessen. Der Unternehmer kann grundsätzlich frei wählen, durch welches Sicherungsinstrument er seiner Pflicht gemäß § 650m Abs. 2 BGB nachkommt (→ § 5 Rn. 265 ff.). Auf sein Verlangen hin ist die Sicherheitsleistung durch Einbehalt des Verbrauchers dergestalt zu erbringen, dass dieser die Abschlagszahlungen bis zu dem Gesamtbetrag der geschuldeten Sicherheit zurückhält, § 650m Abs. 2 S. 3 BGB. Würde dem Verbraucher nunmehr ein Leistungsverweigerungsrecht in Höhe von 10 % der vereinbarten Gesamtvergütung zugestanden, würde die Vorschrift des § 650m Abs. 2 S. 3 BGB unterlaufen. Deshalb liegt es nahe, dem Verbraucher auch im Rahmen der Vertragserfüllungssicherheit ein Leistungsverweigerungsrecht zu Abschlagszahlungen nur bis zu einem Betrag in Höhe von 5 % der vereinbarten Gesamtvergütung zuzugestehen und die Ausübung des Leistungsverweigerungsrechtes wirtschaftlich so zu behandeln, als würde der Unternehmer sein Wahlrecht nach § 650m Abs. 2 S. 3 BGB ausüben.[288]

---

[282] Kniffka/*v. Rintelen*, ibr-online-Kommentar, 12.5.2017, § 632a Rn. 134; BT-Drs. 16/511, 15; BGH Urt. v. 8.11.2012 – VII ZR 191/12, NJW 2013, 219; MüKoBGB/*Busche* § 632a Rn. 23.
[283] Palandt/*Grüneberg* BGB § 273 Rn. 19.
[284] Kniffka/*v. Rintelen*, ibr-online-Kommentar, 12.5.2017, § 632a Rn. 134; BGH Urt. v. 8.11.2012 – VII ZR 191/12, NJW 2013, 219; LG Wiesbaden, Urt. v. 7.2.2014 – 1 O 139/13, BauR 2014, 1321.
[285] MüKoBGB/*Busche* § 632a Rn. 23, *Pause* BauR 2009, 898 (905).
[286] Kniffka/*v. Rintelen*, ibr-online-Kommentar, 12.5.2017, § 632a Rn. 135; Kniffka/Koeble Teil 5 Rn. 288.
[287] Vgl. Palandt/*Sprau* BGB § 641 Rn. 16.
[288] Kniffka/*v. Rintelen*, ibr-online-Kommentar, 12.5.2017, § 632a Rn. 134.

Wie § 632a Abs. 3 S. 2 BGB aF sieht auch die Vorschrift des § 650m Abs. 2 S. 2 BGB **273** eine Regelung zur **Erhöhung der Vertragserfüllungssicherheit** vor. Danach hat der Unternehmer dem Verbraucher eine weitere Sicherheit zu leisten, wenn sich der Vergütungsanspruch des Unternehmers um mehr als 10 % erhöht. § 650m Abs. 2 S. 2 BGB nimmt dabei ausdrücklich auf das durch das neue Bauvertragsrecht eingeführte einseitige Anordnungsrecht des Bestellers und seine Regelungen zur Vergütungsanpassung Bezug. Mit dem Verweis auf § 650b BGB und § 650c BGB stellt der Gesetzgeber klar, dass sowohl die Vergütungsänderungen, die im Rahmen des in § 650b Abs. 1 S. 1 BGB vorgeschalteten Einvernehmens erzielt werden, als auch die bei Scheitern eines Einvernehmens eintretende gesetzliche Vergütungsanpassung nach § 650c BGB maßgeblich für die Bestimmung der Erhöhung des Vergütungsanspruches sind. Tritt auf diesen Wegen im Laufe der Vertragsausführung eine Erhöhung der Vergütung um mehr als 10 % ein, entsteht ein erneuter Anspruch des Verbrauchers auf Stellung einer Sicherheit bei der nächsten Abschlagszahlung.[289] Der Unternehmer hat dann Sicherheit in Höhe von 5 % der zusätzlichen Vergütung zu leisten. Der Verbraucher erhält zur Durchsetzung seines Anspruchs erneut ein entsprechendes Leistungsverweigerungsrecht und damit eine weitere Möglichkeit zum pauschalen Einbehalt.

4. Gleichlauf der Sicherungsinstrumente

Die Einführung der Schutzvorschrift des § 650m Abs. 1 BGB durch das neue Bauvertragsrecht führt dazu, dass dem Verbraucher mit Wirkung zum 1.1.2018 als Ausgleich **274** für das Recht des Unternehmers auf Abschlagszahlungen **zwei Sicherungsinstrumente** zur Verfügung stehen: Die Begrenzung der Abschlagszahlungen auf 90 % der vereinbarten Gesamtvergütung (§ 650m Abs. 1 BGB) und die Vertragserfüllungssicherheit in Höhe von 5 % der vereinbarten Gesamtvergütung (§ 650m Abs. 2 BGB).

Die beiden Schutzvorschriften gelten ausdrücklich nebeneinander und schließen sich **275** nicht aus.[290] Dies hat zur Konsequenz, dass der Verbraucher insgesamt Sicherheiten in Höhe von 15 % der vereinbarten Gesamtvergütung erhält. Wählt der Unternehmer für die Erbringung seiner Vertragserfüllungssicherheit einen Bareinbehalt des Verbrauchers gemäß § 650m Abs. 2 S. 3 BGB, führt dies insgesamt zu einem **pauschalen Einbehalt der Vergütung in Höhe von 15 %** der vereinbarten Gesamtvergütung. Übt der Unternehmer sein Wahlrecht hingegen zugunsten einer Vertragserfüllungssicherheit in Gestalt einer Bankbürgschaft gemäß § 650m Abs. 3 BGB aus, so erhält der Verbraucher diese Bankbürgschaft mit der ersten Abschlagszahlung. Insgesamt bleiben die geforderten Abschlagszahlungen jedoch auf 90 % der vereinbarten Gesamtvergütung beschränkt (→ § 5 Rn. 254 ff.).

Neben den Schutzvorschriften der §§ 650m Abs. 1 und 2 BGB bleibt dem Verbraucher bei nicht vertragsgemäßer Leistung zudem die Möglichkeit gemäß § 632a Abs. 1 **276** S. 2, 4 iVm § 641 Abs. 3 BGB[291] (→ § 3 Rn. 5). Der Verbraucher kann daher bei mangelhafter Leistung von der Abschlagsforderung des Unternehmers zudem das Doppelte der für die Mangelbeseitigung anfallenden Kosten zurückhalten; er muss sich hier nicht auf die Vertragserfüllungssicherheit verweisen lassen.[292]

---

[289] Kniffka/*v. Rintelen*, ibr-online-Kommentar, 12.5.2017, § 632a Rn. 136.
[290] BT-Drs. 18/8486, 64; *Pause* BauR 2017, 430 (437).
[291] *Pause* BauR 2009, 898 (908).
[292] BGH Urt. v. 9.7.1981 – VII ZR 40/80, NJW 1981, 2801.

5. Klauselverbot

277 Die Schutzvorschriften des § 650m BGB sind nicht unabdingbar. Der Gesetzgeber lässt abweichende Vereinbarungen auch zum Nachteil des Verbrauchers ausdrücklich zu. § 650m BGB ist in der hierzu relevanten Vorschrift des § 650o BGB ausdrücklich nicht aufgeführt (→ § 5 Rn. 355 ff.). Abweichende Vereinbarungen sind jedoch nur durch eine **Individualvereinbarung** zwischen dem Verbraucher und dem Unternehmer möglich.

278 Im Anwendungsbereich von **Allgemeinen Geschäftsbedingungen** führt der Gesetzgeber mit § 309 Nr. 15 BGB ein neues Klauselverbot ohne Wertungsmöglichkeit ein. Danach sind Bestimmungen in Allgemeinen Geschäftsbedingungen des Unternehmers unwirksam, die für Teilleistungen Abschlagszahlungen vom Verbraucher verlangen, die wesentlich höher sind als die gemäß § 632a Abs. 1 BGB und § 650m Abs. 1 BGB zu leistenden Abschlagszahlungen (§ 309 Nr. 15a BGB) oder nach denen der Unternehmer die Sicherheit gemäß § 650m Abs. 2 BGB nicht oder nur in geringerer Höhe leisten muss (§ 309 Nr. 15b BGB).

279 Während § 309 Nr. 15b BGB jede Abweichung von der Verpflichtung des Unternehmers, eine Vertragserfüllungssicherheit in Höhe von 5 % der vereinbarten Gesamtvergütung zu stellen, sanktioniert, sind gemäß § 309 Nr. 15a BGB von der Unwirksamkeit lediglich solche Vereinbarungen betroffen, die zu wesentlich höheren Abschlagszahlungen führen, als gesetzlich vorgesehen. Die Unwirksamkeit einer Klausel hängt damit von einem **unbestimmten Rechtsbegriff** ab, der der Auslegung durch die Gerichte bedarf. Dies widerspricht der grundsätzlichen Konzeption des § 309 BGB, der im Unterschied zu § 308 BGB gerade nicht an unbestimmte Rechtsbegriffe anknüpft und Raum für eine Wertung gerade nicht eröffnet.[293] Auf diese Problematik hat der Bundesrat in seiner Stellungnahme zur Reform des Bauvertragsrechts ausdrücklich hingewiesen.[294] Die Möglichkeit von den Vorschriften des § 632a Abs. 1 BGB und des § 650m Abs. 1 BGB durch Allgemeine Geschäftsbedingungen abzuweichen, sollte danach generell ausgeschlossen und nicht auf wesentliche Abweichungen beschränkt werden; der Bundesrat befürchtete, dass sich anderenfalls die gerade noch zulässigen, weil unwesentlichen, Abweichungen zu Gunsten des Unternehmers zum geschäftsmäßigen Standard in Verbraucherbauverträgen entwickeln. Er gab außerdem zu bedenken, dass wegen der hohen Kosten eines Bauvorhabens auch geringfügige Abweichungen zu spürbar höheren Abschlagszahlungen führen.[295] Die Bundesregierung ist diesen Bedenken des Bundesrates indes nicht nähergetreten und hielt an der Verwendung eines unbestimmten Rechtsbegriffes fest. Auch wenn dies dem grundsätzlichen System des § 309 BGB und der Klauselverbote ohne Wertungsmöglichkeiten widerspricht, ist ein Abstellen auf unbestimmte Rechtsbegriffe auch der Vorschrift des § 309 BGB gleichwohl nicht unbekannt. Das Prinzip starrer Klauselverbote wird bereits im Rahmen von § 309 Nr. 5b) BGB („wesentlich"), § 309 Nr. 8b) cc) BGB („erforderlich") und § 309 Nr. 8b) dd) BGB („unverhältnismäßig") durchbrochen.[296] Wertungsentscheidungen lassen sich im Rahmen des § 309 BGB also nicht vollständig ausschließen.

280 Darüber hinaus ist nach der Rechtsprechung eine Klausel in Allgemeinen Geschäftsbedingungen nach **§ 307 Abs. 1 BGB** unwirksam, die den Verbraucher von der Geltendmachung seines Rechts auf Sicherheitsleistung gemäß § 632a Abs. 3 BGB aF abhalten kann. Der BGH verlangt deshalb, dass eine Klausel über die Fälligkeit und die

---

[293] MüKoBGB/*Wurmnest* § 309 Rn. 2; *Kniffka*, Vortragsskript, S. 65.
[294] BT-Drs. 18/8486, 58.
[295] BT-Drs. 18/8486, 82.
[296] MüKoBGB/*Wurmnest* § 309 Rn. 2.

VIII. Bauhandwerkersicherung

Der bislang in § 648a BGB aF geregelte gesetzliche Anspruch des Unternehmers gegen den Besteller auf Sicherung des Vergütungsanspruchs (Bauhandwerkersicherung) findet sich nunmehr in § 650f BGB (→ § 2 Rn. 141). Neben geringfügigen redaktionellen Änderungen, die jedoch ohne Auswirkung auf den konkreten Anspruchsinhalt bleiben,[298] hat der Gesetzgeber den Anwendungsbereich des sogenannten Verbraucherprivilegs in § 650 f Abs. 6 S. 1 Nr. 2 BGB (§ 648a Abs. 6 S. 1 Nr. 2 BGB aF), wenn auch lediglich geringfügig, ausgeweitet. Zudem führte der Gesetzgeber mit der Regelung in § 650m Abs. 4 BGB eine Schutzvorschrift zugunsten des Verbrauchers ein, durch die der Vereinbarung über eine Bauhandwerkersicherung Grenzen gesetzt werden.

1. Verbraucherprivileg

a) Anwendungsbereich gemäß § 648a Abs. 6 S. 1 Nr. 2 BGB aF

Bislang waren **natürliche Personen** gemäß § 648a Abs. 6 S. 1 Nr. 2 BGB aF von der Pflicht zur Stellung einer Bauhandwerkersicherung dann ausgenommen, wenn sie den Unternehmer mit der Herstellung oder Instandsetzung eines **Einfamilienhauses** mit oder ohne Einliegerwohnung beauftragt haben. Konsequenterweise waren damit aber solche natürlichen Personen, die den Unternehmer mit der Herstellung oder Instandsetzung eines Mehrfamilienhauses beauftragt haben, verpflichtet, eine Bauhandwerkersicherung zu leisten; das Verbraucherprivileg des § 648a Abs. 6 S. 1 Nr. 2 BGB aF kam ihnen nicht zu Gute. Ähnlich gestaltete sich die Situation bei der Wohnungseigentümergemeinschaft, obwohl sie nach § 10 Abs. 6 WEG teilrechtsfähig ist und – soweit ihr auch nur ein Verbraucher angehört – als Verbraucher zu qualifizieren ist[299] (→ § 5 Rn. 20); die Wohnungseigentümergemeinschaft ist weder eine natürliche Person noch schließt sie aufgrund ihrer Aufteilung in Wohnungseigentum Verträge über die Herstellung oder Instandsetzung von Einfamilienhäusern. Gleiches galt schließlich für die sogenannte Bauherrengemeinschaft, die sich als eine Gesellschaft bürgerlichen Rechts zusammenschloss, um ein Mehrfamilien- oder Doppelhaus herzustellen oder ein solches Instand zu setzen (→ § 5 Rn. 19).

Eine Unterscheidung danach, zu welchem **Zweck** eine natürliche Person das Einfamilienhaus herstellen lässt, findet sich in der Vorschrift des § 648a Abs. 6 S. 1 Nr. 2 BGB aF schließlich ebenfalls nicht. Unabhängig davon, ob die natürliche Person bei Abschluss des Vertrages über die Herstellung oder Instandsetzung des Einfamilienhauses als Verbraucher oder als Unternehmer handelte, konnte der Unternehmer von ihr eine Bauhandwerkersicherung nicht verlangen.[300]

---

[297] BGH Urt. v. 8.11.2012 – VII ZR 191/12, NJW 2013, 219.
[298] BT-Drs. 18/8486, 58.
[299] BGH Urt. v. 25.3.2015 – VIII ZR 243/13, NJW 2015, 3228.
[300] Kniffka/*Schmitz*, ibr-online-Kommentar, 12.5.2017, § 648a Rn. 20; OLG Koblenz Urt. v. 2.7.2015 – 1 U 1433/14, BauR 2016, 887; aA LG Koblenz Urt. v. 4.12.2003 – 9 O 253/03, IBR 2004, 251.

b) Gesetzgeberische Intention

284 Hintergrund der Ausnahmevorschrift des § 648a Abs. 6 S. 1 Nr. 2 BGB aF war die Wertung des Gesetzgebers, der das **Ausfallrisiko des Unternehmers** in den vom Verbraucherprivileg erfassten Konstellationen als gering bewertete.[301] Bei Verträgen über die Herstellung und Instandsetzung von Einfamilienhäusern sei die finanzielle Situation des Bauherrn vor und während der Bauphase in der Regel von der finanzierenden Bank ausreichend geprüft worden; bei derartigen Bauvorhaben könne deshalb von einer soliden Finanzierung ausgegangen werden.[302] Probleme bei der Begleichung der Vergütungsansprüche des Unternehmers entstünden deshalb nur dann, wenn sich die Kosten für das Bauprojekt durch unvorhergesehene Ereignisse wesentlich erhöhen und sich dadurch die für das Bauprojekt vorgesehene Finanzierung als nicht ausreichend erweist. Hierbei sollte es sich nach Ansicht des Gesetzgebers jedoch um Ausnahmefälle handeln;[303] ein generelles Bedürfnis des Unternehmers auf Sicherung seines Vergütungsanspruches bestehe bei diesen Bauvorhaben in der Regel nicht.

c) Anwendungsbereich nach § 650 f Abs. 6 S. 1 Nr. 2 BGB

285 Der Gesetzgeber hält die vorstehend dargelegten Wertungen zum Anwendungsbereich des Verbraucherprivilegs (→ § 5 Rn. 284) nach wie vor für angemessen, sieht jedoch kein Bedürfnis den Anwendungsbereich des § 648a Abs. 6 S. 1 Nr. 2 BGB aF auf natürliche Personen und Einfamilienhäuser zu beschränken.[304] Die Vorschrift des § 648a Abs. 6 S. 1 Nr. 2 BGB aF wird deshalb in § 650 f Abs. 6 S. 1 Nr. 2 BGB dahingehend neu gefasst, dass vom Verbraucherprivileg sämtliche **Verbraucherbauverträge** iSv § 650i Abs. 1 BGB erfasst sind. Von der gesetzlichen Verpflichtung zur Stellung einer Bauhandwerkersicherung freigestellt, sind damit sämtliche Verbraucher, die im Wege der Einzelvergabe den Unternehmer mit der Errichtung eines neuen Gebäudes oder mit erheblichen Umbaumaßnahmen beauftragen (→ § 5 Rn. 15 ff.); gegebenenfalls trifft dies auch auf Wohnungseigentümergemeinschaften oder Bauherrengemeinschaften zu, wenn die sonstigen Voraussetzungen für das Vorliegen eines Verbraucherbauvertrages vorliegen (→ § 5 Rn. 16 ff.). Dies bedeutet jedoch auch, dass der Verbraucher, der in traditioneller Form unter Einsatz eines Architekten Einzelverträge mit Unternehmern zur Errichtung eines neuen Gebäudes oder über erhebliche Umbaumaßnahmen schließt, gerade nicht von der Verpflichtung zur Stellung einer Bauhandwerkersicherung frei wird.[305] Ebenso wenig gilt dies für den Verbraucher, der Verträge über kleinere Baumaßnahmen, wie etwa über kleinere Reparatur- oder Umbaumaßnahmen oder über die Herstellung von Wintergärten oder eines Carports, abschließt (→ § 5 Rn. 27). Der Gesetzgeber hält das Verbraucherprivileg bei diesen Verträgen nicht für gerechtfertigt, da davon ausgegangen werden könne, dass die Finanzierung bei dieser Art von Bauverträgen nicht in gleichem Maße gesichert sei und der Verbraucher solche Verträge zumeist ohne vorherige Sicherstellung der Finanzierung durch eine Bank eingehen wird.[306]

286 Die bereits zu § 648a Abs. 6 S. 1 Nr. 6 BGB aF geäußerte **Kritik** dazu, ob die gesetzgeberische Intention zum Verbraucherprivileg überhaupt noch tragfähig ist,[307] wird

---

[301] Kniffka/*Schmitz,* ibr-online-Kommentar, 12.5.2017, § 648a Rn. 24.
[302] BT-Drs. 12/1836, 11.
[303] BT-Drs. 18/8486, 59.
[304] BT-Drs. 18/8486, 59.
[305] *Glöckner* VuR 2016, 163 (168).
[306] BT-Drs. 18/8486, 59.
[307] Kniffka/*Schmitz,* ibr-online-Kommentar, 12.5.2017, § 648a Rn. 24.

2. Vereinbarung einer Bauhandwerkersicherung im Anwendungsbereich des Verbraucherbauvertrages

Selbst wenn gemäß § 650f Abs. 6 S. 1 Nr. 2 BGB im Anwendungsbereich des Verbraucherbauvertrages eine gesetzliche Verpflichtung des Verbrauchers zur Stellung einer Bauhandwerkersicherung nach § 650f Abs. 1 bis 5 BGB nicht besteht, bleibt es den Parteien selbstverständlich unbenommen, eine entsprechende Verpflichtung des Verbrauchers **vertraglich zu regeln**. Seit der Entscheidung des BGH[309] vom 27.5.2010 ist zudem klargestellt, dass eine solche Vereinbarung nicht nur individualvertraglich möglich ist. Auch im Anwendungsbereich von Allgemeinen Geschäftsbedingungen verstößt eine solche Klausel nicht gegen § 307 Abs. 2 Nr. 1 BGB.

287

Mit Einführung des § 650m Abs. 4 BGB schränkt der Gesetzgeber allerdings die Möglichkeiten zur Vereinbarung einer Bauhandwerkersicherung im Anwendungsbereich des Verbraucherbauvertrages dahingehend ein, dass er **Grenzen für die Höhe** der Bauhandwerkersicherung setzt; dies gilt jedoch wiederum nicht bei Abschluss eines nicht-privilegierten Bauvertrages, der nicht in den Anwendungsbereich des § 650m Abs. 4 BGB fällt. Für diesen gilt die gesetzliche Verpflichtung zur Stellung einer Bauhandwerkersicherung nach § 650 f BGB.

288

a) Abschlagszahlungen als Grund für die Unwirksamkeit einer Vereinbarung über die Bauhandwerkersicherung

Die Unwirksamkeit einer Vereinbarung über eine Bauhandwerkersicherung nach § 650m Abs. 4 BGB kommt von vornherein nur dann in Betracht, wenn die Parteien des Verbraucherbauvertrages bereits im Vertrag Abschlagszahlungen nach § 632a BGB vereinbart haben oder der Unternehmer diese im Laufe der Bauausführung verlangt. Werden Abschlagszahlungen verlangt oder sind Abschlagszahlungen vereinbart, ist nach § 650m Abs. 4 BGB eine Vereinbarung über eine Bauhandwerkersicherung unwirksam, die den Verbraucher zu einer Sicherheit verpflichtet, die die nächste Abschlagszahlung oder 20 % der vereinbarten Vergütung übersteigt.

289

Die Verknüpfung von Abschlagszahlungen und Bauhandwerkersicherung dient dem **Schutz des Verbrauchers vor einer Übersicherung des Unternehmers.** Grundsätzlich ist der Unternehmer nach den werkvertraglichen Prinzipien zur vollständigen Vorleistung verpflichtet. Er kann seine Vergütung gemäß § 641 Abs. 1 BGB erst nach Fertigstellung seiner Leistungen mit Abnahme verlangen. Bereits das in § 632a BGB normierte Recht des Unternehmers vor Fertigstellung Abschlagszahlungen zu verlangen, mildert dabei das Vorleistungsrisiko des Unternehmers ab (→ § 5 Rn. 247ff.). Eine zusätzliche Sicherung der vereinbarten Gesamtvergütung steht jedoch außer Verhältnis zum Vorleistungsrisiko des Unternehmers und würde den Verbraucher über das erforderliche Maß hinaus belasten. Die Vorschrift des § 650m Abs. 4 BGB sieht daher vor, eine Sicherheitsleistung des Verbrauchers maximal bis zur Höhe des jeweils bestehenden Vorleistungsrisikos des Unternehmers zuzulassen; ein darüberhinaus gehendes Absicherungsrisiko des Unternehmers soll nicht bestehen.[310]

290

---

[308] BT-Drs. 18/8486, 59.
[309] BGH Urt. v. 27.5.2010 – VII ZR 165/09, NJW 2010, 2272.
[310] BT-Drs. 18/8486, 65.

291 Bei Abschluss eines nicht-privilegierten Bauvertrages ist der Verbraucher hingegen nicht über § 650m Abs. 4 BGB geschützt; einer Übersicherung des Unternehmers durch die gleichzeitige Vereinbarung einer Bauhandwerkersicherung und von Abschlagszahlungen kann dort nur über § 242 BGB oder im Falle Allgemeiner Geschäftsbedingungen über eine Inhaltskontrolle nach § 307 BGB begegnet werden.

b) Bauhandwerkersicherung bis zur Höhe der nächsten Abschlagszahlung

292 Verlangt der Unternehmer Abschlagszahlungen nach § 632a BGB, ist eine Vereinbarung unwirksam, die den Verbraucher zu einer Sicherheitsleistung für die vereinbarte Vergütung verpflichtet, die die nächste Abschlagszahlung übersteigt; gleiches gilt, wenn die Parteien Abschlagszahlungen vereinbart haben, § 650m Abs. 4 BGB. Praktisch relevant kann eine Begrenzung der Bauhandwerkersicherung auf die Höhe der nächsten Abschlagszahlung nur dann werden, wenn die Abschlagszahlungen und deren Höhe bereits **im Vertrag** geregelt sind. Berechnet der Unternehmer erst im Laufe der Bauausführung die Abschlagszahlungen in Höhe der von ihm erbrachten und nach dem Vertrag geschuldeten Leistungen, steht im Zeitpunkt der Vereinbarung der Bauhandwerkersicherung die Höhe der jeweils nächsten Abschlagszahlung hingegen noch nicht fest; eine wirksame Bauhandwerkersicherung, die sich an der Höhe der nächsten Abschlagszahlung ausrichtet, kann dann nicht rechtssicher vereinbart werden.[311]

293 Selbst wenn die Abschlagszahlungen und deren Höhe bereits im Vertrag geregelt sind, birgt die Vereinbarung einer Bauhandwerkersicherheit, die sich auf die Höhe der nächsten Abschlagszahlung beschränken soll, **Risiken**. Die Bauhandwerkersicherheit soll lediglich das tatsächlich bestehende Vorleistungsrisiko des Unternehmers absichern. Das Absicherungsbedürfnis des Unternehmers verringert sich jedoch im Laufe der Bauausführung, wenn die vereinbarten Abschläge bezahlt werden um den Betrag der jeweiligen Abschlagszahlungen. Deshalb bestimmt § 650m Abs. 4 BGB auch, dass eine Bauhandwerkersicherung lediglich dann wirksam vereinbart wurde, wenn sie sich auf die Höhe der nächsten Abschlagszahlung beschränkt; wirksam dürften deshalb nur Vereinbarungen sein, die eine entsprechend der Höhe der vereinbarten Abschlagszahlung gestaffelte Sicherung vorsehen. Eine sowohl für die Formulierung einer entsprechenden Vereinbarung als auch in der praktischen Umsetzung nicht besonders attraktive Regelung.

c) Bauhandwerkersicherung in Höhe von 20% der vereinbarten Vergütung

294 Der Gesetzgeber hat die mangelnde Praktikabilität einer Begrenzung der Bauhandwerkersicherung auf die nächste Abschlagszahlung erkannt und deshalb in § 650m Abs. 4 BGB zudem die Möglichkeit vorgesehen, eine Absicherungspflicht des Verbrauchers in Höhe von **pauschal 20% der Auftragssumme** zu vereinbaren.[312] Unabhängig davon, ob im Vertrag bereits Abschlagszahlungen und deren Höhe geregelt sind oder ob der Unternehmer diese erst im Laufe der Bauausführung verlangt, kann damit bereits im Vertrag eine wirksame Bauhandwerkersicherung vereinbart werden, wenn die Parteien deren Höhe auf 20% der vereinbarten Vergütung begrenzen. Zur Bemessung der vereinbarten Vergütung kann auf die Ausführungen zu § 650m Abs. 1 und 2 BGB verwiesen werden (→ § 5 Rn. 254 ff., 264).

---

[311] Vgl. *Pause* BauR 2017, 430 (437).
[312] BT-Drs. 18/8486, 65.

IX. Erstellung und Herausgabe von Unterlagen, § 650n BGB

Die Pflicht des Unternehmers zur Herausgabe auf das Bauwerk bezogener Unterlagen ist derzeit höchst umstritten und deren dogmatische Einordnung nicht einheitlich geklärt.[313] Eine **ausdrückliche gesetzliche Verpflichtung,** wie sie etwa § 10 Abs. 4 Satz 2 MPG für die Herstellung von Medizinprodukten vorsieht,[314] existierte für das Bauvertragsrecht bislang nicht. Individual- oder formularvertragliche Regelungen zur Herausgabepflicht, beispielsweise über den **Einbezug der VOB/C,** die für zahlreiche Gewerke die Vorlage bestimmter Unterlagen – etwa von Prüfprotokollen zu durchgeführten Druckprüfungen – vorsieht,[315] finden sich insbesondere in Verträgen mit Verbrauchern eher selten.

Die umstrittenen Fragen zur Herausgabepflicht baurelevanter Unterlagen und die damit einhergehende **Rechtsunsicherheit** sind deshalb gerade bei solchen Bauverträgen virulent, bei denen der Auftraggeber aufgrund mangelnder eigener Sachkenntnis besonders schutzwürdig und auf die Herausgabe von Unterlagen in besonderem Maße angewiesen ist. Gerade angesichts der immer komplexer und anspruchsvoller werdenden Bauvorhaben sind aber auch für den Verbraucher genaue Kenntnisse über die der Konstruktion zugrundeliegende Planung und die Art und Weise der Bauausführung von großer Bedeutung.[316]

Im Anwendungsbereich des Verbraucherbauvertrages beabsichtigt der Gesetzgeber daher die von der Rechtsprechung bisher noch nicht abschließend entschiedene Frage einer **Herausgabepflicht des Unternehmers** im Hinblick auf baurelevante Unterlagen zu regeln.[317] Mit § 650n BGB normiert er nun die Pflicht des Unternehmers, rechtzeitig vor Beginn der Ausführung Planungsunterlagen (§ 650n Abs. 1 BGB), spätestens jedoch mit Fertigstellung diejenigen Unterlagen (§ 650n Abs. 2 BGB) herauszugeben, die der Verbraucher benötigt, um gegenüber Behörden nachzuweisen, dass die Leistung unter Einhaltung der einschlägigen öffentlich-rechtlichen Vorschriften ausgeführt werden wird (650n Abs. 1 BGB) bzw. worden ist (§ 650n Abs. 2 BGB). Diese Pflicht besteht auch, wenn Dritte, etwa Darlehensgeber, Nachweise für die Einhaltung bestimmter Bedingungen verlangen und wenn der Unternehmer die berechtigte Erwartung des Verbrauchers geweckt hat, diese Bedingungen einzuhalten (§ 650n Abs. 3 BGB).

1. Bisherige Rechtslage

Die Rechtsprechung betreffend die Pflicht des Unternehmers zur Herausgabe von Unterlagen über die anvisierte oder umgesetzte Bauausführung ist vielschichtig. Setzen manche Gerichte zur Begründung eines entsprechenden Pflichtenkatalogs noch eine klare und deutliche **Parteivereinbarung** voraus, verzichten andere Gerichte auf dieses Erfordernis gänzlich oder orientieren sich an einem die Herausgabepflicht im Einzelfall zu begründenden **besonderen Interesse des Bauherrn.**

In ersterem Sinne wurden auf das Bauwerk bezogene Unterlagen von der Rechtsprechung bisher häufig nur als eine Art (Arbeits-)Mittel des Unternehmers zur Herstellung eines mangelfreien Bauwerkes angesehen; deshalb sollten entsprechende Unterlagen

---

[313] *Orlowski* ZfBR 2016, 419 (434); *Schlie* BauR 2014, 905 f.; *Lotz* BauR 2012, 157 f.; *Mandelkow* BauR 2007, 1474.
[314] OLG Bamberg Urt. v. 8.12.2010 – 3 U 93/09, IBR 2011, 575.
[315] Kniffka/*Jansen/v. Rintelen,* ibr-online-Kommentar, 12.5.2017, § 631 Rn. 217/2.
[316] BT-Drs. 18/8486, 65.
[317] BT-Drs. 18/8486, 65.

nicht Gegenstand einer Herausgabepflicht des Unternehmers sein.[318] So entschied das OLG Frankfurt a. M.,[319] dass der Auftraggeber aus einem Vertrag zur Ausführung einer Natursteinfassade weder nach § 631 Abs. 1 BGB noch aufgrund einer werkvertraglichen Nebenpflicht zur Anfertigung und Herausgabe von Ausführungsplänen und des statischen Nachweises verpflichtet sei. Das Gericht begründete dies damit, dass sich die Hauptpflicht des Werkvertrages allein auf die Herbeiführung des Werkerfolgs, also die mangelfreie Herstellung der Fassade, richte. Dass für die Erfüllung dieser Pflicht Pläne und statische Berechnungen angefertigt werden müssten, mache diese Leistung nicht zur vertraglichen Hauptpflicht; es handele sich vielmehr lediglich um bloße, vom Unternehmer getroffene Vorbereitungsmaßnahmen zur mangelfreien Herstellung des Werkes. Auch eine leistungsbezogene Nebenpflicht des Unternehmers verneinte das Gericht mit dem Argument, ein besonderes Interesse des Bestellers an der Herstellung und Herausgabe dieser Unterlagen bestehe nicht. Eine Pflicht zur Herausgabe von Planungsunterlagen lässt sich nach Ansicht des OLG Frankfurt a. M. daher nur begründen, wenn sich dies aus einer zwischen den Parteien getroffenen **Vereinbarung** klar und deutlich ergibt.[320]

300   Während andere Entscheidungen demgegenüber eine Herausgabepflicht des Unternehmers betreffend ausführungsrelevante Bauunterlagen in Form einer **vertraglichen Nebenpflicht** gemäß §§ 631 Abs. 1, 242 BGB bejahen,[321] knüpft die neuere instanzgerichtliche Rechtsprechung eine entsprechende Pflicht an ein **besonderes und konkret begründetes rechtliches Interesse** des Bestellers am Erhalt der Unterlagen an.[322] Nach dem LG München I sind jedoch an den Vortrag und das Vorliegen eines solchen besonderen und konkret begründeten rechtlichen Interesses hohe Anforderungen zu stellen. Die theoretische Möglichkeit von zukünftigen Änderungen am Objekt, die Tatsache, dass Wohnungseigentum zu verwalten ist, oder auch die bloße Besorgung des Entstehens von Baumängeln in der Zukunft sollen die Annahme eines solchen Interesses nicht rechtfertigen; zu fordern sei vielmehr der Vortrag von konkreten Baumängeln bzw. konkreten Umbau- und Reparaturmaßnahmen.[323]

301   Die Entscheidungen zeigen deutlich, dass es bei der Frage dazu, ob und wenn ja welche ausführungsrelevanten Unterlagen an den Bauherrn herauszugeben sind, auf die konkreten Unterlagen und die Erforderlichkeit ihrer Herausgabe im **Einzelfall** ankommt. Eine generelle Pflicht ist nach der bisherigen Rechtsprechung jedenfalls ohne entsprechende vertragliche Regelung nicht von vornherein zu bejahen.

302   Die Rechtslage im Bauvertrag unterscheidet sich daher auch von derjenigen im Bauträgervertrag, zu dem sich jedenfalls in der Literatur die Ansicht durchgesetzt hat, dass eine entsprechende Herausgabepflicht im Wege der **Vertragsauslegung** begründet werden kann,[324] mindestens aber als vertragliche Nebenpflicht aus § 242 BGB anzuerkennen ist.[325] Dieser Ansatz folgt der Rechtsprechung zum Architektenvertrag,[326] nach der

---

[318] BT-Drs. 18/8486, 65; OLG München Urt. v. 15.10.1991 – 9 U 2958/91, BauR 1992, 95.
[319] OLG Frankfurt Urt. v. 26.10.2006 – 26 U 2/06, IBR 2007, 9.
[320] So auch OLG München Urt. v. 15.10.1991 – 9 U 2958/91, BauR 1992, 95.
[321] OLG Rostock Urt. v. 15.2.1995 – 2 U 59/94, NJW-RR 1995, 1422; OLG Düsseldorf Urt. v. 26.5.1994 – 5 U 196/93, OLGR 1994, 278; OLG Köln Urt. v. 6.8.1999 – 19 U 176/98, NZBau 2000,78; OLG Stuttgart Beschl. v. 25.1.2010 – 10 U 119/09, IBR 2010, 443.
[322] OLG Köln Urt. v. 13.5.2015 – I-11 U 96/14, 11 U 96/14, IBR 2015, 491; LG Krefeld Urt. v. 11.12.2008 – 2 O 56/08, IBR 2009, 276; OLG Köln Urt. v. 23.2.2005 – 11 U 76/04, OLGR Köln 2005, 152; OLG München Urt. v. 15.10.1991 – 9 U 2958/91, BauR 1992, 95.
[323] LG München I Urt. v. 2.3.2007 – 2 O 23839/06, IBR 2007, 323.
[324] *Pause* BauR 2017, 439; *Pause/Vogel* NZBau 2015, 667 (670).
[325] *Pause*, Bauträgerkauf und Baumodelle, Rn. 470, *Basty*, Der Bauträgervertrag, Rn. 464.
[326] BGH Urt. v. 24.6.2004 – VII ZR 259/02, NJW 2004, 2588.

vom Architekten all diejenigen Unterlagen zu erstellen und auszuhändigen sind, die den Auftraggeber in die Lage versetzen, Maßnahmen zur Unterhaltung und Bewirtschaftung des Werkes zu planen.[327] Darunter fallen die Ausführungsplanung, Betriebs- und Bedienungsanleitungen, Prüfzeugnisse für Aufzugs-, Heizungs- und Lüftungsanlagen, Schließpläne.[328]

2. Pflicht zur Herausgabe von Planungsunterlagen, § 650n Abs. 1 BGB

Nach § 650n Abs. 1 S. 1 BGB hat der Unternehmer rechtzeitig vor Beginn der Ausführung einer geschuldeten Leistung diejenigen Planungsunterlagen zu erstellen und dem Verbraucher herauszugeben, die dieser benötigt, um gegenüber Behörden den Nachweis führen zu können, dass die Leistung unter Einhaltung der einschlägigen öffentlich-rechtlichen Vorschriften ausgeführt werden wird. Die Vorschrift konkretisiert den Herausgabeanspruch des Verbrauchers in dreierlei Hinsicht: **Gegenständlich, zeitlich, öffentlich-rechtlich.**

Die Kombination dieser drei Vorgaben führt dazu, dass sich der Herausgabeanspruch nur auf **genehmigungsrechtlich relevante Planungsunterlagen** beziehen kann. Ein Anspruch nach § 650n Abs. 1 S. 1 BGB besteht nicht, wenn der Verbraucher selbst oder ein von ihm Beauftragter die wesentlichen Planungsvorgaben erstellt (§ 650n Abs. 1 S. 2 BGB).

a) Gegenständlicher Anwendungsbereich

In Abgrenzung zu § 650n Abs. 2 BGB bezieht sich der Herausgabeanspruch des Verbrauchers nach dem Wortlaut der Vorschrift des § 650n Abs. 1 S. 1 BGB auf *Planungsunterlagen*. Die weite Fassung des § 650n Abs. 2 BGB, der nach seinem Wortlaut sämtliche bauwerkbezogenen Unterlagen umfasst, gilt hier gerade nicht. Andere Unterlagen als Planungsunterlagen sind ggf. nach § 650n Abs. 2 BGB herauszugeben (→ § 5 Rn. 318 ff.).

b) Zeitlicher Anwendungsbereich

Die Herausgabe der Planungsunterlagen kann der Verbraucher **rechtzeitig vor Beginn der Ausführung** verlangen. Dem Verbraucher soll es dadurch ermöglicht werden, die Einhaltung öffentlich-rechtlicher Vorschriften durch einen sachverständigen Dritten schon während der Bauphase prüfen zu lassen.[329]

c) Öffentlich-rechtliche Relevanz

Nach § 650n Abs. 1 S. 1 BGB kann der Verbraucher lediglich diejenigen Planungsunterlagen verlangen, die er benötigt, um gegenüber Behörden den Nachweis führen zu können, dass die Leistung unter *Einhaltung der einschlägigen öffentlich-rechtlichen Vorschriften* ausgeführt werden wird. Der Gesetzgeber beschränkt damit den Herausgabeanspruch auf **öffentlich-rechtlich relevante Planungsunterlagen.** Für den Anspruch nach § 650n Abs. 1 BGB ist es deshalb unabdingbare Voraussetzung, dass die angeforderten Planungsunterlagen öffentlich-rechtliche Relevanz besitzen.

---

[327] *Pause*, Bauträgerkauf und Baumodelle, Rn. 470, *Basty*, Der Bauträgervertrag, Rn, 464.
[328] Vgl. *Pause*, Bauträgerkauf und Baumodelle, Rn. 470.
[329] BT-Drs. 18/8484, 65.

aa) Genehmigungsplanung

308 Konkret benötigt der Verbraucher vor Beginn der Bauausführung jedenfalls diejenigen Planungsunterlagen, die er im Rahmen öffentlich-rechtlicher Genehmigungsverfahren den jeweiligen Bauaufsichtsbehörden vorzulegen hat, um diesen die Prüfung zu ermöglichen, ob das Bauvorhaben unter Einhaltung der genehmigungsrechtlich relevanten öffentlich-rechtlichen Vorschriften ausgeführt werden wird. Über § 650n Abs. 1 S. 1 BGB kann der Verbraucher deshalb vom Unternehmer jedenfalls die Herausgabe der **Genehmigungsplanung** verlangen.[330]

309 Die Herausgabe weiterer **über die Genehmigungsplanung hinausgehender öffentlich-rechtlich relevanter Planungsunterlagen** ist jedoch vor Beginn der Bauausführung aus öffentlich-rechtlicher Sicht kaum denkbar. Zwar können Behörden im Rahmen ihrer bauaufsichtlichen Eingriffsbefugnisse bzw. im Rahmen eines Ordnungswidrigkeitenverfahrens die Vorlage weiterer Nachweise und Pläne fordern (→ § 5 Rn. 318 ff.), bauaufsichtliche Eingriffsbefugnisse bzw. Ordnungswidrigkeitenverfahren dürften jedoch regelmäßig erst nach Beginn der Bauausführung ausgeübt bzw. eingeleitet werden; die öffentlich-rechtliche Relevanz vor Baubeginn herauszugebender Planungsunterlagen dürfte daher weitestgehend auf die Genehmigungsplanung beschränkt bleiben.

310 Welche Planungsunterlagen im Rahmen von Genehmigungsverfahren konkret betroffen sind, ist eine **objektbezogene** Frage und richtet sich nach dem einschlägigen **Landesrecht**. Insoweit ist zwischen verfahrensfreien (§ 61 MBO),[331] verfahrensfreigestellten (§ 62 MBO) und genehmigungspflichtigen (§§ 59, 63 MBO) Bauvorhaben zu unterscheiden.

311 Beim Hauptanwendungsfall des Verbraucherbauvertrages im Sinne von § 650i BGB, dem **Bau eines neuen Gebäudes** (→ § 5 Rn. 26) kommt – abhängig davon, ob das Vorhaben im Geltungsbereich eines qualifizierten Bebauungsplanes gemäß § 30 Abs. 1 BauGB liegt – eine Verfahrensfreistellung (§ 62 MBO) oder ein Genehmigungsverfahren (§ 63 MBO) in Betracht. In beiden Fällen sind den Behörden vom Bauherrn gemäß § 62 Abs. 3 MBO bzw. §§ 68 Abs. 2, 66 MBO die über § 85 Abs. 3 MBO durch Rechtsverordnung der jeweiligen obersten Bauaufsichtsbehörde festgelegten bautechnischen Nachweise/Bauvorlagen vorzulegen. Maßgeblich für den Inhalt des Herausgabeanspruches sind also die in den einzelnen Ländern ergangenen Bauvorlageverordnungen.

312 Nach den §§ 8 bis 12 BauVorlV (Bayern) handelt es sich hierbei objektbezogen um **Bauzeichnungen, die Baubeschreibung, den Standsicherheitsnachweis, den Brandschutznachweis sowie um Nachweise für den Schall- und Erschütterungsschutz.** Der Verbraucher kann daher insoweit vom Unternehmer nach § 650n Abs. 1 S. 1 BGB eine Genehmigungsplanung im Sinne von § 34 Abs. 3 Nr. 4 HOAI (2013) herausverlangen, nicht jedoch eine Ausführungsplanung nach § 34 Abs. 3 Nr. 5 HOAI (2013).

313 Ebenso wenig sind vom Unternehmer gemäß § 650n Abs. 1 S. 1 BGB **Werkpläne, Revisionspläne, Bestandspläne, Wartungsanleitungen oder Prüfzeugnisse**, sofern diese vor Bauausführung überhaupt schon vorhanden sind, herauszugeben; diese werden vom Verbraucher im Rahmen des Genehmigungsverfahrens nicht benötigt.[332]

314 Anders zu beurteilen sein, dürfte hingegen der Umfang der gemäß § 650n Abs. 1 S. 1 BGB herauszugebenden Unterlagen im Fall **erheblicher Umbaumaßnahmen** im Sinne

---

[330] *Pause* BauR 2017, 430 (438).
[331] Musterbauordnung der Bauministerkonferenz, Fassung 2002 zuletzt geändert durch Beschluss der Bauministerkonferenz vom 13.5.2016.
[332] *Pause* BauR 2017, 439 (438); *Glöckner* BauR VuR 2016, 163 (168); *Orlowski* ZfBR 2016, 419 (434).

von § 650i Abs. 1 BGB (→ § 5 Rn. 31 ff.). Nach § 61 Abs. 4 MBO[333] sind Instandhaltungsarbeiten verfahrensfrei. Die Bayerische Bauordnung versteht unter Instandhaltungsmaßnahmen alle Maßnahmen, die dazu dienen, Gebrauchsfähigkeit und Wert von baulichen Anlagen unter Belassung von deren Konstruktion und äußerer Gestalt zu erhalten.[334] Verfahrensfrei sind diejenigen Instandhaltungsmaßnahmen, die eine Änderung der Anlage darstellen und zusätzlich den Zweck der Instandhaltung aufweisen.[335] In der Regel werden erhebliche Umbaumaßnahmen im Sinne von § 650i BGB gerade keine Instandhaltungsmaßnahmen nach § 61 Abs. 4 MBO sein. Nach der Definition des Verbraucherbauvertrages wird für erhebliche Umbaumaßnahmen ein wesentlicher Eingriff in Bestand und Konstruktion gefordert wird (→ § 5 Rn. 31 ff.); Instandhaltungen nach der BayBO sollen hingegen diejenigen baulichen Maßnahmen sein, die äußere Gestalt und Konstruktion belassen.[336] Dennoch kann ein sich überschneidender Anwendungsbereich nicht von vornherein pauschal ausgeschlossen werden. Dies bedeutet, dass erhebliche Umbaumaßnahmen nach dem jeweils einschlägigen Landesrecht verfahrensfrei sein könnten, sofern es sich zugleich um Instandhaltungsmaßnahmen im Sinne des Bauordnungsrechts handelt, was zur Folge hat, dass vor Bauausführung ein behördliches Genehmigungsverfahren nicht durchlaufen werden muss. Der Verbraucher hat hierbei nach dem Wortlaut des § 650n Abs. 1 BGB gegenüber dem die Umbaumaßnahmen durchführenden Unternehmer grundsätzlich keinen Anspruch auf Herausgabe von Planungsunterlagen; er benötigt in diesem Fall vor der Ausführung keine Planungsunterlagen, um gegenüber den Baubehörden entsprechende Nachweise zur Einhaltung der einschlägigen öffentlich-rechtlichen Vorschriften führen zu können. Eine Herausgabepflicht entsprechender Unterlagen kann sich dann nur zu einem späteren Zeitpunkt aus § 650n Abs. 2 BGB ergeben, da auch verfahrensfreie Vorhaben den öffentlich-rechtlichen Vorschriften entsprechen müssen und insoweit bauaufsichtliche Eingriffsbefugnisse in Betracht kommen.

bb) Energienachweis nach § 3, 5 EnEV iVm § 5 AVEn

Bei zu errichtenden Wohngebäuden ist vor Baubeginn der Bauausführung weiter die Einhaltung der Anforderungen gemäß §§ 3, 5 EnEV nachzuweisen. Dies erfolgt durch den sogenannten **Energienachweis** gemäß § 5 Abs. 1 AVEn, der sich vom Energieausweis gemäß § 16 EnEV insoweit unterscheidet, als erster bereits vor Beginn der Bauausführung geführt werden muss, wohingegen der Energieausweis gemäß § 16 Abs. 1 EnEV erst nach Fertigstellung des Werkes ausgestellt wird.

Der Energienachweis ist jedenfalls in der bayerischen BauVorlV nicht ausdrücklich als Vorlagegegenstand genannt. Auch sehen die bauordnungsrechtlichen Vorschriften der BayBO eine entsprechende Vorlageverpflichtung im Rahmen des Genehmigungsverfahrens nicht vor. Die Vorschriften über bautechnische Nachweise nach Art. 62 Abs. 4 S. 1 BayBO sowie zur Baugenehmigung nach Art. 68 Abs. 6 BayBO sowie § 13 und 15 BauVorlV gelten für den Energienachweis gemäß § 5 Abs. 1 AVEn jedoch entsprechend, so dass dieser gegebenenfalls mit Anzeige des Baubeginns vorzulegen, jedenfalls jedoch auf der Baustelle vorzuhalten ist.

---

[333] Entsprechende Regelungen finden sich in den Bauordnungen der Länder Baden-Württemberg (§ 50), Berlin (§ 62), Brandenburg (§ 55), Bremen (§ 65), Hamburg (§ 60), Hessen (§ 55), Mecklenburg-Vorpommern (§ 61), Niedersachsen (§§ 69, 49), Nordrhein-Westfalen (§ 65), Rheinland-Pfalz (§ 62), Saarland (§ 61), Sachsen (§ 61), Sachsen-Anhalt (§ 60), Schleswig-Holstein (§ 69) und Thüringen (§ 63).
[334] Simon/Busse/*Lechner*, Bayerische Bauordnung, Art. 57 Rn. 439.
[335] Simon/Busse/*Lechner*, Bayerische Bauordnung, Art. 57 Rn. 439.
[336] Simon/Busse/*Lechner*, Bayerische Bauordnung, Art. 57 Rn. 439.

317 Da dem **Verbraucher als Bauherrn** gemäß Art. 50 Abs. 1 S. 2 BayBO sämtliche nach den öffentlich-rechtlichen Vorschriften erforderlichen Anträge, Anzeigen und Nachweise obliegen, dürfte er gemäß § 650n Abs. 1 BGB vom Unternehmer daher auch einen entsprechenden Energienachweis herausverlangen können.

3. Pflicht zur Herausgabe von Unterlagen, § 650n Abs. 2 BGB

318 Anders als § 650n Abs. 1 S. 1 BGB konkretisiert § 650n Abs. 2 BGB die Herausgabepflicht nur noch hinsichtlich der **öffentlich-rechtlichen Relevanz** der betroffenen Unterlagen. Gegenständlich sollen nicht mehr ausschließlich *Planungs*unterlagen, sondern sämtliche vom Unternehmer erstellte **Bauunterlagen** erfasst sein.

319 § 650n Abs. 2 BGB setzt außerdem einen weiteren Verlauf der Bauausführung voraus, so dass sich die Herausgabepflicht nicht mehr auf vor der Bauausführung relevante Unterlagen beschränkt. Auch Nachweise, die im Verlauf der Bauausführung oder nach Fertigstellung relevant werden, sind daher vom Wortlaut der Vorschrift erfasst. Nach § 650n Abs. 2 BGB sind deshalb grundsätzlich sämtliche objektbezogenen Bauunterlagen herauszugeben, deren Vorlage die Bauaufsichtsbehörden im Rahmen ihrer jeweiligen landesrechtlichen bauaufsichtlichen **Eingriffsbefugnisse** verlangen können. Daneben sind auch sämtliche weitere Unterlagen erfasst, die andere Behörden zu anderweitigen Nachweisen verlangen können. Im Vergleich zu § 650n Abs. 1 BGB sind von § 650n Abs. 2 BGB deshalb deutlich mehr Unterlagen erfasst.

320 Einschränkend wird deshalb im Rahmen des § 650n Abs. 2 BGB auch das Tatbestandsmerkmal **vom Unternehmer erstellte** Unterlagen relevant werden. Von § 650n Abs. 2 BGB sind deshalb nicht sämtliche baubezogene Unterlagen herauszugeben, sondern lediglich diejenigen, die tatsächlich auch vom Unternehmer erstellt werden.[337] Es dürfte nicht richtig sein, über § 650n Abs. 2 BGB (oder auch § 650n Abs. 1 BGB) eine Pflicht des Unternehmers zu konstruieren, Unterlagen zusammenzustellen oder zu erstellen, die er nicht ohnehin im Rahmen seiner werkvertraglichen Verpflichtung erstellen muss. Herauszugeben sind deshalb lediglich diejenigen Unterlagen, die der Unternehmer im Rahmen seiner werkvertraglichen Verpflichtung zu erstellen verpflichtet ist (→ § 5 Rn. 329).

321 Weiterhin dürfte die Vorschrift dahingehend einschränkend zu verstehen sein, dass ein Herausgabeanspruch ohne konkrete Aufforderung der Behörde zur Vorlage der entsprechenden Unterlagen wohl ebenfalls ausscheidet. Der Wortlaut der Vorschrift verlangt, dass der Verbraucher die entsprechende Unterlage zum Nachweis gegenüber Behörden *benötigt* und nicht benötigen *könnte*. Ohne entsprechende Ausübung der bauaufsichtlichen Eingriffsbefugnisse durch die Behörde dürfte nach dem Wortlaut der Vorschrift also ein Herausgabeverlangen des Verbrauchers ebenfalls nicht begründet sein.

322 Welche Unterlagen von der Herausgabepflicht des § 650n Abs. 2 BGB tatsächlich erfasst werden, dürfte jedoch im **Einzelfall** sehr umstritten und einer Klärung durch die Rechtsprechung vorbehalten bleiben.

a) Planungsunterlagen

323 Die Bauaufsichtsbehörden überwachen nach § 81 Abs. 1 MBO während der Bauausführung die Einhaltung der öffentlich-rechtlichen Vorschriften. Steht die Bauausführung im Widerspruch zu öffentlich-rechtlichen Vorschriften kann die Behörde die Einstellung der Arbeiten und die Beseitigung der baulichen Anlage anordnen (Art. 79, 80

---

[337] *Pause,* BauR 2017, 430 (438).

MBO). Im Zusammenhang mit derartigen **bauaufsichtlichen Maßnahmen** muss der Verbraucher gegebenenfalls durch Vorlage von Planungsunterlagen gegenüber der Behörde nachweisen können, dass seine Bauausführung den öffentlich-rechtlichen Vorschriften entspricht. Schwierig zu beurteilen ist dabei die Frage, ob der Verbraucher hierzu neben der Genehmigungsplanung (→ § 5 Rn. 308 ff.) vom Unternehmer auch die Herausgabe der Ausführungs- oder Bestandsplanung verlangen kann.

Was die **Ausführungsplanung** anbelangt, dürfte dies zu verneinen sein; allein die Vorlage der Ausführungsplanung bei der Bauaufsichtsbehörde wird im Zweifel nicht als Nachweis dazu genügen, dass die Bauausführung auch entsprechend öffentlich-rechtlichen Vorschriften erfolgt. Selbst wenn die Ausführungsplanung den öffentlich-rechtlichen Vorschriften entspricht, bedeutet dies nämlich nicht zwingend, dass die Bauausführung auch tatsächlich entsprechend der Ausführungsplanung durchgeführt wird. Die Ausführungsplanung ist vor diesem Hintergrund als Nachweis gegenüber den Behörden nicht geeignet.

Der **Bestandsplanung** dürfte vor diesem Hintergrund eine größere Bedeutung zukommen. Letztendlich bleibt jedoch auch hier fraglich, ob mit der Vorlage der Bestandsplanung gegenüber den Bauaufsichtsbehörden überhaupt ein entsprechender Nachweis zur tatsächlichen Bauausführung entsprechend öffentlich-rechtlicher Vorschriften geführt werden kann. Dies dürfte im Zweifel zu verneinen sein, so dass der entsprechende Nachweis zu Bauausführung letztlich nur durch eine Überprüfung der Bauaufsichtsbehörden vor Ort geführt werden kann; in diesem Fall scheiden jedoch Ansprüche des Verbrauchers auf Herausgabe der Ausführungs- bzw. Bestandsplanung aus; ihnen dürfte insoweit die von § 650n Abs. 2 BGB geforderte öffentlich-rechtliche Relevanz fehlen.

b) Verwendbarkeitsnachweise nach dem Bauprodukterecht

Im Rahmen ihrer Bauaufsicht obliegt es den Bauaufsichtsbehörden auch, die Verwendbarkeit von **Bauprodukten** durch Einsicht in die entsprechenden Nachweise (§ 81 Abs. 4 MBO) zu prüfen oder weitergehende Eingriffsbefugnisse auszuüben, wie beispielsweise die Untersagung der Verwendung bestimmter Bauprodukte (§ 78 MBO), die Entwertung oder Beseitigung bestimmter Verwendbarkeitsnachweise (§ 78 MBO), die Einstellung der Bauarbeiten (§ 79 Abs. 1 Nr. 3 und 4 MBO) oder die Ahndung einer Ordnungswidrigkeit wegen Verwendung nicht zugelassener Bauprodukte (§ 84 Abs. 1 Nr. 9 und 10 MBO).

Derzeit verlangen die in der ganz überwiegenden Mehrzahl der Bundesländer noch in Kraft befindlichen Landesbauordnungen[338] – abhängig davon, ob es sich um in der

---

[338] Die Mehrzahl der Landesbauordnungen differenziert noch auf Basis der Musterbauordnung der Bauministerkonferenz in der Fassung von 2002, zuletzt geändert durch Beschluss der Bauministerkonferenz vom 21.9.2012, (MBO-2012) zwischen (i) Bauprodukten nach der Bauregelliste A, die im Fall geregelter Bauprodukte einen Verwendbarkeitsnachweis in Gestalt eines Übereinstimmungsnachweises mit den technischen Vorgaben der Bauregelliste A (§ 17 Abs. 1 Satz 1 Nr. 1 Alt 1 und 2, Abs. 2, Abs. 3 MBO-2012) bzw. im Fall nicht geregelter Bauprodukte eine allgemeine bauaufsichtliche Zulassung (§ 18 MBO-2012), ein allgemeines bauaufsichtliches Prüfzeugnis (§ 19 MBO-2012) oder die Zustimmung im Einzelfall (§ 20 MBO-2012) erfordern, (ii) Bauprodukten nach der Bauregelliste B (sogenannte harmonisierte Bauprodukte, die auf Grund des Bauproduktegesetzes oder aufgrund anderer Richtlinien als der Bauprodukterichtlinie in den Verkehr gebracht werden dürfen und die eine sog. CE-Kennzeichnung tragen, § 17 Abs. 2 Satz 1 Nr. 2, Abs. VII MBO-2012) sowie (iii) Bauprodukten nach der Bauregelliste C (Bauprodukten untergeordneter Bedeutung, für die es keines besonderen Verwendbarkeitsnachweises bedarf, § 17 Abs. 3 Satz 2 MBO-2012).

Die durch die Landesbauordnungen in Bezug genommen Bauregellisten des DIBt, konkret die Bauregelliste B, sehen für bestimmte harmonisierte Bauprodukte, die die CE-Kennzeichnung tragen, zusätzlich einen nationalen Verwendbarkeitsnachweis in Form eines Übereinstimmungsnachweises ent-

Baugeregelliste A des Deutschen Instituts für Bautechnik (DIBt) geregelte oder nicht geregelte Bauprodukte bzw. bestimmte in der Baugeregelliste B aufgeführte Bauprodukte handelt – einen **Übereinstimmungsnachweis** (§ 22 MBO-2012) mit den technischen Regeln der Baugeregelliste A bzw. mit den allgemeinen bauaufsichtlichen Zulassungen, den allgemein bauaufsichtlichen Prüfzeugnissen oder der Zustimmung im Einzelfall.

328 Dieser Übereinstimmungsnachweis erfolgt je nach Bauprodukt durch eine **Übereinstimmungserklärung des Herstellers** (§ 23 MBO-2012) oder durch ein **Übereinstimmungszertifikat der zuständigen Zertifizierungsstelle** (§ 24 MBO-2012), das der Hersteller durch ein entsprechendes Ü-Zeichen auf dem jeweiligen Bauprodukt, dem Beipackzettel, der Verpackung, dem Lieferschein oder einer Anlage zum Lieferschein kenntlich macht.

329 Als Bauherr ist der Verbraucher – ggf. neben dem Unternehmer – **Adressat der oben aufgeführten bauaufsichtlichen Maßnahmen,** so dass auch er die entsprechenden Übereinstimmungsnachweise gegenüber den Behörden führen muss. Hierbei wird er sich jedoch wohl nicht auf ein Herausgabeverlangen gemäß § 650n Abs. 2 BGB stützen und so die entsprechenden Nachweise vom Unternehmer herausverlangen können.[339] Die Herausgabeverpflichtung bezieht sich nach dem Wortlaut der Vorschrift auf vom Unternehmer *erstellte* Unterlagen. Die Übereinstimmungsnachweise zu einem Bauprodukt werden indes je nach Bauprodukt entweder durch eine Herstellererklärung (§ 23 MBO-2012) oder durch ein Zertifikat der zuständigen Stelle (§ 24 MBO-2012) geführt; beide Unterlagen stammen nicht vom Unternehmer.

c) Nachweise nach dem EEWärmeG

330 Gemäß §§ 10, 4, 3 EEWärmeG sind Eigentümer von Gebäuden mit einer Nutzfläche von mehr als 50m², die neu errichtet werden, verpflichtet, gegenüber den nach §§ 11, 12 EEWärmeG zuständigen Behörden[340] nachzuweisen, dass sie den Wärme- und Kälteenergiebedarf durch die anteilige Nutzung von erneuerbaren Energien nach Maßgabe der §§ 5 und 6 EEWärmeG decken. Den zuständigen Behörden obliegt hierbei nach § 11 EEWärmeG die Aufgabe, die Erfüllung dieser Pflicht durch geeignete Stichprobenverfahren sowie die Richtigkeit der Nachweise zu kontrollieren. Ein Verstoß gegen die Pflichten des EEWärmeG kann nach § 17 EEWärmeG eine Ordnungswidrigkeit begründen.

331 Um seiner Pflicht gegenüber den Behörden nachkommen zu können, dürfte der Verbraucher den **Nachweis nach § 10 EEWärmeG** gemäß § 650n Abs. 2 BGB vom Unternehmer herausverlangen können; dem Verbraucher einen durchsetzbaren Anspruch auf Herausgabe dieser konkreten Unterlagen zu geben, war ausdrücklich Hintergrund der Einführung des § 650n Abs. 2 BGB.[341]

---

sprechend § 17 Abs. 1 Satz 1 Nr. 1 Alt. 2 und 3, Abs. 2, Abs. 3 MBO-2012 durch einen entsprechendes Ü-Zeichen vor. Der EuGH hat mit Urteil vom 16.10.2014 entschieden, dass die Bundesrepublik Deutschland durch diese in den Baugeregellisten vorgesehenen zusätzlichen Anforderungen für den Marktzugang und die Verwendung von Bauprodukten gegen europäisches Recht verstößt (vgl. EuGH Urt. v. 16.10.2014 – C-100/13, NZBau 2014, 692). Vor diesem Hintergrund ist eine Änderung der Landesbauordnungen zu erwarten. Die Bauministerkonferenz hat hierzu bereits mit Beschluss vom 13.5.2016 die MBO-2012 geändert. Wann tatsächlich eine Änderung der Vorschriften eintreten wird, bleibt jedoch abzuwarten. Die Bundesregierung hat am 19.4.2017 gegen die EU-Kommission vor dem EuG Klage mit dem Ziel erhoben, die Möglichkeit nationaler Ergänzungsregelungen rechtsverbindlich zu eröffnen (vgl. zur Diskussion: *Schucht* NZBau 2015, 592; *Halstenberg* BauR 2017, 356; Begründung zur Änderung der MBO Stand 4.3.2016).

[339] *Pause* BauR 2017, 430 (438).
[340] Art. 15 Abs. 1 S. 1 ZustWiG (Bayern): Bauaufsichtsbehörden.
[341] BT-Drs. 18/8486, 65.

d) Energieausweis nach § 16 EnEV

Der Verbraucher hat gemäß § 16 EnEV als Eigentümer eines Wohnhauses, das neu errichtet oder erheblich umgebaut wurde, der zuständigen Behörde[342] auf deren Verlangen den nach § 16 EnEV erforderlichen **Energieausweis** zum Nachweis des Primär- und Endenergiebedarfs vorzulegen. Vor dem Hintergrund der gesetzgeberischen Intention[343] dürfte ein Herausgabeanspruch des Verbrauchers gemäß § 650n Abs. 2 BGB auch hinsichtlich des Energieausweises bestehen. Eine Regelung diesbezüglich war jedoch nicht erforderlich, da sich ein Herausgabeanspruch bereits direkt aus § 16 EnEV ergibt.

332

e) Bautagebücher

Nach § 81 Abs. 4 MBO haben die Bauaufsichtsbehörden schließlich das Recht, Einsicht in die **Bautagebücher** zu nehmen. Der Verbraucher als Bauherr ist – ggf. neben dem Unternehmer – Adressat eines entsprechenden Einsichtsgesuches. Jedenfalls bei konkretem Verlangen der Behörde dürfte der Verbraucher daher gemäß § 650n Abs. 2 BGB einen Anspruch gegenüber dem Unternehmer auf Herausgabe der vorhandenen Bautagebücher haben.

333

4. Herausgabepflicht nach § 650n Abs. 3 BGB

Nach § 650n Abs. 3 BGB treffen den Unternehmer dem § 650n Abs. 1 und Abs. 2 BGB entsprechende Herausgabepflichten, wenn ein Dritter, etwa ein Darlehensgeber oder ein Fördermittelgeber, Nachweise für die Einhaltung bestimmter Bedingungen verlangt und wenn der Unternehmer die berechtigte Erwartung des Verbrauchers geweckt hat, diese Bedingungen einzuhalten.

334

Die Vorschrift erfasst diejenigen Sachverhaltskonstellationen, in denen der Verbraucher auf das Bauwerk bezogene Unterlagen benötigt, um nicht etwa die Einhaltung mit der Verwendung des Werkes zusammenhängender, öffentlich-rechtlicher Anforderungen nachweisen zu können (§ 650n Abs. 1 und 2 BGB), sondern um **Subventionen oder zinslose Darlehen** zu erhalten.[344] Dies betrifft beispielsweise die Finanzierung einer Baumaßnahme durch die **KfW-Förderbank,** bei der der Verbraucher nach § 650n Abs. 3 BGB vom Unternehmer diejenigen Unterlagen herausverlangen kann, die er benötigt, um gegenüber der finanzierenden Bank nachzuweisen, dass die entsprechenden Förderbedingungen am Bau auch tatsächlich eingehalten werden.[345]

335

In zeitlicher Hinsicht bezieht sich der Herausgabeanspruch gemäß § 650n Abs. 3 BGB durch die Bezugnahme sowohl auf § 650n Abs. 1 BGB als auch auf § 650n Abs. 2 BGB auf die Zeit *vor* Beginn der Baumaßnahme sowie *nach* deren Fertigstellung; der Verbraucher ist schließlich nicht nur nach Ausführung der Bauleistungen darauf angewiesen, die Einhaltung etwaiger Förderbedingungen nachzuweisen.[346] Beabsichtigt der Verbraucher beispielsweise, die baulichen Maßnahmen durch eine KfW-Förderung zu finanzieren, obliegt ihm bereits vor Abschluss des Darlehensvertrages der Nachweis, dass die baulichen Maßnahmen entsprechend den jeweiligen Anforderungen an die Förderung ausgeführt werden; gleichfalls obliegt ihm aber auch nach Fertigstellung der Bauausführung der Nachweis, dass diesen Anforderungen entsprochen wurde.

336

---

[342] § 2 AVEn (Bayern): Bauaufsichtsbehörden.
[343] BT-Drs. 18/8486, 65.
[344] *Glöckner* VuR 2016, 163 (168).
[345] BT-Drs. 18/8486, 66.
[346] BT-Drs. 18/8486, 66.

337 Der entsprechende Herausgabeanspruch nach § 650n Abs. 3 BGB steht allerdings unter der Voraussetzung, dass **Kenntnis des Unternehmers** von der Absicht des Verbrauchers, das Bauvorhaben über Subventionen oder Darlehen, wie zB eine KfW-Förderung, zu finanzieren, vorlag und der Unternehmer die **Erwartung des Verbrauchers** geweckt hat, dass entsprechende Anforderungen durch die von ihm angebotene Bauleistung auch eingehalten werden. Letzteres soll insbesondere dann der Fall sein, wenn der Unternehmer unter Hinweis auf die Förderungsmöglichkeit, beispielsweise der KfW, für das Bauprojekt geworben hat.[347]

5. Rechtsfolgen

338 Bei der Pflicht des Unternehmers zur Herausgabe bauwerksbezogener Unterlagen an den Verbraucher gemäß § 650n BGB handelt es sich um eine **leistungsbezogene Nebenpflicht gemäß § 241 Abs. 1 BGB**.[348] Ihre Erfüllung soll den Eintritt des tatsächlichen Leistungserfolgs sicherstellen und gewährleisten, dass der Verbraucher die Leistung auch zu dem angestrebten Zweck verwenden kann.[349] Entsprechend gestalten sich die Rechtsfolgen:

a) Klagbarer Erfüllungsanspruch

339 Als leistungsbezogene Nebenpflicht iSv § 241 Abs. 1 BGB stellt der Herausgabeanspruch des Verbrauchers gemäß § 650n BGB einen **klagbaren Erfüllungsanspruch** dar. Der Herausgabeanspruch dient einem eigenständigen Zweck, nämlich der Verwendung des Werkes zu dem angestrebten Zweck.[350]

b) Mängelrechte

340 Ein Verstoß gegen die Herausgabepflicht des § 650n BGB löst Mängelrechte aus.[351] Folglich ist der Vorrang der **Nacherfüllung** (§§ 634 Nr. 1, 635 BGB) zu beachten.

341 Kommt der Unternehmer seiner Pflicht zur Herausgabe der bauwerksbezogenen Unterlagen auch im Rahmen einer vom Verbraucher gesetzten angemessenen Frist zur Nacherfüllung nicht nach, kommen das **Recht auf Ersatzvornahme** mit entsprechendem **Anspruch auf Kostenvorschuss** (§§ 634 Nr. 2, 637 BGB) sowie **Schadens- oder Aufwendungsersatzansprüche** gemäß §§ 634 Nr. 4, 280, 281, 283 bzw. 284 BGB in Betracht.

342 Als **Mangelbeseitigungskosten** sind dabei diejenigen Kosten ersatzfähig, die durch die Vervollständigung oder erstmalige Herstellung der Unterlagen entstehen. Darüber hinausgehende Schäden sind im Zusammenhang mit öffentlich-rechtlichem Bußgeldverfahren oder auch Rückzahlungen von Darlehen wegen nicht nachgewiesener Anforderungen an die entsprechende Förderung denkbar.

---

[347] BT-Drs. 18/8486, 66.
[348] *Pause* BauR 2017, 430 (439); Brandenburgisches OLG Urt. v. 4.7.2012 – 13 U 63/08, NJW-RR 2012, 982; OLG Köln Urt. v. 23.2.2005 – 11 U 76/04, OLGR Köln 2005, 152; LG München I Urt. v. 2.3.2007 – 2 O 23839/06, BauR 2007, 1431; OLG Köln – Urteil v. 6.8.1999 – 19 U 176/98, NZBau 2000, 78.
[349] MüKoBGB/*Bachmann* § 241 Rn. 83, 85, 89.
[350] MüKoBGB/*Bachmann* § 241 Rn. 63, 83.
[351] *Pause* BauR 2017, 430 (439).

c) Abnahmeverweigerung

Verletzt der Unternehmer seine Pflicht zur Herausgabe bauwerksbezogener Unterlagen gemäß § 650n BGB, kann der Verbraucher die Abnahme des Bauwerks verweigern.[352] Das **Recht zur Abnahmeverweigerung** besteht allerdings nur bei entsprechender **Wesentlichkeit der Pflichtverletzung**.[353] Wann dabei im Zusammenhang mit einer pflichtwidrig unterbliebenen Herausgabe bauwerksbezogener Unterlagen von einer Wesentlichkeit der Pflichtverletzung ausgegangen werden kann, ist auch unter Berücksichtigung des Schutzzwecks von § 650n BGB zu beurteilen. Nach dem Wortlaut der Vorschrift sind all diejenigen Unterlagen herauszugeben, die der Verbraucher zum jeweiligen Nachweis gegenüber Behörden oder Darlehensgebern benötigt; insoweit dürften sämtliche Unterlagen, die zum entsprechenden Nachweis erforderlich sind, auch wesentlich im Sinne von § 640 Abs. 1 S. 2 BGB sein. 343

d) Leistungsverweigerungsrecht

Daneben steht dem Verbraucher bei Verstoß gegen die Herausgabepflicht gemäß § 650n BGB auch ein **Leistungsverweigerungsrecht** nach § 273 BGB zu.[354] Dies ist für den Verbraucher insbesondere dann von Bedeutung, wenn der Unternehmer Ansprüche auf Zahlung seines Werklohns geltend macht.[355] 344

Zu berücksichtigen ist außerdem, dass sich die **Höhe des Leistungsverweigerungsrechts** nach dem Doppelten des für die Vervollständigung oder vollständige Herstellung der relevanten Unterlagen erforderlichen Geldbetrages bemisst.[356] 345

e) Rücktritt

Soweit dem Verbraucher das Festhalten am Vertrag durch die Verletzung der vertraglichen Nebenpflicht unzumutbar geworden ist, kommt auch ein Rücktrittsrecht gemäß § 324 BGB in Betracht. Die Anforderungen an die **Unzumutbarkeit** der weiteren Vertragsdurchführung sind jedoch hoch anzusetzen.[357] 346

6. Verjährung

Nach einer Entscheidung des Landgerichts Heidelberg[358] ist die Frage der Verjährung des Anspruchs auf Herausgabe von Unterlagen in Anlehnung an die Gewährleistungsfrist nach VOB/B zu beantworten. Da es sich beim Verbraucherbauvertrag um einen BGB-Vertrag handelt, kommen Verjährungsfristen nach VOB/B zwar nicht in Betracht; ein Rückgriff auf die **Verjährungsfristen für die Mängelhaftung** nach den BGB-Vorschriften dürfte gleichwohl richtig sein. Bei dem Anspruch auf Herausgabe handelt 347

---

[352] Kniffka/Pause/Vogel, ibr-online-Kommentar, 12.5.2017, § 640 Rn. 40, 41; 129 OLG Düsseldorf – Urt. v. 26.5.1994 – 5 U 196/93, OLGR Düsseldorf 1994, 278 mAnm Schulze-Hagen, IBR 1995, 456; OLG Rostock Urt. v. 15.2.1995 – 2 U 59/94, NJW-RR 1995, 1422 mAnm Kniffka IBR 1995, 333, BGH Urt. v. 3.11.1992 – X ZR 83/90, NJW 1993, 1063; OLG Köln Urt. v. 7.8.2015 – I-19 U 104/14, 19 U 104/14, NJW-RR 2016, 343; OLG Bamberg Urt. v. 8.12.2010 – 3 U 93/09, BauR 2011, 1864.
[353] OLG Stuttgart, 25.1.2010 – 10 U 119/09, BauR 2010, 1642; OLG Frankfurt Urt. v. 24.2.2015 – 16 U 135/14, IBR 2016, 206.
[354] Pause BauR 2017, 430 (439).
[355] OLG Rostock Urt. v. 15.2.1995 – 2 U 59/94, NJW-RR 1995, 1422.
[356] Brandenburgisches OLG Urt. v. 4.7.2012 – 13 U 63/08, NJW-RR 2012, 982.
[357] MüKoBGB/Ernst § 324 Rn. 7.
[358] LG Heidelberg Urt. v. 14.2.1992 – 5 S 257/90, NJW-RR 1992, 668.

es sich um eine leistungsbezogene Nebenpflicht im Sinne von § 241 Abs. 1 BGB,[359] deren Verletzung Mängelrechte auslöst.[360]

348 Da sich die Unterlagen auf ein **Bauwerk** im Sinne von § 634a Abs. 1 Nr. 2 BGB beziehen und sich der Inhalt der Unterlagen, ebenso wie Planungs- und Überwachungsleistungen des Architekten, auch im Bauwerk verkörpert hat, ist es jedenfalls vertretbar, eine Verjährungsfrist von **5 Jahren beginnend mit der Abnahme** nach § 634a Abs. 1 Nr. 2, Abs. 2 BGB anzunehmen. Es bleibt jedoch abzuwarten, wie sich die Rechtsprechung in dieser Frage entwickeln wird, so dass eine Verjährung nach der **regelmäßigen Verjährungsfrist** nach § 634a Abs. 1 Nr. 3 BGB nicht unbeachtet bleiben darf.

349 Korrespondierend mit der Verjährungsfrist entsteht mittelbar eine **entsprechende Aufbewahrungspflicht des Unternehmers**.

7. Kritik

350 Der Gesetzgeber beabsichtigte mit der Einführung des § 650n BGB, die durch die Rechtsprechung bisher nicht abschließend geklärten Fragen zu Bestand und Umfang einer Pflicht des Bauunternehmers zur Herausgabe bauwerksbezogene Unterlagen abschließend zu regeln und so **Rechtssicherheit** für den Verbraucher zu schaffen.[361] Ob der Gesetzgeber dieses begrüßenswerte Ziel mit der Einführung des § 650n BGB jedoch umfassend erreicht hat, muss bezweifelt werden.

351 Welche Unterlagen konkret gemäß § 650n BGB herauszugeben sind, wird auch nach Einführung der Vorschrift im Zweifel unklar und nur durch **eine Einzelfallentscheidung** zu beantworten sein.

352 Das Gesetz knüpft den Herausgabeanspruch an das Vorliegen öffentlich-rechtlich relevanter bzw. förderungsrelevanter Unterlagen (→ § 5 Rn. 307 ff., 318). Damit hängt der spezifische Inhalt des Herausgabeanspruchs nicht nur von der konkreten Ausgestaltung des jeweiligen Bauobjekts, sondern auch vom Inhalt der jeweils auf das Bauvorhaben anwendbaren Landesbauordnung ab. Es muss deshalb bezweifelt werden, ob mit der Einführung des § 650n BGB ein **ausreichendes Maß an Rechtssicherheit** geschaffen werden wird; jedenfalls ein bundesweit einheitlicher Anspruchsinhalt dürfte durch das Abstellen auf die jeweiligen Landesbauordnungen ausgeschlossen sein.

353 Darüber hinaus erfasst die Vorschrift durch ihre Beschränkung auf öffentlich-rechtlich relevante Unterlagen inhaltlich einen in der Baupraxis ganz wesentlichen Teil bauwerksbezogener Unterlagen nicht. Ausführungsplänen, Fachplänen, Bestandsplänen (zweifelhaft) oder Wartungs- und Bedienungsanleitungen kommt gerade keine öffentlich-rechtliche Relevanz zu; ein diesbezüglicher Herausgabeanspruch nach § 650n Abs. 1 und 2 BGB scheidet aus, obwohl der Verbraucher auch an diesen Unterlagen naturgemäß ein erhebliches Interesse haben kann. Noch in seiner Gesetzesbegründung hat der Gesetzgeber dieses Interesse erkannt und festgehalten, der Herausgabeanspruch zu ausführungsrelevanten Unterlagen sei für den Verbraucher vor allem auch im Hinblick auf eine **spätere Unterhaltung und Instandsetzung des Bauwerkes** oder einen etwaigen Umbau von großer Bedeutung.[362] Indem er den Herausgabeanspruch jedoch – entgegen der Empfehlung des Deutschen Baugerichtstag 2014 nach einer selbständigen

---

[359] *Pause* BauR 2017, 430 (439); Brandenburgisches OLG Urt. v. 4.7.2012 – 13 U 63/08, NJW-RR 2012, 982; OLG Köln Urt. v. 23.2.2005 – 11 U 76/04, OLGR Köln 2005, 152; LG München I Urt. v. 2.3.2007 – 2 O 23839/06, BauR 2007, 1431; OLG Köln – Urt. v. 6.8.1999 – 19 U 176/98, NZBau 2000, 78.
[360] *Pause* BauR 2017, 430 (439).
[361] BT-Drs. 18/8486, 65.
[362] BT-Drs. 18/8486, 65.

Dokumentationspflicht[363] – auf die Herausgabe öffentlich-rechtlich relevanter Unterlagen beschränkte, wird der Gesetzgeber diesem *selbst gesteckten Ziel*[364] nicht gerecht. Die hierzu erforderlichen Unterlagen unterfallen nicht dem Anwendungsbereich des § 650n BGB; der Verbraucher wird bei der Herausgabe derartiger Unterlagen auf die bislang uneinheitliche Rechtsprechung (→ § 5 Rn. 298 ff.) verwiesen und muss die dabei bestehende Rechtsunsicherheit weiterhin tragen.

Gleiches gilt im Hinblick auf die weitere Absicht des Gesetzgebers, dem Verbraucher für seine **Abnahmeentscheidung** die erforderlichen Unterlagen an die Hand zu geben;[365] auch solche Unterlagen, die dem Verbraucher die Prüfung ermöglichen, ob das Werk im Wesentlichen mangelfrei ist, wird er im Zweifel mangels öffentlich-rechtlicher Relevanz nicht über § 650n BGB vom Unternehmer herausverlangen können.

X. Unabdingbarkeit

Mit der Vorschrift des § 650o BGB schließt der Gesetzgeber bestimmte von den gesetzlichen Vorschriften **zum Nachteil des Verbrauchers** abweichende Vereinbarungen aus; solche abweichenden Vereinbarungen sind sowohl in Allgemeinen Geschäftsbedingungen als auch in Individualverträgen unzulässig und damit unwirksam.

Im Anwendungsbereich des Verbraucherbauvertrages bezieht sich § 650o BGB ausdrücklich auf die Vorschriften der **§§ 650i BGB bis 650l BGB**. Damit sind für den Verbraucher nachteilige Abweichungen zu Definition und Textform des Verbraucherbauvertrages (§ 650i Abs. 1, 2 BGB, → § 5 Rn. 15 ff.), zur Baubeschreibungspflicht und zum Fertigstellungszeitpunkt (§ 650j, k BGB, → § 5 Rn. 69 ff.), zum Widerrufsrecht (§ 650l BGB, → § 5 Rn. 163 ff.) und zur Erstellung und Herausgabe von Unterlagen (§ 650n BGB, → § 5 Rn. 295 ff.) unwirksam.

Nicht genannt sind indes die Vorschriften über die Abschlagszahlungen nach § 632a BGB iVm § 650m BGB; hier bleiben jedenfalls **individuell ausgehandelte Abweichungen** möglich (→ § 5 Rn. 277 ff.).[366]

---

[363] *Glöckner* VuR 2016, 163 (168).
[364] *Pause* BauR 2017, 430 (439).
[365] BT-Drs. 18/8486, 65.
[366] BT-Drs. 18/8486, 66.

§ 6 Bauträgervertrag

I. Der gesetzliche Bauträgervertrag – Einleitung

Mit der Reform des Bauvertragsrechts wird der Bauträgervertrag gesetzlich geregelt. Auch wenn für das Bauträgerrecht zunächst umfassende Änderungen beabsichtigt waren, führt die Reform für diesen Regelungsbereich unter dem Strich nur zu zwei wesentlichen Neuregelungen, nämlich zur Transformation der Baubeschreibungspflicht aus dem Verbraucherbauvertrag in den Bauträgervertrag und zur Übernahme der Dokumentationspflicht aus dem Verbraucherbauvertrag. Bei einem Vergleich mit der beim Verbraucherbauvertrag erreichten Regelungstiefe wird erkennbar, dass der Bauträgervertrag eher am Rande der Reform steht.[1] **1**

Das überrascht umso mehr, als auch in diesem Bereich erheblicher Reformbedarf besteht. Die bisherigen Regelungen zum Bauträgerrecht beschränkten sich auf die privatrechtlichen und vor allem auf die öffentlich-rechtlichen Normen zur Vereinbarung von Abschlagszahlungen in § 632a Abs. 2 BGB aF bzw. in §§ 3 und 7 MaBV. Das bislang kodifizierte Recht hat sich als unzulänglich erwiesen. Für wichtige Fragen der Vertragsabwicklung gab es keine ausgewogenen gesetzlichen Regelungen. Das gilt für den Inhalt der üblicherweise verwendeten Leistungsbeschreibungen, die Dokumentation der Bauleistung und die Abwicklung der Abnahme des Gemeinschaftseigentums im Geschoßwohnungsbau. Als unbefriedigend erwies sich aber vor allem, dass die gesetzlich Regelung zu den Abschlagszahlungen – ein an sich privatrechtlicher Regelungskreis (vgl. §§ 641, 632a, 650m BGB) – in das Gewerbepolizeirecht (§ 34c GewO, §§ 3 und 7 MaBV) ausgelagert ist. Nicht zuletzt wurde erkannt, dass der Schutz bei den üblicherweise im sog. Vormerkungsmodell nach § 3 MaBV vereinbarten Abschlagszahlungen überdies lückenhaft ist.[2] **2**

Der Reform ging eine länger währende Diskussion über den Inhalt eines gesetzlich geregelten Bauträgervertrages voraus. Vor allem die Empfehlungen des Arbeitskreises V des 3. und 5. Deutschen Baugerichtstages haben die Regelungsdefizite beschrieben und Lösungen vorgeschlagen.[3] So war an erster Stelle empfohlen worden, die Entgegennahme von Abschlagszahlungen von der Übergabe einer Rückzahlungsbürgschaft abhängig zu machen oder alternativ die Zahlung der Vergütung frühestens bei Übergabe des bezugsfertigen Übergabe des Vertragsobjekts zuzulassen.[4] Neben der Forderung, für den Bauträgervertrag eine Baubeschreibungs- und eine Dokumentationspflicht einzuführen, war eine Regelung zur Abnahme des Gemeinschaftseigentums vorgeschlagen worden. Für sie war eine Zuständigkeit der Wohnungseigentümergemeinschaft vorgesehen worden, deren Beschlüsse sich auch auf Nachzüglererwerber erstreckt hätten.[5] **3**

Der Inhalt der neuen gesetzlichen Regelungen besteht nun in einer Legaldefinition des Bauträgervertrages (§ 650u Abs. 1 Satz 1 BGB), im Übrigen in der Bestimmung des **4**

---

[1] Vgl. *Glöckner* VuR 2016, 123.
[2] Vgl. die Bestandsaufnahme auf dem 5. Deutschen Baugerichtstag, Arbeitskreis V, *Glöckner* BauR 2015, 1619; *Pause/Vogel* BauR 2014, 1628.
[3] Empfehlungen des 3. und 5. Deutschen Baugerichtstages (Arbeitskreis V – Bauträgerrecht), BauR 2010, 1392 ff. und BauR 2014, 1617 ff.
[4] Empfehlungen des 5. Deutschen Baugerichtstages (Arbeitskreis V – Bauträgerrecht), BauR 2014, 1617 (1632 f.).
[5] Empfehlungen des 5. Deutschen Baugerichtstages (Arbeitskreis V – Bauträgerrecht), BauR 2014, 1617 (1632 f.).

für den Bauträgervertrag maßgeblichen Rechts durch eine Verweisung auf das übrige Werk-, Bau- und Verbraucherbauvertragsrecht (§ 650u Abs. 1 Satz 2 BGB) und das Kaufvertragsrecht (§ 650u Abs. 1 Satz 3 BGB) sowie in einer Reihe von Ausnahmen von der Verweisung auf das Werkvertragsrecht (§ 650u Abs. 2 BGB). Durch § 650v BGB wird – wie schon bisher in § 632a Abs. 2 BGB a. F. – die Möglichkeit zur Vereinbarung von Abschlagszahlungen eröffnet. Die gewerberechtlichen Vorschriften (§ 34c GewO und §§ 3, 4 und 7 MaBV) bleiben von der Reform unberührt. Unter Berücksichtigung der Verweisung auf die allgemeinen Vorschriften und den umfangreichen Ausnahmen hiervon in § 650u Abs. 2 BGB führt das neue gesetzliche Bauträgervertragsrecht im Ergebnis zu einem im Wesentlichen unveränderten Recht: Vom Verbraucherbauvertrag werden lediglich die Baubeschreibungspflicht (§§ 650j, 650k Abs. 2 und 3 BGB) und die Dokumentationspflicht (§ 650n BGB) auf den Bauträgervertrag durchgestellt. Abgesehen von geringfügigen Änderungen – z.B. dem Ausschluss des Kündigungsrechts aus wichtigem Grund und der Anwendbarkeit des Schlussrechnungserfordernisses (§ 650g Abs. 4 BGB) – bleibt es für den Bauträgervertrag im Wesentlichen beim bekannten Recht. Das entspricht der gesetzgeberischen Absicht, nämlich den Bauträgervertrag nicht neu zu ordnen, sondern nur notwendige Klarstellungen und Anpassungen anlässlich der Einführung des Bauvertrages und des Verbraucherbauvertrages vorzunehmen.[6]

5   Das hat vor allem zur Folge, dass die Sicherungslücke beim Vormerkungsmodell des § 3 MaBV fortbesteht und die Probleme bei der Abnahme der Bausubstanz des Gemeinschaftseigentums nicht gelöst wurden. Das ist dem Bundesministerium für Justiz und Verbraucherschutz bewusst. In dem vom Ministerium initiierten Arbeitskreis zum Bauträgerrecht wurden denkbare Gesetzesregelungen erörtert. Insbesondere eine Änderung des Sicherungsmodells bei Abschlagszahlungen erweist sich aber als schwierig und wurde zuletzt im Rahmen der Entwicklung einer Multi-Risk-Versicherung gesucht. Die damit zusammenhängen Fragen waren im Zuge des Zeitplans für die Reform des Bauvertragsrechts nicht mehr zu lösen. Deshalb ist gerade für den Bauträgervertrag absehbar, dass das jetzt in Kraft getretene Gesetz ergänzt und überarbeitet werden muss.[7] Tatsächlich sind die im Gesetz für den Bauträgervertrag nun vorhandenen Vorschriften nur ein Platzhalter für die noch ausstehende eigentliche Reform des Bauträgervertragsrechts.

II. Legaldefinition des Bauträgervertrages, § 650u Abs. 1 BGB

1. Tatbestandliche Bauträgerleistungen

6   Ein Vertrag, die Errichtung oder den Umbau eines Hauses oder eines vergleichbaren Bauwerks zum Gegenstand hat und zugleich die Verpflichtung des Unternehmers enthält, dem Besteller das Eigentum an dem Grundstück zu übertragen oder ein Erbbaurecht zu bestellen oder zu übertragen, ist gemäß § 650u Abs. 1 Satz 1 BGB ein Bauträgervertrag. Die Formulierung in § 650u Abs. 1 Satz 1 BGB entspricht dem früheren § 632a Abs. 2 BGB, der seinerseits auf § 1 der Verordnung über Abschlagszahlungen bei Bauträgerverträgen,[8] zurückgeht. Der Bauträgervertrag ist danach durch die **Herstellungsverpflichtung** einerseits und die **Grundstücksverschaffungspflicht** andererseits gekennzeichnet.

---

[6] Begründung des Gesetzesentwurfs der Bundesregierung, BT-Drs. 18/8486, 27.
[7] Vgl. *Billen* BauR 2016, 1537 (1545).
[8] Verordnung v. 23.5.2001, BGBl. I S. 981.

II. Legaldefinition des Bauträgervertrages, § 650u Abs. 1 BGB

a) Errichtung eines Hauses oder eines vergleichbaren Bauwerks

§ 650u Abs. 1 Satz 1 BGB erfasst zunächst die **Errichtung eines Hauses** oder eines **vergleichbaren Bauwerks**. Die vom Gesetz verwendete Beschreibung entspricht der des § 632a Abs. 2 BGB aF (und damit der Verordnung über Abschlagszahlungen bei Bauträgerverträgen).[9] Danach fällt nach allgemeinem Sprachgebrauch unter „Haus" jedes Gebäude, das für den ständigen Aufenthalt von Menschen bestimmt ist; dazu gehört selbstverständlich auch eine Nutzung durch Wohnen. Bauwerke sind unbeweglich, mit dem Erdboden festverbundene Sachen, die unter Einsatz von Arbeit und Material hergestellt werden (→ § 2, Rn. 11).[10] Bauwerke sind jedoch nur tatbestandlich, wenn sie Häusern vergleichbar sind, also ebenfalls eine Nutzung durch Menschen ermöglichen; sie müssen nach Art und Umfang einem Haus gleichen.[11]

Da das Gesetz für die neu zu errichtenden Häuser keine Beschränkung auf bestimmte **Nutzungen** enthält, sind alle Arten von Wohngebäuden (Mehrfamilienhäuser, Einfamilienhäuser, Reihenhäuser), aber auch Häuser mit anderen Nutzungen tatbestandlich, insbesondere Häuser mit gewerblichen Nutzungen. Zu den vergleichbaren Bauwerken dürften zB Garagen und Tiefgaragen gehören, möglicherweise aber auch andere oberirdische Bauwerke wie z. B. SB-Märkte.

b) Kaufvertragsrecht für Verträge ohne Herstellungsverpflichtung?

Ob § 650u BGB auch gilt, wenn der Vertragsgegenstand bereits fertiggestellt ist, also von einer **Herstellungsverpflichtung** nicht mehr die Rede ist, lässt sich dem Gesetz nicht entnehmen. Für das Recht vor der Schuldrechtsmodernisierung, also vor dem 1.1.2002 war in ständiger Rechtsprechung vertreten worden, dass für neu hergestellte Wohnungen und Häuser auch dann Werkvertragsrecht und nicht **Kaufvertragsrecht** anzuwenden ist, wenn das Bauwerk noch als neu anzusehen ist.[12] Vor allem wegen des Nachbesserungsanspruchs beim Werkvertrag und der kürzeren Gewährleistungsfrist beim Kauf war die Anwendung des Werkvertragsrechts in diesen Fällen interessengerecht.[13] Es war sodann lange ungeklärt, ob diese Grundsätze auch unter der Geltung des modernisierten Schuldrechts anzuwenden sind.[14] Zu berücksichtigen war immerhin, dass die kaufvertragliche Mängelhaftung und die Verjährungsfrist für die kaufvertraglichen Mängelrechte der des Werkvertragsrechts weitgehend angepasst worden ist, also nicht von vornherein einem interessengerechten Ausgleich widersprach; es war deshalb für diese Fälle die Anwendung der kaufvertraglichen Vorschriften gefordert worden.[15] Der BGH hat nunmehr dahin entschieden,[16] dass auch nach der **Reform des Schuldrechts** für bereits fertiggestellte, aber noch neue Bauwerke wegen Mängeln an der Bausubstanz Werkvertragsrecht anzuwenden ist.[17] Ferner hat der BGH dahin ent-

---

[9] Verordnung v. 23.5.2001, BGBl. I S. 981.
[10] BGH Urt. v. 16.9.1971 – VII ZR 5/70, BGHZ 57, 60.
[11] Palandt/*Sprau* BGB § 632a Rn. 15.
[12] BGH Urt. v. 21.2.1985 – VII ZR 72/84, NJW 1985, 1551, zu einer Wohnung, die bis zur Veräußerung zwei Jahre leer gestanden ist.
[13] BGH Urt. v. 21.2.1985 – VII ZR 72/84, NJW 1985, 1551.
[14] BGH Urt. v. 25.2.2016 – VII ZR 49/15, NJW 2016, 1572, Rn. 28; BGH Urt. v. 26.4.2007 VII ZR 210/05, NJW 2007, 3275 = NZBau 2007, 507 = BauR 2007, 1407, Rn. 19.
[15] *Brambring* DNotZ 2001, 904 (906); *Hertel* DNotZ 2002, 6 (18); *Ott* NZBau, 2003, 233 (238 f.); Grziwotz/Koeble/*Riemenschneider* 3. Teil Rn. 779 f.; Staudinger/*Peters/Jacoby*, vor § 631 BGB, Rn. 152; *Teichmann* ZfBR 2002, 11 (19).
[16] BGH Urt. v. 12.5.2016 – VII ZR 171/15, NZBau 2016, 551, Rn. 23.
[17] Vgl. *Basty*, Der Bauträgervertrag, 8. Aufl. 2014, Rn. 14; *Blank* FS Thode, S. 233 f.; *Derleder* NZBau 2004, 237; *Kniffka*, ibr-online-Kommentar, 12.5.2017, vor § 631 BGB Rn. 89 f.; Kniffka/

schieden, dass eine vom Bauträger vermietete und erst drei Jahre nach Fertigstellung veräußerte Wohnung nach der Verkehrsanschauung nicht mehr als neu gilt und sich in diesem Fall die Rechte des Erwerbers ausschließlich nach Kaufvertragsrecht richten.[18] Offen bleibt, ob nach der maßgeblichen Verkehrsanschauung auch Wohnungen, die weniger als drei Jahre vermietet waren, als gebraucht anzusehen sein können.[19]

10 Es ist davon auszugehen, dass diese noch zum alten Recht entwickelten Rechtsgrundsätze auch für das neue Bauträgerrecht gelten. Das Gesetz beschreibt den Bauträgervertrag, wie er typischerweise abgeschlossen wird, als einen Vertrag mit Herstellungsverpflichtung. Dass die Regelungen der §§ 650u, 650v BGB auf bereits hergestellte Objekte nicht angewendet werden dürften, kann dem Gesetz – und der Gesetzesbegründung[20] – nicht entnommen werden. Immerhin hätte der Gesetzgeber Gelegenheit gehabt, dies ggf. im Zuge der Reform des Bauvertragsrechts anders zu regeln. Im Gegenteil: Dem Schweigen des Gesetzes ist zu entnehmen, dass die Vorschriften der §§ 650u, 650v BGB im Sinne der bekannten Rechtsprechung des BGH[21] auszulegen sein sollen, also auf den Erwerb bereits fertiggestellter, aber noch neuer Wohnungen und Häuser entsprechend anzuwenden sind.

c) Umbau eines Hauses oder eines vergleichbaren Bauwerks

11 Unter dem Umbau eines Hauses oder eines vergleichbaren Bauwerks sind Sanierungsvorhaben zu verstehen. Der von § 650u Abs. 1 S. 1 BGB verwendete Umbaubegriff ist in zwei Richtungen abzugrenzen: Er ist weiter, als der beim Verbraucherbauvertrag, erfasst aber andererseits nicht jede Instandsetzungsmaßnahme und Renovierung.

12 Das Gesetz übernimmt die Formulierung „Umbau eines Hauses" aus § 632a Abs. 2 BGB aF und orientiert sich damit – wie schon die frühere Gesetzesfassung – am honorarrechtlichen Umbaubegriff der HOAI. Die Gesetzesbegründung zu § 632a Abs. 2 BGB verwies auf die Begriffsbestimmung in § 3 Nr. 5 HOAI aF.[22] Nach § 3 Nr. 5 HOAI aF sind Umbauten „Umgestaltungen eines vorhandenen Objekts mit wesentlichen Eingriffen in Konstruktion oder Bestand" (ebenso § 2 Abs. 5 HOAI nF). Das entscheidende Abgrenzungskriterium ist dabei der wesentliche Eingriff in die Konstruktion oder den Bestand. Unter Berücksichtigung dieser Definition werden von § 650u Abs. 1 BGB umfassende Entkernungen, also Baumaßnahmen, die einem Neubau gleichkommen, erfasst, darüber hinaus aber auch Vorhaben, bei denen nur partielle Bauleistungen erbracht werden, sofern sie ebenfalls mit wesentlichen Eingriffen in die Konstruktion oder den Bestand verbunden sind. Das können z. B. der Einbau einer Aufzugsanlage, der Dachgeschoßausbau oder die Erneuerung der Heizanlage sein. Da § 650u Abs. 1 BGB – im Unterschied zum Verbraucherbauvertrag – keine *erheblichen* Umbauten (vgl. § 650i Abs. 1 BGB) voraussetzt, werden beide von der BGH-Rechtsprechung unterschiedenen Fallgruppen, nämlich neben den Sanierungen, die einem Neubau gleichkommen,[23] auch Vorhaben unter der Schwelle einer **Kernsanierung** erfasst, also auch

---

Koeble/*Koeble*, 11. Teil, Rn. 211; *Thode* NZBau 2002, 297 (298); *Pause* NZBau 2002, 648 (649).

[18] BGH Urt. v. 25.2.2016 – VII ZR 156/13, NJW 2016, 1575, Rn. 25.
[19] Vgl. *Pause* NZBau 2017, 22.
[20] Begründung des Gesetzesentwurfs der Bundesregierung, BT-Drs. 18/8486, 71 f.
[21] BGH Urt. v. 12.5.2016 – VII ZR 171/15, NZBau 2016, 551, Rn. 23.
[22] BT-Drs. 16/511, 15.
[23] BGH Urt. v. 26.4.2007 – VII ZR 210/05, NZBau 2007, 507; BGH Urt. v. 6.10.2005 – VII ZR 117/04, NJW 2006, 214; BGH Urt. v. 16.12.2004 – VII ZR 257/03, NZBau 2005, 216.

II. Legaldefinition des Bauträgervertrages, § 650u Abs. 1 BGB

punktuelle Sanierungen.[24] Ein Bedürfnis, den Anwendungsbereich von § 650u BGB auf den europarechtlichen Begriff der „erheblichen" Umbaumaßnahme i. S. v. § 650i BGB, also auf Kernsanierungen zu begrenzen, besteht nicht.[25]

Vorhaben, die nicht mit wesentlichen Eingriffen in die Konstruktion oder den Bestand verbunden sind, sind jedoch keine „Bauvorhaben" i. S. v. § 650u Abs. 1 BGB, mögen sie auch aufwendig und finanziell bedeutsam sein. Modernisierungs-, Renovierungs-, Instandhaltungs- und Instandsetzungsmaßnahmen, die nicht zugleich mit einem wesentlichen Eingriff in die Konstruktion oder den Bestand verbunden sind, werden danach nicht von § 650u Abs. 1 BGB erfasst. Verträge, in denen sich der Unternehmer neben der Grundstücksverschaffung nur zur Ausführung einer **Renovierung** (z.B. einem Neuanstrich der Fassade) verpflichtet, sind deshalb keine Bauträgerverträge i. S. v. § 650u Abs. 1 BGB. Es handelt sich bei ihnen aber ebenfalls um gemischte Verträge, auf die hinsichtlich der Herstellungspflicht Werkvertragsrecht und hinsichtlich der Grundstücksverschaffungspflicht Kaufrecht anzuwenden ist, nämlich sinnvollerweise so, wie es sich aus § 650u Abs. 1 und 2 BGB ergibt, also in analoger Anwendung von § 650u BGB, und zwar auch mit seinen differenzierten Verweisungen auf das Werkvertragsrecht. Auch § 650v BGB kann auf solche Verträge (analog) angewendet werden. Das bedeutet, dass Abschlagszahlungen auch in diesem Bereich nur nach Maßgabe der §§ 3 und 7 MaBV vereinbart werden können. Ob die Tätigkeit des Unternehmers zugleich die Voraussetzungen des § 34c GewO erfüllt, kann dabei dahinstehen (davon ist nicht auszugehen, vgl. nachfolgend → § 6 Rn. 14), denn für die Verweisung in § 650v BGB auf die §§ 3 und 7 MaBV wird dies nicht vorausgesetzt.

d) Abgrenzung zur Bauträgertätigkeit i. S. v. § 34c GewO

Die gewerberechtliche Sicht auf die Bauträgertätigkeit unterscheidet sich insofern von den zivilrechtlichen Vorschriften, als sie nicht auf die typischen Vertragspflichten (Herstellungs- und Eigentumsverschaffungspflicht) abstellt, sondern allein auf die gewerberechtlich relevante Berufsausübung. Die Erlaubnispflicht in **§ 34c GewO** (und damit die Anwendung der MaBV) hebt auf die Verwendung von Erwerbermitteln (Abschlagszahlungen) durch den Gewerbetreibenden für ein von ihm als Bauherr durchgeführtes Bauvorhaben ab. Diese Definition ist insofern enger, als sie allein auf eine (gewerbliche) Tätigkeit abstellt, nämlich die Entgegennahme von Zahlungen vor Fertigstellung (§ 34c Abs. 1 Nr. 3a GewO).[26] Vor allem unterscheiden sich die Tatbestandsmerkmale für die maßgeblichen Bauleistungen mit der Folge, dass für die zivilrechtlich geregelte Bauträgertätigkeit ein engerer Anwendungsbereich besteht als für die gewerberechtliche.

Schon der Begriff des **Bauvorhabens** i. S. v. § 34c Abs. 1 Nr. 3a GewO unterscheidet sich inhaltlich von dem des § 650u Abs. 1 Satz 1 BGB. Für die Anwendung der §§ 650u, 650v BGB ist die **Errichtung neuer Häuser** und vergleichbarer Bauwerke tatbestandlich (§ 650u Abs. 1 S. 1 BGB). Nach § 34c Abs. 1 Nr. 3a GewO werden Gewerbetreibende erfasst und dem Anwendungsbereich der MaBV unterstellt, die „Bauvorhaben" als Bauherr durchführen. Von diesem weiteren Begriff werden nicht nur Häuser und vergleichbare Bauwerke (§ 650u Abs. 1 S. 1 BGB) erfasst, sondern jedes Vorhaben,[27] z.B. auch Teilleistungen, die als Bauvorhaben gelten, etwa die Errichtung eines

---

[24] BGH Urt. v. 6.10.2005 – VII ZR 117/04, NJW 2006, 214, Rn. 16; vgl. auch *Pause* BauR 2000, 234 (237); *Basty*, Der Bauträgervertrag, Rn. 913; *Blank*, Bauträgervertrag, 5. Aufl. 2015, Rn. 1077.
[25] Anders noch *Pause/Vogel* NZBau 2015, 667 (672).
[26] *Pause*, Bauträgerkauf und Baumodelle, Rn. 43.
[27] *Grziwotz/Everts*, MaBV, § 1 Rn. 11 f.

Rohbaus (als sog. Ausbauhaus).[28] Das hat zur Folge, dass auf Verträge, die zwar ein Bauvorhaben, nicht aber die Errichtung eines neuen Hauses oder eines vergleichbaren Bauwerks zum Gegenstand haben, die gewerberechtlichen Vorschriften der §§ 3 und 7 MaBV anzuwenden sind, nicht jedoch die Vorschriften über den Bauträgervertrag (§§ 650u, 650v BGB). Dem könnte dadurch begegnet werden, dass durch eine weite Auslegung der Formulierung „vergleichbarer Bauwerke" in § 650u Abs. 1 S. 1 BGB sämtliche Bauvorhaben i.S.v. § 34c GewO miterfasst werden.

16 Bei **Altbausanierungen** besteht ebenfalls ein terminologischer Unterschied. Zu den Bauvorhaben i.S.v. § 34c GewO gehören auch Altbausanierungen. Es besteht zwar Uneinigkeit darüber, welche Anforderungen an eine Maßnahme im Einzelnen zustellen sind, um gewerberechtlich als Bauvorhaben zu gelten.[29] Die Einbeziehung von Maßnahmen mit bautechnisch geringen Anforderungen scheint dabei nicht ausgeschlossen zu sein. Die Ausführung von Renovierungsarbeiten mit dem Ziel, einen zeitgemäßen Wohnkomfort herzustellen, könnte dafür ausreichen.[30] Zur Vermeidung von Wertungswidersprüchen zwischen § 650u Abs. 1 BGB und § 34c GewO wird der relativ enge Umbaubegriff des § 650u Abs. 1 BGB, der nur wesentliche Eingriffe in die Konstruktion oder den Bestand erfasst (und damit einfache Modernisierungen ausschließt), auch für die Auslegung des § 34c GewO heranzuziehen sein. Dabei ist in Kauf zu nehmen, dass ein Teil der Renovierungs- und Modernisierungsmaßnahmen erlaubnisfrei und vom Anwendungsbereich der MaBV freigestellt bleibt.[31]

2. Verweis auf Werk- und Kaufvertragsrecht

17 § 650u Abs. 1 BGB bestimmt, dass für die Herstellungsverpflichtung (Errichtung oder Umbau eines Hauses) die Vorschriften des Untertitels 1, also das Werk-, Bau- und Verbraucherbauvertragsrecht, und hinsichtlich des Anspruchs auf Übertragung des Eigentums an dem Grundstück oder auf Übertragung oder Bestellung des Erbbaurechts die Vorschriften über den Kauf Anwendung finden.

18 Diese Verweisung auf das Werk- und Kaufvertragsrecht entspricht der bekannten Rechtsprechung des BGH zum Bauträgervertrag. Der BGH hat den Bauträgervertrag verstanden als „einen einheitlichen Vertrag, der neben werk- und werklieferungsvertraglichen auch (soweit der Grundstückserwerb in Rede steht) kaufvertragliche Elemente sowie – je nach den Umständen des Einzelfalls – Bestandteile aus dem Auftrags- und Geschäftsbesorgungsrecht enthält (BGHZ 92, 123 (126) = NJW 1984, 2573)".[32] Frühere Vorstellungen, die den Vertrag als reinen Kaufvertrag verstehen wollten,[33] waren damit überwunden. Das Kaufvertragsrecht wurde und wird den Besonderheiten der übernommenen Herstellungspflicht nur unzureichend gerecht. Das war auch nach der Schuldrechtsmodernisierung allenfalls für den Erwerb von Objekten ungeklärt, die bei Vertragsschluss bereits fertiggestellt waren (vgl. oben § 5 Rn. 9).[34] Im Übrigen wurde auch nach der Schuldrechtsreform davon ausgegangen, dass diese zwar eine gewisse Annäherung der kaufvertragsrechtlichen Mängelhaftung an die des Werkvertragsrechts gebracht hat; die verbliebenen Unterschiede waren aber immer noch so bedeutsam sind, dass die Anwendung der werkvertraglichen Vorschriften für die Herstellungs-

---

[28] *Pause*, Bauträgerkauf und Baumodelle, 5. Aufl. 2011, Rn. 49.
[29] Grziwotz/*Everts*, MaBV, § 1 Rn. 11 f.; *Pause*, Bauträgerkauf und Baumodelle, Rn. 51.
[30] Grziwotz/*Everts*, MaBV, 2. Aufl. 2012, § 1 Rn. 11.
[31] *Pause*, Bauträgerkauf und Baumodelle, Rn. 51.
[32] BGH Urt. v. 21.11.1985 – VII ZR 366/83, NJW 1986, 925 (926).
[33] Vgl. *Köhler* NJW, 1321.
[34] BGH Urt. v. 12.5.2016 – VII ZR 171/15, NZBau 2016, 551, Rn. 23 f.

II. Legaldefinition des Bauträgervertrages, § 650u Abs. 1 BGB

pflicht weiterhin gerechtfertigt ist.[35] Dieser Vorstellung hat sich der Gesetzgeber mit der Beschränkung des Kaufvertragsrechts auf das Grundstück bzw. Erbbaurecht angeschlossen.[36]

§ 650u Abs. 1 BGB verweist für die Herstellungsverpflichtung auf das Werkvertragsrecht (Untertitel 1), nicht aber auf die Vorschriften des Untertitels 2, also die Regeln zum Architekten- und Ingenieurvertrag. Das bedarf der Erwähnung, weil für das bislang geltende Recht zum Teil vertreten wurde, dass der Bauträgervertrag auch eine Planungsverpflichtung enthält, an die allerdings keine übertriebene Anforderung zu stellen sei.[37] Tatsächlich ist schon nach früherem, jedenfalls aber nach nun geltendem Recht davon auszugehen, dass neben der werkvertraglichen Herstellungspflicht keine gesonderte Planungspflicht besteht, sondern letztere in ersterer enthalten ist, und zwar in dem Sinne, dass der Unternehmer sämtliche für eine mangelfreie Bauerrichtung nötige Planungsleistungen (eigentliche Planung, aber auch Bauüberwachung) ebenfalls zu erbringen hat, diese aber nicht selbständig einforderbar bzw. einklagbar sind.[38] Die Planung ist letztlich Mittel zum Zweck. Die in § 650p BGB genannten Planungs- und Überwachungsziele sind für den Bauträgervertrag nicht typisch, weil er regelmäßig keine Planungsziele oder Bauüberwachungsziele formuliert, sondern eine so weit abgeschlossene Planung voraussetzt, dass eine vertragliche Beschreibung der geschuldeten Bauleistung möglich und auch ausreichend ist. Das schließt nicht aus, den Bauträgervertrag in Bezug auf die erforderliche Dokumentation der Bauleistung – soweit sich das nicht bereits aus § 650n BGB ergibt – dahin auszulegen, dass die für spätere Instandsetzungen, Instandhaltungen und bauliche Änderungen benötigten Planungsunterlagen herauszugeben sind (vgl. → § 6 Rn. 132).

Im Übrigen verweist § 650u Abs. 1 Satz 2 BGB nun nicht einfach auf das Werkvertragsrecht. Angesichts der heute bestehenden komplexen werk- und bauvertragsrechtlichen Bestimmungen wäre das nicht ausreichend. Auf den Bauträgervertrag sind vielmehr die Vorschriften des Untertitels 1 anzuwenden, also das Werk-, Bau- und Verbraucherbauvertragsrecht. Diese umfassende Verweisung wird dann durch den Absatz 2 des § 650u BGB deutlich relativiert. Praktisch wird die Mehrzahl der Vorschriften des Untertitels 1 auf diese Weise von der Anwendung ausgeschlossen. Das in § 650u BGB organisierte Regel-Ausnahme-Prinzip ist relativ unübersichtlich (dazu nachfolgende Übersicht → § 6 Rn. 21).

3. Übersicht

Auf den Bauträgervertrag kommen zunächst die gesetzlichen Vorschriften über den **Werkvertrag** zur Anwendung, nämlich
- die Vorschriften über die vertragstypischen Pflichten und die Vergütung (§§ 631, 632 BGB),
- § 632a BGB über Abschlagszahlungen, diese aber ergänzt um die Vorschriften zur Höhe und Absicherung von Abschlagszahlungen beim Verbraucherbauvertrag in § 632m BGB und modifiziert durch § 650v BGB für die Vereinbarung von Abschlagzahlungen für den Bauträgervertrag,
- die Sach- und Rechtsmängelhaftung (§§ 633 ff. BGB),
- die Verjährungsvorschriften (§ 634a BGB) und
- die Vorschriften über die Abnahme (§§ 640, 641 BGB),

---

[35] *Pause*, Bauträgerkauf und Baumodelle, Rn. 68.
[36] Begründung des Gesetzesentwurfs der Bundesregierung, BT-Drs. 18/8486, 72.
[37] Vgl. Grziwotz/Koeble/*Koeble*, 4. Teil Rn. 161 f.
[38] *Pause*, Bauträgerkauf und Baumodelle, Rn. 447.

nicht aber (vgl. § 650u Abs. 2 BGB)
- das freie Kündigungsrecht (§ 648 BGB) und
- die Kündigung aus wichtigem Grund (§ 648a BGB).

22 Von den Vorschriften des **Bauvertrages** sind anwendbar
- § 650g Abs. 1 bis 3 BGB zur Zustandsfeststellung nach verweigerter Abnahme und Gefahrtragung,
- § 650g Abs. 4 BGB zur Schlussrechnung,

nicht aber (vgl. § 650u Abs. 2 BGB)
- das Anordnungsrecht des Bestellers (§ 650b, § 650c und § 650d BGB),
- die Bauhandwerkersicherungshypothek (§ 650e BGB) und
- die Bauhandwerkersicherheit (Ausschluss nach § 650 f Abs. 4 Nr. 2 BGB).

23 Von den Vorschriften über den **Verbraucherbauvertrag** sind anwendbar die Regeln zur
- Baubeschreibungspflicht (§§ 650j, 650k Abs. 2 und 3 BGB),
- Sicherung von Abschlagszahlungen (§ 650m Abs. 2 BGB) und
- Herausgabe von Unterlagen (§ 650n BGB),

nicht aber (vgl. § 650u Abs. 2 BGB) die Vorschriften zur
- Einbeziehung vorvertraglicher Baubeschreibungen (§ 650k Abs. 1 BGB),
- zum Widerrufsrecht gem. § 650l BGB und zur
- Obergrenze für Abschlagszahlungen (90 % der vereinbarten Gesamtvergütung nach § 650m Abs. 1 BGB).

III. Anwendung des Werkvertragsrechts

1. Abschlagszahlungen, § 632a BGB

a) Kein gesetzlicher Anspruch auf Abschlagszahlungen

24 Sofern der Bauträger während der Bauausführung **Abschlagszahlungen** nach Baufortschritt erhalten möchte, genügt ein einfaches „Verlangen" nicht; der gesetzliche Anspruch auf Abschlagszahlungen auf der Grundlage von § 632a Abs. 1 S. 1 BGB wird für den Bauträgervertrag durch § 650v BGB insofern verdrängt, als nach dieser Vorschrift Abschläge nur in Betracht kommen, wenn sie „vereinbart" worden sind. Das entspricht der bisherigen Rechtslage: Auch nach früherem Recht war die Grundregel des § 632a Abs. 1 S. 1 BGB durch die Spezialnorm des § 632a Abs. 2 BGB ausgeschlossen.[39] § 632a Abs. 1 S. 1 BGB ist deshalb trotz des allgemeinen Verweises in § 650u Abs. 2 BGB auf den Bauträgervertrag nicht anzuwenden.

b) Leistungsverweigerungsrecht

25 Nach § 632a Abs. 1 S. 2 BGB kann die Zahlung eines angemessenen Teils der Vergütung verweigert werden, wenn die Leistung nicht vertragsgemäß ist. § 641 Abs. 3 BGB, also das **Leistungsverweigerungsrecht** wegen Mängeln, gilt für Abschlagszahlungen entsprechend. Deshalb stellt in der Regel das Doppelte der für die Mängelbeseitigung erforderlichen Kosten den angemessenen Einbehalt dar.[40] Das entspricht der früheren Rechtslage und gilt auch weiterhin für den Bauträgervertrag. Durch die Gesetzesreform ist aber der bisherige Satz 2 des § 632a Abs. 1 BGB, nach dem bei wesentlichen Män-

---

[39] Kniffka/*von Rintelen*, ibr-online-Kommentar, 12.5.2017, § 632a BGB Rn. 115.
[40] Vgl. *Basty*, Der Bauträgervertrag, Rn. 542.

geln die gesamte Abschlagszahlung verweigert werden konnte,[41] entfallen. Deshalb ist auch der Erwerber bei wesentlichen Mängeln nach neuem Recht auf das Leistungsverweigerungsrecht (mit Druckzuschlag) beschränkt.

c) Beweislast

§ 632a Abs. 1 S. 3 BGB stellt klar, dass die **Beweislast** für die vertragsgemäße Leistung bis zur Abnahme beim Unternehmer verbleibt; das gilt auch für den Bauträgervertrag. 26

2. Sach- und Rechtsmängelhaftung, §§ 633 ff. BGB

Die Sach- und Rechtsmängelhaftung richtet sich für die Herstellungsverpflichtung (Errichtung bzw. den Umbau eines Hauses) nach Werkvertragsrecht (§ 650u Abs. 1 BGB), also nach den Vorschriften der §§ 633 ff. BGB.[42] Die Rechtslage ändert sich durch die Bauvertragsreform insoweit nicht. Aus den bereits oben erläuterten Gründen ist die werkvertragsrechtliche **Mängelhaftung** nicht nur bei einer übernommenen Herstellungsverpflichtung einschlägig, sondern ebenso für schon fertiggestellte, aber noch neue Häuser und Wohnungen.[43] Von einer neuen Wohnung wird bis zwei Jahre nach Bezugsfertigkeit ausgegangen;[44] eine drei Jahre alte und vermietete Wohnung ist nach der Verkehrsanschauung nicht mehr neu, beurteilt sich also in Bezug auf die Mängelhaftung nach Kaufvertragsrecht.[45] Welche Verkehrsanschauung für vermietete Wohnungen, die zwischen zwei und drei Jahre alt sind, maßgeblich ist, bleibt ungeklärt. Das gilt für neu errichtete Häuser, aber auch für Sanierungsleistungen. Auch hier gilt für die Mängelhaftung für bereits fertiggestellte, aber noch neue Sanierungsobjekte Werkvertragsrecht.[46] 27

3. Verjährungsvorschriften, § 634a BGB

Die Mängelansprüche des Erwerbers wegen Baumängeln im Sinne von § 633 BGB verjähren unverändert nach § 634a Abs. 1 Nr. 2 BGB, beginnend mit der Abnahme (§ 634a Abs. 2 BGB).[47] 28

4. Abnahme, §§ 640, 641 BGB

Der Erwerber ist aufgrund insoweit ebenfalls unveränderter Rechtslage gemäß § 640 Abs. 1 BGB verpflichtet, das vom Bauträger vertragsgemäß hergestellte Werk abzunehmen.[48] Für den Bauträgervertrag ist allerdings zu beachten, dass die Voraussetzungen für eine fiktive Abnahme (§ 640 Abs. 2 BGB) geändert worden sind. Außerdem ist von Bedeutung, dass mit der Reform des Bauvertrages zunächst keine Regelung zur Abnahme des Gemeinschaftseigentums erfolgt ist. 29

---

[41] Kniffka/*von Rintelen*, ibr-online-Kommentar, 12.5.2017, § 632a BGB Rn. 41; *Pause*, Bauträgerkauf und Baumodelle, Rn. 200.
[42] Basty, Der Bauträgervertrag, Rn. 1061; Blank, Bauträgervertrag, Rn. 409; *Pause*, Bauträgerkauf und Baumodelle, Rn. 626.
[43] BGH Urt. v. 12.5.2016 – VII ZR 171/15, NZBau 2016, 551, Rn. 23.
[44] BGH Urt. v. 25.2.2016 – VII ZR 156/13, NJW 2016, 1575, Rn. 22; BGH Urt. v. 9.1.2003 – VII ZR 408/01, NZBau 2003, 213.
[45] BGH Urt. v. 25.2.2016 – VII ZR 156/13, NJW 2016, 1575, Rn. 25.
[46] BGH Urt. v. 8.3.2007 – VII ZR 130/05, BauR 2007, 1036; OLG Düsseldorf Urt. v. 5.5.2015 – 24 U 92/14, IBR 2015, 604.
[47] Vgl. *Pause*, Bauträgerkauf und Baumodelle, Rn. 797.
[48] Basty, Der Bauträgervertrag, Rn. 980.

a) Fiktive Abnahme

30 Die nunmehr in § 640 Abs. 2 BGB geregelte **fiktive Abnahme** gilt auch für den Bauträgervertrag. Nach § 640 Abs. 2 BGB gilt ein Werk als abgenommen, wenn der Unternehmer dem Besteller nach Fertigstellung des Werks eine angemessene Frist zur Abnahme des Werks gesetzt und der Besteller die Abnahme nicht innerhalb der Frist unter Angabe wenigstens eines Mangels verweigert hat (dazu → § 3 Rn. 10).

31 Die Neuregelung bezweckt einen angemessenen Interessenausgleich zwischen Besteller und Unternehmer: Nach § 640 Abs. 2 S. 1 BGB soll eine fiktive Abnahme nicht schon daran scheitern, dass der Erwerber die Abnahme ohne jede Begründung verweigert; die Abnahmefiktion kann nunmehr nur durch die Angabe wenigstens eines Mangels verhindert werden. Nach dem Gesetzeswortlaut des § 640 Abs. 2 S. 1 BGB wird hierfür nicht die Behauptung eines wesentlichen Mangels, also eines Mangels der der Abnahmefähigkeit entgegenstünde, verlangt, es genügt die Angabe eines ggf. auch nur unwesentlichen Mangels. Die Begründung zum Gesetzentwurf erklärt das damit, dass andernfalls erst nachträglich (im gerichtlichen Verfahren) geklärt würde, welcher Art der Mangel war, und bis dahin ungeklärt bliebe, ob die Leistung als abgenommen gilt oder nicht.[49] Das überzeugt nicht. Nach der klaren Wertung in § 640 Abs. 1 S. 2 BGB soll die Abnahme an **unwesentlichen Mängeln** gerade nicht scheitern. Im Übrigen ist die Gesetzesbegründung praxisfremd, weil auch darüber vor Gericht gestritten werden wird, ob überhaupt ein (ggf. unwesentlicher) Mangel vorliegt. Die gesetzliche Regelung erhebt den Anspruch, dem Interesse des Unternehmers bzw. des Bauträgers an der Erlangung der Abnahme Rechnung zu tragen, insbesondere soll verhindert werden, dass die Abnahme grundlos verweigert wird. Die Neuregelung dürfte sich als stumpfes Schwert erweisen, da der Erwerber – ebenso wie jeder andere Besteller –, der die Abnahme verweigern möchte, dafür auch einen, wenn vielleicht auch nur zweifelhaften Grund finden wird, zumal dann, wenn die Benennung eines unwesentlichen Mangels zur Zerstörung der Abnahmefiktion genügen soll (vgl. → § 3 Rn. 14 f., 20).

32 Neu in das Gesetz eingefügt wurde eine zusätzliche Voraussetzung, nämlich die **Fertigstellung** des Werks (§ 640 Abs. 2 S. 1 BGB). Dadurch soll verhindert werden, dass der Unternehmer, also auch der Bauträger, noch vor Fertigstellung des Bauwerks durch eine vorzeitiges Abnahmeverlangen missbräuchlich eine fiktive Abnahme herbeiführt. Beim Bauträgererwerb stellt sich die Frage, ob sich die von § 640 Abs. 2 S. 1 BGB vorausgesetzte Fertigstellung des Werks von der für die Fälligkeit der letzten Rate nach § 3 Abs. 2 MaBV verlangten „vollständigen Fertigstellung" unterscheidet. Bei der Anwendung von § 3 Abs. 2 MaBV wird davon ausgegangen, dass zur Fertigstellung des Bauwerks auch die Beseitigung der wesentlichen Mängel gehört, denn nur dann kann von einer fertigen Bauleistung gesprochen werden.[50] Im Übrigen wird angenommen, dass die Abnahmefähigkeit i. S. v. § 640 Abs. 1 BGB und die vollständige Fertigstellung i. S. v. § 3 Abs. 2 MaBV identisch sind.[51] Der Begründung des Gesetzesentwurfs ist hierzu zu entnehmen, dass das für § 640 Abs. 2 S. 1 BGB nicht gelten soll, also wesentliche Mängel der fiktiven Abnahme im Grundsatz nicht entgegenstehen; es genügt, wenn das Bauwerk rein quantitativ fertiggestellt ist.[52] Für die frühere gesetzliche Regelung zur Abnahmefiktion in § 640 Abs. 1 S. 3 BGB war davon ausgegangen worden, dass eine

---

[49] Begründung des Gesetzesentwurfs der Bundesregierung, BT-Drs. 18/8486, 48.
[50] *Pause*, Bauträgerkauf und Baumodelle, Rn. 334.
[51] *Pause*, Bauträgerkauf und Baumodelle, Rn. 334; aA *Basty*, Der Bauträgervertrag, 8. Aufl. 2014, Rn. 532; *Blank*, Bauträgervertrag, Rn. 272 fordert nicht nur die Abnahmefähigkeit, sondern die sogar die erklärte Abnahme.
[52] Begründung des Gesetzesentwurfs der Bundesregierung, BT-Drs. 18/8486, 49.

abnahmefähige Leistung erbracht sein muss, es bei der Beurteilung der Abnahmefähigkeit aber auf das äußere Erscheinungsbild ankommt.[53] Mit der jetzigen Regelung in § 640 Abs. 2 BGB wäre auch beim Vorliegen eines augenscheinlich wesentlichen Mangels eine fiktive Abnahme möglich und es ist am Erwerber, auch und gerade in diesem Fall, die Abnahmewirkung durch eine ausdrückliche Erklärung zu verhindern.

Danach würde im Falle eines beispielsweise erkennbar undichten Dachs, das als wesentlicher Mangel anzusehen wäre, eine fiktive Abnahme möglich sein, während die letzte Rate i. S. v. § 3 Abs. 2 MaBV wegen der fehlenden „vollständigen Fertigstellung" nicht fällig würde. Das überzeugt nicht. Richtig dürfte es sein, auch bei der Anwendung von § 640 Abs. 2 BGB denselben Fertigstellungsbegriff zugrunde zu legen wie in § 3 Abs. 2 MaBV, also auch für die fiktive Abnahme die Freiheit von wesentlichen Mängeln zu verlangen (dazu → § 6 Rn. 32).

Sofern der Erwerber zugleich Verbraucher ist, treten die Wirkungen einer fiktiven Abnahme nur ein, wenn der Erwerber vom Bauträger zusammen mit der Aufforderung zur Abnahme auf die Folgen einer unterlassenen Abnahmeweigerung oder einer Abnahmeweigerung ohne Angabe von Mängeln textlich hingewiesen wurde (§ 640 Abs. 2 S. 2 BGB); siehe dazu → § 3 Rn. 17.

Es ist davon auszugehen, dass § 640 Abs. 2 BGB – wie schon die Regelung in § 640 Abs. 1 S. 2 BGB a. F. – **Leitbildcharakter** hat, also bei vertraglichen Gestaltungen zu berücksichtigen ist.[54] Regelungen in Geschäftsbedingungen, die zum Nachteil des Erwerbers von § 640 Abs. 2 BGB abweichen, sind nach § 307 BGB unwirksam. Die Bestimmung eines zweiten Abnahmetermins, der jedenfalls die Abnahmewirkung auslöst, hält einer Inhaltskontrolle nicht stand.[55] Zulässig dürfte die Festlegung einer angemessenen Frist für die Abnahme sein; angemessen wäre etwa eine an § 12 Abs. 5 Nr. VOB/B orientierte Frist von 12 Werktagen.[56] Die Pflicht des Unternehmers, den Verbraucher textlich auf die Wirkungen einer fiktiven Abnahme hinzuweisen (§ 640 Abs. 2 S. 2 BGB), ist unabdingbar, § 650o BGB.

b) Teilabnahme – Abnahme des Gemeinschaftseigentums

Die mit der Reform des Bauvertrages geänderten Vorschriften enthalten keine Regelungen, die den Besonderheiten des Erwerbs vom Bauträger Rechnung tragen, insbesondere die **Abnahme des Gemeinschaftseigentums** regeln würden.

Es entsprach dem Bedürfnis der Bauträger, in den Erwerbsverträgen eine Abnahmeregelung vorzusehen, die einheitlich für sämtliche Erwerber zu ein und demselben Zeitpunkt wirkt, also vor allem den Lauf der Gewährleistungsfrist in Gang setzt und zum Gefahrübergang führt. Die Vereinbarung einer gesonderten Abnahme der Bausubstanz des Sonder- und Gemeinschaftseigentums, also eine **Teilabnahme** des Gemeinschaftseigentums ist nach der Rechtsprechung des BGH zulässig.[57] Die verbreitete Gestaltung für die Abnahme des Gemeinschaftseigentums sah die Beauftragung eines **Abnahmevertreters** (Sachverständiger oder Wohnungseigentumsverwalter) durch den Bauträger vor, wobei dieser Abnahmevertreter durch die Erwerber für die Erklärung der Abnahme – unwiderruflich – im Erwerbsvertrag bevollmächtigt wurde. Derartige

---

[53] Kniffka/*Pause*/*Vogel*, ibr-online-Kommentar, 12.5.2017, § 640 BGB Rn. 67; *Pause*, Bauträgerkauf und Baumodelle, Rn. 582.
[54] Vgl. *Blank*, Bauträgervertrag, Rn. 400.
[55] *Blank*, Bauträgervertrag, Rn. 400.
[56] *Basty*, Der Bauträgervertrag, Rn. 996; *Blank*, Bauträgervertrag, Rn. 400.
[57] BGH Urt. v. 30.6.1983 – VII ZR 185/81, BauR 1983, 573, 575; bestätigt durch BGH Urt. v. 12.5.2016 – VII ZR 171/15, NJW 2016, 2878, Rn. 29.

Vertragsklauseln lassen eine parteiische und nur unzureichende Prüfung des Werks durch den vom Bauträger beauftragten Abnahmevertreter befürchten und benachteiligen den Erwerber deshalb unangemessen.[58] Das gilt auch für die mittelbare Bestimmung des Abnahmevertreters in der Weise, dass der Erstverwalter als Abnahmevertreter festgelegt wird und dieser durch den Bauträger in der Teilungserklärung bestimmt wurde bzw. bestimmt werden kann.[59] Noch gravierender ist die Benachteiligung des Erwerbers, wenn sich der Bauträger selbst zum Erstverwalter bestellt und vom Erwerber mit der Abnahme bevollmächtigen lässt.[60] Eine „gemeinsame" Abnahme, vermittelt durch einen für sämtliche Erwerber bestellten Vertreter, ist deshalb nicht möglich.

38 Die Abnahme des Gemeinschaftseigentums durch einen von der **Wohnungseigentümergemeinschaft** beauftragten Vertreter ist ebenfalls unwirksam. Es ist davon auszugehen, dass keine wohnungseigentumsrechtliche Wahrnehmungsbefugnis für die Abnahme des Gemeinschaftseigentums nach § 10 Abs. 6 S. 3 WEG besteht.[61] Zwar hat die Abnahme auch eine Bedeutung für die Geltendmachung von Mängelansprüchen in Bezug auf das Gemeinschaftseigentum, sie erschöpft sich darin aber nicht, sondern ist ebenso relevant für das Vertragsverhältnis des Erwerbers zum Bauträger etwa für den Gefahrübergang, weshalb die Wohnungseigentümergemeinschaft nicht zuständig ist.[62] In der Folge sind Regelungen zur Abnahme in der Teilungserklärung, aber auch entsprechende Beschlüsse der Wohnungseigentümergemeinschaft[63] nichtig.

39 Schließlich wurden vom BGH[64] Vertragsgestaltungen verworfen, die die Wirkung der von den früheren Erwerbern erklärte Abnahme des Gemeinschaftseigentums auf **Nachzüglererwerber** erstreckt. Klauseln, die die Fristenangleichung für Nachzüglererwerber bezwecken, sind gemäß § 307 Abs. 1 S. 1, Abs. 2 Nr. 1 BGB schon deshalb unwirksam, weil sie dem wesentlichen Grundgedanken des § 640 Abs. 1 BGB widersprechen: Nach § 640 Abs. 1 BGB ist es eine Hauptpflicht des Erwerbers, die Abnahme zu erklären; damit korrespondiert aber das Recht des Erwerbers, über die Abnahme selbst entscheiden zu können.[65] Diese Möglichkeit wird dem Erwerber durch einen Verweis auf die vorangegangene Abnahme aber abgeschnitten. Nach der Rechtsprechung des BGH[66] ist eine Fristenangleichung wegen der damit einhergehenden Abkürzung der gesetzlichen Verjährungsfrist außerdem nach § 309 Nr. 8b ff BGB unwirksam. Das gilt für Wohnungen, die bis zu zwei Jahre nach Fertigstellung veräußert werden.[67] Diese Grundsätze kommen allerdings dann nicht mehr zur Anwendung, wenn eine Wohnung erst drei Jahre nach Fertigstellung veräußert wird und zuvor vermietet war.[68] Nach der Ver-

---

[58] OLG München Urt. v. 15.12.2008 – 9 U 4149/08, BauR 2009, 1444; OLG Karlsruhe Urt. v. 27.9.2011 – 8 U 106/10, NJW 2012, 237; OLG Düsseldorf Urt. v. 23.10.2012 – 23 U 112/11, BauR 2013, 470; LG Hamburg Urt. v. 11.3.2010 – 328 O 179/09, BauR 2010, 1953.

[59] OLG Düsseldorf Urt. v. 23.10.2012 – 23 U 112/11, BauR 2013, 470, bestätigt durch BGH Urt. v. 12.9.2013 – VII ZR 308/12, NJW 2013, 3360; OLG München Urt. v. 6.12.2016 – 28 U 2388/16 Bau, BauR 2017, 1041.

[60] BGH Urt. v. 30.6.2016 – VII ZR 188/13; vgl. dazu die Vorinstanz OLG Brandenburg Urt. v. 13.6.2013 – 12 U 162/12, MittBayNot 2014, 434 mAnm *Pause* = IBR 2013, 622.

[61] BGH Urt. v. 12.5.2016 – VII ZR 171/15, Rn. 37.

[62] BGH Urt. v. 12.5.2016 – VII ZR 171/15, Rn. 33 f.

[63] BGH Urt. v. 12.5.2016 – VII ZR 171/15, Rn. 33 f.

[64] BGH Urt. v. 25.2.2016 – VII ZR 49/15, NJW 2016, 1572; BGH Urt. v. 25.2.2016 – VII ZR 156/13, NJW 2016, 1575.

[65] BGH Urt. v. 12.5.2016 – VII ZR 171/15, Rn. 44 f.

[66] BGH Urt. v. 25.2.2016 – VII ZR 49/15, NJW 2016, 1572, Rn. 32 f.

[67] BGH Urt. v. 21.2.1985 – VII ZR 72/84, BauR 1885, 214; BGH Urt. v. 9.1.2003, VII ZR 408/01, NZBau 2003, 213.

[68] BGH Urt. v. 25.2.2016 – VII ZR 156/13, NJW 2016, 1575, Rn. 25.

kehrsanschauung ist eine Wohnung nach Ablauf einer solchen Frist, innerhalb derer sie durch Mieter genutzt wurde, keine neu hergestellte Sache mehr. Eine werkvertragliche Errichtungspflicht kann unter diesen Umständen nicht mehr angenommen werden, weshalb unter dieser Voraussetzung Kaufvertragsrecht[69] gilt mit der Möglichkeit einer Haftungsbeschränkung.[70]

In Reaktion auf die dargestellte Rechtsprechung wird häufig keine gesonderte Abnahme des Gemeinschaftseigentums vereinbart und durchgeführt; der Bauträger lässt die gesamte Bausubstanz vom Erwerber abnehmen. Das entspricht zwar der gesetzlichen Verpflichtung eines jeden Erwerbers. Die Abnahme beruht auf dem Vertrag und ist individuell zu erklären. Die individuelle Abnahme wird aber tatsächlich häufig dazu führen, dass sie ohne entsprechende technische Beratung durchgeführt wird – was für den Erwerber im Ergebnis (ebenfalls) ungünstig ist.

Auf dem Hintergrund der ergangenen Rechtsprechung hätte es nahe gelegen, im Zuge der Bauvertragsreform eine gesetzliche Lösung für die Abnahme des Gemeinschaftseigentums zu finden, und zwar mit dem Ziel, eine gemeinschaftliche Abnahme mit einem durch die Erwerber legitimierten Vertreter herbeizuführen, die dann aber auch für etwaige Nachzüglererwerber bindend ist. Entsprechende Vorschläge wurden vom 5. Deutschen Baugerichtstag erarbeitet.[71] Die Abnahme könnte danach durch einen von der Wohnungseigentümergemeinschaft ausgewählten und beauftragten Vertreter durchgeführt werden[72] (eine Ausübungsbefugnis, die nach geltendem Recht nicht besteht).[73] Eine solche Lösung hätte den Vorteil, dass eine fachkundige Begleitung der Abnahme durch qualifizierte Fachleute (Architekten, Ingenieure und Sachverständige) gewährleistet werden kann. Der Nachteil bestünde allerdings darin, dass zwischen Fertigstellung (und Bezug) der Wohnanlage und Beauftragung eines entsprechenden Abnahmevertreters (Sachverständigen) durch die Wohnungseigentümerversammlung geraume Zeit verstreichen, also ebenfalls eine erhebliche anfängliche Nutzung ohne Abnahme ermöglicht würde. Aber auch bei einer gesetzlich begründeten Zuständigkeit der Wohnungseigentümergemeinschaft sollte es dem Bauträger vorbehalten bleiben, die Abnahme von jedem einzelnen Erwerber verlangen zu können, was gerade bei kleineren Wohnanlagen zweckmäßig sein kann.

5. Freies Kündigungsrecht, § 648 BGB

§ 650u Abs. 2 BGB schließt die Anwendung des freien Kündigungsrechts (§ 648 BGB) für den Bauträgervertrag aus. Nach der Begründung zum Gesetzesentwurf liefe ein **freies Kündigungsrecht** des Erwerbers dem wirtschaftlichen Ziel eines Bauträgervertrages zuwider; außerdem würde es beim Geschoßwohnungsbau wegen der Gesamtherstellungspflicht des Bauträgers zu erheblichen Problemen bei der Vollendung des Bauvorhabens führen.[74]

Das entspricht der Rechtsprechung zum früheren Recht.[75] Danach konnte der Bauträgervertrag schon bislang nicht frei gekündigt werden. Das wurde mit den Rechtsfol-

---

[69] BGH Urt. v. 25.2.2016 – VII ZR 156/13, NJW 2016, 1575, Rn. 25.
[70] Vgl. dazu *Pause* NZBau 2017, 22.
[71] Empfehlung des Arbeitskreises V – Bauträgerrecht, BauR 2014, 1617.
[72] Empfehlung des Arbeitskreises V – Bauträgerrecht, BauR 2014, 1617.
[73] BGH Urt. v. 12.5.2016 – VII ZR 171/15, NZBau 2016, 551; OLG München Urt. v. 6.12.2016 – 28 U 2388/16 Bau, BauR 2017, 1041 (1044).
[74] Begründung des Gesetzesentwurfs der Bundesregierung, BT-Drs. 18/8486, S. 72.
[75] BGH Urt. v. 21.11.1985 – VII ZR 366/83, NJW 1986, 925 = BauR 1986, 208; KG Urt. v. 22.12.1998 – 27 U 429/98, BauR 2000, 114; OLG Karlsruhe Urt. v. 24.10.2016 – 19 U 108/14.

gen der Kündigung und den Besonderheiten des Bauträgervertrages begründet.[76] Wäre eine Beendigung des Bauträgervertrages durch eine willkürliche Kündigung des Erwerbers möglich, würde sie dazu führen, dass der Erwerber das Grundstück bzw. den Grundstücksanteil samt der bis zum Kündigungszeitpunkt erbrachten Bauleistungen bei entsprechender Vergütung beanspruchen könnte. Eine solche Möglichkeit der Vertragsbeendigung würde dem kaufvertraglichen Element des Bauträgervertrages widersprechen. Wollte man sie zulassen, würde dies dazu führen, dass der Erwerber noch vor Beginn der Bauarbeiten dem Bauträger das Grundstück nehmen und die Arbeiten anderweit ausführen lassen könnte. Da die freie Kündigung den Besonderheiten des Bauträgererwerbs nicht gerecht wird, hat die Rechtsprechung ihre Anwendung auf den Bauträgervertrag schon bislang abgelehnt.[77]

6. Kündigung aus wichtigem Grund, § 648a BGB

44 Nach § 650u Abs. 2 BGB ist beim Bauträgervertrag auch das Recht zur **Kündigung aus wichtigem Grund** (§ 648a BGB) ausgeschlossen. Nach den Vorstellungen des Gesetzgebers soll es „mit Blick auf die Einheitlichkeit des Vertrages und die Ausübung der Rechte daraus" überhaupt nicht mehr möglich sein, sich aus einem Bauträgervertrag zu lösen.[78] Selbst bei gravierenden Pflichtverletzungen ist es nicht nötig, dem Erwerber einen Anspruch auf das Grundstück (mit der teilweise ausgeführten Bauleistung) zu verschaffen, da seinem Interesse mit der gesicherten Rückzahlung bereits geleisteter Zahlungen genüge getan ist. Auch dann, wenn der Bauträger vertragsuntreu ist und die weitere Vertragsdurchführung unzumutbar ist, wird dem Interesse des Erwerbers an einer Lösung durch das **Rücktrittsrecht** hinreichend Rechnung getragen: Bei wesentlichen Mängeln kann das Rücktrittsrecht nach §§ 636, 323, 326 Abs. 5 BGB und bei gravierenden nichtleistungsbezogenen (Schutz-)Pflichten kann das Rücktrittsrecht nach §§ 241 Abs. 2, 324 BGB ausgeübt werden.[79] Vor der Abnahme kommt ein verzugsbedingter Rücktritt (§§ 286 Abs. 1, 323 Abs. 1 BGB) und auch der Prognoserücktritt (§ 323 Abs. 4 BGB) in Betracht. Ein Teilrücktritt (§ 323 Abs. 5 BGB) ist allerdings nicht möglich, weil die Leistung nach dem Willen der Parteien unteilbar ist.[80] Anders als bei der Errichtung eines Bauwerks auf dem Grundstück des Bauherrn, bei dem die zum Teil erbrachte Leistung zum Eigentum des Bauherrn wird, kann das teilweise errichtete Bauwerk bei einem Rücktritt durch den Erwerber problemlos dem Bauträger verbleiben. Für den Bauherrn besteht im Unterschied dazu ein Interesse daran, den Vertrag ggf. auch aus wichtigem Grund mit Wirkung ex nunc beenden zu können, während beim Bauträgererwerb eine vollständige Rückabwicklung des Vertrages den wechselseitigen Interessen hinlänglich gerecht wird.

45 Auch wenn der generelle Ausschluss des Kündigungsrechts beim Bauträgervertrag im Grundsatz eine richtige Lösung ist, muss die Beschränkung auf das Rücktrittsrecht wegen der ansonsten unveränderten rechtlichen Rahmenbedingungen Bedenken begegnen. Der Gesetzgeber hat mit der Reform des Bauvertrages die Voraussetzungen für die Vereinbarung von Abschlagszahlungen nicht geändert. Der Verweis auf die Bestimmungen der §§ 3 und 7 MaBV findet sich zwar nunmehr in § 650v BGB; eine inhaltlich Ände-

---

[76] *Pause*, Bauträgerkauf und Baumodelle, Rn. 753; *Basty*, Der Bauträgervertrag, Rn. 1146.
[77] BGH Urt. v. 21.11.1985 – VII ZR 366/83, NJW 1986, 925 = BauR 1986, 208; KG Urt. v. 22.12.1998 – 27 U 429/98, BauR 2000, 114; OLG Karlsruhe Urt. v. 24.10.2016 – 19 U 108/14.
[78] Begründung des Gesetzesentwurfs der Bundesregierung, BT-Drs. 18/8486, 72.
[79] Vgl. Begründung des Gesetzesentwurfs der Bundesregierung, BT-Drs. 18/8486, 72.
[80] BGH Urt. v. 30.4.1976 – V ZR 143/74, NJW 1976, 1931 (1932); aA *Popescu*, BauR 2012, 1314 (1315).

rung ist damit aber nicht verbunden (vgl. zum früheren Recht § 632a Abs. 2 BGB). Die **Schutzlücke im Vormerkungsmodell** des § 3 MaBV wurde nicht beseitigt (vgl. dazu → § 6 Rn. 158). Unverändert besteht die Gefahr, dass der Erwerber, wenn er vom Vertrag zurücktritt, bei einer Insolvenz des Bauträgers die Auflassungsvormerkung und damit die Sicherung der bereits geleisteten Zahlungen verliert, weil ihm gegenüber dem Berichtigungsanspruch des Insolvenzverwalters kein Zurückbehaltungsrecht an der Auflassungsvormerkung zur Seite steht.[81] Wenigstens beim Erwerb von Einfamilienhäusern oder Reihenhäusern war bei entsprechenden Pflichtverletzungen des Bauträgers die Kündigung aus wichtigem Grund eine Alternative für den Erwerber, denn hier erwarb er zwar ein nur mehr oder weniger fertiggestelltes Bauwerk, riskierte aber nicht den Verlust der bereits geleisteten Zahlungen. Da der Gesetzgeber dies offenbar nicht bedacht bzw. übersehen hat,[82] könnte daran gedacht werden, bis zu einer Änderung des Zahlungsmodells durch den Gesetzgeber ggf. ein außerordentliches Kündigungsrecht in analoger Anwendung von § 648a BGB (und entgegen § 650u Abs. 2 BGB) anzuerkennen, um dem Erwerber so bei schwerwiegenden Vertragsverletzungen ein (zumutbares) Lösungsrecht zu verschaffen. Angesichts der eindeutigen gesetzlichen Regelung in § 650u Abs. 2 BGB, der die Anwendung von § 648a BGB ausdrücklich ausschließt, dürfte dies kein gangbarer Weg sein. Auch ein **Teilrücktritt**, der sich auf die noch nicht ausgeführte Bauleistung beschränkt (§ 323 Abs. 5 BGB), ist nicht möglich, weil der Vertrag auf eine einheitliche, nicht teilbare Bauträgerleistung gerichtet ist.[83] Die Leistung des Bauträgers ist nach dem im Vertrag zum Ausdruck gebrachten Parteiwillen unteilbar.[84] Mit anderen Worten: Der Erwerber kann sich, sofern er nach § 3 MaBV gesicherte Abschlagszahlungen geleistet hat, nach neuem Recht vom Bauträgervertrag praktisch nicht lösen.

IV. Anwendung des Bauvertragsrechts

Der allgemeine Verweis auf den 1. Untertitel gilt dem Werkvertragsrecht einschließlich Bauvertragsrecht, wobei die Anwendung der besonderen Vorschriften des Bauvertragsrechts weitgehend ausgeschlossen bleibt. **46**

1. Zustandsfeststellung bei Verweigerung der Abnahme, § 650g Abs. 1 bis 3 BGB

Im Falle der verweigerten Abnahme hat der Erwerber auf Verlangen des Bauträgers an einer Feststellung des Zustands des Bauwerks mitzuwirken. Wegen der Einzelheiten wird auf die Darstellung zu § 650g BGB beim Bauvertrag Bezug genommen (→ § 2 Rn. 146 ff.). **47**

Nach § 650g Abs. 1 BGB hat der Besteller auf Verlangen des Unternehmers an einer gemeinsamen Feststellung des Zustandes des Werkes mitzuwirken, wenn der Besteller die Abnahme wegen Mängeln verweigert hat. Durch die **Zustandsfeststellung** soll, wenn der Besteller das Werk in Benutzung nimmt, späterer Streit darüber vermieden werden, wer später festgestellte Mängel und Schäden verursacht hat.[85] An einer solchen **48**

---

[81] BGH Urt. v. 20.12.2001 – IX ZR 401/99, NJW 2002, 1050; BGH Urt. v. 7.3.2002 – IX ZR 457/99, NJW 2002, 2313; BGH Urt. v. 22.1.2009 – IX ZR 66/07, NJW 2009, 1414 = BauR 2009, 817.
[82] *Pause* BauR 2017, 430 (441).
[83] Palandt/*Grüneberg* BGB § 323 Rn. 24; MüKoBGB/*Ernst* § 323 Rn. 201.
[84] *Pause* BauR 2017, 430 (441).
[85] Begründung des Gesetzesentwurfs der Bundesregierung, BT-Drs. 18/8486, 59.

Zustandsfeststellung kann insbesondere dann ein Bedürfnis bestehen, wenn die Abnahme des vom Bauträger errichteten Objekts wegen wesentlicher Mängel verweigert wird und der Bauträger die Wohnung bzw. das Haus an den Erwerber zur Nutzung übergibt, etwa um Verzugsfolgen zu vermeiden.[86] Auch wenn der Wortlaut von § 650g Abs. 1 BGB lediglich die Verweigerung der Abnahme wegen Mängeln erwähnt, dürfte eine Zustandsfeststellung auch dann verlangt werden können, wenn der Abnahme die vollständige Fertigstellung des Objekts entgegensteht und dennoch eine Übergabe des Vertragsgegenstandes erfolgt.

49   Bleibt der Erwerber einem vereinbarten **Termin zur Zustandsfeststellung** fern oder nimmt er einen innerhalb angemessener Frist bestimmten Termin nicht wahr, ist der Bauträger nach § 650g Abs. 2 BGB berechtigt, den Zustand ohne den Erwerber einseitig festzustellen, es sei denn, der Erwerber konnte wegen eines von ihm nicht zu vertretenden Umstandes den Termin nicht wahrnehmen und hat dies unverzüglich mitgeteilt. Der Bauträger hat die einseitige Zustandsfeststellung gem. § 650g Abs. 2 Satz 3 BGB zu datieren, zu unterschreiben und dem Erwerber eine Abschrift auszuhändigen. Wegen der Einzelheiten → § 3 Rn. 149.

50   Sofern **offenkundige Mängel** in der Zustandsfeststellung nicht enthalten sind und der Vertragsgegenstand übergeben worden ist, wird gem. § 650g Abs. 3 BGB vermutet, dass der Mangel nach der Übergabe entstanden und vom Erwerber zu vertreten ist, es sei denn, der Mangel kann seiner Art nach nicht vom Erwerber verursacht worden sein. Gedacht sei etwa an den offensichtlich vorhandenen (wasserführenden) Riss in der Betonkonstruktion der Tiefgarage, der bei der Zustandsfeststellung übersehen wurde, aber vom Erwerber nicht verursacht worden sein kann.

2. Schlussrechnung, § 650g Abs. 4 BGB

a) Schlussrechnungserfordernis beim Bauvertrag

51   Nach § 650g Abs. 4 BGB wird bei Bauverträgen für die Fälligkeit der Vergütung neben der Abnahme die Vorlage einer prüfbaren **Schlussrechnung** vorausgesetzt. Die Vorlage einer prüfbaren Schlussrechnung durch den Unternehmer war beim BGB-Bauvertrag nach früherem Recht zwar keine Fälligkeitsvoraussetzung, aber doch Voraussetzung für die gerichtliche Durchsetzung des Vergütungsanspruchs, weil ihre Vorlage zur schlüssigen Darlegung der Forderung gehört (Schlüssigkeitsvoraussetzung).[87] Insoweit wird die schon bislang prozessrechtlich geforderte Prüfbarkeit nunmehr auch zu einer materiellrechtlichen Voraussetzung für den Vergütungsanspruch. Das entspricht der Rechtslage beim VOB/B-Vertrag.[88]

b) Rechtslage nach früherem Recht

52   Für den Bauträgervertrag war nach früherem Recht für die **Fälligkeit der Vergütung** keine Schlussrechnung nötig. Eine materiell-rechtliche Anforderung ergab sich weder aus den Vorschriften der MaBV noch aus den privatrechtlichen Regelungen der §§ 632 f. BGB. Es gilt insoweit das gleiche wie beim BGB-Bauvertrag. Eine Schlussrechnung war im Falle der gerichtlichen Durchsetzung für die schlüssige Darlegung des Anspruchs ebenfalls nicht erforderlich. Die Höhe der Forderung für den vereinbarten Pauschalfestpreis ergibt sich unmittelbar aus dem Vertrag; eine rechnerische Herleitung ist

---

[86] *Pause*, Bauträgerkauf und Baumodelle, Rn. 440.
[87] Kniffka/*Pause*/Vogel, ibr-online-Kommentar, 12.5.2017, § 641 BGB Rn. 31.
[88] Kniffka/*Pause*/Vogel, ibr-online-Kommentar, 12.5.2017, § 641 BGB Rn. 92.

IV. Anwendung des Bauvertragsrechts

für die schlüssige Darstellung der Forderung nicht erforderlich.[89] Anderes gilt dann, wenn infolge einer nachträglichen Änderung der Gesamtvergütung, was häufig bei der Vereinbarung von geänderten Bauleistungen (Sonderwünschen) der Fall ist, für die schlüssige Darstellung der Forderung nicht einfach auf den Vertrag verwiesen werden kann, weil sich die maßgebliche Forderung aus dem Vertragspreis und der oder den nachträglichen Änderungen (Erhöhungen und Abzügen) ergibt. In diesem Fall sind in der letzten Rechnung zunächst der ursprünglich vereinbarte Preis, die Änderungen des Preises und die geleisteten Abschläge (Raten) aufzuführen und sodann der Restbetrag (Schlusszahlungsforderung) auszuweisen. Auch dann, wenn der Vertrag (teilweise) als Abrechnungsvertrag gestaltet worden ist oder Sonderwünsche auf der Grundlage von Einheitspreisen abzurechnen sind, war bereits nach geltendem Recht eine Schlussrechnung vorzulegen, um die Forderung im prozessrechtlichen Sinne schlüssig zu machen.[90]

c) Übertragung der Schlussrechnung auf Bauträgervertrag

53 Nach neuem Recht gilt das Schlussrechnungserfordernis auch beim Bauträgervertrag. § 650g Abs. 4 BGB ist auf den Bauträgervertrag anzuwenden (§ 650u Abs. 1 Satz 2 BGB); die Vorschrift gehört nicht zu den von der Anwendung ausgeschlossenen Regelungen i. S. v. § 650u Abs. 2 BGB.

54 Die Regelung zur Schlussrechnung ist erst in der letzten Gesetzgebungsphase vom Rechtsausschuss des Bundestages in das Gesetz eingefügt worden. Besondere Erwägungen dazu, warum diese zusätzliche Fälligkeitsvoraussetzung auch für den Bauträgervertrag gelten soll, finden sich in den Gesetzesmaterialien nicht.[91] Ihre Anwendung ist einfache Folge der bereits vorher für den Bauträgervertrag formulierten gesetzestechnischen Verweisung auf das gesamte Werkvertragsrecht (Untertitel 1). Die Anwendung der Schlussrechnungsregelung bei der Abwicklung des Bauträgervertrages ist zwar rechtspolitisch keineswegs notwendig gewesen, stellt die Praxis aber auch vor keine unüberwindbaren Schwierigkeiten: Eine abschließende Rechnung, die den neuen gesetzlichen Anforderungen genügt, ist im Normalfall einfach zu erstellen und – wie bereits gesagt – bei Sonderwünschen oder abzurechnenden Leistungen (als Schlüssigkeitsvoraussetzung) auch schon früher nötig gewesen.

d) Inhalt der Schlussrechnung beim Bauträgervertrag

55 Der gesetzliche Verweis in § 650v Abs. 1 BGB auf das Schlussrechnungserfordernis des § 650g Abs. 4 BGB bedeutet, dass auch die Vergütung des Bauträgers erst mit Vorlage der Schlussrechnung fällig wird. Unberührt davon bleibt die Möglichkeit, nach § 650v BGB Abschlagszahlungen zu vereinbaren.

56 Die Schlussrechnung hat auch beim Bauträgervertrag zum Zwecke ihrer **Prüfbarkeit** die übersichtliche Aufstellung der Leistungen zu enthalten, die für den Erwerber nachvollziehbar sein muss (§ 650g Abs. 4 S. 2 BGB). Im Normalfall handelt es sich bei der Bauträgervergütung um einen Pauschalpreis. Eine rechnerische Herleitung der Gesamtvergütung erübrigt sich; das ist hier nicht anders als bei einem gewöhnlichen Bauver-

---

[89] OLG Frankfurt Urt. v. 27.1.2005 – 12 U 132/04, BauR 2005, 1491; OLG Koblenz Urt. v. 5.5.2003 – 12 U 40/02, BauR 2003, 1410 = NJW-RR 2003, 1173; *Basty*, Der Bauträgervertrag, Rn. 540; Kniffka/*Pause*/*Vogel*, ibr-online-Kommentar, 12.5.2017, § 641 BGB Rn. 209.
[90] *Basty*, Der Bauträgervertrag, Rn. 540; Kniffka/*Pause*/*Vogel*, ibr-online-Kommentar, 12.5.2017, § 641 BGB Rn. 209.
[91] Beschlussempfehlung des Ausschusses für Recht und Verbraucherschutz v. 8.3.2017, BT-Drs. 18/11437, 49.

trag mit Pauschalvergütung.[92] Darzustellen sind die vereinbarte Gesamtvergütung (Pauschalfestpreis) und die auf die Gesamtvergütung bereits geleisteten Zahlungen (Abschläge bzw. Raten). Daraus leitet sich sodann der Schlussrechnungsbetrag in Höhe der letzten Zahlung ab. Sofern Sonderwünsche, also nachträgliche Änderungen von Leistung und Vergütung vereinbart worden sind, sind sie in der Schlussrechnung darzustellen. Aus der ursprünglich vereinbarten Pauschale und den Preisänderungen infolge der Sonderwunschvereinbarung(en), ergibt sich der neue Gesamtpreis. Von ihm sind wiederum die geleisteten Zahlungen in Abzug zu bringen, um die Schlussrechnungsforderung darzustellen. Soweit nach dem Vertrag Leistungen auf der Grundlage eines Einheitspreises abzurechnen sind, ist auch diese Abrechnung für die in Betracht kommenden Positionen in der Schlussrechnung vorzunehmen. Das kann z.B. für den erst nach endgültiger Vermessung zu berechnende Grundstückpreis gelten oder für Einzelpositionen, die nach tatsächlich ausgeführter Menge abgerechnet werden sollen.

e) Verhältnis zu § 3 MaBV

57 Neben der Schlussrechnung müssen für die Fälligkeit der letzten Zahlung die Voraussetzungen des § 3 MaBV vorliegen. Für die Fälligkeit der letzten Rate nach § 3 Abs. 2 MaBV muss der Vertragsgegenstand vollständig fertiggestellt sein. Dazu müssen die Außenanlagen einschließlich Wege und Zäune sowie etwaige Restarbeiten der übrigen Gewerke abgeschlossen sein. Außerdem muss die Leistung frei von wesentlichen Mängeln sein, denn nur dann kann von einer fertiggestellten und funktionstauglichen Leistung gesprochen werden.[93]

58 Das Erfordernis der Schlussrechnung tritt neben den von § 3 Abs. 2 S. 2 MaBV vorausgesetzten Baufortschritt. Die letzte Rate (Fertigstellungsrate) i.S.d. § 3 Abs. 2 S. 2 MaBV wird damit zugleich zur **Schlusszahlung**. Wegen der strikten Beschränkung des Zahlungsplans auf höchstens sieben Zahlungen kann eine weitere Zahlung (zusätzlich) nicht als Schlusszahlung festgelegt werden.

f) Auswirkung auf die Verjährung der Vergütung

59 Jede der Abschlagszahlungen nach dem Zahlungsplan des § 3 Abs. 2 MaBV unterliegt der selbständigen **Verjährung**.[94] Da die Vorlage einer Schlussrechnung regelmäßig nicht erforderlich war,[95] sind etwaige offene Teilbeträge aus vorangegangenen Abschlagsrechnungen auch nicht in eine Schlussrechnung aufgegangen und als Bestandteil dieser – wie etwa beim Architektenvertrag[96] – (neuerlich) fällig geworden.[97] Sie konnten deshalb unabhängig von den später gestellten Rechnungen über weitere Abschläge verjähren.[98] Weil der Bauträger nunmehr eine Schlussrechnung vorzulegen hat, in der mindestens die Pauschalvergütung und die bereits geleisteten Zahlungen darzustellen sind, werden etwaige Rückstände aus vorangegangenen Abschlagszahlungen mit der Schlussrechnung (und Abnahme) fällig.[99] Diese Fälligkeit ist dann auch für den Beginn

---

[92] Kapellmann/Messerschmidt/*Messerschmidt*, VOB A/B, § 14 Rn. 35; OLG Düsseldorf Urt. v. 11.4.2013 – 5 U 127/12, BauR 2013, 1874; KG Urt. v. 14.6.2013 – 7 U 124/12, BauR 2014, 1827.
[93] *Pause*, Bauträgerkauf und Baumodelle, Rn. 334.
[94] *Pause*, Bauträgerkauf und Baumodelle, Rn. 396.
[95] Vgl. OLG Frankfurt Urt. v. 27.1.2005 – 12 U 132/04, BauR 2005, 1491.
[96] BGH Urt. v. 5.11.1998 – VII ZR 191/97, BauR 1999, 267.
[97] *Pause*, Bauträgerkauf und Baumodelle, Rn. 396.
[98] OLG Frankfurt Urt. v. 27.1.2005 – 12 U 132/04, BauR 2005, 1491.
[99] BGH Urt. v. 5.11.1998 – VII ZR 191/97, BauR 1999, 267; Kniffka/*von Rintelen*, ibr-online-Kommentar, 12.5.2017, § 632a BGB Rn. 88.

IV. Anwendung des Bauvertragsrechts

der Verjährungsfrist maßgeblich.[100] Bei der Ausübung des Zurückbehaltungsrechts nach § 215 BGB kommt es deshalb bei der Beurteilung der Frage, ob sich die Ansprüche auf Zahlung und Übereignung fällig gegenüberstanden, auch nicht auf die Fälligkeit der einzelnen zuvor berechneten Abschlagsrechnung(en), sondern allein auf die Schlussrechnung an.[101]

Über die maßgebliche Verjährungsfrist ist damit allerdings nichts gesagt. Die Frage, ob der Vergütungsanspruch des Bauträgers nach § 195 BGB in drei Jahren oder gem. § 196 BGB in zehn Jahren verjährt, ist durch eine Entscheidung des OLG München[102] in die Diskussion geraten, aber keineswegs geklärt. Das OLG München ist der Auffassung, der Vergütungsanspruch, also auch jede der einzelnen Raten nach § 3 Abs. 2 MaBV unterliegt der Regelverjährung nach § 195 BGB. Das folge daraus, dass beim Bauträgervertrag eine Teilung in einen kaufrechtlichen und einen werkvertraglichen Teil des Vertrages vorzunehmen sei, was auch für die Vergütung gelten müsse. Und so sei für den werkvertraglichen Teil der Vergütung, zu dem die Besitzübergaberate gehört, die kurze Verjährungsfrist des § 195 BGB maßgeblich.[103] Das überzeugt nicht: Mit der früheren Rechtsprechung des BGH[104] ist davon auszugehen, dass es sich bei der Vergütung um einen einheitlichen, nicht teilbaren Entgeltanspruch handelt. Auf diesen einheitlichen Anspruch kann aber nicht wie früher (vor der der Schuldrechtsreform) die kurze Verjährungsfrist für werkvertragliche Leistungen (damals noch § 196 Abs. 1 Nr. 1 BGB a. F.) angewendet werden, weil dem Umstand Rechnung getragen werden muss, dass für den Vergütungsanspruch bei Grundstückskaufverträgen mit § 196 BGB eine Spezialnorm geschaffen wurde. Aus Gründen der Spezialität kann deshalb nur § 196 BGB einheitlich gelten, da dessen Regelung die Verjährungsfrist für die Vergütung zwingend als Reflex auf die Länge der Frist für den Übereignungsanspruch bestimmt. Der Vergütungsanspruch des Bauträgers verjährt folglich nach § 196 BGB in zehn Jahren.[105] Das gilt für die Ansprüche aus den einzelnen Abschlagsrechnungen ebenso wie für die Forderung aus der Schlussrechnung.

3. Abnahme, § 650g Abs. 4 BGB

a) Bisheriges Recht

Nach bisherigem Recht wurde die letzte Rate nach § 3 Abs. 2 MaBV auch unabhängig von der Abnahme fällig. Das ergab sich aus dem generellen Verweis in § 632a Abs. 2 BGB auf den Zahlungsplan des § 3 Abs. 2 MaBV, der als Spezialvorschrift so verstanden wurde, dass für die Fälligkeit der Raten nur die sich aus § 3 MaBV ergebenden Voraussetzungen erfüllt sein mussten.[106]

---

[100] Vgl. Kniffka/*Jansen/von Rintelen*, ibr-online-Kommentar, 12.5.2017, § 631 BGB Rn. 862.
[101] Anders noch zum früheren Recht: OLG Frankfurt Urt. v. 27.1.2005 – 12 U 132/04, BauR 2005, 1491.
[102] OLG München Beschl. v. 16.2.2015 – 9 U 3997/14 Bau, BauR 2015, 1194.
[103] OLG München Beschl. v. 16.2.2015 – 9 U 3997/14 Bau, BauR 2015, 1194; *Blank*, Bauträgervertrag, 5. Aufl. 2015, Rn. 6; Kniffka/Koeble/*Koeble*, 11. Teil Rn. 516; *Ott* NZBau 2003, 233.
[104] BGH Urt. v. 12.10.1978 – VII ZR 288/77, NJW 1979, 156; BGH Urt. v. 12.7.1979 – VII ZR 159/78, NJW 1979, 2193.
[105] Palandt/*Ellenberger* BGB § 196 Rn. 4; *Brambring* DNotZ 2001, 904 (905); *Basty*, Der Bauträgervertrag, Rn. 234; *Hertel* DNotZ 2002, 6 (10, 22); *Kutter* in: Beck'sches Notar-Handbuch, Kap. A II Rn. 61; *Pause* NZBau 2002, 648, 650.
[106] *Pause*, Bauträgerkauf und Baumodelle, Rn. 335; *Basty*, Der Bauträgervertrag, Rn. 539; aA *Blank*, Bauträgervertrag, Rn. 272.

b) Abnahme als Fälligkeitsvoraussetzung

62 Wegen des nun in § 650u Abs. 1 Satz 2 BGB enthaltenen ausdrücklichen Verweises auf das Werkvertragsrecht (mit den ebenso klaren und begrenzten Ausnahmen in § 650u Abs. 2 BGB) sind für den Bauträgervertrag ab 1.1.2018 neben den Vorschriften der MaBV sämtliche Regeln des Werk- und Bauvertragsrechts anzuwenden. Deshalb müssen für die **Fälligkeit der Vergütung** auch die §§ 641, 650g Abs. 4 S. 1 Nr. 1 BGB über die Abnahme beachtet werden. Die Vergütung wird deshalb mit der Abnahme fällig. Daraus folgt, dass bei vereinbarten Abschlagszahlungen die Abschläge bei Erreichung des vorausgesetzten Baufortschritts, die letzte Zahlung bei Abnahme fällig werden.

63 Die nach dem Zahlungsplan des § 3 Abs. 2 MaBV vorgeschriebenen ersten sechs Raten sind folglich Abschlagszahlungen und bei Erreichung des in § 3 Abs. 2 MaBV beschriebenen Leistungsstands fällig, die letzte, siebte Rate ist dann aber nicht Abschlag, sondern **Schlusszahlung**, die – anders als die Abschläge – für die Fälligkeit die Abnahme nach §§ 641, 650g Abs. 4 Satz 1 Nr. 1 BGB erfordert (und zusätzlich – gewerberechtlich – den in § 3 Abs. 2 MaBV Baufortschritts). Wurde nach bisherigem Recht für die Fälligkeit der sog. Fertigstellungsrate i. S. v. § 3 Abs. 2 MaBV (nur) die vollständige Fertigstellung des Bauwerks verlangt, die zwar eine abnahmefähige Leistung, aber eben keine Abnahme voraussetzte,[107] ist nunmehr auch die **Abnahme** selbst weitere Voraussetzung.

4. Kein Anordnungsrecht des Erwerbers nach § 650b, § 650c und 650d BGB

64 Eine der wesentlichen Neuerungen des Bauvertragsrechts ist die Einführung eines Anordnungsrechts für den Besteller mit korrespondierenden Vergütungsregelungen. Diese Regelungen sollen ähnlich den Vorschriften der VOB/B (§ 1 Abs. 3, 4 und § 2 Abs. 5, 6 VOB/B) den Besonderheiten des komplexen Baugeschehens Rechnung tragen, insbesondere dem Bedürfnis nachträglicher Änderungen des dem Vertrag zugrundeliegenden Bausolls (vgl. dazu → § 2 Rn. 27).

65 Die Anwendung der §§ 650b, c, d BGB ist für den Bauträgervertrag jedoch nach § 650u Abs. 2 BGB ausgeschlossen. Die Gesetzesbegründung erklärt das damit, dass mit einem Anordnungsrecht des Erwerbers beim Geschosswohnungsbau erhebliche Probleme auftreten könnten, weil dem einzelnen Erwerber nicht gestattet werden könne, das Gemeinschaftseigentum zu ändern; ähnliche Probleme könnten bei Änderungen des Sondereigentums entstehen, weil sie sich auf das Gemeinschaftseigentum oder auf andere Wohnungen auswirken könnten.[108]

66 Die Regelung und ihre Begründung überzeugen nicht. Auch und insbesondere bei der Abwicklung des Bauträgervertrages werden ständig nachträgliche Änderungen verwirklicht (sog. Sonderwunschverträge). Das trifft für den Einfamilienhausbau, aber auch für den Geschoßwohnungsbau zu. Naturgemäß sind die Möglichkeiten für nachträgliche Änderungen beim Erwerb einer Eigentumswohnung aus technischen und rechtlichen Gründen beschränkt. Das hindert Bauträger und Erwerber aber nicht, in der Praxis auch hier z. B. im Bereich des Innenausbaus häufig Änderungen zu vereinbaren und zu realisieren. Grundlage für diese Änderungen sind Vertragsbestimmungen, die vom Erwerber nachträglich gewünschte Änderungen zulassen, sofern sie technisch

---

[107] *Pause*, Bauträgerkauf und Baumodelle, Rn. 334.
[108] Begründung des Gesetzesentwurfs der Bundesregierung, BT-Drs. 18/8486, 72.

IV. Anwendung des Bauvertragsrechts

(noch) umsetzbar sind, den Bauablauf nicht stören und – natürlich – nicht zu Mängeln im Verhältnis zu anderen Erwerbern führen.[109]

67 Die §§ 650b, c, d BGB könnten (de lege ferenda) auf den Bauträgervertrag angewendet werden. Dem Interesse des Bauträgers, Änderungen dann nicht umsetzen zu müssen, wenn das Gemeinschaftseigentum, also die Leistungspflicht gegenüber anderen Erwerbern berührt wird, würde § 650b Abs. 1 S. 2, Abs. 2 S. 2 BGB Rechnung tragen. Eine vom Erwerber geforderte Änderung i. S. v. § 650b Abs. 1 S. 1 Nr. 1 BGB, die zu einer Abweichung von der den anderen Erwerbern geschuldeten Bauausführung führen würde, wäre dem Bauträger unzumutbar und würde ihn zur Verweigerung berechtigen.[110] Eine Änderung i. S. v. § 650b Abs. 1 S. 1 Nr. 2 BGB, also einer Änderung, die zur Erreichung des vereinbarten Werkerfolges notwendig ist, bei der es nach der Vorstellung des Gesetzgebers um die Änderung der Rechtslage, behördliche Vorgaben oder die Beseitigung von Lücken und Fehlern in der Baubeschreibung geht,[111] dürfte der Bauträger bei einer etwaig dahingehenden Anordnung eines einzelnen Erwerbers wohl auch gegenüber den anderen Erwerbern erbringen dürfen und müssen.

68 § 650u Abs. 2 BGB, der die Geltung der §§ 650b, c und d BGB ausschließt, enthält in Bezug auf diese Vorschriften nachgiebiges Recht, weil die Norm insofern nicht der Durchsetzung einer vertragstypischen Richtigkeitsgewähr[112] dient. § 650u Abs. 2 BGB verbietet es nicht, dass die Parteien – wie bisher – Sonderwunschvereinbarungen treffen und dazu im Bauträgervertrag die generellen, abstrakten Bedingungen, unter denen nachträgliche Änderungen der vereinbarten Bauleistung möglich sein sollen, festlegen.[113] Mit anderen Worten: In Bezug auf die Sonderwunschvereinbarungen sind infolge der Bauvertragsreform keine Änderungen in der praktischen Handhabung zu gewärtigen.

69 Zu denken wäre auch daran, dass die Parteien des Bauträgervertrages die Geltung der §§ 650b, c und d BGB vertraglich vereinbaren. Das dürfte aus den genannten Gründen zulässig sein. Fraglich ist allerdings, ob die gesetzlichen Regelungen der §§ 650b, c und d BGB für Bauträger und Erwerber verglichen mit der heutigen Praxis zu einer verbesserten Abwicklung führen würden.

5. Keine Bauhandwerkersicherungshypothek gem. § 650e BGB

70 Die nunmehr in § 650e BGB enthaltene Regelung (früher § 648 BGB) gewährt dem Unternehmer für seine Vergütungsforderung einen gesetzlichen Anspruch auf Einräumung einer Sicherungshypothek. Diese Vorschrift findet nach § 650u Abs. 2 BGB auf den Bauträgervertrag keine Anwendung. Nach der Gesetzesbegründung kann die Sicherungshypothek schon deshalb keine Anwendung finden, weil der Bauträger nicht auf dem Grundstück des Bestellers baut.[114]

71 Das entspricht der bisherigen Rechtslage. Einer Bauhandwerkersicherungshypothek stand auch nach früherem Verständnis entgegen, dass der Bauträger bis zur vollständigen Bezahlung der Vergütung zunächst Eigentümer des Grundstücks bleibt, also weder ein Sicherungsbedürfnis noch eine Sicherungsmöglichkeit bestand.[115]

---

[109] *Basty*, Der Bauträgervertrag, Rn. 922 ff.; *Pause*, Bauträgerkauf und Baumodelle, Rn. 511 ff.; zu der besonderen Koordinierungspflicht des Bauträgers vgl. OLG Karlsruhe Urt. v. 15.1.2016 – 19 U 133/14, BauR 2016, 1937.
[110] *Pause*, BauR 2017, 430 (441).
[111] Begründung des Gesetzesentwurfs der Bundesregierung, BT-Drs. 18/8486, 53.
[112] *Palandt/Ellenberger* BGB vor § 145 Rn. 13.
[113] Zum geltenden Recht: *Basty*, Der Bauträgervertrag, Rn. 933 f.; *Blank*, Bauträgervertrag, Rn. 155 f.; *Pause*, Bauträgerkauf und Baumodelle, Rn. 511 ff.
[114] Begründung des Gesetzesentwurfs der Bundesregierung, BT-Drs. 18/8486, 72.
[115] *Pause*, Bauträgerkauf und Baumodelle, Rn. 413.

6. Keine Bauhandwerkersicherheit nach § 650f Abs. 6 Nr. 2 BGB

72 Die bisherige Vorschrift über die Bauhandwerkersicherheit (§ 648a BGB aF) wurde nunmehr zu § 650f BGB. Absatz 6 Satz 1 Nr. 2 dieser Vorschrift enthält das neu gestaltete Verbraucherprivileg. Danach sind vom Anwendungsbereich des § 650f BGB Verbraucherbauverträge (i. S. v. § 650i BGB) und Bauträgerverträge (i. S. v. § 650u BGB) ausgenommen. Die Ausnahme für den Bauträgervertrag ergibt sich also nicht aus § 650u Abs. 2 BGB, sondern unmittelbar aus § 650f Abs. 6 Nr. 2 BGB.

73 Eine andere Frage ist allerdings, ob eine Bauhandwerkersicherung vertraglich vereinbart werden kann. § 650f Abs. 1 bis 5 BGB ist unabdingbar, nicht aber § 650f Abs. 6 BGB (vgl. § 650f Abs. 7 BGB). Es ist also möglich, unter Abweichung von § 650f Abs. 6 BGB eine Bauhandwerkersicherung zu vereinbaren. Jedoch wäre eine Geschäftsbedingung in einem Bauträgervertrag, die dem Erwerber eine Sicherheit nach § 650f BGB abverlangt, unwirksam, weil sie den Erwerber unangemessen benachteiligt (§ 307 Abs. 1 BGB). Die unangemessene Benachteiligung besteht darin, dass der Bauträger, der auf seinem Grund baut, nicht wie ein Unternehmer, der auf dem Baugrund seines Auftraggebers baut, nach der gesetzlichen Wertung des Gesetzes (§ 650f Abs. 6 BGB) den Schutz der Bauhandwerkersicherung nicht verdient. Möglich wäre eine solche Vereinbarung also nur in einer Individualvereinbarung, wobei sie den Anforderungen von § 310 Abs. 3 BGB genügen müsste. Zulässig wäre sie auch dann, wenn dem Erwerber in Abweichung von der typischen Vertragsabwicklung das Eigentum am Grundstück frühzeitig verschafft würde.

74 Das neue Recht enthält für den Bauträgervertrag eine Neuerung, weil er in der früheren Fassung des § 648a Abs. 6 BGB a. F. überhaupt nicht erwähnt worden ist. Allerdings war § 648a Abs. 6 BGB a. F. dahin ausgelegt worden, dass der Bauträger vom Erwerber keine Bauhandwerkersicherheit verlangen kann.[116]

75 Bei der ursprünglichen Einfügung der Regelungen über die Bauhandwerkersicherheit (§ 648a BGB a. F.) in das Gesetz war zugleich in § 651 BGB damaliger Fassung die Klarstellung aufgenommen worden, dass die Verpflichtung zur Sicherheitsleistung beim Werklieferungsvertrag entfällt (§ 651 Abs. 1 Satz 2 BGB a. F.). Der Bauträgervertrag war insoweit als Werklieferungsvertrag verstanden worden mit der Folge, dass vom Erwerber eine Bauhandwerkersicherung nicht verlangt werden konnte. Bei der Neugestaltung des Werklieferungsvertrages im Zuge der Schuldrechtsmodernisierung ist die zitierte Regelung in § 651 BGB ersatzlos entfallen – offensichtlich ohne die möglichen Konsequenzen (Anwendbarkeit von § 648a BGB aF auf den Bauträgererwerb) – zu bedenken. Trotz dieser Gesetzesänderung konnte der Bauträger auch nach bisherigem Recht keine Bauhandwerkersicherheit nach § 648a BGB a. F. beanspruchen. Für die Errichtung von Einfamilienhäusern folgt dies bereits aus § 648a Abs. 6 S. 1 Nr. 2 BGB, im Übrigen, also bei Verträgen über Eigentumswohnungen, aus einer einschränkenden Auslegung von § 648a BGB.[117] Nach Sinn und Zweck der Vorschrift sollte der Bauträgererwerb von § 648a BGB aF ebenfalls nicht erfasst werden, denn von § 648a BGB aF sollten Verträge, bei denen der Unternehmer auf *seinem* Grundstück baut und sich zur

---

[116] Koeble/Grziwotz/*Riemenschneider* 3. Teil Rn. 685; *Pause*, Bauträgerkauf und Baumodelle, Rn. 415 f.; Koeble/Grziwotz/*Vogel* 4. Teil Rn. 151; aA Kniffka/*Schmitz*, ibr-online-Kommentar (Stand: 18.9.2016), § 648a BGB Rn. 216 f.

[117] OLG München Urt. v. 15.1.2008 – 13 U 4378/07, BauR 2008, 1163; OLG Celle Urt. v. 6.8.2003 – 7 U 36/03, BauR 2004, 1007 (1010); *Pause*, Bauträgerkauf und Baumodelle, Rn. 416; Koeble/Grziwotz/*Vogel* 4. Teil Rn. 150; Kleine-Möller/Merl/*Glöckner* § 4 Rn. 282; aA Kniffka/*Schmitz*, ibr-online-Kommentar, 12.5.2017, § 648a BGB Rn. 216 f.

V. Anwendung des Verbraucherbauvertragsrechts

In § 650u Abs. 1 S. 2 BGB wird für den Bauträgervertrag auf den Untertitel 1 mit den Regelungen des Verbraucherbauvertrages verwiesen. Es gelten deshalb auch die Vorschriften über den Verbraucherbauvertrag. Voraussetzung dafür ist allerdings, dass der Erwerber **Verbraucher** i. S. v. § 13 BGB ist. Das folgt schon daraus, dass § 650i BGB Verträge mit Verbrauchern vor Augen hat, und im Übrigen auch daraus, dass in den beim Bauträgervertrag anwendbaren Vorschriften ausdrücklich auf die Verbrauchereigenschaft abgestellt wird (vgl. z. B. §§ 650j, 650m Abs. 2, 650n BGB). Für Verträge mit Unternehmern gelten die Vorschriften über die Baubeschreibungspflicht usw. demnach nicht.

1. Baubeschreibungspflicht, §§ 650j, 650k Abs. 2 und 3 BGB

Dadurch, dass in § 650u Abs. 1 S. 2 BGB auf das gesamte Werkvertragsrecht (Untertitel 1) mit den Regelungen des Verbraucherbauvertrages verwiesen wird, gilt die **Baubeschreibungspflicht** gem. §§ 650j, 650k BGB i. V. m. Art. 249 § 2 EGBGB auch für den Bauträgervertrag. Durch die Baubeschreibungspflicht soll dem Verbraucher Gelegenheit gegeben werden, die angebotene Leistung prüfen und verlässlich planen zu können. Dem Verbraucher soll es insbesondere erleichtert werden, verschiedene Angebote besser vergleichen zu können; außerdem soll der Wettbewerb dadurch gestärkt werden.[119]

Die – von der Vertriebsform unabhängige – Informationspflicht bei Verbraucherverträgen nach § 312a BGB galt und gilt beim Bauträgervertrag nicht. Ihre Anwendung ist für Verträge, die beurkundet werden müssen, ausgeschlossen (§ 312 Abs. 2 Nr. 2 BGB).[120] Für den Bauträger entsteht aber durch die zivilrechtliche Informations- und Baubeschreibungspflicht nach §§ 650j, 650k BGB in gewissem Umfang insofern eine Verdoppelung der Informationspflichten, als unabhängig von den Regelungen in den §§ 650j, 650k BGB auf der Grundlage der MaBV außerdem **öffentlich-rechtliche Informationspflichten** bestehen. Nach § 11 MaBV hat der Gewerbetreibende dem Auftraggeber bis zur Annahme des Auftrages die in § 10 Abs. 2 und 4 MaBV genannten Informationen zu erteilen, darunter gem. § 10 Abs. 4 Nr. 1 MaBV die Angaben zur Lage und Größe des Baugrundstücks, zum Bauvorhaben, zu den von der Bauaufsicht genehmigten Plänen nebst Baubeschreibung, zum Fertigstellungszeitpunkt und zur Kaufpreisforderung.[121] Vor Annahme des Auftrages ist über diejenigen Angaben zu informieren, die für die Beurteilung des jeweiligen Verhandlungsstandes erforderlich sind. Diese öffentlich-rechtlichen Vorschriften nach § 11 MaBV gelten weiterhin. Der Gesetzgeber sollte wegen der inhaltlichen Überschneidungen gelegentlich etwaiger zukünftiger Änderungen des Gewerberechts prüfen, ob die öffentlich-rechtlich begründeten Informationspflichten angesichts der neuen privatrechtlichen Vorschriften tatsächlich noch zeitgemäß sind.

---

[118] *Pause*, Bauträgerkauf und Baumodelle, Rn. 416.
[119] Begründung des Gesetzesentwurfs der Bundesregierung, BT-Drs. 18/8486, 62.
[120] Kleine-Möller/Merl/*Glöckner* § 4 Rn. 74a.
[121] *Grziwotz*, MaBV, § 10 Rn. 22 ff.; *Marcks*, MaBV, § 10 Rn. 17 f.

a) Vorvertragliche Baubeschreibungspflicht – Mindestinhalt des Prospekts

79 Nach § 650j BGB i. V. m. Art. 249 § 1 EGBGB hat der Bauträger den Erwerber über die Einzelheiten der zu erbringenden Bauleistung zu informieren, und zwar im Umfang der Vorgaben des Art. 249 § 2 und § 3 EGBGB. Die Information hat in Textform zu erfolgen; dazu hat der Bauträger dem Erwerber vor Beurkundung des Vertrages eine Baubeschreibung zur Verfügung zu stellen (Art. 249 § 1 EGBGB). Dabei handelt es sich um eine vorvertragliche Informationspflicht. Geregelt werden damit die Baubeschreibung, die typischerweise im **Vertriebsprospekt** des Bauträgers enthalten ist. Er muss in dem Umfang informieren, wie in Art. 249 § 2 EGBGB bestimmt. Insoweit gilt nichts anderes als beim Verbraucherbauvertrag (vgl. → § 5 Rn. 73).

80 Nach Art. 249 § 2 Abs. 1 S. 1 EGBGB sind in der Baubeschreibung die **wesentlichen Eigenschaften** des angebotenen Werks in klarer Weise darzustellen. Mit dieser Generalklausel wird der Bauträger verpflichtet, die für das jeweilige Bauvorhaben wesentlichen Merkmale zu beschreiben, und zwar erforderlichenfalls auch die Eigenschaften, die nicht ausdrücklich in der Aufzählung des Satzes 2 dieser Vorschrift genannt sind. Dadurch soll sichergestellt werden, dass heute möglicherweise noch nicht übliche Beschaffenheiten, Bauweisen und Technologien, die für das Bauwerk wesentlich sind, ebenfalls der Baubeschreibungspflicht unterliegen.[122] Art. 249 § 2 Abs. 1 S. 2 EGBGB bestimmt sodann den Mindestinhalt der Baubeschreibung. Die Beschreibungspflicht für die Merkmale, zu denen „gegebenenfalls" Angaben erforderlich sind, hängt davon ab, dass die jeweils genannten Eigenschaften überhaupt einschlägig sind (so können beispielsweise die Angaben zu Ziff. 4, 6, 7 und 9 bei einer Garage ganz oder zum Teil entfallen).

81 Die in Art. 249 § 2 Abs. 1 EGBGB abgeforderten Eigenschaften entsprechen den **Beschaffenheiten,** die für die Beurteilung der Vertragsgemäßheit i. S. v. § 633 Abs. 2 S. 1 BGB maßgeblich sind; der terminologische Unterschied geht auf die in den Art. 246 EGBGB verwendeten Begriffe zurück, ohne dass damit ein inhaltlicher Unterschied bezweckt würde.

82 Nach Art. 249 § 2 Abs. 1 S. 2 EGBGB muss die Baubeschreibung mindestens folgende Informationen enthalten:

83
1. Allgemeine Beschreibung des herzustellenden Gebäudes oder der vorzunehmenden Umbauten, gegebenenfalls Haustyp und Bauweise; das sind beim Bauträgervertrag insbesondere
2. Art und Umfang der angebotenen Leistungen, gegebenenfalls der Planung und der Bauleitung, der Arbeiten am Grundstück und der Baustelleneinrichtung sowie der Ausbaustufe,
3. Gebäudedaten, Pläne mit Raum- und Flächenangaben sowie Ansichten, Grundrisse und Schnitte,
4. gegebenenfalls Angaben zum Energie-, zum Brandschutz- und zum Schallschutzstandard sowie zur Bauphysik,
5. Angaben zur Beschreibung der Baukonstruktionen aller wesentlichen Gewerke,
6. gegebenenfalls Beschreibung des Innenausbaus,
7. gegebenenfalls Beschreibung der gebäudetechnischen Anlagen,
8. Angaben zu Qualitätsmerkmalen, denen das Gebäude oder der Umbau genügen muss,
9. gegebenenfalls Beschreibung der Sanitärobjekte, der Armaturen, der Elektroanlage, der Installationen, der Informationstechnologie und der Außenanlagen.

---

[122] Begründung des Gesetzesentwurfs der Bundesregierung, BT-Drs. 18/8486, 72.

Außerdem hat schon die vorvertragliche Baubeschreibung gem. Art. 249 § 2 Abs. 2 EGBGB über den Fertigstellungszeitpunkt zu unterrichten. Sofern der Beginn der Bauausführung noch nicht feststeht, ist ihre Dauer anzugeben.

b) Klare und verständliche Darstellung

Fraglich ist, welche Anforderungen an die **Verständlichkeit** der Darstellung in der Baubeschreibung zu stellen sind.

Nach Art. 249 § 2 Abs. 1 S. 1 EGBGB sind die wesentlichen Eigenschaften des angebotenen Werks in „klarer Weise" darzustellen. Der Wortlaut und die Begründung zum Gesetz machen deutlich, dass die im Katalog des Art. 249 § 2 Abs. 1 Satz 2 EGBGB genannten Eigenschaften zunächst nur technisch präzise beschrieben werden müssen. Im Gesetz wird bewusst darauf verzichtet, für die Leistungsbeschreibung eine dem Verbraucher verständliche Darstellung zu fordern. Im Unterschied zu Art. 246 Abs. 1 EGBGB, der – in Übereinstimmung mit der Verbraucherrechterichtlinie[123] – ausdrücklich die Erteilung der Informationen in „klarer und verständlicher Weise" verlangt, wird in Art. 249 § 2 Abs. 1 S. 1 EGBGB darauf verzichtet. Darin unterscheidet sich das Gesetz auch vom ursprünglichen Referentenentwurf,[124] der ebenfalls noch eine klare und verständliche Beschreibung forderte. Dabei handelt es sich um eine bewusste Entscheidung des Gesetzgebers: Die Gesetzesbegründung erläutert dazu, dass für die zum Teil komplexen technischen Informationen etwa in Bezug auf die Eigenschaften einer Wärmedämmung oder anderer technischer Ausstattungen nicht die Kenntnisse eines Verbrauchers zum Maßstab der Verständlichkeit gemacht werden könnten. Es sei lediglich notwendig, klare Informationen zu erteilen. Bei etwaigen Verständnisproblemen könne der Verbraucher Experten hinzuziehen.[125]

Nach Art. 249 § 2 Abs. 1 EGBGB wäre eine detaillierte, differenzierte und technische Termini verwende Baubeschreibung zulässig, sofern sie nur dem **Klarheitsgebot** genügt. Es wäre also möglich, die Bauleistung unter Angabe der einzelnen technischen Merkmale sämtlicher Baustoffe und Bauweisen zu beschreiben, etwa in der Art wie sie beispielsweise in der Musterbaubeschreibung der Verbraucherzentrale NRW aufgelistet sind (zB Wärmedurchgangskoeffizienten für sämtliche Bauteile,[126] Angabe der technischen Merkmale des Innenputzes[127] usw.). Die für das Mauerwerk verwendeten Ziegel würden durch präzise technische Angaben zur Rohdichte (in kg/m^3) und der Wärmeleitfähigkeit (in W/mK) usw. beschrieben werden können. Angaben zum Schallschutz können durch technische Werte (dB) erfolgen. Auf technische Regelwerke (einschlägige DIN-Vorschriften etwa in Bezug auf Abdichtungsarbeiten) kann verwiesen werden. Eine Baubeschreibung dieser Art ist unter der Geltung neuen Rechts trotz Unverständlichkeit[128] nicht zu beanstanden. Angesichts des Umstandes, dass mit der erstmaligen gesetzlichen Gestaltung eines Verbraucherbauvertrages ja vor allem der Verbraucherschutz verbessert werden soll, ist das ein überraschendes Ergebnis.

Sofern aber der Vertrag bzw. die maßgebliche Baubeschreibung dem Anwendungsbereich der §§ 305 ff. BGB unterliegt, ist zusätzlich das **Transparenzgebot** des § 307

---

[123] Erwägungsgrund 34 und Art. 6 Abs. 7 VRRL, ABl. L 304 v. 22.11.2011.
[124] Vgl. Entwurf eines Gesetzes zur Reform des Bauvertragsrechts und zur Änderung der kaufrechtlichen Mängelhaftung, Bearbeitungsstand 10.9.2015, veröffentlicht auf der Homepage des Bundesministeriums der Justiz und für Verbraucherschutz: www.bmjv.de/SharedDocs/Downloads/DE/pdfs/Gesetze/RefE_Reform-Bauvertragsrecht.pdf?__blob=publicationFile; dazu *Pause/Vogel*, NZBau 2015, 667.
[125] Begründung des Gesetzesentwurfs der Bundesregierung, BT-Drs. 18/8486, 73 f.
[126] Musterbaubeschreibung der Verbraucherzentrale NRW, 4. Aufl. 2016, S. F 17.
[127] Musterbaubeschreibung der Verbraucherzentrale NRW, 4. Aufl. 2016, S. F 30.
[128] *Glöckner* FS Koeble, S. 271 (284, 295).

Abs. 1 S. 2 BGB zusätzlich zu beachten. Die Art der Darstellung in der Baubeschreibung, wie sie durch Art. 249 § 2 Abs. 1 EGBGB definiert wird, enthält keine Vorgaben für Formularverträge, senkt also das für sie geltende Schutzniveau nicht ab. Deshalb muss bei vorformulierten und vom Bauträger gestellten Baubeschreibungen nach § 307 Abs. 1 S. 2, Abs. 3 S. 2 BGB auch die Leistungsbeschreibung dem Transparenzgebot genügen, also klar und *verständlich* sein. Hier genügen z.B. schlichte Verweise auf DIN-Normen nicht; sie sind für den Laien nicht verständlich.[129]

89 Darüber hinaus ist für den Verbrauchervertrag § 310 Abs. 3 Nr. 2 BGB zu beachten. Danach besteht der Schutz nach den §§ 307 bis 309 BGB auch bei **Einmalbedingungen.** Zu diesem Schutz gehört insbesondere auch das Transparenzgebot des § 307 Abs. 1 S. 2 BGB.[130] Gleiches folgt aus Art. 4 Abs. 2 Richtlinie 93/13/EWG (Klauselrichtlinie).[131] Danach ist eine Klausel, selbst wenn sie nur den Hauptgegenstand des Vertrages und den Preis zum Gegenstand hat, missbräuchlich, wenn sie nicht klar und verständlich ist (vgl. auch Art. 5 Richtlinie 93/13/EWG).

90 Damit gilt die auf das „Klarheitsgebot" reduzierte Anforderung des Art. 249 § 2 Abs. 1 S. 1 EGBGB nur für **Individualabreden,** während das umfassende Transparenzgebot, zu dem auch das „Verständlichkeitsgebot" des Art. 4 Abs. 2 Richtlinie 93/13/EWG bzw. des § 307 Abs. 1 S. 2 BGB gehört, sowohl bei Geschäftsbedingungen wie auch bei Einmalbedingungen zu beachten ist. Beim Bauträgervertrag handelt es sich regelmäßig beim gesamten Vertragswerk einschließlich Baubeschreibung um Geschäftsbedingungen, höchst selten um Einmalbedingungen i.S.v. § 310 Abs. 3 Nr. 2 BGB. Individuell vereinbarte Baubeschreibungen, für die dann lediglich das Klarheitsgebot des Art. 249 § 2 Abs. 1 S. 1 EGBGB maßgeblich wäre, sind ohne praktische Bedeutung. Da die Beschränkung des Art. 249 § 2 Abs. 1 S. 1 EGBGB auf eine klare Darstellung nur für Individualabreden gilt, bedarf es auch keiner an Art. 4 Abs. 2 Richtlinie 93/13/EWG orientierten richtlinienkonformen Auslegung von Art. 249 § 2 Abs. 1 S. 1 EGBGB.

c) Funktionale Baubeschreibung

91 Außerdem stellt sich die Frage, mit welcher **technischen Detaillierung** die durch Art. 249 § 2 Abs. 1 S. 2 EGBGB geforderten Informationen zu erteilen sind, ob also eine funktionale Baubeschreibung, wie sie bei Bauträgerverträgen verbreitet ist, noch möglich ist.

92 Auch bei Anlegung des von Art. 249 § 2 Abs. 1 S. 1 EGBGB vorgegebenen und um das Verständlichkeitsgebot des Art. 4 Abs. 2 Richtlinie 93/13/EWG erweiterten Maßstabs („klare und verständliche Leistungsbeschreibung") wäre eine funktionale Baubeschreibung zulässig.

93 Eine **funktionale Leistungsbeschreibung** beschreibt die wesentlichen Beschaffenheiten des Bauwerks und verzichtet auf eine (vollständige) Detaillierung der geschuldeten Leistung;[132] sie ist systembedingt lückenhaft.[133] Die Anforderungen des Art. 249 § 2 Abs. 1 EGBGB verbieten eine funktionale Beschreibung der Leistung jedoch nicht. Es müssen nach Art. 249 § 2 Abs. 1 EGBGB die wesentlichen Eigenschaften unter Beachtung der Mindestangaben klar erfasst sein. Diese Anforderung und der Katalog des Satzes 2 legen den Schluss nahe, dass es weniger um eine erschöpfende Beschreibung sämtlicher technischer Merkmale des Bauwerks geht, als mehr um die Informationen,

---

[129] Vgl. zum Schallschutz BGH Urt. v. 4.6.2009 – VII ZR 54/07, NJW 2009, 2439, Rn. 14f.
[130] MüKoBGB/*Basedow* § 310 Rn. 75; Palandt/*Grüneberg* BGB § 310 Rn. 18.
[131] Richtlinie 93/13/EWG v. 5.4.1993, ABl. EG L 95 v. 21.4.1993, S. 29.
[132] Kniffka/Koeble/*Kniffka*, 5. Teil, Rn. 78.
[133] Vgl. BGH Urt. v. 21.11.2013 – VII ZR 275/12, NJW 2014, 620, Rn. 11.

V. Anwendung des Verbraucherbauvertragsrechts

die für die Nutzung und den Gebrauch maßgeblich sind. Das sind aber die die Funktion bestimmenden Eigenschaften. Deshalb ist über die technischen Merkmale, die die Funktion der Leistung beschreiben, klar zu informieren, nicht aber notwendig über sämtliche für die Erreichung dieser Funktion erforderlichen Eigenschaften sämtlicher Baustoffe und Bauweisen. Über diese für die Funktion wesentlichen Eigenschaften muss in Erfüllung von Art. 4 Abs. 2 Richtlinie 93/13/EWG überdies verständlich informiert werden.

So würde beispielsweise in Bezug auf den Schallschutz die Angabe eines dB-Wertes oder der Hinweis auf die Einhaltung einer bestimmten einschlägigen **technischen Norm** zunächst zur Erfüllung des Kriteriums „Klarheit" ausreichen, während die hierfür erforderliche Bauweise (Verwendung eines bestimmten Ziegels mit definierter Rohdichte, Herstellung einer Betontrennwand mit bestimmten Abmessungen, schallentkoppelte Lagerung des Treppenlaufs unter Verwendung bestimmter Bauprodukte auf Konsolen) nicht erforderlich sind. Der sich daraus ergebende Schallschutz muss aber außerdem verständlich beschrieben werden;[134] die Bedeutung der technischen Angabe muss so erläutert werden, dass sie für den technischen Laien verständlich wird.[135] Danach ist auch unter Anwendung der sich aus Art. 249 § 2 Abs. 1 S. 1 EGBGB ergebenden Anforderungen eine funktionale Baubeschreibung zulässig.[136]

Das würde auch bei individuell vereinbarten Baubeschreibungen gelten, wenn also die weitere Anforderung des Transparenzgebots, nämlich die Verständlichkeit i.S.v. § 307 Abs. 1 S. 2 BGB, Art. 4 Abs. 2 Klauselrichtlinie, nicht maßgeblich ist. In diesem Fall genügt es, die wesentlichen Eigenschaften des Bauwerks technisch klar zu definieren, ohne sämtliche Baustoffe und alle Bauweisen im Sinne eines Detailvertrages vollständig darzustellen. Gemeint ist damit, dass z.B. eine technische Angabe zur Wärmedämmung als eine Gebäudeeigenschaft (Funktion) ausreichend ist, ohne sämtliche Merkmale der dazu verwendeten Baustoffe zu benennen.[137]

Nach Art. 249 § 2 Abs. 2 EGBGB hat die Baubeschreibung ferner verbindliche Angaben zum **Fertigstellungszeitpunkt** des Werks zu enthalten; sofern der Beginn der Bauausführung noch nicht feststeht, ist ihre Dauer anzugeben. Insoweit gilt nichts anderes als beim Verbraucherbauvertrag, dazu → § 5 Rn. 137.

Die Informationspflicht entfällt, wenn die Planungsvorgaben vom Erwerber kommen (§ 650j BGB). Das ist beim Bauträgervertrag zwar denkbar, kommt aber praktisch kaum vor.

d) Baubeschreibung als Inhalt des Vertrages

Für den Verbraucherbauvertrag bestimmt § 650k Abs. 1 BGB, dass die Baubeschreibung, die Gegenstand der vorvertraglichen Information war, vorbehaltlich einer anderen, ausdrücklichen Vereinbarung zum Vertragsinhalt wird. Dadurch soll erreicht werden, dass vorvertragliche Angaben zuverlässig zum Vertragsinhalt werden. Diese Regelung gilt für den Bauträgervertrag jedoch nicht, weil der Vertrag nach § 311b BGB zu beurkunden ist und damit auch die Einbeziehung der (maßgeblichen) **Baubeschreibung** in den Vertrag gewährleistet wird.[138]

Abweichungen zwischen vorvertraglicher Baubeschreibung (z.B. im Prospekt) und der in der Bezugsurkunde enthaltenen maßgeblichen (Vertrags-) Baubeschreibung

---

[134] BGH Urt. v. 4.6.2009 – VII ZR 54/07, NJW 2009, 2439, Rn. 15.
[135] *Pause* FS Thode (2005), 275 (181 f.).
[136] *Pause,* BauR 2017, 430 (434).
[137] Vgl. Kniffka/Koeble/*Koeble,* 11. Teil, Rn. 227.
[138] Begründung des Gesetzesentwurfs der Bundesregierung, BT-Drs. 18/8486, 72.

(ohne dass auf sie ausdrücklich hingewiesen worden ist, vgl. → § 5, Rn. 103 ff.) können natürlich auch beim Bauträgervertrag auftreten. Davor, dass die dem Vertrag letztlich zugrunde gelegte Baubeschreibung von früheren Beschreibungen abweicht, kann sich der Erwerber auch nach dem neuen Recht nur durch eine genaue Kontrolle der Vertragsbaubeschreibung schützen. Vorvertragliche (werbende) Angaben, die über den Inhalt der beurkundeten Baubeschreibung hinausgehen, werden nicht automatisch Vertragsinhalt, können aber bei der Auslegung des Vertrages berücksichtigt werden (im folgenden → § 6 Rn. 101).

e) Rechtsfolgen unzureichender Baubeschreibung

100 Für den Fall, dass die Baubeschreibung unvollständig oder unklar ist, wird in § 650k Abs. 2 S. 1 BGB bestimmt, dass die Unvollständigkeit bzw. Unklarheit der Baubeschreibung im Wege der **Auslegung** unter Berücksichtigung sämtlicher vertragsbegleitender Umstände, insbesondere nach den **Komfort- und Leistungsstandards** des übrigen Vertrages zu beseitigen ist; dabei gehen etwaige Zweifel zu Lasten des Unternehmers. Das entspricht den Rechtsprechungsgrundsätzen, die der BGH[139] schon früher zu unklaren und ergänzungsbedürftigen, weil lückenhaften Baubeschreibungen für den Bauträgervertrag entwickelt hat.

101 Zur Bestimmung des Komfort- und Leistungsstandards kommt neben dem übrigen Inhalt des Vertrages und der Baubeschreibung den **vertragsbegleitenden Umständen** eine herausragende Bedeutung zu, da ihnen häufig nicht nur Leistungsmerkmale (wie zusätzliche Eigenschaftsangaben), sondern auch wertende Einschätzung des Bauvorhabens durch den Anbieter entnommen werden können. Als vertragsbegleitende Umstände kommen Prospektangaben, Exposés, Werbetafeln oder Aussagen von Vertriebsvertretern des Unternehmers in Betracht. Inhaltlich sind das über den Vertragsinhalt hinausgehende eigentliche Beschaffenheitsmerkmale sowie anpreisende Ankündigungen zum Qualitätsniveau des Vertragsgegenstandes („hochpreisige Komfortvilla mit unverbaubarem Blick").[140] Auch wenn diese nicht ausdrücklich in den Vertrag einbezogen worden sind – das ist den vertragsbegleitenden Umständen wesensimmanent –, sollen sie bei der Schließung der lückenhaften Baubeschreibung berücksichtigt werden. Der Vertrag ist unter Berücksichtigung dieser vertragsbegleitenden Umstände auszulegen, obwohl die auf diesem Weg zu berücksichtigenden vorvertraglichen Werbeangaben gerade nicht beurkundet worden sind. Damit ist die relativ strenge Rechtsprechung des BGH,[141] wonach vorvertragliche Angaben, die nicht beurkundet worden sind, als Inhalt der geschuldeten Leistung außer Betracht zu bleiben haben, jedenfalls im Anwendungsbereich des Bauträgervertrages von Gesetzes wegen nicht länger maßgeblich.[142]

102 Sofern es bei der Beurteilung der Baubeschreibung auf den Maßstab der Verständlichkeit i. S. v. § 307 Abs. 1 S. 2 BGB ankommt ergibt sich nichts Abweichendes: Im Falle der Verletzung des **Transparenzgebots** ist die betreffende Beschreibung unwirksam; eine Ergänzung der Baubeschreibung nach § 306 Abs. 2 BGB kommt mangels entsprechender gesetzlicher Regelungen nicht in Betracht. Deshalb ist die durch die Unwirksamkeit entstandene Lücke im Wege der Vertragsauslegung zu schließen.[143] In Bezug auf die Qualität und die Quantität der zu erbringenden Bauleistung ist bei der Ausle-

---

[139] BGH Urt. v. 21.11.2013 – VII ZR 275/12, NJW 2014, 620 Rn. 12; BGH Urt. v. 14.6.2007 – VII ZR 45/06, NJW 2007, 574 Rn. 25.
[140] Vgl. BGH Urt. v. 17.9.1971 – V ZR 143/68, WM 1971, 1382.
[141] BGH Urt. v. 6.11.2015 – V ZR 78/14, BauR 2016, 663.
[142] *Pause* BauR 2017, 430 (435).
[143] *Palandt/Grüneberg* BGB § 306 Rn. 6; *Sienz* BauR 2009, 361 (368).

gung nicht auf den üblichen Standard, sondern auch hier auf das durch die übrige Beschreibung vorgegebene Leistungsniveau abzustellen.[144]

Die Baubeschreibungspflicht ist hier wie beim Verbraucherbauvertrag eine (vor-)vertragliche **Nebenpflicht** i.S.v. § 311 Abs. 2 BGB. Als nichtleistungsbezogene Nebenpflicht i.S.v. § 241 Abs. 2 BGB führt eine Verletzung der Baubeschreibungspflicht zur Schadensersatzpflicht nach §§ 311 Abs. 2, 241 Abs. 2, 280 BGB.[145] Ob bei einer unvollständigen Baubeschreibung Schadensersatzansprüche praktisch durchsetzbar sind, darf bezweifelt werden; der Nachweis eines Schadens dürfte schwer zu führen sein.

f) Fertigstellungszeitpunkt

Auch die Regelung des § 651k Abs. 3 BGB zum **Fertigstellungszeitpunkt** ist für den Bauträgervertrag anzuwenden. Danach muss der Vertrag einen verbindlichen Fertigstellungszeitpunkt enthalten, hilfsweise die Dauer der Bauausführung angeben (vgl. Art. 249 § 2 Abs. 2 EGBGB). Enthält der Vertrag keinen Fertigstellungszeitpunkt, sind die entsprechenden Angaben in der (vorvertraglichen) Baubeschreibung maßgeblich. Anders als für die eigentliche Baubeschreibung verweist § 650u Abs. 1 BGB für den Fertigstellungszeitpunkt auf (etwaige) vorvertragliche Angaben. Ansonsten (überhaupt keine vertraglichen oder vorvertraglichen Angaben zum Fertigstellungszeitpunkt) findet § 271 BGB Anwendung. Danach ist die Bauzeit und damit der Fertigstellungstermin den Umständen zu entnehmen. Der Bauträger hat im Zweifel alsbald nach Vertragsschluss mit den Arbeiten zu beginnen und sie in angemessener Zeit zügig zu Ende zu führen. Dabei ist die für die Herstellung notwendige Zeit in Rechnung zu stellen. Mit Ablauf dieser angemessenen Fertigstellungsfrist wird die Leistung fällig.[146]

2. Kein Widerrufsrecht gem. § 650l BGB

Das Widerrufsrecht nach § 650l BGB gilt für den Erwerber vom Bauträger nicht (§ 650u Abs. 2 BGB).

a) Zweck

Beim Verbraucherbauvertrag besteht gem. § 650l BGB ein generelles, also ein von der Vertriebsform unabhängiges Widerrufsrecht gemäß § 355 BGB.[147] Durch das Widerrufsrecht soll der Verbraucher wegen der wirtschaftlichen Bedeutung von Verträgen über die Errichtung bzw. den erheblichen Umbau von Eigenheimen vor übereilten Abschlüssen geschützt werden.[148] Von einer Ausdehnung des Widerrufsrechts auf den Bauträgervertrag hat der Gesetzgeber abgesehen, weil der Bauträgervertrag nach § 311b BGB notariell zu beurkunden ist. Durch die Übermittlung des Vertrags mindestens zwei Wochen vor der Beurkundung (§ 17 Abs. 2a BeurkG) und die notarielle Belehrung ist der Verbraucher vor unbedachten und übereilten Abschlüssen hinreichend geschützt.[149] Es gilt nach der Reform des Bauvertragsrechts nichts anderes als bereits zuvor; schon früher (wie heute) war das von der Vertriebsform abhängige Widerrufs-

---

[144] *Basty*, Der Bauträgervertrag, Rn. 834; *Grziwotz* FS Thode, S. 243 (254); *Pause* NZBau 2002, 648 (650).
[145] *Glöckner* BauR 2014, 411, 426f.
[146] BGH Urt. v. 8.3.2001 – VII ZR 470/99, NZBau 2001, 389 = NJW-RR 2001, 806 = BauR 2001, 946.
[147] Vgl. *Lenkeit* BauR 2017, 454ff.
[148] Begründung des Gesetzesentwurfs der Bundesregierung, BT-Drs. 18/8486, 63.
[149] Begründung des Gesetzesentwurfs der Bundesregierung, BT-Drs. 18/8486, 72.

recht für Verbraucherverträge (§ 312g Abs. 1 BGB) beim Bauträgervertrag nicht anzuwenden (§ 312 Abs. 3 Nr. 1 BGB).[150]

107 Beim Verbraucherbauvertrag besteht gem. § 650l BGB dann kein Widerrufsrecht, wenn der Vertrag – tatsächlich – beurkundet wurde.[151] Erfolgt aber keine Beurkundung, verbleibt es beim Widerrufsrecht. Der Bauträgervertrag ist wegen der in ihm enthaltenen Grundstücksübereignungspflicht stets zu beurkunden, § 311b BGB. Unterbleibt die Beurkundung, besteht bei ihm dennoch kein Widerrufsrecht, weil es durch § 650u Abs. 2 BGB für diesen Vertrag generell ausgeschlossen ist.[152] Der Erwerber kann sich allerdings – mit anderen Rechtsfolgen – stets auf die Formnichtigkeit des Vertrages berufen.

b) Generalunternehmermodell

108 Ausnahmsweise kann das Widerrufsrecht nach § 650l BGB bei einer **Aufspaltung des Bauträgervertrages** in einen (beurkundeten) Grundstückskaufvertrag und einen privatschriftlich abgeschlossenen (Verbraucher-) Bauvertrag (Generalunternehmermodell)[153] bestehen, und zwar auch dann, wenn der Kauf- und Bauvertrag mit verschiedenen Personen abgeschlossen wurde. Zwar ist bei einem einheitlichen Rechtsgeschäft, bei dem das eine mit dem anderen Geschäft stehen und fallen soll, das gesamte Geschäft zu beurkunden.[154] Der Bauvertrag wird in dieser Konstellation aber häufig und planmäßig nicht beurkundet, ist also formnichtig. Unter dieser Voraussetzung sind die §§ 650l, 355 BGB für den Verbraucherbauvertrag einschlägig.[155] Das Widerrufsrecht kann vor allem dann weiter gehen als die Möglichkeit, sich auf die Formnichtigkeit zu berufen, weil dem Käufer die Berufung auf die Nichtigkeit des Vertrages nach Eintragung der Auflassung verwehrt ist (§ 311b Abs. 1 S. 2 BGB). Der Widerruf dürfte analog § 360 BGB auch den beurkundeten Kaufvertrag erfassen, unabhängig davon, ob sich der Verbraucher auf die Nichtigkeit des Vertrages berufen hat bzw. der zunächst nichtige Kaufvertrag durch Eintragung der Auflassung nach § 311b Abs. 1 S. 2 BGB geheilt wurde.

c) Sonderwunschverträge

109 Fraglich ist, ob auf nachträgliche nicht beurkundete **Sonderwunschverträge** das Widerrufsrecht anzuwenden ist. Durch sog. Sonderwunschverträge werden nach Abschluss der Bauträgervertrages mit dem Bauträger selbst oder auf direktem Weg mit dem Handwerker geänderte bzw. zusätzliche Bauleistungen vereinbart. Dies ist auch im ersten Fall – bei bereits erklärter Auflassung – formfrei, also ohne notarielle Beurkundung wirksam möglich. Für diese Vereinbarungen ist das Widerrufsrecht nach § 650l BGB nicht gegeben, weil die vereinbarten Bauleistungen regelmäßig unter der Schwelle für den Anwendungsbereich der §§ 650i ff. BGB bleiben, also kein neues Gebäude bzw. kein erheblicher Umbau beauftragt wird.[156]

---

[150] Kleine-Möller/Merl/*Glöckner* § 4 Rn. 74 f.
[151] *Lenkeit* BauR 2017, 454 (466).
[152] *Pause* BauR 2017, 430 (435); aA *Lenkeit* BauR 2017, 454 (466).
[153] *Pause*, Bauträgerkauf und Baumodelle, Rn. 1460 f.
[154] BGH Urt. v. 22.7.2010 – VII ZR 246/08, NZBau 2011, 154; BGH Urt. v. 12.2.2009 – VII ZR 230/07, NZBau 2009, 442 = BauR 2009, 1138, Rn. 13; BGH Urt. v. 26.11.1999 – V ZR 251/98, NJW 2000, 951.
[155] *Lenkeit* BauR 2017, 615 (626).
[156] Vgl. im Übrigen *Lenkeit* BauR 2017, 615 (628).

V. Anwendung des Verbraucherbauvertragsrechts

3. Sicherung von Abschlagszahlzungen, § 650m Abs. 2, 3 BGB

Sofern der Bauträger mit dem Erwerber die Zahlung der Vergütung in Raten (Abschlägen) vereinbart – was meistens der Fall ist –, gilt von den Vorschriften des Verbraucherbauvertrages auch § 650m Abs. 2 und 3 BGB, also die Vorschriften zur **Vertragserfüllungssicherheit,** nicht aber die Begrenzung der Abschläge auf 90 % der Vergütung gem. § 650m Abs. 1 BGB.

a) Zweck

Das entspricht im Wesentlichen den früheren Regelungen in § 632a Abs. 3 und 4 BGB aF. Bereits mit dem Forderungssicherungsgesetz (FoSiG)[157] wurde für Verbraucherverträge, sofern **Abschlagszahlungen** gefordert werden, in § 632a Abs. 3 BGB ein gesetzlicher Anspruch auf Gestellung einer Sicherheit für die rechtzeitige Herstellung des Objekts ohne wesentliche Mängel, also eine Sicherheit für die Vertragserfüllung, eingeführt. Durch die Absicherung der Vertragserfüllungsansprüche soll dem Umstand Rechnung getragen werden, dass der Verbraucher in aller Regel nicht in der Lage ist, eine Sicherung seiner Erfüllungsansprüche bei Vertragsschluss durchzusetzen.[158] Danach ist dem Besteller, wenn von ihm Abschläge verlangt werden und es sich bei ihm um einen Verbraucher (§ 13 BGB) handelt, eine Sicherheit für die Vertragserfüllung zu gewähren. Die Sicherheit schafft einen Ausgleich dafür, dass mit den Abschlagszahlungen die Vorleistungspflicht des Unternehmers, die im Grundsatz bis zur Abnahme besteht, abgeschwächt wird. Schon § 632a Abs. 3 BGB galt auch für den Bauträgervertrag, sofern der Erwerber Verbraucher war. Das wurde durch § 1 S. 3 der Verordnung über Abschlagszahlungen bei Bauträgerverträgen klargestellt.[159]

Da für den Bauträgervertrag für die Abschlagszahlungen durch § 650v BGB und Art. 244 EGBGB über § 1 S. 3 der Verordnung über Abschlagszahlungen bei Bauträgerverträgen auf die §§ 3 und 7 MaBV verwiesen wird, wurde für den Gleichlauf in § 1 S. 3 dieser Verordnung klargestellt, dass bei Vereinbarungen über Abschläge der Anspruch auf die Sicherheit nach § 650m Abs. 2 und 3 BGB auch beim Bauträgererwerb gilt.[160]

b) Gesetzlicher Anspruch und Abdingbarkeit

Auf die Sicherheit hat der Erwerber einen **gesetzlichen Anspruch.** Zur Begründung einer dahingehenden Verpflichtung des Bauträgers ist deshalb keine vertragliche Vereinbarung erforderlich. Der Anspruch entsteht mit der Vereinbarung von Abschlagszahlungen und wird fällig mit der Anforderung einer Abschlagszahlung durch den Bauträger. Trotzdem erstreckt sich die Belehrungspflicht des Notars auch und insbesondere auf die Risiken ungesicherter Vorleistungen und deren Vermeidung durch geeignete Vertragsgestaltungen.[161] Die Vertragserfüllungssicherheit dient neben den §§ 3, 7 MaBV der Sicherstellung einer vertragsgerechten Erfüllung und nicht nur der

---

[157] Gesetz v. 23.10.2008, BGBl. I S. 2022.
[158] Vgl. *Pause* NZBau 2006, 342 (343); *ders.* ZfIR 2006, 356 (358) zur Notwendigkeit entsprechender Regelungen.
[159] BT-Drs. 15/3594, 24 f. und BT-Drs. 16/511, 24.
[160] Art. 4 des Gesetzes zur Reform des Bauvertragsrechts v. 28.4.2017, BGBl. I S. 969.
[161] BGH Urt. v. 17.1.2008 – III ZR 136/07, NJW 2008, 1321, Rn. 10; BGH Urt. v. 24.1.2008 – III ZR 156/07, NJW 2008, 1319; BGH Urt. v. 12.2.2004 – III ZR 77/03, NJW-RR 2004, 1071; BGH Urt. v. 27.10.1994 – IX ZR 12/94, NJW 1995, 330.

Absicherung einer sekundären Vertragspflicht;[162] deshalb ist bei der Beurkundung über diese zusätzliche Sicherungsmöglichkeit zu belehren und eine entsprechende Vertragsgestaltung vorzusehen.[163] Die Vereinbarung von Abschlagszahlungen ohne zugleich die gesetzlich geregelte Sicherheitsleistung nach § 650m Abs. 2 BGB vertraglich vorzusehen, ist auch deshalb unwirksam, weil bei einem nicht vorgebildeten Durchschnittskunden der Eindruck entstehen könnte, dass die Regelung des § 650m Abs. 2 BGB abbedungen sein soll.[164] Die Unwirksamkeit des gesamten Zahlungsplans hätte zur Folge, dass die Vergütung (erst) mit der Abnahme fällig wird (§ 641 Abs. 1 S. 1 BGB).[165]

c) Verhältnis zur Sicherung nach §§ 3 und 7 MaBV

114   Da der gesetzliche Sicherungszweck der Sicherheit nach § 650m Abs. 2 BGB über die Sicherungen nach § 3 MaBV hinausgehen, kann der Erwerber die Vertragserfüllungssicherheit nach § 650m Abs. 2 BGB neben den Absicherungen des § 3 Abs. 1 MaBV verlangen.[166] Gleiches gilt für eine Abwicklung von Abschlagszahlungen nach § 7 MaBV.[167] Zwar umfasst eine Bürgschaft nach § 7 MaBV auch Erfüllungsansprüche,[168] nicht aber Ansprüche wegen verspäteter Herstellung.[169] Wegen des nur eingeschränkten Sicherungszwecks der Bürgschaft nach § 7 MaBV kann der Erwerber auch dann, wenn Abschlagszahlungen durch eine Bürgschaft nach § 7 MaBV gesichert werden, zusätzlich eine Sicherheit nach § 650m Abs. 2 BGB beanspruchen.[170]

d) Gesicherte Ansprüche

115   Die Absicherung nach § 650m Abs. 2 BGB dient als Sicherheit für die rechtzeitige Herstellung des Werks ohne wesentliche Mängel.

116   Danach kann der Erwerber auf die Sicherheit zurückgreifen, wenn das Objekt nicht rechtzeitig hergestellt wurde. Das ist der Fall, wenn sich der Unternehmer mit seiner Leistung in **Verzug** befindet (§ 286 BGB). Gesichert sind Schadensersatzansprüche, aber auch Ansprüche auf eine etwaige Vertragsstrafe[171] und auf pauschalierten Schadensersatz.

117   Durch die Absicherung nach § 650m Abs. 2 BGB werden vor allem die **Mängelansprüche** bis zur Abnahme gesichert.[172] Gesichert sind auch die bei der Abnahme vorbehaltenen Restarbeiten, denn insoweit ist die Leistung noch gar nicht vollständig hergestellt worden. Eine Änderung der Rechtslage ist mit der Reform des Bauvertragsrechts also nicht verbunden.

---

[162] Vgl. BGH Urt. v. 24.1.2008 – III ZR 156/07, NJW 2008, 1319, Rn. 9; *Pause*, Bauträgerkauf und Baumodelle, 5. Aufl. 2011, Rn. 201a.
[163] *Basty* DNotZ 2008, 891 (897).
[164] BGH Urt. v. 8.11.2012 – VII ZR 191/12, BauR 2013, 228 = NJW 2013, 219 = NZBau 2013, 102.
[165] Vgl. BGH Urt. v. 22.12.2000 – VII ZR 310/99, NJW 2001, 818 = NZBau 2001, 132 = BauR 2001, 391; BGH Urt. v. 22.3.2007 – VII ZR 268/05, NJW 2007, 1947 = NZBau 2007, 437 = BauR 2007, 1235, Rn. 25.
[166] *Basty*, Der Bauträgervertrag, Rn. 45.
[167] *Kutter* in Beck'sches Notar-Handbuch, Kap. A II Rn. 78a (7).
[168] BGH Urt. v. 14.1.1999 – IX ZR 140/98, BauR 1999, 659 = NJW 1999, 1105; BGH Urt. v. 18.6.2002 XI ZR 359/01, BauR 2002, 1547 = NZBau 2002, 497; vgl. *Pause*, BauR 1999, 1270.
[169] BGH Urt. v. 21.1.2003 – XI ZR 145/02, BauR 2003, 700 = NZBau 2003, 270, noch zu § 632a Abs. 2 BGB.
[170] *Pause*, Bauträgerkauf und Baumodelle, Rn. 201.
[171] BGH Urt. v. 7.6.1982 – VIII ZR 154/81, BauR 1982, 506; BGH Urt. v. 15.3.1990 – IX ZR 44/89, NJW-RR 1990, 811.
[172] *Kniffka/von Rintelen*, ibr-online-Kommentar, 12.5.2017, § 632a BGB Rn. 140.

Bemerkenswert ist allerdings, dass trotz entsprechender Kritik[173] an der bereits in § 632a Abs. 3 BGB verwendeten Formulierung, nach der eine Sicherheit für die „Herstellung des Werks ohne wesentliche Mängel" zu leisten ist, festgehalten wird. Es war darauf hingewiesen worden, dass der Wortlaut dahin verstanden werden muss, dass **unwesentliche Mängel** durch die Sicherheit nicht erfasst werden,[174] es sei denn, man sieht in der Gesetzesfassung lediglich ein Redaktionsversehen.[175] Da der Wortlaut mit der Reform des Bauvertragsrechts nicht geändert wurde, muss angenommen werden, dass die Ausklammerung der unwesentlichen Mängel nicht nur auf einem Redaktionsversehen, sondern auf einer bewussten gesetzgeberischen Entscheidung beruht.[176] Die geltende Gesetzesfassung ist nicht befriedigend. Richtigerweise sollten sämtliche Ansprüche wegen nicht ordnungsgemäßer Erfüllung, also auch Ansprüche wegen unwesentlichen Mängeln gesichert werden.[177] Andernfalls entstünde die widersprüchliche Situation, dass der Verbraucher die Abnahme wegen einer Vielzahl kleinerer Mängel, die in der Summe die Wesentlichkeitsschwelle des § 640 Abs. 1 S. 2 BGB übersteigen,[178] verweigern kann, die entsprechenden Erfüllungsansprüche durch die Sicherheit aber nicht gesichert wären.[179]

118

Zum Sicherungszweck der Vertragserfüllungssicherheit nach § 650m Abs. 2 BGB und zur Abwicklung der Sicherheit wird im Übrigen auf den Verbraucherbauvertrag verwiesen (vgl. → § 5 Rn. 268).

119

e) Keine Begrenzung der Höhe nach

Die **Begrenzung der Abschläge auf 90 %** der vereinbarten Gesamtvergütung (vgl. § 650m Abs. 1 BGB) gilt für den Bauträgervertrag nicht. Durch die mit § 650m Abs. 1 BGB für den Verbraucherbauvertrag eingeführte pauschale Begrenzung der Abschläge soll vermieden werden, dass der Unternehmer überhöhte Abschläge fordert und es dadurch zu einer Vorleistung des Verbrauchers kommt.[180] Die Gesetzesbegründung erklärt die Ausnahme des Bauträgervertrages von dieser Regelung damit, dass eine Begrenzung der Abschläge mit den Regelungen in § 3 Abs. 2 MaBV nicht vereinbar sei.[181] Die Begründung ist nicht stichhaltig, weil die durch § 3 Abs. 2 MaBV definierten Raten bzw. Abschläge in der Summe durchaus zusätzlich auf 90 % der Gesamtvergütung begrenzt werden könnten, und zwar mit der Begründung, dass es sich bei den Abschlägen nach § 3 Abs. 2 MaBV ja jeweils auch nur um Höchstsätze handelt.[182] Im Ergebnis ist die gesetzgeberische Entscheidung jedenfalls im Anwendungsbereich des § 3 Abs. 2 BGB vertretbar, weil infolge der auf 30 % der Vergütung begrenzten ersten Rate (Grundstücksrate) und des im Allgemeinen weit höheren Grundstücksanteils regelmäßig keine Vorleistung des Erwerbers zu befürchten ist. Bei einer Sicherung des Erwerbers nach § 7 MaBV, bei der ein Zahlungsplan abweichend von § 3 Abs. 2 MaBV mög-

120

---

[173] Kniffka/*von Rintelen,* ibr-online-Kommentar, 12.5.2017, § 632a BGB Rn. 141; *Pause/Vogel* NZBau 2015, 667 (670).
[174] *Pause/Vogel* NZBau 2015, 667 (670); *Pause,* Bauträgerkauf und Baumodelle, Rn. 201d; MüKo-BGB/*Busche* § 632a Rn. 23.
[175] Kniffka/*von Rintelen,* ibr-online-Kommentar 12.5.2017, § 632a BGB Rn. 141; vgl. auch *Basty,* Rn. 41.
[176] *Pause* BauR 2017, 430 (437).
[177] *Pause/Vogel* NZBau 2015, 667 (670).
[178] OLG München Urt. v. 15.1 2008 – 13 U 4378/07, BauR 2008, 1163.
[179] *Pause* BauR 2017, 430 (437).
[180] Begründung des Gesetzesentwurfs der Bundesregierung, BT-Drs. 18/8486, 64.
[181] Begründung des Gesetzesentwurfs der Bundesregierung, BT-Drs. 18/8486, 73.
[182] *Pause,* Bauträgerkauf und Baumodelle, Rn. 293.

lich ist, überzeugt die gesetzgeberische Entscheidung nicht. Nach der Regelung in § 650v Abs. 2 BGB ist die Begrenzung der Abschläge auf 90 % aber auch bei einer Vertragsabwicklung nach § 7 MaBV nicht anwendbar.

121 **Vorauszahlungen** können im Übrigen auch bei einer Sicherung nach § 7 MaBV nicht wirksam vereinbart werden. Das wurde schon nach früherem Recht angenommen[183] und gilt nun zusätzlich gemäß § 309 Nr. 12a) BGB für Abschläge, die wesentlich höher sind, als sie nach § 632a Abs. 1 BGB zulässig wären.

f) Abweichende Individualvereinbarungen

122 § 650m Abs. 2 BGB enthält wie schon die Vorgängervorschrift kein zwingendes Recht (§ 650o BGB). Die Vorschriften des § 650m über die Abschlagszahlungen und die Vertragserfüllungssicherheit sind beim Verbraucherbauvertrag abdingbar. Das beruht auf einer bewussten Entscheidung des Gesetzgebers bei der Einführung des damaligen § 632a Abs. 2 BGB a. F.[184] Danach kommen auch beim Bauträgervertrag **abweichende Vereinbarungen** in Bezug auf die Vertragserfüllungssicherheit gemäß § 650m Abs. 2 und 3 BGB in Betracht. Sie wären jedoch nur in Individualvereinbarungen gestattet; in Formularverträgen oder Allgemeinen Geschäftsbedingungen würde eine Klausel, die die Sicherheit ausschließt oder verringert, gegen § 309 Nr. 15b) BGB verstoßen.

4. Herausgabe von Unterlagen, § 650n BGB

123 Nach § 650u Abs. 1 S. 2 BGB ist der Bauträger ebenso wie der Unternehmer beim Verbraucherbauvertrag verpflichtet, Unterlagen gem. § 650n BGB zu erstellen und herauszugeben.

a) Eingeschränkte gesetzliche Dokumentationspflicht nach § 650n BGB

124 Mit der Erweiterung des Anwendungsbereichs von § 650n BGB auf den Bauträgervertrag soll erreicht werden, dass der Erwerber die nötigen Bauunterlagen, die er beispielsweise für spätere Unterhaltungsmaßnahmen benötigt, ausgehändigt erhält.[185] Angesichts der Tatsache, dass hierzu bislang keine gesetzliche Regelung bestand und in kaum einem Bauträgervertrag Vereinbarungen zur Herausgabe von Unterlagen anzutreffen sind, bestand auch und insbesondere in diesem Bereich ein dringendes Bedürfnis an einer gesetzlichen Regelung der Dokumentationspflicht. Es muss allerdings bezweifelt werden, dass der verfolgte Zweck mit dem Verweis auf den Herausgabeanspruch nach § 650n BGB erreicht werden kann.[186]

125 Der Inhalt des Anspruchs auf die Erstellung und die Herausgabe von Unterlagen ist in § 650n BGB genau beschrieben: Nach § 650n BGB soll der Unternehmer rechtzeitig vor Beginn der Ausführung die Unterlagen erstellen und herausgeben, die der Verbraucher benötigt, um gegenüber den Behörden (und ggf. auch gegenüber Dritten, z. B. der finanzierenden Bank, Abs. 3) nachweisen zu können, dass das Bauvorhaben unter Einhaltung der öffentlich-rechtlichen Vorschriften ausgeführt wird (Abs. 1) bzw. dass es im Zeitpunkt der Fertigstellung nach den öffentlich-rechtlichen Vorschriften ausgeführt wurde (Abs. 2). Dazu muss der Unternehmer nach § 650n Abs. 1 BGB die Planungsunterlagen erstellen, die der Verbraucher für Nachweise gegenüber der Baubehörde be-

---

[183] *Pause*, Bauträgerkauf und Baumodelle, Rn. 348.
[184] BT-Drs. 16/511, 15.
[185] Begründung des Gesetzesentwurfs der Bundesregierung, BT-Drs. 18/8486, 65.
[186] Vgl. *Glöckner* VuR 2016, 163 (167).

V. Anwendung des Verbraucherbauvertragsrechts   126, 127   § 6

nötigt. Nach dem Wortlaut des Gesetzes handelt es sich dabei um Unterlagen, die der Unternehmer objektbezogen zu erstellen hat und die die Baubehörde verlangt. In Abhängigkeit vom einschlägigen Landesrecht können dies beispielsweise die Baugenehmigung, der Brandschutz-, Standsicherheits-, Schallschutz- und Wärmeschutznachweis sein. Nach § 650n Abs. 2 BGB sind bei Fertigstellung des Bauvorhabens diejenigen Unterlagen zu erstellen und herauszugeben, die der Verbraucher gegenüber der Baubehörde für den Nachweis einer mit den öffentlich-rechtlichen Vorschriften übereinstimmenden Bauausführung benötigt.[187] Das können etwa Nachweise nach § 10 Erneuerbare-Energien-Wärmegesetz sein.[188] Die Ausführungsplanung, Fachplanung und Bestandsunterlagen gehören nach dem Wortlaut von § 650n Abs. 1 und 2 BGB nicht zu den geforderten Bauunterlagen, denn sie werden als Nachweise gegenüber der Baubehörde nicht benötigt.[189] Zu klären ist, in welchem Umfang die für den Verbraucherbauvertrag konzipierten Bestimmungen des § 650n BGB auf den Bauträgervertrag angewendet werden können.[190]

Nach § 650n Abs. 1 BGB sind die Unterlagen herauszugeben, die der Verbraucher benötigt, um gegenüber der Baubehörde den Nachweis führen zu können, dass mit der Bauausführung die öffentlich-rechtlichen Vorschriften eingehalten werden. Diese Verpflichtung ist auf einen Verbraucher zugeschnitten, der selbst Bauherr ist, denn der Bauherr hat gegenüber der Baubehörde und anderen Behörden ggf. die Nachweise über die Einhaltung der maßgeblichen öffentlich-rechtlichen Vorschriften zu führen. In dieser Rolle befindet sich der Erwerber beim Bauträgervertrag jedoch nicht. Bauherr ist hier der Bauträger. Nur er hat vor und bei Bauerrichtung die nötigen Nachweise zu führen. Aus § 650n Abs. 1 BGB ergibt sich für den maßgeblichen Zeitpunkt (rechtzeitig vor Beginn der Bauausführung) somit keine Verpflichtung des Bauträgers, bestimmte Unterlagen für den Erwerber zu erstellen und an ihn herauszugeben.[191]

Spätestens mit der **Fertigstellung des Bauwerks** soll der Unternehmer gem. § 650n Abs. 2 BGB die Unterlagen erstellen und herausgeben, die der Verbraucher für den Nachweis gegenüber der Behörde benötigt, dass das Bauvorhaben in Übereinstimmung mit den öffentlich-rechtlichen Vorschriften errichtet worden ist. Auch aus dieser Norm ergibt sich für den Bauträgervertrag ein nur sehr schmaler Anwendungsbereich: Nachweise gegenüber der Baubehörde sind von ihm auch mit der Fertigstellung regelmäßig nicht zu führen. Der Erwerber als Vertragspartner des Bauträgers und als späterer Eigentümer des Bauwerks ist nicht Baubeteiligter im Sinne des Bauordnungsrechts, nämlich Bauherr, Entwurfsverfasser, Unternehmer (vgl. §§ 52 ff. MBO und z.B. Art. 49 ff. BayBO), also schon deshalb nicht Adressat von etwaigen Aufforderungen der Baubehörde. Sofern allerdings nicht nur der Bauherr, sondern auch der spätere Eigentümer des Baugrundstücks, also der **Rechtsnachfolger,** nach den einschlägigen Landesbauordnungen bzw. den dazu erlassenen Ausführungsvorschriften zur Vorhaltung und ggf. Vorlage bestimmter Bauunterlagen verpflichtet ist, leitet sich daraus auch ein Erstellungs- und Herausgabeanspruch des Erwerbers gegen den Bauträger ab. Er ist aber beschränkt auf die der Behörde ggf. vorzulegenden Unterlagen, z.B. die Baugenehmigung, die Bauvorlagen und die bautechnischen Nachweise sowie Nachweise der Verwendbarkeit (vgl. § 15 Abs. 1 BauVerfO Berlin). Eine Vorlagepflicht des Rechtsnachfolgers ist in den Ländern unterschiedlich geregelt. Sie existiert etwa im Land Berlin (vgl. z.B.

---

[187] *Pause* BauR 2017, 430 (438).
[188] Begründung des Gesetzesentwurfs der Bundesregierung, BT-Drs. 18/8486, 65.
[189] *Glöckner* VuR 2016, 163 (167); *Pause* BauR 2017, 430 (438).
[190] *Pause* BauR 2017, 430 (440).
[191] *Pause* BauR 2017, 430 (440).

§ 15 Abs. 1 BauVerfO Berlin),[192] aber nicht in Bayern (vgl. Bayerische Bauvorlagenverordnung – BayBauVorlV).[193] Durch die mittelbare Abhängigkeit des Herausgabeanspruchs vom jeweiligen Bauordnungsrecht der Länder ist die Rechtslage für die Beteiligten denkbar unübersichtlich. Soweit der Erwerber und spätere Eigentümer des Bauwerks als denkbarer Störer für den Zustand des Bauvorhabens haftet (§ 80 S. 2 MBO; vgl. etwa Art. 76 S. 2 BayBO), ist diese Möglichkeit von § 650n BGB offensichtlich nicht erfasst, denn der Eigentümer ist bei einer etwaigen **Zustandsstörung** nicht zur Nachweisführung, sondern zur Beseitigung des bauordnungswidrigen Zustandes verpflichtet.[194]

128 Außerhalb des Bauordnungsrechts kommen jedoch Nachweise in Betracht, die der Erwerber in anderem Zusammenhang führen muss, z.B. nach den Vorschriften des **Erneuerbare-Energien-Wärmegesetzes**.[195] Diese Nachweise sind vom Bauträger zu erstellen und auszuhändigen.

129 Die Unterlagenerstellungs- und Herausgabepflicht ist aber nicht auf die von den Behörden geforderten Unterlagen beschränkt. Nach § 650n Abs. 3 BGB ist der Bauträger auch dann zur Erstellung und Herausgabe von Unterlagen verpflichtet, wenn Dritte, etwa **Darlehensgeber,** Nachweise für die Einhaltung bestimmter Bedingungen verlangen und der Bauträger die berechtigte Erwartung des Erwerbers geweckt hat, diese Bedingungen einzuhalten. Das kann auf bestimmte Eigenschaften des Bauwerks zutreffen, von deren Erfüllung die finanzierende Bank – etwa die Förderbank KfW – ihre Förderung abhängig macht.[196] Die Pflicht zur Herausgabe der entsprechenden Unterlagen besteht jedoch nur dann, wenn eine dahingehende Erwartungshaltung durch entsprechende Vertrags- oder Werbeangaben geweckt wurde.

130 Im Ergebnis zeigt sich, dass für § 650n BGB beim Bauträgervertrag kein wesentlicher **Anwendungsbereich** besteht. Die bei Baubeginn gegenüber der Baubehörde zu führenden Nachweise betreffen den Erwerber mangels Bauherrenstellung nicht; ähnlich ist es mit den bei der Baufertigstellung geforderten Nachweisen. Der Nachteil des Gesetzes besteht darin, dass der Gesetzgeber wohl angenommen hatte, dass sich der Inhalt der Unterlagen, der für die Behörden benötigt wird, mit den Unterlagen deckt, die für die Instandhaltung, Instandsetzung und spätere Umbauten benötigt werden. Das ist aber nicht der Fall; der von der Gesetzesbegründung[197] erhobene Anspruch wird nicht erfüllt.[198]

131 § 650n Abs. 2 BGB wird auf den Bauträgervertrag aber insoweit entsprechend angewendet werden können, wie der Unternehmer dem Verbraucher beim Verbraucherbauvertrag die Herstellung und Herausgabe der Unterlagen schuldet, die der Verbraucher für den Nachweis einer mit den öffentlich-rechtlichen Vorschriften übereinstimmenden Bauausführung gegenüber der Behörde benötigt, ohne dass es also auf die Frage der Rechtsnachfolge in der Bauherrenstellung (vorstehend → § 6 Rn. 127) ankäme. Von § 650n Abs. 2 BGB werden beim Verbraucherbauvertrag die bautechnischen Nachweise erfasst, die der Bauherr im Rahmen von § 82 MBO (vgl. hierzu etwa Art. 78 BayBO) führen muss. Auch wenn der Erwerber nicht Adressat dieser Norm ist,

---

[192] Verordnung über Bauvorlagen, bautechnische Nachweise und das Verfahren im Einzelnen (Bauverfahrensverordnung – BauVerfVO v. 19.10.2006, Berliner GVBl. S. 1035.
[193] Verordnung über Bauvorlagen und bauaufsichtliche Anzeigen (Bauvorlagenverordnung – BauVorlV) v. 10.11.2007, Bayerisches GVBl. S. 792.
[194] Vgl. *Simon/Busse/Dimberger* Art. 76 BayBO Rn. 182 ff.
[195] Begründung des Gesetzesentwurfs der Bundesregierung, BT-Drs. 18/8486, 65.
[196] Begründung des Gesetzesentwurfs der Bundesregierung, BT-Drs. 18/8486, 66.
[197] Begründung des Gesetzesentwurfs der Bundesregierung, BT-Drs. 18/8486, 65.
[198] *Glöckner* VuR 2016, 163 (167); *Pause* BauR 2017, 430 (440).

wird der Bauträger in Anlehnung an § 82 Abs. 2 MBO (Art. 78 Abs. 2 und 3 BayBO) zum Nachweis einer mit den öffentlich-rechtlichen Vorschriften übereinstimmenden Bauausführung die Vorlage des Standsicherheitsnachweises (§ 66 MBO bzw. Art. 62 Abs. 3 S. 1 BayBO), des Brandschutznachweises (§ 66 MBO bzw. Art. 62 Abs. 3 S. 3 BayBO) und des Nachweises des Kaminkehrers (Art. 78 Abs. 3 BayBO) schulden. Zur Vermeidung von Missverständnissen sei darauf hingewiesen, dass von § 650n Abs. 2 BGB aber nicht den Nachweis der Übereinstimmung der tatsächlichen Bauausführung mit den öffentlich-rechtlichen Vorschriften gefordert wird; er könnte ja allenfalls mit einer Bauunternehmer- bzw. Fachunternehmererklärung (ähnlich wie nach § 26a EnEV) geführt werden. Ebenso wenig gehören Übereinstimmungserklärungen und Prüfzeugnisse dazu, da es sich dabei nicht um Unterlagen handelt, die vom Unternehmer (Bauträger) erstellt werden (können).

b) Vertragliche Dokumentationspflicht

132 § 650n BGB ist **keine abschließende Regelung** in dem Sinne, dass keine darüberhinausgehenden Dokumentationspflichten bestehen oder begründet werden könnten. Nach § 650o BGB darf von § 650n BGB nicht zum Nachteil der Verbrauchers abgewichen werden; die Erweiterung der in § 650n BGB begründeten Pflichten gereicht dem Erwerber nicht zum Nachteil. Deshalb können die Parteien im Vertrag Dokumentationspflichten vereinbaren, die über den Mindestinhalt des § 650n BGB hinausgehen. Insbesondere können sich erweiterte Pflichten zur Herausgabe von Unterlagen im Wege der **Auslegung des Bauträgervertrages** ergeben, und zwar in dem Umfang, wie sie schon nach bisherigem Recht angenommen worden sind.[199]

133 In der Literatur[200] hat sich unter Hinweis auf die Rechtsprechung des BGH zum Architektenvertrag[201] die Auffassung durchgesetzt, dass beim Bauträgervertrag – wie beim Architektenvertrag – eine Herausgabepflicht besteht, die mit einer entsprechenden Auslegung des Vertrages – orientiert an den wechselseitigen Interessen – begründet wird. Danach hat der Bauträger die für das Bauvorhaben erstellten Bauunterlagen herauszugeben, weil der Erwerber diese Unterlagen für die Unterhaltung, die Instandhaltung und Instandsetzung benötigt.[202] Bei Anlegung dieses Maßstabs ist der Bauträger verpflichtet, die Ausführungsplanung, die Statik, die für das Bauwerk erstellten Haustechnikpläne für Heizung, Wasserversorgung und Entsorgung, Be- und Entlüftung usw. herauszugeben. Einige Unterlagen sind aufgrund entsprechender gesetzlicher Vorschriften ohnehin herauszugeben, so z. B. der Energieausweis nach § 16 Abs. 2 EnEV (2014). Ob der Bauträger verpflichtet ist, für sämtliche Gewerke Pläne herzustellen bzw. herstellen zu lassen, um sie aushändigen zu können, auch wenn sie für die Bauausführung gar nicht erforderlich waren, dürfte von der Größe des Bauvorhaben und der Komplexität des jeweiligen Gewerks abhängen.[203] In gleicher Weise ist die Frage nach der Erstellung von Bestandsplänen zu beantworten. Zweifelhaft ist, ob auch Druckprüfungsprotokolle für die Ver- und Entsorgungsleitungen und die Heizleitungen (z. B. Druckprüfung nach Ziffer 11.1.2.1 der DIN 1988 Teil 2), der Nachweis der Luftdichtigkeit der Gebäudehülle, Prüfzeugnisse für Bauprodukte usw. herauszugeben sind. Für

---
[199] *Pause*, Bauträgerkauf und Baumodelle, Rn. 470; *Basty*, Der Bauträgervertrag, 8. Aufl., Rn. 447 f.; zurückhaltend *Blank*, Bauträgervertrag, Rn. 373; *Fuchs* BauR 2007, 264 (269).
[200] *Pause*, Bauträgerkauf und Baumodelle, Rn. 470; *Basty*, Der Bauträgervertrag, Rn. 447 f.
[201] BGH Urt. v. 24.6.2004 – VII ZR 259/02, NJW 2004, 2588 = BauR 2004, 1640, Rn. 28.
[202] Vgl. auch OLG Köln Urt. v. 13.5.2015 – 11 U 96/14, IBR 2015, 491 *(Röder)* = ZMR 2016, 66.
[203] *Pause* ZfIR 2014, 127 (130).

diese Unterlagen besteht keine Herausgabepflicht.[204] Der Bauträger ist nicht – auch nicht im Rahmen der Abnahme – verpflichtet, die Mangelfreiheit seiner Leistung durch Vorlage von Prüfzeugnissen usw. nachzuweisen.[205]

c) Rechtsfolgen

134   Die Verpflichtung zur Herausgabe der Bauunterlagen ist eine leistungsbezogene Nebenpflicht i. S. v. § 241 Abs. 2 BGB.[206] Der **Herausgabeanspruch** kann klageweise durchgesetzt werden.[207] Daneben besteht ein **Leistungsverweigerungsrecht.**[208] Sofern es sich um eine für die Unterhaltung und die Funktion des Objekts wesentliche Unterlage handelt, ist auch die Verweigerung der Abnahme gerechtfertigt.[209] Beim Erwerb von Wohnungseigentum ist davon auszugehen, dass der Anspruch nach § 650n BGB und aus dem Vertrag (§ 5 Rn. 132) originär jedem Erwerber zusteht, die **Wohnungseigentümergemeinschaft** diesen aber an sich ziehen und in gekorener Zuständigkeit nach § 10 Abs. 6 S. 3 WEG geltend machen kann.[210] Anderes soll für den Schließplan und die Schließkarte der Wohnanlage gelten: Für die Herausgabe soll die Gemeinschaft in geborener Zuständigkeit wahrnehmungsbefugt sein und diese Unterlagen an sich herausverlangen können.[211] Vertretbar dürfte es sein, im Bauträgervertrag bzgl. der das Gemeinschaftseigentum betreffenden Unterlagen den Anspruch in der Weise zu regeln, dass diese an Gemeinschaft zu Händen des Wohnungseigentumsverwalters herauszugeben sind. Der Energieausweis ist aber nach der zugrundeliegenden gesetzlichen Vorschrift (§ 16 Abs. 2 Satz 3 EnEV 2014) an den einzelnen Erwerber herauszugeben; er kann von der Wohnungseigentümergemeinschaft ggf. in gewillkürter Prozessstandschaft geltend gemacht werden.[212]

5. Unabdingbare Vorschriften, § 650o BGB

135   Durch den insoweit einschränkungslosen Verweis auf den Verbraucherbauvertrag gilt für den Bauträgervertrag auch § 650o BGB. Danach kann von den Vorschriften der §§ 640 Abs. 2 Satz 2, 650i bis 650l und 650n BGB – soweit diese für den Bauträgervertrag überhaupt einschlägig sind – nicht zum Nachteil des Erwerbers abgewichen werden, sofern es sich bei ihm um einen Verbraucher handelt.

136   Einschlägig sind danach für den Bauträgervertrag zunächst die Hinweispflicht zu den Wirkungen der fiktiven Abnahme nach § 640 Abs. 2 S. 2 BGB (siehe dazu → § 6 Rn. 35). Unabdingbar sind auch die Vorschriften zum Verbraucherbauvertrag selbst (§ 650i BGB), zur Baubeschreibungspflicht (§§ 650j und 650k BGB), zur Erstellung und Herausgabe von Unterlagen (§ 650n BGB). Die Unabdingbarkeit des Widerrufs-

---

[204] *Glöckner* BauR 2014, 1619 (1627).
[205] *Lotz* BauR 2012, 157 (165).
[206] Palandt/*Sprau* BGB 75. Aufl. 2016, § 631 Rn. 13, 17; MüKoBGB/*Roth* § 241 Rn. 71; Kleine-Möller/Merl/*Glöckner* § 4 Rn. 125.
[207] *Pause* BauR 2017, 430 (439).
[208] OLG Brandenburg Urt. v. 4.7.2012 – 13 U 63/08, BauR 2013, 105; zum Druckzuschlag vgl. OLG Frankfurt Urt. v. 24.2.2015 – 16 U 135/14, IBR 2016, 206 *(Bolz)*; OLG Köln Urt. v. 7.8.2015 – 19 U 104/14, NZBau 2016, 224.
[209] BGH Urt. v. 3.11.1992 – X ZR 83/90, NJW 1993, 1063 zur Herausgabe der Dokumentation bei einer EDV-Anlage; OLG Bamberg Urt. v. 8.12.2010 – 3 U 93/09, IBR 2011, 575 zur gesetzlichen Dokumentationspflicht bei einer Röntgenanlage; *Schlie* BauR 2014, 905 (907).
[210] Offen gelassen von OLG Stuttgart Urt. v. 16.11.2016 – 3 U 98/16, ZWE 2017, 129.
[211] OLG Stuttgart Urt. v. 16.11.2016 – 3 U 98/16, ZWE 2017, 129.
[212] OLG Stuttgart Urt. v. 16.11.2016 – 3 U 98/16, ZWE 2017, 129.

rechts (§ 650l BGB) ist für den Bauträgervertrag rechtlich ohne Bedeutung, weil das Widerrufsrecht für ihn nicht gilt (§ 650u Abs. 2 BGB).

§ 650o BGB gestattet abweichende Vereinbarungen von den Vorschriften des § 650m BGB (Vertragserfüllungssicherheit). Soweit Abweichungen von § 650m Abs. 1 BGB eröffnet werden, betrifft dies den Bauträgervertrag nicht, weil die Begrenzung der Abschlagszahlungen auf 90 % der vereinbarten Gesamtvergütung für ihn ohnehin nicht gilt (§ 650u Abs. 2 BGB). Abweichende Vereinbarungen zur Vertragserfüllungssicherheit sind in Individualvereinbarungen jedoch grundsätzlich zulässig (vgl. → § 6 Rn. 122)

VI. Kaufrechtliche Vorschriften

1. Erfasste Ansprüche: Übereignung und Leistungsstörungen

Hinsichtlich des Anspruchs auf Übertragung des Eigentums an dem Grundstück oder auf Übertragung oder Bestellung des Erbbaurechts finden nach § 650u Abs. 1 BGB die Vorschriften über den Kauf Anwendung.

Das Gesetz könnte dahin verstanden werden, dass sich der Verweis auf das Kaufvertragsrecht auf den Übereignungsanspruch beschränkt und dabei die kaufvertragsrechtliche Sach- und Rechtsmängelhaftung ausschließt. Davon ist nicht auszugehen: § 650u Abs. 1 S. 3 BGB ist dahin auszulegen, dass für das Grundstück die Mängelhaftung des Kaufrechts anzuwenden ist.[213] Die kaufvertragsrechtliche Sachmängelhaftung wurde nach früherem Recht z. B. bei (punktuellen) Altbausanierungen für die nicht zu sanierenden Bauteile (und das Grundstück)[214] und beim Neubau in Bezug auf das Grundstück (z. B. bei Grundstücksgrößenabweichungen)[215] angewendet. Nach Kaufrecht beurteilen sich auch andere Mängel, die nicht aus einer Abweichung der Bauleistung von den vereinbarten Beschaffenheiten herrühren, sondern einen Bezug zum Grundstück haben. Das kann etwa auf die Grundstückslage (unverbaubare Aussicht auf das Wattenmeer,[216] keine oder nur eingeschränkte Nachbarbebauung, Lärmimmission durch Einflugschneise[217] usw.) zutreffen. Es ist nicht erkennbar, weshalb das nach neuem Recht anders sein sollte, zumal der Untertitel 1 nur für die Bauleistungen anwendbar sein soll (vgl. § 650u Abs. 1 S. 2 BGB), also für das Grundstück gerade nicht auf die werkvertragsrechtlichen Vorschriften verwiesen wird, und der Gesetzgeber eine grundlegende Neuordnung des Bauträgervertrages nicht beabsichtigte.[218]

Das hat im Übrigen nichts damit zu tun, dass für die vom Bauträger erbrachten Planungs- und Bauleistungen, die einen Bezug zum Grundstück, nämlich zum Baugrund haben, auch die werkvertragsrechtliche Mängelhaftung einschlägig sein kann. Hier geht es nicht um einen Mangel am Grundstück (z. B. Bodenkontamination), sondern um die Berücksichtigung der angetroffenen Bodenverhältnisse bei der Bauausführung, also um diese selbst (z. B. fehlerhafte Gründung usw.).[219]

---

[213] *Pause* BauR 2017, 430 (440).
[214] BGH Urt. v. 6.10.2005 – VII ZR 117/04, BauR 2006, 99, Rn. 16; *Pause* BauR 2000, 234 (237).
[215] BGH Urt. v. 27.4.1984 – V ZR 137/83, WM 1984, 941.
[216] BGH Urt. v. 17.9.1971 – V ZR 143/68, WM 1971, 1382.
[217] OLG Köln Urt. v. 14.11.1994 – 2 U 76/93, NJW-RR 1995, 531.
[218] Begründung des Gesetzesentwurfs der Bundesregierung, BT-Drs. 18/8486, 27.
[219] *Pause*, Bauträgerkauf und Baumodelle, Rn. 630 f.; 768 f.; *Basty*, Der Bauträgervertrag, Rn. 1058.

2. Besitzverschaffungs- und Übereignungsanspruch

141 Die vertragliche Verpflichtung, ein Grundstück zu übertragen oder ein Erbbaurecht zu übertragen oder zu bestellen richtet sich nach Kaufvertragsrecht (§ 650u Abs. 1 S. 3 BGB). Der Bauträger ist deshalb gem. § 433 Abs. 1 S. 1 BGB verpflichtet, das Eigentum am Vertragsgegenstand zu verschaffen.[220]

142 Die Besitzverschaffungsverpflichtung, wie sie sich ebenfalls aus § 433 Abs. 1 S. 1 BGB ergibt,[221] wird in § 650u Abs. 1 S. 3 BGB nicht ausdrücklich erwähnt. § 650u Abs. 1 Satz 3 BGB ist aber dahin zu verstehen, dass er sich nicht nur auf die Übereignungsverpflichtung, sondern auch auf die anderen kaufvertragsrechtlichen Regelungen bezieht, also auch auf die Verpflichtung zur Übergabe des Vertragsgegenstandes gem. § 433 Abs. 1 S. 1 BGB. Im Übrigen würde das auch aus § 631 Abs. 1 BGB folgen[222] und wäre außerdem Bestandteil der Abnahme (§ 640 BGB).

3. Sach- und Rechtsmängelhaftung

143 Das modernisierte Kaufvertragsrechts geht – wie das Werkvertragsrecht – vom subjektiven Mangelbegriff aus. Danach ist das Grundstück frei von Mängeln, wenn es die vereinbarte Beschaffenheit aufweist, § 434 Abs. 1 BGB. Zur **Beschaffenheitsvereinbarung** können die das Grundstück beschreibenden Angaben im Erwerbsvertrag und in der Baubeschreibung gehören.[223] In Bezug auf das Grundstück (bzw. Altbausubstanz bei einer Altbausanierung) ist dabei die Rechtsprechung des BGH[224] zur **Formbedürftigkeit** einer jeglichen Beschaffenheitsvereinbarung nach § 311b BGB zu beachten; auch wenn sie für die Bauleistung (Baubeschreibung) durch die Auslegungsregel in § 650k Abs. 2 S. 1 BGB (Auslegung unter Berücksichtigung „sämtlicher vertragsbegleitender Umstände") relativiert wurde (siehe → § 6 Rn. 101), gilt sie für das Grundstück uneingeschränkt. Im Übrigen kommt es auf die vertraglich vorausgesetzte und ansonsten auf die gewöhnliche Verwendungseignung an (§ 434 Abs. 1 Nr. 1 und 2 BGB). Das Grundstück ist beispielsweise mangelhaft, wenn es mit umweltgefährdenden Schadstoffen belastet ist.[225] Davon ist selbst dann auszugehen, wenn nicht der Boden unmittelbar, sondern das Grundwasser z. B. mit Cyaniden, die vom früheren Betrieb einer Gasanstalt auf einem Nachbargrundstück herrühren, verunreinigt ist.[226] Eine Haftung des Bauträgers wegen Mängeln am Grundstück kommt wegen des insoweit regelmäßig vereinbarten Haftungsausschlusses vor allem bei **arglistig verschwiegenen Mängeln** in Betracht (§ 444 BGB).

144 Die **Mängelrechte** sind mit der Schuldrechtmodernisierung weitgehend denjenigen des Werkvertragsrechts angepasst. Das Kaufrecht kennt ebenfalls den Nacherfüllungsanspruch. Der Käufer kann als Nacherfüllung entweder die Beseitigung des Mangels (Nachbesserung) oder die Neulieferung verlangen; das Recht zur Wahl zwischen diesen Möglichkeiten steht dabei – anders als beim Werkvertrag – dem Käufer zu, §§ 437, 439 Abs. 1 BGB. Ist die gewählte Art der **Nacherfüllung** unmöglich, unverhältnismäßig teuer oder unzumutbar, richtet sich der Anspruch des Käufers auf die andere Art (§ 439 Abs. 4 BGB). Ist auch die andere Art der Nacherfüllung unmöglich, unverhältnismäßig

---

[220] *Basty*, Der Bauträgervertrag, Rn. 749.
[221] *Pause*, Bauträgerkauf und Baumodelle, Rn. 440.
[222] Palandt/*Sprau* BGB § 631 Rn. 12; BGH Urt. v. 21.12.2010 – X ZR 122/07, NJW 2011, 989.
[223] Vgl. Palandt/*Weidenkaff* BGB § 434 Rn. 13f.
[224] BGH Urt. v. 6.11.2015 – V ZR 78/14, BauR 2016, 663.
[225] OLG Düsseldorf Urt. v. 21.8.1996 – 9 U 99/95, NJW 1996, 3284; OLG München Urt. v. 21.4.1994 – 32 U 2088/94, NJW 1995, 2566; *Knoche* NJW 1995, 1985.
[226] BGH Urt. v. 30.11.2012 – V ZR 25/12, NJW 2013, 1671, Rn. 10.

VI. Kaufrechtliche Vorschriften 145–149 § 6

teuer oder unzumutbar, so ist der Käufer auf Rücktritt, Minderung und ggf. auf Schadensersatz beschränkt. Das gilt im Grundsatz auch für den Bauträgervertrag. Die Ersatzlieferung dürfte aber bei einem mangelhaften Grundstück regelmäßig unmöglich sein, weil es sich um eine nachhaltig gebrauchte Sache handelt;[227] die Nachbesserung wird deshalb der Regelfall sein.[228]

Der Erwerber kann im Übrigen nach Ablauf einer angemessenen Frist zur Nacherfüllung statt der Nacherfüllung vom Vertrag zurücktreten (§ 437 i.V.m. §§ 440, 323, 326 BGB). Bei unwesentlichen Mängeln kann er jedoch nicht zurücktreten, § 323 Abs. 5 S. 2 BGB. Der Erwerber kann ferner die Minderung der Vergütung (§ 441 BGB) oder Schadensersatz wegen des Mangel- und des Mangelfolgeschadens verlangen (§§ 440, 280, 281 BGB).[229] **145**

4. Haftungsausschluss, Haftungsbeschränkung

Durch die Bezugnahme auf die kaufvertragsrechtlichen Vorschriften wird auch auf die Verpflichtung verwiesen, den Vertragsgegenstand frei von Sach- und Rechtsmängeln zu verschaffen (§ 433 Abs. 1 S. 1 BGB). Mit der Reform des Bauvertragsrechts wurde die spezifisch kaufvertragsrechtliche Frage, ob und in welchem Umfang die Sach- und Rechtsmängelhaftung für das Grundstück (und für die Altbausubstanz bei punktuellen Altbausanierungen) auf dem Hintergrund dieser Bestimmung ausgeschlossen oder beschränkt werden darf, nicht beantwortet. **146**

In der Literatur wird hierzu zum Teil vertreten, dass **Haftungsbeschränkungen** nach § 307 Abs. 2 BGB generell unwirksam sind, weil durch die Neufassung des § 433 Abs. 1 S. 2 BGB die Verpflichtung des Verkäufers zur Verschaffung einer mangelfreien Sache eine vertragliche Hauptpflicht und damit eine Kardinalpflicht geworden und eine Haftungsbeschränkung deshalb unwirksam sei.[230] Dagegen wird geltend gemacht, dass § 309 Nr. 8b BGB eine entgegengesetzte gesetzliche Wertung enthält; nach ihr werden Haftungsbeschränkungen für gebrauchte Sachen gestattet.[231] **147**

Ob und in welchem Umfang eine Haftungsbeschränkung zulässig ist, hängt davon ab, welchen Inhalt das **Leitbild** des § 433 Abs. 1 S. 2 BGB aufweist – und durch die Ausgestaltung in den weiteren kaufvertragsrechtlichen Normen erhalten hat.[232] Die heute geltende Fassung des § 433 Abs. 1 S. 2 BGB ist mit der Schuldrechtsmodernisierung eingeführt worden; durch sie wurde die Verbrauchsgüterkaufrichtlinie 1999/44/EG (VerbrGKRL)[233] umgesetzt. Weitere Regelungen zum Verbrauchsgüterkauf finden sich in den ebenfalls mit der Schuldrechtsmodernisierung neu geschaffenen Vorschriften der §§ 474 ff. BGB. **148**

§ 476 BGB – die Vorschrift entspricht dem früheren § 475 BGB – lässt selbst für den Kauf gebrauchter beweglicher Sachen – in Übereinstimmung mit der VerbrGKRL – im Verbrauchsgüterkauf (§§ 474 ff. BGB) von der gesetzlichen Mängelhaftung der §§ 434 ff. BGB abweichende Vereinbarungen zu und enthält damit eine gesetzliche Wertung, die bei der Bestimmung des Leitbildes von § 433 Abs. 1 S. 2 BGB für den Verkauf gebrauchter Immobilien zu berücksichtigen ist. § 476 Abs. 2 und 3 BGB gestatten beim **149**

---

[227] PWW/*Schmidt* § 439 BGB, Rn. 26.
[228] Palandt/*Weidenkaff* BGB § 439 Rn. 15; MüKoBGB/*Westermann* § 439 Rn. 12.
[229] *Pause*, Bauträgerkauf und Baumodelle, Rn. 791 ff.
[230] *von Westphalen* NJW 2002, 12 (22); *Heinemann* ZfIR 2002, 167 (169); *Vogel* ZWE 2016, 442 (446).
[231] *Basty*, Der Bauträgervertrag Rn. 1082.
[232] MüKoBGB/*Wurmnest* § 307 Rn. 64 f. (66).
[233] Vom 25.5.1999, ABl. EG 1999 L 171, 12.

Verkauf gebrauchter beweglicher Sachen die Erleichterung der Verjährung[234] bzw. die Beschränkung der Schadensersatzansprüche.[235] Wenn das Gesetz schon für den Verbrauchsgüterkauf das in § 433 Abs. 1 S. 2 BGB begründete Leitbild beim Kauf gebrauchter beweglicher Sachen relativiert, wird beim Kauf (gebrauchter) Immobilien zwar kein genereller Haftungsausschluss, aber eben doch auch eine Einschränkung der Haftung zulässig sein. In Anlehnung an § 476 Abs. 2 und 3 BGB ist deshalb eine Abkürzung der Verjährungsfrist und eine Beschränkung der Schadensersatzpflicht zulässig.[236] Das ist insbesondere in den Fällen des Nachzüglererwerbs von Bedeutung, also dem Erwerb von Wohnungen vom Bauträger, die nach der Verkehrsanschauung nicht mehr neu, also gebraucht sind und auf die deshalb Kaufvertragsrecht anzuwenden ist.[237] Die Beschränkung des Schadensersatzanspruchs ist aber auch hier nur in den Grenzen des § 309 Nr. 7 BGB möglich. Schadensersatzansprüche können deshalb auch beim Kauf gebrauchter Immobilien nicht für die Verletzung von Leben, Körper und Gesundheit (§ 309 Nr. 7a BGB), und auch nicht für grobes Verschulden (§ 309 Nr. 7b BGB), also im Ergebnis nur für einfache Fahrlässigkeit[238] ausgeschlossen werden.

5. Ausübungsbefugnisse der Wohnungseigentümergemeinschaft für kaufrechtliche Ansprüche

150 Die Ausübungsbefugnis der **Wohnungseigentümergemeinschaft** (i. S. v. § 10 Abs. 6 S. 3 WEG) für kaufvertragsrechtliche Ansprüche bleibt ebenfalls ungeklärt. Dabei handelt es sich um eine Frage, die an der Schnittstelle zwischen Bauvertragsrecht und Wohnungseigentumsrecht angesiedelt ist, nämlich das Problem, ob die Gemeinschaft überhaupt auf sie zugreifen kann und welchen Inhalt die Ansprüche haben. Möglicherweise wird der Gesetzgeber die damit zusammenhängenden Fragen ebenfalls im Zuge eines weiteren Gesetzesvorhabens regeln.

a) Zuständigkeit der Gemeinschaft für kaufrechtliche Ansprüche

151 Der VII. Zivilsenat des BGH hat festgestellt, dass die Ausübungsbefugnis i. S. v. § 10 Abs. 6 S. 3 WEG nicht nur für werkvertragliche Nacherfüllungsansprüche, sondern auch für kaufvertragliche Nacherfüllungsansprüche gilt, wenn diese in vollem Umfang auf die Beseitigung der Mängel am Gemeinschaftseigentum gerichtet sind.[239] Unter dieser Voraussetzung ist die Wohnungseigentümergemeinschaft für die Verfolgung der Mängelrechte zuständig wie bei Mängeln an der Bauleistung. Davon wird beim Erwerb vom Bauträger auszugehen sein.[240]

152 Der V. Zivilsenat des BGH[241] hat allerdings entschieden, dass die Wohnungseigentümergemeinschaft für die Mängelverfolgung nicht zuständig ist, wenn nicht vom Bauträger, sondern von einem Verkäufer – ohne jede Herstellungsverpflichtung und unter

---

[234] MüKoBGB/*S. Lorenz* § 475 Rn. 22; Palandt/*Weidenkaff* BGB 75. Aufl. 2016, § 475 Rn. 11; zum Erfordernis der transparenten Gestaltung einer Verkürzung der Verjährungsfrist BGH Urt. v. 29.4.2015 – VIII ZR 104/14, NJW 2015, 2244.
[235] MüKoBGB/*S. Lorenz* § 475 Rn. 15; Palandt/*Weidenkaff* BGB 75. Aufl. 2016, § 475 Rn. 14.
[236] *Pause* NZBau 2017, 22 (23 f.).
[237] BGH Urt. v. 25.2.2016 – VII ZR 156/13, NJW 2016, 1575, Rn. 25.
[238] *Litzenburger* NJW 2002, 1244 (1245); Palandt/*Grüneberg* BGB 75. Aufl. 2016 § 307 Rn. 101; *Pause*, Bauträgerkauf und Baumodelle, Rn. 833; aA *von Westphalen* NJW 2002, 12 (22).
[239] BGH Urt. v. 25.2.2016 – VII ZR 156/13, NJW 2016, 1575, Rn. 18; vgl. dazu *Pause*, Bauträgerkauf und Baumodelle, Rn. 914 ff.
[240] *Pause*, Bauträgerkauf und Baumodelle, Rn. 914 ff.
[241] BGH Urt. v. 24.7.2015 – V ZR 167/14, NJW 2015, 2874 = BauR 2015, 1837.

VI. Kaufrechtliche Vorschriften

Ausschluss der Haftung – erworben wird und sich der gesamte Vertrag ausschließlich nach Kaufvertragsrecht beurteilt. Da keine gleichgerichteten Ansprüche mehrerer Erwerber in Betracht kommen, sind die Minderung und der kleine Schadensersatz von vornherein auf die Quote des Miteigentumsanteils des jeweiligen Käufers beschränkt, können also Konflikte zwischen den von den Erwerbern verfolgten Rechten nicht entstehen.[242] Offen bleibt, ob bei der Veräußerung mehrerer gebrauchter Wohnungen durch einen (ggf. gewerblichen) Veräußerer wegen der dann bestehenden „gleichgerichteten" Ansprüche mehrerer Käufer doch eine Ausübungsbefugnis der Gemeinschaft in Betracht kommt. Das wäre zu verneinen, wenn darauf abgestellt wird, dass beim Verkauf gebrauchter Wohnungen typischerweise keine gleichgerichteten Ansprüche mehrerer Käufer bestehen. Wenn aber auf den jeweiligen Einzelfall abgestellt würde, entstehen erhebliche Ungereimtheiten, weil dann zwar der gewerbliche Aufteiler erfasst würde. Aber auch mehrere private Veräußerungen gebrauchter Eigentumswohnungen durch einen (privaten) Verkäufer würden zur Zuständigkeit der Gemeinschaft führen (ein Eigentümer veräußert – nicht gewerblich – zB seine Wohnung an A und sein Teileigentum am Tiefgaragen-Stellplatz an B).[243]

b) Inhalt und Umfang der Mängelrechte

Unabhängig von der Frage der Ausübungsbefugnis iSv § 10 Abs. 6 Satz 3 WEG ist die Frage nach dem Inhalt und Umfang der kaufvertragsrechtlichen Mängelansprüche zu untersuchen.

Gleich ob Nacherfüllung oder Minderung bzw. Schadensersatz verlangt wird, die kaufvertragsrechtlichen Ansprüche sind beim **Erwerb vom Bauträger** nicht anders als die werkvertragsrechtlichen Ansprüche zu beurteilen. Auch für das Grundstück bzw. die Altbausubstanz ist der Bauträger sämtlichen Erwerbern in gleicher Weise verpflichtet; jeder Erwerber hat einen Anspruch auf ein insgesamt mangelfreies Grundstück. Eine Begrenzung der Mängelansprüche ist nicht erforderlich. Der Bauträger ist sämtlichen Erwerbern zur Nacherfüllung gemäß §§ 437 Nr. 1, 439 BGB verpflichtet. Diese im Ausgangspunkt individuellen kaufvertraglichen Nacherfüllungsansprüche des Erwerbers kann die Wohnungseigentümergemeinschaft an sich ziehen und geltend machen; Grund dafür ist, dass sie auf die Beseitigung der Mängel am Gemeinschaftseigentum gerichtet und damit gleichgerichtet sind.[244] Der BGH hat allerdings den Inhalt des Nacherfüllungsanspruchs beim Erwerb gebrauchter Immobilien offen gelassen;[245] für den Fall eines Erwerbs vom Bauträger, bei dem eine Nacherfüllungsverpflichtung aus dem Vertrag folgt, hat der BGH jedoch angenommen, dass die Nacherfüllung in Natur verlangt werden kann.[246] Solange die Gemeinschaft nicht tätig wird, kann der einzelne Erwerber – wie bei Mängeln an der Bauleistung – dann auch selbst Nacherfüllung bzw. Aufwendungsersatz (an die Gemeinschaft) verlangen.[247] Der Bauträger ist auch zur Minderung bzw. zum Schadensersatz in der Weise verpflichtet, dass sich die Forderung für jeden Erwerber aus dem gesamten Minderwert bzw. den Mängelbeseitigungskosten berechnet, aber nur an die Gemeinschaft verlangt werden kann.[248]

---

[242] BGH Urt. v. 24.7.2015 – V ZR 167/14, NJW 2015, 2874 = BauR 2015, 1837, Rn. 20.
[243] Vgl. *Pause* NZBau 2017, 22.
[244] BGH Urt. v. 25.2.2016 – VII ZR 156/13, NJW 2016, 1575, Rn. 18.
[245] BGH Urt. v. 24.7.2015 – V ZR 167/14, NJW 2015, 2874 = BauR 2015, 1837, Rn. 22 f.; BGH Urt. v. 25.2.2016 – VII ZR 156/13, NJW 2016, 1575, Rn. 39.
[246] BGH Urt. v. 25.2.2016 – VII ZR 156/13, NJW 2016, 1575, Rn. 40.
[247] *Pause*, Bauträgerkauf und Baumodelle, 5. Aufl. 2011, Rn. 996.
[248] AA BGH v. 23.6.1989 – V ZR 40/88, NJW 1989, 2534, allerdings noch zum früheren Kaufrecht (§ 463 BGB aF), das noch keinen Nacherfüllungsanspruch kannte.

155 Auch beim **Kauf einer gebrauchten Eigentumswohnung** steht das Gemeinschaftseigentum wie beim Erwerb vom Bauträger im Vordergrund, und zwar schon deshalb, weil vor allem die Bausubstanz des Gemeinschaftseigentums wertbestimmend ist. Gleichwohl sind die Minderung und der sog. kleine Schadensersatz – wie es der V. Zivilsenat des BGH[249] dargelegt hat – auf den Miteigentumsanteil der erworbenen Wohnung beschränkt. Ob das auch für den Nacherfüllungsanspruch gilt, ist immerhin diskussionswürdig. Der schon seiner Natur nach aufs Ganze gerichtete Nacherfüllungsanspruch des Käufers ist insofern problematisch, als der Verkäufer einer Eigentumswohnung den anderen Eigentümern gegenüber nicht ohne weiteres auch zur Nacherfüllung verpflichtet, aber vor allem auch nicht berechtigt ist. Der Anspruch auf Nacherfüllung dürfte wegen dieses Konflikts nach § 275 Abs. 1 BGB ausgeschlossen und der Käufer von vornherein auf Schadensersatz bzw. auf Freistellung von etwaigen Inanspruchnahmen durch die Gemeinschaft beschränkt sein.[250]

VII. Abschlagszahlungen, § 650v BGB

156 Obwohl der Bauträgervertrag nun im BGB geregelt ist, sind die Vorschriften zum Schutz des Erwerbers bei der Vereinbarung von Abschlagszahlung nach wie vor auf Vorschriften in verschiedenen Regelungsbereichen verstreut: Die Grundregel zur Vereinbarung von Abschlägen findet sich in § 650v BGB (mit ihrem mittelbaren Verweis auf die gewerberechtlichen Vorschriften der MaBV). Daneben gilt aber auch § 632a Abs. 1 S. 2 BGB zum Leistungsverweigerungsrecht bei Mängeln und § 650m Abs. 2 und 3 BGB zur Vertragserfüllungssicherheit (mit § 650o BGB und § 309 Nr. 15 BGB).

1. Fortgeltung der Zahlungsmodelle der MaBV

157 Abschlagszahlungen können nach § 650v BGB mit Art. 244 EGBGB in Verbindung mit der Verordnung über Abschlagszahlungen bei Bauträgerverträgen[251] unverändert nach Maßgabe der §§ 3 und 7 MaBV vereinbart werden. Diese Verweisung ist formal misslungen, weil ausgesprochen unübersichtlich. Sie ist aber vor allem inhaltlich unbefriedigend: Die privatrechtlichen Regelungen zur Fälligkeit der Vergütung und zu den Voraussetzungen von Abschlägen werden durch eine Verweisung auf gewerberechtliche Vorschriften ersetzt. Hinzu kommt, dass die im Gesetz verwendete Bezeichnung (Abschlagszahlung) mit der in § 3 Abs. 2 MaBV verwendeten Terminologie (Teilbeträge bzw. Raten) nicht in Einklang steht. Ersteres steht für vorläufige Zahlungen auf eine später noch abzurechnende Gesamtforderung, letzteres für Teilzahlungen auf einen der Höhe nach endgültigen Preis.[252] Das mag darauf beruhen, dass der MaBV die Vorstellung eines unveränderlichen Pauschalfestpreises zugrunde liegt, während sich die Vorgabe eines Pauschalfestpreises tatsächlich weder aus den Vorgaben der MaBV noch aus § 650v BGB ergibt.

158 Außerdem besteht eine Sicherungslücke, die bei der Zahlungsabwicklung nach § 3 MaBV und im Falle einer Vertragsrückabwicklung aufgrund eines Rücktritts oder des

---

[249] BGH Urt. v. 24.7.2015 – V ZR 167/14, NJW 2015, 2874 = BauR 2015, 1837, Rn. 15 f.
[250] Vgl. BGH Urt. v. 24.7.2015 – V ZR 167/14, NJW 2015, 2874 = BauR 2015, 1837, Rn. 22 f.; *Pause* NZBau 2017, 22; vgl. dazu *Dötsch* ZWE 2016, 315 (317); aA *Vogel* ZWE 2016, 442 (446) mit eingehender Begründung.
[251] Verordnung v. 23.5.2001, BGBl. I S. 981.
[252] Vgl. Kniffka/*von Rintelen*, ibr-online-Kommentar, 12.5.2017, § 632a BGB Rn. 14 f.

VII. Abschlagszahlungen, § 650v BGB

großen Schadensersatzes systembedingt gegeben ist,[253] fort: Die Sicherung der vom Erwerber vor Übereignung des Grundstücks geleisteten Abschläge erfolgt nach § 3 Abs. 1 MaBV unter anderem durch eine Auflassungsvormerkung am Vertragsgrundstück. Die Auflassungsvormerkung ist streng akzessorisch. Die durch sie vermittelte Sicherheit ist daher von der Wirksamkeit und dem Bestand des mit dem Bauträgervertrag begründeten Übereignungsanspruchs abhängig. Tritt der Erwerber etwa wegen Verzuges vom Vertrag zurück oder macht er wegen wesentlicher Mängel den großen Schadensersatz geltend, verliert er den Anspruch auf Eigentumsübertragung und beseitigt damit zugleich die Grundlage für die Auflassungsvormerkung.[254] Das Grundbuch wird falsch; der Bauträger kann nach § 894 BGB die Berichtigung des Grundbuchs verlangen. Dem Erwerber wird wegen seines Rückzahlungs- bzw. Schadensersatzanspruchs, der zum großen Teil aus den von ihm bereits geleisteten Zahlungen besteht wird, allerdings ein Zurückbehaltungsrecht gegenüber dem Berichtigungsanspruch nach § 273 BGB zugebilligt,[255] da der Rückzahlungsanspruch des Erwerbers in einem natürlichen und wirtschaftlichen Zusammenhang und damit in einem rechtlichen Verhältnis zu dem auf Berichtigung bzw. Erteilung einer Löschungsbewilligung gerichteten Anspruch des Bauträgers steht.[256] In der Insolvenz des Bauträgers ist die Rechtslage für den Erwerber allerdings prekär: Der Insolvenzverwalter ist ebenfalls berechtigt, ggf die Berichtigung des Grundbuchs zu verlangen. Die Rechtslage ist für den Erwerber im Falle der Insolvenz allerdings insofern ungünstiger, weil das erwähnte Zurückbehaltungsrecht nach § 273 BGB gegenüber dem Berichtigungsanspruch des Insolvenzverwalters nicht anerkannt wird.[257] Die Einräumung eines Zurückbehaltungsrechts gegenüber dem Insolvenzverwalter als Druckmittel zur Durchsetzung einer rein persönlichen Forderung (auf Rückzahlung der geleisteten Abschläge) ist mit dem Grundsatz der gleichmäßigen Befriedigung der Gläubiger nicht vereinbar.[258] Dem Erwerber steht gegenüber dem Insolvenzverwalter auch kein Besitzrecht und auch kein Recht zur Aufrechnung mit Ansprüchen zu, die vor der Insolvenz des Bauträgers entstanden sind.[259] Auch im Falle eines nichtigen Vertrages etwa aufgrund einer fehlerhaften Beurkundung kann vom Insolvenzverwalter die Zustimmung zur Grundbuchberichtigung verlangt werden, weil wegen der Vertragsnichtigkeit kein zu sichernder Übereignungsanspruch besteht.[260]

159 Zum Teil wird vertreten, durch das mit § 3 MaBV eröffnete Zahlungsmodell würde **Gemeinschaftsrecht** verletzt. Die durch § 3 Abs. 1 und 2 zugelassenen Zahlungen seien keine Abschläge, sondern Vorauszahlungen: Das Bauvorhaben würde auf dem Grundstück des Bauträgers verwirklicht; der Erwerber sei dem Risiko der Zahlungsunfähigkeit bzw. der Insolvenz des Bauträgers schutzlos ausgesetzt. Dadurch würde massiv gegen die Klauselrichtlinie verstoßen.[261] Es ist jedoch nicht anzunehmen, dass die Vor-

---

[253] *Pause*, Bauträgerkauf und Baumodelle, Rn. 231.
[254] BGH Urt. v. 5.4.2001 – VII ZR 498/99, NJW 2001, 2249.
[255] BGH Urt. v. 5.10.1979 – V ZR 71/78, NJW 1980, 833 (834); BGH Urt. v. 4.12.1985 – VII ZR 366/83, NJW 1986, 925 (927); BGH Urt. v. 28.10.1988 – V ZR 94/87, NJW-RR 1989, 201 = DNotZ 1989, 760.
[256] BGH Urt. v. 28.10.1988 – V ZR 94/87, NJW-RR 1989, 201 = DNotZ 1989, 760.
[257] BGH Urt. v. 20.12.2001 – IX ZR 401/99, NJW 2002, 1050; BGH Urt. v. 7.3.2002 – IX ZR 457/99, NJW 2002, 2313; BGH Urt. v. 22.1.2009 – IX ZR 66/07, NJW 2009, 1414 = BauR 2009, 817.
[258] BGH Urt. v. 22.1.2009 – IX ZR 66/07, NJW 2009, 1414 = BauR 2009, 817, Rn. 8.
[259] BGH Urt. v. 20.12.2001 – IX ZR 401/99, NJW 2002, 1050.
[260] BGH Urt. v. 7.3.2002 – IX ZR 457/99, NJW 2002, 2313; BGH Urt. v. 22.1.2009 – IX ZR 66/07, NJW 2009, 1414 = BauR 2009, 817 = ZfIR 2009, 289 mAnm *Zimmer*.
[261] Messerschmidt/Voit/*Wagner* Teil E Rn. 31 f., 40 f., 69 f.; *Karczewski/Vogel* BauR 2001, 859 (862, 866).

merkungslösung und ihre Auswirkung auf die Rechte des Erwerbers aus §§ 286, 323 BGB bzw. § 634 Nr. 3 und 4 BGB zu einer nach der Klauselrichtlinie zu missbilligenden Vorleistung des Erwerbers führt. Missbräuchlichkeit im Sinne von Art. 3 Abs. 1 Klauselrichtlinie liegt nur dann vor, wenn die Gestaltung entgegen Treu und Glauben zum Nachteil des Verbrauchers zu einem Missverhältnis der vertraglichen Rechte und Pflichten des Vertragspartners führt; Missbräuchlichkeit besteht dabei nur bei einem erheblichen und ungerechtfertigten Missverhältnis.[262] Die Vertragsabwicklung nach § 3 MaBV stellt keine unausgewogene Gestaltung im Sinne des von Art. 3 Abs. 1 Klauselrichtlinie und in Nr. 1o des Beispielkatalogs postulierten Äquivalenzprinzips dar. Da die vom Erwerber geleisteten Abschläge durch eine Auflassungsvormerkung gesichert sind, kann die Vertragsgestaltung nicht rundweg als unausgewogen angesehen werden.[263] Bei einem Vergleich mit dem Primärrecht, also den nationalen Vorschriften des Kauf- und des übrigen Werkvertragsrechts, ergibt sich nichts anderes:[264] Die Sicherung der Kaufpreiszahlung des Käufers erfolgt auch sonst durch eine Auflassungsvormerkung, wobei bei einem einfachen Grundstückskauf im Falle des Rücktritts die gleichen Risiken wie beim Bauträgervertrag bestehen.[265] Auch trägt der Bauherr, der auf eigenem Grund baut, das Risiko der Insolvenz des Unternehmers und das Risiko der sich daraus ergebenden Mehraufwendungen.[266] Eine Korrektur der Rechtslage im Wege der richtlinienkonformen Auslegung – Unwirksamkeit von Abschlagszahlungen auf der Grundlage von § 650v BGB[267] – kommt daher nicht in Betracht.

160 Die beschriebenen Unzulänglichkeiten des Zahlungsmodells nach § 3 MaBV sind dennoch vorhanden. Die Reform des Bauvertragsrechts hat dieses Problem nicht gelöst. Eine Überarbeitung des Gesetzes im Bereich des Bauträgervertrages, die dann auch die Abschlagszahlungen einer Revision unterzieht, ist im Rahmen einer heute schon erwogenen Novelle des Bauvertragsrechts beabsichtigt. Eine Lösung könnte in zwei vom Gesetz wahlweise angebotenen Modellen bestehen, nämlich der Vorleistungspflicht des Bauträgers bis zur Besitzübergabe und alternativ – bei Vereinbarung von Abschlagszahlungen – einer Sicherung etwaiger Rückzahlungsansprüche des Erwerbers durch eine Bürgschaft oder eine Versicherung. Dahingehende Vorschläge wurden bereits vom 3. und 5. Deutschen Baugerichtstag erörtert.[268] Der Gesetzgeber vermochte sich wohl wegen der Schwierigkeiten bei der praktischen Umsetzung noch nicht für ein neues Sicherungskonzept zu entscheiden.

161 Sollten neue Zahlungsmodelle für den Bauträgervertrag etwa daran scheitern, dass entsprechende Sicherungen zu teuer oder aus anderen Gründen nicht darstellbar sind, wäre auch zu erwägen, ob nicht kurzerhand die eigentliche Lücke im Sicherungssystem beseitigt wird. Sie beruht ja nicht auf einer (vertraglichen) Verkürzung der Erwerberrechte im Verzugsfalle (Rücktritt nach §§ 286, 323 BGB) bzw. einer Einschränkung der Mängelrechte bei wesentlichen Mängeln (Rücktritt bzw. großer Schadensersatz, § 634 Nr. 3 und 4 BGB), sondern auf der Akzessorietät der Auflassungsvormerkung und dem Gebot der Gläubigergleichbehandlung in der Insolvenz des Bauträgers. Dieser Wirkung könnte durch eine Änderung des Insolvenzrechts begegnet werden, mit der dem Schutz

---

[262] EuGH Urt. v. 1.4.2004 – C-237/02, NZBau 2004, 321, Rn. 18.
[263] Basty, Der Bauträgervertrag, Rn. 279; *Blank*, Bauträgervertrag, Rn. 204; *Staudinger* DNotZ 2002, 166 (181 f.); *Kanzleiter* FS Wenzel, S. 309 (322 f.).
[264] *Staudinger* DNotZ 2002, 166 (182).
[265] Vgl. BGH Urt. v. 22.1.2009 – IX ZR 66/07, NJW 2009, 1414 = BauR 2009, 817.
[266] *Pause*, Bauträgerkauf und Baumodelle, Rn. 203.
[267] Messerschmidt/Voit/*Wagner* Teil E Rn. 31 f., 69 f.
[268] Vgl. hierzu die Empfehlungen des 3. und 5. Deutschen Baugerichtstages (Arbeitskreis V – Bauträgerrecht), BauR 2010, 1392 ff. und BauR 2014, 1617 ff.

des Erwerbers gegenüber dem Gläubigerschutz Vorrang gegeben wird, dem Erwerber also gegenüber dem Insolvenzverwalter ebenso wie gegenüber dem Bauträger ein Zurückbehaltungsrecht an der Auflassungsvormerkung bis zur Rückzahlung der geleisteten Abschläge zugebilligt wird. Dass eine Lösung (auch) im Insolvenzrecht gesucht werden kann, belegt eine frühere Änderung des Insolvenzrechts, mit der bestätigt wurde, dass die Auflassungsvormerkung insolvenzfest ist. Zu diesem Zweck wurde der frühere § 24 KO (heute § 106 InsO) entsprechend geändert;[269] ein solche Korrektur wäre also nicht ohne Vorbild.

2. Leistungsverweigerungsrecht bei Mängeln, § 632a Abs. 1 S. 2 BGB

Bei Abschlagszahlungen kann der Erwerber bei etwaigen Mängeln die Zahlung in Höhe eines angemessenen Teils des Abschlags verweigern, § 632a Abs. 1 S. 2 BGB. Durch den Verweis in § 650u Abs. 1 BGB auf das Werkvertragsrecht gelten für die nach § 650v BGB i.V.m. §§ 3 oder 7 MaBV vereinbarten Abschlagszahlungen auch die allgemeinen Regeln des Werkvertragsrechts über Abschlagszahlungen (vgl. im Einzelnen oben → § 6 Rn. 15). **162**

3. Vertragserfüllungssicherheit, § 650m Abs. 2 und 3 BGB

Außerdem hat der Erwerber einen gesetzlichen Anspruch auf eine Vertragserfüllungssicherheit; das folgt aus der Anwendbarkeit der Vorschriften über den Verbraucherbauvertrag auf den Bauträgervertrag, § 650u Abs. 1 BGB (zur Vertragserfüllungssicherheit vgl. oben → § 6 Rn. 110 ff.). **163**

VIII. Übergangsrecht

1. Inkrafttreten

Das Gesetz zur Reform des Bauvertragsrechts, zur Änderung der kaufrechtlichen Mängelhaftung, zur Stärkung des zivilprozessualen Rechtsschutzes und zum maschinellen Siegel im Grundbuch- und Schiffsregisterverfahren vom 28.4.2017 ist – mit Ausnahme der Art. 8 und 9 – zum **1.1.2018** in Kraft getreten (Art. 10 des Gesetzes zur Reform des Bauvertragsrechts).[270] **164**

Nach Art. 229 § 39 EGBGB finden die Vorschriften des Gesetzes zur Reform des Bauvertragsrechts, des geänderten BGB und der Verordnung über Abschlagszahlungen in der alten Fassung auf die Verträge Anwendung, die vor dem **1.1.2018** abgeschlossen worden sind; das neue Recht gilt also für Verträge, die nach dem 31.12.2017 geschlossen worden sind. **165**

2. Übergangsrecht

So wie beim Übergang auf das modernisierte Schuldrecht bleibt es bei der Anwendung des früheren Rechts, wenn **Bedingungen** oder **Genehmigungen** erst nach dem 31.12.2017 eingetreten bzw. erteilt worden sind, sofern sie nach § 184 Abs. 1 BGB zurückwirken.[271] Bei einer Änderung eines vor dem 1.1.2018 abgeschlossenen Vertrages **166**

---

[269] Vgl. Gesetz v. 22.6.1977, BGBl. I S. 998; dazu *Pause*, Bauträgerkauf und Baumodelle, Rn. 230.
[270] BGBl. I S. 969; die Art. 8 und 9 betreffend Grundbuchordnung und Schiffsregisterordnung sind ein Tag nach der Verkündung des Gesetzes in Kraft getreten.
[271] BGH Urt. v. 29.11.1996 – LwZR 8/95, BGHZ 134, 170 = ZIP 1997, 340, Rn. 14.

nach dem 31.12.2017 gilt für den Vertrag im Grundsatz das alte Recht weiter.[272] Änderungen des Vertrages können z.B. die die geschuldete Bauleistung betreffen. Nach dem Stichtag zwischen den Parteien abgeschlossene **Sonderwunschverträge** führen nicht zur Anwendung des neuen Bauvertragsrechts, weil sie regelmäßig keine wesentliche Änderung des Ausgangsvertrages beinhalten. Der zwischen dem Erwerber und einem Nachunternehmer des Bauträgers nach dem 31.12.2017 (unmittelbar) abgeschlossene Handwerkersonderwunschvertrag unterliegt dagegen dem neuen Bauvertragsrecht, auch wenn der Bauträgervertrag noch vor dem 1.1.2018 geschlossen worden ist.

---

[272] Vgl. zur Schuldrechtsmodernisierung Palandt/*Grüneberg* BGB Art. 229 § 5 EGBGB Rn. 3.

§ 7 Kaufrechtliche Mangelhaftung

I. Hintergrund, wesentliche Ziele und Systematik der Neuregelung

1. Anlass der Neuregelung

Mit der Reform des Bauvertragsrechts erfolgte auch die gesetzliche Änderung der kaufrechtlichen Mängelhaftung im BGB. Anlass für diese Neuregelung hat die Rechtsprechung des Europäischen Gerichtshofs (EuGH) mit dem Urteil vom 16.6.2011[1] gegeben. Mit der danach durch den BGH vorgenommenen gespaltenen Auslegung einiger kaufrechtlicher Bestimmungen sowie mit der so genannten Regressfalle für Handwerker sollte aufgeräumt werden. Ein- und Ausbaukosten des Käufers von mangelhaftem Baumaterial sollten verschuldensunabhängig ersetzt werden können. Folglich hatte die Öffentlichkeit bei der Diskussion der geplanten Regelungen verstärkt die Bauunternehmer, Baustoffhändler und Handwerker im Blick, was sich in den Entwurfsbegründungen widerspiegelt. Auch in dem nachstehenden kaufrechtlichen Beitrag wird der Schwerpunkt bei der Betrachtung von Kaufverträgen liegen, die mit Bauvorhaben zu tun haben. **1**

2. Historie des Gesetzgebungsvorhabens

a) Dachziegel-Fall

In dem bis zur Schuldrechtsreform geltenden Kaufrecht hatte sich der BGH[2] in der so genannten Dachziegelentscheidung schon mit der Frage zu befassen, ob der Verkäufer im Falle einer Wandlung die vergeblichen Ein- und Ausbaukosten der mangelhaften Dachpfannen zu tragen hat. Er hatte unter Anwendung der damaligen Regelung in § 467 S. 2 BGB aF die Kostentragungspflicht dem Verkäufer auferlegt und entschieden, dass der Verkäufer beim Vollzug der Wandlung verpflichtet ist, die mangelhafte Kaufsache wegzuschaffen und in diesem Rahmen auch die mangelhaften Ziegel abzudecken.[3] **2**

b) Parkettstäbe-Fall

Zur Gesetzeslage nach der Schuldrechtsreform hatte der BGH im Parkettstäbefall[4] zu beurteilen, ob der Verbraucher als Käufer mangelhafter Parkettstäbe, der diese auch eingebaut hatte, neben der bereits freiwillig vom Verkäufer erfolgten Neulieferung von Parkett auch die Kosten der Neuverlegung verlangen kann. Es wurde entschieden, dass die Kosten des Einbaus bzw. Wiedereinbaus nicht vom Verkäufer zu tragen sind, weil der BGH zu der Auffassung gelangte, dass der Anspruch auf Nacherfüllung im Ergebnis nicht weitergehen könne, als der ursprüngliche Erfüllungsanspruch und dieser nur die Lieferung einer erneuten mangelfreien Sache beinhalte. Der Verkäufer schulde die Einbaukosten folglich nur unter der Voraussetzung des Schadenersatzes. **3**

---

[1] EuGH Urt. v. 16.6.2011 – verb. Rs. C-65/09 (Weber) u. Rs. C-87/09 (Putz), NJW 2008, 1433.
[2] BGH Urt. v. 9.3.1983 – VIII ZR 11/82, NJW 1983, 1479.
[3] BGH Urt. v. 9.3.1983 – VIII ZR 11/82, NJW 1983, 1479.
[4] BGH Urt. v. 15.7.2008 – VIII ZR 211/07, NJW 2008, 2837.

c) EuGH-Urteil

4   Anlässlich einer erneuten Befassung des Bundesgerichtshofs[5] mit mangelhaftem Baumaterial, nämlich mit mangelhaften Fliesen, erfolgte die Vorlage an den Europäischen Gerichtshof.[6] Dieser entschied am 16.6.2011 unter Heranziehung der Verbrauchsgüterkaufrichtlinie, dass der Verkäufer verpflichtet ist, entweder selbst den Ausbau des Verbrauchsgutes aus einer Sache, in die es eingebaut worden sei, vorzunehmen oder das als Ersatz gelieferte Verbrauchsgut in die Sache einzubauen oder jedenfalls die Kosten zu tragen, die für diesen Ausbau und den Einbau des als Ersatz gelieferten Verbauchsgutes notwendig sind, wenn die Lieferung einer mangelhaften Kaufsache erfolgte. Der EuGH stellte damit den Grundsatz auf, dass eine Nachbesserung **ohne erhebliche Unannehmlichkeiten für den Verbraucher** sowie unentgeltlich und innerhalb einer angemessenen Frist erfolgen müsse und sich daraus eine Pflicht des Verkäufers ergebe, entweder selbst den Ausbau und Wiedereinbau der mangelfreien Kaufsache vorzunehmen oder aber dem Käufer die entsprechenden Kosten zu erstatten.[7]

d) Fliesen-Folgeentscheidung

5   Mit Urteil vom 21.12.2011[8] hatte der BGH die Entscheidung des Europäischen Gerichtshofes umzusetzen und kam zum Ergebnis, dass § 439 Abs. 1 BGB beim Verbrauchsgüterkauf richtlinienkonform auszulegen ist und die Nacherfüllung durch Lieferung einer mangelfreien Sache auch den Ausbau und den Abtransport der mangelhaften Kaufsache erfasse. Der BGH hat sich in dieser Entscheidung auch mit den bis dahin veröffentlichten Meinungen zu EuGH-Entscheidungen der Fachliteratur auseinandergesetzt und die dort diskutierten Lösungsvorschläge sämtlichst abgelehnt.

e) Granulat-Fall

6   Mit der nachfolgenden Granulatentscheidung vom 17.10.2012[9] hatte der BGH zu befinden, ob die vom EuGH aufgestellten und mit der Fliesen-Folgeentscheidung für die Verbraucherfälle umgesetzte Rechtslage auch dann gilt, wenn ein Vertragsverhältnis zwischen Unternehmern besteht. Der BGH hatte in dieser Entscheidung gemeint, dass trotz des insoweit nicht anderslautenden Wortlautes der zugrunde liegenden Vorschrift zwischen einer „einfachen" Pflicht zur Nacherfüllung des Verkäufers gegenüber einem Käufer als Unternehmer und einer „erweiterten" Nacherfüllungsverpflichtung gegenüber einem Verbraucher zu unterscheiden sei. Diese Rechtsprechung zur „gespaltenen Auslegung" hatte der BGH dann in weiteren Entscheidungen bestätigt.[10]

f) Gesetzesentwürfe

7   Ein erster Versuch der gesetzlichen Neuregelung vom September 2012[11] scheiterte, ua weil sowohl die Unternehmerverbände als auch die Verbraucherverbände der Auf-

---

[5] BGH Beschluss vom 14.1.2009 – VIII ZR 70/08, NJW 2009, 1660.
[6] Zugleich hatte das AG Schorndorf durch Beschluss vom 25.2.2009 – 2 C 818/08, BeckRS 2009, 88603, dem EuGH vorgelegt, weil nicht verständlich sei, warum der Käufer die Einbaukosten tragen solle, wenn der Mangel aus der Sphäre des Verkäufers stamme.
[7] EuGH Urt. v. 16.6.2011, NJW 2008, 1433.
[8] BGH Urt. v. 21.12.2011 – VIII ZR 70/08, NJW 2012, 1073.
[9] BGH Urt. v. 17.10.2012 – VIII ZR 236/11, NJW 213, 220.
[10] Vgl. BGH Beschl. v. 16.4.2013 – VIII ZR 375/11, BeckRS 2013, 15325; BGH Urt. v. 2.4.2014 – VIII ZR 46/13, NJW 2014, 2183.
[11] Vgl. Referentenentwurf des BMJ, Stand 19.9.2012 http://www.bundesgerichtshof.de/SharedDocs/Downloads/DE/Bibliothek/Gesetzesmaterialien/17_wp/VerbraucherrechteRL/refe.pdf;jsessionid=7B471DB16653A74950598CA155A6F631.1_cid286?__blob=publicationFile

I. Hintergrund, wesentliche Ziele und Systematik der Neuregelung

fassung waren, dass die vorgeschlagene gesetzliche Neuregelung nicht zur Umsetzung und zur Lösung der angesprochenen Probleme geeignet sei.[12] Mit dem Referentenentwurf[13] vom September 2015 wurde dann mit einem neuen Absatz 3 zu § 439 BGB die Tragung der Ein- und Ausbaukosten durch den Verkäufer einer mangelhaften Sache geregelt und gleichzeitig das Ziel verfolgt, eine einheitlich sowohl für den Unternehmer als auch für Verbraucher geltende Gesetzeslage zu schaffen.[14] Das so genannte Recht zur zweiten Andienung des Verkäufers sollte dadurch umgesetzt werden, dass dieser wählen kann, ob er die Ein- und Ausbauten selbst vornimmt oder die hierfür erforderlichen Kosten trägt.

Mit dem Regierungsentwurf vom 2.3.2016[15] erfolgte hierzu die Einschränkung des Wahlrechts, wenn ein berechtigtes Interesse des Käufers dem entgegensteht.

Insbesondere auf Grund der Anregungen durch die Anhörung der Sachverständigen im Rechtsausschuss[16] wurde durch den Ausschuss für Recht und Verbraucherschutz[17] eine Korrektur vorgenommen und nunmehr die Möglichkeit des Verkäufers, den Aus- und Wiedereinbau einer mangelhaften Sache selbst vornehmen zu können, zugunsten einer reinen Kostenersatzpflicht eingeschränkt. In dieser Fassung ist das Gesetz vom Deutschen Bundestag am 9.3.2017 beschlossen worden und gilt ab 1.1.2018.[18]

3. Ziele der Neuregelung

Die Änderung der kaufvertraglichen Haftung ist ein Kernstück der Gesetzesnovelle. Sie ist bedingt durch die aufgezeigte Änderung der Rechtsprechung für die Fälle, bei denen ein Werkunternehmer mangelhaft gelieferte Baustoffe in Unkenntnis dieses Mangels einbaut und seinerseits aus dem geschlossenen Werkvertrag verpflichtet ist, den Mangel zu beseitigen. Dies geschieht in aller Regel dadurch, dass der mangelhafte Baustoff ausgebaut und ein mangelfreier Baustoff eingebaut werden muss. Im Rahmen seiner werkvertraglichen Erfüllungspflicht[19] hat der Bauunternehmer die gesamten Kosten des Ein- und Ausbaus zu tragen. Vom Verkäufer/Lieferanten kann der Werkunternehmer als Käufer dagegen nur die Lieferung des neuen Baumaterials verlangen und erreicht Ersatz der Ein- und Ausbaukosten nur unter dem Gesichtspunkt des Verschuldens, eine Voraussetzung, die häufig nicht gegeben ist. Dieses Ergebnis will das Gesetz korrigieren. So war im Koalitionsvertrag[20] für die 18. Legislaturperiode vorgesehen, dass die Rechtsposition des Werkunternehmers in diesem Bereich zu verbessern ist. Damit wird nunmehr ein verschuldensunabhängiger Regress beim Lieferanten unter genau bezeichneten Voraussetzungen möglich und werden die Vorschriften zur kauf-

---

[12] Vgl. die Stellungnahme des Bauherren-Schutzbund e.V. https://www.bsb-ev.de/fileadmin/user_upload/Bauherren-Schutzbund/Positionen-Stellungnahmen/2012_Stellungnahme_BSB_Umsetzung_Urteile_EuGH.pdf
[13] Vgl. Referentenentwurf vom 27.9.2015. https://www.bmjv.de/SharedDocs/Gesetzgebungsverfahren/Dokumente/RefE_Bauvertragsrecht.html
[14] Bzw. hierzu zurückzukehren.
[15] BT-Drs. 18/8486.
[16] Vgl. die Äußerungen der Sachverständigen *Mauel*, *Pfeiffer* und *Lenkeit*, BT-Drs. 18/11437, http://dipbt.bundestag.de/doc/btd/18/114/1811437.pdf
[17] Vgl. Bericht des Rechtsausschusses vom 8.3.2017, BT-Drs. 18/11437, http://dipbt.bundestag.de/doc/btd/18/114/1811437.pdf
[18] Vgl. BGBl. 2017 I 23 vom 4.5.2017.
[19] Grundsätzlich zum Pflichtenvergleich bei Kauf- und Werkvertrag *Kaiser* BauR 2013, 139; *Rath/Rath* FS Quack (2009) 197.
[20] Deutschlands Zukunft gestalten. Koalitionsvertrag zwischen CDU, CSU UND SPD, https://www.cdu.de/sites/default/files/media/dokumente/koalitionsvertrag.pdf

rechtlichen Mangelhaftung wieder einheitlich angewandt, unabhängig davon, ob es sich um Verträge mit Verbrauchern oder zwischen Unternehmern handelt.

Die dahingehende Reform war in einigen Punkten heftig umstritten. Sie beseitigt jedoch die so genannte gespaltene Auslegung von Vorschriften, die der Gesetzgeber bereits im Rahmen der Schuldrechtsreform nicht für wünschenswert gehalten hatte.

4. Wesentliche Inhalte der Neuregelungen im Überblick

9   Mit dem neu eingefügten Absatz 3 in § 439 BGB wird ein verschuldensunabhängiger Anspruch des Käufers gegen den Lieferanten einer mangelhaften Sache auf Ersatz der Ein- und Ausbaukosten geregelt, der für Verbraucher und Unternehmer als Käufer gleichermaßen gilt.

Mit den neu eingefügten Bestimmungen der §§ 445a BGB zum Rückgriff des Verkäufers und 445b zur Verjährung von Rückgriffsansprüchen werden die zuvor nur für den Verbrauchsgüterkauf geltenden Regressmöglichkeiten ebenfalls auf den unternehmerischen Verkehr erweitert und gleichzeitig die Regressmöglichkeit auch für den Fall eröffnet, dass in der Kette als letzter Vertrag nicht ein Kaufvertrag sondern ein Werkvertrag steht.

Durch die Neuregelung in § 475 Abs. 4 BGB erfolgt eine nach der Entscheidung des EuGH für zulässig angesehene Beschränkung des Aufwendungsersatzanspruchs auf einen angemessenen Betrag bei absoluter Unverhältnismäßigkeit der Nacherfüllung beim Verbrauchsgüterkauf, weil anderenfalls eine allgemeine Beschränkung gegen die Bestimmungen der Verbrauchsgüterkaufrichtlinie verstoßen hätte.

5. Systematik

10   Die Systematik ist im gesamten Kaufrecht durch die Neuregelungen weitgehend beibehalten worden. Die zunächst nur für den Verbrauchsgüterkauf geltenden Regressvorschriften sind aus dem Untertitel 3 zum Verbrauchsgüterkauf in den Untertitel 1 der Allgemeinen Vorschriften zum Kauf gewandert und gelten damit auch für Verträge zwischen Unternehmern.

II. Umfang der Nacherfüllung beim Kauf

1. Rechte und Pflichten der Kaufvertragsparteien

11   Am Charakter des Kaufvertrages hat sich durch die Neuregelungen Nichts geändert. Die Pflichten der Kaufvertragsparteien ergeben sich weiter aus § 433 BGB. Der Verkäufer ist verpflichtet, dem Käufer die geschuldete Sache zu übergeben und ihm Eigentum hieran zu verschaffen. Die Sachmängelfreiheit ist Gegenstand der Leistungspflicht des Verkäufers und die Zahlungs- und Abnahmepflicht liegt beim Käufer. Maßgeblicher Zeitpunkt ist die Übergabe. Die Lieferung einer mangelhaften Sache stellt grundsätzlich eine Pflichtverletzung dar. Weicht die Ist-Beschaffenheit von der Soll-Beschaffenheit ab, so liegt ein Sachmangel vor.

12   Die Sache ist frei von Sachmängeln, wenn sie im Zeitpunkt des Gefahrübergangs die vereinbarte Beschaffenheit aufweist. Bislang nicht höchstrichterlich geklärt ist, ob als Beschaffenheit über die Beziehungen der Sache zur Umwelt hinaus alles vereinbart werden kann, was einen Bezug zum Kaufgegenstand hat, z. B. „Eigenschaften", wie Umsatz- und Vertragszahlen, das Bestehen von Herstellergarantien oder so genannte

ethische Eigenschaften, wie Fair Trade, keine Kinderarbeit, EMAS-Registrierung der Lieferanten usw.[21]

Gegenstand einer Auseinandersetzung über die Sachmängelhaftung können dabei nicht nur bewegliche Güter[22] wie z.B. Baumaterialien oder Baustoffe sein. Vielmehr verweist § 651 BGB bei so genannten Werklieferungsverträgen auf die Anwendung des Kaufrechts für Verträge, die die Lieferung herzustellender oder zu erzeugender beweglicher Sachen zum Gegenstand haben.[23] Nicht zuletzt ist die Anwendung der kaufvertraglichen Bestimmungen denkbar beim Erwerb vom Bauträger, z.B. wenn eine erst drei Jahre nach Fertigstellung veräußerte Wohnung nicht mehr als neu anzusehen ist.[24] Einschränkungen ergeben sich durch die neuere Rechtsprechung des BGH, nach der eine Beschreibung der Beschaffenheit der Kaufsache im Vorfeld des Vertragsschlusses bei einem nach § 311b BGB beurkundungspflichtigen Vertrag nur dann zu einer Beschaffenheitsvereinbarung führt, wenn dies in der Vertragsurkunde seinen Niederschlag gefunden hat und tatsächlich beurkundet wurde.[25]

Soweit eine Beschaffenheitsvereinbarung fehlt, muss die Sache die üblicherweise zu erwartende Beschaffenheit aufweisen. Hierzu gehören nach § 434 Abs. 1 S. 3 BGB auch die Eigenschaften, die nach den öffentlichen Äußerungen des Verkäufers zu erwarten sind.[26] Schließlich ist ein Sachmangel gegeben, wenn die vereinbarte Montage unsachgemäß durchgeführt wurde oder die Montageanleitung mangelhaft ist.[27] Ein zwischen den Parteien vereinbarter Gewährleistungsausschluss bezieht sich nicht auf eine vereinbarte Beschaffenheit.[28] Der Käufer schuldet Kaufpreiszahlung und Abnahme der gekauften Sache.

2. Modifizierter Erfüllungsanspruch

Der Nacherfüllungsanspruch ist nicht mit dem jeweilgen ursprünglichen Erfüllungsanspruch aus § 433 Abs. 1 BGB bzw. § 631 Abs. 1 BGB identisch. Er bildet eine eigene, modifizierte Form des ursprünglichen Erfüllungsanspruchs.[29] Er entsteht mit der Lieferung der mangelhaften Sache bzw. mit der Abnahme des mangelhaften Werkes und unterliegt besonderen, gesetzlich geregelten Verjährungsregeln.[30] Im System des Gewährleistungsrechts ist der Nacherfüllungsanspruch der primäre Anspruch des Käufers. Rücktritt, Minderung und Schadenersatz statt der Leistung können grundsätzlich erst nach dem erfolglosen Ablauf einer Frist zur Nacherfüllung geltend gemacht werden. Die Nacherfüllung wird somit den genannten Rechten vorgeschaltet, mit dem Ergebnis, dass der Verkäufer grundsätzlich ein „Recht zur zweiten Andienung" erhält.[31]

---

[21] Vgl. *Schmidt-Räntsch* ZfIR 2017, 333 (335).
[22] Sehr ausführlich zu den Besonderheiten beim Autokauf: Tamm/Tonner/*Schattenkirchner* Verbraucherrecht, § 14 C.
[23] Vgl. iE Messerschmidt/Voit/*Leidig* § 651.
[24] BGH Urt. v. 25.2.2016 – VII ZR 156/13, NJW 2016, 1575; zu den Einzelheiten siehe *Pause* → § 6 Rn. 9, Rn. 139 ff.
[25] BGH Urt. v. 6.11.2015 – V ZR 78/14, NJW 2016, 1815.
[26] Palandt/*Weidenkaff* BGB § 434 Rn. 31 ff.
[27] PWW/*Schmidt* BGB § 434 Rn. 66 ff.
[28] BGH Urt. v. 29.11.2016 – VIII ZR 92/06, NJW 2007, 1346; BGH Urt. v. 19.12.2012 – VIII ZR 96/12, NJW 2013, 1074.
[29] *Huber* NJW 2002, 1004 (1005).
[30] Vgl. hierzu *Lenkeit* BauR 2002, 196.
[31] *Huber* NJW 2002, 1004 (1005).

a) Wahlrecht des Käufers

16 Die beiden Arten der Nacherfüllung sind die Nachbesserung und die Ersatzlieferung. Das Wahlrecht zwischen beiden Arten der Nacherfüllung steht nach der gesetzlichen Regelung dem Käufer zu. Dies folgte für den Verbrauchsgüterkauf zunächst aus Erwägungsgrund 10 der Richtlinie.[32] Die einheitliche Regelung des Wahlrechts zwischen den Nacherfüllungsvarianten für alle Arten des Kaufs entspricht dem Bestreben des Gesetzgebers nach einer möglichst einheitlichen Regelung des kaufrechtlichen Gewährleistungsrechts im Rahmen der mit der Schuldrechtsreform bezweckten „großen Lösung".[33]

17 Das Wahlrecht des Käufers beschränkt sich auf die Wahl zwischen den beiden Arten der Nacherfüllung, wenn beide Arten möglich sind. Innerhalb einer Art der Nacherfüllung und zwischen den verschiedenen Möglichkeiten der Nachbesserung kann der Käufer hingegen nicht wählen. Auch die Auswahl der neu zu liefernden Sache im Rahmen der Ersatzlieferung obliegt dem Verkäufer.[34] Die Ausübung dieses Wahlrechts erfolgt durch formlose empfangsbedürftige Willenserklärung des Käufers. Fordert der Käufer allgemein nur „Nacherfüllung" oder die „Herstellung eines mangelfreien Zustandes", hat er sein Wahlrecht nicht ausgeübt, sondern überlässt dem Verkäufer die Wahl, auf welche Weise dieser den vertraglich geschuldeten Zustand herstellen will.[35] Hat der Käufer dem Verkäufer eine angemessene Frist zur Nacherfüllung unter Ausübung des Wahlrechts gesetzt, so ist er an die von ihm gewählte Art der Nacherfüllung bis zum Fristablauf gebunden. Es verstößt gegen die Grundsätze von Treu und Glauben, wenn der Käufer den Verkäufer, ohne ihm eine Frist gesetzt zu haben, mit einer veränderten Wahl konfrontiert.[36]

b) Fälligkeit des Anspruchs

18 Wegen des Wahlrechts des Käufers zwischen beiden Formen der Nacherfüllung und der Möglichkeit des Käufers, auf Nacherfüllung gänzlich zu verzichten, ist der Anspruch auf Nacherfüllung ein verhaltener Anspruch.[37] Er muss also jederzeit, aber nur auf Verlangen des Käufers, erfüllt werden und darf nach hM ohne ein solches Verlangen auch nicht erfüllt werden.[38] Die Herbeiführung eines vertragsgemäßen Zustandes setzt jedoch voraus, dass **alle** bei Gefahrübergang vorhandenen Mängel beseitigt werden. Der Nachbesserungsanspruch ist nicht auf solche Mängel beschränkt, die der Käufer mit seinem Nachbesserungsverlangen ausdrücklich geltend gemacht hat. Vielmehr muss der Verkäufer auch nicht geltend gemachte Mängel beseitigen.[39]

19 Zwar entsteht der Nacherfüllungsanspruch erst, wenn das kaufrechtliche Gewährleistungsrecht mit Annahme der Sache als Erfüllung durch den Käufer anwendbar ist. Daher kann er dem Grunde nach nicht vor diesem Zeitpunkt fällig werden. Mit dem

---

[32] Richtlinie 1999/44/EG zu bestimmten Aspekten des Verbrauchsgüterkaufs und der Garantien f. Verbrauchsgüter, ABl. 1999 L 171/12.
[33] BeckOGKBGB/*Höpfner*, 1.5.2017, BGB § 439 Rn. 14.2.
[34] BeckOGKBGB/*Höpfner*, 1.5.2017, BGB § 439 Rn. 15.
[35] BeckOGKBGB/*Höpfner*, 1.5.2017, BGB § 439 Rn. 16 – eine Bindung des Käufers an die einmal gewählte Art der Nacherfüllung wäre mit der EG-Verbrauchsgüterkauf-Richtlinie nicht zu vereinbaren, so dass keine Wahlschuld sondern eine elektive Konkurrenz vorliegt.
[36] MüKoBGB/*Westermann* § 439 Rn. 5.
[37] BeckOKBGB/*Faust*, 1.2.2017 § 439 Rn. 11.
[38] BeckOKBGB/*Faust*, 1.2.2017, § 439 Rn. 11; MüKoBGB/*Westermann* Rn. 6; BeckOGK/*Höpfner*, 1.5.2017, BGB § 439 Rn. 9.
[39] *Stodolkowitz* JA 2010, 492 (494).

ausdrücklich geäußerten Nacherfüllungsbegehren wird der Nacherfüllungsanspruch aber auch fällig, wenn der ursprüngliche Lieferanspruch noch nicht fällig gewesen wäre.[40] Auch wenn man meint, der Käufer habe kein Recht darauf, eine mangelfreie Sache zur Verfügung zu haben, bevor der Erfüllungsanspruch fällig ist, scheint es aber nicht sachgerecht, dem Käufer bis zum Zeitpunkt der Fälligkeit des ursprünglichen Erfüllungsanspruchs, zur Beseitigung der von der Lieferung der mangelhaften Sache ausgehenden Gefahr, keinen Beseitigungsanspruch an die Hand zu geben, obwohl der Verkäufer mit der Lieferung der mangelfreien Sache seine Pflicht aus § 433 Abs. 1 S. 1 BGB verletzt hat.[41]

c) Leistungsverweigerungsrecht

Der Käufer kann bei behebbaren Mängeln trotz ihrer Geringfügigkeit die Einrede des nicht erfüllten Vertrages gem. § 320 BGB geltend machen und damit die Zahlung des vollständigen Kaufpreises sowie gem. § 273 BGB die Abnahme der gekauften Sache bis zur Beseitigung des Mangels verweigern.[42] Der Käufer gerät nicht in Annahmeverzug, weil ihm die Leistung nicht so angeboten wurde, wie sie zu bewirken ist und dem Gläubiger wird ein Druckmittel an die Hand gegeben, mit dem der Schuldner zur ordnungsgemäßen Erfüllung angehalten werden soll. Zu beachten ist, dass es dabei nicht auf eine Erheblichkeitsschwelle ankommt, wie sie für den Rücktritt in § 323 Abs. 5 BGB maßgeblich wäre. Im Falle des Vorliegens einer Beschaffenheitsvereinbarung dürfte ohnehin keine unerhebliche Pflichtverletzung vorliegen.

3. Nacherfüllungsverlangen

Grundsätzlich wird dem Verkäufer ermöglicht, einen weiteren Erfüllungsversuch vorzunehmen, bevor der Käufer zu den weitergehenden Rechten wie Rücktritt, Minderung oder Schadenersatz übergehen kann. Der Verkäufer soll die Möglichkeit haben, sich den Kaufpreis ungeschmälert durch eine nunmehr mangelfreie Lieferung verdienen zu können. Daher wird oft auch von einem „Recht zur zweiten Andienung" gesprochen, was aber unkorrekt ist. Richtig ist, dass dem Verkäufer kein Recht im Sinne eines durchsetzbaren (klagbaren) Anspruchs auf Nacherfüllung zusteht. Vielmehr liegt es im Interesse des Käufers, dem Verkäufer die Möglichkeit der Nacherfüllung einzuräumen, weil er die weitergehenden Rechtsbehelfe grundsätzlich erst nach dem Ablauf einer angemessenen Frist geltend machen kann.[43] Von diesem Grundsatz macht die gesetzliche Neuregelung eine bedeutsame Ausnahme, weil sie dem mangelhaft liefernden Verkäufer im Falle des bereits erfolgten Einbaus der mangelhaft gelieferten Sachen die eigene Nacherfüllungsbefugnis in der Weise beschränkt, dass er nicht selbst den Ein- und Ausbau der mangelhaften Sache vornehmen darf, sondern insoweit auf einen Wertersatz verwiesen wird.[44]

---

[40] BeckOGKBGB/*Höpfner*, 1.5.2017, § 439 Rn. 10; aA BeckOKBGB/*Faust*, 1.2.2017, § 439 Rn. 12, der meint, dass die Nacherfüllung nicht sofort verlangt werden könne, sondern der für die Fälligkeit des Erfüllungsanspruchs maßgebliche Termin abgewartet werden müsse.
[41] So zutreffend BeckOGKBGB/*Höpfner*, 1.5.2017, BGB § 439 Rn. 10; Erman/*Grunewald* § 439 Rn. 21.
[42] BGH Urt. v. 26.10.2016 – VIII ZR 211/15, NJW 2017, 1100; BGH Urt. v. 27.10.2011 – VII ZR 84/09, NJW 2012, 56, f. den Bauträgervertrag.
[43] Vgl. die Grundsatzentscheidung des BGH Urt. v. 23.2.2005 – VIII ZR 100/04, NJW 2005, 1348.
[44] Das ursprünglich noch im Referenten- bzw. Regierungsentwurf vorgesehene Wahlrecht des Verkäufers, ob er den Aus- und Einbau der mangelhaften Sache selbst vornehmen oder Wertersatz leisten möchte, wurde vom Rechtsausschuss richtiger Weise verworfen.

a) Gläubigerobliegenheit

22 Sofern der Käufer wegen der Mangelhaftigkeit der gelieferten Sache weitergehende Rechtsbehelfe geltend machen will, ist dies davon abhängig, dass er fruchtlos eine Frist zur Nacherfüllung gesetzt hat. Erst nach fruchtlosem Ablauf dieser Frist kann er Rücktritt, Minderung bzw. Schadenersatz statt der Leistung verlangen. In der Rechtsprechung zum Werkvertragsrecht war dies seit Längerem anerkannt. Für das Kaufrecht hat dies der Bundesgerichtshof[45] ebenfalls klargestellt. Den Käufer trifft mithin die Obliegenheit zur Fristsetzung, wenn er den Katalog seiner weiteren Ansprüche gemäß § 437 BGB erhalten will.

b) Voreilige Selbstvornahme

23 Nimmt der Käufer eine Nachbesserung selbst vor, ohne zuvor dem Verkäufer Gelegenheit zur Nachbesserung gegeben zu haben, so bewirkt dies gleichzeitig, dass dem Verkäufer die eigentlich von ihm zu leistende Nachbesserung unmöglich wird. Auch für diese Konstellation ist klargestellt, dass der Käufer wegen der Verletzung der Obliegenheit zur Einräumung der Nachbesserungsbefugnis keinen Kostenersatz geltend machen kann und ferner klargestellt, dass noch nicht einmal ein Ersatz der ersparten Aufwendungen der Nachbesserung verlangt werden kann.[46]

c) Anforderungen an die Fristsetzung

24 Häufiger Fall in der Praxis ist eine gänzlich fehlende oder jedenfalls fehlerhafte Fristsetzung. Dies zeigt die Vielzahl der hierzu ergangenen Urteile.[47] So beschränkt sich die Obliegenheit des Käufers, vor der Geltendmachung der in § 437 Nr. 2 und 3 BGB aufgeführten Rechte ein Nacherfüllungsverlangen an den Verkäufer zu richten, nicht auf eine mündliche oder schriftliche Aufforderung zur Nacherfüllung, sondern umfasst auch die Bereitschaft des Käufers, dem Verkäufer die Kaufsache zur Überprüfung der erhobenen Mängelrügen für eine entsprechende Untersuchung zur Verfügung zu stellen.[48]

25 Nicht ausreichend ist die Aufforderung an den Verkäufer „dem Grunde nach zu erklären, dass er eine Nachbesserung vornehmen werde".[49]

26 Im Ergebnis kommt es darauf an, dem Schuldner eine letzte Gelegenheit zur Beseitigung des Mangels zu geben und ihn davor zu warnen, dass diese Gelegenheit nach Ablauf der Frist (endgültig) versäumt ist. Vor diesem Hintergrund dürfen die Anforderungen an die Fristsetzung nicht überspannt werden, wenn aus dem Verlangen des Käufers hinreichend deutlich wird, welche Mängel zu beseitigen sind und welche Wahl er zur Mängelbeseitigung getroffen hat, wobei die klare Bezeichnung der Mängel auch durch Bezugnahme auf ein beigefügtes Gutachten erfolgen kann.[50] Ausreichend ist die Be-

---

[45] BGH Urt. v. 23.2.2005 – VIII ZR 100/04, NJW 2005, 1348.
[46] Palandt/*Weidenkaff* BGB § 437 Rn. 4a.
[47] Vgl. BGH Urt. v. 1.7.2015 – VIII ZR 226/14, NJW 2015, 3455 mwN.
[48] BGH Urt. v. 1.7.2015 – VIII ZR 226/14, NJW 2015, 3455 Rn. 30; OLG München, Urt. v. 10.8.2016 – 20 U 1332/16, IBR 2016, 645, f. das Werkvertragsrecht.
[49] BGH Urt. v. 1.7.2015 – VIII ZR 226/14, NJW 2015, 3455 Rn. 29; BGH Urt. v. 16.9.1999 – VII ZR 456/98, BauR 2000, 98 f. das Werkvertragsrecht.
[50] Obwohl nach dem Gesetz die Wahl zwischen den möglichen Mängelbeseitigungsmaßnahmen der Käufer treffen darf, ist es riskant, eine bestimmte Mängelbeseitigungsmaßnahme zu fordern. Stellt sich heraus, dass diese Maßnahme in dieser Form oder mit diesem Umfang gar nicht geschuldet war, so kann auch dies zu einer Unwirksamkeit der Fristsetzung führen, vgl. BGH Urt. v. 7.3.2013 – VII ZR 119/10, NZBau 2013, 430.

zeichnung der Mängelerscheinungen.[51] Andererseits besteht ein Schutzbedürfnis für den Verkäufer, der bereit ist, den Vertrag zu erfüllen und eine Nachbesserung oder Nachlieferung vorzunehmen und sich nicht hinreichend gewarnt sieht. Er wäre im Ergebnis von der Selbstvornahme, dem Rücktritt, der Minderung oder dem Schadenersatzbegehren des Käufers überrascht, wenn die Mängelrüge unscharf bleibt.

d) Bitte um schnelle Behebung

Bereits im Jahre 2009 hatte der BGH entschieden, dass eine Aufforderung zur unverzüglichen, sofortigen oder umgehenden Leistung oder eine vergleichbare Formulierung den Anforderungen des § 281 Abs. 1 BGB genügt.[52] Der BGH lässt es ausreichen, dass eine hinreichend bestimmte Leistungsaufforderung an den Schuldner vorliegen muss und diesem deutlich wird, dass er nach Ablauf eines gewissen Zeitraumes seine Chance auf die vollständige Gegenleistung verlieren wird. Mithin genügt auch die Aufforderung zur schnellen Behebung der gerügten Mängel ohne Angabe eines bestimmten Zeitraumes oder eines bestimmten Endtermins.[53] Es ist unbedingt zu erwarten, dass diese Rechtsprechung nicht ohne Auswirkungen auf die Behandlung von Fristsetzungen im Werkvertragsrecht bleibt.[54]

e) Entbehrlichkeit der Fristsetzung

Im Falle der Verweigerung der Nacherfüllung durch den Käufer ist die Fristsetzung entbehrlich. An das Vorliegen einer ernsthaften und endgültigen Erfüllungsverweigerung sind jedoch hohe Anforderungen zu stellen. Der Schuldner muss unmissverständlich und eindeutig zum Ausdruck bringen, dass er seinen Vertragspflichten unter keinen Umständen nachkommen wird.[55] Meinungsverschiedenheiten über den Vertragsinhalt oder über vom Schuldner geäußerte rechtliche Zweifel an der Wirksamkeit des Vertrages genügen für eine endgültige Erfüllungsverweigerung nicht. Auch der Umstand, dass der Schuldner auf die Aufforderung zur Erklärung der Nachbesserungsbereitschaft noch das Vorliegen eines Mangels zum Zeitpunkt der Übergabe bestritten hatte, lässt seine ablehnenden Äußerungen noch nicht als „letztes Wort" erscheinen.[56] Ein Auftraggeber, der den Auftragnehmer zur Nachbesserung auffordert, eine von diesem vorgeschlagene geeignete Nachbesserung aber nicht annimmt, verhält sich zwar widersprüchlich, er verliert aber nicht sein Recht, Nachbesserung zu verlangen.[57]

Eine Fristsetzung kann schließlich entbehrlich sein, wenn der Schuldner die Leistung zu einem im Vertrag bestimmten Termin oder innerhalb einer bestimmten Frist geschuldet und nicht bewirkt hatte.[58] Ist die Nacherfüllung fehlgeschlagen, bedarf es keiner weiteren Frist. Dies ist beispielsweise der Fall, wenn die Nacherfüllung unmöglich ist, aber auch wenn sie ungebührlich verzögert wird oder der Versuch der Nacherfüllung misslingt.[59]

---

[51] BGH Urt. v. 26.10.2016 – VIII ZR 240/15, NJW 2017, 153, Rn. 25.
[52] BGH Urt. v. 12.8.2009 – VIII ZR 254/08, NJW 2009, 3153.
[53] Vgl. BGH Urt. v. 13.7.2016 – VIII ZR 49/15, NJW 2016, 3654; BGH Urt. v. 1.7.2015 – VIII ZR 226/14, NJW 2015, 3455; weiterführend hierzu *Höpfner* NJW 2016, 3633.
[54] Vgl. hierzu den Vorlagebeschluss des LG Hannover vom 22.4.2016 – 17 O 43/15, IBR 2016, 453.
[55] BGH Urt. v. 19.12.2012 – VIII ZR 96/12, NJW 2013, 1074; BGH Urt. v. 21.12.2005 – VIII ZR 49/05, NJW 2006, 1195 sowie BGH Urt. v. 9.10.2008 – VII ZR 80/07, NZBau 2009, 173 f. das Werkvertragsrecht.
[56] BGH Urt. v. 1.7.2015 – VIII ZR 226/14, NJW 2015, 3455 Rn. 36.
[57] BGH Urt. v. 27.11.2003 – VII ZR 93/01, NZBau 2004, 153.
[58] Vgl. BGH Urt. v. 28.1.2003 – X ZR 151/00, NZBau 2003, 274.
[59] BGH Urt. v. 2.2.1994 – VII ZR 262/92, NJW 1994, 1004.

Nach § 440 S. 2 BGB wird widerleglich vermutet, dass die Nacherfüllung nach dem zweiten erfolglosen Versuch als fehlgeschlagen gilt.[60]

30 Keiner weiteren Frist bedarf es, wenn die Nacherfüllung für den Käufer unzumutbar ist, zB weil sein Vertrauen in die Leistungsfähigkeit und Leistungsbereitschaft des Verkäufers derart erschüttert wurde, dass ihm nicht zuzumuten ist, diesen Verkäufer noch mit der Nacherfüllung zu befassen.[61]

31 Der Eintritt der Insolvenz ist kein Fall der Entbehrlichkeit einer Fristsetzung. Es spielt dabei keine Rolle, ob der Insolvenzverwalter überhaupt die Nacherfüllung wählen darf.[62]

32 Die Rechtsprechung hat einen weiteren Fall der Entbehrlichkeit der Fristsetzung bei verweigerter Mangelerforschung entwickelt. Verweigert der Verkäufer eine Untersuchung der Sache auf gerügte sicherheitsrelevante Mängel hin, kann eine Fristsetzung des Käufers wegen unzumutbarer Nacherfüllung entbehrlich werden.[63] Der BGH kommt zum Ergebnis, dass eine Fristsetzung nicht mehr erforderlich ist, weil dem Käufer nach § 440 S. 1 Alt. 3 BGB die Akzeptanz der allein angebotenen Abhilfe unzumutbar war. In der Entscheidung wird insbesondere darauf abgestellt, dass die Verbrauchsgüterkaufrichtlinie vorgibt, dass der Verkäufer innerhalb einer angemessenen Frist Abhilfe zu schaffen hat, aber auch eine Vertragsauflösung verlangt werden kann, wenn der Verkäufer nicht **ohne erhebliche Unannehmlichkeiten für den Verbraucher** Abhilfe geschaffen hat.[64] Der BGH nutzt damit § 440 S. 1 Alt. 3 BGB um Abwimmelungs- und Hinhaltetaktiken von Verkäufern zu durchkreuzen, die sich unterhalb der Schwelle der ernsthaften und endgültigen Erfüllungsverweigerung bewegen.[65]

4. Einbau der Kaufsache

33 **Kernpunkt der Neuregelung** der kaufrechtlichen Mängelhaftung ist der Fall des Einbaus oder des Anbringens der vertragswidrigen Kaufsache durch oder bei dem Käufer. Durch die Neuregelung soll der Käufer dem Grunde nach im Rahmen der Nacherfüllung hinsichtlich der Kaufsache so gestellt werden, wie er im Zeitpunkt der Nacherfüllung stehen würde, wenn der Verkäufer von vornherein ordnungsgemäß erfüllt hätte.[66] Die Neuregelung ist daher nicht auf den Verbrauchsgüterkauf beschränkt, sondern gilt für alle Kaufverträge. Faktisch wird hiermit und mit den damit verbundenen Regressvorschriften eine verschuldensunabhängige Einstandspflicht des Lieferanten für mangelhaftes Material begründet.[67]

a) Bestimmungsgemäßer Einbau

34 Voraussetzung ist, dass der Käufer die gekaufte Sache gutgläubig und ihrer Art und ihrem Verwendungszweck gemäß in eine andere Sache eingebaut oder an eine andere Sache angebracht hat. Ohne diese Einschränkung würde der Anspruch auf die Ein- und

---

[60] Eine entsprechende Vorschrift wurde im Werkvertragsrecht nicht übernommen und ist auch nicht analog anwendbar, Kniffka/Koeble/*Kniffka* 6. Teil, Rn. 197.
[61] MüKoBGB/*Westermann* § 440 Rn. 8.
[62] BGH Urt. v. 8.12.2009 – XI ZR 181/08, NZBau 2010, 426.
[63] Vgl. BGH Urt. v. 26.10.2016 – VIII ZR 240/15, NJW 2017, 153.
[64] BGH Urt. v. 26.10.2016 – VIII ZR 240/15, NJW 2017, 153, Rn. 21.
[65] *Mankowski* NJW 2017, 156.
[66] Dies war die weitestgehende Auffassung in der Diskussion zum Umfang der Nacherfüllung vor der Änderung, vgl. BeckOKBGB/*Faust*, 1.2.2017, § 439 Rn. 18; BeckOGKBGB/*Höpfner*, 1.5.2017, BGB § 439 Rn. 80 ff.
[67] BeckOGKBGB/*Höpfner*, 1.5.2017, BGB § 439 Rn. 95.

Ausbauleistung auf Fälle erstreckt, in denen der Käufer nicht schutzwürdig ist und die Ansprüche für den Verkäufer nicht vorhersehbar wären. Der art- und verwendungszweckgemäße Einbau der Sache ist grundsätzlich objektiv zu beurteilen. Maßgeblich ist, ob der Käufer die Kaufsache durch den vorgenommenen Einbau bestimmungsgemäß verwendet hat oder nicht. Insbesondere, wenn der Käufer die Kaufsache durch den Einbau entgegen ihrer funktionellen Bestimmung verwendet, kann ein Anspruch auf ihren Ausbau und den Einbau einer Ersatzsache abzulehnen sein.[68]

b) Anbringen

35 Durch die Hinzunahme des Begriffes Anbringen soll der Anwendungsbereich des neuen Anspruchs auf Aufwendungsersatz konkretisiert und erweitert werden. Es soll sichergestellt werden, dass dieser Anspruch auch solche Fälle erfasst, in denen der Käufer die mangelhafte Sache zwar nicht im Wortsinne in eine andere Sache „eingebaut", jedoch in vergleichbarer Weise ihrer Art und ihrem Verwendungszweck gemäß mit einer anderen Sache verbunden hat. Hiermit wird zB verdeutlicht, dass Verwendungen zur Durchführung einer Ersatzlieferung von Baumaterialien auch dann erfasst werden, wenn diese Baumaterialien nicht im Wortsinne in ein Bauwerk eingebaut, sondern an dieses angebracht werden (Dachrinnen, Leuchten, o.ä.). Ebenso sollen mangelhafte Farben und Lacke erfasst sein, die zum Zwecke der Nacherfüllung abgeschliffen und erneut angebracht werden müssen.[69]

36 Nach richtiger Auffassung ist es Aufgabe des Gesetzgebers, zu entscheiden, ob die neue Vorschrift die gesamte Palette der Verwendung und Bearbeitung mangelhafter Kaufgüter umfassen soll.[70] Da die gesetzliche Änderung der kaufrechtlichen Mangelhaftung letztlich der Umsetzung des erweiterten Verständnisses vom Umfang der Nacherfüllung gemäß Verbrauchsgüterkaufrichtlinie dient, sind schon deshalb **alle** Verbrauchsgüter erfasst und eine Beschränkung auf Baumaterialien ist nicht geboten.[71] Dem will offenbar die nunmehrige gesetzliche Formulierung zum „Anbringen" gerecht werden. Dies gelingt nur, wenn der Begriff keinerlei sachenrechtlichen Bezug hat und das „Entfernen" zum Zwecke der Nacherfüllung möglich ist, ohne dass es auf die Frage ankäme, ob ein wesentlicher Bestandteil oder nur Zubehör betroffen ist.

c) Erweiterter Anwendungsbereich?

37 Ungeklärt ist nach der Ergänzung durch den Rechtsausschuss, ob das Gesetz nur dann anwendbar ist, wenn die ursprünglich mangelhafte Sache wieder entfernt werden kann oder ob darüber hinaus im Falle einer Vermischung oder Weiterverarbeitung die gesetzlichen Vorschriften anwendbar sein sollen. Dazu hatte der Bundesrat zu bedenken gegeben,[72] dass entsprechend der gesetzessystematischen Position der Vorschrift in den allgemeinen Vorschriften über den Kauf sämtliche Sachen im kaufrechtlichen Sinne erfasst werden müssten, auf die der Käufer Verwendungen macht, welche im Falle einer Nachbesserung oder Nachlieferung erneut vorgenommen werden müssten. Neben mangelbehafteten Flüssigkeiten, wie etwa Brennstoffen oder Ölen, wurde vor allem auch die Anwendbarkeit auf immaterielle Güter wie Software gefordert. So könne im Falle einer schadhaften Softwarelösung eine aufwendige De- oder Reinstallation oder eine Neukonfiguration des Systems erforderlich werden.

---

[68] Begründung zum Regierungsentwurf, BT-Drs. 18/8486, 40.
[69] Begründung des Rechtsausschusses vom 8.3.2017, BT-Drs. 18/11437, S. 46.
[70] So *Langen* BauR 2017 333 (337).
[71] *Langen* BauR 2017, 333 (338).
[72] Stellungnahme vom 12.4.2016, BR-Drs. 123/1/16.

38 Man wird von einem sehr weiten Verständnis des Begriffs ausgehen müssen, vor dem bereits mehrfach geschilderten Hintergrund, dass dem Käufer im Falle einer mangelhaften Leistung des Verkäufers im Ergebnis **keine Nachteile** entstehen dürfen und eine gesetzliche Regelung beabsichtigt war, die die Einheitlichkeit des deutschen Kaufrechts in seiner Anwendung zum Ziel hat, und zwar mit Blick auf alle Arten von Kaufverträgen sowie auf alle Arten von Vertragsbeteiligten. Die Ausweitung auf sämtliche, über den Wortlaut hinausgehende Veränderungsfälle, verhindert zudem auch die Gefahr einer erneuten „gespaltenen Auslegung", wenn die Rechtsprechung Anlass hätte, beispielsweise den Erwerb von Software durch einen Verbraucher bei den Installationskosten anders zu behandeln als im unternehmerischen Bereich.

d) Veränderung der Kaufsache

39 Der ursprüngliche Entwurf des Gesetzes begründete die Haltung des Verkäufers auch für den Fall der Veränderung der mangelhaften Sache vor Einbau durch den Käufer. Der Verkäufer sollte verpflichtet sein, entweder den vor der Veränderung bestehenden Zustand wieder herzustellen oder die hierfür erforderlichen Aufwendungen zu ersetzen.[73] Fraglich ist, ob über den Wortlaut des neuen § 439 Abs. 3 BGB hinaus auch der Fall erfasst wird, dass der ersatzweise gelieferte Gegenstand (erstmals) in denjenigen Zustand versetzt wird, in dem sich die zuvor mangelhafte Sache in Folge der Bearbeitung durch den Käufer zwischen Lieferung und Einbau befunden hatte. Legt man auch insoweit das weitestgehende Verständnis zugrunde, wonach die erfolgreiche Nacherfüllung **ohne erhebliche Unannehmlichkeiten** sowie unentgeltlich und innerhalb der angemessenen Frist erfolgen muss, so wäre auch diese Leistung im Rahmen der Nacherfüllung zu erbringen bzw. der hierfür erforderliche Aufwand zu ersetzen.[74]

5. Tragung der Ein- und Ausbaukosten

40 Der neue § 439 Abs. 3 S. 1 BGB bestimmt, dass der Verkäufer **im Rahmen der Nacherfüllung** verpflichtet ist, dem Käufer die **erforderlichen Aufwendungen** für das Entfernen der mangelhaften und den Einbau oder das Anbringen der nachgebesserten oder gelieferten mangelfreien Sache zu ersetzen. Damit wurde in der Endfassung des Gesetzes eine wesentliche Änderung zu den diskutierten Entwürfen vorgenommen und die Beseitigung des Mangels durch den Verkäufer selbst als Variante der Nacherfüllung ausgeschlossen. Damit wird ihm zugleich dessen „Recht zur zweiten Andienung" verwehrt.[75]

---

[73] Gedacht war beispielhaft an ein unbehandeltes Holzregal, das mangelhaft ist (beachte die Mangelhaftigkeit durch fehlerhafte Montageanleitung nach § 434 Abs. 2 S. 2 BGB, die allgemein durch Bezeichnung eines schwedischen Möbelhauses dargestellt wird) und den Fall, dass dieses Regal vor der Montage vom Käufer lackiert wird.

[74] Wenn diese Art der Veränderung vom Gesetz nicht erfasst wird, würde sich jedenfalls für den Verbrauchsgüterkauf die Folgefrage nach der richtigen Anspruchsgrundlage für einen dahingehenden Aufwendungsersatz stellen sowie die Frage, ob für diese Variante eine Beschränkung auf die Zahlung eines Aufwendungsersatzes nicht gegeben und folglich das Recht der „zweiten Andienung" vorrangig ist, wenn Ersatz verlangt werden soll. Sieht man das anders, wäre der Ersatzanspruch für den Veränderungsaufwand wiederum nur unter dem Gesichtspunkt des verschuldensabhängigen Schadenersatzes gegeben.

[75] Im Ergebnis der Sachverständigenanhörung und nach der Begründung des Rechtsausschusses wurde das zunächst vorgeschlagene Wahlrecht des Verkäufers, ob er den Aus- und Einbau der mangelhaften Kaufsache selbst vornehmen oder Wertersatz leisten möchte, wegen möglicher Konkurrenzen von Hauptleistungspflichten aus einem Werkvertrag einerseits und den Gewährleistungsrechten aus einem Kaufvertrag andererseits gestrichen. Diese Problematik soll dann auftreten können, wenn der Käu-

a) Umsetzung der Rechtsprechung des EuGH

41 Das EuGH-Urteil vom 16.6.2011 steht dieser gesetzlichen Regelung nicht entgegen, weil auch dort eine Beschränkung auf einen Aufwendungsersatzanspruch ausdrücklich als denkbar angesehen wurde.[76] Mit der Einfügung von Absatz 3 in den allgemeinen Vorschriften zum Kauf wird zugleich deutlich gemacht, dass der Anspruch für alle Kaufverträge gilt und nicht auf einen Verbrauchsgüterkauf beschränkt ist.

b) Anspruchsgrundlage

42 Nach dem hiesigen Verständnis der Entscheidung des EuGH umfasst schon der Nacherfüllungsanspruch alle notwendigen Handlungen des pflichtwidrig leistenden Verkäufers zur Behebung des Mangels und mithin auch den Ausbau der mangelhaften Kaufsache und den Einbau einer Ersatzsache oder alternativ den Ersatz der Kosten für beides. Entsprechend ist in der Diskussion zur EuGH-Entscheidung vertreten worden, dass die Nacherfüllungsvariante „Lieferung einer mangelfreien Sache" auch den Ausbau und Abtransport der mangelhaften Kaufsache sowie den Einbau der mangelfreien Ersatzsache umfasst.[77]

c) Kostenzuweisungsnorm?

43 Der BGH hat § 439 Abs. 2 BGB zur eigenständigen Anspruchsgrundlage erklärt und den Aufwendungsersatz unter Verweis auf diese Vorschrift zugesprochen und damit nach herrschender Meinung über den Wortlaut hinaus interpretiert.[78] Mehrheitlich wird § 439 Abs. 2 als reine Kostenzuweisungsnorm verstanden.[79] Die Neuregelung von § 439 Abs. 3 stellt jetzt diese eigenständige, **neue Anspruchsgrundlage** für den Aufwendungsersatzanspruch dar. Ein Rückgriff auf Absatz 2 ist für diese Fälle überflüssig.

44 Fraglich bleibt aber der Umfang der Nacherfüllung im Übrigen einschließlich der bereits dargestellten Probleme einer wirksamen Fristsetzung. Fraglich ist auch, ob der Käufer mit einem umfassend formulierten Nacherfüllungsverlangen trotz des inzwischen erfolgten Einbaus der mangelhaft gelieferten Sache deutlich macht oder zu erkennen gibt, dass er hiermit doch den Ein- und Ausbau der mangelhaft gelieferten Sache durch den Verkäufer selbst verlangen und dulden will und somit dem Verkäufer umfassend das Recht zur (eigenen) Nacherfüllung einräumt. Die Konsequenz wäre, dass der Käufer zumindest bis zum Abschluss des ersten Nachbesserungsversuches auf

---

fer die mangelhafte Kaufsache vor Auftreten des Mangels im Rahmen eines Werkvertrages bei einem Dritten verbaut hatte. In diesen Fällen würde ein Verkäufer, der den Ein- und Ausbau selbst vornehmen möchte, zugleich auch in ein fremdes Vertragsverhältnis eingreifen. Ein Recht des Verkäufers, den Aus- und Einbau selbst vorzunehmen, soll auch nicht im Interesse einer Kostenbegrenzung erforderlich sein. Der Verkäufer werde insoweit hinreichend dadurch gestützt, dass der Käufer nur Ersatz der erforderlichen Aufwendungen verlangen kann. Zur Auslegung dieses Begriffes könne wiederum auf die Rechtsprechung zum Selbstvornahmerecht des Bestellers eines Werkes nach § 637 BGB zurückgegriffen werden. Erforderlich sind danach Aufwendungen, die ein vernünftiger, wirtschaftlich denkender Auftraggeber auf Grund sachkundiger Beratung oder Feststellung für eine vertretbare, d. h. geeignete und erfolgversprechende Maßnahme zur Mängelbeseitigung erbringen konnte und musste.

[76] Vgl. EuGH Urt. v. 16.6.2011 verb. Rs. C-65/09 (Weber) u. Rs. C-87 (Putz), NJW 2008, 1433.
[77] *Kaiser* JZ 2011, 978 (985); BeckOKBGB/*Faust* § 439 Rn. 19b; BeckOGKBGB/*Höpfner*, 1.5.2017, § 439 Rn. 94; vgl. auch die Stellungnahme des Bauherren-Schutzbund vom 26.03.2012 in Fn. 12.
[78] Nach diesem Verständnis müsste auch § 635 Abs. 2 im Werkvertrag eine eigenständige Anspruchsgrundlage für den Ersatz der für die Mängelbeseitigung erforderlichen Aufwendungen darstellen, die jedoch mit § 637 Abs. 1 BGB gegeben ist.
[79] BeckOGK/*Höpfner*, 1.5.2017, § 439 Rn. 40; Palandt/*Weidenkaff* BGB § 439 Rn. 13; BeckOKBGB/*Faust*, 1.2.2017, § 439 Rn. 34.

seinen Kostenerstattungsanspruch (konkludent) verzichtet und möglicherweise sogar selbst in Annahmeverzug gerät, wenn die Reparaturtruppe des Baustoffhändlers vor der Tür steht und den (eigenen) Ausbau der mangelhaften Kaufsache anbietet.

Fraglich ist schließlich, ob der Käufer, der sprachlich ungenau den Ersatz seiner Ein- und Ausbaukosten als „Schadenersatz" fordert, wirklich nur für den Fall des Verschuldens des Verkäufers Zahlung verlangen will, obwohl er den Ersatz von Aufwendungen nach § 439 Abs. 3 BGB verschuldensunabhängig verlangen kann.

d) Folgenbeseitigungsanspruch

45 Denkbar wäre aber auch eine Auslegung der Norm, die sich mit dem bisherigen deutschen Verständnis in Übereinstimmung bringen lässt. Danach konnte der Umfang der Nacherfüllung nicht weitergehen als die ursprüngliche Erfüllungsleistung.[80] Nach dem Wortlaut des neuen § 439 Abs. 3 BGB ist der Aufwendungsersatz auch nicht „als Nacherfüllung" sondern lediglich „im Rahmen der Nacherfüllung" geschuldet, was zumindest die Auslegung zulässt, dass dieser Ersatzanspruch weitergeht, als der eigentliche Nacherfüllungsanspruch. Er würde sich dann als eine Art zivilrechtlicher **Folgenbeseitigungsanspruch** darstellen.[81] Hierzu passt, dass nach dem Gesetz gewordenen Verständnis der Bestimmung der eigentliche Ein- und Ausbau der mangelhaft gelieferten Sache gerade **nicht** vom Verkäufer geschuldet wird und damit eben auch **nicht** Teil der Nacherfüllung ist. Aus der bisherigen Rechtsprechung des BGH zu § 1004 BGB kann ein solcher zivilrechtlicher Folgenbeseitigungsanspruch bereits hergeleitet werden, wenn z. B. von dem Störer über den Wortlaut der Vorschrift hinaus nicht nur die Beseitigung der Beeinträchtigung sondern auch die Beseitigung von deren Folgen verlangt wird.[82]

6. Anbringen

46 Aufwendungsersatz kann der Käufer auch verlangen, wenn die mangelhafte Sache nicht eingebaut sondern an eine andere Sache angebracht wurde. Der neue Begriff des Anbringens wurde unmittelbar vor der abschließenden Lesung durch den Rechtsausschuss eingefügt und war in den vorherigen Entwürfen nicht vorhanden und wurde folglich im Gesetzgebungsverfahren oder Schrifttum nicht diskutiert.

a) Neues Rechtsinstitut

47 Angebracht werden nach engerem Verständnis körperliche Gegenstände an andere Gegenstände oder Bauwerke.[83] Nicht entscheidend ist, ob die hierdurch hergestellte Verbindung bewirkt, dass ein wesentlicher Bestandteil einer Sache entsteht, der nicht Gegenstand besonderer Rechte sein könnte oder nur ein Scheinbestandteil gegeben ist. Vielmehr kommt es darauf an, dass die mangelhaft gelieferte Sache auch nach Verbindung mit einer anderen Sache in ihrem Kern identifiziert werden kann, auch um den Umfang der Kostentragungspflicht für die Mängelbeseitigung bestimmen zu können.

---

[80] Vgl. die Parkettstäbe-Entscheidung vom 15.7.2008 – VIII ZR 211/07, NJW 2008, 2837; *Lorenz* NJW 2006, 1175.

[81] So Kullmann/Pfitzer/Stöhr/Spindler/*Schmidt-Räntsch* Produzentenhaftung Rn. 1395.

[82] Sickert aus einem verlorenen Ölfass Öl in den Boden, so muss nicht nur das störende Ölfass entfernt und das weitere Einsickern unterbunden, sondern auch die notwendige Bodenreinigung und die Beseitigung bereits eingedrungenen Öls vom Störer veranlasst werden, vgl. BGH Urt. v. 4.2.2005 – V ZR 142/04, NJW 2005, 1366; BGH Urt. v. 18.9.1986 – III ZR 227/84, NJW 1987, 187.

[83] Zum Beispiel Kfz-Kennzeichen an ein Auto, Parabolantennen zum Fernsehempfang an einen Mieterbalkon oder Dachrinnen an ein Dach.

II. Umfang der Nacherfüllung beim Kauf

Es kann nach der hier vertretenen Auffassung auch nicht darauf ankommen, dass die mangelhaft eingebrachte Sache ohne Schwierigkeiten oder gar rückstandsfrei trennbar bzw. wegnahmefähig ist. Analogien zur Rückgabemöglichkeit im Rückgewährschuldverhältnis nach Rücktritt[84] oder nach Widerruf[85] können nicht gezogen werden.

Gegenstück zum Anbringen der Sache ist damit das **Entfernen** des mangelhaften Teils. Auch hierfür kann Aufwendungsersatz verlangt werden. Damit stellt sich die Frage, ob der Verkäufer die **Rückgewähr** der mangelhaften Sache nach § 439 Absatz 5 BGB verlangen kann, der ihm eine entsprechende Anspruchsgrundlage bietet und nicht geändert sondern nur verschoben wurde. Der Lieferant, der im Rahmen der Nacherfüllung nunmehr mangelfreies Baumaterial erneut anliefert, jedoch seinerseits weder zum Ausbau des vorher mangelhaft gelieferten Materials noch zum Einbau des neuen Materials verpflichtet ist, muss folglich nach dem Wortlaut des Gesetzes die mangelfreie Sache nur Zug um Zug gegen Rückgewähr der zuvor gelieferten mangelhaften Sache liefern. Eine Rückgewähr dieser Sache wird vor dem erfolgten Ausbau nicht möglich sein, so dass für diese Fälle entweder eine Einschränkung der Zug um Zug-Abwicklung vorgenommen werden muss oder der Käufer muss mit dem Ausbau in Vorlage treten, weil er anderenfalls die zum Einbau benötigte mangelfreie Nachlieferung nicht verlangen kann. Der Käufer wird in aller Regel von der ihm nunmehr eingeräumten Befugnis Gebrauch machen, einen Kostenvorschuss[86] zu verlangen.

b) Rücknahmepflicht

Umgekehrt ist fraglich, ob für die geschilderten Fälle weiterhin eine **Rücknahmepflicht** des Verkäufers zu bejahen ist. Diese wurde wegen des Interesses des Käufers, die mangelhafte Sache loszuwerden, überwiegend angenommen.[87] Denkbar wäre ein Wahlrecht des Käufers auch dahingehend, dass er entweder die tatsächliche Entfernung der mangelhaft eingebauten Baumaterialien durch den Verkäufer selbst verlangen kann oder wahlweise den Ersatz entsprechender Entsorgungskosten. Sachgerechter wäre aber, dass der Verkäufer, dem die Möglichkeit der eigenverantwortlichen Gestaltung der Nacherfüllungsbemühungen in den Ein- und Ausbaufällen beschränkt worden ist, als Entsprechung hierfür geltend machen darf, dass er vollumfänglich auf den Geldersatz reduziert bleibt und auf eine lediglich monetäre Abwicklung verwiesen ist.[88]

In § 439 Abs. 5 BGB wird auf die Wertersatzvorschriften zum Rücktritt verwiesen. Diese sind beim Verbrauchsgüterkauf nicht mit der Verbrauchsgüterkaufrichtlinie vereinbar.[89] Absatz 5 war in richtlinienkonformer Rechtsfortbildung nicht anwendbar.[90] Nunmehr regelt § 475 Abs. 3 BGB für Verbrauchsgüterkäufe, dass § 439 Abs. 5 BGB mit der Maßgabe anzuwenden ist, dass Nutzungen nicht herauszugeben sind. Die §§ 445 und 447 Abs. 2 BGB sind nicht anzuwenden.

---

[84] Hierzu Messerschmidt/Voit/*Oberhauser* Kap. N Rn. 46; BeckOGKBGB/*Kober*, 1.5.2017 § 636 Rn. 88, mit Beispielen.
[85] Hierzu *Lenkeit* BauR 2017, 615 (621).
[86] Hierzu → § 7 Rn. 81 ff.
[87] Palandt/*Weidenkaff* BGB § 439 Rn. 26; BeckOKBGB/*Faust*, 1.2.2017, § 439 Rn. 32; *Lenkeit* BauR 2017, 615 (622).
[88] Es scheint sachgerecht, den Verkäufer dann nicht ausgerechnet mit den Entsorgungsmaßnahmen zu belasten, wenn man es im Übrigen für richtig hält, die Abwicklung der Nacherfüllung von Eingriffen des Verkäufers frei zu halten.
[89] EuGH Urt. v. 17.4.2008 – C-404/06 – Quelle, NJW 2008, 1433.
[90] BGH Urt. v. 26.11.2008 – VIII ZR 200/05, NJW 2009, 427.

7. Änderung durch Bearbeitung

51 Der Referentenentwurf sah eine dem Einbau der Kaufsache vergleichbare Fallkonstellation darin, dass der Käufer die mangelhafte Kaufsache vor Erkennbarwerden des Mangels verändert, indem er sie etwa einer Oberflächenbehandlung durch Lackieren, Glasieren oder Veredelung unterzogen hatte. Für diese Fälle sollte der Verkäufer im Rahmen der Nacherfüllung auch verpflichtet sein, den Zustand wieder herzustellen, in den der Käufer den mangelhaften Kaufgegenstand gebracht hatte.[91] Diese Alternative findet sich in dem Gesetz gewordenen Wortlaut nicht.[92] Das durch die EuGH-Rechtsprechung geprägte weite Verständnis des Umfangs der Nacherfüllung führt jedenfalls im Verbrauchsgüterkauf auch insoweit zu einem Anspruch des Käufers. Dieser wäre auf den Aufwendungsersatz nach § 439 Abs. 3 BGB begrenzt, wenn man diese zusätzlichen Maßnahmen dem „Einbau" gemäß der Art und dem Verwendungszweck der Kaufsache zuordnet. Dies scheint sachgerecht, weil anderenfalls für diese Fälle eine erneute gespaltene Auslegung droht.

8. Sach- und fachgerechter Einbau

52 Den Käufer trifft eine Mitverantwortung, wenn der Einbau der mangelhaften Sache seinerseits nicht fachgerecht erfolgte. Der Ausgleich der Verantwortungsbeiträge wird nach § 254 BGB vorgenommen.

9. Mangelhafte Nacherfüllung

53 Die Nacherfüllung ist mangelhaft, wenn der Mangel auf den sie sich bezieht, durch sie nicht beseitigt wird, also die ersatzweise gelieferte Sache denselben Mangel aufweist oder die Nachbesserung nicht gelingt. Dies hat Folgen für die Sekundärrechte des Käufers wegen des ursprünglichen Mangels. Zum Anderen stehen dem Käufer abermals die Rechte des § 437 BGB, bezogen auf die mangelhafte Nacherfüllung, zu.[93]

54 Gleiches gilt, wenn zwar derjenige Mangel, auf den sich die Nacherfüllung bezieht, beseitigt wird, aber im Zuge der Nacherfüllung ein anderer Mangel entsteht.[94] Es spricht deutlich mehr dafür, dass neue Gewährleistungsrechte bezüglich des im Rahmen der Nacherfüllung neu auftretenden Mangels entstehen, als für die Anwendung von Schadenersatz.[95] Anderenfalls müsste der Käufer die im Zuge der Nachbesserung eintretenden Schäden selbst tragen, wenn der Verkäufer sie nicht zu vertreten hat und auch ein Recht zur zweiten Andienung des Verkäufers hierfür ist ausgeschlossen. Praktische Auswirkungen hat der Streit für die Fragen der Verjährung und der Rügeobliegenheit nach § 377 HGB.[96]

10. Schäden an anderen Sachen des Käufers

55 Nicht zu beseitigen sind im Rahmen der Nacherfüllung Schäden, die in Folge des Mangels an anderen Sachen des Käufers entstanden sind. Die Nacherfüllung soll die Kaufsache in den vertragsgemäßen Zustand versetzen, damit sie dem Käufer in Zukunft in diesem Zustand zur Verfügung steht, nicht aber die in der Vergangenheit an

---

[91] Hierzu *Dauner-Lieb* NZBau 2015, 684.
[92] Wobei unklar ist, ob dies beabsichtigt war oder ob die Variante im Rahmen der Neugestaltung und der Beschränkung auf einen Aufwendungsersatzanspruch „vergessen" wurde.
[93] BeckOKBGB/*Faust*, 1.2.2017, § 439 Rn. 63.
[94] BeckOKBGB/*Faust*, 1.2.2017, § 439 Rn. 64; PWW/*Schmidt* BGB § 439 Rn. 16.
[95] BeckOKBGB/*Faust*, 1.2.2017, § 439 Rn. 64; aA *Stodolkowitz* JA 2010, 492 (495).
[96] BeckOGKBGB/*Höpfner*, 1.5.2017, § 439 Rn. 96.

11. Verschlechterung der Kaufsache

Dagegen hat der Verkäufer alle weitergehenden Verschlechterungen der Kaufsache im Wege der Nachbesserung mit zu beseitigen, wenn diese Verschlechterungen kausal auf den Mangel zurückzuführen sind, der bereits bei Gefahrübergang vorlag,[98] weil nur die umfassende Beseitigungspflicht zur nach Verbrauchsgüterkaufrichtlinie geschuldeten Herstellung eines vertragsgemäßen Zustandes führt. Die Interessen des Verkäufers werden über die mögliche Einrede der Unverhältnismäßigkeit gem. § 439 Abs. 4 BGB ausreichend gewahrt.[99]

12. Verbesserung der Sache durch Nacherfüllung

Eine unverlangte „Verbesserung" durch den Verkäufer im Rahmen der Nachbesserung muss der Käufer nicht vergüten. Soweit den Verkäufer eine Nachbesserungspflicht trifft, hat dieser die notwendigen Kosten bis zur Grenze der Unverhältnismäßigkeit zu tragen. Soweit die „Verbesserung" über die eigentliche Nachbesserungspflicht hinaus geht, greift § 241a BGB. Dieser schließt auch Bereicherungsansprüche des Verkäufers aus. Schließlich dürfte es sich um eine aufgedrängte Bereicherung handeln. Stimmt der Kunde der Verbesserung ausdrücklich zu, so kann hierin im Einzelfall ein den Leistungsumfang erweiternder Änderungsvertrag vorliegen, was zur Vergütungspflicht führen könnte. Eine derartige Zustimmung liegt jedoch nicht bereits im Begleichen einer hierauf ausgestellten Rechnung.[100]

13. Vereinbarungen über die Kostentragung

Unwirksam ist nach § 476 Abs. 1 S. 1 BGB eine Vereinbarung mit dem Verbraucher, wonach er als Käufer die Kosten der Nacherfüllung ganz oder teilweise zu tragen hat. Die Unwirksamkeit bezieht sich nur auf diese Klausel (z.B. „Selbstbeteiligung") während der Vertrag im Übrigen wirksam bleibt. Dies gilt nach dem Wortlaut aber nur für Vereinbarungen, die **vor** Mitteilung des Mangels durch den Verbraucher getroffen werden. Erfasst werden aber auch die Vereinbarungen, bei denen noch nicht feststeht, ob ein Sachmangel im Sinne von § 434 BGB vorliegt, weil der Verbraucher auch davor geschützt werden soll, Absprachen zu treffen, deren rechtliche und wirtschaftliche Konsequenzen er nicht übersehen kann.[101] Trotzdem sollten vergleichsweise Vereinbarungen, gerade auch bei Unklarheiten darüber, ob ein Mangel überhaupt vorliegt oder über die Mangelverursachung, nicht ausgeschlossen sein. Eine Vereinbarung, nach der der Verkäufer nur bei Vorliegen des Mangels die Kosten der Nacherfüllung übernimmt, während für den Fall, dass kein Mangel festgestellt werden kann, der Käufer die Reparatur zu zahlen hat, kann ein Umgehungsgeschäft iSd § 476 Abs. 1 S. 2 BGB sein, weil der Käufer durch die drohende Zahlungspflicht davon abgehalten werden könnte, seine Rechte geltend zu machen.[102] Ohne eine solche Vereinbarung droht dem Käufer nur

---

[97] BeckOKBGB/*Faust*, 1.2.2017, § 439 Rn. 17, uVa BGH Urt. v. 7.11.1985 – VII ZR 270/83, NJW 1986, 922.
[98] BeckOGKBGB/*Höpfner*, 1.5.2017 § 439 Rn. 57; *Stodolkowitz* JA 2010, 492 (494).
[99] MüKoBGB/*Westermann* § 439 Rn. 9.
[100] Im Detail *Mankowski* NJW 2011, 1025.
[101] BeckOGKBGB/*Höpfner*, 1.5.2017, § 439 Rn. 50.2.
[102] BeckOGKBGB/*Höpfner*, 1.5.2017, § 439 Rn. 51 uVa *Fischinger* NJW 2009, 563.

in den engen Grenzen einer ggf. vorliegenden Schadenersatzpflicht für eine unberechtigte Mängelrüge[103] eine Zahlungspflicht.

59 Bei neu hergestellten Sachen ist § 309 Nr. 8b) cc) BGB zu beachten, der in Verträgen zwischen Unternehmern mittelbar über § 307 BGB wirkt. Die zum Zwecke der Nacherfüllung erforderlichen Aufwendungen können nicht – auch nicht teilweise – formularmäßig auf den Käufer abgewälzt werden.[104]

III. Ausschluss der Nacherfüllung

60 Nacherfüllung kann der Käufer nicht verlangen, wenn er sie nach § 439 Abs. 4 BGB verweigern darf oder wenn sie nach § 275 BGB unmöglich ist. Käuferrechte wegen eines Mangels sind ferner ausgeschlossen, wenn dieser bei Vertragsschluss den Mangel kennt (§ 442 BGB).

1. Verweigerung nach § 439 Absatz 4 BGB

61 Der Verkäufer kann die vom Käufer gewählte Art der Nacherfüllung auch dann verweigern, wenn sie mit **unverhältnismäßigen Kosten** verbunden ist. Ob dies der Fall ist, entscheidet ein Vergleich zwischen den Nacherfüllungskosten und dem Nutzen der Nacherfüllung für den Käufer.[105] Der Käufer ist dann auf die andere Art der Nacherfüllung beschränkt. Absatz 4 räumt dem Verkäufer darüber hinaus ein Leistungsverweigerungsrecht für den Fall ein, dass auch die andere Nacherfüllungsvariante unverhältnismäßig ist.[106] Diese Möglichkeit verstößt aber bei Verbraucherverträgen gegen die Verbrauchsgüterkaufrichtlinie, so dass bei absoluter Unverhältnismäßigkeit nicht beide Formen der Nacherfüllung verweigert werden können. Der Unternehmer soll allerdings berechtigt sein, in diesem Falle auch den Aufwendungsersatz auf einen angemessenen Betrag beschränken zu dürfen.[107] Eine solche Beschränkung ist nach der Rechtsprechung des EuGH mit der Verbrauchsgüterkaufrichtlinie vereinbar. Dies berücksichtigt das Gesetz in § 475 Abs. 4 BGB, wonach der Unternehmer die eine Art der Nacherfüllung nicht wegen Unverhältnismäßigkeit der Kosten nach § 439 Abs. 4 Satz 1 BGB verweigern kann, wenn die andere Art der Nacherfüllung nach § 275 Abs. 1 BGB ausgeschlossen ist oder nach § 275 Abs. 2 oder 3 oder nach § 439 Abs. 4 S. 1 BGB verweigert werden darf.[108]

2. Unmöglichkeit nach § 275 BGB

62 Die Bestimmungen des allgemeinen Schuldrechts zur Unmöglichkeit[109] in § 275 BGB finden auch auf den Nacherfüllungsanspruch Anwendung.[110] Dabei kommt es auch auf die Abgrenzung von Stückschuld und Gattungsschuld an. Nach herrschender Meinung

---

[103] Siehe hierzu → § 7 Rn. 123 ff.
[104] BeckOKBGB/*Becker*, 1.5.2016, § 309 Nr. 8 Rn. 38.
[105] BGH Urt. v. 22.6.2005 – VIII ZR 281/04, NJW 2005, 2852.
[106] Palandt/*Weidenkaff* BGB § 439 Rn. 19 zur Regelung im bisherigen Abs. 3.
[107] BGH Urt. v. 21.12.2011 – VIII ZR 70/08, NJW 2012, 1073.
[108] Hieraus darf nicht der Schluss gezogen werden, dass bei einem Vertrag ohne Verbraucherbeteiligung der Verkäufer je nach Lage des Falls auch beide Formen der Nacherfüllung wegen unverhältnismäßiger Kosten ablehnen darf. Der dann verbleibende Schadenersatzanspruch wird idR wieder am Verschulden scheitern.
[109] *Kniffka* FS Kraus (2003), 115.
[110] Palandt/*Weidenkaff* BGB § 439 Rn. 15.

ist durch Auslegung zu ermitteln, ob es den Parteien im Einzelfall auf das spezielle (einzigartige) Exemplar ankommt, das den Vertragsgegenstand bildet und somit nach dem übereinstimmenden Parteiwillen „nicht ersetzbar" ist. Die Möglichkeit einer Ersatzlieferung soll auch bei einer Stückschuld immer dann bestehen, wenn die mangelhafte Kaufsache nach den Vorstellungen der Parteien durch eine gleichartige oder gleichwertige ersetzt werden könnte.[111]

3. Unmöglichkeit bei nicht vollständiger Reparatur?

Ziel der Nachbesserung ist es, einen insgesamt vertragsgemäßen Zustand herzustellen. Dabei will ein Teil der Literatur dem Käufer keinen Anspruch auf Nachbesserung gewähren, wenn die Kaufsache nicht in einen vollständig vertragsgemäßen Zustand versetzt werden kann.[112] Nach anderer Ansicht ist insbesondere eine „Verbesserung" vorzunehmen, wenn danach nur ganz kleine Restmängel zurückbleiben und ein Verweis auf die Unmöglichkeit der vollständigen Nachbesserung gegen Treu und Glauben verstoßen würde.[113] Der Nacherfüllungsanspruch ist jedoch nur ausgeschlossen, soweit „die Nacherfüllung unzumutbar oder unmöglich" ist. Der Verkäufer kann daher zur Nachbesserung verpflichtet sein, wenn der Käufer dies verlangt, obwohl eine vollständige Behebung nicht möglich ist, was als „Ausbesserung"[114] bezeichnet wird. Häufig wird dieser **Ausbesserungsanspruch** den Interessen beider Vertragsparteien entsprechen, weil der Käufer die Kaufsache trotz zurückbleibender kleinerer Beanstandungen behalten will. Das Gleiche gilt, wenn die Sache zwar ursprünglich mit einem erheblichen Mangel behaftet ist, der Käufer aber nach dessen Beseitigung mit dem verbleibenden Restmangel leben kann.[115] Andererseits wäre für den Käufer die Möglichkeit des Rücktritts oder des Schadenersatzes statt der Leistung eröffnet. Hieran hat auch der Verkäufer häufig keinerlei Interesse. Lässt man einen Ausbesserungsanspruch zu, sind die Folgen im Einzelnen jedoch umstritten, insbesondere weil nach der Ausbesserung die Sache immer noch mit einem endgültigen Mangel behaftet bleibt. Zweifelhaft ist auch, ob der Käufer die Nachbesserung um den Preis eines neuen Mangels hinnehmen muss.[116]

4. Kenntnis des Käufers vom Mangel

Gewährleistungsrechte des Käufers sind gemäß § 442 BGB ausgeschlossen, wenn der Käufer den Mangel bei Vertragsschluss kannte oder grob fahrlässig nicht kannte, sofern der Mangel nicht arglistig verschwiegen oder eine Garantie für die Beschaffenheit der Sache übernommen wurde.

a) Kenntnis bei Vertragsschluss

Entscheidend ist der Zeitpunkt, zu dem der Käufer seine auf den Vertragsschluss gerichtete Willenserklärung abgibt.[117] Beim Bestehen eines Widerrufsrechts für Verbrau-

---

[111] Dies wird bei einem vorherigen Ausprobieren der Sache, insbesondere bei einer Probefahrt beim Gebrauchtwagenkauf, aber auch beim Erwerb von Tieren regelmäßig nicht der Fall sein, vgl. BGH Urt. v. 7.6.2006 – VIII ZR 209/05, NJW 2006, 2839.
[112] MüKoBGB/*Westermann* § 439 Rn. 10; Erman/*Grunewald* BGB § 439 Rn. 2.
[113] *Stodolkowitz* JA 2010, 492.
[114] *Gutzeit* NJW 2007, 956.
[115] *Gutzeit* NJW 2007, 956 (958).
[116] Vgl. „Dackelfall" BGH Urt. v. 22.6.2005 – VIII ZR 281/04, NJW 2005, 2852 oder VW-Dieselfahrzeuge. ausführlich zur Ausbesserung *Horn*, NJW 2017, 289.
[117] BGH Urt. v. 15.6.2012 – V ZR 198/11, NJW 2012, 2793.

cher gilt nichts anderes, weil der Vertrag bis zur Ausübung des Widerrufs wirksam ist und sich erst mit Widerruf in ein Rückgewährschuldverhältnis wandelt.[118] Folge der Kenntnis vom Mangel ist, dass alle Rechte des Käufers ausgeschlossen sind. Dies gilt auch für das Leistungsverweigerungsrecht nach § 320 BGB. Nicht ausgeschlossen sind deliktische Ansprüche. Betrifft die Kenntnis nur einzelne von mehreren Mängeln, bleibt die Haftung für die anderen Mängel bestehen.

66 Ein bloßer Verdacht reicht nicht, wenn dieser nicht als solcher schon einen Mangel darstellt.[119] Bei grober Fahrlässigkeit ist entscheidend, inwieweit sich eine Untersuchungspflicht des Käufers ergibt. Allgemein kann davon ausgegangen werden, dass ohne besondere Anhaltspunkte für eine Mangelhaftigkeit der Kaufsache der Käufer zu einer Untersuchung oder zur Beiziehung eines Sachverständigen nicht verpflichtet ist.[120]

b) Kenntnis bei Einbau

67 Mit der Neuregelung von § 439 Abs. 3 S. 2 BGB soll der Rechtsgedanke von § 442 BGB anwendbar werden und ein Anspruch auf Ersatz der Einbau-/Anbringungskosten ausgeschlossen sein, wenn der Käufer zwar nicht schon bei Vertragsschluss die Mangelhaftigkeit der erworbenen Sache kannte, diese aber bei Einbau oder Anbringen bekannt war. Kennt der Käufer den Mangel der Kaufsache zwar nicht bei Vertragsschluss, erlangt er aber vor dem Einbau oder dem Anbringen der Kaufsache Kenntnis von einem Mangel, so sind seine Rechte noch nicht generell **wegen des Mangels** nach § 442 Abs. 1 S. 1 BGB ausgeschlossen. Er verliert jedoch den Anspruch auf Aufwendungsersatz aus § 439 Abs. 3 BGB, weil er hinsichtlich der nunmehr erforderlich werdenden Aus- und Einbauleistungen nicht schutzwürdig ist.[121] Ist dem Käufer der Mangel der Kaufsache bei ihrem Einbau infolge grober Fahrlässigkeit unbekannt geblieben, kommt § 442 Abs. 1 S. 2 BGB in entsprechender Weise zur Anwendung. Der Käufer kann den Aufwendungsersatzanspruch wegen der Ein- und Ausbaukosten geltend machen, wenn der Verkäufer den Mangel arglistig verschwiegen oder eine Garantie für die Beschaffenheit der Sache übernommen hat.

c) Abdingbarkeit

68 § 442 BGB ist für den Verbrauchsgüterkauf zu Gunsten des Käufers zwingend wegen § 476 Abs. 1 BGB.[122] Die Regelung ist durch AGB nicht abdingbar.[123]

IV. Nacherfüllungsort und Transportkosten

1. Erfüllungsort der Nacherfüllung

69 Im Baurecht ist der Ort der Nacherfüllung der Ort der Bauleistung.[124] Beim Kauf und bei anderen Werkverträgen ist die Frage, an welchem Ort der Nacherfüllungsanspruch zu erfüllen ist, jedoch heftig umstritten. Als Nacherfüllungsort kommt der ursprüngliche Leistungsort in Frage, der Ort, an dem der Verkäufer seinen Wohnsitz bzw.

---

[118] *Lenkeit* BauR 2017, 615 (618).
[119] Vgl. zu den Einzelheiten MüKoBGB/*Westermann* § 442 Rn. 5 ff.
[120] MüKoBGB/*Westermann* § 442 Rn. 9.
[121] BT-Drs. 18/8486, 41.
[122] PWW/*Schmidt* BGB § 442 Rn. 5.
[123] OLG Schleswig, Urt. v. 7.8.2009 – 17 U 23/09, NJOZ 2010, 606.
[124] BeckOKBGB/*Voit* § 635 Rn. 8a.

IV. Nacherfüllungsort und Transportkosten

der gewerbliche Verkäufer seinen Geschäftssitz hat (§ 269 Abs. 1 BGB).[125] Überwiegend wird unter dem Nacherfüllungsort der aktuelle oder bestimmungsgemäße Belegenheitsort der Sache verstanden.[126]

2. Entwicklung der Rechtsprechung

Im so genannten Yacht-Fall hatte der BGH[127] zu einem Werklieferungsvertrag entschieden, dass im Zweifel die Nachbesserung dort zu erbringen ist, wo das nachzubessernde Werk sich vertragsgemäß befindet. Nach OLG München[128] hatte die aus dem Kaufvertrag zu leistende Nacherfüllung grundsätzlich am Wohnort des Käufers zu erfolgen. Nach der Entscheidung eines anderen Senats des OLG München,[129] war der Sitz des Verkäufers maßgeblich. Nach OLG Celle[130] sollte Nacherfüllungsort der Wohnsitz des Käufers sein, weil das Fahrzeug bestimmungsgemäß beim Käufer sein würde. Das OLG Koblenz[131] war der Meinung, dass Nacherfüllungsort am Ort der ursprünglichen kaufvertraglichen Leistungsverpflichtung sein muss. Das OLG Saarbrücken[132] folgt der Auffassung, Ort der Nacherfüllung sei der Sitz des Verkäufers. Das OLG Naumburg[133] entscheidet, dass Nacherfüllungsort beim Fahrzeugkauf am Betriebsort des Verkäufers ist. Das OLG Hamm[134] folgt dem OLG Celle und nimmt den Wohnsitz des Käufers als Erfüllungsort an, während das OLG Düsseldorf[135] der Ansicht ist, dass Nacherfüllungsort bei einem im Internet erworbenen und zum Zweck des Einbaus in eine Werkstatt versandten Getriebes auch der Ort der Werkstatt sein muss.

Der VIII. Zivilsenat des BGH hat inzwischen (endgültig?) entschieden,[136] dass aufgrund fehlender spezieller Regelungen im Kaufrecht § 269 Abs. 1 BGB Anwendung findet und der Erfüllungsort nach den jeweiligen **Umständen des Einzelfalls** zu bestimmen ist. Hierzu würden die Ortsgebundenheit und die Art der vorzunehmenden Leistungen sowie der Umfang der Unannehmlichkeiten für den Käufer maßgeblich sein. In der Regel sei der Firmensitz des Verkäufers als Erfüllungsort der Nacherfüllung beim Kauf beweglicher Sachen anzusehen.[137] Mit Urteil vom 19.12.2012 bekräftigte der BGH[138] seine Meinung, wonach der Verkäufer nicht verpflichtet ist, sich auf ein Nacherfüllungsverlangen des Käufers einzulassen, bevor dieser ihm am Erfüllungsort der Nacherfüllung Gelegenheit zu einer Untersuchung gegeben hat.[139] Bedeutsam ist diese

---

[125] *Reinking* NJW 2008, 3608; *Gsell* JZ 2011, 988; *Lorenz* NJW 2009, 1633.
[126] MüKoBGB/*Westermann* § 439 Rn. 7; *Höpfner* ZGS 2009, 270; *Augenhofer/Appenzeller/Holm* JuS 2011 680; *Brors* NJW 2013, 3329.
[127] BGH Urt. v. 8.1.2008 – X ZR 97/05, NJW-RR 2008, 724.
[128] Urt. v. 12.10.2005 – 15 U 2190/05, NJW 2006, 449.
[129] Urt. v. 20.6.2007 – 20 U 2204/07, NJW 2007, 3214, ohne in der Entscheidung auf das anderslautende Urteil des 15. Senats einzugehen.
[130] Urt. v. 10.12.2009 – 11 U 32/09, NJOZ 2010, 612.
[131] Urt. v. 16.7.2010 – 8 U 812/09, BeckRS 2010, 21425.
[132] Urt. v. 16.3.2011 – 1 U 547/09, NJOZ 2012, 483.
[133] Beschl. v. 6.6.2012 – 1 U 19/12, BeckRS 2012, 15454.
[134] Urt. v. 20.10.2015 – 28 U 91/15, NJW-RR 2016, 177.
[135] Urt. v. 8.9.2016 – 5 U 99/15, BeckRS 2016, 17929.
[136] BGH Urt. v. 13.4.2011 – VIII ZR 220/10, NJW 2011, 2278.
[137] Im entschiedenen Fall war daher der Verkäufer vergeblich zur Abholung des defekten Camping-Faltanhängers aufgefordert worden, denn der Käufer hatte nach Auffassung des BGH den Anhänger beim Verkäufer zur Nachbesserung vorzuführen.
[138] BGH Urt. v. 19.12.2012 – VIII ZR 96/12, NJW 2013, 1074.
[139] Der am Wohnsitz beider Parteien in Berlin sein sollte, obwohl das streitgegenständliche Kajütboot zwischenzeitlich nach Usedom verbracht worden war.

Entscheidung beim unklaren Nacherfüllungsort wegen des Umstandes, dass der BGH bereits das Nacherfüllungsverlangen des Käufers als nicht tauglich angesehen hatte, dem er entnommen hatte, dass der Verkäufer die Kaufsache zur Überprüfung der erhobenen Mangelrüge nicht für eine sachgerechte Untersuchung am geeigneten Ort zur Verfügung stellen wollte.

72 Der BGH sieht auch keinen Anlass,[140] dem EuGH vorzulegen, weil er aus § 439 Abs. 2 BGB entnimmt, dass der Verkäufer die für die Nacherfüllung notwendigen Transportkosten und sonstigen Aufwendungen unabhängig von der Frage des Nacherfüllungsortes zu tragen habe.[141]

3. Auffassungen in der Literatur

73 Auch nach den scheinbar klarstellenden Entscheidungen des BGH spricht sich die weit überwiegende Meinung in der Literatur weiterhin dafür aus, dass als Nacherfüllungsort der aktuelle oder bestimmungsmäßige Belegenheitsort der Sache verstanden wird.[142] Es wird insbesondere bemängelt, dass von der Rechtsprechung des BGH eine **erhebliche Rechtsunsicherheit** ausgeht, die in erster Linie zu Lasten des Käufers wirkt.[143] Hat nämlich der Käufer, wie im entschiedenen Fall, eine Frist zur Nacherfüllung gesetzt, die mit der Aufforderung verbunden ist, die mangelhafte Sache am (bestimmungsgemäßen oder tatsächlichen) Belegenheitsort abzuholen und kommt das Gericht im anschließenden Rechtsstreit um die Rückzahlung des Kaufpreises nach erfolgtem Rücktritt zum Ergebnis, dass die Nacherfüllung am Sitz des Verkäufers zu erbringen war, so erweist sich sowohl die Fristsetzung als auch der Rücktritt als unwirksam, weil der Käufer dem Verkäufer die Sache nicht am Nacherfüllungsort zur Verfügung gestellt hatte.[144]

74 Es wird auch die Gefahr gesehen, dass der Käufer nach der Selbstvornahme – Rechtsprechung des BGH[145] die Sache selbst zum Verkäufer zu transportieren hätte. Stelle sich dann heraus, dass an sich der Verkäufer diesen Transport hätte durchführen müssen, so hätte der Käufer die Kosten in voller Höhe selbst zu tragen.[146]

75 Die Nacherfüllung ist **ohne erhebliche Unannehmlichkeiten** für den Verkäufer durchzuführen. Der Begriff der erheblichen Unannehmlichkeit ist vor dem Hintergrund des Europäischen Rechts auszulegen. Nach der weitestgehenden Auffassung führt die Auslegung des Europäischen Verbraucherschutzrechts dazu, dass dem Käufer entgegen der Rechtsprechung des BGH nicht zugemutet werden kann, die Sache zum Verkäufer zurück zu bringen. Nacherfüllungsort ist damit der Ort, an dem sich die Kaufsache **bestimmungsgemäß befindet**.[147] Nicht tragfähig dürfte das Argument sein, der Verkäufer habe ein eigenes Interesse, den für die Nacherfüllung notwendigen Transport der Sache zu organisieren, weil er die Transportkosten in jedem Fall zu tragen habe oder dass sich aus § 269 Abs. 3 eine Trennung von Erfüllungsort und Versendungskosten ergäbe.

---

[140] Obwohl die Richtlinienkonformität nicht sicher ist, vgl. PWW/*Schmidt* BGB § 439 Rn. 19.
[141] Vgl. BGH Urt. v. 13.4.2011 – VIII ZR 220/10, NJW 2011, 2278, Rn. 37; BGH Urt. v. 21.12.2005 – VIII ZR 49/05, NJW 2006, 1195, Rn. 21.
[142] Vgl. den Überblick bei BeckOKBGB/*Faust* § 439 Rn. 13.
[143] *Cziupka* NJW 2013, 1043; BeckOGKBGB/*Höpfner*, 1.5.2014, § 439 Rn. 32.
[144] BeckOGKBGB/*Höpfner* § 439 Rn. 32; ebenso BeckOKBGB/*Faust*, 1.2.2017, § 439 Rn. 13a; *Jaensch* NJW 2012, 1025 (1030).
[145] Vgl. Urt. v. 23.2.2005 – VIII ZR 100/04, NJW 2005, 1348.
[146] So BeckOKBGB/*Faust*, 1.2.2017 § 439 Rn. 13a.
[147] So *Brors* NJW 2013, 3329; wohl auch *Augenhofer/Appenzeller/Holm* JuS 2011, 680.

4. Eigener Standpunkt

Überzeugend ist nur, den festen Nacherfüllungsort mit dem **Belegenheitsort der Sache** zu bestimmen. Dies leuchtet für die Fälle des Ein- und Ausbaus oder des Anbringens unmittelbar ein und scheint in jedem Fall richtlinienkonform, weil die Nacherfüllung dann ohne wesentliche Unannehmlichkeiten für den Käufer vorgenommen werden kann. Diese Unannehmlichkeiten können auch im zeitlichen und technischen Aufwand für die Verpackung, dem Versand oder dem Transport der Sache liegen. Eine solche Festlegung des Nacherfüllungsorts könnte sich ferner aus der Auslegung der Entscheidung des EuGH vom 16.6.2011[148] ergeben. Daher muss zu einer endgültigen Klärung bei Gelegenheit einer gerichtlichen Prüfung einer Vereinbarung über den Nacherfüllungsort eine Vorlage an den EuGH erfolgen.[149]

Zum früheren Recht der Wandlung wurde angenommen, dass Erfüllungsort für den Wandlungsvollzug der Ort sei, an dem sich der Kaufgegenstand vertragsgemäß befindet.[150] Für einen festen Nacherfüllungsort am Belegenheitsort der Sache lässt sich schließlich der Gleichlauf des Erfüllungsorts für die Rückgewähr der empfangenen Leistungen nach Rücktritt und des Nacherfüllungsorts bei Ersatzlieferung anführen.[151] Der inhaltlich unveränderte Absatz 5 verpflichtet den Käufer weiterhin zur Rückgewähr der ursprünglich gelieferten, mangelhaften Sache nach Maßgabe der Rücktrittsvorschriften. Erfüllungsort für die Rückgabe der Zug um Zug gegen Ersatzlieferung herauszugebenden mangelhaften Sache ist damit im Zweifel ebenfalls der Ort am Sitz des Käufers.

Das entscheidende Argument folgt aus Art. 3 Abs. 3 BGB der Verbrauchsgüterkaufrichtlinie. Es dürfte fraglich sein, ob in Anbetracht einer aufwendigen Organisation eines fachgerechten Transports und im Hinblick auf das Risiko eines Transportschadens sowie des Umstands, dass der Käufer in der Regel mit den Transportkosten in Vorleistung gehen muss, noch davon ausgegangen werden kann, dass ein abweichender Nacherfüllungsort keine „erheblichen Unannehmlichkeiten" hervorruft.

Für die Beratungspraxis bestehen in diesem Punkt weiterhin **erhebliche Unsicherheiten.** Es ist zu prüfen, ob die Parteien überhaupt und wirksam eine Vereinbarung getroffen haben und ob die vom BGH in den Mittelpunkt seiner Entscheidung gestellte „Natur des Schuldverhältnisses" Anhaltspunkte für einen Nacherfüllungsort gibt und schließlich zu prüfen, ob jedenfalls beim Verbrauchsgüterkauf die dann verbleibende Möglichkeit, wonach Nacherfüllungsort letztlich der Sitz des Verkäufers sein soll, zu **erheblichen Unannehmlichkeiten** führt und unwirksam ist.

Zur Vermeidung dieser Unsicherheiten sollte der Nacherfüllungsort generell am Belegenheitsort der Sache sein.

V. Kostenvorschuss beim Kauf

Fraglich ist, ob mit der gesetzlichen Neuregelung ein genereller oder besonderer Kostenvorschussanspruch im Kaufrecht begründet wurde oder ob ein bereits durch die

---

[148] Wonach „die Nachbesserung eines vertragswidrigen Verbrauchsguts im Allgemeinen an diesem Verbrauchsgut in der Situation erfolgt, in der es sich zum Zeitpunkt des Auftretens des Mangels befand", Urt. v. 16.6.2011, Rn. 51.
[149] Ob eine Vereinbarung in AGB zulässig ist, weil § 309 Nr. 8b) cc) BGB lediglich Klauseln über die Kostenlast erfasse und daher nicht einschlägig sei, dürfte zweifelhaft sein.
[150] Vgl. zum Dachziegelfall BGH Urt. v. 9.3.1983 – VIII ZR 11/82, NJW 1983, 1479; beachte auch die alte gesetzliche Regelung in § 467 S. 2 BGB aF.
[151] BeckOGKBGB/*Höpfner*, 1.5.2017, § 439 Rn. 38.

Rechtsprechung entwickelter Kostenvorschussanspruch eine gesetzliche Grundlage erhalten hat. Nach der hier vertretenen Auffassung bestand und besteht ein kaufrechtlicher Kostenvorschussanspruch in allen kaufrechtlichen Vertragsbeziehungen und ist dieser insbesondere nicht auf Verbraucherfälle begrenzt.

1. Der Kostenvorschussanspruch beim Werkvertrag

82   Der Vorschussanspruch ist auf Zahlung eines Geldbetrages gerichtet, den der Besteller nur zur Nachbesserung verwenden darf.[152] Voraussetzung ist das Recht des Bestellers zur Selbstvornahme[153] und die Absicht des Bestellers zur Mängelbeseitigung.[154] Diese wird grds unterstellt.[155] Sie fehlt, wenn der Besteller ersichtlich den Mangel nicht beseitigen will,[156] ihn nicht innerhalb einer angemessenen Frist beseitigen kann[157] oder der Mangel schon beseitigt ist.[158] Der Vorschussanspruch erlischt mit Entfallen des Nacherfüllungsanspruchs[159] oder des Selbstvornahmerechts.[160] Mit der Schuldrechtsreform wurde vom Gesetzgeber der zuvor aus dem Grundsatz von Treu und Glauben entwickelte[161] Vorschussanspruch in § 637 Abs. 3 BGB geregelt. Der BGH hatte bereits früh[162] betont, dass ein berechtigtes Interesse des Bestellers besteht, ohne Einsatz eigener Mittel die Mängel beseitigen zu lassen und daher einen Geldbetrag in Höhe der voraussichtlich zur Beseitigung der Mängel erforderlichen Aufwendungen[163] verlangen zu dürfen.

83   Der Umfang des Anspruchs richtet sich nach den zu erwartenden Kosten der Nachbesserung, die entsprechend dem Kenntnisstand des Bestellers geschätzt werden dürfen.[164] Erfasst werden alle Aufwendungen, die dem Unternehmer bei Durchführung der Nacherfüllung zur Last fallen. Umfasst sind (im Werkvertragsrecht) auch alle Kosten für Vor- und Nacharbeiten.[165]

84   Eine Vorschusszahlung ist ihrer Natur nach nicht endgültig. Der Besteller muss nach durchgeführter Mängelbeseitigung über die Kosten dem Unternehmer gegenüber abrechnen[166] und zwar innerhalb angemessener Frist.[167] Zuviel gezahlter Vorschuss ist

---

[152] PWW/*Leupertz/Halfmeier* BGB § 637 Rn. 9.
[153] BGH Urt. v. 14.1.2010 – VII ZR 108/08, NJW 2010, 1192; Das Recht zur Selbstvornahme ist auch ausgeschlossen, wenn die vereinbarte Funktionalität technisch nicht zu verwirklichen ist, weil dem Besteller als Mängelrecht dann ausschließlich ein Schadenersatzanspruch zusteht, vgl. BGH Urt. v. 8.5.2014 – VII ZR 203/11, NJW 2014, 3365.
[154] Palandt/*Sprau* BGB § 637 Rn 8.
[155] PWW/*Leupertz/Halfmeier* BGB § 637 Rn. 9.
[156] BGH Urt. v. 5.4.1984 – VIII ZR 167/83, NJW 1984, 2456.
[157] BGH Urt. v. 6.3.2014 – VII ZR 266/13, NZBau 2014, 346.
[158] BGH Urt. v. 22.10.1981 – VII ZR 142/80, BauR 1982, 66.
[159] Kniffka/Koeble/*Kniffka* 6.Teil Rn. 171 uV darauf, dass der Auftraggeber sein Nacherfüllungsrecht nicht dadurch verliert, dass er Schadenersatz geltend macht, wenn die Voraussetzungen für diesen Anspruch nicht bestehen, vgl. BGH Urt. v. 6.11.1975 – VII ZR 222/73, NJW 1976, 143.
[160] PWW/*Leupertz/Halfmeier* BGB § 637 Rn. 9.
[161] Zur historischen Entwicklung und zur gesetzlichen Umsetzung im Rahmen der Schuldrechtsreform siehe *Enaux* FS Kraus (2003) 15.
[162] BGH Urt. v. 2.3.1967 – VII ZR 215/64, NJW 1967, 1366; BGH, Urt. v. 14.1.2010 – VII ZR 108/08, NJW 2010, 1192.
[163] IE zum Inhalt des Aufwendungsersatzanspruchs Kniffka/Koeble/*Kniffka* 6. Teil Rn. 199 ff.; Palandt/*Sprau* BGB § 637 Rn. 7.
[164] BGH Urt. v. 8.5.2003 – VII ZR 407/01, NZBau 2003, 501.
[165] Auch wenn hierdurch zugleich Mängel eines Nachfolgeunternehmers beseitigt werden, OLG Karlsruhe, Urt. v. 1.3.2005 – 17 U 114/04, NJOZ 1665.
[166] BGH Urt. v. 7.12.1988 – VII ZR 112/88, NJW-RR 1989, 405.
[167] BGH Urt. v. 1.2.1990 – VII ZR 150/89, NJW 1990, 1475.

V. Kostenvorschuss beim Kauf

vom Besteller zurück zu gewähren.[168] Bei einem nicht ausreichenden Vorschuss kann vom Besteller nachgefordert werden.[169]

2. Analogie zum Werkvertragsrecht beim Kauf?

In der Rechtsprechung vor der Schuldrechtsreform war bereits anerkannt, dass auch beim Kaufvertrag in analoger Anwendung von § 633 Abs. 3 BGB aF ein Aufwendungsersatzanspruch und hieraus folgend ein Kostenvorschussanspruch bestehen kann.[170] Ein Kostenvorschuss in Höhe der voraussichtlichen Nachbesserungskosten wurde auch gewährt bei Anwendung des Kaufrechts im Werklieferungsvertrag, weil nicht ersichtlich sei „diesen Anspruch nicht auch dem Käufer zu gewähren, der in entsprechender Anwendung des § 633 Abs. 3 BGB zur Nachbesserung der mangelhaften Sache auf Kosten des Verkäufers berechtigt ist".[171]

Eine analoge Anwendung der Kostenvorschussvorschriften aus dem Werkvertragsrecht auf das Kaufrecht nach der Schuldrechtsreform wurde abgelehnt, weil der Vorschussanspruch nicht beim insoweit wortgleichen Aufwendungsersatz des § 635 Abs. 2 BGB, sondern in der werkvertraglichen Sonderregelung von § 637 Abs. 3 BGB zur Selbstvornahme enthalten ist und sich der Gesetzgeber der Schuldrechtsreform offenbar bewusst für das Kaufrecht gegen ein solches Selbstvornahmerecht entschieden hatte.[172] Über diese Entscheidung des Gesetzgebers dürfe sich der Rechtsanwender nicht im Wege der analogen Anwendung hinwegsetzen.[173]

3. Analoge Anwendung anderer Regelungen?

Zum Aufwendungsersatzanspruch nach § 536a Abs. 2 BGB hat die Rechtsprechung ebenfalls aus § 242 BGB den Anspruch auf Zahlung eines Kostenvorschusses entwickelt.[174] Ausdrückliche gesetzliche Regelungen zum Vorschussanspruch bestehen in § 369 Abs. 1 BGB, in § 403 S. 2 BGB, in § 798 S. 2 BGB sowie in § 1835 Abs. 1 BGB. Wer Nachbesserung nach § 94 Abs. 6 DDR-Vertragsgesetz verlangen kann, besitzt den Anspruch auf Zahlung eines Kostenvorschusses.[175] Für die zur Ausführung des Auftrages erforderlichen Aufwendungen hat der Auftraggeber dem Beauftragten nach § 669 auf Verlangen Vorschuss zu leisten.

4. Kostenvorschuss für Transportkosten

In der Entscheidung zum Faltanhänger[176] wurde ein Vorschussanspruch des Verbrauchers aus § 439 Abs. 2 BGB hergeleitet, mit der Begründung, dass der Verbraucher davor geschützt werden müsse, seine Ansprüche wegen drohender finanzieller Belas-

---

[168] Es besteht ein vertraglicher und kein bereicherungsrechtlicher Anspruch, BGH Urt. v. 20.5.1985 – VII ZR 266/84, NJW 1985, 2325; BGH Urt. v. 14.1.2010 – VII ZR 108/08, NJW 2010, 1192.
[169] BGH Urt. v. 18.3.1976 – VII ZR 41/74, NJW 1976, 956; BGH Urt. v. 25.9.2008 – VII ZR 204/07, NJW 2009, 60.
[170] Jedenfalls immer dann, wenn dem Verkäufer die Befugnis zur Nachbesserung eingeräumt war, vgl. BGH Urt. v. 3.11.1989 – V ZR 57/88, NJW 1990, 901.
[171] BGH Urt. v. 30.9.1992 – VIII ZR 193/91, NJW 1992, 3297 (3298).
[172] In der Gesetzesbegründung heißt es wörtlich: „Der Besteller hat ein Selbstvornahmerecht, wohingegen dem Käufer ein solches Recht nicht zusteht.", BT-Drs. 14/6040, 229.
[173] *Hertzberg* FS Huber (2006) 339.
[174] BGH Urt. v. 21.4.2010 – VIII ZR 131/09, NJW 2010, 2050.
[175] Weil das DDR-VG auf Altfälle weiterhin anwendbar blieb, vgl. BGH Urt. v. 22.1.1998 – VII ZR 307/95, VIZ 1998, 276.
[176] BGH Urt. v. 13.4.2011 – VIII ZR 220/10, NJW 2011, 2278 Rn. 37.

tungen nicht geltend zu machen. Ein solcher Hinderungsgrund könne für den Verbraucher dadurch bestehen, dass er mit entstehenden Transportkosten in Vorlage treten muss. Kaiser hatte hierzu bei der Analyse der EuGH-Entscheidung die Auffassung vertreten, dass dieser vom BGH schon bejahte Vorschussanspruch ohne ausdrückliche Normierung im Gesetz, wie zuvor im Mietrecht und im Werkvertragsrecht, auf die zum Zwecke der Nacherfüllung erforderlichen Aufwendungen erweitert werden solle.[177] Unter Berufung auf Kaiser hatte der BGH in der Fliesenfolgeentscheidung[178] die Möglichkeit eines abrechenbaren Kostenvorschusses auch für die Erstattung der damals streitgegenständlichen Ausbaukosten der mangelhaften Fliesen für anwendbar erklärt.[179]

5. Gesetzliche Neuregelung

89 Mit der Neuregelung in § 439 Abs. 3 BGB wird für die Einbau- und Anbringungsfälle der Ersatz der erforderlichen Aufwendungen für das Entfernen der mangelhaften und den Einbau oder das Anbringen der nachgebesserten oder nachgelieferten mangelfreien Sache geregelt. Das Wahlrecht des Verkäufers, ob er den Aus- und Einbau der mangelhaften Sache selbst vornehmen oder Wertersatz leisten möchte, besteht nicht. Nach der Begründung des Gesetzes soll für den Ersatz der erforderlichen Aufwendungen ausdrücklich auf die Rechtsprechung zum Selbstvornahmerecht des Bestellers eines Werkes nach § 637 BGB zurückgegriffen werden.[180]

90 Eine ausdrückliche Regelung im Gesetz hat der Kostenvorschussanspruch hingegen nicht in den allgemeinen kaufrechtlichen Vorschriften und insbesondere nicht in § 439 BGB gefunden, sondern in den Vorschriften zum Verbrauchsgüterkauf in § 475 Abs. 6 BGB. Danach kann der Verbraucher von dem Unternehmer für Aufwendungen, die ihm im Rahmen der Nacherfüllung gem. § 439 Abs. 2 und 3 BGB entstehen und die vom Unternehmer zu tragen sind, Vorschuss verlangen.

91 Ein sachlich gerechtfertigter Unterschied zu Verträgen, bei denen Unternehmer betroffen sind, jedoch gleichwohl eine Beschränkung der Nacherfüllungsbefugnis bei den Einbau-/Anbringungsfällen auf die Zahlung eines Aufwendungsersatzes gegeben ist, besteht aber nicht. Auch ist nicht ersichtlich, warum der Gesetzgeber ausgerechnet für den Fall des Kostenvorschusses eine gespaltene Auslegung des bestehenden Rechts beabsichtigen sollte, wenn ein wesentliches Reformziel der Neuregelung der kaufmännischen Mängelhaftung auch darin bestand, die Fälle der gespaltenen Auslegung zu eliminieren. Schließlich kann auch im Vertragsverhältnis zwischen Unternehmern ein gerechtfertigtes und dringendes Bedürfnis des Käufers auf Vorschusszahlung für etwaige Transportkosten oder den in der Regel durch Beauftragung eines Werkunternehmers vorzunehmenden Ausbau der mangelhaften Sache bestehen. Dies gilt insbesondere, wenn man daran festhält, dass die Nachlieferung der mangelfreien Sache nur Zug um Zug gegen Rückgewähr der mangelhaften Kaufsache erfolgen muss, was voraussetzt, dass für die Ausbaukosten bereits in Vorleistung getreten werden muss.

92 Ein Kostenvorschussanspruch besteht daher für **alle Kaufverträge.** Er ist nicht auf Verbraucherverträge beschränkt.

---

[177] *Kaiser* JZ 2011, 978 (984 f.).
[178] BGH Urt. v. 21.12.2011 – VIII ZR 70/08, NJW 2012, 1073.
[179] Hierzu: *Lenkeit* IBR 2012, 262.
[180] Beschl. des Rechtsausschusses vom 8.3.2017, BT-Drs. 18/11437, 46.

6. Rechtsfolgen

Alle oben für das Werkvertragsrecht dargestellten Voraussetzungen und Folgen eines 93
Kostenvorschussanspruchs gelten somit auch für den kaufrechtlichen Kostenvorschuss.
Der Käufer darf den Vorschuss nur zur Nachbesserung verwenden. Vorschuss wird nur
für die **erforderlichen** Kosten der Mangelbeseitigung gewährt und über die Vorschusszahlung ist gegenüber dem Verkäufer **abzurechnen**.[181]

VI. Lieferantenregress

Die bisher nur für den Verbrauchsgüterkauf geltenden Regelungen zum Unterneh- 94
merregress werden ausgeweitet. Die gesetzliche Neuregelung gilt künftig auch für solche Kaufverträge, bei denen am Ende der Lieferkette ein Unternehmer (§ 14 BGB) steht
und erfasst zugleich damit auch die Fälle, bei denen die Vertragsbeziehung zum Verbraucher am Ende der Kette kein Kaufvertrag, sondern ein Werkvertrag ist.

1. Wesentlicher Inhalt der Neuregelungen im Überblick

Der neue § 445a BGB übernimmt die bisher nur für den Verbrauchsgüterkauf gel- 95
tenden Regelungen im alten § 478 BGB mit entsprechender sprachlicher Anpassung
und einschließlich des Verweises auf die weiterhin anwendbare kaufmännische Rügeobliegenheit.

Die Verjährung des selbstständigen Regressanspruchs des Verkäufers wird nicht von 96
§ 438 BGB erfasst, sondern erhält in § 445b Abs. 1 BGB eine eigenständige Verjährungsregelung, die im Wesentlichen der vormals nur für den Verbrauchsgüterkauf geltenden Regelung von § 479 Abs. 1 BGB entspricht.

2. Systematik

Systematisch konsequent werden die Rückgriffsregelungen, weil sie für alle Kaufver- 97
träge über neu hergestellte Sachen gelten, aus dem Untertitel 3 in das allgemeine Kaufrecht verlagert. Wegen der Vorgaben der Verbrauchsgüterkaufrichtlinie verbleiben im
Untertitel zum Verbrauchsgüterkauf die Regelungen, die nach wie vor ausschließlich
für Verbraucher gelten, insbesondere die nun in § 478 Abs. 2 BGB enthaltenen Einschränkungen der Dispositivität der allgemeinen Mängelrechte des Unternehmers sowie der neuen Regressregelungen, wenn es sich beim letzten Kaufvertrag in der Lieferkette um einen Verbrauchsgüterkauf handelt.

3. Leitbildcharakter der Neuregelung

Im Verlauf des Gesetzgebungsprozesses ist sehr stark darüber diskutiert worden, ob 98
die Neufassung des Klauselverbotes von § 309 Nr. 8b) cc) BGB auf Allgemeine Geschäftsbedingungen erstreckt werden sollte, wenn diese gegenüber Unternehmern verwendet werden. Dabei ging es im Kern stets um die eigentlichen Ein- und Ausbaukosten bzw. den Aufwendungsersatz hierfür und nicht um die Regressvorschriften. Die
vormals im Verbrauchsgüterkauf verorteten Regressvorschriften dienten der Umsetzung von Art. 4 der Verbrauchsgüterkaufrichtlinie, der bestimmt, dass der letzte Käufer
Regress nehmen können muss, wenn er dem Verbraucher wegen des Verhaltens eines in

---

[181] Vgl. iE Messerschmidt/Voit/*Moufang*/*Koos* BGB § 637 Rn. 31 ff.

der Lieferkette vorgeschalteten Lieferanten haftet. An der Geltung von Art. 4 hat sich Nichts geändert. Die effektive Regressmöglichkeit muss daher jedenfalls für den Fall des Verbrauchsgüterkaufes am Ende der Kette erhalten bleiben. Die Übernahme der Regressregelungen als allgemeine gesetzliche Regelungen wurde zudem deutlich mit dem gesetzgeberischen Ziel einer Verbesserung der Rechtssituation von Werkunternehmern, die mangelhaftes Baumaterial gekauft haben, begründet. Es soll erreicht werden, dass die bei Erfüllung der Nacherfüllungsverpflichtungen anfallenden Aufwendungen in der Lieferkette möglichst bis zum Verursacher des Mangels weitergereicht werden können.[182] Es spricht daher Einiges dafür, dass auch die Erhaltung dieser Regresskette im unternehmerischen Bereich durch entsprechende Vertragsgestaltung jedenfalls im AGB nicht zerstört werden darf und die betreffenden Regelungen Leitbildcharakter haben.[183]

4. Geltungsbereich

99 Der bislang auf das Recht des Verbrauchsgüterkaufes beschränkte Anwendungsbereich wird auf alle Kaufverträge, die neu hergestellte Sachen zum Gegenstand haben, ausgeweitet. Der Anspruch auf Regress für den Aufwendungsersatz besteht auch dann, wenn es sich beim letzten Kaufvertrag in der Lieferkette um einen solchen zwischen zwei Unternehmern handelt. § 445a Abs. 1 BGB ist damit eine echte Anspruchsgrundlage.

100 Auf gebrauchte Sachen sind die Vorschriften nach ihrem eindeutigen Wortlaut weiterhin nicht anwendbar. Die Sache muss somit in der gesamten Lieferkette bis hin zum Endkäufer als **neu hergestellt** verkauft werden. Dabei wird aus dem Regelungszweck der Norm geschlossen, dass der Begriff der „neu hergestellten" Sache als Gegenbegriff zur „gebrauchten" Sache zu verstehen sein soll und auf alle Kaufverträge über „ungebrauchte" bewegliche Sachen Anwendung findet, auch wenn diese im engeren Sinne nicht mehr „neu" sind.[184] Somit soll auch eine zwischenzeitliche Lagerzeit unschädlich sein.

101 Der Letztverkäufer muss seinerseits zur Nacherfüllung auf Grund eines Mangels verpflichtet gewesen sein. Der (selbe) Mangel muss bereits beim Übergang der Gefahr auf den Verkäufer vorhanden gewesen sein. Hat der Verkäufer mit seinem Endabnehmer eine deutlich bessere Beschaffenheit vereinbart als mit seinem Lieferanten, so greifen die Regressvorschriften nicht, wenn die Sache nicht auch im Verhältnis zum Lieferanten mangelhaft ist.[185] Mit der Formulierung „zu tragen hatte" soll ausgedrückt sein, dass der Letztverkäufer seinerseits zur Nacherfüllung verpflichtet gewesen sein muss. Ob der Lieferant dem Rückgriffsanspruch ggf. entgegenhalten kann, der Letztverkäufer habe von einer an sich gegebenen Möglichkeit abgesehen, die Nacherfüllung wegen Unverhältnismäßigkeit nach § 439 Abs. 4 BGB zu verweigern oder gegenüber einem Letztkäufer, der Verbraucher ist, den Aufwendungsersatz nach § 475 Abs. 4 BGB auf

---

[182] Vgl. die Begründung zum Referentenentwurf.
[183] Dagegen steht die Entscheidung des BGH vom 5.10.2005 – VIII ZR 16/05, NJW 2006, 47, Rn. 38 ff., wonach eine Regelung in Allgemeinen Einkaufsbedingungen eines Baumarktbetreibers, die vorsieht, dass ein Rückgriffsanspruch gegen den Lieferanten auch dann bestehen soll, wenn es sich nicht um einen Verbrauchsgüterkauf handelt, unwirksam sein soll.
[184] Vgl. MüKoBGB/*Lorenz* § 478 Rn. 10.
[185] Probleme sind möglich, wenn die dem Verbraucher geschuldete Beschaffenheit durch Werbeaussagen des Herstellers geprägt wird (§ 434 Abs. 1 S. 3 BGB), die jedoch die dem Unternehmen vom Lieferanten geschuldete Beschaffenheit nicht beeinflussen, siehe hierzu iE BeckOKBGB/*Faust*, 1.2.2017, § 478 Rn. 11 f.

einen angemessenen Betrag zu beschränken, ist allerdings fraglich.[186] Die Ersatzfähigkeit setzt voraus, dass der Verkäufer die durch die Nacherfüllung entstandenen Aufwendungen „zu tragen hatte". Gegen den Lieferanten besteht ein vom Vertretenmüssen unabhängiger Anspruch auf Ersatz dieser Kosten. Umstritten ist, ob der Unternehmer vom Lieferanten Ersatz seiner anteiligen Gemeinkosten[187] verlangen kann. Nicht Bestandteil des Aufwendungsersatzes sind Prozesskosten eines verlorenen Gewährleistungsrechtsstreites des Unternehmers mit dem Endkunden.[188]

5. Keine erforderliche Fristsetzung

§ 445a Abs. 2 BGB entspricht im Wesentlichen der bisherigen Regelung von § 478 Abs. 1 BGB aus dem Verbrauchsgüterkauf zum so genannten unselbstständigen Regress. Der Anwendungsbereich wird auch hier auf Kaufverträge zwischen Unternehmen erweitert. Unter den beschriebenen Voraussetzungen bedarf es für die Geltendmachung der in § 437 BGB genannten Rechte gegenüber dem Lieferanten der sonst erforderlichen Fristsetzung nicht, wobei § 445a Abs. 2 BGB das Bestehen dieser Rechte im Übrigen, dh ohne Erfordernis der fruchtlosen Fristsetzung, voraussetzt. § 445a Abs. 2 BGB ist über seinen Wortlaut hinaus anwendbar, wenn der Käufer die Sache wegen ihrer Mangelhaftigkeit von vornherein zurückweist und daher eine Rücknahme an den Unternehmer gar nicht in Betracht kommt und ferner für die weiteren Fälle, bei denen der Verbraucher die mangelhafte Sache behält, wie im Rahmen der Nachbesserung und beim kleinen Schadenersatz, weil ein Differenzierungsgrund gegenüber der ausdrücklich genannten Minderung nicht ersichtlich ist.[189]

6. Regress in der Lieferkette

Die Regelungen über den Regress des Verkäufers gelten in der weiteren Lieferkette entsprechend, sofern die Parteien des jeweiligen Kaufvertrages Unternehmer im Sinne von § 14 BGB sind. Die Regelung in § 445a Abs. 3 BGB entspricht der bislang geltenden Regelung von § 478 Abs. 5 BGB. Nachteile aus der Mangelhaftigkeit einer Sache sollen möglichst bis zu dem Unternehmer weitergegeben werden, in dessen Bereich der Mangel entstanden ist. Die gesetzliche Regelung hat zur Folge, dass etwaige Fristsetzungen als Voraussetzung für Rücktritt, Minderung oder Schadenersatz innerhalb einer Lieferkette ebenfalls entbehrlich sind, wenn der jeweilige Gläubiger die Sache von seinem Abnehmer im Sinne von Absatz 2 zurücknehmen musste. Im Bereich des selbstständigen Regresses des Absatz 1 sind die dem Abnehmer erstatteten Nacherfüllungsaufwendungen des Gläubigers als ersatzfähige Nacherfüllungsaufwendungen anzusehen.

---

[186] Die zu einer vergleichbaren Situation zum so genannten Vorteilsausgleich in der Leistungskette ergangene Rechtsprechung des VII. Senats des BGH, nach der der Generalunternehmer ua verpflichtet sein kann, die ihm mögliche Einrede der Verjährung zu erheben, ist äußerst umstritten, hierzu Berger, BauR 2013, 325 sowie Virneburg PiG 102 (2016), 65; es kann auch gute Gründe f. einen Verkäufer geben, zum Erhalt seiner Geschäftsbeziehungen zum Käufer solche Kosten aufzuwenden, obwohl er die Nacherfüllung gemäß § 439 Abs. 4 BGB insgesamt hätte verweigern dürfen.
[187] Dh zB der Personalkosten f. Reklamationen, Kosten f. Lager und Werkstatträume usw., wobei die Schwierigkeit bestehen dürfte, diese Kosten dem konkreten Nacherfüllungsvorgang zuordnen zu können; auch einen „Lohn" f. die eigene Tätigkeit im Rahmen der Nachbesserungsabwicklung kann der Händler nicht ansetzen, MüKoBGB/*Lorenz* § 478 Rn. 31.
[188] MüKoBGB/*Lorenz* § 478 Rn. 31, weil es sich nicht um Aufwendungen handeln würde, die der Unternehmer gegenüber dem Kunden „zu tragen" hatte. Deren Ersatz kommt aber möglicherweise als Schadenersatz neben der Leistung nach § 280 Abs. 1 BGB in Betracht.
[189] Ausführlich BeckOKBGB/*Faust*, 1.2.2017, § 478 Rn. 20.

104 Bewusst nicht vorgesehen ist ein direkter Regress gegen eine Person, die nicht Partei des jeweiligen Kaufvertrages ist, also etwa eine Durchgriffshaftung.[190] Jeder Käufer/Weiterverkäufer in der Lieferkette hat sich ausschließlich mit seinem Vertragspartner auseinanderzusetzen. Ihm bleiben damit auch die Einwendungen aus dem jeweiligen Rechtsverhältnis erhalten.[191] Dieser Regelungsmechanismus sichert zugleich die Funktionsfähigkeit der nach Absatz 4 geltenden Untersuchungsobliegenheit im Handelsverkehr, im so genannten Streckengeschäft.[192]

105 Mit § 445b Abs. 3 BGB wird parallel zu § 445a Abs. 3 BGB die entsprechende Anwendung der Verjährungsregelungen bei der Weitergabe des Regresses in der Lieferkette angeordnet, sofern die jeweiligen Schuldner Unternehmer sind. Die Regelung entspricht der bislang geltenden Rechtslage nach § 479 Abs. 3 BGB. Sie gilt folglich innerhalb der gesamten Lieferkette.

7. Rügeobliegenheit nach § 377 HGB

106 Die vertraglichen Beziehungen zwischen dem Produzenten einer beweglichen Sache und dem Letztkäufer werden in aller Regel zwischen Unternehmern im Sinne von § 14 BGB bestehen. In der Regel wird auch ein Vertrag zwischen Kaufleuten vorliegen, was zur Anwendung der handelsrechtlichen Vorschriften führt.[193] Für Verträge, die die Lieferung herzustellender oder zu erzeugender beweglicher Sachen zum Gegenstand haben, finden nach § 651 BGB die Vorschriften des Kaufrechts Anwendung, auch wenn diese Sachen zum Einbau in ein bestimmtes Bauwerk vorgesehen sind. Dies sollte nach der Grundsatzentscheidung des BGH[194] eigentlich klargestellt sein. Gleichwohl tut sich insbesondere die Baupraxis schwer bei der klaren Anwendung der kaufrechtlichen Regelungen.[195]

107 Bereits der Absatz 6 im früheren § 478 BGB hat die Anwendung der kaufmännischen Rügeobliegenheit als Hinweis enthalten, obwohl ein solcher Hinweis auf eine bestehende gesetzliche Regelung eigentlich überflüssig wäre. Gleichwohl wurde dieser Hinweis nunmehr wegen der Erweiterung der Rückgriffsmöglichkeit durch § 445a BGB beibehalten und ist jetzt in § 445a Abs. 4 BGB weiterhin enthalten.

a) Grundsätze der kaufmännischen Rügeobliegenheit

108 Das Kaufrecht kennt keine generelle Pflicht zur Untersuchung der abgelieferten Sache auf Mängel. § 377 HGB bestimmt hingegen, dass der Käufer bei einem Handelskauf die Ware unverzüglich nach ihrer Ablieferung zu untersuchen hat, soweit dies nach ordnungsgemäßem Geschäftsgang tunlich ist. Von einem etwaig dabei festgestellten Mangel muss der Käufer dem Verkäufer Anzeige machen. Unterlässt der Käufer die Anzeige, hat dies für ihn einschneidende Nachteile bis zum völligen Verlust seiner Mängelansprüche.[196] Der Vertrag muss für beide Seiten ein Handelsgeschäft sein.[197] Es

---

[190] MüKoBGB/*Lorenz* § 478 Rn. 53 mwN.
[191] MüKoBGB/*Lorenz* § 478 Rn. 53.
[192] Beim Streckengeschäft hat die handelsrechtliche Mängelrüge grundsätzlich entlang der Kaufvertragsverhältnisse zu erfolgen, OLG Karlsruhe, Urt. v. 19.7.2016 – 12 U 31/16, NJW-RR 2017, 177.
[193] Dabei ist der Begriff des Unternehmers nicht identisch mit dem des Kaufmanns.
[194] BGH Urt. v. 23.7.2009 – VII ZR 151/08, NJW 2009, 2877.
[195] Hierzu Kniffka/*Jansen* ibr-online-Kommentar § 651 Rn. 13 ff.; *Virneburg* Vortragsskript 2008; *Meier* IBR 2012, 1000 Rn. 4 ff.; ausführlich *Weglage/Sitz* NZBau 2011, 457.
[196] Messerschmidt/Voit/*Leidig* BGB § 651 Rn. 116.
[197] Als Handelsgeschäft werden nach § 343 HGB alle Geschäfte eines Kaufmanns angesehen, die zum Betrieb des Handelsgewerbes hören.

VI. Lieferantenregress

muss ein Handelskauf oder ein Vertrag zur Herstellung einer nicht vertretbaren beweglichen Sache vorliegen, so dass alle Anlieferungen von Baustoffen und Bauteilen an die Baustelle betroffen sind, sofern der Lieferant den Einbau nicht selbst vornimmt.[198]

109 Eine nochmalige unverzügliche Mängelrüge ist erforderlich, wenn bei einer Neulieferung der zuvor fehlerhaften Ware erneut Mängel vorhanden sind, unabhängig davon, ob der gleiche Fehler erneut vorliegt oder ein anderer Mangel entdeckt wird. Die Nachlieferung ist ein neuer Versuch und damit gleichsam neue Lieferung.[199] Für Lieferungen an die Baustelle muss daher sichergestellt sein, dass alle angelieferten Baumaterialien und Baustoffe, aber auch Anlagenteile unverzüglich und sorgfältig geprüft werden können, wenn der Käufer (einerlei ob Generalunternehmer oder kaufmännischer Bauherr) Mängelansprüche nicht einschneidend und weit über die Fälle der Kenntnis nach § 640 Abs. 2 BGB hinaus nicht verlieren will.

b) Sofortige Rüge

110 Die Rügefrist knüpft an an die **Ablieferung** der Ware. Abgeliefert ist die Ware, wenn sie dem Käufer übergeben wird, wobei ausreichend ist, dass der Verkäufer die Ware durch einseitige Handlung in Erfüllungsabsicht aus seiner Verfügungsgewalt entlässt und sie so in den Machtbereich des Käufers gelangt, dass er sie an dem Ort, an dem sie sich dann befindet, untersuchen kann.[200] Die Rügefrist beginnt nicht schon dann, wenn der Verkäufer bei einer Holschuld die Ware zur Abholung bereitgestellt hat und der Käufer in Annahmeverzug gerät.[201] Der Käufer muss die tatsächliche Verfügungsgewalt über die Kaufsache soweit erlangen, dass ihm eine Überprüfung möglich ist, auch wenn sie sich noch im unmittelbaren Besitz des Verkäufers oder eines Dritten befindet.[202]

111 Die Ablieferung muss am vereinbarten Ort und zur vereinbarten Zeit erfolgen. Die Untersuchungsfrist läuft insbesondere **nicht,** wenn der Verkäufer die Ware zu früh anliefert.[203]

112 Die Untersuchung ist nur dann unverzüglich, wenn sie ohne ein schuldhaftes Zögern vorgenommen wird. Hierbei herrschen strenge Maßstäbe. Schon im Falle einer vermeidbaren Nachlässigkeit kann die Rüge verspätet sein und zum Ausschluss der Mängelrechte führen. Ob den zur Objektüberwachung eingesetzten Architekten oder Bauleiter bei der Wahrnehmung seiner Aufgaben auch die unverzüglichen Untersuchungs- und Rügepflichten wegen angelieferter Materialien oder Anlagenteile treffen, ist eine Frage der Auslegung der vertraglich übernommenen Pflichten des Architekten.[204] Es kann keine Rolle spielen, ob der Architekt die „handelsrechtlichen Gepflogenheiten" kennt.

c) Umfang der Prüfungs- und Rügeobliegenheit

113 Untersucht man die bisherige Rechtsprechung zu den Anforderungen an die Prüfungsobliegenheit des Käufers, so lässt sich feststellen, dass diese Rechtsprechung un-

---

[198] Grundlegend zur kaufmännischen Rügepflicht iVm Bauwerken und zur historischen Entwicklung Ulbrich/Ulbrich FS Thode (2005) 181.
[199] *Mankowski* NJW 2006, 865.
[200] *Meier* IBR 2012, 1000 Rn. 17 mwN.
[201] BGH Urt. v. 11.10.1995 – VIII ZR 151/94, NJW 1995, 3381.
[202] *Meier* IBR 2012, 1000 Rn. 18.
[203] So zutreffend *Meier* IBR 2012, 1000 Rn. 19 unter Verweis auf Oetker/*Koch* HGB § 377 Rn. 9.
[204] Es spricht deutlich mehr dafür, dass vom Architekten ein planvolles und interessengerechtes Handeln für den Bauherren verlangt wird und dass daher der Architekt dessen Obliegenheit als Kaufmann zu beachten hat, so *Weglage/Sitz* NZBau 2011, 523, als dafür spricht Untersuchungs- und Rügepflichten aus dem Handelsrecht generell nicht zum Aufgabenbereich des Architekten zu zählen, so *Rath* FS Koeble (2010) 457.

gewöhnlich streng vor allem beim Umfang der zu leistenden Überprüfung, mit dem Käufer umgeht.[205] Eine eindeutige Linie in der Rechtsprechung im Sinne einer standardisierten Handelsübung für die Anlieferung von Baustoffen und Anlagenteilen an Baustellen hat sich bisher nicht herausgebildet.[206] Die Überprüfung auf auffällige Transportschäden und die Untersuchung der Identität und der Menge der angelieferten Sachen anhand der überreichten Papiere ist dem Käufer immer zumutbar.[207] Vertreten wird, dass zur „Tunlichkeit" die Hinzuziehung eines Fachmanns (uU des bauleitenden Architekten) oder die Untersuchung durch das Gutachten eines Sachverständigen[208] gehört und zumutbar sei.

114 Andererseits dürfen die Anforderungen an eine ordnungsgemäße Untersuchung nicht überspannt werden.[209] So kann nach der hier vertretenen Auffassung gerade nicht verlangt werden, dass bei der Anlieferung einer größeren Menge Trockenzement auf die Baustelle über die Prüfung der Identität der Ware und die Transportschäden hinaus praktisch jeder 10. Zementsack geöffnet werden muss. Wird hingegen Fertigbeton im Mixer auf die Baustelle geliefert, so hat die Überprüfung **sofort** zu erfolgen und eine Mängelrüge nach Verarbeitung ist bereits verfristet, auch wenn noch nicht einmal 24 Stunden verflossen sind.

115 Zur weitergehenden Untersuchung ist der Käufer verpflichtet, wenn sich bei einer Prüfung der Ware Verdachtsmomente für Mängel ergeben.[210]

116 Besonderheiten müssen auch für die Fälle gelten, bei denen die Unversehrtheit der Originalverpackung zum Qualitätsmerkmal der Ware gehört, wie dies bei Software oder hochwertiger Unterhaltungselektronik[211] der Fall sein kann.

117 Nur scheinbar enthält § 377 Abs. 3 BGB eine Erleichterung, wenn sich der Mangel später zeigt, weil dann die Anzeige erst unverzüglich nach der Entdeckung gemacht werden muss. Richtig ist, dass hierdurch weder die Rügefristen noch der Umfang der Untersuchung verkürzt oder erleichtert werden.

118 Mängelrügen können formlos erfolgen. Ein Schriftformerfordernis für Mängelrügen in AGB ist rechtlich zulässig. Da die kaufmännische Rüge zunächst nur der Erhaltung der grundsätzlichen Mängeleinwendungen und der Einhaltung der kurzen Frist dient, sind nicht gleiche qualitative Anforderungen zu stellen, wie an eine Mängelrüge, die die Nacherfüllungspflicht des Lieferanten auslöst. Der Käufer braucht nicht die Ursachen der Mängel zu nennen, Angaben zum Nacherfüllungsort oder etwa eine Fristsetzung an den Lieferanten sind nicht erforderlich. Kann der Verkäufer aber seinerseits nicht erkennen, was als nicht ordnungsgemäß beanstandet wird, so liegt keine ausreichende Mängelrüge vor.[212]

---

[205] Beachte besonders das Urteil des OLG Dresden vom 7.10.1999 – 7 U 1972/99, BeckRS 2012, 11605 – Frauenkirche.
[206] „Branchenübliche Schlampereien" dürfen nicht zum Maßstab gemacht werden, *Meier* IBR 2012, 1000 Rn. 33 uVa auf Kniffka/*Schmitz*, ibr-online-Kommentar, 30.9.2011, § 651 Rn. 44.
[207] *Meier* IBR 2012, 1000 Rn. 38 uVa Oetker/*Koch* HGB § 377 Rn. 41.
[208] OLG Hamm Urt. v. 23.2.2011 – 11 U 70/10, BauR 2011, 1013.
[209] BGH Urt. v. 24.2.2016 – VIII ZR 38/15, ZfBR 2016, 564 mwN.
[210] *Meier* IBR 2012, 1000 Rn. 48 mwN.
[211] Nicht selten ist die Befürchtung des Käufers begründet, dass er bei geöffneter Originalverpackung nicht etwa ein im Rahmen der Rügeobliegenheit geprüftes und einwandfreies Gerät, sondern vielmehr einen retournierten Artikel erhalten hat.
[212] Die Beanstandung, es sei „derselbe Mist wieder geliefert" worden, ist keine ausreichende Mängelrüge iS des § 377 HGB, so OLG Düsseldorf Urt. v. 19.1.2001 – 22 U 99/00, NJW-RR 2001, 821; die Beanstandung „der Drucker ist nicht zu gebrauchen" soll bei einem Nichtfachmann aber genügen, so OLG Hamm Urt. v. 11.1.1993 – 31 U 107/92, NJW-RR 1993, 1527.

d) Verlust von Ansprüchen

Wird ein erkennbarer Mangel nicht unverzüglich nach Ablieferung gerügt, gilt die Ware nach § 377 Abs. 2 HGB als genehmigt. Gleiches gilt, wenn sich ein zunächst verdeckter Mangel später zeigt und dann nicht unverzüglich gerügt wird (§ 377 Abs. 3 HGB). Auf diese **Genehmigungswirkung** kann sich der Verkäufer nur dann nicht berufen, wenn er den Mangel arglistig verschwiegen hat (§ 377 Abs. 5 HGB). Die Rechtsfolgen sind für den Käufer dramatisch. Es sind nicht nur der Nacherfüllungsansprüche wegen des konkreten Mangels, sondern es sind alle auf dem Mangel beruhenden weitergehenden Rechte ausgeschlossen.[213] Die Einrichtung einer Regressmöglichkeit, jedenfalls für den Fall des Verbrauchsgüterkaufes am Ende der Kette, wird jedoch schon von Artikel 4 Verbrauchsgüterkaufrichtlinie vorgegeben. Daher gebietet es das Gebot der praktischen Wirksamkeit des Unionsrechts, dass die Untersuchungs- und Rügeobliegenheiten nicht auf ein Maß ausgedehnt werden, die faktisch zu einem Vorenthalten der Rückgriffsmöglichkeit führen.[214]

Zu prüfen ist aber stets, ob sich aus dem weiteren Verhalten der Parteien und insbesondere aus Vereinbarungen oder Verständigungen über Art und Umfang einer entsprechenden Nachbesserung des Mangels nicht ein nachträglicher konkludenter Verzicht auf die Folgen einer etwaig verspäteten Mängelrüge ergeben kann.[215]

e) Vertragliche Vereinbarungen

Nach herrschender Meinung können sowohl die Untersuchungs- und Rügeobliegenheit nach § 377 Abs. 1 HGB als auch die Rügeobliegenheit bei späterer Entdeckung nach § 377 Abs. 3 HGB zu Gunsten des jeweiligen Käufers abbedungen, aber auch verschärft werden.[216] Wird ein Vertrag als „Werkvertrag" etikettiert, obwohl „Kaufrecht" drin ist, führt allein dies nicht zu einer wirksamen Abbedingung von § 377 HGB, sondern es liegt lediglich eine Falschbezeichnung des Vertrages vor.[217]

8. Verjährung von Rückgriffsansprüchen

Systematisch zwingend musste die Sonderregelung über die Verjährung von Rückgriffsansprüchen des § 445b BGB den Regressregelungen in das Allgemeine Kaufrecht folgen. § 445b Abs. 1 BGB entspricht der früheren Regelung des § 479 Abs. 1 BGB im Recht des Verbrauchsgüterkaufs. Der Geltungsbereich wird erweitert. Der Aufwendungsersatzanspruch aus § 445a Abs. 1 BGB wird von der Verjährungsregelung des § 438 nicht erfasst, sondern verjährt gemäß § 442b BGB selbstständig in zwei Jahren ab Ablieferung durch den Lieferanten an den Unternehmer und bei vorgelagerten Stufen der Lieferkette jeweils ab Ablieferung im jeweiligen Vertragsverhältnis. Ergänzt wird die Regelung durch die Ablaufhemmung von § 445b Abs. 2 BGB, die den bisherigen § 479 Abs. 2 BGB entspricht. In einem zeitlich begrenzten Rahmen wird gewährleistet, dass ein Verkäufer, der den Gewährleistungsansprüchen seines Käufers ausgesetzt ist, an dem Rückgriff in der Lieferkette nicht auf Grund der Verjährung seiner Ansprüche gehindert ist. Im Interesse der Rechtssicherheit für die Lieferanten wird die Obergrenze von fünf Jahren ab Ablieferung der Sache in § 445b Abs. 2 S. 2 BGB unverändert beibehalten.

---

[213] Messerschmidt/Voit/*Leidig* BGB § 651 Rn. 116.
[214] MüKoBGB/*Lorenz* § 478 Rn. 57.
[215] BGH Urt. v. 24.2.2016 – VIII ZR 38/15, ZfBR 2016, 564 Rn. 51.
[216] MüKoBGB/*Lorenz* § 478 Rn. 59.
[217] Kniffka/*Jansen*, ibr-online-Kommentar, 12.5.2017, BGB § 651 Rn. 61 ff.

VII. Unberechtigte Mängelrüge

123 Erkennt der Käufer oder Besteller Mangelerscheinungen an der gelieferten Sache oder dem hergestellten Werk, so wird er hierüber seinen Vertragspartner informieren. Ob es sich bei der Schilderung der Beanstandungen bereits um einen Mangel und bei der Information bereits um ein Nacherfüllungsverlangen handelt, ist für die Berechtigung des Käufers oder Bestellers zur Information zunächst unerheblich. Liegt ein Mangel vor, so gehört es zum Pflichtenkreis des Verkäufers bzw. Unternehmers, im Wege der Nacherfüllung für Abhilfe zu sorgen.

1. Unberechtigtes Nacherfüllungsverlangen

124 Teilweise wird angenommen, dass ein unberechtigtes Nacherfüllungsverlangen eine Pflichtverletzung darstellt und zum Schadenersatz des (vermeintlichen) Gläubigers führen kann.[218] Eine Korrektur soll nur unter dem Gesichtspunkt des Verschuldens möglich sein.[219]

125 Richtig ist, dass das Verhalten eines Käufers oder Bestellers, der eine Beanstandung geltend macht, schon keine Pflichtverletzung darstellt, weil sich dieses Verhalten im Rahmen normaler Interaktionen zwischen Vertragspartnern bewegt und ihm daher schon die Rechtswidrigkeit fehlt.[220] Anders kann dies nur sein, wenn der Käufer oder Besteller es unterlässt, sich aufdrängende andere Ursachen für eine Fehlerhaftigkeit, insbesondere aus dem eigenen Bereich, auszuschließen.

2. Kostentragung für Untersuchung

126 Eine Kostentragungspflicht für die vom Unternehmer durchgeführte Untersuchung einer Mangelrüge kommt nicht schon dann in Betracht, wenn der Unternehmer derartige Kosten ankündigt und der Besteller dessen Untersuchung hinnimmt, ohne dass er seiner Verpflichtung zur Kostentragung zugestimmt hätte.[221] Der Unternehmer darf die von ihm vorzunehmende Untersuchung insbesondere nicht von einer entsprechenden Bestätigung des Bestellers abhängig machen.[222] Ein derartiges Verlangen würde beim Verbrauchsgüterkauf zudem gegen § 476 Abs. 1 S. 2 BGB verstoßen.

VIII. Besonderheiten des Verbrauchsgüterkaufes

127 Die Neuregelungen zum Kaufrecht im Rahmen der Schuldrechtsmodernisierung dienten der Umsetzung der Verbrauchsgüterkaufrechtlinie. Es wurde entschieden, dass die Umsetzung nicht durch Sonderregelungen für Verbraucher vorzunehmen ist, sondern grundsätzlich durch eine weitgehende Anpassung des Kaufrechts an die Vorgaben der Richtlinie für alle Kaufverträge und entsprechende Anpassungen des Allgemeinen Schuldrechts. Gleichwohl waren für den Verbrauchsgüterkauf einige weitere Spezialregelungen erforderlich, die in den §§ 474 ff. BGB in einem gesonderten Untertitel

---

[218] Kniffka/Koeble/*Kniffka* 8. Teil Rn. 81 f.; BGH Urt. v. 23.1.2008 – VIII ZR 246/06, NJW 2008, 1147.
[219] BGH Urt. v. 16.1.2009 – V ZR 133/08, NJW 2009, 1262.
[220] Darin liegt auch keine Anordnung einer geänderten oder zusätzlichen Leistung nach § 650b, so schon zum alten Recht OLG Frankfurt Urt. v. 16.6.2011 – 18 U 35/10, NJW 2012, 863.
[221] AA OLG Koblenz Beschl. v. 4.3.2017 – 3 U 1042/04, NZBau 2015, 494.
[222] BGH Urt. v. 2.9.2010 – VII ZR 110/09, NJW 2010, 3649.

VIII. Besonderheiten des Verbrauchsgüterkaufes

zusammengefasst sind. Weitere Anpassungen waren durch die Vorgaben der Verbraucherrechterichtlinie und Europäische Rechtsprechung notwendig. Die nunmehrigen Änderungen beruhen wiederum auf dem Urteil des EuGH vom 16.6.2011 und führen dazu, dass weitere, zuvor nur für den Verbrauchsgüterkauf gedachte Regelungen, für alle Kaufverträge Anwendung finden sollen und folglich erneut die geringfügige Anpassung der Verbrauchervorschriften erforderlich ist.

1. Begriff des Verbrauchsgüterkaufes

Die Spezialvorschriften der §§ 474 ff. BGB sind anwendbar, wenn ein Verbraucher von einem Unternehmer eine bewegliche Sache kauft. Ein Verbrauchsgüterkauf liegt auch vor, wenn neben dem Erwerb der beweglichen Sache die Erbringung einer Dienstleistung vertraglich geschuldet wird. Damit sind alle untergeordneten Leistungen gemeint, wie etwa die Anlieferung, der Zusammenbau, die Einweisung in die Bedienung, eine geringfügige Anpassung als auch ein Anbringen.[223] Die speziellen Verbraucherschutzvorschriften sind auch anwendbar, wenn es sich um einen Werklieferungsvertrag im Sinne von § 651 BGB handelt. Sie gelten nicht beim Verkauf gebrauchter Sachen.[224]

Verbraucher ist jede natürliche Person, die Rechtsgeschäfte zu Zwecken abschließt, die überwiegend weder ihrer gewerblichen noch ihrer selbstständigen beruflichen Tätigkeit zugerechnet werden können. Rechtsgeschäftliches Handeln einer natürlichen Person ist grundsätzlich als Verbraucherhandeln anzusehen und bei Zweifeln, in welche Sphäre das konkrete Handeln einzuordnen wäre, ist zu Gunsten der Verbrauchereigenschaft zu entscheiden.[225] Personenmehrheiten können Verbraucher sein. Dies gilt insbesondere für die Wohnungseigentümergemeinschaft, wenn ihr mindestens ein Verbraucher angehört.[226] Eine BGB-Gesellschaft, deren Gesellschafter einerseits natürliche Personen, andererseits aber juristische Personen sind, ist unabhängig davon, ob sie lediglich zu privaten Zwecken und nicht gewerblich oder selbstständig beruflich tätig ist, nicht Verbraucher im Sinne von § 13 BGB.[227]

Die Beweislast für das Vorliegen der Verbrauchereigenschaft und damit für die Anwendbarkeit der §§ 474 ff. BGB trägt nach der Rechtsprechung des BGH der Verbraucher.[228] Durch das Faber-Urteil des EuGH[229] ist nunmehr klargestellt, dass das nationale Gericht in einem Rechtsstreit über einen Vertrag, der möglicherweise in den Geltungsbereich der Richtlinie fällt, die **Prüfungspflicht** hat, ob der Käufer als Verbraucher eingestuft werden kann, auch wenn er sich hierauf nicht ausdrücklich berufen hat, wenn das Gericht dafür die nötigen rechtlichen und tatsächlichen Anhaltspunkte hat.[230]

---

[223] S. hierzu § 7 Rn. 46.
[224] Der Begriff ist nirgends definiert und insbesondere beim Tierkauf (§ 90a) nicht geklärt, *Faust* JuS 2007, 284.
[225] Vgl. die weitergehende Darstellung bei *Lenkeit* BauR 2017, 454 (456); ausführlich MüKoBGB/*Purnhagen*, § 13.
[226] BGH Urt. v. 25.3.2015 – VIII ZR 243/13, NJW 2015, 3228, weil sich der einzelne Verbraucher als Wohnungseigentümer der Mitgliedschaft in der Wohnungseigentümergemeinschaft und der dadurch begründeten anteiligen Haftung f. in dieser im Interesse der Gemeinschaft getätigten Rechtsgeschäfte nicht entziehen könne und es daher geboten erscheine, den Verbraucherschutz auf die Wohnungseigentümergemeinschaft zu erstrecken.
[227] BGH Urt. v. 30.3.2017 – VII ZR 269/15, NZBau 2017, 422.
[228] BGH Urt. v. 11.7.2007 – VIII ZR 110/06, NJW 2007, 2619.
[229] EuGH Urt. v. 4.6.2015 – C 497/13, NJW 2015, 2237.
[230] Vgl. weitergehend *Rott* EuZW 2015, 556.

2. Anwendbare Vorschriften

131 Um die Übersichtlichkeit des Untertitels 3 zu wahren, werden die auf den Verbrauchsgüterkauf anwendbaren Vorschriften nun in dem neuen § 475 BGB geregelt. Der bisherige § 474 Abs. 3 BGB aF wird unverändert zu § 475 Abs. 1 BGB. Der bisherige § 474 Abs. 4 BGB aF wird unverändert zu § 475 Abs. 2 BGB. § 475 Abs. 3 BGB entspricht der bisherigen Regelung des § 474 Abs. 5 BGB. Der bisherige § 475 BGB aF wird § 476 BGB. Der bisherige § 476 BGB aF wird unverändert zu § 477 BGB. In § 478 BGB werden der Überschrift die Wörter „Sonderbestimmungen für den" (Rückgriff des Unternehmers) vorangestellt. Durch die Neuregelungen der Regressbestimmungen und die Anwendbarkeit für alle Kaufverträge entfallen die Absätze 2 und 3 sowie Absatz 6.[231] Die zuvor in § 477 BGB aF enthaltenen Sonderbestimmungen für Garantien finden sich nunmehr in § 479 BGB.

3. Kostenvorschussanspruch

132 Der neue § 475 Abs. 6 BGB enthält einen Vorschussanspruch des Verbrauchers gegen den Unternehmer für Aufwendungen, die ihm im Rahmen der Nacherfüllung gem. § 439 Abs. 2 und 3 S. 1 BGB entstehen und die vom Unternehmer zu tragen sind. Dieser Vorschussanspruch im Kaufrecht ist neu als gesetzliche Regelung. Der BGH hatte für das Werkvertragsrecht einen derartigen Vorschussanspruch bereits entwickelt, bevor dieser im Rahmen der Schuldrechtsreform in § 637 Abs. 3 BGB seinen Platz im Gesetz gefunden hatte. Da der BGH mit der neueren Rechtsprechung einen solchen Vorschussanspruch für das Kaufrecht entwickelt hatte,[232] folgt nunmehr auch hierfür die Verankerung im Gesetz.

4. Verbot abweichender Vereinbarungen

133 Der neue § 476 BGB enthält das zuvor in § 475 BGB aF geregelte Verbot abweichender Vereinbarungen und damit das für Verbraucherschutzregelungen typische Umgehungsverbot.[233] Hierdurch werden die meisten kaufrechtlichen Vorschriften beim Verbrauchsgüterkauf für zwingend erklärt. Abweichungen sind auch durch Individualvereinbarungen nicht möglich. Ausnahmen gelten nach Absatz 3 für die Beschränkung oder den Ausschluss des Anspruchs auf Schadenersatz, für den aber die Grenzen der §§ 307 ff. BGB zu beachten sind.

5. Beweislastumkehr

134 Der bisherige § 476 BGB aF wird komplett in § 477 BGB übernommen. Auf die umfangreiche Kommentierung und Literatur hierzu könnte verwiesen werden, wenn nicht die restriktive Rechtsprechung des BGH durch die Faber-Entscheidung des EuGH[234] überholt wäre und der BGH nunmehr seine Rechtsprechung angepasst hätte.[235] § 477 BGB ist nach der **geänderten Rechtsprechung** des BGH richtlinienkonform dahin auszulegen, dass die dort vorgesehene Beweislastumkehr zugunsten des Käufers schon dann greift, wenn diesem der Nachweis gelingt, dass sich innerhalb von 6 Monaten ab

---

[231] Nunmehr mit erweitertem Anwendungsbereich im neuen § 445a BGB geregelt.
[232] Vgl. BGH Urt. v. 13.4.2011 – VIII ZR 220/10, NJW 2011, 2278, Rn. 37; BGH Urt. v. 21.12.2012 – VIII ZR 70/08, NJW 2012, 1073, Rn. 49; hierzu *Lenkeit* IBR 2012, 262.
[233] Ausführlich Tamm/Tonner/*Schwartze* § 14 Rn. 119 ff.
[234] EuGH Urt. v. 4.6.2015 – C 497/13, NJW 2015, 2237.
[235] Vgl. BGH Urt. v. 12.10.2016 – VIII ZR 103/15, NJW 2017, 1093.

Gefahrübergang ein mangelhafter Zustand (eine Mangelerscheinung) gezeigt hat, der – unterstellt, er hätte seine Ursache in einem dem Verkäufer zuzurechnenden Umstand – dessen Haftung wegen Abweichung von der geschuldeten Beschaffenheit begründen würde. Dagegen muss der Käufer weder darlegen oder nachweisen, auf welche Ursache dieser Zustand zurückzuführen ist, noch dass diese Ursache in den Verantwortungsbereich des Verkäufers fällt.[236]

Die in § 477 BGB geregelte Vermutungswirkung soll dem Käufer auch dahingehend zu Gute kommen, dass der binnen 6 Monaten nach Gefahrübergang zutage getretene mangelhafte Zustand mindestens schon im Ansatz bei Gefahrübergang vorgelegen hat.[237] Dem Verbraucher kommt folglich die Beweislastumkehr nach § 477 BGB auch dann zu Gute, wenn die Frage, ob ein Sachmangel vorliegt, allein davon abhängt, dass eine Abweichung von der Soll-Beschaffenheit, die sich innerhalb von 6 Monaten nach Übergabe an den Käufer zeigt, bereits zum Zeitpunkt des Gefahrübergangs vermutet wird. Die **Anforderungen an die Darlegungs- und Beweislast** des Käufers werden damit gegenüber der bisherigen Rechtsprechung deutlich herabgesetzt. 135

Gleiches gilt für die Reichweite der Vermutung, über die ihr bisher von der Rechtsprechung zugebilligte zeitliche Komponente hinaus. Es soll genügen, dass der Verbraucher zwar weiterhin vorzutragen und nachzuweisen hat, dass das verkaufte Gut nicht vertragsgemäß gewesen ist, weil es nicht die im Kaufvertrag vereinbarten Eigenschaften aufweist oder sich nicht für den Gebrauch eignet, der von einem derartigen Gut gewöhnlich erwartet wird. Der Käufer muss aber weder den Grund für die Vertragswidrigkeit noch den Umstand beweisen, dass diese dem Verkäufer zuzurechnen ist.[238] Wegen des grundsätzlich bestehenden Willens des Gesetzgebers zur richtlinientreuen Umsetzung soll § 477 BGB dem Ziel dienen, zur Stärkung des Verbraucherschutzes einen Ausgleich zwischen den schlechteren Beweismöglichkeiten des Verbrauchers gegenüber den – jedenfalls in engem zeitlichen Zusammenhang mit der Übergabe – ungleich besseren Erkenntnismöglichkeiten des Unternehmers zu erreichen.[239] Da sich hieran nichts geändert hat, wurde offenbar vom Gesetzgeber im Rahmen der Neuregelung der kaufrechtlichen Mängelhaftung kein Anpassungsbedarf gesehen, weil diesen Umständen durch die nunmehr richtlinienkonforme Auslegung der Vorschrift in hinreichender Weise Genüge getan wird. 136

7. Unternehmerregress

§ 478 BGB erhält den Titel „Sonderbestimmungen für den Rückgriff des Unternehmers". 137

Die bisherigen Regelungen der §§ 478, 479 BGB aF galten nur, wenn am Ende der Lieferkette ein Verbrauchsgüterkauf stand. Sie galten folglich nicht, wenn der letzte Käufer selbst Unternehmer gewesen ist und ebenfalls nicht, wenn der Käufer die Sache im Rahmen eines Werkvertrages als letztem Vertrag am Ende der Kette verwendet. Es war Ziel des Gesetzes, diesen als ungerechtfertigt empfundenen Zustand zu beenden, auch weil die verschiedentlich empfohlenen vertraglichen Regelungen zur Anwendbar-

---

[236] Die bisherige Rechtsprechung des Senats wird hierdurch geändert, vgl. BGB Urt. v. 2.6.2004 – VIII ZR 329/03; BGB Urt. v. 14.9.2005 – VIII ZR 363/04; BGB Urt. v. 23.11.2005 – VIII ZR 43/05; BGB Urt. v. 18.7.2007 – VIII ZR 259/06.
[237] Auch hierdurch wird die bisherige Senatsrechtsprechung aufgegeben, vgl. BGB Urt. v. 22.11.2004 – VIII ZR 21/04; BGB Urt. v. 21.12.2005 – VIII ZR 49/05; BGB Urt. v. 29.3.2006 – VIII ZR 173/05; BGB Urt. v. 15.1.2014 – VIII ZR 70/13.
[238] EuGH Urt. v. 4.6.2015 – C 497/13, NJW 2015, 2237, Rn. 70 – Faber.
[239] BT-Drs. 14/6040, 245.

keit der Regress-Vorschriften in der Praxis nicht durchsetzbar waren. Durch die Neuregelung wurden die Vorschriften über den Regress in die §§ 445a BGB die nachfolgende Verjährungsvorschrift des ehemaligen § 479 BGB aF in § 445b BGB verschoben und sind nunmehr für alle Kaufverträge anwendbar. Für die speziellen Vorgaben des Verbrauchsgüterkaufes musste jedoch durch den neugefassten Absatz 1 von § 478 BGB klargestellt werden, dass die Frist mit dem Übergang der Gefahr auf den Verbraucher beginnt.

138 Folge dieser Regelung ist, dass die nunmehr allgemein geltenden früheren Absätze 2 und 3 aufgehoben werden und die nachfolgenden Absätze sprachlich angepasst worden sind. Der ehemalige Absatz 6, der auf die handelsrechtliche Obliegenheit zur Untersuchung der Ware und Anzeige etwaiger Mängel innerhalb angemessener Frist verweist, ist nunmehr ebenfalls in § 445a Abs. 4 BGB verortet.

8. Sonderbestimmungen für Garantien

139 Die durch die Neuregelungen aus § 477 BGB aF verschobenen Sonderbestimmungen für Garantien erhalten den frei gewordenen Platz § 479 BGB ohne inhaltliche Änderungen. Auf die bisherige Darstellung in der Literatur und die bisherige Rechtsprechung kann verwiesen werden.

9. Abdingbarkeit durch Allgemeine Geschäftsbedingungen

140 Wegen des schon in § 476 Abs. 1 S. 2 enthaltenen Umgehungsverbots haben etwaige Allgemeine Geschäftsbedingungen nur im Hinblick auf vertragliche Haftungsbegrenzungen Bedeutung. Der Unternehmer kann sich auf eine vor Mitteilung des Mangels getroffene Vereinbarung, welche die Gewährleistungsrechte des Verbraucher-Käufers einschränkt, nicht berufen, ohne dass die Wirksamkeit des Vertrags im Übrigen in Frage gestellt wird.

141 Bei gebrauchten Sachen kann die Verjährung verkürzt werden, wobei auch hier insbesondere § 309 Nr. 7a) und b) BGB eingreifen. Im Falle der Arglist gilt zudem § 444 BGB.

142 Die Erweiterung des Klauselverbotes in § 309 Nr. 8b) cc) BGB betrifft den neu geregelten Aufwendungsersatzanspruch von § 439 Abs. 3 BGB. Obwohl dies nach dem Wortlaut nicht zwingend ist, erfasst das Klauselverbot auch eine Einschränkung des dem Verbraucher nunmehr neu zustehenden Kostenvorschussanspruchs gemäß § 475 Abs. 6 BGB.

IX. Übergangsvorschriften

143 Die Neuregelungen gelten für Schuldverhältnisse, die ab dem 1.1.2018 entstanden sind gemäß Artikel 229 § 39 EGBGB.

Anhang

1. Inhaltsübersicht über die geänderten Vorschriften

Änderungen des Bürgerlichen Gesetzbuches

§ 218	Unwirksamkeit des Rücktritts
§ 309	Klauselverbote ohne Wertungsmöglichkeit
§ 312	Anwendungsbereich
§ 356e	Widerrufsrecht bei Verbraucherbauverträgen
§ 357d	Rechtsfolgen des Widerrufs bei Verbraucherbauverträgen
§ 439	Nacherfüllung
§ 440	Besondere Bestimmungen für Rücktritt und Schadensersatz
§ 445a	Rückgriff des Verkäufers
§ 445b	Verjährung von Rückgriffsansprüchen
§ 474	Begriff des Verbrauchsgüterkaufs
§ 475	Anwendbare Vorschriften
§ 476	Abweichende Vereinbarungen
§ 477	Beweislastumkehr
§ 478	Sonderbestimmungen für den Rückgriff des Unternehmers
§ 479	Sonderbestimmungen für Garantien
§ 632a	Abschlagszahlungen
§ 640	Abnahme
§ 647a	Sicherungshypothek des Inhabers einer Schiffswerft
§ 648	Kündigungsrecht des Bestellers
§ 648a	Kündigung aus wichtigem Grund
§ 649	Kostenanschlag
§ 650	Anwendung des Kaufrechts
§ 650a	Bauvertrag
§ 650b	Änderung des Vertrags; Änderungsrecht des Bestellers
§ 650c	Vergütungsanpassung bei Anordnungen nach § 650b Absatz 2
§ 650d	Einstweilige Verfügung
§ 650e	Sicherungshypothek des Bauunternehmers
§ 650f	Bauhandwerkersicherung
§ 650g	Zustandsfeststellung bei Verweigerung der Abnahme, Schlussrechnung
§ 650h	Schriftform der Kündigung
§ 650i	Verbraucherbauvertrag
§ 650j	Baubeschreibung
§ 650k	Inhalt des Vertrages
§ 650l	Widerrufsrecht
§ 650m	Abschlagszahlungen; Absicherung des Vergütungsanspruchs
§ 650n	Erstellung und Herausgabe von Unterlagen
§ 650o	Abweichende Vereinbarungen
§ 650p	Vertragstypische Pflichten aus Architekten- und Ingenieurverträgen
§ 650q	Anwendbare Vorschriften
§ 650r	Sonderkündigungsrecht
§ 650s	Teilabnahme
§ 650t	Gesamtschuldnerische Haftung mit dem bauausführenden Unternehmer
§ 650u	Bauträgervertrag; anwendbare Vorschriften
§ 650v	Abschlagszahlungen

Änderungen des Einführungsgesetzes zum Bürgerlichen Gesetzbuche

Art. 229	Weitere Überleitungsvorschriften
Art. 244	Abschlagszahlungen beim Hausbau
Art. 249	Informationspflichten bei Verbraucherbauverträgen

Änderungen des Gerichtsverfassungsgesetzes

§ 71
§ 72
§ 72a
§ 119a

2. Synopse: Änderungen des BGB, EGBGB, GVG

Konsolidierte Fassung

der nach dem Gesetz zur Reform des Bauvertragsrechts und zur Änderung der kaufrechtlichen Mängelhaftung geänderten Vorschriften des Bürgerlichen Gesetzbuchs (BGB), des Einführungsgesetzes zum Bürgerlichen Gesetzbuche (EGBGB) und des Gerichtsverfassungsgesetzes (GVG)

BGB alt	BGB neu
	Buch 1 – Allgemeiner Teil
	Abschnitt 5 – Verjährung
	Titel 3 – Rechtsfolgen der Verjährung
§ 218 Unwirksamkeit des Rücktritts	**§ 218 Unwirksamkeit des Rücktritts**
(1) ¹Der Rücktritt wegen nicht oder nicht vertragsgemäß erbrachter Leistung ist unwirksam, wenn der Anspruch auf die Leistung oder der Nacherfüllungsanspruch verjährt ist und der Schuldner sich hierauf beruft. ²Dies gilt auch, wenn der Schuldner nach § 275 Absatz 1 bis 3, § 439 Abs. 3 oder § 635 Absatz 3 nicht zu leisten braucht und der Anspruch auf die Leistung oder der Nacherfüllungsanspruch verjährt wäre. ³§ 216 Abs. 2 Satz 2 bleibt unberührt.	(1) ¹Der Rücktritt wegen nicht oder nicht vertragsgemäß erbrachter Leistung ist unwirksam, wenn der Anspruch auf die Leistung oder der Nacherfüllungsanspruch verjährt ist und der Schuldner sich hierauf beruft. ²Dies gilt auch, wenn der Schuldner nach § 275 Absatz 1 bis 3, § 439 Absatz 4 oder § 635 Absatz 3 nicht zu leisten braucht und der Anspruch auf die Leistung oder der Nacherfüllungsanspruch verjährt wäre. ³§ 216 Abs. 2 Satz 2 bleibt unberührt.
(2) § 214 Abs. 2 findet entsprechende Anwendung.	(2) § 214 Abs. 2 findet entsprechende Anwendung.
Buch 2 – Recht der Schuldverhältnisse	**Buch 2 – Recht der Schuldverhältnisse**
Abschnitt 2 – Gestaltung rechtsgeschäftlicher Schuldverhältnisse durch Allgemeine Geschäftsbedingungen	**Abschnitt 2 – Gestaltung rechtsgeschäftlicher Schuldverhältnisse durch Allgemeine Geschäftsbedingungen**
§ 309 Klauselverbote ohne Wertungsmöglichkeit	**§ 309 Klauselverbote ohne Wertungsmöglichkeit**
Auch soweit eine Abweichung von den gesetzlichen Vorschriften zulässig ist, ist in Allgemeinen Geschäftsbedingungen unwirksam […] 8. (Sonstige Haftungsausschlüsse bei Pflichtverletzung) […] b) (Mängel) eine Bestimmung, durch die bei Verträgen über Lieferungen neu hergestellter Sachen und über Werkleistungen […] cc) (Aufwendungen bei Nacherfüllung) die Verpflichtung des Verwenders ausgeschlossen oder beschränkt wird, die zum Zweck der Nacherfüllung erforderlichen Aufwendungen.	Auch soweit eine Abweichung von den gesetzlichen Vorschriften zulässig ist, ist in Allgemeinen Geschäftsbedingungen unwirksam […] 8. (Sonstige Haftungsausschlüsse bei Pflichtverletzung) […] b) (Mängel) eine Bestimmung, durch die bei Verträgen über Lieferungen neu hergestellter Sachen und über Werkleistungen […] cc) (Aufwendungen bei Nacherfüllung) die Verpflichtung des Verwenders ausgeschlossen oder beschränkt wird, die zum Zweck der Nacherfüllung erforderlichen Aufwendungen nach § 439 Absatz 2 und 3 oder § 635 Absatz 2 zu tragen oder zu ersetzen; […]

Bürgerliches Gesetzbuch (BGB) — Anhang

BGB alt	BGB neu
	15. (Abschlagszahlungen und Sicherheitsleistung) eine Bestimmung, nach der der Verwender bei einem Werkvertrag a) für Teilleistungen Abschlagszahlungen vom anderen Vertragsteil verlangen kann, die wesentlich höher sind als die nach § 632a Absatz 1 und 650m Absatz 1 zu leistenden Abschlagszahlungen, oder b) die Sicherheitsleistung nach § 650m Absatz 2 nicht oder nur in geringer Höhe leisten muss.

§ 312 Anwendungsbereich
 	
(1) Die Vorschriften der Kapitel 1 und 2 dieses Untertitels sind nur auf Verbraucherverträge im Sinne des § 310 Absatz 3 anzuwenden, die eine entgeltliche Leistung des Unternehmers zum Gegenstand haben.
 	
(2) Von den Vorschriften der Kapitel 1 und 2 dieses Untertitels ist nur § 312a Absatz 1, 3, 4 und 6 auf folgende Verträge anzuwenden:
1. notariell beurkundete Verträge
   a) über Finanzdienstleistungen, die außerhalb von Geschäftsräumen geschlossen werden,
   b) die keine Verträge über Finanzdienstleistungen sind; für Verträge, für die das Gesetz die notarielle Beurkundung des Vertrags oder einer Vertragserklärung nicht vorschreibt, gilt dies nur, wenn der Notar darüber belehrt, dass die Informationspflichten nach § 312d Absatz 1 und das Widerrufsrecht nach § 312g Absatz 1 entfallen,
2. Verträge über die Begründung, den Erwerb oder die Übertragung von Eigentum oder anderen Rechten an Grundstücken,
3. Verträge über den Bau von neuen Gebäuden oder erhebliche Umbaumaßnahmen an bestehenden Gebäuden,
[...]
 	
Titel 5 – Rücktritt; Widerrufsrecht bei Verbraucherverträgen
 	
Untertitel 2 – Widerrufsrecht bei Verbraucherverträgen *(Auszug)*
	§ 312 Anwendungsbereich
	
	(1) Die Vorschriften der Kapitel 1 und 2 dieses Untertitels sind nur auf Verbraucherverträge im Sinne des § 310 Absatz 3 anzuwenden, die eine entgeltliche Leistung des Unternehmers zum Gegenstand haben.
	
	(2) Von den Vorschriften der Kapitel 1 und 2 dieses Untertitels ist nur § 312a Absatz 1, 3, 4 und 6 auf folgende Verträge anzuwenden:
	1. notariell beurkundete Verträge
	   a) über Finanzdienstleistungen, die außerhalb von Geschäftsräumen geschlossen werden,
	   b) die keine Verträge über Finanzdienstleistungen sind; für Verträge, für die das Gesetz die notarielle Beurkundung des Vertrags oder einer Vertragserklärung nicht vorschreibt, gilt dies nur, wenn der Notar darüber belehrt, dass die Informationspflichten nach § 312d Absatz 1 und das Widerrufsrecht nach § 312g Absatz 1 entfallen,
	2. Verträge über die Begründung, den Erwerb oder die Übertragung von Eigentum oder anderen Rechten an Grundstücken,
	3. ~~Verträge über den Bau von neuen Gebäuden oder erhebliche Umbaumaßnahmen an bestehenden Gebäuden~~ 3. Verbraucherbauverträge nach § 650i Absatz 1,
	[...]
	
	Titel 5 – Rücktritt; Widerrufsrecht bei Verbraucherverträgen
	
	Untertitel 2 – Widerrufsrecht bei Verbraucherverträgen *(Auszug)*
	
	§ 356e Widerrufsrecht bei Verbraucherbauverträgen
	
	¹Bei einem Verbraucherbauvertrag (§ 650i Absatz 1) beginnt die Widerrufsfrist nicht, bevor der Unternehmer den Verbraucher gemäß Artikel 249 § 3 des Einführungsgesetzes zum Bürgerlichen Gesetzbuche über sein Widerrufsrecht be-

BGB alt	BGB neu
	lehrt hat. ²Das Widerrufsrecht erlischt spätestens zwölf Monate und 14 Tage nach dem in § 355 Absatz 2 Satz 2 genannten Zeitpunkt.
	§ 357d Rechtsfolgen des Widerrufs bei Verbraucherbauverträgen
	¹Ist die Rückgewähr der bis zum Widerruf erbrachten Leistung ihrer Natur nach ausgeschlossen, schuldet der Verbraucher dem Unternehmer Wertersatz. ²Bei der Berechnung des Wertersatzes ist die vereinbarte Vergütung zugrunde zu legen. ³Ist die vereinbarte Vergütung unverhältnismäßig hoch, ist der Wertersatz auf der Grundlage des Marktwertes der erbrachten Leistung zu berechnen.
Abschnitt 8 – Einzelne Schuldverhältnisse	Abschnitt 8 – Einzelne Schuldverhältnisse
Titel 1 – Kauf, Tausch	Titel 1 – Kauf, Tausch
Untertitel 1 – Allgemeine Vorschriften *(Auszug)*	Untertitel 1 – Allgemeine Vorschriften *(Auszug)*
§ 439 Nacherfüllung	**§ 439 Nacherfüllung**
(1) Der Käufer kann als Nacherfüllung nach seiner Wahl die Beseitigung des Mangels oder die Lieferung einer mangelfreien Sache verlangen.	(1) Der Käufer kann als Nacherfüllung nach seiner Wahl die Beseitigung des Mangels oder die Lieferung einer mangelfreien Sache verlangen.
(2) Der Verkäufer hat die zum Zwecke der Nacherfüllung erforderlichen Aufwendungen, insbesondere Transport-, Wege-, Arbeits- und Materialkosten zu tragen.	(2) Der Verkäufer hat die zum Zwecke der Nacherfüllung erforderlichen Aufwendungen, insbesondere Transport-, Wege-, Arbeits- und Materialkosten zu tragen.
	(3) ¹Hat der Käufer die mangelhafte Sache gemäß ihrer Art und ihrem Verwendungszweck in eine andere Sache eingebaut oder an eine andere Sache angebracht, ist der Verkäufer im Rahmen der Nacherfüllung verpflichtet, dem Käufer die erforderlichen Aufwendungen für das Entfernen der mangelhaften und den Einbau oder das Anbringen der nachgebesserten oder gelieferten mangelfreien Sache zu ersetzen. ²§ 442 Absatz 1 ist mit der Maßgabe anzuwenden, dass für die Kenntnis des Käufers an die Stelle des Vertragsschlusses der Einbau oder das Anbringen der mangelhaften Sache durch den Käufer tritt.
(3) ¹Der Verkäufer kann die vom Käufer gewählte Art der Nacherfüllung unbeschadet des § 275 Abs. 2 und 3 verweigern, wenn sie nur mit unverhältnismäßigen Kosten möglich ist. ²Dabei sind insbesondere der Wert der Sache in mangelfreiem Zustand, die Bedeutung des Mangels und die Frage zu berücksichtigen, ob auf die andere Art der Nacherfüllung ohne erhebliche Nachteile für den Käufer zurückgegriffen werden könnte. ³Der Anspruch des Käufers beschränkt sich in diesem Fall auf die andere Art der Nacherfüllung; das Recht des Verkäufers, auch diese unter den	(4) ¹Der Verkäufer kann die vom Käufer gewählte Art der Nacherfüllung unbeschadet des § 275 Abs. 2 und 3 verweigern, wenn sie nur mit unverhältnismäßigen Kosten möglich ist. ²Dabei sind insbesondere der Wert der Sache in mangelfreiem Zustand, die Bedeutung des Mangels und die Frage zu berücksichtigen, ob auf die andere Art der Nacherfüllung ohne erhebliche Nachteile für den Käufer zurückgegriffen werden könnte. ³Der Anspruch des Käufers beschränkt sich in diesem Fall auf die andere Art der Nacherfüllung; das Recht des Verkäufers, auch diese unter den

BGB alt	BGB neu
Voraussetzungen des Satzes 1 zu verweigern, bleibt unberührt. (4) Liefert der Verkäufer zum Zwecke der Nacherfüllung eine mangelfreie Sache, so kann er vom Käufer Rückgewähr der mangelhaften Sache nach Maßgabe der §§ 346 bis 348 verlangen. **§ 440 Besondere Bestimmungen für Rücktritt und Schadensersatz** ¹ Außer in den Fällen des § 281 Abs. 2 und des § 323 Abs. 2 bedarf es der Fristsetzung auch dann nicht, wenn der Verkäufer beide Arten der Nacherfüllung gemäß § 439 Abs. 3 verweigert oder wenn die dem Käufer zustehende Art der Nacherfüllung fehlgeschlagen oder ihm unzumutbar ist. ² Eine Nachbesserung gilt nach dem erfolglosen zweiten Versuch als fehlgeschlagen, wenn sich nicht insbesondere aus der Art der Sache oder des Mangels oder den sonstigen Umständen etwas anderes ergibt.	Voraussetzungen des Satzes 1 zu verweigern, bleibt unberührt. (5) Liefert der Verkäufer zum Zwecke der Nacherfüllung eine mangelfreie Sache, so kann er vom Käufer Rückgewähr der mangelhaften Sache nach Maßgabe der §§ 346 bis 348 verlangen. **§ 440 Besondere Bestimmungen für Rücktritt und Schadensersatz** ¹ Außer in den Fällen des § 281 Abs. 2 und des § 323 Abs. 2 bedarf es der Fristsetzung auch dann nicht, wenn der Verkäufer beide Arten der Nacherfüllung gemäß ~~§ 439 Abs. 3~~ § 439 Absatz 4 verweigert oder wenn die dem Käufer zustehende Art der Nacherfüllung fehlgeschlagen oder ihm unzumutbar ist. ² Eine Nachbesserung gilt nach dem erfolglosen zweiten Versuch als fehlgeschlagen, wenn sich nicht insbesondere aus der Art der Sache oder des Mangels oder den sonstigen Umständen etwas anderes ergibt. **§ 445a Rückgriff des Verkäufers** (1) Der Verkäufer kann beim Verkauf einer neu hergestellten Sache von dem Verkäufer, der ihm die Sache verkauft hatte (Lieferant), Ersatz der Aufwendungen verlangen, die er im Verhältnis zum Käufer nach § 439 Absatz 2 und 3 sowie § 475 Absatz 4 und 6 zu tragen hatte, wenn der vom Käufer geltend gemachte Mangel bereits beim Übergang der Gefahr auf den Verkäufer vorhanden war. (2) Für die in § 437 BGB bezeichneten Rechte des Verkäufers gegen seinen Lieferanten bedarf es wegen des vom Käufer geltend gemachten Mangels der sonst erforderlichen Fristsetzung nicht, wenn der Verkäufer die verkaufte Sache neu hergestellte Sache als Folge ihrer Mangelhaftigkeit zurücknehmen musste oder der Käufer den Kaufpreis gemindert hat. (3) Die Absätze 1 und 2 finden auf die Ansprüche des Lieferanten und der übrigen Käufer in der Lieferkette gegen die jeweiligen Verkäufer entsprechende Anwendung, wenn die Schuldner Unternehmer sind. (4) § 377 des Handelsgesetzbuchs bleibt unberührt. **§ 445b Verjährung von Rückgriffsansprüchen** (1) Die in § 445a Absatz 1 bestimmten Aufwendungsersatzansprüche verjähren in zwei Jahren ab Ablieferung der Sache. (2) ¹ Die Verjährung der in den §§ 437 und 445a Absatz 1 bestimmten Ansprüche des Verkäufers gegen seinen Lieferanten wegen des Mangels einer verkauften neu hergestellten Sache tritt frühestens zwei Monate nach dem Zeit-

Anhang

2. Synopse: Änderungen des BGB, EGBGB, GVG

BGB alt	BGB neu
	punkt ein, in dem der Verkäufer die Ansprüche des Käufers erfüllt hat. ²Diese Ablaufhemmung endet spätestens fünf Jahre nach dem Zeitpunkt, in dem der Lieferant die Sache dem Verkäufer abgeliefert hat.
	(3) Die Absätze 1 und 2 finden auf die Ansprüche des Lieferanten und der übrigen Käufer in der Lieferkette gegen die jeweiligen Verkäufer entsprechende Anwendung, wenn die Schuldner Unternehmer sind.
Untertitel 3 – Verbrauchsgüterkauf	**Untertitel 3 – Verbrauchsgüterkauf**
§ 474 Begriff des Verbrauchsgüterkaufs	**§ 474 Begriff des Verbrauchsgüterkaufs**
(1) ¹Verbrauchsgüterkäufe sind Verträge, durch die ein Verbraucher von einem Unternehmer eine bewegliche Sache kauft. ²Um einen Verbrauchsgüterkauf handelt es sich auch bei einem Vertrag, der neben dem Verkauf einer beweglichen Sache die Erbringung einer Dienstleistung durch den Unternehmer zum Gegenstand hat.	(1) ¹Verbrauchsgüterkäufe sind Verträge, durch die ein Verbraucher von einem Unternehmer eine bewegliche Sache kauft. ²Um einen Verbrauchsgüterkauf handelt es sich auch bei einem Vertrag, der neben dem Verkauf einer beweglichen Sache die Erbringung einer Dienstleistung durch den Unternehmer zum Gegenstand hat.
(2) ¹Für den Verbrauchsgüterkauf gelten ergänzend die folgenden Vorschriften dieses Untertitels. ²Dies gilt nicht für gebrauchte Sachen, die in einer öffentlich zugänglichen Versteigerung verkauft werden, an der der Verbraucher persönlich teilnehmen kann.	(2) ¹Für den Verbrauchsgüterkauf gelten ergänzend die folgenden Vorschriften dieses Untertitels. ²Dies gilt nicht für gebrauchte Sachen, die in einer öffentlich zugänglichen Versteigerung verkauft werden, an der der Verbraucher persönlich teilnehmen kann.
(3) Ist eine Zeit für die nach § 433 zu erbringenden Leistungen weder bestimmt noch aus den Umständen zu entnehmen, so kann der Gläubiger diese Leistungen abweichend von § 271 Absatz 1 nur unverzüglich verlangen. Der Unternehmer muss die Sache in diesem Fall spätestens 30 Tage nach Vertragsschluss übergeben. Die Vertragsparteien können die Leistungen sofort bewirken.	~~(3) Ist eine Zeit für die nach § 433 zu erbringenden Leistungen weder bestimmt noch aus den Umständen zu entnehmen, so kann der Gläubiger diese Leistungen abweichend von § 271 Absatz 1 nur unverzüglich verlangen. Der Unternehmer muss die Sache in diesem Fall spätestens 30 Tage nach Vertragsschluss übergeben. Die Vertragsparteien können die Leistungen sofort bewirken.~~
(4) § 447 Absatz 1 gilt mit der Maßgabe, dass die Gefahr des zufälligen Untergangs und der zufälligen Verschlechterung nur dann auf den Käufer übergeht, wenn der Käufer den Spediteur, den Frachtführer oder die sonst zur Ausführung der Versendung bestimmte Person oder Anstalt mit der Ausführung beauftragt hat und der Unternehmer dem Käufer diese Person oder Anstalt nicht zuvor benannt hat.	~~(4) § 447 Absatz 1 gilt mit der Maßgabe, dass die Gefahr des zufälligen Untergangs und der zufälligen Verschlechterung nur dann auf den Käufer übergeht, wenn der Käufer den Spediteur, den Frachtführer oder die sonst zur Ausführung der Versendung bestimmte Person oder Anstalt mit der Ausführung beauftragt hat und der Unternehmer dem Käufer diese Person oder Anstalt nicht zuvor benannt hat.~~
(5) Auf die in diesem Untertitel geregelten Kaufverträge ist § 439 Absatz 4 mit der Maßgabe anzuwenden, dass Nutzungen nicht herauszugeben oder durch ihren Wert zu ersetzten sind. Die §§ 445 und 447 Absatz 2 sind nicht anzuwenden.	~~(5) Auf die in diesem Untertitel geregelten Kaufverträge ist § 439 Absatz 4 mit der Maßgabe anzuwenden, dass Nutzungen nicht herauszugeben oder durch ihren Wert zu ersetzten sind. Die §§ 445 und 447 Absatz 2 sind nicht anzuwenden.~~
	§ 475 Anwendbare Vorschriften
	(1) ¹Ist eine Zeit für die nach § 433 zu erbringenden Leistungen weder bestimmt noch aus

BGB alt	BGB neu
	den Umständen zu entnehmen, so kann der Gläubiger diese Leistungen abweichend von § 271 Absatz 1 nur unverzüglich verlangen. ²Der Unternehmer muss die Sache in diesem Fall spätestens 30 Tage nach Vertragsschluss übergeben. ³Die Vertragsparteien können die Leistungen sofort bewirken.
	(2) § 447 Absatz 1 gilt mit der Maßgabe, dass die Gefahr des zufälligen Untergangs und der zufälligen Verschlechterung nur dann auf den Käufer übergeht, wenn der Käufer den Spediteur, den Frachtführer oder die sonst zur Ausführung der Versendung bestimmte Person oder Anstalt mit der Ausführung beauftragt hat und der Unternehmer dem Käufer diese Person oder Anstalt nicht zuvor benannt hat.
	(3) § 439 Absatz 5 ist mit der Maßgabe anzuwenden, dass Nutzungen nicht herauszugeben oder durch ihren Wert zu ersetzen sind. Die §§ 445 und 447 Absatz 2 sind nicht anzuwenden.
	(4) ¹Ist die eine Art der Nacherfüllung nach § 275 Absatz 1 ausgeschlossen oder kann der Unternehmer diese nach § 275 Absatz 2 oder 3 oder § 439 Absatz 4 Satz 1 verweigern, kann er die andere Art der Nacherfüllung nicht wegen Unverhältnismäßigkeit der Kosten nach § 439 Absatz 4 Satz 1 verweigern. ²Ist die andere Art der Nacherfüllung wegen der Höhe der Aufwendungen nach § 439 Absatz 2 oder Absatz 3 Satz 1 unverhältnismäßig, kann der Unternehmer den Aufwendungsersatz auf einen angemessenen Betrag beschränken. ³Bei der Bemessung dieses Betrages sind insbesondere der Wert der Sache in mangelfreiem Zustand und die Bedeutung des Mangels zu berücksichtigen.
	(5) § 440 Satz 1 ist auch in den Fällen anzuwenden, in denen der Verkäufer die Nacherfüllung gemäß Absatz 4 Satz 2 beschränkt.
	(6) Der Verbraucher kann von dem Unternehmer für Aufwendungen, die ihm im Rahmen der Nacherfüllung gemäß § 439 Absatz 2 und 3 entstehen und die vom Unternehmer zu tragen sind, Vorschuss verlangen.
§ 475 Abweichende Vereinbarungen (1) Auf eine vor Mitteilung eines Mangels an den Unternehmer getroffene Vereinbarung, die zum Nachteil des Verbrauchers von den §§ 433 bis 435, 437, 439 bis 443 sowie von den Vorschriften dieses Untertitels abweicht, kann der Unternehmer sich nicht berufen. ²Die in Satz 1 bezeichneten Vorschriften finden auch Anwendung, wenn sie durch anderweitige Gestaltungen umgangen werden.	**§ 476 Abweichende Vereinbarungen** (1) Auf eine vor Mitteilung eines Mangels an den Unternehmer getroffene Vereinbarung, die zum Nachteil des Verbrauchers von den §§ 433 bis 435, 437, 439 bis 443 sowie von den Vorschriften dieses Untertitels abweicht, kann der Unternehmer sich nicht berufen. ²Die in Satz 1 bezeichneten Vorschriften finden auch Anwendung, wenn sie durch anderweitige Gestaltungen umgangen werden.

Anhang
2. Synopse: Änderungen des BGB, EGBGB, GVG

BGB alt	BGB neu
(2) Die Verjährung der in § 437 bezeichneten Ansprüche kann vor Mitteilung eines Mangels an den Unternehmer nicht durch Rechtsgeschäft erleichtert werden, wenn die Vereinbarung zu einer Verjährungsfrist ab dem gesetzlichen Verjährungsbeginn von weniger als zwei Jahren, bei gebrauchten Sachen von weniger als einem Jahr führt. (3) Die Absätze 1 und 2 gelten unbeschadet der §§ 307 bis 309 nicht für den Ausschluss oder die Beschränkung des Anspruchs auf Schadensersatz.	(2) Die Verjährung der in § 437 bezeichneten Ansprüche kann vor Mitteilung eines Mangels an den Unternehmer nicht durch Rechtsgeschäft erleichtert werden, wenn die Vereinbarung zu einer Verjährungsfrist ab dem gesetzlichen Verjährungsbeginn von weniger als zwei Jahren, bei gebrauchten Sachen von weniger als einem Jahr führt. (3) Die Absätze 1 und 2 gelten unbeschadet der §§ 307 bis 309 nicht für den Ausschluss oder die Beschränkung des Anspruchs auf Schadensersatz.
§ 476 Beweislastumkehr Zeigt sich innerhalb von sechs Monaten seit Gefahrübergang ein Sachmangel, so wird vermutet, dass die Sache bereits bei Gefahrübergang mangelhaft war, es sei denn, diese Vermutung ist mit der Art der Sache oder des Mangels unvereinbar.	**§ 477 Beweislastumkehr** Zeigt sich innerhalb von sechs Monaten seit Gefahrübergang ein Sachmangel, so wird vermutet, dass die Sache bereits bei Gefahrübergang mangelhaft war, es sei denn, diese Vermutung ist mit der Art der Sache oder des Mangels unvereinbar.
§ 477 Sonderbestimmungen für Garantien (1) Eine Garantieerklärung (§ 443) muss einfach und verständlich abgefasst sein. Sie muss enthalten 1. den Hinweis auf die gesetzlichen Rechte des Verbrauchers sowie darauf, dass sie durch die Garantie nicht eingeschränkt werden und 2. den Inhalt der Garantie und alle wesentlichen Angaben, die für die Geltendmachung der Garantie erforderlich sind, insbesondere die Dauer und den räumlichen Geltungsbereich des Garantieschutzes sowie Namen und Anschrift des Garantiegebers. (2) Der Verbraucher kann verlangen, dass ihm die Garantieerklärung in Textform mitgeteilt wird. (3) Die Wirksamkeit der Garantieverpflichtung wird nicht dadurch berührt, dass eine der vorstehenden Anforderungen nicht erfüllt wird.	**§ 477 Sonderbestimmungen für Garantien** *(wird unverändert § 479 nF)* (1) Eine Garantieerklärung (§ 443) muss einfach und verständlich abgefasst sein. Sie muss enthalten 1. den Hinweis auf die gesetzlichen Rechte des Verbrauchers sowie darauf, dass sie durch die Garantie nicht eingeschränkt werden und 2. den Inhalt der Garantie und alle wesentlichen Angaben, die für die Geltendmachung der Garantie erforderlich sind, insbesondere die Dauer und den räumlichen Geltungsbereich des Garantieschutzes sowie Namen und Anschrift des Garantiegebers. (2) Der Verbraucher kann verlangen, dass ihm die Garantieerklärung in Textform mitgeteilt wird. (3) Die Wirksamkeit der Garantieverpflichtung wird nicht dadurch berührt, dass eine der vorstehenden Anforderungen nicht erfüllt wird.
§ 478 Rückgriff des Unternehmers (1) Wenn der Unternehmer die verkaufte neu hergestellte Sache als Folge ihrer Mangelhaftigkeit zurücknehmen musste oder der Verbraucher den Kaufpreis gemindert hat, bedarf es für die in § 437 bezeichneten Rechte des Unternehmers gegen den Unternehmer, der ihm die Sache verkauft hatte (Lieferant), wegen des vom Verbraucher geltend gemachten Mangels einer sonst erforderlichen Fristsetzung nicht. Ist der letzte Vertrag in der Lieferkette ein Verbrauchsgüterkauf (§ 474), findet § 477 in den Fällen des § 445a Absatz 1 und 2 mit der Maßgabe Anwendung, dass die Frist mit dem Übergang der Gefahr auf den Verbraucher beginnt.	**§ 478 Sonderbestimmungen für den Rückgriff des Unternehmers** (1) Wenn der Unternehmer die verkaufte neu hergestellte Sache als Folge ihrer Mangelhaftigkeit zurücknehmen musste oder der Verbraucher den Kaufpreis gemindert hat, bedarf es für die in § 437 bezeichneten Rechte des Unternehmers gegen den Unternehmer, der ihm die Sache verkauft hatte (Lieferant), wegen des vom Verbraucher geltend gemachten Mangels einer sonst erforderlichen Fristsetzung nicht. **(1) Ist der letzte Vertrag in der Lieferkette ein Verbrauchsgüterkauf (§ 474), findet § 477 in den Fällen des § 445a Absatz 1 und 2 mit der Maßgabe Anwendung, dass die Frist mit dem Übergang der Gefahr auf den Verbraucher beginnt.**

Bürgerliches Gesetzbuch (BGB) — Anhang

BGB alt	BGB neu
(2) Der Unternehmer kann beim Verkauf einer neu hergestellten Sache von seinem Lieferanten Ersatz der Aufwendungen verlangen, die der Unternehmer im Verhältnis zum Verbraucher nach § 439 Abs. 2 zu tragen hatte, wenn der vom Verbraucher geltend gemachte Mangel bereits beim Übergang der Gefahr auf den Unternehmer vorhanden war.	~~(2) Der Unternehmer kann beim Verkauf einer neu hergestellten Sache von seinem Lieferanten Ersatz der Aufwendungen verlangen, die der Unternehmer im Verhältnis zum Verbraucher nach § 439 Abs. 2 zu tragen hatte, wenn der vom Verbraucher geltend gemachte Mangel bereits beim Übergang der Gefahr auf den Unternehmer vorhanden war.~~
(3) In den Fällen der Absätze 1 und 2 findet § 476 mit der Maßgabe Anwendung, dass die Frist mit dem Übergang der Gefahr auf den Verbraucher beginnt.	~~(3) In den Fällen der Absätze 1 und 2 findet § 476 mit der Maßgabe Anwendung, dass die Frist mit dem Übergang der Gefahr auf den Verbraucher beginnt.~~
(4) ¹Auf eine vor Mitteilung eines Mangels an den Lieferanten getroffene Vereinbarung, die zum Nachteil des Unternehmers von den §§ 433 bis 435, 437, 439 bis 443 sowie von den Absätzen 1 bis 3 und von § 479 von Absatz 1 sowie von den §§ 433 bis 435, 437, 439 bis 443, 445a Absatz 1 und 2 sowie von § 445b abweicht, kann sich der Lieferant nicht berufen, wenn dem Rückgriffsgläubiger kein gleichwertiger Ausgleich eingeräumt wird. ²Satz 1 gilt unbeschadet des § 307 nicht für den Ausschluss oder die Beschränkung des Anspruchs auf Schadensersatz. ³Die in Satz 1 bezeichneten Vorschriften finden auch Anwendung, wenn sie durch anderweitige Gestaltungen umgangen werden.	(2) ¹Auf eine vor Mitteilung eines Mangels an den Lieferanten getroffene Vereinbarung, die zum Nachteil des Unternehmers ~~von den §§ 433 bis 435, 437, 439 bis 443 sowie von den Absätzen 1 bis 3 und~~ von § 479 **von Absatz 1 sowie von den §§ 433 bis 435, 437, 439 bis 443, 445a Absatz 1 und 2 sowie von § 445b** abweicht, kann sich der Lieferant nicht berufen, wenn dem Rückgriffsgläubiger kein gleichwertiger Ausgleich eingeräumt wird. ²Satz 1 gilt unbeschadet des § 307 nicht für den Ausschluss oder die Beschränkung des Anspruchs auf Schadensersatz. ³Die in Satz 1 bezeichneten Vorschriften finden auch Anwendung, wenn sie durch anderweitige Gestaltungen umgangen werden.
(5) Die Absätze 1 und 2 finden auf die Ansprüche des Lieferanten und der übrigen Käufer in der Lieferkette gegen die jeweiligen Verkäufer entsprechende Anwendung, wenn die Schuldner Unternehmer sind.	(3) Die Absätze 1 und 2 finden auf die Ansprüche des Lieferanten und der übrigen Käufer in der Lieferkette gegen die jeweiligen Verkäufer entsprechende Anwendung, wenn die Schuldner Unternehmer sind.
(6) § 377 des Handelsgesetzbuches bleibt unberührt.	~~(6) § 377 des Handelsgesetzbuches bleibt unberührt.~~
§ 479 Verjährung von Rückgriffsansprüchen	~~**§ 479 Verjährung von Rückgriffsansprüchen**~~
(1) Die in § 478 Abs. 2 bestimmten Aufwendungsersatzansprüche verjähren in zwei Jahren ab Ablieferung der Sache.	~~(1) Die in § 478 Abs. 2 bestimmten Aufwendungsersatzansprüche verjähren in zwei Jahren ab Ablieferung der Sache.~~
(2) Die Verjährung der in den §§ 437 und 478 Abs. 2 bestimmten Ansprüche des Unternehmers gegen seinen Lieferanten wegen des Mangels einer an einen Verbraucher verkauften neu hergestellten Sache tritt frühestens zwei Monate nach dem Zeitpunkt ein, in dem der Unternehmer die Ansprüche des Verbrauchers erfüllt hat. Diese Ablaufhemmung endet spätestens fünf Jahre nach dem Zeitpunkt, in dem der Lieferant die Sache dem Unternehmer abgeliefert hat.	~~(2) Die Verjährung der in den §§ 437 und 478 Abs. 2 bestimmten Ansprüche des Unternehmers gegen seinen Lieferanten wegen des Mangels einer an einen Verbraucher verkauften neu hergestellten Sache tritt frühestens zwei Monate nach dem Zeitpunkt ein, in dem der Unternehmer die Ansprüche des Verbrauchers erfüllt hat. Diese Ablaufhemmung endet spätestens fünf Jahre nach dem Zeitpunkt, in dem der Lieferant die Sache dem Unternehmer abgeliefert hat.~~
(3) Die vorstehenden Absätze finden auf die Ansprüche des Lieferanten und der übrigen Käufer in der Lieferkette gegen die jeweiligen Verkäufer entsprechende Anwendung, wenn die Schuldner Unternehmer sind.	~~(3) Die vorstehenden Absätze finden auf die Ansprüche des Lieferanten und der übrigen Käufer in der Lieferkette gegen die jeweiligen Verkäufer entsprechende Anwendung, wenn die Schuldner Unternehmer sind.~~

BGB alt	BGB neu
	§ 479 Sonderbestimmungen für Garantien *(entspricht § 477 aF)* (1) ¹Eine Garantieerklärung (§ 443) muss einfach und verständlich abgefasst sein. ²Sie muss enthalten: 1. den Hinweis auf die gesetzlichen Rechte des Verbrauchers sowie darauf, dass sie durch die Garantie nicht eingeschränkt werden, und 2. den Inhalt der Garantie und alle wesentlichen Angaben, die für die Geltendmachung der Garantie erforderlich sind, insbesondere die Dauer und den räumlichen Geltungsbereich des Garantieschutzes sowie Namen und Anschrift des Garantiegebers. (2) Der Verbraucher kann verlangen, dass ihm die Garantieerklärung in Textform mitgeteilt wird. (3) Die Wirksamkeit der Garantieverpflichtung wird nicht dadurch berührt, dass eine der vorstehenden Anforderungen nicht erfüllt wird.
Titel 9 – Werkvertrag und ähnliche Verträge	Titel 9 – Werkvertrag und ähnliche Verträge
Untertitel 1 – Werkvertrag	Untertitel 1 – Werkvertrag
	Kapitel 1 – Allgemeine Vorschriften
§ 631 Vertragstypische Pflichten beim Werkvertrag (1) Durch den Werkvertrag wird der Unternehmer zur Herstellung des versprochenen Werkes, der Besteller zur Entrichtung der vereinbarten Vergütung verpflichtet. (2) Gegenstand des Werkvertrags kann sowohl die Herstellung oder Veränderung einer Sache als auch ein anderer durch Arbeit oder Dienstleistung herbeizuführender Erfolg sein.	**§ 631 Vertragstypische Pflichten beim Werkvertrag** (1) Durch den Werkvertrag wird der Unternehmer zur Herstellung des versprochenen Werkes, der Besteller zur Entrichtung der vereinbarten Vergütung verpflichtet. (2) Gegenstand des Werkvertrags kann sowohl die Herstellung oder Veränderung einer Sache als auch ein anderer durch Arbeit oder Dienstleistung herbeizuführender Erfolg sein.
§ 632 Vergütung (1) Eine Vergütung gilt als stillschweigend vereinbart, wenn die Herstellung des Werkes den Umständen nach nur gegen eine Vergütung zu erwarten ist. (2) Ist die Höhe der Vergütung nicht bestimmt, so ist bei dem Bestehen einer Taxe die taxmäßige Vergütung, in Ermangelung einer Taxe die übliche Vergütung als vereinbart anzusehen. (3) Ein Kostenanschlag ist im Zweifel nicht zu vergüten.	**§ 632 Vergütung** (1) Eine Vergütung gilt als stillschweigend vereinbart, wenn die Herstellung des Werkes den Umständen nach nur gegen eine Vergütung zu erwarten ist. (2) Ist die Höhe der Vergütung nicht bestimmt, so ist bei dem Bestehen einer Taxe die taxmäßige Vergütung, in Ermangelung einer Taxe die übliche Vergütung als vereinbart anzusehen. (3) Ein Kostenanschlag ist im Zweifel nicht zu vergüten.
§ 632a Abschlagszahlungen (1) ¹Der Unternehmer kann von dem Besteller für eine vertragsgemäß erbrachte Leistung eine Abschlagszahlung in der Höhe verlangen, in der der Besteller durch die Leistung einen Wertzuwachs erlangt hat. ²Wegen unwesentlicher Män-	**§ 632a Abschlagszahlungen** (1) ~~Der Unternehmer kann von dem Besteller für eine vertragsgemäß erbrachte Leistung eine Abschlagszahlung in der Höhe verlangen, in der der Besteller durch die Leistung einen Wertzuwachs erlangt hat. Wegen unwesentlicher Män-~~

BGB alt	BGB neu
gel kann die Abschlagszahlung nicht verweigert werden. ³§ 641 Abs. 3 gilt entsprechend. ⁴Die Leistungen sind durch eine Aufstellung nachzuweisen, die eine rasche und sichere Beurteilung der Leistungen ermöglichen muss. ⁵Die Sätze 1 bis 4 gelten auch für erforderliche Stoffe oder Bauteile, die angeliefert oder eigens angefertigt und bereitgestellt sind, wenn dem Besteller nach seiner Wahl Eigentum an den Stoffen oder Bauteilen übertragen oder entsprechende Sicherheit hierfür geleistet wird.	gel kann die Abschlagszahlung nicht verweigert werden. ¹Der Unternehmer kann von dem Besteller eine Abschlagszahlung in Höhe des Wertes der von ihm erbrachten und nach dem Vertrag geschuldeten Leistungen verlangen. ²Sind die erbrachten Leistungen nicht vertragsgemäß, kann der Besteller die Zahlung eines angemessen Teils des Abschlags verweigern. ³Die Beweislast für die vertragsgemäße Leistung verbleibt bis zur Abnahme beim Unternehmer. ⁴§ 641 Abs. 3 gilt entsprechend. ⁵Die Leistungen sind durch eine Aufstellung nachzuweisen, die eine rasche und sichere Beurteilung der Leistungen ermöglichen muss. ⁶Die Sätze 1 bis 5 gelten auch für erforderliche Stoffe oder Bauteile, die angeliefert oder eigens angefertigt und bereitgestellt sind, wenn dem Besteller nach seiner Wahl Eigentum an den Stoffen oder Bauteilen übertragen oder entsprechende Sicherheit hierfür geleistet wird.
(2) Wenn der Vertrag die Einrichtung oder den Umbau eines Hauses oder eines vergleichbaren Bauwerks zum Gegenstand hat und zugleich die Verpflichtung des Unternehmers enthält, dem Besteller das Eigentum an dem Grundstück zu übertragen oder ein Erbbaurecht zu bestellen oder zu übertragen, können Abschlagszahlungen nur verlangt werden, soweit sie gemäß einer Verordnung auf Grund von Artikel 244 des Einführungsgesetzes zum Bürgerlichen Gesetzbuche vereinbart sind.	(2) Wenn der Vertrag die Einrichtung oder den Umbau eines Hauses oder eines vergleichbaren Bauwerks zum Gegenstand hat und zugleich die Verpflichtung des Unternehmers enthält, dem Besteller das Eigentum an dem Grundstück zu übertragen oder ein Erbbaurecht zu bestellen oder zu übertragen, können Abschlagszahlungen nur verlangt werden, soweit sie gemäß einer Verordnung auf Grund von Artikel 244 des Einführungsgesetzes zum Bürgerlichen Gesetzbuche vereinbart sind.
(3) Ist der Besteller ein Verbraucher und hat der Vertrag die Errichtung oder den Umbau eines Hauses oder eines vergleichbaren Bauwerks zum Gegenstand, ist dem Besteller bei der ersten Abschlagszahlung eine Sicherheit für die rechtzeitige Herstellung des Werkes ohne wesentliche Mängel in Höhe von 5 vom Hundert des Vergütungsanspruches zu leisten. Erhöht sich der Vergütungsanspruch infolge von Änderungen oder Ergänzungen des Vertrages um mehr als 10 vom Hundert, ist dem Besteller bei der nächsten Abschlagszahlung eine weitere Sicherheit in Höhe von 5 vom Hundert des zusätzlichen Vergütungsanspruchs zu leisten. Auf Verlangen des Unternehmers ist die Sicherheitsleistung durch Einbehalt dergestalt zu erbringen, dass der Besteller die Abschlagszahlungen bis zu dem Gesamtbetrag der geschuldeten Sicherheit zurückhält.	(3) Ist der Besteller ein Verbraucher und hat der Vertrag die Errichtung oder den Umbau eines Hauses oder eines vergleichbaren Bauwerks zum Gegenstand, ist dem Besteller bei der ersten Abschlagszahlung eine Sicherheit für die rechtzeitige Herstellung des Werkes ohne wesentliche Mängel in Höhe von 5 vom Hundert des Vergütungsanspruches zu leisten. Erhöht sich der Vergütungsanspruch infolge von Änderungen oder Ergänzungen des Vertrages um mehr als 10 vom Hundert, ist dem Besteller bei der nächsten Abschlagszahlung eine weitere Sicherheit in Höhe von 5 vom Hundert des zusätzlichen Vergütungsanspruchs zu leisten. Auf Verlangen des Unternehmers ist die Sicherheitsleistung durch Einbehalt dergestalt zu erbringen, dass der Besteller die Abschlagszahlungen bis zu dem Gesamtbetrag der geschuldeten Sicherheit zurückhält.
(4) Sicherheiten nach dieser Vorschrift können auch durch eine Garantie oder ein sonstiges Zahlungsversprechen eines im Geltungsbereich dieses Gesetzes zum Geschäftsbetrieb befugten Kreditinstituts oder Kreditversicherers geleistet werden.	(2) Die Sicherheit nach Absatz 1 Satz 6 kann durch eine Garantie oder ein sonstiges Zahlungsversprechen eines im Geltungsbereich dieses Gesetzes zum Geschäftsbetrieb befugten Kreditinstituts oder Kreditversicherers geleistet werden.

Anhang

2. Synopse: Änderungen des BGB, EGBGB, GVG

BGB alt	BGB neu
§ 633 Sach- und Rechtsmangel (1) Der Unternehmer hat dem Besteller das Werk frei von Sach- und Rechtsmängeln zu verschaffen. (2) ¹Das Werk ist frei von Sachmängeln, wenn es die vereinbarte Beschaffenheit hat. ²Soweit die Beschaffenheit nicht vereinbart ist, ist das Werk frei von Sachmängeln, 1. wenn es sich für die nach dem Vertrag vorausgesetzte, sonst 2. für die gewöhnliche Verwendung eignet und eine Beschaffenheit aufweist, die bei Werken dergleichen Art üblich ist und die der Besteller nach der Art des Werkes erwarten kann. ³Einem Sachmangel steht es gleich, wenn der Unternehmer ein anderes als das bestellte Werk oder das Werk in zu geringer Menge herstellt. (3) Das Werk ist frei von Rechtsmängeln, wenn Dritte in Bezug auf das Werk keine oder nur die im Vertrag übernommenen Rechte gegen den Besteller geltend machen können.	**§ 633 Sach- und Rechtsmangel** (1) Der Unternehmer hat dem Besteller das Werk frei von Sach- und Rechtsmängeln zu verschaffen. (2) ¹Das Werk ist frei von Sachmängeln, wenn es die vereinbarte Beschaffenheit hat. ²Soweit die Beschaffenheit nicht vereinbart ist, ist das Werk frei von Sachmängeln, 1. wenn es sich für die nach dem Vertrag vorausgesetzte, sonst 2. für die gewöhnliche Verwendung eignet und eine Beschaffenheit aufweist, die bei Werken dergleichen Art üblich ist und die der Besteller nach der Art des Werkes erwarten kann. ³Einem Sachmangel steht es gleich, wenn der Unternehmer ein anderes als das bestellte Werk oder das Werk in zu geringer Menge herstellt. (3) Das Werk ist frei von Rechtsmängeln, wenn Dritte in Bezug auf das Werk keine oder nur die im Vertrag übernommenen Rechte gegen den Besteller geltend machen können.
§ 634 Rechte des Bestellers bei Mängeln Ist das Werk mangelhaft, kann der Besteller, wenn die Voraussetzungen der folgenden Vorschriften vorliegen und soweit nicht ein anderes bestimmt ist, 1. nach § 635 Nacherfüllung verlangen, 2. nach § 637 den Mangel selbst beseitigen und Ersatz der erforderlichen Aufwendungen verlangen, 3. nach den §§ 636, 323 und 326 Abs. 5 von dem Vertrag zurücktreten oder nach § 638 die Vergütung mindern und 4. nach den §§ 636, 280, 281,283 und 311a Schadensersatz oder nach § 284 Ersatz vergeblicher Aufwendungen verlangen.	**§ 634 Rechte des Bestellers bei Mängeln** Ist das Werk mangelhaft, kann der Besteller, wenn die Voraussetzungen der folgenden Vorschriften vorliegen und soweit nicht ein anderes bestimmt ist, 1. nach § 635 Nacherfüllung verlangen, 2. nach § 637 den Mangel selbst beseitigen und Ersatz der erforderlichen Aufwendungen verlangen, 3. nach den §§ 636, 323 und 326 Abs. 5 von dem Vertrag zurücktreten oder nach § 638 die Vergütung mindern und 4. nach den §§ 636, 280, 281,283 und 311a Schadensersatz oder nach § 284 Ersatz vergeblicher Aufwendungen verlangen.
§ 634a Verjährung der Mängelansprüche (1) Die in § 634 Nr. 1, 2 und 4 bezeichneten Ansprüche verjähren 1. vorbehaltlich der Nummer 2 in zwei Jahren bei einem Werk, dessen Erfolg in der Herstellung, Wartung oder Veränderung einer Sache oder in der Erbringung von Planungs- oder Überwachungsleistungen hierfür besteht, 2. in fünf Jahren bei einem Bauwerk und einem Werk, dessen Erfolg in der Erbringung von Planungs- oder Überwachungsleistungen hierfür besteht, und 3. im Übrigen in der regelmäßigen Verjährungsfrist. (2) Die Verjährung beginnt in den Fällen des Absatzes 1 Nr. 1 und 2 mit der Abnahme.	**§ 634a Verjährung der Mängelansprüche** (1) Die in § 634 Nr. 1, 2 und 4 bezeichneten Ansprüche verjähren 1. vorbehaltlich der Nummer 2 in zwei Jahren bei einem Werk, dessen Erfolg in der Herstellung, Wartung oder Veränderung einer Sache oder in der Erbringung von Planungs- oder Überwachungsleistungen hierfür besteht, 2. in fünf Jahren bei einem Bauwerk und einem Werk, dessen Erfolg in der Erbringung von Planungs- oder Überwachungsleistungen hierfür besteht, und 3. im Übrigen in der regelmäßigen Verjährungsfrist. (2) Die Verjährung beginnt in den Fällen des Absatzes 1 Nr. 1 und 2 mit der Abnahme.

BGB alt	BGB neu
(3) ¹Abweichend von Absatz 1 Nr. 1 und 2 und Absatz 2 verjähren die Ansprüche in der regelmäßigen Verjährungsfrist, wenn der Unternehmer den Mangel arglistig verschwiegen hat. ²Im Fall des Absatzes 1 Nr. 2 tritt die Verjährung jedoch nicht vor Ablauf der dort bestimmten Frist ein. (4) ¹Für das in § 634 bezeichnete Rücktrittsrecht gilt § 218. ²Der Besteller kann trotz einer Unwirksamkeit des Rücktritts nach § 218 Abs. 1 die Zahlung der Vergütung insoweit verweigern, als er auf Grund des Rücktritts dazu berechtigt sein würde. ³Macht er von diesem Recht Gebrauch, kann der Unternehmer vom Vertrag zurücktreten. (5) Auf das in § 634 bezeichnete Minderungsrecht finden § 218 und Absatz 4 Satz 2 entsprechende Anwendung. **§ 635 Nacherfüllung** (1) Verlangt der Besteller Nacherfüllung, so kann der Unternehmer nach seiner Wahl den Mangel beseitigen oder ein neues Werk herstellen. (2) Der Unternehmer hat die zum Zwecke der Nacherfüllung erforderlichen Aufwendungen, insbesondere Transport-, Wege-, Arbeits- und Materialkosten zu tragen. (3) Der Unternehmer kann die Nacherfüllung unbeschadet des § 275 Abs. 2 und 3 verweigern, wenn sie nur mit unverhältnismäßigen Kosten möglich ist. (4) Stellt der Unternehmer ein neues Werk her, so kann er vom Besteller Rückgewähr des mangelhaften Werkes nach Maßgabe der §§ 346 bis 348 verlangen. **§ 636 Besondere Bestimmungen für Rücktritt und Schadensersatz** Außer in den Fällen der § 281 Abs. 2 und 323 Abs. 2 bedarf es der Fristsetzung auch dann nicht, wenn der Unternehmer die Nacherfüllung gemäß § 635 Abs. 3 verweigert oder wenn die Nacherfüllung fehlgeschlagen oder dem Besteller unzumutbar ist. **§ 637 Selbstvornahme** (1) Der Besteller kann wegen eines Mangels des Werkes nach erfolglosem Ablauf einer von ihm zur Nacherfüllung bestimmten angemessenen Frist den Mangel selbst beseitigen und Ersatz der erforderlichen Aufwendungen verlangen, wenn nicht der Unternehmer die Nacherfüllung zu Recht verweigert. (2) § 323 Abs. 2 findet entsprechende Anwendung. Der Bestimmung einer Frist bedarf es auch	(3) ¹Abweichend von Absatz 1 Nr. 1 und 2 und Absatz 2 verjähren die Ansprüche in der regelmäßigen Verjährungsfrist, wenn der Unternehmer den Mangel arglistig verschwiegen hat. ²Im Fall des Absatzes 1 Nr. 2 tritt die Verjährung jedoch nicht vor Ablauf der dort bestimmten Frist ein. (4) ¹Für das in § 634 bezeichnete Rücktrittsrecht gilt § 218. ²Der Besteller kann trotz einer Unwirksamkeit des Rücktritts nach § 218 Abs. 1 die Zahlung der Vergütung insoweit verweigern, als er auf Grund des Rücktritts dazu berechtigt sein würde. ³Macht er von diesem Recht Gebrauch, kann der Unternehmer vom Vertrag zurücktreten. (5) Auf das in § 634 bezeichnete Minderungsrecht finden § 218 und Absatz 4 Satz 2 entsprechende Anwendung. **§ 635 Nacherfüllung** (1) Verlangt der Besteller Nacherfüllung, so kann der Unternehmer nach seiner Wahl den Mangel beseitigen oder ein neues Werk herstellen. (2) Der Unternehmer hat die zum Zwecke der Nacherfüllung erforderlichen Aufwendungen, insbesondere Transport-, Wege-, Arbeits- und Materialkosten zu tragen. (3) Der Unternehmer kann die Nacherfüllung unbeschadet des § 275 Abs. 2 und 3 verweigern, wenn sie nur mit unverhältnismäßigen Kosten möglich ist. (4) Stellt der Unternehmer ein neues Werk her, so kann er vom Besteller Rückgewähr des mangelhaften Werkes nach Maßgabe der §§ 346 bis 348 verlangen. **§ 636 Besondere Bestimmungen für Rücktritt und Schadensersatz** Außer in den Fällen der § 281 Abs. 2 und 323 Abs. 2 bedarf es der Fristsetzung auch dann nicht, wenn der Unternehmer die Nacherfüllung gemäß § 635 Abs. 3 verweigert oder wenn die Nacherfüllung fehlgeschlagen oder dem Besteller unzumutbar ist. **§ 637 Selbstvornahme** (1) Der Besteller kann wegen eines Mangels des Werkes nach erfolglosem Ablauf einer von ihm zur Nacherfüllung bestimmten angemessenen Frist den Mangel selbst beseitigen und Ersatz der erforderlichen Aufwendungen verlangen, wenn nicht der Unternehmer die Nacherfüllung zu Recht verweigert. (2) § 323 Abs. 2 findet entsprechende Anwendung. Der Bestimmung einer Frist bedarf es auch

BGB alt	BGB neu
dann nicht, wenn die Nacherfüllung fehlgeschlagen oder dem Besteller unzumutbar ist. (3) Der Besteller kann von dem Unternehmer für die zur Beseitigung des Mangels erforderlichen Aufwendungen Vorschuss verlangen. **§ 638 Minderung** (1) ¹Statt zurückzutreten, kann der Besteller die Vergütung durch Erklärung gegenüber dem Unternehmer mindern. ²Der Ausschlussgrund des § 323 Abs. 5 Satz 2 findet keine Anwendung. (2) Sind auf der Seite des Bestellers oder auf der Seite des Unternehmers mehrere beteiligt, so kann die Minderung nur von allen oder gegen alle erklärt werden. (3) ¹Bei der Minderung ist die Vergütung in dem Verhältnis herabzusetzen, in welchem zur Zeit des Vertragsschlusses der Wert des Werkes in mangelfreiem Zustand zu dem wirklichen Wert gestanden haben würde. ²Die Minderung ist, soweit erforderlich, durch Schätzung zu ermitteln. (4) ¹Hat der Besteller mehr als die geminderte Vergütung gezahlt, so ist der Mehrbetrag vom Unternehmer zu erstatten. ²§ 346 Abs. 1 und § 347 Abs. 1 finden entsprechende Anwendung. **§ 639 Haftungsausschluss** Auf eine Vereinbarung, durch welche die Rechte des Bestellers wegen eines Mangels ausgeschlossen oder beschränkt werden, kann sich der Unternehmer nicht berufen, soweit er den Mangel arglistig verschwiegen oder eine Garantie für die Beschaffenheit des Werkes übernommen hat. **§ 640 Abnahme** (1) ¹Der Besteller ist verpflichtet, das vertragsmäßig hergestellte Werk abzunehmen, sofern nicht nach der Beschaffenheit des Werkes die Abnahme ausgeschlossen ist. ²Wegen unwesentlicher Mängel kann die Abnahme nicht verweigert werden. ³Der Abnahme steht es gleich, wenn der Besteller das Werk nicht innerhalb einer ihm vom Unternehmer bestimmten angemessenen Frist abnimmt, obwohl er dazu verpflichtet ist.	dann nicht, wenn die Nacherfüllung fehlgeschlagen oder dem Besteller unzumutbar ist. (3) Der Besteller kann von dem Unternehmer für die zur Beseitigung des Mangels erforderlichen Aufwendungen Vorschuss verlangen. **§ 638 Minderung** (1) ¹Statt zurückzutreten, kann der Besteller die Vergütung durch Erklärung gegenüber dem Unternehmer mindern. ²Der Ausschlussgrund des § 323 Abs. 5 Satz 2 findet keine Anwendung. (2) Sind auf der Seite des Bestellers oder auf der Seite des Unternehmers mehrere beteiligt, so kann die Minderung nur von allen oder gegen alle erklärt werden. (3) ¹Bei der Minderung ist die Vergütung in dem Verhältnis herabzusetzen, in welchem zur Zeit des Vertragsschlusses der Wert des Werkes in mangelfreiem Zustand zu dem wirklichen Wert gestanden haben würde. ²Die Minderung ist, soweit erforderlich, durch Schätzung zu ermitteln. (4) ¹Hat der Besteller mehr als die geminderte Vergütung gezahlt, so ist der Mehrbetrag vom Unternehmer zu erstatten. ²§ 346 Abs. 1 und § 347 Abs. 1 finden entsprechende Anwendung. **§ 639 Haftungsausschluss** Auf eine Vereinbarung, durch welche die Rechte des Bestellers wegen eines Mangels ausgeschlossen oder beschränkt werden, kann sich der Unternehmer nicht berufen, soweit er den Mangel arglistig verschwiegen oder eine Garantie für die Beschaffenheit des Werkes übernommen hat. **§ 640 Abnahme** (1) ¹Der Besteller ist verpflichtet, das vertragsmäßig hergestellte Werk abzunehmen, sofern nicht nach der Beschaffenheit des Werkes die Abnahme ausgeschlossen ist. ²Wegen unwesentlicher Mängel kann die Abnahme nicht verweigert werden. ³~~Der Abnahme steht es gleich, wenn der Besteller das Werk nicht innerhalb einer ihm vom Unternehmer bestimmten angemessenen Frist abnimmt, obwohl er dazu verpflichtet ist.~~ (2) ¹Als abgenommen gilt ein Werk auch, wenn der Unternehmer dem Besteller nach Fertigstellung des Werks eine angemessene Frist zur Abnahme gesetzt hat und der Besteller die Abnahme nicht innerhalb dieser Frist unter Angabe mindestens eines Mangels verweigert hat. ²Ist der Besteller ein Verbraucher, so treten die Rechtsfolgen des Satzes 1 nur dann ein, wenn der Unternehmer den Besteller zusammen mit der Aufforderung zur Ab-

BGB alt	BGB neu
	nahme auf die Folgen einer nicht erklärten oder ohne Angabe von Mängeln verweigerten Abnahme hingewiesen hat; der Hinweis muss in Textform erfolgen.
(2) Nimmt der Besteller ein mangelhaftes Werk gemäß Absatz 1 Satz 1 ab, obschon er den Mangel kennt, so stehen ihm die in § 634 Nr. 1 bis 3 bezeichneten Rechte nur zu, wenn er sich seine Rechte wegen des Mangels bei der Abnahme vorbehält.	(3) Nimmt der Besteller ein mangelhaftes Werk gemäß Absatz 1 Satz 1 ab, obschon er den Mangel kennt, so stehen ihm die in § 634 Nr. 1 bis 3 bezeichneten Rechte nur zu, wenn er sich seine Rechte wegen des Mangels bei der Abnahme vorbehält.

§ 641 Fälligkeit der Vergütung

(1) ¹Die Vergütung ist bei der Abnahme des Werkes zu entrichten. ²Ist das Werk in Teilen abzunehmen und die Vergütung für die einzelnen Teile bestimmt, so ist die Vergütung für jeden Teil bei dessen Abnahme zu entrichten.

(2) ¹Die Vergütung des Unternehmers für ein Werk, dessen Herstellung der Besteller einem Dritten versprochen hat, wird spätestens fällig,

1. soweit der Besteller von dem Dritten für das versprochene Werk wegen dessen Herstellung seine Vergütung oder Teile davon erhalten hat,
2. soweit das Werk des Bestellers von dem Dritten abgenommen worden ist oder als abgenommen gilt oder
3. wenn der Unternehmer dem Besteller erfolglos eine angemessene Frist zur Auskunft über die in den Nummern 1 und 2 bezeichneten Umstände bestimmt hat.

²Hat der Besteller dem Dritten wegen möglicher Mängel des Werks Sicherheit geleistet, gilt Satz 1 nur, wenn der Unternehmer dem Besteller entsprechende Sicherheit leistet.

(3) Kann der Besteller die Beseitigung eines Mangels verlangen, so kann er nach der Fälligkeit die Zahlung eines angemessenen Teils der Vergütung verweigern; angemessen ist in der Regel das Doppelte der für die Beseitigung des Mangels erforderlichen Kosten.

(4) Eine in Geld festgesetzte Vergütung hat der Besteller von der Abnahme des Werkes an zu verzinsen, sofern nicht die Vergütung gestundet ist.

§ 642 Mitwirkung des Bestellers

(1) Ist bei der Herstellung des Werkes eine Handlung des Bestellers erforderlich, so kann der Unternehmer, wenn der Besteller durch das Unterlassen der Handlung in Verzug der Annahme kommt, eine angemessene Entschädigung verlangen.

(2) Die Höhe der Entschädigung bestimmt sich einerseits nach der Dauer des Verzugs und der Höhe der vereinbarten Vergütung, andererseits nach demjenigen, was der Unternehmer infolge

BGB alt	BGB neu
des Verzugs an Aufwendungen erspart oder durch anderweitige Verwendung seiner Arbeitskraft erwerben kann.	des Verzugs an Aufwendungen erspart oder durch anderweitige Verwendung seiner Arbeitskraft erwerben kann.
§ 643 Kündigung bei unterlassener Mitwirkung ¹Der Unternehmer ist im Falle des § 642 berechtigt, dem Besteller zur Nachholung der Handlung eine angemessene Frist mit der Erklärung zu bestimmen, dass er den Vertrag kündige, wenn die Handlung nicht bis zum Ablauf der Frist vorgenommen werde. ²Der Vertrag gilt als aufgehoben, wenn nicht die Nachholung bis zum Ablauf der Frist erfolgt.	**§ 643 Kündigung bei unterlassener Mitwirkung** ¹Der Unternehmer ist im Falle des § 642 berechtigt, dem Besteller zur Nachholung der Handlung eine angemessene Frist mit der Erklärung zu bestimmen, dass er den Vertrag kündige, wenn die Handlung nicht bis zum Ablauf der Frist vorgenommen werde. ²Der Vertrag gilt als aufgehoben, wenn nicht die Nachholung bis zum Ablauf der Frist erfolgt.
§ 644 Gefahrtragung (1) ¹Der Unternehmer trägt die Gefahr bis zur Abnahme des Werkes. ²Kommt der Besteller in Verzug der Annahme, so geht die Gefahr auf ihn über. ³Für den zufälligen Untergang und eine zufällige Verschlechterung des von dem Besteller gelieferten Stoffes ist der Unternehmer nicht verantwortlich. (2) Versendet der Unternehmer das Werk auf Verlangen des Bestellers nach einem anderen Ort als dem Erfüllungsort, so finden die für den Kauf geltenden Vorschriften des § 447 entsprechende Anwendung.	**§ 644 Gefahrtragung** (1) ¹Der Unternehmer trägt die Gefahr bis zur Abnahme des Werkes. ²Kommt der Besteller in Verzug der Annahme, so geht die Gefahr auf ihn über. ³Für den zufälligen Untergang und eine zufällige Verschlechterung des von dem Besteller gelieferten Stoffes ist der Unternehmer nicht verantwortlich. (2) Versendet der Unternehmer das Werk auf Verlangen des Bestellers nach einem anderen Ort als dem Erfüllungsort, so finden die für den Kauf geltenden Vorschriften des § 447 entsprechende Anwendung.
§ 645 Verantwortlichkeit des Bestellers (1) ¹Ist das Werk vor der Abnahme infolge eines Mangels des von dem Besteller gelieferten Stoffes oder infolge einer von dem Besteller für die Ausführung erteilten Anweisung untergegangen, verschlechtert oder unausführbar geworden, ohne dass ein Umstand mitgewirkt hat, den der Unternehmer zu vertreten hat, so kann der Unternehmer einen der geleisteten Arbeit entsprechenden Teil der Vergütung und Ersatz der in der Vergütung nicht inbegriffenen Auslagen verlangen. ²Das Gleiche gilt, wenn der Vertrag in Gemäßheit des § 643 aufgehoben wird. (2) Eine weitergehende Haftung des Bestellers wegen Verschuldens bleibt unberührt.	**§ 645 Verantwortlichkeit des Bestellers** (1) ¹Ist das Werk vor der Abnahme infolge eines Mangels des von dem Besteller gelieferten Stoffes oder infolge einer von dem Besteller für die Ausführung erteilten Anweisung untergegangen, verschlechtert oder unausführbar geworden, ohne dass ein Umstand mitgewirkt hat, den der Unternehmer zu vertreten hat, so kann der Unternehmer einen der geleisteten Arbeit entsprechenden Teil der Vergütung und Ersatz der in der Vergütung nicht inbegriffenen Auslagen verlangen. ²Das Gleiche gilt, wenn der Vertrag in Gemäßheit des § 643 aufgehoben wird. (2) Eine weitergehende Haftung des Bestellers wegen Verschuldens bleibt unberührt.s
§ 646 Vollendung statt Abnahme Ist nach der Beschaffenheit des Werkes die Abnahme ausgeschlossen, so tritt in den Fällen des § 634a Abs. 2 und der §§ 641, 644 und 645 an die Stelle der Abnahme die Vollendung des Werkes.	**§ 646 Vollendung statt Abnahme** Ist nach der Beschaffenheit des Werkes die Abnahme ausgeschlossen, so tritt in den Fällen des § 634a Abs. 2 und der §§ 641, 644 und 645 an die Stelle der Abnahme die Vollendung des Werkes.
§ 647 Unternehmerpfandrecht Der Unternehmer hat für seine Forderungen aus dem Vertrag ein Pfandrecht an den von ihm hergestellten oder ausgebesserten beweglichen Sachen des Bestellers, wenn sie bei der Herstel-	**§ 647 Unternehmerpfandrecht** Der Unternehmer hat für seine Forderungen aus dem Vertrag ein Pfandrecht an den von ihm hergestellten oder ausgebesserten beweglichen Sachen des Bestellers, wenn sie bei der Herstel-

BGB alt	BGB neu
lung oder zum Zwecke der Ausbesserung in seinen Besitz gelangt sind.	lung oder zum Zwecke der Ausbesserung in seinen Besitz gelangt sind.
	§ 647a Sicherungshypothek des Inhabers einer Schiffswerft *(entspricht § 648 Absatz 2 aF)* ¹Der Inhaber einer Schiffswerft kann für seine Forderungen aus dem Bau oder der Ausbesserung eines Schiffes die Einräumung einer Schiffshypothek an dem Schiffsbauwerk oder dem Schiff des Bestellers verlangen. ²Ist das Werk noch nicht vollendet, so kann er die Einräumung der Schiffshypothek für einen der geleisteten Arbeit entsprechenden Teil der Vergütung und für die in der Vergütung nicht inbegriffenen Auslagen verlangen. ³§ 647 findet keine Anwendung.
§ 648 Sicherungshypothek des Bauunternehmers (1) ¹Der Unternehmer kann für seine Forderungen aus dem Vertrag die Einräumung einer Sicherungshypothek an dem Baugrundstück des Bestellers verlangen. ²Ist das Werk noch nicht vollendet, so kann er die Einräumung der Sicherungshypothek für einen der geleisteten Arbeit entsprechenden Teil der Vergütung und für die in der Vergütung nicht inbegriffenen Auslagen verlangen.	*(jetzt § 650e nF)*
(2) ¹Der Inhaber einer Schiffswerft kann für seine Forderungen aus dem Bau oder der Ausbesserung eines Schiffes die Einräumung einer Schiffshypothek an dem Schiffsbauwerk oder dem Schiff des Bestellers verlangen. ²Ist das Werk noch nicht vollendet, so kann er die Einräumung der Schiffshypothek für einen der geleisteten Arbeit entsprechenden Teil der Vergütung und für die in der Vergütung nicht inbegriffenen Auslagen verlangen. ³§ 647 findet keine Anwendung.	*(jetzt § 650e nF)*
§ 648a Bauhandwerkersicherung (1) ¹Der Unternehmer kann vom Besteller Sicherheit für die auch in Zusatzaufträgen vereinbarte und noch nicht gezahlte Vergütung einschließlich dazugehöriger Nebenforderungen, die mit 10 Prozent des zu sichernden Vergütungsanspruchs anzusetzen sind, verlangen. ²Satz 1 gilt in demselben Umfang auch für Ansprüche, die an die Stelle der Vergütung treten. ³Der Anspruch des Unternehmers auf Sicherheit wird nicht dadurch ausgeschlossen, dass der Besteller Erfüllung verlangen kann oder das Werk abgenommen hat. ⁴Ansprüche, mit denen der Besteller gegen den Anspruch des Unternehmers auf Vergütung aufrechnen kann, bleiben bei der Berechnung der Vergütung unberücksichtigt, es sei denn, sie sind unstreitig oder rechtskräftig festgestellt. ⁵Die Sicherheit ist auch dann als ausreichend anzusehen, wenn sich der Sicherungs-	*(jetzt neu gefasst als § 650f nF)*

BGB alt	BGB neu
geber das Recht vorbehält, sein Versprechen im Falle einer wesentlichen Verschlechterung der Vermögensverhältnisse des Bestellers mit Wirkung für Vergütungsansprüche aus Bauleistungen zu widerrufen, die der Unternehmer bei Zugang der Widerrufserklärung noch nicht erbracht hat. (2) ¹Die Sicherheit kann auch durch eine Garantie oder ein sonstiges Zahlungsversprechen eines im Geltungsbereich dieses Gesetzes zum Geschäftsbetrieb befugten Kreditinstituts oder Kreditversicherers geleistet werden. ²Das Kreditinstitut oder der Kreditversicherer darf Zahlungen an den Unternehmer nur leisten, soweit der Besteller den Vergütungsanspruch des Unternehmers anerkennt oder durch vorläufig vollstreckbares Urteil zur Zahlung der Vergütung verurteilt worden ist und die Voraussetzungen vorliegen, unter denen die Zwangsvollstreckung begonnen werden darf. (3) ¹Der Unternehmer hat dem Besteller die üblichen Kosten der Sicherheitsleistung bis zu einem Höchstsatz von 2 Prozent für das Jahr zu erstatten. ²Dies gilt nicht, soweit eine Sicherheit wegen Einwendungen des Bestellers gegen den Vergütungsanspruch des Unternehmers aufrechterhalten werden muss und die Einwendungen sich als unbegründet erweisen. (4) Soweit der Unternehmer für seinen Vergütungsanspruch eine Sicherheit nach Absatz 1 oder 2 erlangt hat, ist der Anspruch auf Einräumung einer Sicherungshypothek nach § 650e ausgeschlossen. (5) ¹Hat der Unternehmer dem Besteller erfolglos eine angemessene Frist zur Leistung der Sicherheit nach Absatz 1 bestimmt, so kann der Unternehmer die Leistung verweigern oder den Vertrag kündigen. ²Kündigt er den Vertrag, ist der Unternehmer berechtigt, die vereinbarte Vergütung zu verlangen; er muss sich jedoch dasjenige anrechnen lassen, was er infolge der Aufhebung des Vertrages an Aufwendungen erspart oder durch anderweitige Verwendung seiner Arbeitskraft erwirbt oder böswillig zu erwerben unterlässt. ³Es wird vermutet, dass danach dem Unternehmer 5 Prozent der auf den noch nicht erbrachten Teil der Werkleistung entfallenden vereinbarten Vergütung zustehen. (6) ¹Die Absätze 1 bis 5 finden keine Anwendung wenn der Besteller 1. eine juristische Person des öffentlichen Rechts oder ein öffentlich-rechtliches Sondervermögen ist, über deren Vermögen ein Insolvenzverfahren unzulässig ist, oder 2. eine natürliche Person ist und die Bauarbeiten zur Herstellung oder Instandsetzung eines Ein-	

BGB alt	BGB neu
familienhauses mit oder ohne Einliegerwohnung ausführen lässt. ² Satz 1 Nummer 2 gilt nicht bei Betreuung des Bauvorhabens durch einen zur Verfügung über die Finanzierungsmittel des Bestellers ermächtigten Baubetreuer. (7) Eine von den Absätzen 1 bis 5 abweichende Vereinbarung ist unwirksam.	
§ 649 Kündigungsrecht des Bestellers	**§ 648** Kündigungsrecht des Bestellers *(entspricht § 649 aF)*
¹ Der Besteller kann bis zur Vollendung des Werkes jederzeit den Vertrag kündigen. Kündigt der Besteller, so ist der Unternehmer berechtigt, die vereinbarte Vergütung zu verlangen; er muss sich jedoch dasjenige anrechnen lassen, was er infolge der Aufhebung des Vertrags an Aufwendungen erspart oder durch anderweitige Verwendung seiner Arbeitskraft erwirbt oder zu erwerben böswillig unterlässt. ² Es wird vermutet, dass danach dem Unternehmer 5 vom Hundert der auf den noch nicht erbrachten Teil der Werkleistung entfallenden vereinbarten Vergütung zustehen	¹ Der Besteller kann bis zur Vollendung des Werkes jederzeit den Vertrag kündigen. Kündigt der Besteller, so ist der Unternehmer berechtigt, die vereinbarte Vergütung zu verlangen; er muss sich jedoch dasjenige anrechnen lassen, was er infolge der Aufhebung des Vertrags an Aufwendungen erspart oder durch anderweitige Verwendung seiner Arbeitskraft erwirbt oder zu erwerben böswillig unterlässt. ² Es wird vermutet, dass danach dem Unternehmer 5 vom Hundert der auf den noch nicht erbrachten Teil der Werkleistung entfallenden vereinbarten Vergütung zustehen.
	§ 648a Kündigung aus wichtigem Grund
	(1) ¹ Beide Vertragsparteien können den Vertrag aus wichtigem Grund ohne Einhaltung einer Kündigungsfrist kündigen. ² Ein wichtiger Grund liegt vor, wenn dem kündigenden Teil unter Berücksichtigung aller Umstände des Einzelfalls und unter Abwägung der beiderseitigen Interessen die Fortsetzung des Vertragsverhältnisses bis zur Fertigstellung des Werks nicht zugemutet werden kann. (2) Eine Teilkündigung ist möglich; sie muss sich auf einen abgrenzbaren Teil des geschuldeten Werks beziehen. (3) § 314 Absatz 2 und 3 gilt entsprechend. (4) ¹ Nach der Kündigung kann jede Vertragspartei von der anderen verlangen, dass sie an einer gemeinsamen Feststellung des Leistungsstandes mitwirkt. ² Verweigert eine Vertragspartei die Mitwirkung oder bleibt sie einem vereinbarten oder einem von der anderen Vertragspartei innerhalb einer angemessenen Frist bestimmten Termin zur Leistungsstandfeststellung fern, trifft sie die Beweislast für den Leistungsstand zum Zeitpunkt der Kündigung. ³ Dies gilt nicht, wenn die Vertragspartei infolge eines Umstands fernbleibt, den sie nicht zu vertreten hat und den sie der anderen Vertragspartei unverzüglich mitgeteilt hat. (5) Kündigt eine Vertragspartei aus wichtigem Grund, ist der Unternehmer nur berechtigt, die Vergütung zu verlangen, die auf den bis zur Kündigung erbrachten Teil des Werks entfällt.

Anhang

2. Synopse: Änderungen des BGB, EGBGB, GVG

BGB alt	BGB neu
	(6) Die Berechtigung, Schadensersatz zu verlangen, wird durch die Kündigung nicht ausgeschlossen.
§ 650 Kostenanschlag (1) Ist dem Vertrag ein Kostenanschlag zugrunde gelegt worden, ohne dass der Unternehmer die Gewähr für die Richtigkeit des Anschlags übernommen hat, und ergibt sich, dass das Werk nicht ohne eine wesentliche Überschreitung des Anschlags ausführbar ist, so steht dem Unternehmer, wenn der Besteller den Vertrag aus diesem Grund kündigt, nur der im § 645 Abs. 1 bestimmte Anspruch zu. (2) Ist eine solche Überschreitung des Anschlags zu erwarten, so hat der Unternehmer dem Besteller unverzüglich Anzeige zu machen.	**§ 649 Kostenanschlag** *(entspricht § 650 aF)* (1) Ist dem Vertrag ein Kostenanschlag zugrunde gelegt worden, ohne dass der Unternehmer die Gewähr für die Richtigkeit des Anschlags übernommen hat, und ergibt sich, dass das Werk nicht ohne eine wesentliche Überschreitung des Anschlags ausführbar ist, so steht dem Unternehmer, wenn der Besteller den Vertrag aus diesem Grund kündigt, nur der im § 645 Abs. 1 bestimmte Anspruch zu. (2) Ist eine solche Überschreitung des Anschlags zu erwarten, so hat der Unternehmer dem Besteller unverzüglich Anzeige zu machen.
§ 651 Anwendung des Kaufrechts ¹ Auf einen Vertrag, der die Lieferung herzustellender oder zu erzeugender beweglicher Sachen zum Gegenstande hat, finden die Vorschriften über den Kauf Anwendung. ² § 442 Abs. 1 Satz 1 findet bei diesen Verträgen auch Anwendung, wenn der Mangel auf den vom Besteller gelieferten Stoff zurückzuführen ist. ³ Soweit es sich bei den herzustellenden oder zu erzeugenden beweglichen Sachen um nicht vertretbare Sachen handelt, sind auch die §§ 642, 643, 645, 649 und 650 mit der Maßgabe anzuwenden, dass an die Stelle der Abnahme der nach den §§ 446 und 447 maßgebliche Zeitpunkt tritt.	**§ 650 Anwendung des Kaufrechts** *(entspricht § 651 aF)* ¹ Auf einen Vertrag, der die Lieferung herzustellender oder zu erzeugender beweglicher Sachen zum Gegenstande hat, finden die Vorschriften über den Kauf Anwendung. ² § 442 Abs. 1 Satz 1 findet bei diesen Verträgen auch Anwendung, wenn der Mangel auf den vom Besteller gelieferten Stoff zurückzuführen ist. ³ Soweit es sich bei den herzustellenden oder zu erzeugenden beweglichen Sachen um nicht vertretbare Sachen handelt, sind auch die §§ 642, 643, 645, 648 und 649 mit der Maßgabe anzuwenden, dass an die Stelle der Abnahme der nach den §§ 446 und 447 maßgebliche Zeitpunkt tritt.
	Kapitel 2 – Bauvertrag **§ 650a Bauvertrag** (1) Ein Bauvertrag ist ein Vertrag über die Herstellung, die Wiederherstellung, die Beseitigung oder den Umbau eines Bauwerks, einer Außenanlage oder eines Teils davon. Für den Bauvertrag gelten ergänzend die folgenden Vorschriften dieses Kapitels. (2) Ein Vertrag über die Instandhaltung eines Bauwerks ist ein Bauvertrag, wenn das Werk für die Konstruktion, den Bestand oder den bestimmungsgemäßen Gebrauch von wesentlicher Bedeutung ist. **§ 650b Änderung des Vertrags; Anordnungsrecht des Bestellers** (1) ¹ Begehrt der Besteller 1. eine Änderung des vereinbarten Werkerfolgs (§ 631 Absatz 2) oder 2. eine Änderung, die zur Erreichung des vereinbarten Werkerfolgs notwendig ist,

BGB alt	BGB neu
	streben die Vertragsparteien Einvernehmen über die Änderung und die infolge der Änderung zu leistende Mehr- oder Mindervergütung an. ²Der Unternehmer ist verpflichtet, ein Angebot über die Mehr- oder Mindervergütung zu erstellen, im Falle einer Änderung nach Satz 1 Nummer 1 jedoch nur, wenn ihm die Ausführung der Änderung zumutbar ist. ³Macht der Unternehmer betriebsinterne Vorgänge für die Unzumutbarkeit einer Anordnung nach Absatz 1 Satz 1 Nummer 1 geltend, trifft ihn die Beweislast hierfür. ⁴Trägt der Besteller die Verantwortung für die Planung des Bauwerks oder die Außenanlage, ist der Unternehmer nur dann zur Erstellung eines Angebots über die Mehr- oder Mindervergütung verpflichtet, wenn der Besteller die für die Änderung erforderliche Planung vorgenommen und dem Unternehmer zur Verfügung gestellt hat. Begehrt der Besteller eine Änderung, für die dem Unternehmer nach § 650c Absatz 1 Satz 2 kein Anspruch auf Vergütung für vermehrten Aufwand zusteht, streben die Parteien nur Einvernehmen über die Änderung an; Satz 2 findet in diesem Fall keine Anwendung.
	(2) ¹Erzielen die Parteien binnen 30 Tagen nach Zugang des Änderungsbegehrens beim Unternehmer keine Einigung nach Absatz 1, kann der Besteller die Änderung in Textform anordnen. ²Der Unternehmer ist verpflichtet, der Anordnung des Bestellers nachzukommen, einer Anordnung nach Absatz 1 Satz 1 Nummer 1 jedoch nur, wenn ihm die Ausführung zumutbar ist. ³Absatz 1 Satz 3 gilt entsprechend.
	§ 650c Vergütungsanpassung bei Anordnungen nach § 650b Absatz 2
	(1) ¹Die Höhe des Vergütungsanspruchs für den infolge einer Anordnung des Bestellers nach § 650b Absatz 2 vermehrten oder verminderten Aufwand ist nach den tatsächlich erforderlichen Kosten mit angemessenen Zuschlägen für allgemeine Geschäftskosten, Wagnis und Gewinn zu ermitteln. ²Umfasst die Leistungspflicht des Unternehmers auch die Planung des Bauwerks oder der Außenanlage, steht diesem im Fall des § 650b Absatz 1 Satz 1 Nummer 2 kein Anspruch auf Vergütung für vermehrten Aufwand zu.
	(2) ¹Der Unternehmer kann zur Berechnung der Vergütung für den Nachtrag auf die Ansätze in einer vereinbarungsgemäß hinterlegten Urkalkulation zurückgreifen. ²Es wird vermutet, dass die auf Basis der Urkalkulation fortgeschriebene Vergütung der Vergütung nach Absatz 1 entspricht.
	(3) ¹Bei der Berechnung von vereinbarten oder gemäß § 632a geschuldeten Abschlagszahlungen

Anhang

2. Synopse: Änderungen des BGB, EGBGB, GVG

BGB alt	BGB neu
	kann der Unternehmer 80 Prozent einer in einem Angebot nach § 650b Absatz 1 Satz 2 genannten Mehrvergütung ansetzen, wenn sich die Parteien nicht über die Höhe geeinigt haben oder keine anderslautende gerichtliche Entscheidung ergeht. ²Wählt der Unternehmer diesen Weg und ergeht keine anderslautende gerichtliche Entscheidung, wird die nach den Absätzen 1 und 2 geschuldete Mehrvergütung erst nach der Abnahme des Werkes fällig. ³Zahlungen nach Satz 1, die die nach den Absätzen 1 und 2 geschuldete Mehrvergütung übersteigen, sind dem Besteller zurückzugewähren und ab ihrem Eingang beim Unternehmer zu verzinsen. ⁴§ 288 Absatz 1 Satz 2, Absatz 2 und § 289 Satz 1 gelten entsprechend. **§ 650d Einstweilige Verfügung** Zum Erlass einer einstweiligen Verfügung in Streitigkeiten über das Anordnungsrecht gemäß § 650b oder die Vergütungsanpassung gemäß § 650c ist es nach Beginn der Bauausführung nicht erforderlich, dass der Verfügungsgrund glaubhaft gemacht wird. **§ 650e Sicherungshypothek des Bauunternehmers** *(entspricht § 648 aF)* ¹Der Unternehmer kann für seine Forderungen aus dem Vertrag die Einräumung einer Sicherungshypothek an dem Baugrundstück des Bestellers verlangen. ²Ist das Werk noch nicht vollendet, so kann er die Einräumung der Sicherungshypothek für einen der geleisteten Arbeit entsprechenden Teil der Vergütung und für die in der Vergütung nicht inbegriffenen Auslagen verlangen. **§ 650f Bauhandwerkersicherung** *(entspricht § 648a aF)* (1) ¹Der Unternehmer kann vom Besteller Sicherheit für die auch in Zusatzaufträgen vereinbarte und noch nicht gezahlte Vergütung einschließlich dazugehöriger Nebenforderungen, die mit 10 Prozent des zu sichernden Vergütungsanspruchs anzusetzen sind, verlangen. ²Satz 1 gilt in demselben Umfang auch für Ansprüche, die an die Stelle der Vergütung treten. ³Der Anspruch des Unternehmers auf Sicherheit wird nicht dadurch ausgeschlossen, dass der Besteller Erfüllung verlangen kann oder das Werk abgenommen hat. ⁴Ansprüche, mit denen der Besteller gegen den Anspruch des Unternehmers auf Vergütung aufrechnen kann, bleiben bei der Berechnung der Vergütung unberücksichtigt, es sei denn, sie sind unstreitig oder rechtskräftig festgestellt. ⁵Die Sicherheit ist auch dann als ausreichend anzusehen, wenn sich der Siche-

BGB alt	BGB neu
	rungsgeber das Recht vorbehält, sein Versprechen im Falle einer wesentlichen Verschlechterung der Vermögensverhältnisse des Bestellers mit Wirkung für Vergütungsansprüche aus Bauleistungen zu widerrufen, die der Unternehmer bei Zugang der Widerrufserklärung noch nicht erbracht hat. (2) [1] Die Sicherheit kann auch durch eine Garantie oder ein sonstiges Zahlungsversprechen eines im Geltungsbereich dieses Gesetzes zum Geschäftsbetrieb befugten Kreditinstituts oder Kreditversicherers geleistet werden. [2] Das Kreditinstitut oder der Kreditversicherer darf Zahlungen an den Unternehmer nur leisten, soweit der Besteller den Vergütungsanspruch des Unternehmers anerkennt oder durch vorläufig vollstreckbares Urteil zur Zahlung der Vergütung verurteilt worden ist und die Voraussetzungen vorliegen, unter denen die Zwangsvollstreckung begonnen werden darf. (3) [1] Der Unternehmer hat dem Besteller die üblichen Kosten der Sicherheitsleistung bis zu einem Höchstsatz von 2 Prozent für das Jahr zu erstatten. [2] Dies gilt nicht, soweit eine Sicherheit wegen Einwendungen des Bestellers gegen den Vergütungsanspruch des Unternehmers aufrechterhalten werden muss und die Einwendungen sich als unbegründet erweisen. (4) Soweit der Unternehmer für seinen Vergütungsanspruch eine Sicherheit nach Absatz 1 oder 2 erlangt hat, ist der Anspruch auf Einräumung einer Sicherungshypothek nach § 650e ausgeschlossen. (5) [1] Hat der Unternehmer dem Besteller erfolglos eine angemessene Frist zur Leistung der Sicherheit nach Absatz 1 bestimmt, so kann der Unternehmer die Leistung verweigern oder den Vertrag kündigen. [2] Kündigt er den Vertrag, ist der Unternehmer berechtigt, die vereinbarte Vergütung zu verlangen; er muss sich jedoch dasjenige anrechnen lassen, was er infolge der Aufhebung des Vertrages an Aufwendungen erspart oder durch anderweitige Verwendung seiner Arbeitskraft erwirbt oder böswillig zu erwerben unterlässt. [3] Es wird vermutet, dass danach dem Unternehmer 5 Prozent der auf den noch nicht erbrachten Teil der Werkleistung entfallenden vereinbarten Vergütung zustehen. (6) [1] Die Absätze 1 bis 5 finden keine Anwendung wenn der Besteller 1. eine juristische Person des öffentlichen Rechts oder ein öffentlich-rechtliches Sondervermögen ist, über deren Vermögen ein Insolvenzverfahren unzulässig ist, oder 2. Verbraucher ist und es sich um einen Verbrau-

BGB alt	BGB neu
	cherbauvertrag nach § 650i oder um einen Bauträgervertrag nach § 650u handelt. ²Satz 1 Nummer 2 gilt nicht bei Betreuung des Bauvorhabens durch einen zur Verfügung über die Finanzierungsmittel des Bestellers ermächtigten Baubetreuer. (7) Eine von den Absätzen 1 bis 5 abweichende Vereinbarung ist unwirksam. **§ 650g Zustandsfeststellung bei Verweigerung der Abnahme, Schlussrechnung** (1) ¹Verweigert der Besteller die Abnahme unter Angabe von Mängeln, hat er auf Verlangen des Unternehmers an einer gemeinsamen Feststellung des Zustands des Werks mitzuwirken. ²Die gemeinsame Zustandsfeststellung soll mit der Angabe des Tages der Anfertigung versehen werden und ist von beiden Vertragsparteien zu unterschreiben. (2) ¹Bleibt der Besteller einem vereinbarten oder einem von dem Unternehmer innerhalb einer angemessenen Frist bestimmten Termin zur Zustandsfeststellung fern, so kann der Unternehmer die Zustandsfeststellung auch einseitig vornehmen. ²Dies gilt nicht, wenn der Besteller infolge eines Umstands fernbleibt, den er nicht zu vertreten hat und den er dem Unternehmer unverzüglich mitgeteilt hat. ³Der Unternehmer hat die einseitige Zustandsfeststellung mit der Angabe des Tages der Anfertigung zu versehen und sie zu unterschreiben sowie dem Besteller eine Abschrift der einseitigen Zustandsfeststellung zur Verfügung zu stellen. (3) ¹Ist das Werk dem Besteller verschafft worden und ist in der Zustandsfeststellung nach Absatz 1 oder 2 ein offenkundiger Mangel nicht angegeben, wird vermutet, dass dieser nach der Zustandsfeststellung entstanden und vom Besteller zu vertreten ist. ²Die Vermutung gilt nicht, wenn der Mangel nach seiner Art nicht vom Besteller verursacht worden sein kann. (4) Die Vergütung ist zu entrichten, wenn 1. der Besteller das Werk abgenommen hat oder die Abnahme nach § 641 Absatz 2 entbehrlich ist und 2. der Unternehmer dem Besteller eine prüffähige Schlussrechnung erteilt hat. ²Die Schlussrechnung ist prüffähig, wenn sie eine übersichtliche Aufstellung der erbrachten Leistungen enthält und für den Besteller nachvollziehbar ist. ³Sie gilt als prüffähig, wenn der Besteller nicht innerhalb von 30 Tagen nach Zugang der Schlussrechnung begründete Einwendungen gegen ihre Prüffähigkeit erhoben hat.

BGB alt	BGB neu
	§ 650h Schriftform der Kündigung Die Kündigung des Bauvertrags bedarf der schriftlichen Form. **Kapitel 3 – Verbraucherbauvertrag** **§ 650i Verbraucherbauvertrag** (1) Verbraucherbauverträge sind Verträge, durch die der Unternehmer von einem Verbraucher zum Bau eines neuen Gebäudes oder zu erheblichen Umbaumaßnahmen an einem bestehenden Gebäude verpflichtet wird. (2) Der Verbraucherbauvertrag bedarf der Textform. (3) Für Verbraucherbauverträge gelten ergänzend die folgenden Vorschriften dieses Kapitels. **§ 650j Baubeschreibung** Der Unternehmer hat den Verbraucher über die sich aus Artikel 249 des Einführungsgesetzes zum Bürgerlichen Gesetzbuche ergebenden Einzelheiten in der dort vorgesehenen Form zu unterrichten, es sei denn, der Verbraucher oder ein von ihm Beauftragter macht die wesentlichen Planungsvorgaben. **§ 650k Inhalt des Vertrages** (1) Die Angaben der vorvertraglich zur Verfügung gestellten Baubeschreibung in Bezug auf die Bauausführung werden Inhalt des Vertrags, es sei denn, die Vertragsparteien haben ausdrücklich etwas anderes vereinbart. (2) ¹Soweit die Baubeschreibung unvollständig oder unklar ist, ist der Vertrag unter Berücksichtigung sämtlicher vertragsbegleitender Umstände, insbesondere des Komfort- und Qualitätsstandards nach der übrigen Leistungsbeschreibung, auszulegen. ²Zweifel bei der Auslegung des Vertrags bezüglich der vom Unternehmer geschuldeten Leistung gehen zu dessen Lasten. (3) ¹Der Bauvertrag muss verbindliche Angaben zum Zeitpunkt der Fertigstellung des Werks oder, wenn dieser Zeitpunkt zum Zeitpunkt des Abschlusses des Bauvertrags nicht angegeben werden kann, zur Dauer der Bauausführung enthalten. ²Enthält der Vertrag diese Angaben nicht, werden die vorvertraglich in der Baubeschreibung übermittelten Angaben zum Zeitpunkt der Fertigstellung des Werks oder zur Dauer der Bauausführung Inhalt des Vertrags. **§ 650l Widerrufsrecht** Dem Verbraucher steht ein Widerrufsrecht gemäß § 355 zu, es sei denn, der Vertrag wurde notariell beurkundet. Der Unternehmer ist verpflichtet, den Verbraucher nach Maßgabe des Ar-

Anhang

2. Synopse: Änderungen des BGB, EGBGB, GVG

BGB alt	BGB neu
	tikels 249 § 3 des Einführungsgesetzes zum Bürgerlichen Gesetzbuche über sein Widerrufsrecht zu belehren. **§ 650m Abschlagszahlungen; Absicherung des Vergütungsanspruchs** (1) Verlangt der Unternehmer Abschlagszahlungen nach § 632a, darf der Gesamtbetrag der Abschlagszahlungen 90 Prozent der vereinbarten Gesamtvergütung einschließlich der Vergütung für Nachtragsleistungen nach § 650c nicht übersteigen. (2) ¹Dem Verbraucher ist bei der ersten Abschlagszahlung eine Sicherheit für die rechtzeitige Herstellung des Werks ohne wesentliche Mängel in Höhe von 5 Prozent der vereinbarten Gesamtvergütung zu leisten. ²Erhöht sich der Vergütungsanspruch infolge einer Anordnung des Verbrauchers nach den §§ 650b und 650c oder infolge sonstiger Änderungen oder Ergänzungen des Vertrags um mehr als 10 Prozent, ist dem Verbraucher bei der nächsten Abschlagszahlung eine weitere Sicherheit in Höhe von 5 Prozent des zusätzlichen Vergütungsanspruchs zu leisten. ³Auf Verlangen des Unternehmers ist die Sicherheitsleistung durch Einbehalt dergestalt zu erbringen, dass der Verbraucher die Abschlagszahlungen bis zu dem Gesamtbetrag der geschuldeten Sicherheit zurückhält. (3) Sicherheiten nach Absatz 2 können auch durch eine Garantie oder ein sonstiges Zahlungsversprechen eines im Geltungsbereich dieses Gesetzes zum Geschäftsbetrieb befugten Kreditinstituts oder Kreditversicherers geleistet werden. (4) ¹Verlangt der Unternehmer Abschlagszahlungen nach § 632a, ist eine Vereinbarung unwirksam, die den Verbraucher zu einer Sicherheitsleistung für die vereinbarte Vergütung verpflichtet, die die nächste Abschlagszahlung oder 20 Prozent der vereinbarten Vergütung übersteigt. ²Gleiches gilt, wenn die Parteien Abschlagszahlungen vereinbart haben. **§ 650n Erstellung und Herausgabe von Unterlagen** (1) ¹Rechtzeitig vor Beginn der Ausführung einer geschuldeten Leistung hat der Unternehmer diejenigen Planungsunterlagen zu erstellen und dem Verbraucher herauszugeben, die dieser benötigt, um gegenüber Behörden den Nachweis führen zu können, dass die Leistung unter Einhaltung der einschlägigen öffentlich-rechtlichen Vorschriften ausgeführt werden wird. ²Die Pflicht besteht nicht, soweit der Verbraucher oder ein von ihm Beauftragter die wesentlichen Planungsvorgaben erstellt.

BGB alt	BGB neu
	(2) Spätestens mit der Fertigstellung des Werks hat der Unternehmer diejenigen Unterlagen zu erstellen und dem Verbraucher herauszugeben, die dieser benötigt, um gegenüber Behörden den Nachweis führen zu können, dass die Leistung unter Einhaltung der einschlägigen öffentlich-rechtlichen Vorschriften ausgeführt worden ist.
	(3) Die Absätze 1 und 2 gelten entsprechend, wenn ein Dritter, etwa ein Darlehensgeber, Nachweise für die Einhaltung bestimmter Bedingungen verlangt und wenn der Unternehmer die berechtigte Erwartung des Verbrauchers geweckt hat, diese Bedingungen einzuhalten.
	Kapitel 4 – Unabdingbarkeit
	§ 650o Abweichende Vereinbarungen
	Von § 640 Absatz 2 Satz 2, den §§ 650i bis 650l und 650n kann nicht zum Nachteil des Verbrauchers abgewichen werden. Diese Vorschriften finden auch Anwendung, wenn sie durch anderweitige Gestaltungen umgangen werden.
	Untertitel 2 – Architektenvertrag und Ingenieurvertrag
	§ 650p Vertragstypische Pflichten aus Architekten- und Ingenieurverträgen
	(1) Durch einen Architekten- oder Ingenieurvertrag wird der Unternehmer verpflichtet, die Leistungen zu erbringen, die nach dem jeweiligen Stand der Planung und Ausführung des Bauwerks oder der Außenanlage erforderlich sind, um die zwischen den Parteien vereinbarten Planungs- und Überwachungsziele zu erreichen.
	(2) [1] Soweit wesentliche Planungs- und Überwachungsziele noch nicht vereinbart sind, hat der Unternehmer zunächst eine Planungsgrundlage zur Ermittlung dieser Ziele zu erstellen. [2] Er legt dem Besteller die Planungsgrundlage zusammen mit einer Kostenschätzung für das Vorhaben zur Zustimmung vor.
	§ 650q Anwendbare Vorschriften
	(1) Für Architekten- und Ingenieurverträge gelten die Vorschriften des Kapitels 1 des Untertitels 1 sowie die §§ 650b, 650e bis 650h entsprechend, soweit sich aus diesem Untertitel nichts anderes ergibt.
	(2) [1] Für die Vergütungsanpassung im Fall von Anordnungen nach § 650b Absatz 2 gelten die Entgeltberechnungsregeln der Honorarordnung für Architekten und Ingenieure in der jeweils geltenden Fassung, soweit infolge der Anordnung zu erbringende oder entfallende Leistungen vom

BGB alt	BGB neu
	Anwendungsbereich der Honorarordnung erfasst werden. ²Im Übrigen ist die Vergütungsanpassung für den vermehrten oder verminderten Aufwand auf Grund der angeordneten Leistung frei vereinbar. ³Soweit die Vertragsparteien keine Vereinbarung treffen, gilt § 650c entsprechend. **§ 650r Sonderkündigungsrecht** (1) ¹Nach Vorlage von Unterlagen gemäß § 650p Absatz 2 kann der Besteller den Vertrag kündigen. ²Das Kündigungsrecht erlischt zwei Wochen nach Vorlage der Unterlagen, bei einem Verbraucher jedoch nur dann, wenn der Unternehmer ihn bei der Vorlage der Unterlagen in Textform über das Kündigungsrecht, die Frist, in der es ausgeübt werden kann, und die Rechtsfolgen der Kündigung unterrichtet hat. (2) ¹Der Unternehmer kann dem Besteller eine angemessene Frist für die Zustimmung nach § 650p Absatz 2 Satz 2 setzen. ²Er kann den Vertrag kündigen, wenn der Besteller die Zustimmung verweigert oder innerhalb der Frist nach Satz 1 keine Erklärung zu den Unterlagen abgibt. (3) Wird der Vertrag nach Absatz 1 oder 2 gekündigt, ist der Unternehmer nur berechtigt, die Vergütung zu verlangen, die auf die bis zur Kündigung erbrachten Leistungen entfällt. **§ 650s Teilabnahme** Der Unternehmer kann ab der Abnahme der letzten Leistung des bauausführenden Unternehmers oder der bauausführenden Unternehmer eine Teilabnahme der von ihm bis dahin erbrachten Leistungen verlangen. **§ 650t Gesamtschuldnerische Haftung mit dem bauausführenden Unternehmer** Nimmt der Besteller den Unternehmer wegen eines Überwachungsfehlers in Anspruch, der zu einem Mangel an dem Bauwerk oder an der Außenanlage geführt hat, kann der Unternehmer die Leistung verweigern, wenn auch der ausführende Bauunternehmer für den Mangel haftet und der Besteller dem bauausführenden Unternehmer noch nicht erfolglos eine angemessene Frist zur Nacherfüllung bestimmt hat. **Untertitel 3 – Bauträgervertrag** **§ 650u Bauträgervertrag; anwendbare Vorschriften** (1) ¹Ein Bauträgervertrag ist ein Vertrag, der die Errichtung oder den Umbau eines Hauses oder eines vergleichbaren Bauwerks zum Gegenstand hat und der zugleich die Verpflichtung des Unternehmers enthält, dem Besteller das Eigentum an dem Grundstück zu übertragen oder ein

BGB alt	BGB neu
	Erbbaurecht zu bestellen oder zu übertragen. ²Hinsichtlich der Errichtung oder des Umbaus finden die Vorschriften des Untertitels 1 Anwendung, soweit sich aus den nachfolgenden Vorschriften nichts anderes ergibt. ³Hinsichtlich des Anspruchs auf Übertragung des Eigentums an dem Grundstück oder auf Übertragung oder Bestellung des Erbbaurechts finden die Vorschriften über den Kauf Anwendung. (2) Keine Anwendung finden die §§ 648, 648a, 650b bis 650e, 650k Absatz 1 sowie die §§ 650l und 650m Absatz 1. **§ 650v Abschlagszahlungen** Der Unternehmer kann von dem Besteller Abschlagszahlungen nur verlangen, soweit sie gemäß einer Verordnung auf Grund von Artikel 244 des Einführungsgesetzes zum Bürgerlichen Gesetzbuche vereinbart sind.

Anhang

2. Synopse: Änderungen des BGB, EGBGB, GVG

EGBGB (alt)	EGBGB (neu)
Änderung des Einführungsgesetzes zum Bürgerlichen Gesetzbuche Fünfter Teil – Übergangsvorschriften aus Anlaß jüngerer Änderungen des Bürgerlichen Gesetzbuchs und dieses Einführungsgesetzes *(Auszug)* Art 229 Weitere Überleitungsvorschriften	**Änderung des Einführungsgesetzes zum Bürgerlichen Gesetzbuche** Fünfter Teil – Übergangsvorschriften aus Anlaß jüngerer Änderungen des Bürgerlichen Gesetzbuchs und dieses Einführungsgesetzes *(Auszug)* Art 229 Weitere Überleitungsvorschriften § 39 Übergangsvorschrift zum Gesetz zur Reform des Bauvertragsrechts, zur Änderung der kaufrechtlichen Mängelhaftung, zur Stärkung des zivilprozessualen Rechtsschutzes und zum maschinellen Siegel im Grundbuch und Schifffahrtsregister. Auf ein Schuldverhältnis, das vor dem 1. Januar 2018 entstanden ist, finden die Vorschriften dieses.
Art 244 Abschlagszahlungen beim Hausbau Das Bundesministerium der Justiz und für Verbraucherschutz wird ermächtigt, im Einvernehmen mit dem Bundesministerium für Wirtschaft und Energie durch Rechtsverordnung ohne Zustimmung des Bundesrates auch unter Abweichung von § 632a des Bürgerlichen Gesetzbuchs zu regeln, welche Abschlagszahlungen bei Werkverträgen verlangt werden können, die die Errichtung oder den Umbau eines Hauses oder eines vergleichbaren Bauwerks zum Gegenstand haben, insbesondere wie viele Abschläge vereinbart werden können, welche erbrachten Gewerke hierbei mit welchen Prozentsätzen der Gesamtbausumme angesetzt werden können, welcher Abschlag für eine in dem Vertrag enthaltene Verpflichtung zur Verschaffung des Eigentums angesetzt werden kann und welche Sicherheit dem Besteller hierfür zu leisten ist.	**Art 244 Abschlagszahlungen beim Hausbau** Das Bundesministerium der Justiz und für Verbraucherschutz wird ermächtigt, im Einvernehmen mit dem Bundesministerium für Wirtschaft und Energie durch Rechtsverordnung ohne Zustimmung des Bundesrates auch unter Abweichung von § 632a oder § 650m des Bürgerlichen Gesetzbuchs zu regeln, welche Abschlagszahlungen bei Werkverträgen verlangt werden können, die die Errichtung oder den Umbau eines Hauses oder eines vergleichbaren Bauwerks zum Gegenstand haben, insbesondere wie viele Abschläge vereinbart werden können, welche erbrachten Gewerke hierbei mit welchen Prozentsätzen der Gesamtbausumme angesetzt werden können, welcher Abschlag für eine in dem Vertrag enthaltene Verpflichtung zur Verschaffung des Eigentums angesetzt werden kann und welche Sicherheit dem Besteller hierfür zu leisten ist. **Art. 249 Informationspflichten bei Verbraucherbauverträgen** **§ 1 Informationspflichten bei Verbraucherbauverträgen** Der Unternehmer ist nach § 650j des Bürgerlichen Gesetzbuches verpflichtet, dem Verbraucher rechtzeitig vor Abgabe von dessen Vertragserklärung eine Baubeschreibung in Textform zur Verfügung zu stellen. **§ 2 Inhalt der Baubeschreibung** (1) [1] In der Baubeschreibung sind die wesentlichen Eigenschaften des angebotenen Werks in klarer Weise darzustellen. [2] Sie muss mindestens folgende Informationen enthalten:

Einführungsgesetz zum Bürgerlichen Gesetzbuche (EGBGB) **Anhang**

EGBGB (alt)	EGBGB (neu)
	1. allgemeine Beschreibung des herzustellenden Gebäudes oder der vorzunehmenden Umbauten, gegebenenfalls Haustyp und Bauweise, 2. Art und Umfang der angebotenen Leistungen, gegebenenfalls der Planung und der Bauleitung, der Arbeiten am Grundstück und der Baustelleneinrichtung sowie der Ausbaustufe, 3. Gebäudedaten, Pläne mit Raum- und Flächenangaben sowie Ansichten, Grundrisse und Schnitte, 4. gegebenenfalls Angaben zum Energie-, zum Brandschutz- und zum Schallschutzstandard sowie zur Bauphysik, 5. Angaben zur Beschreibung der Baukonstruktionen aller wesentlichen Gewerke, 6. gegebenenfalls Beschreibung des Innenausbaus, 7. gegebenenfalls Beschreibung der gebäudetechnischen Anlagen, 8. Angaben zu Qualitätsmerkmalen, denen das Gebäude oder der Umbau genügen muss, 9. gegebenenfalls Beschreibung der Sanitärobjekte, der Armaturen, der Elektroanlage, der Installationen, der Informationstechnologie und der Außenanlagen. (2) ¹Die Baubeschreibung hat verbindliche Angaben zum Zeitpunkt der Fertigstellung des Werks zu enthalten. ²Steht der Beginn der Baumaßnahme noch nicht fest, ist ihre Dauer anzugeben. **§ 3 Widerrufsbelehrung** (1) ¹Steht dem Verbraucher ein Widerrufsrecht nach § 650l Satz 1 des Bürgerlichen Gesetzbuchs zu, ist der Unternehmer verpflichtet, den Verbraucher vor Abgabe von dessen Vertragserklärung in Textform über sein Widerrufsrecht zu belehren. Die Widerrufsbelehrung muss deutlich gestaltet sein und dem Verbraucher seine wesentlichen Rechte in einer an das benutzte Kommunikationsmittel angepassten Weise deutlich machen. Sie muss Folgendes enthalten: 1. einen Hinweis auf das Recht zum Widerruf, 2. einen Hinweis darauf, dass der Widerruf durch Erklärung gegenüber dem Unternehmer erfolgt und keiner Begründung bedarf, 3. den Namen, die ladungsfähige Anschrift und die Telefonnummer desjenigen, gegenüber dem der Widerruf zu erklären ist, gegebenenfalls seine Telefaxnummer und E-Mail-Adresse, 4. einen Hinweis auf die Dauer und den Beginn der Widerrufsfrist sowie darauf, dass zur Fristwahrung die rechtzeitige Absendung der Widerrufserklärung genügt, und 5. einen Hinweis darauf, dass der Verbraucher dem Unternehmer Wertersatz nach § 357d des

EGBGB (alt)	EGBGB (neu)
	Bürgerlichen Gesetzbuchs schuldet, wenn die Rückgewähr der bis zum Widerruf erbrachten Leistung ihrer Natur nach ausgeschlossen ist.
	(2) Der Unternehmer kann seine Belehrungspflicht dadurch erfüllen, dass er dem Verbraucher das in Anlage 10 vorgesehene Muster für die Widerrufsbelehrung zutreffend ausgefüllt in Textform übermittelt.
	Anlage 10, die die aus der Anlage zu diesem Gesetz ersichtliche Fassung erhält, wird angefügt.
	Anlage 10 (zu Artikel 249 § 3): Muster für die Widerrufsbelehrung bei Verbraucherbauverträgen
	(s. u.)

Widerrufsbelehrung

Widerrufsrecht

Sie haben das Recht, binnen 14 Tagen ohne Angabe von Gründen diesen Vertrag zu widerrufen.

Die Widerrufsfrist beträgt 14 Tage ab dem Tag des Vertragsabschlusses. Sie beginnt nicht zu laufen, bevor Sie diese Belehrung in Textform erhalten haben.

Um Ihr Widerrufsrecht auszuüben, müssen sie uns*) mittels einer eindeutigen Erklärung (z. B. Brief, Telefax oder E-Mail) über Ihren Entschluss, diesen Vertrag zu widerrufen, informieren.

Zur Wahrung der Widerrufsfrist reicht es aus, dass Sie die Erklärung über die Ausübung des Widerrufsrechts vor Ablauf der Widerrufsfrist absenden.

Folgen des Widerrufs

Wenn Sie diesen Vertrag widerrufen, haben wir Ihnen alle Zahlungen, die wir von Ihnen erhalten haben, unverzüglich zurückzuzahlen.

Sie müssen uns im Falle des Widerrufs alle Leistungen zurückgeben, die Sie bis zum Widerruf von uns erhalten haben. Ist die Rückgewähr einer Leistung ihrer Natur nach ausgeschlossen, lassen sich etwa verwendete Baumaterialien nicht ohne Zerstörung entfernen, müssen Sie Wertersatz dafür bezahlen.

Gestaltungshinweis:
* Fügen Sie Ihren Namen oder den Namen Ihres Unternehmens, Ihre Anschrift und Ihre Telefonnummer ein. Sofern verfügbar sind zusätzlich anzugeben: Ihre Telefaxnummer und E-Mail-Adresse.

Gerichtsverfassungsgesetz (GVG) — Anhang

GVG (alt)	GVG (neu)
Änderungen des Gerichtsverfassungsgesetzes	**Änderungen des Gerichtsverfassungsgesetzes**
Fünfter Titel – Landgerichte *(Auszug)*	**Fünfter Titel – Landgerichte** *(Auszug)*
§ 71	§ 71
(1) Vor die Zivilkammern, einschließlich der Kammern für Handelssachen, gehören alle bürgerlichen Rechtsstreitigkeiten, die nicht den Amtsgerichten zugewiesen sind.	(1) Vor die Zivilkammern, einschließlich der Kammern für Handelssachen, gehören alle bürgerlichen Rechtsstreitigkeiten, die nicht den Amtsgerichten zugewiesen sind.
(2) Die Landgerichte sind ohne Rücksicht auf den Wert des Streitgegenstandes ausschließlich zuständig […]	(2) Die Landgerichte sind ohne Rücksicht auf den Wert des Streitgegenstandes ausschließlich zuständig […] 5. in Streitigkeiten a) über das Anordnungsrecht des Bestellers gemäß § 650b des Bürgerlichen Gesetzbuchs, b) über die Höhe des Vergütungsanspruchs infolge einer Anordnung des Bestellers (§ 650c des Bürgerlichen Gesetzbuchs)
(3) Der Landesgesetzgebung bleibt überlassen, Ansprüche gegen den Staat oder eine Körperschaft des öffentlichen Rechts wegen Verfügungen der Verwaltungsbehörden sowie Ansprüche wegen öffentlicher Abgaben ohne Rücksicht auf den Wert des Streitgegenstandes den Landgerichten ausschließlich zuzuweisen.	(3) Der Landesgesetzgebung bleibt überlassen, Ansprüche gegen den Staat oder eine Körperschaft des öffentlichen Rechts wegen Verfügungen der Verwaltungsbehörden sowie Ansprüche wegen öffentlicher Abgaben ohne Rücksicht auf den Wert des Streitgegenstandes den Landgerichten ausschließlich zuzuweisen.
(4) ¹Die Landesregierungen werden ermächtigt, durch Rechtsverordnung die Entscheidungen in Verfahren nach Absatz 2 Nr. 4 Buchstabe a bis e einem Landgericht für die Bezirke mehrerer Landgerichte zu übertragen. ³Die Landesregierungen können die Ermächtigung auf die Landesjustizverwaltungen übertragen.	(4) ¹Die Landesregierungen werden ermächtigt, durch Rechtsverordnung die Entscheidungen in Verfahren nach Absatz 2 Nr. 4 Buchstabe a bis e und Nummer 5 einem Landgericht für die Bezirke mehrerer Landgerichte zu übertragen. ²In Verfahren nach Absatz 2 Nummer 4 Buchstabe a bis e darf die Übertragung nur erfolgen, wenn dies der Sicherung einer einheitlichen Rechtsprechung dient. ³Die Landesregierungen können die Ermächtigung auf die Landesjustizverwaltungen übertragen.
§ 72	§ 72
(1) ¹Die Zivilkammern, einschließlich der Kammern für Handelssachen, sind die Berufungs- und Beschwerdegerichte in den vor den Amtsgerichten verhandelten bürgerlichen Rechtsstreitigkeiten, soweit nicht die Zuständigkeit der Oberlandesgerichte begründet ist. ²Die Landgerichte sind ferner die Beschwerdegerichte in Freiheitsentziehungssachen und in den von den Betreuungsgerichten entschiedenen Sachen. […]	(1) ¹Die Zivilkammern, einschließlich der Kammern für Handelssachen und der in § 72a genannten Kammern, sind die Berufungs- und Beschwerdegerichte in den vor den Amtsgerichten verhandelten bürgerlichen Rechtsstreitigkeiten, soweit nicht die Zuständigkeit der Oberlandesgerichte begründet ist. ²Die Landgerichte sind ferner die Beschwerdegerichte in Freiheitsentziehungssachen und in den von den Betreuungsgerichten entschiedenen Sachen. […]

Anhang

2. Synopse: Änderungen des BGB, EGBGB, GVG

GVG (alt)	GVG (neu)
	§ 72a ¹Bei den Landgerichten werden eine Zivilkammer oder mehrere Zivilkammern für folgende Sachgebiete gebildet: 1. Streitigkeiten aus Bank- und Finanzgeschäften, 2. Streitigkeiten aus Bau- und Architektenverträgen sowie aus Ingenieursverträgen, soweit sie im Zusammenhang mit Bauleistungen stehen, 3. Streitigkeiten über Ansprüche aus Heilbehandlungen und 4. Streitigkeiten aus Versicherungsvertragsverhältnissen. ²Den Zivilkammern nach Satz 1 können neben den Streitigkeiten aus den in Satz 1 Nummer 1 bis 4 genannten Sachgebieten auch Streitigkeiten nach den §§ 71 und 72 zugewiesen werden.
Achter Titel: Oberlandesgerichte *(Auszug)*	Achter Titel: Oberlandesgerichte *(Auszug)* **§ 119a** ¹Bei den Oberlandesgerichten werden ein Zivilsenat oder mehrere Zivilsenate für die folgenden Streitigkeiten gebildet: 1. Streitigkeiten aus Bank- und Finanzgeschäften, 2. Streitigkeiten aus Bau- und Architektenverträgen sowie aus Ingenieursverträgen, soweit sie im Zusammenhang mit Bauleistungen stehen, 3. Streitigkeiten über Ansprüche aus Heilbehandlungen und 4. Streitigkeiten aus Versicherungsvertragsverhältnissen. ²Den Zivilsenaten nach Satz 1 können neben den Streitigkeiten aus den in Satz 1 Nummer 1 bis 4 genannten Sachgebieten auch Streitigkeiten nach § 119 Absatz 1 zugewiesen werden.

Sachregister

Die fetten Zahlen bezeichnen die Paragrafen, die mageren Zahlen die Randziffern.

Abhilfe 3 28
Ablieferung 7 108, 110 f., 119, 122
Abnahme 2 142 ff.; **3** 10 ff.; **5** 64; **6** 61 ff.
– Abnahme von Gemeinschaftseigentum **6** 3, 36
– Abnahmefiktion **2** 146; **3** 10, 11; **4** 125, 130; **5** 65; **6** 30 ff.
– Abnahmereife **2** 142; **6** 32
– Abnahmevertreter **6** 37
– Abnahmeverweigerung **5** 343
– Durchführung **4** 132
– Wohnungseigentümergemeinschaft **6** 41
Abschlagszahlung 2 121 ff.; **3** 1 ff.; **5** 11, 64, 246 ff.; **6** 2, 24, 110 ff.
– Absicherung **5** 246 ff.
– Bauträgervertrag **6** 157
– Obergrenze **5** 25, 257 ff.; **6** 120
Absicherung des Vergütungsanspruchs 5 11
Akquise 4 31
allgemeine Geschäftsbedingungen 5 87 f., 109 f., 114, 119, 121, 150, 278, 280, 287, 291, 355
allgemeine Geschäftskosten 2 108 ff.
allgemeine Rechtsgeschäftslehre 5 100, 118
Analogie 5 50
Anbringen 7 33, 35 f., 40, 46, 48, 67, 76, 89, 128
Änderung der Rechtslage 2 41 f.
Änderung des Vertrags 2 28 ff.; **4** 61
– Änderung des vereinbarten Werkerfolgs **2** 30 ff.
– Änderungsbegehren **2** 63 ff.
– Anordnungsrecht des Bestellers **2** 28, 82 ff.; **4** 61, 65; **5** 46, 258, 273; **6** 64 ff.
– Anspruch auf Mehrvergütung **2** 44 ff.
– einvernehmliche Änderung **2** 28, 59 ff., 84; **4** 64
– zur Erreichung des vereinbarten Werkerfolgs notwendige Änderung **2** 36 ff.
– geänderte/zusätzliche Leistung **2** 29
– Planung **2** 66 ff., 91
– Zumutbarkeit **2** 52 ff., 134
Änderungsanordnung 2 82 ff.
– Form **2** 83
– Nichtigkeit **2** 83
Änderungsbegehren 2 63 ff.
– Bestimmbarkeit **2** 65
Änderungsvorbehalt 4 109
Angebot 2 66 ff.
– Inhalt **2** 80
– Pflicht zur Angebotserstellung **2** 81
– Vergütung für Angebotserstellung **2** 75

Angebotsplanung 2 66, 69, 72 ff.
– Aufgabenverteilung **2** 72
– Planungstiefe **2** 76
– Planungsverantwortung **2** 70
– Rechtzeitigkeit **2** 78
angemessene Zuschläge 2 108 ff.
Annahmeverzug 3 20
Anordnungsrecht des Bestellers 2 28, 82 ff.; **4** 61, 65; **5** 46, 258, 273; **6** 64 ff.
– Änderungsanordnung **2** 82 ff.
– Ausführungspflicht **2** 90
– Blockieren der Einigung **2** 88
– Entstehung **2** 85
– strittiger Anspruchsgrund **2** 89
– Vergütungsanpassung **2** 94 ff.
Architektenvertrag 4 1 ff.
– anwendbare Vorschriften **4** 55 ff.
– gesamtschuldnerische Haftung **4** 135 ff.
– Hintergrund der Neuregelung **1** 20 ff.
– Leistungs- bzw. Umsetzungsphase **4** 9 ff., 35
– Leistungsphasen 1–8 **4** 120
– Leistungsphasen HOAI **4** 22
– Sonderkündigungsrecht **4** 77 ff.
– Teilabnahme **4** 115 ff.
– vertragstypische Pflichten des Unternehmers **4** 18 ff., 41 ff.
– Vorlage mangelfreier Unterlagen **4** 84
– Zielfindungsphase **4** 1, 28 ff.
Aufbewahrungspflicht 5 349
Aufmaß 3 29
Aufwand 2 100
– vermehrter Aufwand **2** 112
Aufwendungen 2 23, 39 f., 44, 59, 72, 82 f., 88 ff., 98, 101, 103, 132
Ausführungsplanung 2 91; **5** 299, 302, 312, 324, 353; **6** 125, 133
auskömmliche Preise 2 97
Auslegungshilfe 4 22
Außenanlage 2 13; **4** 11, 13
Ausstattung des Unternehmens 2 53

B2C-Verträge 4 29
Bankbürgschaft 5 266, 275
Bareinbehalt 5 254, 267, 275
Bau eines neuen Gebäudes 5 26 ff.
bauaufsichtliche Eingriffsbefugnisse 5 319
bauaufsichtliche Zulassung 5 327
Baubehörde 6 126
Baubeschreibung 5 11, 59, 69 ff., 139, 177, 312
– Auslegung **5** 111 ff.

321

Sachregister

- Baubeschreibungspflicht 5 69 ff.; 6 77 ff.
- Fertigstellungszeitpunkt 5 139 ff.
- Klarheitsgebot 5 81 ff.; 6 87
- Mindestinhalt 5 73 ff.; 6 79
- negative Baubeschreibung 5 79
- Schadensersatz 5 126 ff.
- Unklarheitenregelung 5 112, 120 ff.
- unvollständige Baubeschreibung 6 100 ff.
- Verständlichkeit 6 85 ff.
- Verständlichkeitsgebot 5 84 f.
- vertragliche Baubeschreibung 6 98 f.
- Vertragsinhalt 5 97 ff.
- Zeitpunkt 5 93 ff.

Bauhandwerkersicherung 2 141 ff.; 5 281 ff.; 6 72 ff.
- Bauhandwerkersicherungshypothek 6 70 f.
- Verbraucherprivileg 5 282 ff.

Bauherrengemeinschaft 5 19, 282, 285
Baukammer 2 140
bauliche Anlage 2 14 ff.
Bauprodukte 5 326
Bauprodukterecht 5 326 ff.
Bautagebücher 5 333
bautechnische Nachweise 5 311
Bauträgertätigkeit 6 14 ff.
Bauträgervertrag 1 26 ff.; 6 1 ff.
- Aufspaltung des Bauträgervertrags 6 108
- Bauträgerleistungen 6 6 ff.
- Hintergrund 1 26 ff.
- kaufrechtliche Ansprüche 6 138 ff.
- Legaldefinition 6 6 ff.
- Planung 6 19
- Schlusszahlung 6 58, 63
- unabdingbare Vorschriften 6 135 ff.

Bauumstände 2 33
Bauunterlagen 5 318
Bauvertrag 1 12 ff.; 2 1 ff., 8 ff.; 5 66 ff.
- Änderung des Vertrags 2 28 ff.
- Definition 2 8
- Entwicklung 1 1 ff.
- Gliederung Titel 9 BGB 2 4 ff.
- Hintergrund der Neuregelung 1 12 ff.
- Regelungsbedarf 2 168
- Tätigkeiten 2 17 ff.

Bauvertragsrecht 5 66 ff.
Bauvorlagen 5 311
Bauvorlageverordnung 5 311
Bauwerk 2 11 ff.; 4 12
Bauzeichnungen 5 311
Bauzeit 2 34 f.
Bearbeitung 7 36, 39, 51
Bedienungsanleitung 5 302, 353
Belehrungspflicht 4 92
bepreiste Leistung 2 44
Beschaffenheitsvereinbarung 7 13 f., 20, 101
Beseitigung 2 20
Besitzverschaffungsanspruch 6 141 f.
besondere Leistungen 4 27
Bestandsunterlagen 5 313; 6 125, 133

Betriebsanleitung 5 302
Beweisfunktion 5 42
Beweislast 3 6; 6 26; 7 130, 135
- für Unzumutbarkeit der Vertragsänderung 2 57

Beweislastumkehr 2 152; 4 131; 5 101; 7 134 f.
Brandschutznachweis 5 312; 6 131

ca.-Angaben 5 142, 156

Darlehensgeber 6 129
Dauerschuldverhältnis 3 21
Deutlichkeitsgebot 5 182 ff.
Deutscher Baugerichtstag 1 3; 2 2
Dokumentationspflicht 5 11, 295 ff.; 6 124 ff.
- vertragliche Dokumentationspflicht 6 132 f.

Druckzuschlag 5 272, 276, 345
Durchgriffshaftung 7 104
Durchschnittsverbraucher 5 186
dynamische Betrachtung 4 24

Eigenantrag des Unternehmers 3 36
eigene Arbeitskraft 2 107
Einbau 7 21, 33 ff., 48, 51 f., 67, 89, 91, 108
Einheitspreisvertrag 3 4; 5 259, 264
Einmalbedingung 5 88, 114, 119, 121; 6 89
einstweiliger Rechtsschutz 2 121 ff.
Einvernehmen 2 28, 59 ff.; 4 64; 5 46, 258, 273
- einvernehmliche Vertragsänderung 2 84; 4 64
- Form des Einvernehmens 2 62

Einwendungen 2 138
Einzelvergabe 5 28, 34, 37
empfangsbedürftige Willenserklärung 5 215
Energieausweis 5 315, 332
Energienachweis 5 315 ff.
Entfernen 7 36, 40, 48, 89
entgangener Deckungsbeitrag 2 110
Entscheidungskonflikt, echter 5 135
Entwicklung des Bauvertragsrechts 1 1 f.
erbrachte Leistung 3 31
Erfüllungsanspruch 5 52, 125, 339
ergänzende Vertragsauslegung 2 95; 5 111, 118 f., 130
erhebliche Umbaumaßnahmen an bestehendem Gebäude 5 31 ff.
erhebliche Unannehmlichkeit 7 4, 32, 39, 75 f., 78 f.
Errichtung eines Hauses 6 7
Ersatzlieferung 7 16 f., 35, 62, 77
Erschütterungsschutznachweis 5 312
Erstellung von Unterlagen 5 11, 295 ff.

Fachunternehmererklärung 6 131
Fälligkeit 2 125
- Fälligkeit der Vergütung 4 131; 6 62
- Fälligkeitsvoraussetzung 2 145

Fertigstellung 3 12; 6 32
- Fertigstellungszeitpunkt 5 69 ff., 137 ff.; 6 96, 104

Sachregister

Folgenbeseitigungsanspruch 7 45
Förderbedingungen 5 335
Form
– Form des Einvernehmens **2** 62
– Formerfordernis **4** 16 f.
– Formnichtigkeit **2** 165
– Formverstoß **5** 49 ff.
– Heilung eines Formverstoßes **5** 49 ff.
Fristsetzung 4 107; **7** 22, 24, 26 ff., 31 f., 44, 73, 102 f., 118
funktionale Leistungsbeschreibung 2 45 f., 49; **6** 91 ff.

GbR 5 19, 21 ff., 282
Gefahr
– Gefahrtragung **2** 153
– Gefahrübergang **4** 131
gemeinsame Leistungsfeststellung 3 29 f.
Genehmigungsplanung 5 308 ff.
Genehmigungsverfahren 5 311
Generalklausel 5 75 ff.
Generalübernehmermodell 5 29, 47, 168, 191
Generalunternehmermodell 6 108
gerichtliche Entscheidung 2 123
Gesamterfolg 4 18
gesamtschuldnerische Haftung 4 135, 148
Gesamtschuldverhältnis 4 136
Geschäftsführung ohne Auftrag 5 53
geschuldeter Leistungsumfang 4 19
geschuldeter Planungserfolg 4 19
gesetzliches Leitbild 2 92
gestalterische Arbeiten 4 13
Gewährleistungsrechte 5 52
Glaubhaftmachung 2 137
Gleichlauf der Sicherungsinstrumente 5 256, 274 ff.
Gleichlauf der Verjährungsfristen 4 118
grundlegende Erneuerung 2 11
Grundleistungen 4 26
Grundstück
– Grundstücksverschaffungspflicht **6** 6
– Haftungsbeschränkung **6** 146 ff.
– Sach- und Rechtsmängelhaftung **6** 143

Hauptpflicht 4 85
Haustechnikpläne 6 133
Herausgabe von Unterlagen 5 11, 295 ff.; **6** 123 ff.
– Herausgabepflicht **5** 297, 303 ff., 318 ff., 334 ff.
Herstellkosten 2 104
Herstellung 2 18
Herstellungsverpflichtung 6 6
Hintergrund der Neuregelungen 1 12 ff.
Hinweispflicht 2 40; **4** 88
HOAI 4 22 ff., 68 ff.
hypothetische Kosten 2 101

Individualvereinbarung 5 87 f., 109, 114, 119, 122, 150, 277, 355

Informationsfunktion 5 41, 51, 58
Informationspflichten
– öffentlich-rechtliche Informationspflichten **6** 78
– Verbraucherbauvertrag **5** 3, 5, 8, 10, 69, 130
Ingenieurvertrag 4 1 ff.
Inhaltskontrolle 2 92
Insolvenz
– des Bauträgers **6** 158
– des Unternehmers **3** 25
Instandhaltung 2 22 f.
Instandsetzung 2 22
Interessenwegfall 5 158, 159
Ist-Kosten 2 101

Kalkulation
– Kalkulation der Vergütung **2** 47
– Kalkulationsgrundlage **2** 50
Kauf gebrauchter Eigentumswohnung 6 155
Kaufvertragsrecht 6 9
– kaufrechtliche Mängelhaftung **6** 27; **7** 1 ff.
– kaufrechtliche Neuregelung **1** 30 ff.
Kausalitätsvermutung, echte 5 134 f.
KfW-Förderbank 5 335
Klarheitsgebot 5 81 ff.; **6** 87
Klauselverbot 5 277 ff.
Komfort- und Qualitätsstandard 5 90, 111, 117, 123
konkludente Abnahme 4 132
Konsensprinzip 2 26
Kosten
– Erforderlichkeit **2** 106; **4** 75
– Kosteneinschätzung **4** 45 ff.
– Kosten der Zustandsfeststellung **2** 151
– Kostenvorschuss **7** 48, 81 ff., 132, 142
– Vereinbarung über Kostentragung **7** 58, 126
Kündigung 3 21 ff.; **4** 77 ff.; **5** 64, 160
– freies Kündigungsrecht **6** 42 f.
– Kündigungsfrist **4** 87 ff.
– Kündigungsrecht des Bestellers **4** 82
– Kündigungsrecht des Unternehmers **4** 105 ff.
– Nachholung **2** 167
– Rechtsmissbräuchlichkeit **4** 102 ff.
– Schriftform **2** 163 f.
– Sonderregelungen für Verbraucher **4** 91 ff.
– Teilkündigung **3** 26 f.
– unbefristetes Kündigungsrecht **4** 93
– Vergütungsanspruch **4** 113 ff.
– aus wichtigem Grund **3** 21 ff.; **5** 64, 160; **6** 44 f.

Langzeitvertrag 2 1
leistungsbezogene Nebenpflichten 5 299, 338
Leistungsbilder 4 22
Leistungsphase 4 9 ff., 35
Leistungsverfügung 2 134
Leistungsverweigerungsrecht 2 58; **5** 248, 270 ff., 344 f.; **6** 25, 162; **7** 20, 61, 65

Sachregister

- des Architekten **4** 145 ff.
- Entstehen **4** 148 ff.
- Erlöschen **4** 151 ff.

Leistungsverzeichnis 2 45
Lieferantenregress 7 94 ff.

Mahnung 5 155 f., 161
Mangel 3 5
- Kenntnis **7** 64 f., 67
- mangelhafte Kosteneinschätzung **4** 48 f.
- Nachschieben von Mängeln **3** 16
- offenkundiger Mangel **2** 154 f.
- unberechtigte Mängelrüge **7** 123 ff.
- wesentlicher Mangel **3** 2

Mängelrechte 5 55, 224, 239, 340
Mehrvergütung 2 79, 121 ff.; **4** 64, 71
Mindervergütung 2 79 ff.; **4** 64, 71

Nacherfüllung 7 11 ff.
- Ausschluss **7** 60 ff.
- Fristsetzung **7** 24 ff.
- Nacherfüllungsanspruch **7** 15 ff., 42, 45, 62 f., 69, 82, 119
- Nacherfüllungsort **7** 69 ff., 118
- Wahlrecht **7** 16 f.

Nachweis 2 103
Nachweis nach EEWärmeG 5 330 f.
Nachzüglererwerb 6 39
nicht-leistungsbezogene Nebenpflichten
   5 124, 136
nicht-privilegierte Bauverträge 5 3 ff., 10, 13, 163 f., 169 f., 173, 174, 178, 179, 181, 183, 190 f., 198, 209, 221, 226, 232, 242 ff., 288, 291
notarielle Beurkundung 5 167
notarielle Form 5 47, 191

objektbezogene Gesamtversicherung 4 143
objektiver Empfängerhorizont 5 116, 186
Obliegenheit 2 77, 147; **4** 54
öffentlich-rechtlich relevante Planungsunterlagen 5 307 ff., 318

Pauschalpreisvertrag 3 4; **5** 259
personelle Kapazitäten 2 56
Pflichtverletzung 4 85; **5** 132
Planung 2 48 ff.
- Angebotsplanung **2** 66, 69, 72 ff.
- Ausführungsplanung **2** 91; **5** 299, 302, 312, 324, 353; **6** 125, 133
- Bestandsplanung **5** 325, 353
- Fachplanung **5** 353; **6** 125
- fehler- oder lückenhafte Planung **2** 39 f.
- Genehmigungsplanung **5** 308 ff., 323
- Planung für Änderungsausführung **2** 91
- Planung vor der Planung **4** 41
- Planungs- und Überwachungsziele **4** 11, 61
- Planungserfolg **4** 19
- Planungsfehler **4** 137
- Planungsgrundlage **4** 41 ff.
- Planungsunterlagen **5** 303 ff., 323 ff.; **6** 125
- Planungsverantwortung **2** 43, 70

planwidrige Regelungslücke 5 50
Preisfortschreibung 2 118
Preis-/Leistungsvergleich 5 77, 93
privilegierte Bauverträge 5 7 f., 11, 165, 179
Prüfprotokolle 5 295
Prüfungspflicht 2 40
Prüfzeugnis 5 302, 313, 327; **6** 131, 133

rechtsmissbräuchliches Verhalten 4 158
Rechtsverlust 3 18
Renovierung 6 13
Revisionspläne 5 313
Rückgewähr 2 127
- Rückgewähr empfangener Leistungen **5** 227 f.
- Rückgewährschuldverhältnis **5** 223 f.

Rückgriff Verkäufer 7 9, 94 ff., 107, 119, 122
Rücknahmepflicht 7 49
Rücktritt 5 136, 157 f., 346
Rückvergütung 2 107
Rückzahlung des Werklohns 5 189, 225 f.
Rügeobliegenheit 7 54, 95, 106 ff., 113, 119, 121

Sanierung
- Altbausanierung **6** 16
- Kernsanierung **5** 33; **6** 12
- punktuelle Sanierung **6** 12

Schadensersatz 5 126 ff., 153 ff., 159
- Schaden **5** 133 ff.
- Schadensersatz statt der Leistung **5** 159

Schallschutznachweis 5 312
Schließpläne 5 302
Schlussrechnung 2 142 ff., 156 ff.; **6** 51 ff.
- Auswirkung auf Verjährung **6** 59 f.
- Prüffähigkeit der Schlussrechnung **2** 156 ff.; **6** 56
- Sachprüfung **2** 158

Schriftform 2 163 ff.; **3** 33; **4** 90
Schuldrechtsmodernisierung 6 18
Selbstkostenerstattung 2 105
selbstständiges Beweisverfahren 2 142
Selbstvornahme 7 23, 26, 74, 86, 89
Sicherheit für Vertragserfüllung 5 246, 251, 254; **6** 111, 115 ff., 162
Sicherungsmittel 5 265 ff.
Skizzen 4 44
Sonderkündigungsrecht 4 77
Sonderwunschvertrag 6 66, 109, 166
Stand der Planung und Ausführung 4 24
Standsicherheitsnachweis 5 312
Statik 5 299; **6** 133
Subventionen 5 335

Teilabnahme 4 115 ff.; **6** 36 ff.
- Voraussetzungen des Teilabnahmeverlangens **4** 121 ff.

Sachregister

Teilkündigung **3** 26 f.
Textform **2** 83; **3** 17; **5** 39, 43 ff., 71, 92, 180
Transparenzgebot **5** 86, 90, 115; **6** 88, 102
Transportkosten **7** 72, 75, 78, 88, 91
Trennung zwischen Planung und Ausführung **2** 37
Treu und Glauben **5** 56 ff.

Übereignungsanspruch **6** 139
Übereinstimmungsnachweis **5** 327, 328
Übereinstimmungszertifikat **5** 328
Übergabe **7** 11, 28, 135 f.
Übergangsrecht **6** 164 ff.
Übergangsvorschrift **2** 7
überschießende Richtlinienumsetzung **5** 14, 85, 191, 199, 237
Überwachungsfehler **4** 137
üblicher Einheitspreis **2** 99
Umbau **2** 21; **6** 11 ff.
– erhebliche Umbauten **6** 12
ungerechtfertigte Bereicherung **5** 53, 223
Unmöglichkeit **7** 62 f.
Unterarbeitsgruppe Architektenvertragsrecht **4** 7
Unternehmer **5** 17
Unterrichtung des Verbrauchers **4** 93 ff.
– Nachholung **4** 96
– unterlassene/unzureichende Unterrichtung des Verbrauchers **4** 101
Unverhältnismäßigkeit **7** 9, 56 f., 61, 101
Urkalkulation **2** 113 ff., 115 ff.
– Aufschlüsselung **2** 116
– Preisfortschreibung **2** 118
– vereinbarungsgemäß hinterlegte Urkalkulation **2** 113 ff.

Verbesserung **7** 57, 63
Verbraucher **5** 18 ff.
Verbraucherbauvertrag **1** 16 ff.; **5** 1 ff., 15 ff., 166 ff.
– ausdrücklich abweichende Vereinbarung **5** 103 ff., 148
– Baubeschreibungspflicht **5** 69 ff.
– Bauvertragsrecht **5** 66
– Fertigstellungszeitpunkt **5** 143 f.
– Form **5** 39 ff.
– Hintergrund der Neuregelung **1** 16 ff.
– Informationspflichten **5** 3, 5, 8, 10, 69, 130
– Inhalt **5** 98 ff.
– Nichtigkeit **5** 48, 52 ff.
– nicht-privilegierte Bauverträge **5** 3 ff., 10, 13, 163 f., 169 f., 173, 174, 178, 179, 181, 183, 190 f., 198, 209, 221, 226, 232, 242 ff., 288, 291
– privilegierte Bauverträge **5** 7 f., 11, 165, 179
– Unabdingbarkeit der Vorschriften **5** 355 ff.
– Werkvertragsrecht **5** 63 ff.
– Widerrufsrecht **5** 6, 8, 10 f., 163 ff.
Verbraucherbauvertragsrecht **6** 76 ff.

Verbraucherrechterichtlinie **5** 12
Verbrauchervertrag **5** 16, 169 f., 179
Verbrauchsgüterkauf **7** 127 ff.
Vereinbarung über Kostentragung **7** 58, 126
Verfahrensfreistellung **5** 311
Verfahrensrecht **1** 35
Verfügungsgrund **2** 131
Vergütung
– übliche Vergütung **2** 99
– Vergütung für Angebotserstellung **2** 75
– Vergütungsanspruch nach erfolgter Kündigung **4** 113
Vergütungsanpassung
– freie Vereinbarung **4** 74
– Vergütungsanpassung bei Ausübung des Anordnungsrechts **2** 94 ff.; **4** 67 ff.
Verhandlungspflicht **2** 86 ff.
Verjährung **5** 245, 347 ff.; **7** 9, 15, 54, 96, 105, 122, 137, 141
– Verjährungsbeginn **4** 131
Verständlichkeitsgebot **5** 84 f.
Vertragserfüllungssicherheit **5** 246, 251, 254, 263 ff.; **6** 111, 115 ff., 162
– Erhöhung **5** 273
– Sicherungsmittel **5** 265 ff.
Vertrauensschaden **5** 131, 162
Verwendbarkeitsnachweise **5** 326 ff.
Verzinsung **2** 128
Verzug **5** 152 ff.
Vollarchitektur **4** 26
Vollharmonisierung **5** 13, 38, 85, 191, 199, 237
Vorauszahlung **6** 121
– versteckte Vorauszahlung **5** 252
vorkalkulatorische Preisfortschreibung **2** 95
Vorleistungspflicht **5** 249, 250, 290
Vormerkungsmodell **6** 2, 45
– Sicherungslücke **6** 5
Vorrang der Nacherfüllung **4** 135
Vorschussanspruch **7** 81 ff., 132
vorvertragliche Pflichtverletzung **5** 126, 162

Wagnis und Gewinn **2** 108 ff.
Wahlrecht **2** 108; **7** 7, 16 ff., 49, 89
Warnfunktion **5** 42
Wartungsanleitung **5** 313, 353
Werkerfolg **2** 30 f.
Werkidentität **4** 63
Werkpläne **5** 313
Werkvertragsrecht **5** 63; **6** 24 ff.
– werkvertragliche Mängelhaftung **6** 27, 144
Wertersatz **5** 188, 190, 229
Wertzuwachs **3** 1; **5** 230 f., 248, 262
wesentliche Eigenschaften **5** 75
Wettbewerbspreis **2** 129
wichtiger Grund **3** 21 ff.
widerlegliche Vermutung **2** 113, 132; **5** 101
Widerruf
– Rechtsfolgen **5** 222 ff.

Sachregister

- Rechtzeitigkeit **5** 216 f.
- Widerrufserklärung **5** 214 ff.
- Widerrufsfrist **5** 169 ff.

Widerrufsbelehrung 5 171, 174 ff.
- Form **5** 180
- Inhalt **5** 187 ff.
- Korrektur **5** 195
- Muster **5** 189, 192 ff., 221
- Nachholung **5** 195 ff.
- Zeitpunkt **5** 175

Widerrufsrecht
- Bauträgervertrag **6** 105 ff.; **7** 47, 65
- Erlöschen **5** 204 f., 206 ff.
- Missbrauch **5** 213
- Verbraucherbauvertrag **5** 6, 8, 10 f., 163 ff.
- Verwirkung **5** 210 ff.

Wiederherstellung 2 19

Wiederholung von Grundleistungen 4 70

Wohnungseigentümergemeinschaft 5 20, 282, 285; **6** 150 ff.
- Ausübungsbefugnis **6** 150
- Zuständigkeit für kaufrechtliche Ansprüche **6** 151 f.

Zahlungsmodell nach § 3 MaBV 6 160
Zielfindungsphase 4 1, 28 ff.
zinsloses Darlehen 5 335
Zustandsfeststellung 2 142 ff., 144; **6** 48
- einseitige Zustandsfeststellung **2** 149 ff.
- Kosten **2** 151
- Rechtsfolgen **2** 152 ff.
- Termin **6** 49
- Vermutung **2** 153

Zustimmung
- Zustimmung des Bestellers **4** 50 ff., 107
- Zustimmung im Einzelfall **5** 327